Recht in Medizin und Pflege

V. Großkopf, H. Klein

D1718495

Recht in Medizin und Pflege

V. Großkopf, H. Klein

3., vollständig überarbeitete und aktualisierte Auflage

Spitta Verlag GmbH & Co. KG · Ammonitenstraße 1 · 72336 Balingen · www.spitta.de

Anschrift der Autoren:

Rechtsanwälte
Prof. Dr. Volker Großkopf
Hubert Klein
Salierring 48
50677 Köln
www.infoportal-pflege.de
www.pwg-seminare.de

Die Deutsche Bibliothek – CIP-Einheitsaufnahme

Recht in Medizin und Pflege / Volker Großkopf; Hubert Klein. - 3. Aufl. - Balingen: Spitta-Verlag, 2007
ISBN 10: 3-938509-34-1
ISBN 13: 978-3-938509-34-0

Copyright by Spitta Verlag GmbH & Co. KG
Ammonitenstraße 1, 72336 Balingen
Printed in Germany
Produktmanagement: Renzo Hager
Covergestaltung: Johannes Kistner
Lektorat: wtd Angelika Zierer-Kuhnle, Berlin
Satz: Mediendienstleistungen Tamme, Rodgau
Druck: VeBu Druck + Medien GmbH, Am Reutele 18, 88427 Bad Schussenried

Vorwort

Aus unseren Seminaren für Ärzte und Pflegekräfte und aufgrund von Nachfragen bei Veröffentlichungen in verschiedenen Pflegezeitschriften hat sich gezeigt, daß im Bereich der Pflege erheblicher Informationsbedarf zu Rechtsfragen besteht. Ferner wissen wir aus unserer Tätigkeit als Lehrkräfte in Krankenpflegeschulen, daß der für die Gesetzes- und Staatsbürgerkunde relevante Stoff kaum in einem Lehrbuch zusammenhängend dargestellt vorzufinden ist. Diese Lücken wollen wir mit unserem Lehrbuch in einer für den Nichtjuristen verständlichen Form schließen.

Das Straf- und Zivilrecht, das Arbeitsrecht sowie das Betreuungsrecht haben wir auf eine notwendig breite Basis gestellt. Hier sollen Pflegekräfte, Pflegedienstleitungen und auch Ärzte über ein fundiertes Grundwissen hinaus, vertiefende Informationen und Lösungsansätze in ihrem schadensträchtigen Arbeitsfeld finden. Krankenpflegeschülern und Studenten dient dieses Werk als Lehr- und Lernbuch, in welchem nahezu sämtlicher prüfungsrelevanter Stoff enthalten ist. Durch Beispiele, Übersichten und Mind-maps werden die juristischen Ausführungen veranschaulicht, strukturiert und lernbar zusammengefaßt.

Die Bereiche des Sozialrechts, des Ordnungsrechts und der Staatsbürgerkunde sind auf eine Darstellung der Kernaussagen beschränkt. Hier findet das Pflegepersonal eine Auffrischung der wichtigsten Kenntnisse und die Krankenpflegeschüler sowie Studenten den für das Examen notwendigen Stoff.

Dieses Buch beruht auf unseren jahrelangen praktischen Erfahrungen als Dozenten, Lehrer und Rechtsanwälte. Das Werk wäre aber ohne die Unterstützung Dritter kaum zu erstellen gewesen. Unser Dank gilt insbesondere Herrn Helmut Taubert für seine wissenschaftlichen Recherchen, Frau Ursula Becker für die justistische Zusammenarbeit sowie Frau Simone Gehm und Herrn Achim Schachtebeck für deren Arbeiten zur konzeptionellen Gestaltung.

Siegburg, im Januar 2000   Dr. Volker Großkopf, Hubert Klein

Vorwort zur 2. Auflage

Die Fülle der Änderungen im Gesundheitsrecht und das rege Interesse an der Vorauflage haben uns veranlasst, das gesamte Werk umfassend zu überarbeiten und zu ergänzen. Aufbau und Konzeption wurden – soweit möglich – beibehalten. Dennoch hat die Bearbeitung der 2. Auflage geraume Zeit in Anspruch genommen, unter anderem aufgrund der Verzögerungen durch den Gegenstand selbst.

Wie kaum ein anderer Bereich sind die Vorschriften zum Gesundheitswesen über die verschiedensten Rechtsgebiete verstreut und von vielfältigen Neuregelungen betroffen. Neben den »klassischen« Rechtsbereichen Zivil-, Straf- und öffentliches Recht greifen zunehmend europäische Rechtsvorschriften und Gerichtsurteile in die nationalen Verhältnisse ein. Die Neuauflage enthält neben einer Verbreiterung der bisherigen Darstellungen zahlreiche Erweiterungen: Neuregelungen des Vertragsrechts, des Infektionsschutzrechts, des Medizinprodukterechts und auch des Erziehungsgeldrechts. In unserer neuen Abhandlung zum Arbeitszeitrecht setzen wir einen Schwerpunkt bei der arbeitsschutzrechtlichen Einordnung des Bereitschaftsdienstes. Die Ergänzungen im Haftungsrecht befassen sich unter anderem mit den aktuellen Fragen der Dokumentation, insbesondere im Bereich der Dekubitusprophylaxe.

Das Werk verschafft einen umfassenden Überblick über die Rechtsgebiete und deren Verzahnung miteinander. Sowohl den Studierenden als auch den in der Praxis Tätigen werden damit ausführliche Informationen über die Inhalte der gesetzlichen Regelungen und den Stand der rechtspolitischen Diskussion an die Hand gegeben. Zur Vereinfachung einer strukturierten Nacharbeit haben wir die Ausführungen durch Beispiele, Übersichten und Mind-maps ergänzt.

Besonderer Dank gebührt unserem juristischen Mitarbeiter, Herrn Michael Schanz, der uns bei der Erarbeitung der zweiten Auflage nachhaltig mit Literatur- und Rechtsprechungsrecherchen unterstützte.

Köln, im August 2002

Prof. Dr. Volker Großkopf
Rechtsanwalt Hubert Klein

Vorwort zur 3. Auflage

Die positive Rückmeldung und das nachhaltige Interesse an unserem Lehrbuch seitens der Studierenden, Auszubildenden und Lehrenden in den verschiedenen Gesundheitsberufen sowie die zahlreichen gesetzlichen Neuregelungen und die Flut der zwischenzeitlich ergangenen Gerichtsurteile haben es erforderlich gemacht, eine neue Auflage zu gestalten.

Neben den arbeitsrechtlichen Reformgesetzen sind das zweite Betreuungsrechtsänderungsgesetz und die ersten Ansätze zur Änderung des Sozialversicherungsrechts in die Neuauflage eingeflossen. Im Haftungsrecht galt es, die Fülle neuer Entscheidungen insbesondere zu den Fragestellungen der Aufklärung, Dokumentation, Dekubitus- und Sturzprophylaxe aufzunehmen und anschaulich darzustellen.

Diese Auflage spricht – im Gegensatz zu den vorhergehenden Auflagen – jedoch nicht nur eine einzelne Berufsgruppe, sondern sowohl den pflegerisch als auch medizinisch professionell Tätigen an. Einem interdisziplinären Gedanken folgend, haben wir uns deshalb entschlossen, unser Lehrbuch in »Recht in Medizin und Pflege« umzubenennen.

Als interdisziplinär ist ebenfalls die Materie dieses Lehrbuchs zu verstehen. Wie kein anderer Rechtsbereich stellt das Gesundheitsrecht eine besondere Schnittmenge zwischen den »klassischen« Rechtszweigen, z.B. dem Straf- und Zivilrecht, und einer Vielzahl von Rechtsvorschriften, z.B. dem Krankenpflegegesetz, dem Arzneimittelgesetz oder dem Transplantationsgesetz, dar. Die daraus resultierende Dynamik wird nicht zuletzt durch die Fülle von Ergänzungen und Überarbeitungen deutlich.

Das Werk gibt somit einen umfassenden Überblick hinsichtlich der das Gesundheitswesen tangierenden Rechtsgebiete und deren wechselseitigen Verzahnungen. Der Praktiker erlangt Sicherheit in der Vermeidung der verschiedensten Haftungsfallen. Die Studierenden und Auszubildenden erhalten eine breite Darstellung des prüfungsrelevanten Stoffes.

Zu den in »Recht in Medizin und Pflege« verwendeten methodisch-didaktischen Elementen gehören zahlreiche Beispiele, Übersichten und Mindmaps, wie sie sich bereits in den vorhergehenden Auflagen bewährt haben. Um ein vertieftes Studium der Rechtsprechung zu ermöglichen, wurde für dieses Lehrbuch mit Unterstützung des G & S Verlages eine CD-ROM entwickelt, die ausgewählte Gerichtsentscheidungen im Volltext beinhaltet.

Ein besonderer Dank gilt unserem wissenschaftlichen Mitarbeiter Herrn Marco Di Bella, der uns bei der Gestaltung und Überarbeitung einzelner Beiträge behilflich war, uns nachhaltig mit Literatur- und Rechtsprechungsrecherchen unterstützt hat und für die technische Realisierung der beigefügten Rechtsprechungs-CD sowie deren Verzahnung mit diesem Buch verantwortlich zeichnet.

Köln, im Januar 2007   Prof. Dr. Volker Großkopf
                                                        Rechtsanwalt Hubert Klein

Im vorliegenden Buch können nicht alle gebräuchlichen Begriffe für zu pflegende Menschen berücksichtigt werden, beispielsweise Betroffener, Betreuter, Klient etc. Deshalb wurden die aus den früheren Auflagen bekannten Bezeichnungen »Patient« bzw. »Bewohner« beibehalten.

Gleichermaßen verwenden wir den Begriff »Pflegekraft« stellvertretend für die Mitglieder aller Pflegeberufe (Altenpfleger/-innen, Gesundheits- und Krankenpfleger/-innen, Gesundheits- und Kinderkrankenpfleger/-innen), sofern diese nicht explizit benannt werden.

Zur Verbesserung der Lesbarkeit wird im Text in der Regel nur eine Geschlechtsform verwendet. Vorausgesetzt, dass durch den Kontext nichts Gegenteiliges ausgedrückt wird, gilt das Genannte auch für das jeweils andere Geschlecht.

Inhalt

Beispiele

 Kernaussagen

 Vertiefung und grafische Zusammenfassung

 Gesetzestext

Abkürzungsverzeichnis

Abs.	Absatz
ADS	Arbeitsgemeinschaft Deutscher Schwesternverbände e.V.
a.F.	alte Fassung
AG	Amtsgericht
AGBG	Gesetz zur Regelung des Rechts der Allgemeinen Geschäftsbedingungen
AltPflG	Altenpflegegesetz
AFG	Arbeitsförderungsgesetz
Aids	Acquired Immune Deficiency Syndrome
Alt.	Alternative
AMG	Arzneimittelgesetz
AP	Arbeitsrechtliche Praxis (Zeitschrift)
ArbG	Arbeitsgericht
ArbGG	Arbeitsgerichtsgesetz
ArbSchG	Arbeitsschutzgesetz
ArbSichG	Arbeitssicherheitsgesetz
ArbZG	Arbeitszeitgesetz
Art.	Artikel
AT	Allgemeiner Teil
AufenthG	Aufenthaltsgesetz
Aufl.	Auflage
AuR	Arbeit und Rechtspolitik (Zeitschrift)
AVR	Arbeitsvertragsrichtlinien
AZO	Arbeitszeitordnung
BAföG	Bundesausbildungsförderungsgesetz
BAG	Bundesarbeitsgericht
BAK	Blutalkoholkonzentration
BAT	Bundesangestelltentarifvertrag
BayObLG	Bayerisches Oberstes Landesgericht
BB	Betriebs-Berater (Zeitschrift)
BBiG	Bundesbildungsgesetz
BDSG	Bundesdatenschutzgesetz
BEEG	Bundeselterngeld- und Elternzeitgesetz
BErzGG	Bundeserziehungsgeldgesetz
BeschFG	Beschäftigungsförderungsgesetz
BetrVG	Betriebsverfassungsgesetz
BfA	Bundesversicherungsanstalt
BfArM	Bundesinstitut für Arzneimittel und Medizinprodukte
BGB	Bürgerliches Gesetzbuch
BGBl.	Bundesgesetzblatt
BGH	Bundesgerichtshof
BGHSt	Entscheidungen des Bundesgerichtshofs in Strafsachen
BGHZ	Entscheidungen des Bundesgerichtshofs in Zivilsachen
BNotO	Bundesnotarordnung

BR.-Drucks.	Bundesratsdrucksache
BSeuchG	Bundesseuchengesetz
BT	Besonderer Teil
BtÄndG	Betreuungsrechtänderungsgesetz
BtBG	Betreuungsbehördengesetz
BT.-Drucks.	Bundestagsdrucksache
BtMG	Betäubungsmittelgesetz
BtMVV	Betäubungsmittelverschreibungsverordnung
BtPrax	Betreuungsrechtliche Praxis (Zeitschrift)
BUrlG	Bundesurlaubsgesetz
BVerfG	Bundesverfassungsgericht
BVerfGE	Entscheidungen des Bundesverfassungsgerichts
CE	Conformité Européen
DB	Der Betrieb (Zeitschrift)
DBfK	Deutscher Berufsverband für Pflegeberufe e.V.
DKZ	Deutsche Krankenhauszeitung (Zeitschrift)
DJT	Deutscher Juristentag (Sitzungsbericht)
EG	Europäische Gemeinschaft
EGKS	Europäische Gemeinschaft für Kohle und Stahl
EGV	Vertrag zur Gründung der Europäischen Gemeinschaft
EheschlRG	Eheschließungsrechtsgesetz
EU	Europäische Union
EuGH	Europäischer Gerichtshof
EuGHMR	Europäischer Gerichtshof für Menschenrechte

EUV	Vertrag zur Europäischen Union
EWG	Europäische Wirtschaftsgemeinschaft
f. / ff.	folgende Seite / folgende Seiten
FamRZ	Zeitschrift für das gesamte Familienrecht (Zeitschrift)
FEVG	Gesetz über das gerichtliche Verfahren bei Freiheitsentziehungen
FGG	Gesetz über die Angelegenheiten der freiwilligen Gerichtsbarkeit
G	Gesetz
GA	Goldtammer's Archiv für Strafrecht (Zeitschrift)
GASP	Gemeinsame Außen- und Sicherheitspolitik
gem.	gemäß
GeschlKrG	Geschlechtskrankheitengesetz
GewO	Gewerbeordnung
GG	Grundgesetz
ggf.	gegebenenfalls
GmbH	Gesellschaft mit beschränkter Haftung
GVBl	Gesetzes- und Verordnungsblatt
GVG	Gerichtsverfassungsgesetz
HeimG	Heimgesetz
HIV	Humanes Immundefizienz-Virus
H.M.	herrschende Meinung
i.e.S.	im engeren Sinne
IfSG	Infektionsschutzgesetz

i.F.v.	in der Fassung vom
i.S.d.	im Sinne des
i.V.m.	in Verbindung mit
i.w.S.	im weiteren Sinne
JA	Juristische Arbeitsblätter (Zeitschrift)
JArbSchG	Jugendarbeitsschutzgesetz
JR	Juristische Rundschau (Zeitschrift)
Jura	Juristische Ausbildung (Zeitschrift)
JuS	Juristische Schulung (Zeitschrift)
JZ	Juristenzeitung (Zeitschrift)
KastrG	Kastrationsgesetz
KrPflG	Krankenpflegegesetz
KSchG	Kündigungsschutzgesetz
LAG	Landesarbeitsgericht
LASI	Länderausschuss für Arbeitsschutz und Sicherheitstechnik
LG	Landgericht
LMBG	Lebensmittel- und Bedarfsgegenständegesetz
LVA	Landesversicherungsanstalt
MAGS	Ministerium für Arbeit, Gesundheit und Soziales des Landes Nordrhein-Westfalen
Maßregelvollzugsgesetz	Maßregelvollzugsgesetz
MdB	Mitglied des Bundestages
MDR	Monatsschrift für Deutsches Recht (Zeitschrift)
MedKlin	Medizinische Klinik (Zeitschrift)

MedR	Medizin und Recht (Zeitschrift)
MeldeG	Meldegesetz
MM	Mindermeinung
MPBetreibV	Verordnung über das Errichten, Betreiben und Anwenden von Medizinprodukten
MPG	Medizinproduktegesetz
MPVerschrV	Verordnung über die Verschreibungspflicht von Medizinprodukten
MPVertrV	Verordnung über Vertriebswege von Medizinprodukten
MuSchG	Mutterschutzgesetz
NachweisG	Nachweisgesetz
m.w.N.	mit weiteren Nachweisen
n.F.	neue Fassung
NJW	Neue Juristische Wochenzeitschrift (Zeitschrift)
NStZ	Neue Zeitschrift für Strafrecht (Zeitschrift)
NW	Nordrhein-Westfalen
NZA	Neue Zeitschrift für Arbeitsrecht (Zeitschrift)
OLG	Oberlandesgericht
OLGR	Oberlandesgericht Rechtsprechungsreport (Zeitschrift)
PEI	Paul-Ehrlich-Institut
PKR	Pflege- & Krankenhausrecht (Zeitschrift)
PolG	Polizeigesetz der Länder
ProdHaftG	Produkthaftungsgesetz

PStG	Personenstandsgesetz		TPG	Transplantationsgesetz
PsychKG	Gesetz über Hilfen und Schutzmaßnahmen bei psychisch Kranken		TSG	Transsexuellengesetz
			TVG	Tarifvertragsgesetz
RDG	Rechtsdepesche für das Gesundheitswesen (Zeitschrift)		TVöD	Tarifvertrag für den öffentlichen Dienst
			TVöD BT-K	Tarifvertrag für den öffentlichen Dienst, Besonderer Teil Krankenhäuser
RF	Rechtsfolge			
RG	Reichsgericht		TzBfG	Teilzeit- und Befristungsgesetz
RGSt	Entscheidungen des Reichgerichts in Strafsachen		u.a.	unter anderem
RGZ	Entscheidungen des Reichgerichts in Zivilsachen		UBG	Unterbringungsgesetz
			u.U.	unter Umständen
RKI	Robert-Koch-Institut		VersR	Versicherungsrecht (Zeitschrift)
RN	Randnummer			
RV	Rentenversicherng		VGH	Verwaltungsgerichtshof
S.	Seite		vgl.	vergleiche
SGB	Sozialgesetzbuch		VwGO	Verwaltungsgerichtsordnung
SGG	Sozialgerichtsgesetz		VwVfG	Verwaltungsverfahrensgesetz
SIMAP	Sindicato de Médicos de Asistencia Pública		WDB	Wissenschaftliche Dienste des Bundestages
sog.	so genannte		WiKG	Gesetz zur Bekämpfung der Wirtschaftskriminalität
StA	Staatsanwaltschaft			
StabilitätsG	Gesetz zur Förderung der Stabilität und des Wachstums der Wirtschaft		WStG	Wehrstrafgesetz
			WWU	Wirtschafts- und Währungsunion
StGB	Strafgesetzbuch		ZPO	Zivilprozessordnung
StPO	Strafprozessordnung		ZStW	Zeitschrift für das gesamte Strafrechtswissenschaft (Zeitschrift)
StVG	Straßenverkehrsgesetz			
TFG	Transfusionsgesetz			

Teil 1
Einleitung

A. Die Rechtsordnung

Unter der Rechtsordnung eines Staates, dem sog. **objektiven Recht**, versteht man sämtliche Rechtssätze, die in diesem Staat Geltung haben. In der Regel sind sie in Rechtsquellen schriftlich fixiert. Hierzu zählen unter anderem:

* das Grundgesetz (GG),
* die Landesverfassungen,
* das Bürgerliche Gesetzbuch (BGB),
* das Strafgesetzbuch (StGB),
* das Infektionsschutzgesetz (IfSG),
* die Zivilprozessordnung (ZPO),
* die Verwaltungsgerichtsordnung (VwGO).

Im Gegensatz zum objektiven Recht versteht man unter dem **subjektiven Recht** die dem einzelnen Bürger durch die Rechtsordnung verliehene Macht, ein Recht gegen einen anderen durchzusetzen. Aus dem subjektiven Recht des Besitzes an der Sache folgt z.B. eine Vielzahl von Ansprüchen und Abwehrrechten.

Das objektive Recht teilt sich in das »Privatrecht« und das »öffentliche Recht« auf. Im **Privatrecht** werden die Rechtsbeziehungen der Bürger untereinander wiedergegeben. Die wichtigste privatrechtliche Gesetzessammlung ist das Bürgerliche Gesetzbuch (BGB). Im **öffentlichen Recht** hingegen werden die Rechtsbeziehungen zwischen dem Bürger und dem Staat behandelt. Das Strafgesetzbuch (StGB) und sämtliche Verwaltungsgesetze (z.B. das Infektionsschutzgesetz oder die Gewerbeordnung) gehören zum öffentlichen Recht. Sowohl das Privat- als auch das öffentliche Recht werden nochmals in materielles und formelles Recht unterteilt. Das **materielle Recht** gibt Aufschluss über die Frage, ob ein **Rechtssubjekt** im Rechtssinne berechtigt oder verpflichtet ist. Rechtssubjekte sind Personen (natürliche oder juristische Personen), die Träger von Rechten und Pflichten sein können. Sie sind zu unterscheiden von **Rechtsobjekten**, an denen die Rechtssubjekte eine gewisse Rechtsposition innehaben können.

Beispiel:
A ist Eigentümer eines Autos. A stellt mithin das Rechtssubjekt dar, das an einem Rechtsobjekt, dem Auto, die Rechtsposition des Eigentumsrechts innehat.

Das **formelle Recht** hingegen regelt die Möglichkeiten, wie eine materiell-rechtliche Rechtsposition prozessual durchzusetzen bzw. eine prozessual geltend gemachte Rechtsposition abzuwehren ist.

! **Rechtsordnung**

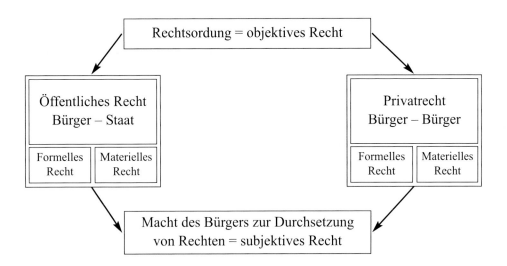

B. Die Gerichtszweige

Wenn zwischen zwei Rechtssubjekten eine materiell-rechtliche Rechtsbeziehung besteht, kann die sich daraus ergebende Rechtsposition gerichtlich geltend gemacht werden. In diesem Fall stellt sich die Frage, welcher Rechtsweg zu beschreiten bzw. welche Gerichtsbarkeit anzurufen ist. Eine althergebrachte Unterscheidung ist die zwischen der **ordentlichen Gerichtsbarkeit** (Straf- und Zivilgerichte) und der **außerordentlichen Gerichtsbarkeit** (Arbeits-, Sozial-, Finanz- und Verwaltungsgerichte). Besondere praktische Bedeutung hat diese Grobunterscheidung heute jedoch nicht mehr. Entscheidend ist lediglich, vor welchem konkreten Gerichtszweig ein Rechtsstreit auszutragen ist.

I. Strafgerichte

In Strafsachen klagt die **Staatsanwaltschaft**[1] eine strafmündige Person vor dem **Strafrichter**[2] bzw. der **Strafkammer**[3] zur Wiederherstellung der Rechtsordnung an. In einem solchen Rechtsstreit stehen sich der **Staat** und die der Begehung einer Straftat **verdächtigte Person**[4] gegenüber. Während des gesamten Verfahrens gilt der sog. **Untersuchungsgrundsatz**. Nach diesem ist jeglicher Tatsachenstoff (sowohl zulasten als auch zum Vorteil des mutmaßlichen Straftäters) von Amts wegen zu ermitteln. Im Gegensatz zu den Zivilgerichten (s.u.) wirkt hier das Strafgericht aktiv bei der Sachaufklärung mit. Der mutmaßliche Straftäter braucht grundsätzlich nichts zur Sach- und Tataufklärung beizutragen. Meist liegt es jedoch in seinem eigenen Interesse, ihm zugängliche entlastende Beweismittel in die Ermittlungen einfließen zu lassen, um sich von dem gegen ihn erhobenen Tatvorwurf zu befreien.

---

[1] Der Staatsanwalt ist ein Organ der Rechtspflege. Im Rahmen der Gesetze verfolgt er Straftaten und leitet verantwortlich die Ermittlungen der sonst mit der Strafverfolgung befassten Stellen. Wenn sich für den Staatsanwalt nach Abschluss seiner Ermittlungen ein hinreichender Tatverdacht ergibt (das heißt, es muss zum Nachteil des Beschuldigten die Wahrscheinlichkeit für eine Verurteilung bestehen), erhebt er Anklage vor dem zuständigen Gericht.

[2] Gemäß § 25 GVG entscheidet der Richter am Amtsgericht als Strafrichter bei Vergehen, bei denen sie im Wege der Privatklage verfolgt werden oder für die eine höhere Strafe als eine Freiheitsstrafe von zwei Jahren nicht zu erwarten ist. Im Übrigen ist das Amtsgericht für Strafsachen zuständig, die nicht als »Kapitalstraftaten« nach dem Straftatenkatalog des § 74 Abs. 2 GVG gelten (§ 24 Abs. 1 Nr. 1 GVG).

[3] Die Strafkammern sind zuständig für alle Verbrechen, die nicht zur Zuständigkeit der Amtsgerichte oder des Oberlandesgerichtes gehören, § 74 Abs. 1 Satz 1 GVG. Im Übrigen ergibt sich ihre Zuständigkeit hauptsächlich für alle Straftaten, bei denen eine höhere Strafe als vier Jahre Freiheitsstrafe zu erwarten ist (§ 74 Abs. 1 Satz 2 GVG), und wenn eine Straftat aus dem Straftatenkatalog gem. § 74 Abs. 2 GVG vorliegt.

[4] Die der Begehung einer Straftat verdächtige Person wird bis zur Anklage durch den Staatsanwalt als »Beschuldigte«, nach der Zulassung der Anklage zum Hauptverfahren durch das angerufene Gericht als »Angeschuldigter« und in der Hauptverhandlung als »Angeklagter« bezeichnet.

II. Zivilgerichte

Vor den Zivilgerichten werden Rechtsstreitigkeiten gleichgeordneter Parteien verhandelt. In der Regel handelt es sich dabei um die Geltendmachung bzw. um die Abwehr zivilrechtlicher (bürgerlich-rechtlicher) Ansprüche.

 Beispiel:
A kauft bei B ein Auto. A zahlt nicht. B muss seinen Zahlungsanspruch gegen A im Wege einer zivilrechtlichen Klage gerichtlich geltend machen.

Im Gegensatz zum Strafprozess spielt das Gericht im Zivilprozess eher eine passive Rolle. Das gesamte Verfahren wird von dem Grundsatz der **Parteiautonomie** beherrscht: Danach liegt es ausschließlich bei den Parteien, den Streitstoff in den Prozess einzubringen bzw. diesen zu ermitteln und über seine Feststellungsbedürftigkeit zu entscheiden. Das Gericht darf daher über Tatsachen, die nicht von einer Partei vorgetragen werden, keine Entscheidung treffen. Darüber hinaus darf es die Wahrheit einer Tatsachenbehauptung nur dann feststellen, wenn sie bestritten ist. Somit stellt das Gericht lediglich den »Rahmen« für eine juristisch sachliche Streitaustragung zur Verfügung. Die **Zivilprozessordnung** (ZPO) hält dafür diverse Verfahrensregeln bereit.

III. Verwaltungsgerichte

Der Rechtsweg zu den Verwaltungsgerichten ist in der Regel bei öffentlich-rechtlichen Streitigkeiten nichtverfassungsrechtlicher Art eröffnet. Vor den Verwaltungsgerichten klagt entweder eine Behörde gegen einen Bürger oder umgekehrt. Die Stellung der Parteien im Verwaltungsprozess hängt davon ab, wie die Behörde im Vorfeld des Rechtsstreits gegenüber dem Bürger aufgetreten ist.

Die Rechtsbeziehungen zwischen der Behörde und dem Bürger können auf

- fiskalischem Handeln,
- schlichtem Verwaltungshandeln,
- hoheitlichem Handeln oder
- verwaltungsvertraglichem Handeln

der Behörde beruhen.

1. Fiskalisches Handeln der Behörde

Im Rahmen des fiskalischen Handelns begibt sich die Behörde auf die Ebene des Bürgers. Mit diesem tritt sie dann in eine Rechtsbeziehung ein. Eine in diesem Zusammenhang entstandene Rechtsstreitigkeit wird *vor dem Zivilgericht und nicht vor dem Verwaltungsgericht* ausgetragen, da die streitentscheidenden Normen dem Zivilrecht zuzuordnen sind.

 Beispiel:
Das Arbeitsamt der Stadt A kauft Druckerpapier beim Schreibwarengroßhändler B ein. Das gelieferte Druckerpapier ist jedoch für Laserdrucker ungeeignet.

2. Hoheitliches Handeln der Behörde

Die Verwaltung wird in der Regel *hoheitlich*, d.h. nach dem ihr eigenen Verwaltungsrecht und damit öffentlich-rechtlich tätig.[5] Die klassische Handlungsform der Behörde gegenüber dem Bürger ist der **Verwaltungsakt**[6]: Er ermöglicht es der Verwaltung, schnell und verbindlich zu handeln.

 Beispiele:
- Die Ordnungsbehörde lässt das im Parkverbot abgestellte Fahrzeug des A abschleppen (belastender Verwaltungsakt).
- Die Bauordnungsbehörde erteilt A die beantragte Baugenehmigung (begünstigender Verwaltungsakt).

---

[5] Dies gilt nicht ausnahmslos. In einigen Bereichen kommt ausschließlich oder alternativ Privatrecht zur Anwendung (z.B. Beschaffung von Sachgütern, erwerbswirtschaftliche Betätigung der Verwaltung oder die Ausgestaltung von Leistungs- oder Benutzungsverhältnissen öffentlicher Einrichtungen).

[6] Die Bestimmung, ob das jeweilige Verwaltungshandeln einen Verwaltungsakt darstellt oder nicht, ist oftmals schwierig. Gemäß § 35 Verwaltungsverfahrensgesetz vom 25. Mai 1976 (BGBl. I, S. 1253) ist in jeder Verfügung, Entscheidung oder anderen hoheitlichen Maßnahme, die eine Behörde zur Regelung eines Einzelfalls auf dem Gebiet des öffentlichen Rechts trifft und die auf unmittelbare Rechtswirkung nach außen gerichtet ist, ein Verwaltungsakt zu erkennen.

Im Verwaltungsprozess kann sich der Bürger gegen die Erteilung eines ihn belastenden Verwaltungsaktes oder gegen die Versagung eines von ihm beantragten begünstigenden Verwaltungsaktes mit der Behauptung wehren, die Entscheidung der Verwaltung sei rechtswidrig gewesen. Ähnlich wie im Strafprozess muss das Gericht auch im Verwaltungsprozess den Sachverhalt von Amts wegen untersuchen (vgl. § 86 Abs. 1 Satz 1 VwGO). Dieser Untersuchungsgrundsatz gilt aber – anders als im Strafprozess – nur eingeschränkt, da die Parteien im Verwaltungsprozess zudem eine **Mitwirkungspflicht** zur Sachverhaltsaufklärung trifft (vgl. § 26 Abs. 2 VwVfG).

3. Schlichtes Verwaltungshandeln

Schlichtes Verwaltungshandeln führt zu einer Rechtsbeziehung zwischen der Behörde und dem Bürger, die von der Behörde nicht zielgerichtet herbeigeführt worden ist.

 Beispiele:
- Die Stadt A hat einen Sportplatz angelegt, der an das Feld des Bauern B grenzt. Durch ständig herüberfliegende Bälle wird ein beachtlicher Teil der Saat zerstört.
- Die Stadt A hat eine Müllverbrennungsanlage errichtet. Die anliegenden Anwohner werden seitdem durch Gerüche stark belästigt.

Ähnlich wie beim hoheitlichen Handeln der Behörde durch einen Verwaltungsakt prüft das Gericht beim schlichten Verwaltungshandeln die Rechtmäßigkeit des Eingriffs in die Rechte des Bürgers. Auch hier hat das Gericht die Pflicht zur Aufklärung des Sachverhaltes (s.o.).

IV. Das Bundesverfassungsgericht

Das Bundesverfassungsgericht wird gemeinhin als »Hüter der Verfassung« bezeichnet. Es befasst sich im Wesentlichen mit den Rechtsfragen, die die Auslegung und Bedeutung von Rechtssätzen des Grundgesetzes betreffen. Das Bundesverfassungsgericht ist nur in vereinzelten Rechtsfragen zuständig und entscheidet hauptsächlich bei Rechtsstreitigkeiten

- hinsichtlich der die Verfassungswidrigkeit von Parteien (**Parteiverbot**[7]),
- von Verfassungsorganen um Verfassungsrechte (**Organstreitverfahren**[8]),
- von Bund und Ländern um bestimmte Kompetenzen (**Bund-Länder-Streit**[9]),
- bei denen eine beliebige Person die Verletzung von Grundrechten oder grundrechtsgleicher Rechte[10] durch den Staat geltend macht (**Verfassungsbeschwerde**[11]).

---

[7] Art. 21 Abs. 2 GG vom 23. Mai 1949 (BGBl., S. 1) i.V.m. § 13 Nr. 2 Bundesverfassungsgerichtsgesetz in der Fassung der Bekanntmachung vom 11. August 1993 (BGBl. I, S. 1473).

[8] Art. 93 Abs. 1 Nr. 1 GG.

[9] Art. 93 Abs. 1 Nr. 3 GG.

[10] Beispielsweise das Recht auf gerichtliche Anhörung gem. Art. 103 Abs. 1 GG.

[11] Art. 93 Abs. 1 Nr. 4a GG.

Teil 2
Strafrecht

A. Grundlagen des Strafrechts

I. Begriffsbestimmung

Als Strafrecht bezeichnet man den Teil der Rechtsordnung, der[12]

- die Voraussetzungen der Strafbarkeit sowie
- die einzelnen Merkmale der Straftat definiert,
- bestimmte Strafen androht und
- neben sonstigen Rechtsfolgen Maßregeln der Besserung und Sicherung festlegt.

⚠ Das Strafrecht in diesem Sinne gibt also Aufschluss darüber, *ob* sich jemand strafbar gemacht hat oder nicht.

Das Strafrecht ist ein Teilgebiet des öffentlichen Rechts, da es Beziehungen hoheitlicher Natur zwischen Staat und Bürger regelt. Als hauptsächliche Rechtsquelle des Strafrechts gilt das **Strafgesetzbuch** (StGB). Darüber hinaus existieren weitere Gesetze, die sich im Wesentlichen mit der Regelung einer bestimmten Rechtsmaterie befassen und nur begleitend Strafvorschriften enthalten. Die Gesamtheit der Strafvorschriften außerhalb des Strafgesetzbuches wird als **Nebenstrafrecht** bezeichnet. Solche Strafvorschriften enthalten beispielsweise die nachfolgenden Gesetze:

---

[12] Wessels/Beulke, Strafrecht AT, § 1, RN 3.

- das Arzneimittelgesetz (AMG),[13]
- das Betäubungsmittelgesetz (BtMG),[14]
- das Infektionsschutzgesetz (IfSG),[15]
- das Straßenverkehrsgesetz (StVG).[16]

Diese Gesetze verfolgen andere als strafrechtliche Ziele. Sie regulieren Teile unseres Alltagslebens (Sicherheit im Verkehr mit Arzneimitteln und Betäubungsmitteln, Verhütung und Bekämpfung von Infektionskrankheiten, Straßenverkehr) und haben ihren Schwerpunkt deshalb im exekutiven Bereich der Verwaltungsaufgaben. Sie setzen aber strafrechtliche Instrumente zur Absicherung und Flankierung der exekutiven Ziele ein, das heißt, ein bestimmtes beschriebenes Verhalten wird unter Strafandrohung gestellt.

II. Das gesellschaftliche Bedürfnis nach einem Strafrecht

Aufgrund der Erfahrungen der Menschheitsgeschichte ergibt sich die Rechtfertigung für die Existenz des Strafrechts schon aus seiner unbestreitbaren Notwendigkeit für ein geregeltes Zusammenleben.[17] Dem Interesse einer staatlichen Gemeinschaft an der Erhaltung ihrer Grundwerte und an der Bewahrung des Rechtsfriedens innerhalb der Gesellschaft kann nur dadurch Rechnung getragen werden, dass die Rechtsordnung bestimmte sozialschädliche Verhaltensweisen unter Strafandrohung verbietet. Die Verhaltensnormen des Strafrechts gründen daher in den sozialethischen Wertvorstellungen der Rechtsgemeinschaft. Gesellschaftliche Wertvorstellungen wiederum unterliegen einem stetigen Wandel, dem sich das Strafrecht anpassen muss. Seit der Neufassung des StGB von 1975 sind daher zahlreiche Gesetzesänderungen erfolgt.

Eine der einschneidendsten strafrechtlichen Änderungen der jüngsten Zeit ist durch die Verabschiedung des **Sechsten Gesetzes zur Reform des Strafrechts**[18] durch den Deutschen Bundestag erfolgt. Vor dem Hintergrund einer Reihe furchtbarer Sexualverbrechen an Kindern war es das vorrangige Ziel der Reform, die Wertungswidersprüche und Ungleichgewichte

---

[13] §§ 95 ff. Arzneimittelgesetz vom 11. Dezember 1998 (BGBl. I, S. 3586).

[14] §§ 29 ff. Betäubungsmittelgesetz vom 1. März 1994 (BGBl. I, S. 357).

[15] §§ 73 ff. Infektionsschutzgesetz vom 20. Juli 2000 (BGBl. I, S. 1045).

[16] §§ 21 ff. Straßenverkehrsgesetz vom 19. Dezember 1952 (BGBl. I, S. 837).

[17] Wessels/Beulke, Strafrecht AT, § 1, RN 2.

[18] Sechstes Gesetz zur Reform des Strafrechts vom 26. Januar 1998 (BGBl. I, S. 164).

zwischen Straftaten gegen **höchstpersönliche Rechtsgüter** (Leib, Leben, Recht auf sexuelle Selbstbestimmung etc.) einerseits und **Vermögens- und Urkundsdelikten** (Eigentum, Besitz, Vertrauen auf die Echtheit einer Urkunde im Rechts- und Geschäftsverkehr etc.) andererseits zu beseitigen. Während das StGB seit seinem ersten Inkrafttreten im Jahre 1871 seiner Grundkonzeption nach vor allem dem Schutz von Vermögensgütern (Eigentum, Besitz etc.) große Bedeutung zugemessen hat,[19] wuchs die gesellschaftliche Forderung nach einer effektiven und harten Bestrafung von Straftaten gegen höchstpersönliche Rechtsgüter, insbesondere von Sexualstraftaten, stetig.[20] Diesem Verlangen wurde im Zuge der Strafrechtsreform durch die Erhöhung der Strafrahmen weitestgehend nachgekommen.

III. Die verfassungsrechtlichen Grundsätze des Strafrechts

Das Strafrecht bietet dem Staat die Grundlage für die Bestrafung von Personen. Damit geht zugleich ein besonders schwerwiegender Eingriff in die Grundrechte der straffällig gewordenen Personen einher. Zum Schutz der Bürger vor willkürlicher Ausdehnung staatlicher Strafgewalt gebieten die Grundprinzipien eines Rechtsstaates, seine strafrechtlichen Einflussmöglichkeiten gegenüber den Bürgern zu begrenzen und das Strafrecht klaren, in der Verfassung verankerten Regeln zu unterwerfen.

 Art. 103 Abs. 2 GG

Eine Tat kann nur[21] bestraft werden, wenn die Strafbarkeit gesetzlich bestimmt[22] war, bevor[23] die Tat begangen wurde.

 § 1 StGB

Eine Tat kann nur bestraft werden, wenn die Strafbarkeit gesetzlich bestimmt war, bevor die Tat begangen wurde.

---

[19] Zu Beginn des Industriezeitalters am Anfang des 20. Jahrhunderts begann die Gesellschaft in beachtlichem Maße mit der Mehrung von Vermögensgütern. Diesen »Vermögensstatus« galt es damals unter Androhung strafrechtlicher Sanktion vornehmlich zu schützen. Das menschliche Individuum genoss dagegen zwar einen übergeordneten, aber längst nicht so hohen Stellenwert, wie es ihn in der heutigen Gesellschaft einnimmt.

[20] Ausführlich: Kreß, Das Sechste Gesetz zur Reform des Strafrechts, NJW 1998, S. 633 ff.

[21] Das Wort »nur« verbietet die Begründung einer Strafbarkeit aufgrund von Rechtskonstruktionen und Rechtsfortbildungen, wie etwa durch Analogie.

[22] Daraus wird der Bestimmtheitsgrundsatz abgeleitet.

[23] Daraus wird das Gesetzlichkeitsprinzip abgeleitet.

Indem § 1 StGB in *gewollter wörtlicher Übereinstimmung* mit Art. 103 Abs. 2 GG die Forderung wiederholt, dass eine Tat nur dann bestraft werden kann, wenn die Strafbarkeit der Tat vor ihrer Begehung gesetzlich bestimmt war, wird die Bedeutung und Position des Strafrechts in unserem Verfassungssystem hervorgehoben. Ein Verstoß gegen die durch § 1 StGB gebotene Garantiefunktion des Strafrechts stellt eine Verletzung von materiellem Verfassungsrecht dar und kann daher mit einer Verfassungsbeschwerde gerügt werden.

Von seinem Ursprung her geht Art. 103 Abs. 2 GG (und § 1 StGB) auf rechtsstaatliche Grundsätze[24] zurück, die dem Gedankengut (Freiheitsidee) der Französischen Revolution entspringen.[25] Diese bedeutenden verfassungsrechtlichen Prinzipien sind:

- das Gesetzlichkeitsprinzip,
- der Bestimmtheitsgrundsatz und das Analogieverbot,
- das Rückwirkungsverbot.

1. Das Gesetzlichkeitsprinzip

Das Gesetzlichkeitsprinzip bestimmt, dass nur ein **geschriebenes**[26] Gesetz die Strafbarkeit einer Handlung begründen und eine bestimmte Strafe als Rechtsfolge androhen kann. Daraus lässt sich folgende Kernaussage herausarbeiten:

 Keine Strafe ohne Gesetz!

Überdies müssen die Strafbarkeitsvoraussetzungen und die Straffolgen bereits **vor** Begehung der Tat gesetzlich festgeschrieben sein. Die Tat ist zu dem Zeitpunkt begangen, zu dem der Täter die gesetzlich mit einer Strafe sanktionierte Handlung begangen hat bzw. im Falle des Unterlassens zu einem aktiven Handeln verpflichtet war. Auf den Zeitpunkt des Erfolgseintritts kommt es nicht an.

---

[24] BVerfGE 7, S. 89 (92).

[25] Von Münch/Kunig, Grundgesetzkommentar, Band 3, Art. 103, RN 16.

[26] Im Gegensatz zu ungeschriebenem Recht, z.B. dem Gewohnheitsrecht.

Beispiel:
Der Psychotherapeut A nahm bis zum Inkrafttreten des Sechsten Strafrechtsreformgesetzes am 1. April 1998 wiederholt sexuelle Handlungen an der bei ihm in Behandlung
befindlichen volljährigen Patientin P vor. Diese war mit den Handlungen des A niemals
einverstanden gewesen, ließ ihn jedoch gewähren in dem festen Glauben, dass die
sexuellen Handlungen – das hatte ihr A zuvor eindringlich vermittelt – ein wesentlicher
Bestandteil der Therapie seien.

Der im obigen Beispiel erwähnte Psychotherapeut A kann wegen seiner sexuellen Handlungen
an P nicht bestraft werden, da er entsprechend der Rechtslage vor Inkrafttreten des Sechsten
Strafrechtsreformgesetzes keinen Straftatbestand erfüllt hat. Die Bestrafung wegen eines
eventuell in Betracht kommenden sexuellen Missbrauchs Widerstandsunfähiger gem. § 179
StGB a.F. hätte auf Seiten von P eine geistige bzw. seelische oder körperliche Widerstands-
unfähigkeit erfordert. P war jedoch sowohl geistig als auch körperlich imstande, sich gegen
die Handlungen des A zu wehren.

Die sich in diesem Zusammenhang ergebende Strafbarkeitslücke hat der Gesetzgeber nun
durch das Sechste Strafrechtsreformgesetz mit Wirkung zum 1. April 1998 durch eine entsprechende Regelung im § 174c StGB n.F., »Sexueller Missbrauch unter Ausnutzung eines
Beratungs-, Behandlungs- oder Betreuungsverhältnisses«, geschlossen. Eine Bestrafung des
A nach dem neuen § 174c StGB kann jedoch wegen des Gesetzlichkeitsprinzips nicht erfolgen, da die sexuellen Handlungen vor Inkrafttreten der entsprechenden Vorschrift begangen
wurden.

2. Der Bestimmtheitsgrundsatz und das Analogieverbot

Nach dem Bestimmtheitsgrundsatz müssen Strafgesetze hinsichtlich der in ihnen festge-
schriebenen Strafbarkeitsvoraussetzungen und Rechtsfolgen ein Mindestmaß an Bestimmtheit
aufweisen. Denn die Gesetzesfassung muss dem Bürger Klarheit darüber verschaffen, was
verboten ist und welche Strafe bei einem Verstoß droht. Demgemäß sind die einzelnen
Merkmale eines Straftatbestandes so konkret zu umschreiben, dass ihr Sinn und Bedeutungs-
gehalt eindeutig zu ermitteln ist. Allerdings ist nicht jedes Merkmal einer Rechtsvorschrift
in seiner Bedeutung klar zu bestimmen, so dass es dem Richter vorbehalten sein muss, die
jeweilige Rechtsvorschrift oder den Rechtsbegriff auszulegen. Ziel dieser **Auslegung** ist
die Klarstellung des Gesetzeszwecks und ggf. seine Anpassung an die veränderten Bedürfnisse
und Anschauungen der Gegenwart.[27]

---

[27] Wessels/Beulke, Strafrecht AT, § 2, RN 1.

Die Ausfüllung von Gesetzeslücken durch Erweiterung und Weiterentwicklung allgemeiner Rechtssätze wird demgegenüber als **Analogie** bezeichnet **(Rechtsneuschöpfung)**. Die Analogie ist im Gegensatz zur Gesetzesauslegung durch Art. 103 Abs. 2 GG im Strafrechtswesen verboten, da dem Bürger ggf. nicht klar ist, ob er etwas Erlaubtes oder Verbotenes tut. Ein im Wege der Analogie entwickelter Rechtssatz ist im Gesetz nämlich nicht niedergeschrieben. Daher kann vom juristischen Laien auch nicht verlangt werden, einen solchen Rechtssatz zu kennen. Ein Verstoß gegen eine solche fiktive Rechtsvorschrift führt somit nicht zur Strafbarkeit des Handelnden.

3. Das Rückwirkungsverbot

Weder strafbegründende noch strafverschärfende Gesetze dürfen rückwirkende Kraft entfalten.

 Beispiel:
Vor Inkrafttreten des Sechsten Strafrechtsreformgesetzes misshandelte A die ihm wegen Geistesschwäche zur Betreuung in einem Landeskrankenhaus anvertraute P. Nach Inkrafttreten der Strafrechtsreform soll A verurteilt werden.

A hat sich gem. § 174a StGB a.F. wegen sexuellen Missbrauchs von Kranken in Anstalten strafbar gemacht. Der Strafrahmen des § 174a StGB a.F. sieht eine Bestrafung durch Freiheitsstrafe bis zu fünf Jahren oder durch Geldstrafe vor. Der mit dem Inkrafttreten des Sechsten Strafrechtsreformgesetzes geltende und im obigen Beispiel anwendbare § 225 StGB n.F. würde hingegen eine härtere Bestrafung mit einer Freiheitsstrafe von sechs Monaten bis zu zehn Jahren vorsehen. Die Bestrafung durch eine Geldstrafe ist ganz weggefallen. Wegen des Rückwirkungsverbots kann A nicht nach der neuen, sondern nur nach der alten Rechtslage bestraft werden. Demnach kommt für A nur eine maximale Freiheitsstrafe von fünf Jahren in Betracht.

IV. Die Einteilung in Deliktsgruppen

Die Delikte des Strafrechts definieren die Voraussetzungen für die Strafbarkeit menschlichen Verhaltens, das die Gesellschaft als gemeinschädlich und verwerflich ansieht. Grundsätzlich entscheidet die angedrohte Strafe über die Einordnung der Straftat. Gemäß § 12 StGB werden alle rechtswidrigen Taten in die Deliktstypen **Verbrechen und Vergehen** eingeordnet.

§ **§ 12 StGB – Verbrechen und Vergehen**

Verbrechen sind rechtswidrige Taten, die im Mindestmaß mit Freiheitsstrafe von einem Jahr oder darüber bedroht sind.

Vergehen sind rechtswidrige Taten, die im Mindestmaß mit einer geringeren Freiheitsstrafe oder mit Geldstrafe bedroht sind.

[...]

Zusätzlich muss je nach der Art der im jeweiligen Straftatbestand beschriebenen Handlung zwischen verschiedenen Formen von Straftaten unterschieden werden. Die Einordnung in Deliktsgruppen richtet sich danach, ob an ein bestimmtes Verhalten des Täters oder an den Eintritt eines von der Rechtsordnung missbilligten Erfolges angeknüpft wird.

! **Die Deliktsgruppen im Überblick**

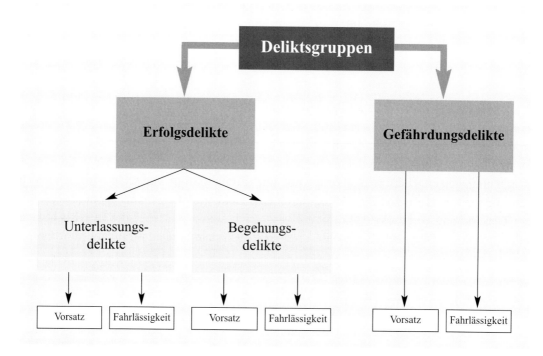

1. Erfolgs- und Tätigkeitsdelikte

Nach der Beziehung zwischen Handlung und Erfolg werden Erfolgs- und Tätigkeitsdelikte unterschieden.

 Delikte, bei denen die Bestrafung eines bestimmten verwerflichen Erfolges im Vordergrund steht, nennt man **Erfolgsdelikte**.

Beispiele:
- A tötet B. A hat sich wegen Totschlags gem. § 212 StGB strafbar gemacht. § 212 StGB stellt den verwerflichen Erfolg – den Tod eines anderen Menschen – unter Strafe.
- A schlägt B ins Gesicht. A hat sich wegen Körperverletzung gem. § 223 StGB strafbar gemacht. § 223 StGB stellt den verwerflichen Erfolg – die Verletzung des Körpers eines anderen Menschen – unter Strafe.

Weitere Erfolgsdelikte sind u.a. Nötigung (§ 240 StGB) und Betrug (§ 263 StGB).

Schlichte **Tätigkeitsdelikte** setzen keinen solchen wahrnehmbaren Erfolg voraus. Ihr Unrechtstatbestand wird bereits durch das im Gesetz umschriebene Tätigwerden als solches erfüllt.

 Beispiel:
A wird in einem Verfahren vor dem Strafrichter unter Eid als Zeuge vernommen. Es stellt sich heraus, dass seine Aussage wahrheitswidrig war. A hat sich wegen Meineides gem. § 154 Abs. 1 StGB strafbar gemacht. Für die Begehung eines Meineides ist lediglich erforderlich, dass der Täter falsch schwört; auf einen darüber hinausgehenden Erfolg, etwa dass das später gefällte Urteil auf dem Meineid beruht, kommt es nicht an.

Weitere Tätigkeitsdelikte sind u.a. sexueller Missbrauch von Schutzbefohlenen (§ 174 StGB) und Beteiligung am Glücksspiel (§ 285 StGB).

2. Verletzungs- und Gefährdungsdelikte

Die Einteilung in Verletzungs- und Gefährdungsdelikte stellt auf die Intensität der Beeinträchtigung des betroffenen Handlungsobjekts ab.

⚠ Zum Tatbestand der **Verletzungsdelikte** gehört eine Handlung, die zu einem Schadenseintritt führt. Dies ist u.a. beim Totschlag gem. § 212 StGB, der Körperverletzung gem. § 223 StGB, der Sachbeschädigung gem. § 303 StGB und dem Diebstahl gem. § 242 StGB der Fall.

Häufig jedoch gibt es Verhaltensweisen, die ihrer Natur nach so gefährlich sind, dass das Gesetz bereits das gefährliche Handeln unter Strafe stellt, ohne dass es für die Strafbarkeit auf den Erfolgseintritt ankommt.

⚠ Die Delikte, die bereits die Schaffung von Gefahren oder Gefahrenquellen betreffen, werden als **Gefährdungsdelikte** bezeichnet.

In der Regel werden Gefährdungsdelikte hauptsächlich im Straßenverkehr (z.B. §§ 315 c und 316 StGB) oder durch eine Brandstiftung (§ 306a StGB) begangen.

3. Begehungs- und Unterlassungsdelikte

Die Erfolgsdelikte werden im Hinblick auf die Handlungsform des Täters nochmals unterteilt. Der Täter kann nämlich einen Erfolg grundsätzlich durch ein **positives Tun** oder durch ein **Unterlassen** herbeiführen.

⚠ Der größte Teil der Delikte ist hauptsächlich auf die Begehung durch ein positives Tun ausgerichtet. Man nennt diese Deliktsgruppe daher **Begehungsdelikte**.

 Beispiel:
Pflegekraft N verabreicht Patient P unsachgemäß eine intramuskuläre Injektion. Patient P bekommt daraufhin einen Spritzenabszess.

N begeht das Delikt der Körperverletzung gem. § 223 StGB durch ein positives Tun, nämlich durch die fehlerhafte Verabreichung einer Injektion.

Die Delikte, die nur durch ein Unterlassen verwirklicht werden können, werden als **echte Unterlassungsdelikte** bezeichnet.

Beispiel:
Pflegekraft A gelangt nachts als Autofahrer an eine Unfallstelle, an der er den stark verletzten B bewusstlos vorfindet. Da A seine neue Jeans nicht verschmutzen möchte, lässt er B liegen, ohne Hilfe zu leisten, und entfernt sich vom Unfallort.

Im obigen Beispiel hat A sich wegen unterlassener Hilfeleistung gem. § 323 c StGB strafbar gemacht.

 § 323c StGB – Unterlassene Hilfeleistung
Wer bei Unglücksfällen oder gemeiner Gefahr oder Not nicht Hilfe leistet, obwohl dies erforderlich und ihm den Umständen nach zuzumuten, insbesondere ohne erhebliche eigene Gefahr und ohne Verletzung anderer wichtiger Pflichten möglich ist, wird mit Freiheitsstrafe bis zu einem Jahr oder mit Geldstrafe bestraft.

Von den »echten Unterlassungsdelikten« unterscheidet man die Gruppe der **unechten Unterlassungsdelikte**. Sie stellen das Gegenstück zu den Begehungsdelikten dar. Unechte Unterlassungsdelikte sind demnach Erfolgsdelikte, bei denen die Strafbarkeit an die Unterlassung der Erfolgsabwendung anknüpft, soweit der Täter rechtlich dafür einzustehen hatte, dass der Erfolg nicht eintritt. Diese **Erfolgsabwendungspflicht** wird auch als **Garantenpflicht**[28] bezeichnet. Zudem muss eine **individuelle Bewertung** des Handelns ergeben, *dass das Unterlassen einem positiven Tun entspricht.* Gerade in diesem letzten Punkt unterscheiden sich die unechten von den echten Unterlassungsdelikten, bei denen der Gesetzgeber bereits die Gleichwertigkeit von positivem Tun und Unterlassen bestimmt hat.

Die Möglichkeit, jedes Erfolgsdelikt unter bestimmten Umständen auch durch Unterlassen verwirklichen zu können, ergibt sich aus:

---

[28] Der Täter gilt als Garant dafür, dass der missbilligte Erfolg nicht eintritt.

§ 13 StGB – Begehen durch Unterlassen

(1) Wer es unterlässt, einen Erfolg abzuwenden, der zum Tatbestand eines Strafgesetzes gehört, ist nach diesem Gesetz nur dann strafbar, wenn er rechtlich dafür einzustehen hat, dass der Erfolg nicht eintritt, und wenn das Unterlassen der Verwirklichung des gesetzlichen Tatbestandes durch ein Tun entspricht.
(2) ...

 Beispiel:
Pflegekraft K unterlässt es aus Bequemlichkeit, dem bettlägerigen Patienten P der Anweisung des zuständigen Arztes entsprechend ein thrombosehemmendes Mittel zu verabreichen. P erkrankt daraufhin an einer schweren Thrombose.

Pflegekraft K hat sich wegen Körperverletzung durch Unterlassen gem. §§ 223, 13 StGB strafbar gemacht. K war aufgrund seiner Dienstanweisung dazu verpflichtet, den für P nachteiligen Erfolg, nämlich dessen Erkrankung, von ihm abzuwenden. Überdies entspricht hier ohne weiteres das Unterlassen einem positiven Tun. Gleiches gilt für den folgenden Fall:

 Beispiel:
Pflegekraft S führt beim Patienten P keine Dekubitusprophylaxe durch. Bei P bildet sich daraufhin ein Durchliegegeschwür.

Die Pflegekraft S hat sich wie im vorherigen Beispiel wegen Körperverletzung durch Unterlassen gem. §§ 223, 13 StGB strafbar gemacht. S ist aufgrund ihres Arbeitsvertrages verpflichtet, Schaden von Patienten abzuwenden. Durch die Nichtvornahme der erforderlichen Dekubitusprophylaxe ist das Durchliegegeschwür entstanden. Auch hier ist das Unterlassen dem positiven Tun gleichzusetzen.

⚠ Bei unechten Unterlassungsdelikten ist für jeden Einzelfall gesondert das Bestehen einer Erfolgsabwendungspflicht (Garantenpflicht) zulasten des Täters zu überprüfen. Gerade jedoch im Bereich der Kranken- und Altenpflege wird die Pflegekraft mit vielen Vorschriften konfrontiert, die ihr eine Pflicht zum Handeln auferlegen. Hier ist neben den verschiedenen Dienstanweisungen und Rundverfügungen vor allem der Arbeitsvertrag zu nennen. Deshalb ist das Risiko der Pflegekraft, sich durch eine unterlassene Handlung i.S.d. § 13 StGB strafbar zu machen, verhältnismäßig hoch.

Einen Anhaltspunkt für das Bestehen einer Erfolgsabwendungspflicht (Garantenpflicht) des Täters ergeben folgende aus der Rechtsprechung und der Gesetzessystematik entwickelte Fallgruppen:

Hütergaranten Jemand muss sozialtypische Gefahren von den Rechtsgütern eines anderen abwenden.	**Überwachergaranten** Jemand hat eine Gefahrenquelle geschaffen und ist verantwortlich dafür, fremde Rechtsgüter vor den von dieser Gefahrenquelle ausgehenden Gefahren zu schützen.
I) Personensorge • Eltern – Kind (§§ 1626, 1631 BGB), • Betreuer – Betreute (§§ 1896, 1901 BGB), • Mutter – nichteheliches Kind (§§ 1705, 1631 BGB).	**I) Verkehrssicherungspflichten** z.B. für das Auto, Gebäude etc.
II) Enge persönliche Verbundenheit (nicht gesetzlich normiert) • Angehörige (Indiz § 11 StGB), • Ehegatten (Indiz § 1353 BGB).	**II) Ingerenz** Garantenstellung aus pflichtwidrigem gefährdenden Vorverhalten
III) Garantenstellung als Amtsträger • Polizei (str.), • Organ einer juristischen Person.	
△ **IV) Garantenstellung kraft *faktischer* oder *vertraglicher* Übernahme von Schutz- und Beistandspflichten** • Arzt, • Pflegekräfte, • Hebamme.	
V) Garantenstellung aus Gefahren- oder Lebensgemeinschaft z.B. Bergwanderer untereinander	

Der nachfolgende Fall des AG Besigheim[29] ist exemplarisch für die Problematik der unechten Unterlassungsdelikte im Pflegebereich.

 Beispiel:

Ein 16-jähriges Mädchen wurde mit einer Platzwunde, die sie sich bei einem Verkehrsunfall am Kopf zugezogen hatte, in ein Krankenhaus eingeliefert. Im Nachtbuch befanden sich keine Eintragungen über die Patientin, und eine mündliche Übergabe an die Pflegekraft im Nachtwachendienst wurde versäumt. In der Nacht erbrach das Mädchen zweimal und klagte über starke Kopfschmerzen. Die Nachtwache wollte den Stationsarzt herbeirufen, vergaß dies aber, weil sie überlastet war. Sie spritzte dem Mädchen später ein Beruhigungsmittel. Daraufhin nahm der Pulsschlag ab, was die Nachtwache als Zeichen der Besserung wertete. In der Nacht verstarb die Patientin an einer Gehirnblutung aufgrund eines auf den Röntgenbildern nicht erkennbaren Schädelbasisbruchs, den sie bei dem Verkehrsunfall erlitten hatte.

Das AG Besigheim hat in diesem Fall entschieden, dass die Nachtwache fahrlässig gehandelt hat, und sie wegen fahrlässiger Tötung durch Unterlassen verurteilt. Die Pflegekraft hätte schon beim ersten Erbrechen den Arzt verständigen müssen, erst recht jedoch beim zweiten Erbrechen. Sie hatte eine Rechtspflicht zum Handeln (= Garantenstellung). Diese Pflicht hätte sie aufgrund ihrer Ausbildung und Erfahrung erkennen müssen. Durch **pflichtwidriges Unterlassen** seitens der Pflegekraft kam es dazu, dass die Ärzte nicht von der Gefährlichkeit des Krankheitsverlaufs unterrichtet wurden und keine entsprechenden Gegenmaßnahmen treffen konnten. Die Pflegekraft konnte sich auch nicht erfolgreich auf ihre Überlastung stützen. Zwar kann im Einzelfall in Stresssituationen ein geringeres Verschulden vorliegen bzw. das Verschulden ganz entfallen, in der Regel wird dies aber nicht gegeben sein. Der Umstand der Überlastung kann sich allenfalls auf die Strafzumessung auswirken.

V. Der Aufbau eines Strafdelikts

Die Strafdelikte teilen sich auf in einen beschreibenden Teil, den sog. **Tatbestand**, und den Teil, der die Strafe festlegt, die sog. **Rechtsfolge**. Der Tatbestand eines Strafdelikts

---

[29] AG Besigheim vom 27. August 1974 (3 Ls 226/74).

umschreibt das als strafwürdig anzusehende menschliche Handeln. Der Tatbestand ist Grundlage der richterlichen Entscheidung. Die Rechtsfolge des Strafdelikts legt die Sanktionen für das als strafwürdig anzusehende menschliche Handeln fest. Die Festsetzung des Strafmaßes innerhalb des vom jeweiligen Tatbestand vorgegebenen Strafrahmens ist die Aufgabe des Richters. Als Rechtsfolge kommt sowohl die Freiheitsstrafe als auch die Geldstrafe in Betracht.

Dies soll exemplarisch am Straftatbestand des Diebstahls gem. § 242 Abs. 1 StGB verdeutlicht werden:

| § **§ 242 Abs. 1 StGB**

Wer eine fremde bewegliche Sache einem anderen in der Absicht wegnimmt, die Sache sich oder einem Dritten rechtswidrig zuzueignen, | **Tatbestand**
Der Tatbestand eines Strafgesetzes besteht aus verschiedenen Tatbestandsmerkmalen (z.B. »fremd«, »beweglich«, »Sache«), die *alle* erfüllt sein müssen, um die Strafbarkeit zu begründen.

△ Sofern sich ein Tatbestandsmerkmal nicht durch den zur Prüfung vorliegenden Lebenssachverhalt begründen lässt, entfällt die Strafbarkeit hinsichtlich des überprüften Delikts. |
| *... wird mit Freiheitsstrafe bis zu einem Jahr oder mit Geldstrafe bestraft.* | **Rechtsfolge**
Als Rechtsfolge wird regelmäßig ein Strafrahmen vorgegeben, innerhalb dessen das Gericht eine schuldangemessene Strafe verhängen kann.

(Ausnahme: lebenslange Freiheitsstrafe bei Mord, § 211 StGB). |

VI. Die Begründung der Strafbarkeit

Zur Begründung der Strafbarkeit muss neben dem Vorliegen sämtlicher Tatbestandsmerkmale die Tat rechtswidrig und schuldhaft begangen worden sein.

⚠ Die Prüfung, ob der Täter tatbestandsmäßig, rechtswidrig und schuldhaft gehandelt hat, erfolgt nach der Methode der **Subsumtion**, die auch in allen anderen Rechtsbereichen zur Überprüfung der Einschlägigkeit eines Gesetzes angewendet wird. Unter Subsumtion versteht man das Abgleichen des Lebenssachverhalts mit den gesetzlichen Merkmalen eines Delikts. Zur Überprüfung der Strafbarkeit hinsichtlich eines Delikts hat sich, wie bereits angedeutet, ein dreistufiger Aufbau durchgesetzt. Wesentlich hierbei ist, dass der Täter auf allen Ebenen überführt werden muss, um ihn strafrechtlich zur Verantwortung ziehen zu können. Wenn z.B. sowohl die objektive und subjektive Tatbestandsmäßigkeit als auch die Rechtswidrigkeit bejaht werden können, aber ein Verschulden des Täters verneint werden muss, entfällt die Strafbarkeit bezüglich der geprüften Vorschrift im Ganzen.

Es ist dann die eventuelle Einschlägigkeit anderer Vorschriften zu überprüfen.

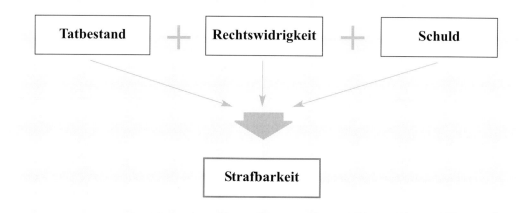

| Tatbestand | + | Rechtswidrigkeit | + | Schuld |

Strafbarkeit

Aufbauschema

A. Tatbestand

I. Objektiver Tatbestand
Hier wird geprüft, ob der Lebenssachverhalt (das Tatgeschehen) sich *allen* objektiven Tatbestandsmerkmalen eines Delikts zuordnen lässt.

II. Subjektiver Tatbestand
Hier wird geprüft, ob das Ergebnis des objektiven Tatbestandes dem Handelnden als Fehlverhalten vorgeworfen werden kann. Vorwerfbar ist die vorsätzliche und teilweise auch die fahrlässige Tatbegehung.

B. Rechtswidrigkeit

 Grundsätzlich indiziert das tatbestandsmäßige Handeln die Rechtswidrigkeit der Tat.

Das heißt: Die Rechtswidrigkeit des tatbestandsmäßigen Handelns wird unterstellt – es sei denn, es greifen zugunsten des Täters ein oder mehrere **Rechtfertigungsgründe** (Regel-Ausnahme-Prinzip).

C. Schuld

 Das tatbestandsmäßige und rechtswidrige Handeln des Täters indiziert die Schuld.

Das heißt: Das tatbestandsmäßige und rechtswidrige Handeln ist grundsätzlich auch schuldhaft – es sei denn, der Täter ist nicht schuldfähig, ihm fehlt das Unrechtsbewusstsein oder es greift zu seinen Gunsten ein **Entschuldigungsgrund** (Regel-Ausnahme-Prinzip).

Folgendes Beispiel soll die Dreistufigkeit der Prüfung verdeutlichen.

 Beispiel:
Die Pflegekraft A schleicht sich in das Dienstzimmer des Arztes B und nimmt einen auf dem Schreibtisch abgelegten 50-Euro-Schein an sich, um einen abendlichen Theaterbesuch finanzieren zu können.

1. Die Tatbestandsmäßigkeit des Handelns

A könnte sich wegen Diebstahls gem. § 242 Abs. 1 StGB strafbar gemacht haben. Es ist zunächst zu prüfen, ob A den **objektiven** und den **subjektiven** Tatbestand des § 242 Abs. 1 StGB erfüllt hat.

a) Der objektive Tatbestand

Der objektive Tatbestand setzt sich aus der Summe sämtlicher strafbegründender Tatbestandsmerkmale zusammen.

Bezogen auf die Tat von A heißt dies mit Blick auf den zu überprüfenden § 242 Abs. 1 StGB, dass folgende Tatbestandsmerkmale erfüllt sein müssen:

A. Tatbestand

I. Objektiver Tatbestand

1. Tatobjekt
* **Sache**
    * ➡ körperlicher Gegenstand i.S.d. § 90 BGB.[30]
* **fremd**
    * ➡ Nach der zivilrechtlichen Eigentumslage ist die Sache weder im Alleineigentum des Täters noch ist sie herrenlos.[31]
* **beweglich**
    * ➡ Die Sache muss im natürlichen Sinn beweglich sein, das heißt, sie muss tatsächlich fortbewegt werden können.[32]

2. Tathandlung
Wegnahme
* ➡ Bruch fremden und Begründung neuen, nicht notwendigerweise eigenen Gewahrsams.[33]
* ➡ Gewahrsam ist das tatsächliche von einem entsprechenden Willen getragene Herrschaftsverhältnis eines Menschen über eine Sache. Der Herrschaftswille richtet sich nach den Anschauungen des täglichen Lebens (Verkehrsauffassung).[34]

---

[30] Tröndle/Fischer, Strafgesetzbuch, § 242, RN 3; Schönke/Schröder Strafgesetzbuch, § 242, RN 9.

[31] Tröndle/Fischer, Strafgesetzbuch, § 242, RN 5; Schönke/Schröder, Strafgesetzbuch, § 242, RN 12.

[32] Tröndle/Fischer, Strafgesetzbuch, § 242, RN 4; Schönke/Schröder, Strafgesetzbuch, § 242, RN 11.

[33] Tröndle/Fischer, Strafgesetzbuch, § 242, RN 10; Schönke/Schröder, Strafgesetzbuch, § 242, RN 22.

[34] Tröndle/Fischer, Strafgesetzbuch, § 242, RN 7; Schönke/Schröder, Strafgesetzbuch, § 242, RN 23.

II. Subjektiver Tatbestand

Vorsatz
Absicht der rechtswidrigen Zueignung

B. Rechtswidrigkeit

C. Schuld

A hat im Ausgangsbeispiel sämtliche Merkmale des objektiven Tatbestandes, die für die strafbewährte Begehung des Diebstahls gem. § 242 Abs. 1 StGB erforderlich sind, erfüllt. Der Geldschein gehört zum Eigentum des B und ist damit für A eine fremde bewegliche Sache i.S.d. § 90 BGB. Diese hat A auch weggenommen, denn sie brach den Gewahrsam des B an dem Geldschein und begründete neuen, eigenen Gewahrsam, indem sie den Geldschein mitnahm. Dem steht auch nicht entgegen, dass B seinen Gewahrsamswillen an dem Geldschein im Augenblick der Wegnahme nicht ausdrücklich bekundete, denn dem Inhaber eines räumlich umgrenzten Herrschaftsbereichs (das Dienstzimmer) schreibt die Verkehrsauffassung den Willen zu, die tatsächliche Gewalt über alle Sachen auszuüben, die sich innerhalb dieser Gewahrsamssphäre befinden.

⚠ Die in der oben gezeigten Prüfungsübersicht angeführten Definitionen der jeweiligen Tatbestandsmerkmale basieren auf der gerichtlichen Auslegung, die sich zu jedem einzelnen Merkmal durchgesetzt hat. Da jedes Gericht ein Tatbestandsmerkmal anders auslegen kann, sind die jeweiligen Definitionen nicht starr. Für den Richter gilt, dass er sich strikt an das Gesetz und nicht an eine zu einer bestimmten Vorschrift ergangene Rechtsprechung zu halten hat.[35]

---

[35] § 25 Deutsches Richtergesetz vom 19. April 1972 (BGBl. I, S. 713): »Der Richter ist unabhängig und nur dem Gesetz unterworfen.«

b) Der subjektive Tatbestand

Auch wenn die Tatbestandsmerkmale der Strafdelikte hauptsächlich objektive Strafbarkeitsvoraussetzungen enthalten, muss bei *jeder* Deliktsprüfung zusätzlich der **subjektive Tatbestand** (die Vorwerfbarkeit des Handelns) überprüft werden. Wie in der Grobübersicht angedeutet, besteht grundsätzlich die Möglichkeit der vorsätzlichen und fahrlässigen Begehungsweise eines Strafdelikts.

Vorsatz

Eine ausdrückliche gesetzliche Definition des Vorsatzes fehlt. Die übliche Kurzdefinition für »Vorsatz« lautet:

△   Vorsatz ist der Wille zur Verwirklichung eines Straftatbestandes in Kenntnis aller seiner objektiven Tatbestandsmerkmale[36] (Kurzformel: »Wissen und Wollen der Tatbestandsverwirklichung«).

Der subjektive Tatbestand in der Form des Vorsatzes ist danach erfüllt, wenn der Täter bezüglich *aller*[37] objektiven Tatbestandsmerkmale **wissentlich und willentlich** gehandelt hat. Maßgeblicher Zeitpunkt für das Vorliegen des Tatvorsatzes ist die »Begehung der Tat«, d.h. die Vornahme der tatbestandlichen Ausführungshandlung.[38] Für den Diebstahl bedeutet dies, dass der Täter willentlich handeln muss, obwohl er weiß oder es jedenfalls für möglich hält, dass es sich beim Tatobjekt um eine fremde bewegliche Sache handelt und er den daran bestehenden Gewahrsam eines anderen bricht.

Sonstige subjektive Merkmale

Zum Vorsatz tritt nach der tatbestandlichen Maßgabe des § 242 StGB ein besonderes subjektives Tatbestandsmerkmal, die **Absicht der rechtswidrigen Zueignung**, hinzu.[39] Das bedeutet, dass der Täter die Absicht gehabt haben muss, sich selbst oder einem Dritten die weggenommene Sache zuzueignen. Die angestrebte Zueignung muss rechtswidrig sein.

---

[36] BGHSt 19, S. 298; Wessels/Beulke, Strafrecht AT, § 7, RN 1; Tröndle/Fischer, Strafgesetzbuch, § 15, RN 2.

[37] Handelt der Täter nur im Hinblick auf ein Tatbestandsmerkmal ohne Vorsatz, so ist die Prüfung an diesem Punkt mit dem Ergebnis der Straflosigkeit in Bezug auf das geprüfte Delikt abgeschlossen.

[38] BGH; NStZ 22, S. 350.

[39] Dies ist nur bei wenigen Delikten der Fall (zusätzliches Beispiel: Absicht der rechtswidrigen Bereicherung beim Betrug gem. § 263 StGB).

Sofern ein Straftatbestand über den Tatbestandsvorsatz hinaus ein zusätzliches subjektives Tatbestandsmerkmal verlangt (Delikte mit überschießender Innentendenz), steht dieses als selbständiger Teil neben dem Tatbestandsvorsatz.

A hat im ausgeführten Beispiel die objektiven Tatbestandsmerkmale des Diebstahls gem. § 242 Abs. 1 vorsätzlich verwirklicht, das heißt, sie wusste, dass der Geldschein für sie eine fremde bewegliche Sache war, und wollte diese dem Arzt B wegnehmen. Der Vorsatz wird auch nicht durch einen Tatbestandsirrtum gem. § 16 Abs. 1 Satz 1 StGB ausgeschlossen. Weder hielt A den Geldschein für ihren eigenen, noch nahm sie irrig einen Rechtsanspruch auf den Geldschein an.

Da ihr Wille zudem darauf abzielte, das Geld seinem Eigentümer auf Dauer zu entziehen und selbst für sich zu verwenden, maß sie sich eine eigentümergleiche tatsächliche Herrschaft über den Geldschein an. Sie handelte daher auch in der erforderlichen Absicht der rechtswidrigen Zueignung. Es kommen keine Rechtfertigungs- und Schuldausschließungsgründe in Betracht, so dass der Diebstahl auch rechtswidrig und schuldhaft begangen worden ist.

Im Ergebnis hat sich die Pflegekraft A wegen Diebstahls gem. § 242 StGB strafbar gemacht.

! **Bestandsteile des Vorsatzes**

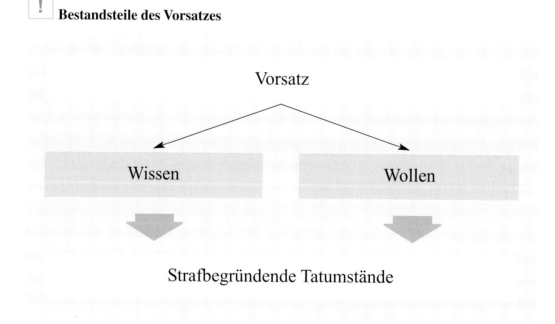

In der Praxis lässt es sich in den seltensten Fällen ermitteln, ob der Täter alle ihm bekannten strafbegründenden Tatumstände auch gezielt verwirklichen wollte. Aus diesem Grund sind auf der Willensebene (»Wollen«) je nach der Willensbeziehung des Täters zur Tatbestandsverwirklichung drei Erscheinungsformen des Vorsatzes zu unterscheiden:

I. Absicht (Dolus directus 1. Grades)

Absicht ist dann zu bejahen, wenn es dem Täter gerade darauf ankommt, den Eintritt des tatbestandlichen Erfolges herbeizuführen (**zielgerichteter Erfolgswille**).

> A tötet als »Berufskiller« den B.

II. Direkter Vorsatz (Dolus directus 2. Grades)

Direkter Vorsatz liegt vor, wenn der Täter weiß oder es als sicher voraussieht, dass sein Handeln zur Verwirklichung des gesetzlichen Tatbestandes führt. Auf die Verwirklichung dieses Erfolges muss es ihm nicht unbedingt ankommen (möglich sind auch andere Motive).

> A weiß beim Legen des Brandes, dass sich B in der Scheune befindet. B kommt bei dem Brand ums Leben.

III. Eventualvorsatz (Dolus eventualis)

Eventualvorsatz ist gegeben, wenn der Täter es ernstlich für möglich hält und sich damit abfindet, dass sein Verhalten zur Verwirklichung des gesetzlichen Tatbestandes führt. **Er nimmt den Erfolg billigend in Kauf**.

> A weiß beim Legen des Brandes nicht genau, ob B sich in der Scheune befindet. Er hat ihn aber zuvor des Öfteren darin gesehen. Um das Risiko seiner Entdeckung möglichst gering zu halten, vergewissert sich A jedoch nicht, ob B sich in der Scheune aufhält; es ist ihm auch egal. Er nimmt den Tod des B somit billigend in Kauf. B, der sich in der Scheune befand, kommt bei dem Brand ums Leben.

⚠ Sofern das Gesetz nichts Abweichendes vorschreibt, werden alle drei Vorsatzformen gleich behandelt, das heißt, die schwächste Form des Vorsatzes reicht aus: In den meisten Fällen erfüllt das Vorliegen des Eventualvorsatzes die Anforderungen des subjektiven Tatbestandes (z.B. §§ 211, 212, 218, 223, 224, 225, 303 StGB).

Ausnahmen ergeben sich nur, wenn im Gesetz eine besondere Vorsatzform vorgesehen ist. Dies ist aber nur bei wenigen Delikten der Fall. So ist beispielsweise für einzelne Tatbestände eine bestimmte **Absicht** vorgeschrieben (z.B. §§ 242, 253, 263, 274 StGB) oder ein **Handeln wider besseres Wissen** (z.B. §§ 164, 187, 183a, 258 StGB).

Fahrlässigkeit

Grundsätzlich ist die fahrlässige Tatbegehung nicht mit Strafe sanktioniert. Dies ergibt sich aus § 15 StGB.

§ **§ 15 StGB – Vorsätzliches und fahrlässiges Handeln**
Strafbar ist nur vorsätzliches Handeln, wenn nicht das Gesetz fahrlässiges Handeln ausdrücklich mit Strafe bedroht.

Eine Strafbarkeit für fahrlässiges Handeln liegt damit immer nur dann vor, wenn das Gesetz ein solches Handeln ausdrücklich mit Strafe bedroht. Fehlt eine derartige Strafandrohung für die fahrlässige Begehung, so kann das Delikt nur vorsätzlich begangen werden. Von besonders großer Relevanz für den Kranken- und Altenpflegebereich sind die fahrlässige Körperverletzung gem. § 229 StGB und die fahrlässige Tötung gem. § 222 StGB.

Bei den **Fahrlässigkeitsdelikten** wird ein besonders zu missbilligender Erfolg bestraft, der darauf beruht, dass der Täter äußerst unachtsam oder mit einer gewissen Ignoranz im Hinblick auf sein Tun und auf den damit eventuell verbundenen »Erfolg« handelt. In Anlehnung an den Fahrlässigkeitsbegriff im BGB (§ 276 Abs. 2 BGB) versteht man auch im Strafrecht unter Fahrlässigkeit das *pflichtwidrige* Außerachtlassen der im Verkehr gebotenen Sorgfalt.

Im Gegensatz zum Zivilrecht wird der Fahrlässigkeitsvorwurf im Strafrecht allerdings individuell aus Tätersicht (subjektiv) überprüft. Es hat sich folgende für das Strafrecht anwendbare Fahrlässigkeitsdefinition herausgebildet:

Fahrlässigkeit ist die Außerachtlassung der im Verkehr erforderlichen Sorgfalt, zu der man nach den äußeren Umständen und den persönlichen Fähigkeiten verpflichtet und in der Lage ist.

2. Die Rechtswidrigkeit des Handelns

Eine tatbestandsmäßige Handlung kann nur dann zur Strafbarkeit führen, wenn sie auch rechtswidrig ist. Grundsätzlich ist eine tatbestandsmäßige Handlung als rechtswidrig einzustufen. Die Rechtswidrigkeit entfällt nur dann, wenn zugunsten des Täters ein Rechtfertigungsgrund eingreift (Regel-Ausnahme-Prinzip). Daraus ergibt sich folgende Faustformel:

 Die Tatbestandsmäßigkeit indiziert die Rechtswidrigkeit

Rechtfertigungsgründe ergeben sich sowohl aus dem **Gesetz** als auch aus dem **Gewohnheitsrecht**. Sie bedürfen also nicht unbedingt einer gesetzlichen Grundlage.[40] Die für die Pflegepraxis wichtigsten Rechtfertigungsgründe sind:

Rechtfertigungsgründe

A. Rechtfertigungsgründe des StGB

I.	Notwehr	§ 32 StGB
II.	Rechtfertigender Notstand	§ 34 StGB
III.	Indikation zum Schwangerschaftsabbruch und 3 StGB	§ 218a Abs. 2

---

[40] Einer gesetzlichen Grundlage bedürfen zwingend nur solcher Vorschriften, die die Rechtsposition des Einzelnen schmälern und somit zu dessen Nachteil wirken. Rechtfertigungsgründe wirken jedoch stets zum Vorteil des Täters und müssen deshalb nicht zwingend gesetzlich festgeschrieben sein.

B. Weitere gesetzliche Rechtfertigungsgründe

Nach dem BGB:[41]
I.   Notwehr   § 227 BGB
II. Notstand (defensiv)   § 228 BGB
III. Notstand (aggressiv)   § 904 BGB

Nach der StPO:
I.   Vorläufiges Festnahmerecht   § 127 StPO
II. Körperliche Untersuchung, Blutentnahme
     und andere körperliche Eingriffe   § 81a StPO

C. Sonstige – gewohnheitsrechtlich anerkannte – Rechtfertigungsgründe

I.   Einwilligung
II. Mutmaßliche Einwilligung
III. Hypothetische Einwilligung
IV. Rechtfertigende Pflichtenkollision
V.   Erlaubtes Risiko (besonderer Rechtfertigungsgrund bei
     Fahrlässigkeitsdelikten)

Die Prüfung hinsichtlich des Vorliegens eines Rechtfertigungsgrundes ist vergleichbar mit der Tatbestandsprüfung (s.o.). Jeder Rechtfertigungsgrund hat sowohl objektive als auch subjektive Voraussetzungen, die erfüllt sein müssen.

---

[41] Verschiedene Eingriffe, die nach den Regeln des Zivilrechts erlaubt sind, dürfen auch im Strafrecht zu keiner Strafbarkeit führen. Dies gebietet der Grundsatz der Einheitlichkeit der Rechtsordnung. Überdies sind die Rechtfertigungsgründe des BGB gegenüber denjenigen des StGB spezieller und gehen damit vor.

a) Notwehr gem. § 32 StGB

Beispiel:

Im Landeskrankenhaus greift der Geisteskranke G in zwei verschiedenen Fällen jeweils eine Pflegekraft, P1 und P2, in seinem Zimmer körperlich an.

Im ersten Fall läuft P1 aus dem Zimmer und schließt G dort so lange ein, bis sich dieser beruhigt hat. Bei dem Angriff auf P2 hat G weniger Glück. P2 streckt G mit einem gezielten Schlag zu Boden.

P1 hat im obigen Beispiel durch das Einschließen des G in seinem Zimmer den Straftatbestand der **Freiheitsberaubung** gem. § 239 StGB erfüllt.

§ 239 StGB – Freiheitsberaubung

(1) Wer einen Menschen einsperrt oder auf andere Weise der Freiheit beraubt, wird mit Freiheitsstrafe bis zu fünf Jahren oder mit Geldstrafe bestraft.
(2) ...

P2 hat zum Nachteil des G den Tatbestand der **Körperverletzung** gem. § 223 StGB verwirklicht.

§ 223 StGB – Körperverletzung

(1) Wer eine andere Person körperlich misshandelt oder an der Gesundheit schädigt, wird mit Freiheitsstrafe bis zu fünf Jahren oder mit Geldstrafe bestraft.
(2) ...

P1 und P2 werden jedoch nicht bestraft, da ihre Handlungen durch den Rechtfertigungsgrund der **Notwehr** gem. § 32 StGB gedeckt waren.

§ 32 StGB – Notwehr

(1) Wer eine Tat begeht, die durch Notwehr geboten ist, handelt nicht rechtswidrig.
(2) Notwehr ist die Verteidigung, die erforderlich ist, um einen gegenwärtigen rechtswidrigen Angriff von sich oder einem anderen abzuwenden.

Das Handeln in Notwehr setzt demnach voraus:

Notwehr

A. Notwehrlage

I. Angriff
Jede unmittelbare Bedrohung rechtlich geschützter Interessen durch menschliches Verhalten – gleichgültig, ob der Angreifer sie verletzen will.[42]

⚠ Die Notwehr kann auch zur Verteidigung der Rechtsgüter eines anderen berechtigen. Man nennt diese Notwehr dann Nothilfe.

💡 G greift P1 und P2 tätlich an.

II. Gegenwärtig
Jeder Angriff, der unmittelbar bevorsteht, gerade stattfindet oder noch fortdauert.[43]

⚠ Notwehr liegt nicht vor, wenn der Angriff erst künftig oder nicht sicher zu erwarten ist oder bereits beendet wurde.

💡 G erhebt die Faust zum Schlag. Dieses Verhalten kann unmittelbar in eine Rechtsgutverletzung (der Gesundheit) umschlagen.

---

[42] Tröndle/Fischer, Strafgesetzbuch, § 32, RN 4; Schönke/Schröder, Strafgesetzbuch, § 32, RN 3; Wessels/Beulke, Strafrecht AT, § 8, RN 1a.

[43] Tröndle/Fischer, Strafgesetzbuch, § 32, RN 8; Schönke/Schröder, Strafgesetzbuch, § 32, RN 13; Wessels/Beulke, Strafrecht AT, § 8, RN 1b.

B. Notwehrhandlung

III. Rechtswidrig

Jeder Angriff, der den Bewertungsnormen der Rechtsordnung objektiv zuwiderläuft und nicht durch einen Erlaubnissatz gedeckt ist. Dies ist der Fall, wenn der Angreifer zum Handeln befugt ist.[44]

⚠ Notwehr gegen Notwehr ist nicht zulässig.

💡 Der Arzt A entnimmt dem wegen einer Trunkenheitsfahrt vorläufig festgenommenen Fahrer F eine Blutprobe mittels einer Spritze. F darf sich gegen diesen Angriff nicht im Rahmen der Notwehr verteidigen, da das Handeln des Arztes gem. § 81a StPO[45] gerechtfertigt ist.

- Die Notwehrhandlung richtet sich **nur** gegen Rechtsgüter des Angreifers.
  - ➡ Sie kann bloße **Schutzwehr** sein.
  - ➡ Sie kann in einem Gegenangriff bestehen (**Trutzwehr**).

💡 P1 schließt G ein, um dem Angriff zu entgehen (Schutzwehr). P2 schlägt G nieder, um sich zu verteidigen (Trutzwehr).

- Die Notwehrhandlung muss zur Verteidigung erforderlich und geboten sein.
  - ➡ Eine Notwehrhandlung ist **erforderlich**, wenn und soweit sie zur Abwehr des Angriffs **geeignet** ist und das **relativ mildeste Mittel zur Verteidigung** darstellt.

⚠ An die Eignung des Verteidigungsmittels sind nur geringe Anforderungen zu stellen. Denn auch dem Schwächeren muss es möglich sein, sich zu wehren. Das Recht braucht dem Unrecht nicht zu weichen.

---

[44] Tröndle/Fischer, Strafgesetzbuch, § 32, RN 11; Schönke/Schröder, Strafgesetzbuch, § 32, RN 19 f.; Wessels/Beulke, Strafrecht AT, § 8, RN 1c.

[45] Der Gesetzestext ist auf S. 69 abgedruckt.

C. Verteidigungswille

Der Verteidigungswille beinhaltet das Handeln in Kenntnis der Notwehrlage.
➡ Handelt der Täter in Unkenntnis der objektiv gegebenen Notwehrvoraussetzungen oder ohne den Willen zur Notwehr, bleibt das durch den Tatbestandsvorsatz begründete Unrecht bestehen.

Nicht durch § 32 StGB gedeckt ist z.B. derjenige, der einen anderen verprügelt, ohne zu wissen, dass dieser bereits heimlich unter seinem Mantel das Messer zum Angriff bereithält.

D. Grenzen des Notwehrrechts

* Grundsätzlich gilt die Notwehr unbegrenzt.
* Die Notwehr ist **ausnahmsweise** unzulässig:
    ➡ bei einer vorwerfbar herbeigeführten Notwehrlage durch den Angegriffenen (etwa durch Provokation),
    ➡ bei einem unerträglichen Missverhältnis zwischen verletztem und verteidigtem Rechtsgut[46] (z.B. Selbstschussanlage zur Abwehr von Pfirsichdieben),
    ➡ gegenüber Kindern, Irrenden oder Schuldlosen (z.B. Patienten) kann es geboten sein, auf Abwehr zu verzichten oder sich sonst ohne Gefährdung des Angreifers zu verteidigen.[47]

b) Rechtfertigender Notstand gem. § 34 StGB

In bestimmten Ausnahmesituationen kann es notwendig sein, einen kleinen Schaden anzurichten, um einen weitaus größeren zu verhindern.

---

[46] Tröndle/Fischer, Strafgesetzbuch, § 32, RN 20; Wessels/Beulcke, Strafrecht AT, § 8, RN 3.

[47] Tröndle/Fischer, Strafgesetzbuch, § 32, RN 19; Wessels/Beulcke, Strafrecht AT, § 8, RN 5.

Beispiel:
Der Arzt A bemerkt beim Patienten P plötzlich eine dramatische Verschlechterung seines Gesundheitszustandes. P schwebt in Lebensgefahr. Um ihn zu retten, benötigt A dringend ein Medikament, das sich im verschlossenen Medikamentenschrank befindet. A hat keinen Schlüssel zum Öffnen des Schrankes. Da ihm kurzfristig auch sonst niemand den Schrank öffnen kann, bricht er diesen mittels eines Werkzeugs auf. Hierbei beschädigt er sowohl die Tür als auch das Schloss des Medikamentenschrankes. Er entnimmt das Medikament und verabreicht es P, der schließlich wieder gesund wird.

Fallabwandlung:
P verstirbt trotz des verabreichten Medikaments.

A hat durch das Aufbrechen des Medikamentenschranks den Tatbestand der Sachbeschädigung gem. § 303 StGB vorsätzlich erfüllt.

 § 303 StGB – Sachbeschädigung
(1) Wer rechtswidrig eine fremde Sache beschädigt oder zerstört, wird mit Freiheitsstrafe bis zu zwei Jahren oder mit Geldstrafe bestraft.
(2) ...

Die Strafbarkeit wegen Sachbeschädigung gem. § 303 Abs. 1 StGB entfällt jedoch, denn das Verhalten des A stellt eine rechtfertigende Notstandshandlung i.S.d. § 34 StGB dar.

 § 34 StGB – Rechtfertigender Notstand
Wer in einer gegenwärtigen, nicht anders abwendbaren Gefahr für Leben, Leib, Freiheit, Ehre, Eigentum oder ein anderes Rechtsgut eine Tat begeht, um die Gefahr von sich oder einem anderen abzuwenden, handelt nicht rechtswidrig, wenn bei Abwägung der widerstreitenden Interessen, namentlich der betroffenen Rechtsgüter und des Grades der ihnen drohenden Gefahren, das geschützte Interesse das beeinträchtigte wesentlich überwiegt. Dies gilt jedoch nur, soweit die Tat ein angemessenes Mittel ist, die Gefahr abzuwenden.

A wird im obigen Beispiel auch dann nicht zu bestrafen sein, wenn seine Rettungshandlung fehlschlägt und P verstirbt, wie in der Fallabwandlung aufgezeigt.

⚠ Beim Notstand kommt es nicht darauf an, ob die Gefahr tatsächlich abgewendet wurde, sondern ob der Eingriff in das weniger wichtige Rechtsgut grundsätzlich geeignet ist, die Gefahr von dem wichtigeren Rechtsgut abzuwenden.

Das durch Notstand gerechtfertigte Handeln setzt im Einzelnen voraus:

Notstand

Abgrenzung

- Das Merkmal der »Gefahr« im Tatbestand des § 34 StGB weist Gemeinsamkeiten mit dem Merkmal »Angriff« des Tatbestandes von § 32 StGB auf. Der Angriff ist ein Spezialfall der Gefahr,[48] das heißt, das übergeordnete Merkmal der »Gefahr« kann sowohl auf menschlichem Verhalten als auch auf anderen Ursachen beruhen.[49]
- Die Notstandshandlung muss sich nicht ausschließlich gegen die Gefahrenquelle richten (Notwehr).
- Sofern die Gefahr von einer Sache ausgeht, ist der zivilrechtliche Notstand gem. § 228 oder § 904 BGB vorrangig zu prüfen.
- Sofern Rechtsgüter einer zu schützenden Person (z.B. eines Patienten) beeinträchtigt werden sollen, greift die Rechtfertigung wegen Notstandes nur ein, wenn die zu schützende Person (der Patient) nicht selbst eine Interessenabwägung vornehmen kann (Einwilligung/mutmaßliche Einwilligung).

---

[48] BGH, NStZ 1989, S. 431.

[49] Schönke/Schröder, Strafgesetzbuch, § 34, RN 16; Baumann/Weber, Strafrecht AT, § 17, RN 49.

A. Notstandslage

I. Gefahr

Wahrscheinlichkeit eines über die allgemeinen Lebensrisiken hinausgehenden Schadenseintritts aufgrund konkreter Umstände.[50]

Eine Gefahr stellt im genannten Beispiel die weitere Gesundheitsverschlechterung bzw. der drohende Tod des P dar.

II. Gegenwärtig

Die Gefahr ist gegenwärtig, wenn sie jederzeit in einen Schaden umschlagen kann, sofern nicht sofort Abhilfe geschaffen wird.[51]

A braucht das Medikament sofort, sonst ist eine weitere Verschlechterung des Gesundheitszustandes von P oder gar dessen Tod nicht mehr abzuwenden.

III. Rechtsgut

Die Aufzählung in § 34 StGB ist nur beispielhaft. Es kommen auch überindividuelle Rechtsgüter wie die Sicherheit des Straßenverkehrs, der Umwelt und Natur als Gegenstand einer rechtfertigungsrelevanten Gefahr in Betracht. Es spielt keine Rolle, ob das gefährdete Rechtsgut dem Täter oder einem Dritten zusteht. Wie bei der Notwehr wird auch beim rechtfertigenden Notstand die fremdnützige Notstandshilfe der eigennützigen Notstandstat gleichgestellt: »von sich oder einem anderen«.

---

[50] Tröndle/Fischer, Strafgesetzbuch, § 34, RN 3; Schönke/Schröder, Strafgesetzbuch, § 34, RN 12; Baumann/Weber, Strafrecht AT, § 17, RN 47.

[51] Tröndle/Fischer, Strafgesetzbuch, § 34, RN 4; Schönke/Schröder, Strafgesetzbuch, § 34, RN 17; Baumann/Weber, Strafrecht AT, § 17, RN 56.

B. Notstandshandlung

Die Notstandshandlung muss zur Gefahrenabwehr **geeignet** sein und zugleich das **mildeste Mittel** darstellen, das dem Rettenden zur Verfügung steht. Die Tauglichkeit des Mittels ist aus einer Ex-ante-Prognose zu ermitteln. Kann die Gefahr auf eine schonendere Weise abgewendet werden, ist diese zu bevorzugen.[52]

C. Rettungswille

Der Rettungswille beinhaltet das **Handeln in Kenntnis der Notstandslage**. Der Rettungswille erfordert somit über den reinen Gefahrabwendungswillen des Täters hinaus, dass dieser sich zuvor um die Klärung und Einschätzung der Notstandssituation bemüht hat.[53] Eine derartige Abwägung der Notstandssituation ist dem Täter auch abzuverlangen, denn das Handeln im Notstand sollte kein Glücksspiel sein, sondern eine von hohem Verantwortungsbewusstsein getragene Rettungsaktion.

D. Interessenabwägung

- Zu fragen ist, ob nach der Gesamtlage des konkreten Falls das Interesse am Schutz des bedrohten Rechtsgutes und damit an der Zulassung einer sonst verbotenen Handlung das Interesse an der Unterlassung dieser Handlung wesentlich überwiegt.[54] Der Schwerpunkt der Abwägung liegt bei dem Intensitätsgrad der tatbestandsmäßigen Rechtsgutverletzung, die durch die Gefahrabwendungshandlung verursacht wird. Die Abwägung ist aus der Ex-ante-Sicht eines objektiven Betrachters zu treffen, das heißt: Stellt sich bei späterer Betrachtungsweise (ex post) heraus, dass eine schonendere Möglichkeit der Gefahrabwendung bestand, widerlegt dies nicht die zutreffende Ex-ante-Betrachtungsweise.

---

[52] Tröndle/Fischer, Strafgesetzbuch, § 34, RN 5; Schönke/Schröder, Strafgesetzbuch, § 34, RN 18; Baumann/Weber, Strafrecht AT, § 17, RN 61.

[53] Tröndle/Fischer, Strafgesetzbuch, § 34, RN 18; Baumann/Weber, Strafrecht AT, § 17, RN 61; anders: Schönke/Schröder, Strafgesetzbuch, § 34, RN 49.

[54] Tröndle/Fischer, Strafgesetzbuch, § 34, RN 8, 9; Schönke/Schröder, Strafgesetzbuch, § 34, RN 22; Baumann/Weber, Strafrecht AT, § 17, RN 67.

- Bei der Abwägung sind folgende Kriterien zu berücksichtigen (nicht abschließend):
  - ➡ die Reihenfolge der in § 34 StGB aufgezählten Rechtsgüter gibt Hinweise auf deren Wertgehalt (z.B.: Leben geht vor Eigentum),
  - ➡ die Intensität der Rechtsgutverletzung,
  - ➡ der Grad der drohenden Gefahr,
  - ➡ der Ursprung der Notstandsgefahr.

⚠ Dem Täter ist trotz vorangegangener Interessenabwägung zuzumuten, die Gefahr hinzunehmen, wenn er in unantastbare Freiheitsrechte des Betroffenen eingreift.

⚠ Es ist keine Abwägung »Leben gegen Leben« möglich, das Rechtsgut des Lebens ist indisponibel.

💡 Die Zwangsentnahme von Blut zur Lebensrettung eines Schwerverletzten ist gem. § 34 StGB gerechtfertigt (umstritten).[55]

c) Vorläufiges Festnahmerecht gem. § 127 Abs. 1 StPO

Das vorläufige Festnahmerecht gem. § 127 Abs. 1 StPO ermöglicht jedem, der einen Straftäter auf frischer Tat entdeckt oder bereits verfolgt, diesen zur Feststellung seiner Identität vorläufig festzunehmen. Dieses Recht lässt sich plastisch aus der Redewendung ableiten: »Haltet den Dieb!«

💡 **Beispiel:**
Die Pflegekraft P ertappt die ihr unbekannte Reinigungskraft R beim Einstecken diverser Medikamente im Gesamtwert von ca. 25 Euro. R ergreift die Flucht. P läuft hinter R her, ergreift sie an ihrer Kleidung und hält sie daran so lange fest, bis R ihre Personalien preisgibt.

Fallabwandlung:
P ergreift R. Als R sich wehrt, schlägt sie die körperlich überlegene P bewusstlos, um sie am Fortlaufen zu hindern.

---

[55] Tröndle/Fischer, Strafgesetzbuch, § 34, RN 16; Wessels/Beulcke, Strafrecht AT, § 8 IV 3; anders: Hruschka, Strafrecht nach logisch-analytischer Methode, S. 147.

§ 127 StPO – Vorläufige Festnahme

(1) Wird jemand auf frischer Tat betroffen oder verfolgt, so ist, wenn er der Flucht verdächtig ist oder seine Identität nicht sofort festgestellt werden kann, jedermann befugt, ihn auch ohne richterliche Anordnung vorläufig festzunehmen. [...]

Im geschilderten Fall stellt das Festhalten der R eine Freiheitsberaubung gem. § 239 StGB[56] dar. Die Strafbarkeit der P könnte jedoch entfallen, wenn ihr Handeln gerechtfertigt gewesen ist. Als Rechtfertigungsgrund kommt das vorläufige Festnahmerecht gem. § 127 Abs. 1 StPO in Betracht. Nach dieser Vorschrift ist jeder, der einen anderen auf frischer Tat betrifft oder verfolgt, berechtigt, diesen vorläufig festzunehmen, wenn er der Flucht verdächtig ist oder seine Persönlichkeit nicht sofort festgestellt werden kann. Diese Voraussetzungen sind hier erfüllt: P hat R auf frischer Tat, nämlich bei einem Diebstahl, in unmittelbarer Nähe zum Tatort ertappt. Als Festnahmegrund kam für sie sowohl die Fluchtgefahr als auch die Unmöglichkeit der Identitätsfeststellung in Betracht. Denn zum einen lief R vor P davon, zum anderen war R überdies unbekannt, so dass eine unmittelbare Identitätsfeststellung nicht möglich war. Letztlich handelte P auch in Kenntnis des Diebstahls der Medikamente und zum Zweck der Festnahme (subjektives Element).

Ob das Handeln der P auch im Hinblick auf die Abwandlung durch das vorläufige Festnahmerecht gem. § 127 Abs. 1 StPO gerechtfertigt war, darf bezweifelt werden.

Das vorläufige Festnahmerecht steht unter dem Vorbehalt der Verhältnismäßigkeit. Der daher stets zu überprüfende **Verhältnismäßigkeitsgrundsatz** besagt, dass die Festnahme im Hinblick auf die zu erwartende strafrechtliche Sanktionierung nicht unverhältnismäßig sein darf.

Angesichts des Umstandes, dass das Diebesgut von relativ geringem Wert (ca. 25 Euro) ist, wird R keine besonders hohe strafrechtliche Sanktion zu befürchten haben. Das Bewusstlosschlagen der R durch P dürfte deshalb in diesem Zusammenhang unverhältnismäßig sein. Letztlich könnte das Verhalten der P jedoch wegen Nothilfe[57] gem. § 32 StGB gerechtfertigt sein,[58] sofern nicht ausnahmsweise das Nothilferecht wegen des Vorliegens eines krassen Missverhältnisses ausgeschlossen ist (s.o.). Ein solch extremer Fall ist hier jedoch eher nicht anzunehmen.

---

[56] Der Gesetzestext ist auf S.59 abgedruckt.

[57] Als »Nothilfe« bezeichnet man das Handeln in Notwehr, wenn die Gefahr von einem Rechtsgut eines anderen abgewehrt werden soll.

[58] Der Angriff auf das Rechtsgut (Eigentum) ist auch noch gegenwärtig, wenn der Dieb mit der Beute flieht; vgl. Tröndle/Fischer, Strafgesetzbuch, § 32, RN 10.

d) Körperliche Untersuchung, Blutentnahme und andere körperliche Eingriffe gem. § 81a StPO

Jeder Eingriff in das Selbstbestimmungsrecht eines Menschen, so geringfügig er auch sein mag, ist grundsätzlich unzulässig, es sei denn, er ist ausnahmsweise gerechtfertigt. Eine solche Rechtfertigung kann sich für die Fälle der körperlichen Untersuchung, der Blutentnahme oder anderer körperlicher Eingriffe aus § 81a StPO ergeben.

§ § 81a StPO – Körperliche Untersuchung des Beschuldigten

(1) Eine körperliche Untersuchung des Beschuldigten darf zur Feststellung von Tatsachen angeordnet werden, die für das Verfahren von Bedeutung sind. Zu diesem Zweck sind Entnahmen von Blutproben und andere körperliche Eingriffe, die von einem Arzt nach den Regeln der ärztlichen Kunst zu Untersuchungszwecken vorgenommen werden, ohne Einwilligung des Beschuldigten zulässig, wenn kein Nachteil für seine Gesundheit zu befürchten ist.

(2) Die Anordnung steht dem Richter, bei Gefährdung des Untersuchungserfolges durch Verzögerung auch der Staatsanwaltschaft und ihren Hilfsbeamten (§ 152 des Gerichtsverfassungsgesetzes) zu.

(3) Dem Beschuldigten entnommene Blutproben oder sonstige Körperzellen dürfen nur für die Zwecke des der Entnahme zugrunde liegenden oder eines anderen anhängigen Strafverfahrens verwendet werden; sie sind unverzüglich zu vernichten, sobald sie hierfür nicht mehr erforderlich sind.

§ 81a Abs. 1 StPO ermächtigt zur **körperlichen Untersuchung** und zu **Eingriffen in den Körper**, insbesondere zur **Blutentnahme** (etwa zum Zwecke der Blutalkoholgehaltsbestimmung).

Abzugrenzen ist die Untersuchung gem. § 81a StPO von der Durchsuchung beim Verdächtigen gem. § 102 StPO. Die Maßnahmen gem. § 81a StPO bestehen im Untersuchen des Körpers selbst. Bei der Körperdurchsuchung gem. § 102 StPO hingegen wird nach Gegenständen an der Körperoberfläche oder in den natürlichen Körperhöhlen oder -öffnungen (Mund, Scheide, After) geforscht, die ohne Eingriff mit medizinischen Hilfsmitteln einzusehen sind.[59]

Da der körperliche Eingriff stets eine Verletzung des Körpers, mag diese auch noch so geringfügig sein, mit sich bringt, werden an den körperlichen Eingriff strengere gesetzliche Anforderungen gestellt als an die einfache körperliche Durchsuchung.

---

[59] Kleinknecht/Meyer-Goßner, Strafprozessordnung, § 102, RN 9; Roxin, Strafverfahrensrecht, § 33, A II 1.

Beispiel:

Am Flughafen Frankfurt a.M. stellen Rauschgiftfahnder der Polizei den gegen 22 Uhr aus Kolumbien eingereisten Flugpassagier F. Aufgrund von Insiderinformationen wussten die Polizeibeamten, dass F beabsichtigte, Heroin nach Deutschland zu schmuggeln. Zunächst wird F gegen seinen ausdrücklichen Willen von der Polizei aufgefordert, sich zu entkleiden. Bei der darauf folgenden Leibesvisitation wird die Polizei nicht fündig. Anschließend wird F in ein Krankenhaus gebracht, wo ihm durch den Arzt A ein Kontrastmittel eingeflößt wird. Auf den anschließend von A gemachten Röntgenaufnahmen entdecken die Rauschgiftfahnder der Polizei diverse mit Heroin gefüllte Kunststoffpäckchen im Magen des F.

Die Polizeibeamten haben bei diesem Beispiel den objektiven und subjektiven Tatbestand der Nötigung gem. § 240 StGB verwirklicht, indem sie F gegen seinen Willen veranlassten, sich zu entkleiden und eine Leibesvisitation über sich ergehen zu lassen.

 § 240 StGB – Nötigung

(1) Wer einen Menschen rechtswidrig mit Gewalt oder durch Drohung mit einem empfindlichen Übel zu einer Handlung, Duldung oder Unterlassung nötigt, wird mit Freiheitsstrafe bis zu drei Jahren oder mit Geldstrafe bestraft.
(2) Rechtswidrig ist die Tat, wenn die Anwendung der Gewalt oder die Androhung des Übels zu dem angestrebten Zweck als verwerflich anzusehen ist.
(3) ...

Die Nötigung der Polizeibeamten ist jedoch als körperliche Durchsuchung gem. § 102 StPO gerechtfertigt, denn es bestanden hinreichende tatsächliche Anhaltspunkte, dass F einer Straftat gem. § 29 Abs. 1 Nr. 1 BtMG verdächtig ist.

Der Arzt A hingegen verwirklicht im Krankenhaus den objektiven und subjektiven Tatbestand von zwei Strafdelikten: Die Verabreichung des Röntgenkontrastmittels erlangt strafrechtliche Relevanz unter dem Tatbestand der Körperverletzung gem. § 223 Abs. 1 StGB.[60] Durch die anschließende Röntgenaufnahme wird der Tatbestand der Körperverletzung allerdings nicht erfüllt. Die körperliche Misshandlung i.S.d. § 223 Abs. 1 StGB setzt eine Beeinträchtigung der körperlichen Unversehrtheit voraus. Die einmalige, kurzzeitige und ordnungsgemäße

---

[60] Der Gesetzestext ist auf S.59 abgedruckt.

Anwendung von Röntgenstrahlen genügt diesem Kriterium jedoch nicht, denn die Gefahr des Eintritts von Langzeitschäden besteht in der Regel nicht.[61] Die Röntgenbestrahlung gegen den Willen des F kann unter den Tatbestand der Nötigung gem. § 240 StGB subsumiert werden, denn der Arzt nötigt den F zur Duldung der Röntgenbestrahlung.

Das Handeln seitens A könnte jedoch vollumfänglich gerechtfertigt sein. Als Rechtfertigungsgrund hinsichtlich des Einflößens eines Kontrastmittels kommt § 81a Abs. 1 Satz 2 StPO in Betracht, da es sich dabei um einen »körperlichen Eingriff« handelt. Die Röntgenaufnahmen könnten hingegen als »körperliche Untersuchung« gem. § 81a Abs. 1 Satz 1 StPO zu werten sein, da darin keine Verletzung des Körpers zu sehen ist (s.o.).

Die Voraussetzungen für eine erlaubte körperliche Untersuchung gem. § 81a Abs. 1 Satz 1 StPO und für einen erlaubten körperlichen Eingriff gem. § 81a Abs. 1 Satz 2 StPO lauten wie folgt:

Körperliche Untersuchung, Blutentnahme und andere körperliche Eingriffe gem. § 81a StPO

A. Anordnung der Maßnahme gegen einen Beschuldigten

- Zuständig ist grundsätzlich der Richter,
- ausnahmsweise die Staatsanwaltschaft oder Hilfsbeamte der Staatsanwaltschaft (Polizei) bei Gefährdung des Untersuchungserfolges durch Verzögerung.[62]
- Beschuldigter ist jeder, gegen den ein Ermittlungsverfahren eingeleitet, die öffentliche Klage erhoben oder das Hauptverfahren eröffnet ist. Die Einleitung des Ermittlungsverfahrens kann mit der Anordnung gem. § 81a StPO zusammenfallen.[63]

---

[61] BGHSt 43, S. 455; LG München NStZ 1982, S. 470.

[62] Eine Gefährdung des Untersuchungserfolges durch Verzögerung liegt regelmäßig dann vor, wenn ein Richter nicht verfügbar ist (zur Abend- oder Nachtzeit) und bis zum erneuten Beginn der Geschäftszeit des Gerichtes nicht gewartet werden kann.

[63] Kleinknecht/Meyer-Goßner, Strafprozessordnung, § 81a, RN 2.

B. Keine Einwilligung des Beschuldigten

⚠ § 81a StPO schafft unter strengen Voraussetzungen die Möglichkeit, in das Selbstbestimmungsrecht eines Beschuldigten gegen dessen Willen einzugreifen. Sofern der Beschuldigte in die Maßnahme einwilligt, wird die Rechtfertigung gem. § 81a StPO gegenstandslos.

C. Maßnahmen gegen das Selbstbestimmungsrecht des Beschuldigten

I. Körperliche Untersuchung

- Die Untersuchung besteht darin, die vom Willen des zu Untersuchenden unabhängige Beschaffenheit des Körpers oder einzelner Körperteile, insbesondere auch das Vorhandensein von Fremdkörpern im Körperinnern, mittels sinnlicher Wahrnehmung zu ermitteln.[64]
- Die Untersuchung muss nicht notwendigerweise von einem Arzt vorgenommen werden.
- Der Beschuldigte muss die Untersuchung dulden, zu einer aktiven Beteiligung ist er nicht verpflichtet.

II. Entnahme von Blutproben und andere körperliche Eingriffe

- Blutprobenentnahmen sind als körperliche Eingriffe zu qualifizieren.
- Ein körperlicher Eingriff liegt vor, wenn natürliche Körperbestandteile wie Blut, Liquor, Samen, Harn entnommen werden oder wenn dem Körper Stoffe zugeführt werden oder sonst in das haut- und muskelumschlossene Innere des Körpers eingegriffen wird.[65]

---

[64] Löwe/Rosenberg, Strafprozessrecht, § 81a, RN 15.

[65] Kleinknecht/Meyer-Großner, Strafprozessordnung, § 81a, RN 15.

1. Eingriffsberechtigt

ist ausschließlich ein Arzt.

➡ Bei besonders gefährlichen Eingriffen ist nur ein Facharzt eingriffsberechtigt.

➡ Nicht eingriffberechtigt sind Zahnärzte, Pflegekräfte und nicht approbierte Ärzte.

➡ Ausnahme: bei Einverständnis des zu Untersuchenden oder Vornahme der Untersuchung unter Anleitung, Aufsicht und Verantwortung eines Arztes.

2. Eingriff nach den Regeln der ärztlichen Kunst

• Neuartige Untersuchungsmethoden sind unzulässig, da für sie keine Regeln bestehen.

 Der Beschuldigte braucht sich nicht für Experimente zur Verfügung zu stellen.

• Die Anwendung von Hypnose und Narkose oder andere Veränderungen des seelischen Zustandes sind immer unzulässig.[66]

3. Ausschluss gesundheitlicher Nachteile

• Ein Nachteil liegt beim Eintritt einer erheblich über die Untersuchungsdauer hinauswirkenden Beeinträchtigung des körperlichen Wohlbefindens vor.[67]

➡ Die Art des Eingriffs ist dabei nicht entscheidend, es kommt auf den Gesundheitszustand des Beschuldigten an.

➡ Schmerzen und andere vorübergehende Unannehmlichkeiten sind kein gesundheitlicher Nachteil.[68]

---

[66] Kleinknecht/Meyer-Großner, Strafprozessordnung, § 81a, RN 16.

[67] Kleinknecht/Meyer-Großner, Strafprozessordnung, § 81a, RN 17; Löwe/Rosenberg, Strafprozessrecht, § 81a, RN 26.

[68] Löffler, Voraussetzungen für die Anwendbarkeit der §§ 81, 81a StPO, NJW 1951, S. 821.

4. Verhältnismäßigkeitsgrundsatz

- Mittel-Zweck-Relation: Die Schwere der Tat und die Stärke des Tatverdachtes müssen in einem angemessenen Verhältnis zum Eingriff in die körperliche Unversehrtheit stehen.
  - ➡ **Je schwerer** die Maßnahme wiegt, **desto strengere** Anforderungen sind an den Tatverdacht zu stellen.

⚠ Es muss immer zuerst versucht werden, mit einer einfachen Untersuchung auszukommen.

D. Beispiele für unzulässige Maßnahmen gegen einen Beschuldigten

- Angiographie (Injektion eines Kontrastmittels in die Halsschlagader zur anschließenden Herstellung von Röntgenaufnahmen des Gehirns):
  - ➡ trotz des diagnostischen Werts wegen Gefährlichkeit abzulehnen.[69]
- Harnentnahme mittels eines Katheters:
  - ➡ zweifelhafter diagnostischer Wert.[70]
- Phallographie (Aufzeichnung der Penisreaktion mittels eines »Erektometers«):
  - ➡ verstößt gegen die Menschenwürde.
- Lumbalpunktion (Einstich mit einer Hohlnadel zwischen dem 3. und 4. oder dem 4. und 5. Lendenwirbelfortsatz) zur Entnahme von Gehirn- und Rückenmarksflüssigkeit:
  - ➡ nur bei schwerwiegenden Straftaten und dringendem Tatverdacht zulässig.[71]

---

[69] Kleinknecht/Meyer-Großner, Strafprozessordnung, § 81a, RN 21.

[70] Ebenda.

[71] Kleinknecht/Meyer-Großner, Strafprozessordnung, § 81a, RN 22.

Beispiel:
Bei einer Verkehrskontrolle stellt die Polizei bei Autofahrer F mit Hilfe eines Atemtests eine Blutalkoholkonzentration von 1 ‰ fest. Da der Atemtest wegen seiner relativen Unzuverlässigkeit keine Beweiskraft für ein möglicherweise folgendes Strafverfahren entfalten kann, verbringt die Polizei den F zur Blutentnahme in das nächstgelegene Krankenhaus. Dort entnimmt der Arzt A dem sich sträubenden F mittels einer Spritze Blut. Die Blutalkoholkonzentration wird anhand der entnommenen Blutprobe auf 1,1 ‰ zur Tatzeit (als F das Fahrzeug führte) bestimmt.

Fallabwandlung:
Die Blutentnahme erfolgt durch die geschulte und im Hinblick auf Blutentnahmen routinierte Pflegekraft P.

Der obige Fall schildert ein typisches Beispiel für das Eingreifen der Rechtfertigung nach § 81a StPO. Das Setzen der Spritze durch A stellt einen klassischen körperlichen Eingriff in Form der Blutentnahme dar. Im Hinblick auf die Abwandlung bleibt festzustellen, dass die Blutentnahme durch P nicht durch § 81a StPO gerechtfertigt sein kann. Sofern zu ihren Gunsten keine weiteren Rechtfertigungsgründe eingreifen, hat sich P wegen einer rechtswidrigen Tat strafbar gemacht.

e) Rechtfertigende Einwilligung

Die **rechtfertigende Einwilligung** ist in der Praxis der Heilberufe der wohl wichtigste – weil am häufigsten vorkommende – Rechtfertigungsgrund. Körperliche Untersuchungen und körperliche Eingriffe werden nämlich eher selten gegen den Willen des Betroffenen (Patienten) vorgenommen. In der Regel begibt sich der Patient in die Fürsorge des Arztes oder der Pflegekraft, um von einer Krankheit oder sonstigen gesundheitlichen Beschwerden geheilt zu werden. Dass der Arzt oder die Pflegekraft im Zuge der Therapie, Behandlung und Pflege Eingriffe an dem Körper des Patienten vornehmen muss, lässt sich zur Herbeiführung des Heilungserfolges meistens kaum vermeiden.

Gleichwohl gehört es zum ureigensten Selbstbestimmungsrecht des Patienten, über seinen Körper allein zu verfügen. Gegen den ausdrücklichen und ernstlichen Willen des Kranken darf der Arzt keine Behandlung vornehmen.[72] Ein frei verantwortlicher Patientenwille hat also Vorrang vor dem Patientenwohl. Nach diesem Verständnis erfüllt jeder Eingriff in das körperliche Wohlbefinden des Patienten den Straftatbestand der Körperverletzung gem. § 223 Abs. 1 StGB.[73] Erstmals ist diese Rechtsansicht in einer Entscheidung des Reichsgerichtes vom 31. Mai 1894[74] festgestellt worden, indem die Amputation des Fußes eines sieben-jährigen Kindes gegen den erklärten Willen des Vaters trotz absoluter Indikation und erfolgreicher Operation als »Beeinträchtigung der körperlichen Unversehrtheit« und somit als tatbestandsmäßige Körperverletzung qualifiziert wurde. Seit diesem Urteil und damit seit über 100 Jahren stellt jede mit einer Einwirkung auf die körperliche Integrität des Patienten verbundene Behandlungsmaßnahme, ohne Rücksicht auf einen erfolgreichen Verlauf – auch die *lege artis* durchgeführte Heilbehandlung, jede Anästhesie, jeder chirurgische Eingriff, jede Applikation eines Medikaments – tatbestandsmäßig eine Körperverletzung dar und bedarf daher eines Rechtfertigungsgrundes in Form einer Einwilligung des Patienten.[75]

Im Rahmen eines 1996 publizierten Referentenentwurfs zur Reform des Strafgesetzbuchs wurde die Neuregelung des Heilbehandlungsrechts (§§ 229, 230 StGB – E) angestrebt. In der verabschiedeten Gesetzesfassung hat der Zweck einer Heilbehandlung jedoch keine Berücksichtigung gefunden, so dass vor dem Gesetz weiterhin keine Unterschiede hinsichtlich des Motivs des Handelnden bestehen, sei der pflegerische oder ärztliche Eingriff noch so honorig. Die Rechtsprechung lässt die strafrechtliche Verantwortung des heilbehandelnden Arztes nach wie vor erst auf der Ebene der Rechtfertigung entfallen. Das bedeutet, dass der Patient im Wege der rechtfertigenden Einwilligung auf das Individualrecht der körperlichen Unversehrtheit verzichten muss. In jede medizinische Entscheidung muss daher der Entschluss des Patienten als personaler Faktor einbezogen werden.[76] In § 228 StGB ist dieses Prinzip normiert:

 § 228 StGB – Einwilligung
Wer eine Körperverletzung mit Einwilligung der verletzten Person vornimmt, handelt nur dann rechtswidrig, wenn die Tat trotz der Einwilligung gegen die guten Sitten verstößt.

---

[72] RGZ 151, S. 349. Heute würde die Einwilligung des Vaters durch die Entscheidung des Familiengerichtes wegen Gefährdung des Kindeswohls gem. § 1666 BGB ersetzt werden.

[73] Großkopf, Jede Behandlung ist juristisch eine Körperverletzung, Pflegezeitschrift 1999, S. 800.

[74] RGSt 25, S. 375.

[75] BGH, NStZ 1995, S. 34.

[76] BGH, NJW 1980, S. 1333; BGH, NJW 1984, S. 1807.

An dieser Stelle ist darauf hinzuweisen, dass §228 StGB keinen eigenständigen Rechtfertigungsgrund darstellt. Vielmehr knüpft diese Vorschrift an den gesetzlich nicht normierten, aber allgemein anerkannten Rechtfertigungsgrund der Einwilligung an und bezeichnet zusätzliche Voraussetzungen für dessen Eingreifen in den Fällen der Körperverletzung.

 Beispiel:
Der Patient P wird mit akutem Blinddarmverdacht ins Krankenhaus gebracht. Nach ausführlicher Aufklärung über die Risiken einer Blinddarmoperation durch den Arzt A willigt P in die Durchführung des Eingriffs ein. A operiert P und entfernt den entzündeten Blinddarm.

Das Handeln des A erfüllt im obigen Beispielsfall den Tatbestand der Körperverletzung gem. § 223 Abs. 1 StGB. Dies ist jedoch durch den gesetzlich nicht normierten Rechtfertigungsgrund der **Einwilligung** gerechtfertigt. Im hier vorliegenden Fall der Körperverletzung sind überdies die zusätzlichen Voraussetzungen des § 228 StGB erfüllt.

Ausdrücklich rechtfertigende Einwilligung

Bei der ausdrücklichen rechtfertigenden Einwilligung müssen folgende Voraussetzungen erfüllt sein:

Rechtfertigende Einwilligung bei Körperverletzung (§ 228 StGB)

A. Anwendbarkeit (kein Eingreifen von Spezialvorschriften)

- Organentnahme von Lebenden: Transplantationsgesetz,[77]
- Kastration eines Mannes bei abnormem Geschlechtstrieb: Kastrationsgesetz,[78]
- Sterilisation eines Betreuten: § 1905 i.V.m. § 1899 Abs. 2 BGB.

---

[77] Gesetz über die Spende, Entnahme und Übertragung von Organen (Transplantationsgesetz – TPG) vom 5. November 1997 (BGBl. I, S. 2631).

[78] Gesetz über die freiwillige Kastration und andere Behandlungsmethoden vom 15. August 1969 (BGBl. I, S. 1143).

B. Objektive Voraussetzungen

I. Rechtliche Zulässigkeit der Einwilligung

- Grundsatz: Der Verzicht auf das geschützte Interesse muss rechtlich zulässig sein, das heißt, dem Rechtsgutinhaber muss die Disposition überhaupt möglich sein. Die Einwilligung gem. § 228 StGB betrifft regelmäßig das **Individualrechtsgut** der körperlichen Unversehrtheit. Ist die Einwilligung nicht spezialgesetzlich geregelt (§§ 2, 3, 8 KastrG; §§ 8 Abs. 1 und 3, 19 Abs. 2 TPG[79]), besteht grundsätzlich die Möglichkeit des Verzichts.
- Ausnahme: Eine **Dispositionsbefugnis** über das Rechtsgut des Lebens besteht nicht.

II. Einwilligungserklärung des Patienten

1. Ausdrückliche Einwilligung
- mündlich,
- schriftlich (ein Schriftstück dient immer der Beweissicherung).

 Die Einwilligung ist bis zur Tat frei widerruflich!

2. Einwilligungsfähigkeit des Patienten

 Allgemein gilt:
Die Einwilligung ist keine rechtsgeschäftliche Willenserklärung i.S.d. § 104 BGB, daher kommt es auf die bürgerlich-rechtliche Geschäftsfähigkeit des Patienten nicht an.[80]

---

[79] BVerfG, NJW 1999, S. 3399.

[80] Ulsenheimer, Arztstrafrecht, RN 108.

- Entscheidend ist, dass der Kranke in einem Akt der **Selbstbestimmung** Wesen, Bedeutung und Tragweite des Eingriffs zumindest in groben Umrissen erkennt und das Für und Wider abwägen kann.[81]
- Feste Altersgrenzen gibt es angesichts der Vielfalt der in Rede stehenden ärztlichen Maßnahmen und der Prozesshaftigkeit der Reifeentwicklung nicht, weshalb die Frage der Einwilligungsfähigkeit **fortlaufender Überprüfung** bedarf.
- Auch bei einem **volljährigen, an sich verständigen Patienten** kann es an der Einwilligungsfähigkeit fehlen, wenn dieser derart auf seine Schmerzen fixiert ist, dass er in seiner Aufnahmefähigkeit erheblich eingeschränkt ist.[82]
- Je **schwerwiegender** die beabsichtigte **Behandlungsmaßnahme** ist, desto **höher** müssen die **Anforderungen** an die subjektive Beurteilungsfähigkeit des Patienten sein.

a) natürliche Einsichts- und Steuerungsfähigkeit (geistige und körperliche Reife):
- Grundsatz: Die Einwilligungsfähigkeit des Patienten hängt nicht von dessen Alter ab. Sie setzt vielmehr die im Einzelfall zu prüfende geistige Reife und Fähigkeit des Patienten voraus, die Tragweite des ärztlichen Eingriffs für Körper, Beruf und Lebensglück zu ermessen.[83]
- Besonderheiten:
  - ➡ **Minderjährige unter 14 Jahren** (Kinder) sind generell einwilligungsunfähig, das heißt, die Einwilligung der gesetzlichen Vertreter (Eltern, Betreuer, Vormund) ist einzuholen. Verweigern die Eltern diese, muss der Arzt u.U. gem. § 1666 BGB bei objektiver Chancenabwägung unter Berücksichtigung des Kindeswohls den Eingriff vornehmen[84] (umstritten).
  - ➡ Bei **Jugendlichen zwischen 14 und 18 Jahren** ist die Einwilligungsfähigkeit ausführlich zu prüfen.

---

[81] BGH, MDR 1981, S. 810.

[82] OLG Frankfurt, MedR 84, S. 194.

[83] Engisch, Die rechtliche Bedeutung der ärztlichen Operation, ZStW 58; Ulsenheimer, Arztstrafrecht, RN 109.

[84] Ulsenheimer, Arztstrafrecht, RN 111a.

b) Aufklärung durch den Arzt über das Risiko (Schmerzen, Heilungschancen, Nebenwirkungen etc.) und den Nutzen der Behandlungsmaßnahme:

- Die Aufklärung soll dem Patienten **kein medizinisches Fachwissen** vermitteln, sondern ihm aufzeigen, was der Eingriff für seine persönliche Situation bedeuten kann.
- Die **Schilderung eines allgemeinen Bildes** von der Schwere und Richtung des konkreten Risikospektrums ist **ausreichend**.[85]
- Je **weniger** ein ärztlicher Eingriff **geboten** ist, umso **ausführlicher** ist der Patient über den Eingriff aufzuklären (Beispiel: Hinweis auf konservative Behandlungsmöglichkeiten[86], kosmetische Operationen[87]).
- Es besteht eine erhöhte **Aufklärungspflicht bei neuen Behandlungsmethoden**.[88]
- Ein **Verzicht** auf Aufklärung muss individuell, ernsthaft, freiwillig und ohne Beeinflussung durch den Arzt vom Patienten erklärt werden.[89]
- **Entbehrlich** ist die Aufklärung über Gefahren, die lediglich als unbeachtliche Außenseitermeinungen abgetan werden können[90], oder wenn der Patient bereits hinreichend aufgeklärt ist[91] bzw. sonstige Gründe in der Person des Aufzuklärenden liegen, die jegliche Information zur Erreichung des Aufklärungsziels gegenstandslos machen.[92]

---

[85] OLG Stuttgart, VersR 1998, S. 637 (Chirotherapie); BGH, MDR 1990, S. 808 (Panzerherz); BGH, NJW 1992, S. 2351 (Schilddrüsenbehandlung); BGH, NJW 1992, S. 754 (Morbus Hodgkin); BGH, NJW 1990, S. 2928 (Gallengangsoperation).

[86] BGH, NJW 2000, S. 1788; OLG Köln, VersR 2000, S. 1509.

[87] BGH, MedR 1991, S. 85, OLG Düsseldorf, VersR 1999, S. 61; OLG Oldenburg, VersR 1998, S. 854.

[88] OLG Köln, NJW-RR 1992, S. 986; OLG Bremen, Urteil vom 12. März 2004 (4 U 3/4, nicht anerkannte Lasertherapie als Alternative zur TURP).

[89] Laufs, Die Entwicklung des Arztrechts, NJW 1983, S. 1345; Roßner, Verzicht des Patienten auf eine Aufklärung durch den Arzt, NJW 1990, S. 2291.

[90] BGH, NJW 1996, S. 776; OLG Zweibrücken, VersR 2000, S. 892; OLG Hamm, NJW 1999, S. 3421; OLG Koblenz, NJW 1999, S. 3419.

[91] OLG Karlsruhe, NJW 1966, S. 399.

[92] Ulsenheimer, Arztstrafrecht, RN 128.

3. Keine Willensmängel

Die Einwilligung darf nicht an wesentlichen Willensmängeln leiden. Sie muss in einer nach außen erkennbaren Weise bewusst manifestiert werden. Willensmängel machen die Einwilligung rechtlich unbeachtlich.

- Eine Einwilligung liegt *nicht* vor, wenn die Erklärung auf
  - ⇒ Täuschung,
  - ⇒ Nötigung,
  - ⇒ grober Verletzung der ärztlichen Aufklärungspflicht beruht.

 Beispiel:

In einem Vorgespräch, bei dem es um den anstehenden Austausch von Brustimplantaten ging, antwortete der Arzt wahrheitswidrig, es handele sich für ihn um einen Routineeingriff, mit dem er »reichlich« Erfahrung habe und den er ambulant durchführen könne. Bei Kenntnis der tatsächlichen Sachlage hätte die Patientin dem Eingriff, in dessen Verlauf es postoperativ zu erheblichen Komplikationen kam, keinesfalls zugestimmt, so dass die Operation eine rechtswidrige Körperverletzung darstellt.[93]
  - ⇒ Oder Körperverletzung durch unfallchirurgische Behandlungs- und Aufklärungsfehler vorliegt.[94]

- Voraussetzung einer rechtfertigenden Einwilligung ist daher eine **wirksame Aufklärung** des Patienten:
  - ⇒ Die Aufklärung über den Heileingriff muss **vom Arzt selbst** vorgenommen werden. Das Delegieren der Aufklärung an das Pflegepersonal ist unzulässig.
  - ⇒ Bei Verständnisschwierigkeiten muss ein Vermittler oder Dolmetscher hinzugezogen werden; steht ein solcher nicht zur Verfügung, so kann eine Aufklärung durch Zeichensprache und Zeichnungen genügen.[95]
  - ⇒ Die Einwilligung auf einem **Standardformular reicht nicht** aus; Kleinbehandlungen sind hiervon ausgenommen.
- Die Formulare müssen **individuelle Vermerke** zulassen.
- Auch **psychisch Kranke, Kinder und Alte** sind aufzuklären, sofern ein gewisser Grad an körperlicher und geistiger Einsichtsfähigkeit besteht. Ansonsten richtet sich die Aufklärung an die gesetzlichen Vertreter.

---

[93] StA LG Düsseldorf (810 Js 193/96).

[94] BGH, RDG 2004, S. 50 f.

[95] OLG Nürnberg, VersR 1996, S. 1372; OLG Düsseldorf, NJW 1990, S. 771; differenzierender: OLG Hamm, VersR 2002, S. 192.

4. Keine Sittenwidrigkeit der Tat

- Der Eingriff darf nicht gegen die guten Sitten, d.h. gegen das Anstandsgefühl aller billig und gerecht Denkenden, verstoßen.

⚠ Entscheidend ist die Sittenwidrigkeit der Tat, nicht die der Einwilligung. Die Feststellung der Sittenwidrigkeit wird für jeden Fall gesondert getroffen. Dabei kommt es auf die Beweggründe und die Ziele der Beteiligten sowie die Mittel und die Art der Verletzung an. Mit anderen Worten: Die Frage der Sittenwidrigkeit hängt entscheidend vom **Zweck** des ärztlichen Handelns ab.[96]

- Die Sittenwidrigkeit wurde von der Rechtsprechung bejaht bei
  - ➡ **Doping** (auch im Falle hinreichender Aufklärung),[97]
  - ➡ Verschreibung suchtfördernder Arzneimittel an **Suchtkranke**,[98]
  - ➡ **entstellenden Operationen** ohne medizinische Indikation (z.B. große Narben, Amputationen),
  - ➡ genitalverändernden Operationen, bei denen die Voraussetzungen des § 8 Abs. 1 Nr. 2 und 3 TSG (Transsexuellengesetz) fehlen.

5. Einwilligungszeitpunkt

Die Einwilligung muss **vor** dem Eingriff erteilt worden sein. Der Zeitpunkt ist so zu wählen, dass der Patient noch im Besitz seiner Erkenntnisfreiheit ist und ihm bis zum Eingriff ohne Entscheidungsdruck[99] unter Berücksichtigung der konkreten Umstände noch eine ausreichende Bedenkzeit verbleibt, um das Für und Wider des bevorstehenden Eingriffs abzuwägen und damit seine Entscheidungsfreiheit und sein grundrechtlich verbürgtes Selbstbestimmungsrecht zu wahren.[100]

---

[96] Ulsenheimer, Arztstrafrecht, RN 234a.

[97] Ulsenheimer, Handbuch des Arztrechts, § 139, RN 41.

[98] BGH, JR 1979, S. 429; OLG Frankfurt, NJW 1988, S. 2965.

[99] OLG Hamm, NJW 1993, S. 1538.

[100] BGH, NJW 1994, S. 3009.

Keine Aufklärung auf der Trage!

 Eine nachträgliche Genehmigung entfaltet keine Wirksamkeit.[101]

C. Subjektive Voraussetzungen

Das Handeln findet in Kenntnis und aufgrund der Einwilligung statt.

 Die Strafbarkeit entfällt bei der irrigen Annahme
- einer Einwilligung,
- der Wirksamkeit einer tatsächlich unwirksamen Einwilligung,
- der Sittengemäßheit einer tatsächlich sittenwidrigen Tat.

Stillschweigend rechtfertigende Einwilligung (konkludente Einwilligung)

Das aufgeführte Prüfungsschema gilt auch für den Fall der sog. stillschweigenden Einwilligung. Bei der stillschweigenden oder konkludenten Einwilligung ergibt sich die Zustimmung des Patienten aus seinem schlüssigen Verhalten.

 Beispiel:
Der Arzt A will dem Patienten P mittels einer Spritze ein Medikament injizieren. P entblößt seinen Arm und hält ihn wortlos dem A hin. A führt die Injektion durch.

Bei diesem Beispiel hat der Patient durch sein schlüssiges Verhalten der vom Arzt A vorgenommenen Heilbehandlung zugestimmt. Der stillschweigenden Einwilligung kommt der gleiche Erklärungswert wie der ausdrücklichen Einwilligung zu. Damit führt die wirksame stillschweigende Einwilligung ebenso wie die ausdrückliche Einwilligung zur Rechtfertigung des Eingriffs und damit zum Ausschluss der Strafbarkeit.

---

[101] BGHSt 17, S. 359.

Wie bereits in der obigen Übersicht erwähnt, setzt eine wirksame Einwilligung sowohl die Einsichtsfähigkeit des Patienten als auch die vorherige Aufklärung des Patienten über Risiken und Nebenwirkungen[102] voraus.

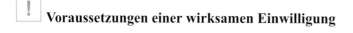

Voraussetzungen einer wirksamen Einwilligung

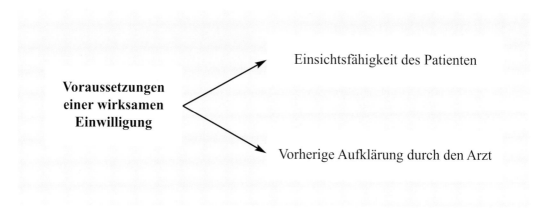

Der Arzt hat daher vor dem Eingriff in die rechtlich geschützten Interessen des Patienten die Pflicht, diesen umfassend aufzuklären. Diese Aufklärungspflicht soll bewirken, dass der Patient durch die Abwägung der für und gegen einen Eingriff sprechenden Gründe seine Entscheidungsfreiheit und damit zugleich sein **Recht auf Selbstbestimmung** wahren kann.[103] Eine allgemeingültige präzise Antwort auf die Frage nach Inhalt und Umfang der ärztlichen Aufklärung gibt es nicht. Über die genannten Anhaltspunkte in der schematischen Darstellung hinaus lässt sich zusammenfassend sagen: Der Patient muss über Anlass, Dringlichkeit, Umfang, Schwere, Risiken, Art und Folgen, mögliche Nebenwirkungen des geplanten Eingriffs, dessen Erfolgsaussichten, etwaige Folgen der Nichtbehandlung,[104] mögliche Behandlungs- und Kostenalternativen, u.U. auch über den Namen des Operateurs, seinen Ausbildungsstand und die Ausstattung der Klinik aufgeklärt werden.[105] In einem Satz: Der Patient muss wissen, in was er einwilligt (»informed consent«).

---

[102] BGH, NJW 1999, S. 2823 (Potenzstörung nach Operation); OLG Brandenburg, NJW-RR 2000, S. 398 (Blasenlähmung nach Myelographie).

[103] Großkopf, Risikoaufklärung von Patienten, Pflegezeitschrift 1997, S. 847.

[104] Deutsch, Neue Aufklärungsprobleme im Arztrecht, NJW 1982, S. 2585.

[105] BGH, NJW 1984, S. 655; BGH, NJW 1985, S. 2193.

Aus diesem Grund muss der Arzt den Patienten über folgende Aspekte umfassend aufklären:

- die therapeutischen Verhaltensregeln (**Sicherungsaufklärung**);

△ Zur Gewährleistung eines ungestörten, komplikationslosen Therapieverlaufs sind dem Patienten neben seinem Krankheitsbild umfassende Hinweise, Ratschläge, Anweisungen und Empfehlungen über die sachgerechte Heilbehandlung zu erteilen. Der Arzt muss auch vor Gefahren und Folgen warnen, die bei einem Unterlassen der ärztlichen Behandlung, etwa bei vorzeitigem Verlassen des Krankenhauses, bei Versäumung oder Verzögerung indizierter Eingriffe, drohen, sowie vor Auswirkungen durch die Einnahme bestimmter Medikamente auf Kreislauf, Blutdruck, Fahrtüchtigkeit.[106]

- den Befund einer Untersuchung (**Diagnoseaufklärung**);

△ Grundsätzlich ist der Arzt auch bei ungünstiger Prognose verpflichtet, seinen Patienten umfassend aufzuklären. Eine Ausnahme hiervon ist anzunehmen, wenn die Mitteilung das Leben oder die Gesundheit des Patienten ernstlich gefährdet.[107]

- etwaige Methoden der Behandlung (**Behandlungsmethodenaufklärung**);

- Aufklärung über Behandlungsalternativen bei Tumorverdacht;[108]

- Aufklärung nur über echte Behandlungsalternativen;[109]

△ Der Patient soll in groben Zügen über Art, Schwere, Umfang, Durchführung und Schmerzhaftigkeit der Therapie aufgeklärt werden.[110] Existieren mehrere gleichermaßen indizierte Behandlungsmethoden, die erheblich unterschiedliche Erfolgschancen und Risiken aufweisen, so ist der Patient zum Zwecke einer echten Wahlmöglichkeit darüber zu informieren.[111]

- mögliche Folgen des Eingriffs (**Risikoaufklärung**).[112]

---

[106] LG Konstanz, NJW 1972, S. 2223.

[107] BGHZ 29, S. 176; OLG Köln, NJW 1987, S. 2936.

[108] OLG Köln, Urteil vom 1. Juni 2005 (5 U 91/03).

[109] OLG Naumburg, Urteil vom 6. Juni 2005 (1 U 7/05).

[110] BGH, NJW 1984, S. 1395.

[111] Vgl. Gehrlein, Leitfaden zur Arzthaftpflicht, S. 139; BGH, NJW 2005, S. 1718 ff. (Behandlungsalternativen und Selbstbestimmungsrecht).

[112] Großkopf, Risikoaufklärung von Patienten, Pflegezeitschrift 1997, S. 847.

Schwerpunkt der Aufklärungsproblematik!

Der Patient ist auf sichere und mögliche Folgen der geplanten ärztlichen Maßnahme (Nebenwirkungen[113], konkrete Gefahr eines Fehlschlags[114], Behandlungsalternativen mit ihren Vor- und Nachteilen, Spezialkliniken mit besonderer personeller und apparativer Ausstattung etc.) hinzuweisen.[115]

Umfang, Maß und Intensität der Risikoaufklärungspflicht richten sich im Wesentlichen nach vier Faktoren:

→ der Häufigkeit, mit der sich bestimmte Gefahren eines Eingriffs verwirklichen (sog. Komplikationsdichte),

→ der Dringlichkeit des Eingriffs,

→ der Schwere des Eingriffs,

→ der Verständigkeit des Patienten.

Fehlt die Aufklärung oder wurde der Patient nur unzureichend aufgeklärt, kann er nicht wirksam in die Behandlung einwilligen.[116] Dies hat zur Folge, dass der Eingriff bzw. die Behandlung nicht gerechtfertigt ist und sich damit der dem Eingriff zugrunde liegende Straftatbestand (z.B. eine Körperverletzung) verwirklicht. Zu einem anderen Ergebnis könnte man dann kommen, wenn nachweislich ein Fall der hypothetischen Einwilligung[117] vorliegt (siehe Seite 93–95).

---

[113] BGH, RDG 2005, S. 93 f. (Nebenwirkungen von Antikonzeptiva).

[114] OLG Koblenz, RDG 2004, S. 119 (Misserfolgsrisiko einer Operation).

[115] BGH, NJW 1999, S. 2823 (seltenes Risiko der Querschnittslähmung); OLG Düsseldorf, VersR 2001, S. 1117 (verbleibendes seltenes Schwangerschaftsrisiko nach Sterilisation); OLG Hamm, VersR 2000 (Infektion nach Punktion des Kniegelenks); OLG Oldenburg, VersR 2000, S. 362 (Gefahr der Erblindung).

[116] Vgl. OLG Koblenz, Urteil vom 15. Dezember 2005 (5 U 676/05; Schadensersatz aufgrund unbewiesener Aufklärung); BGH, RDG 2005, S. 118 f. (unzureichende Aufklärung und fehlerhafte Durchführung einer Schilddrüsenoperation).

[117] OLG Koblenz, RDG 2005, S. 15 (Komplikationen bei Schilddrüsenoperation); BGH, Beschluss vom 15. Oktober 2003 (1 StR 300/03; Vorsätzlicher Aufklärungsfehler zwecks Durchführung einer zweiten Bandscheibenoperation).

! **Folgen einer fehlenden oder unzureichenden Aufklärung**

Fehlende oder unzureichende Aufklärung

Keine wirksame Einwilligung

Keine Rechtfertigung des Eingriffs

**Vorsätzliche Körperverletzung,
Freiheitsberaubung etc.**

Nach allgemeiner Rechtsauffassung ist die Aufklärungspflicht eine genuin ärztliche Pflicht, die im Regelfall in die **Zuständigkeit** des behandelnden Arztes fällt, also desjenigen, der die Operation in eigener Verantwortung durchführt.[118] Mit Ausnahme der Operationen, die Spezialkenntnisse erfordern, ist die **Delegation** der Aufklärung vom behandelnden Arzt an erprobte ärztliche Mitarbeiter oder den Kollegen einer anderen Fachrichtung zulässig.[119]

Ähnlich wie die zivilrechtliche Judikatur[120] hält auch die überwiegende strafrechtliche Meinung die Delegation der Aufklärung an **Pflegepersonal** für unzulässig,[121] denn die bei der Aufklärung zu berücksichtigenden Umstände setzen ärztliches Fachwissen, viel Einfühlungsvermögen, medizinischen Weitblick und Erfahrung voraus, die dem Nichtarzt in der Regel fehlen.

---

[118] OLG Hamburg, NJW 1975, S. 604.

[119] OLG Karlsruhe, NJW-RR 1998, S. 459; vgl. auch OLG Bamberg, RDG 02/2005, S. 34 f.

[120] OLG Celle, VersR 1981, S. 1184; BGH, VersR 1992, S. 1192.

[121] BGHSt 12, S. 379; Leipziger Kommentar, Strafgesetzbuch, § 226a, RN 21.

Abgesehen von der spezialgesetzlichen Regelung des § 40 Abs. 2 Nr. 2 AMG bedarf die Wirksamkeit der Aufklärung keiner besonderen Form (z.B. der Schriftlichkeit), entscheidend ist das vertrauensvolle Gespräch zwischen Arzt und Patient. Das kann nicht durch standardisierte Aufklärungsblätter oder Broschüren ersetzt werden. Im Zweifelsfall stellen solche »Einwilligungserklärungen« lediglich ein Indiz dafür dar, dass überhaupt ein Aufklärungsgespräch stattgefunden hat.[122] Nur im individuellen Austausch mit dem Patienten ist gewährleistet, dass die Aufklärung den Kern der Behandlungsmaßnahme trifft und das in ihr liegende individuelle Risiko und die Chancen für den Patienten aufzeigt. Letztlich muss der Patient eine eigene Chancen- bzw. Risikoabwägung treffen können. Er muss beispielsweise frei darin sein zu entscheiden, ob er das Risiko einer Bypass-Operation oder eines zukünftigen Herzinfarkts tragen will.

Der **Zeitpunkt der Aufklärung** ist eine wesentliche Voraussetzung für die Wirksamkeit der Aufklärung. Die ärztliche Aufklärung hat grundsätzlich vor dem Eingriff und zu einem Zeitpunkt zu erfolgen, an dem der Patient im Vollbesitz seiner Erkenntnis- und Entscheidungsfähigkeit ist. Bei einer anstehenden Operation eines Patienten, der sich zur Vorbereitung in stationärer Behandlung befindet, hat die Aufklärung grundsätzlich schon dann stattzufinden, wenn der Arzt zum operativen Eingriff rät und zugleich einen festen Operationstermin vereinbart. Bei einer späteren Aufklärung besteht die Gefahr, dass sich der Patient durch die Eingliederung in den Krankenhausbetrieb innerlich gehemmt fühlt, sich gegen den Eingriff zu entscheiden.[123] Hingegen kann bei kleineren, risikoärmeren Eingriffen die Aufklärung noch dann als rechtzeitig angenommen werden, wenn sie erst am Tag vor der Operation erfolgt.[124]

Für die Bereiche der **ambulant durchgeführten Behandlungen**[125], der **diagnostischen Maßnahmen**[126] und der **postoperativen Phase**[127] hat die Rechtsprechung zwischenzeitlich einige bedeutende Nuancen von dem oben genannten Grundsatz entwickelt.

---

[122] BGH, MedR 1985, S. 169.

[123] Großkopf, Risikoaufklärung von Patienten, Pflegezeitschrift 1997, S. 847 f.

[124] BGH, Urteil vom 25. März 2003 (VI ZR 131/02).

[125] BGH, MedR 1995, S. 20 ff.

[126] BGH, MedR 1995, S. 370 ff.

[127] OLG Oldenburg, MedR 1995, S. 326 ff.

Bei **ambulant durchgeführten Behandlungen** ist es in der Regel so, dass sich der Patient und der Arzt erstmals am Tage des Eingriffs gegenüberstehen. Diesem Umstand hat die Rechtsprechung Rechnung getragen, indem sie es in solchen Fällen grundsätzlich gestattet, die ärztliche Aufklärung erst am Tage des Eingriffs vorzunehmen.[128] Dies ist jedoch an folgende Voraussetzungen gebunden:

- Es muss sich um einen »normalen« ambulanten Eingriff, nicht hingegen um eine größere ambulante Operation mit beträchtlichen Risiken handeln.
- Die Aufklärung muss so erfolgen, dass sie den Patienten nicht unter Zugzwang setzt.

Die von der Rechtsprechung entwickelten Voraussetzungen für eine wirksam durchgeführte Aufklärung lassen Raum für Interpretationen. Es ist daher kaum definierbar, was unter einem »normalen« und einem »größeren« ambulanten Eingriff zu verstehen ist. Insgesamt ist jedoch zu beachten, dass die Rechtsprechung stets Einzelfallentscheidungen trifft. Diese sind grundsätzlich nicht pauschalisierbar und bieten keine gesicherte Formel für den Bereich der ärztlichen Aufklärungspflicht. Der sichere Weg bei dem Problem des richtigen Zeitpunkts der ärztlichen Aufklärungspflicht kann nur über die Beantwortung folgender Frage gehen: »Ist der Patient tatsächlich zu einer ureigenen unbeeinflussten Entscheidungsfindung in der Lage, oder wurden bereits derart viele Tatsachen geschaffen, die bei einer Entscheidung gegen den Eingriff ein Hindernis darstellen?« Der BGH formuliert dies in seinem Urteil vom 14. Juni 1994[129] recht plastisch: Die Aufklärung darf nicht erst vor der Tür des Operationssaals dergestalt erfolgen, dass der Patient schon während der Aufklärung mit der anschließenden Durchführung des Eingriffs rechnen muss und deshalb unter dem Eindruck stehen kann, sich nicht mehr aus einem bereits in Gang gesetzten Geschehensablauf lösen zu können.

---

[128] BGH, NJW 2000, S. 1784; BGH, MedR 1995, S. 20 ff.

[129] BGH, MedR 1995, S. 20.

Zeitpunkt der Patientenaufklärung

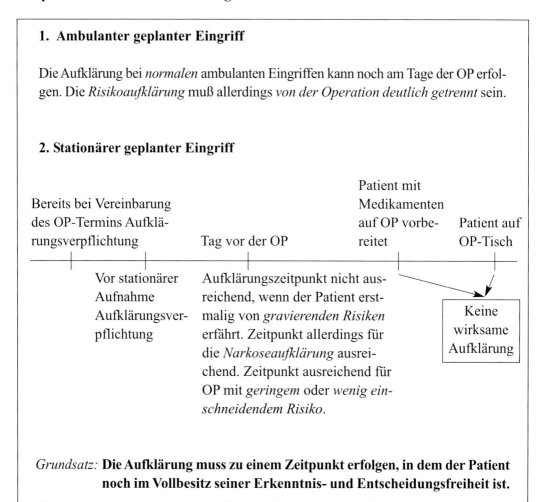

1. Ambulanter geplanter Eingriff

Die Aufklärung bei *normalen* ambulanten Eingriffen kann noch am Tage der OP erfolgen. Die *Risikoaufklärung* muß allerdings *von der Operation deutlich getrennt* sein.

2. Stationärer geplanter Eingriff

Bereits bei Vereinbarung des OP-Termins Aufklärungsverpflichtung	Tag vor der OP	Patient mit Medikamenten auf OP vorbereitet	Patient auf OP-Tisch

Vor stationärer Aufnahme Aufklärungsverpflichtung

Aufklärungszeitpunkt nicht ausreichend, wenn der Patient erstmalig von *gravierenden Risiken* erfährt. Zeitpunkt allerdings für die *Narkoseaufklärung* ausreichend. Zeitpunkt ausreichend für OP mit *geringem* oder *wenig einschneidendem Risiko.*

Keine wirksame Aufklärung

Grundsatz: **Die Aufklärung muss zu einem Zeitpunkt erfolgen, in dem der Patient noch im Vollbesitz seiner Erkenntnis- und Entscheidungsfreiheit ist.**

Auch bei **diagnostischen Eingriffen** wendet der BGH[130] die zuvor im Hinblick auf die Aufklärung bei ambulanten Behandlungen genannten Grundsätze an. Eine Besonderheit ergibt sich daher bei den sog. **heimlichen Aids-Tests.**

---

[130] BGH, MedR 1995, S. 370.

Beispiel:
Der Patient P begibt sich zu einer Routineuntersuchung zu seinem Hausarzt A. Der pflichtbewusste A entnimmt P im Rahmen eines »Routinechecks« Blut, das er auf HIV untersucht. P wird darüber nicht aufgeklärt.

Die Notwendigkeit der ärztlichen Aufklärung im Hinblick auf die Durchführung sog. heimlicher Aids-Tests ist umstritten.[131] Einerseits wird die Ansicht vertreten, eine Aufklärung über die Durchführung des Aids-Tests sei unbedingt geboten.[132] Heimliche Aids-Tests sind hiernach ohne vorherige Aufklärung rechtswidrig, wenn die Blutabnahme speziell zu diesem Zweck erfolgte. Andererseits herrscht jedoch auch die Meinung, dass sich die Einwilligung in Untersuchungsmaßnahmen nach vorheriger Aufklärung auch auf den im Zuge des Eingriffs vorgenommenen Aids-Test erstreckt. Der Arzt sei nach einem erfolgten Eingriff nicht gehalten, über die Diagnosemaßnahmen im Einzelnen aufzuklären.[133]

Sofern sich aus der Anamnese kein Hinweis auf eine HIV-Infektion ergibt, ist ein Verbot der Durchführung von heimlichen Aids-Tests zu bejahen. Da dem HIV-Antikörpertest keine Heiltendenz innewohnt und bei einer Blutentnahme die »Erheblichkeitsschwelle« der Beeinträchtigung des körperlichen Wohlbefindens überschritten und eine Einwilligung nicht teilbar ist, macht der Arzt sich der Körperverletzung gem. § 223 Abs. 1 StGB strafbar.[134]

Eine anerkannte Ausnahme gilt für den Fall der mutmaßlichen (konkludenten) Zustimmung (zu den Voraussetzungen s.u.). Diese ist in der Regel dann anzunehmen, wenn der Patient eine umfassende gesundheitliche Voruntersuchung bzw. die differentialdiagnostische Abklärung bestimmter Krankheitssymptome wünscht, die mit Aids in einem ursächlichem Zusammenhang stehen können, auch wenn der Aids-Test und der Verdacht einer HIV-Infektion zuvor nicht eigens angesprochen wurden.[135]

---

131 Eingehend dazu: Janker, Strafrechtliche Aspekte heimlicher AIDS-Tests, NJW 1987, S. 2998.

132 Eberbach, MedR 1987, S. 282; ders., NJW 1987, Heimliche Aidstests, S. 1470.

133 Tröndle/Fischer, Strafgesetzbuch, § 223, RN 9.

134 Eine hiervon zu trennende Frage ist, ob diese strafrechtliche Rechtsverletzung in zivilrechtlicher Hinsicht mit einem Schmerzensgeld sanktioniert werden kann. Bei Eingriffen in das Persönlichkeitsrecht erkennt der BGH grundsätzlich nur dann auf eine Entschädigung nach §§ 823, 847 BGB, wenn der Eingriff auf schwerem Verschulden beruht oder wenn schwere Beeinträchtigungen aus ihm folgen.

135 Giesen, Arzthaftungsrecht, RN 245; Ulsenheimer, Arztstrafrecht in der Praxis, RN 59.

Im oben genannten Beispiel hat der Patient P der HIV-Untersuchung weder ausdrücklich zugestimmt, noch liegen Hinweise auf eine mutmaßliche Einwilligung vor. Das Handeln des Hausarztes ist daher gem. § 223 Abs. 1 StGB strafbar. Eine Rechtfertigung seines Handelns kommt unter keinem Gesichtspunkt in Betracht.

Ausnahmsweise kann eine ärztliche Aufklärung unterbleiben, wenn sich der Patient dem Arzt uneingeschränkt anvertraut, was auch stillschweigend geschehen kann[136], oder wenn er ihm aufgrund von Vorinformationen oder eigener Sachkunde vertraut.[137] Ferner kann auf eine Aufklärung über extrem seltene Risiken, soweit sie die Lebensführung des Patienten nicht maßgeblich beeinträchtigen, verzichtet werden. Aus therapeutischen Gesichtspunkten kann die Aufklärung nur in Extremfällen unterbleiben. Dies ist etwa der Fall bei **Suizidgefahr** oder im Falle eines drohenden **Basedow-Komas**.[138] Aus dem Gesagten lässt sich folgende Faustformel herleiten:

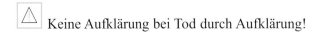 Keine Aufklärung bei Tod durch Aufklärung!

Wie bereits ausgeführt, liegt das Aufklärungsrecht und damit auch die Aufklärungspflicht allein beim Arzt. Aus diesem Grund kann die Pflegekraft generell, wenn sie auf Anweisung des Arztes handelt, davon ausgehen, dass der Patient ordnungsgemäß aufgeklärt wurde. Falls die Pflegekraft jedoch feststellt (z.B. durch Nachfragen des Patienten), dass der Patient nicht oder nur unzureichend aufgeklärt wurde, darf sie die angeordnete Behandlung nicht durchführen. Die Pflegekraft muss den behandelnden Arzt über die Sachlage informieren, so dass dieser die notwendige Aufklärung vornehmen kann. Wenn der Patient ausdrücklich auf die Aufklärung durch den Arzt verzichtet, darf die Pflegekraft ausnahmsweise die Maßnahme durchführen. Der Verzicht auf die Aufklärung sollte allerdings in den Krankenunterlagen zur Beweissicherung festgehalten werden. Von Vorteil wäre hierbei die Hinzuziehung eines Zeugen. Grundsätzlich darf die Pflegekraft, auch auf Nachfrage des Patienten, dessen Aufklärung nicht selbst vornehmen; eine solche Vorgehensweise würde die Handlungsabläufe in der Praxis allerdings stark behindern. Daher sollte **im Einvernehmen** mit dem Stations- oder dem behandelnden Arzt geklärt werden, ob die Pflegekraft erläuternde Erklärungen abgeben darf. Danach könnte sie dem Patienten auf dessen Nachfrage die Bedeutung, Schwere und Tragweite des Heileingriffs nach einer ärztlich erfolgten Aufklärung verdeutlichen, sofern sie aufgrund ihres Ausbildungsstandes und ihrer Kenntnisse hierzu in der

---

[136] BGHSt 29, S. 54.

[137] Tröndle/Fischer, Strafgesetzbuch, § 223, RN 9.

[138] Tröndle/Fischer, Strafgesetzbuch, § 223, RN 9.

Lage ist. Eine Aufklärung durch die Pflegekraft kann in einem Notfall, bei dem kein Arzt zu erreichen ist, vorgenommen werden. Verweigert der Patient allerdings auch nach erfolgter Aufklärung immer noch die Behandlung, so darf die Pflegekraft die notwendige Maßnahme nicht vornehmen. Hier greift wiederum der Grundsatz des Selbstbestimmungsrechts des Patienten. Eine Behandlung wäre nur dann möglich, wenn der Patient nicht im Vollbesitz seiner geistigen Kräfte wäre. Zur Vermeidung von straf- und zivilrechtlicher Inanspruchnahme ist die genaue Dokumentation des Sachverhalts, wenn möglich unter Hinzuziehung von Zeugen, erforderlich.

Hypothetische Einwilligung

Stellt sich nach einer bereits durchgeführten Behandlung heraus, dass der Patient nicht, unvollständig oder nicht rechtzeitig aufgeklärt wurde, so können die Behandler (Ärzte, Pflegekräfte etc.) dem Vorwurf einer rechtswidrigen Handlung nur durch den Nachweis des Vorliegens einer **hypothetischen Einwilligung** begegnen. Sie haben in einer solchen Situation darzulegen und zu beweisen, dass der Patient auch bei ordnungsgemäßer Aufklärung in den konkreten, gerade durch den betreffenden Behandler durchgeführten Eingriff eingewilligt hätte.[139] Falls der Patient den Eingriff bei sach- und fachgerechter Aufklärung hätte durchführen lassen, aber zu einem späteren Termin unter ggf. günstigeren Umständen oder gar von einem anderen Behandler, so hätte der beweispflichtige Arzt bzw. die Pflegekraft nachzuweisen, dass es auch bei den dargestellten veränderten Umständen zu gleichartigen Schäden gekommen wäre.[140] Bei dieser Fragestellung handelt es sich jedoch nicht um das Problem der hypothetischen Einwilligung, sondern um den **hypothetischen Kausalverlauf**.

Liegt seitens des Behandlers ein substantiierter Vortrag dahin gehend vor, dass der Patient bei ordnungsgemäßer Aufklärung den Eingriff in gleicher Weise, zum gleichen Zeitpunkt und beim gleichen Behandler hätte durchführen lassen, so muss der Behandler den ihm obliegenden Beweis erst dann führen, wenn der Patient plausible Gründe dafür darlegt, dass er sich in einem **ernsthaften Entscheidungskonflikt** befunden hat.[141] An die Darlegungspflicht des Patienten dürfen keine allzu hohen Anforderungen gestellt werden, da sonst das durch die Aufklärung unter anderem manifestierte Selbstbestimmungsrecht des Patienten ausgehöhlt würde.

---

[139] Martis/Winkhart, Arzthaftungsrecht aktuell, S. 141 m.w.N.

[140] BGH, MDR 1994, S. 488.

[141] Martis/Winkelhart, Arzthaftungsrecht aktuell, S. 142.

! **Darlegungspflichten bei der hypothetischen Einwilligung**

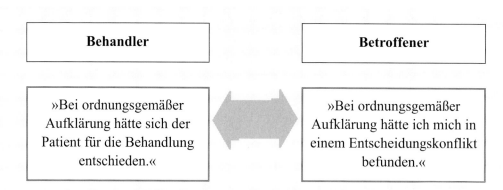

Behandler	Betroffener
»Bei ordnungsgemäßer Aufklärung hätte sich der Patient für die Behandlung entschieden.«	»Bei ordnungsgemäßer Aufklärung hätte ich mich in einem Entscheidungskonflikt befunden.«

Der Patient hat allerdings bei einer vitalen oder absoluten Indikation stichhaltige Gründe vorzutragen, die für seinen Entscheidungskonflikt sprechen. Er muss deutlich machen, dass er sich z.B. bei einer Lebenserwartung von zwei Jahren ohne bestehende Behandlungsalternative gegen eine indizierte Strahlentherapie entschieden hätte.[142]

💡 **Beispiel: Hypothetische Einwilligung**
O kommt zu einer geplanten operativen Entfernung eines Schilddrüsenknotens in das Krankenhaus K. Rechtzeitig vor dem Eingriff – der betroffene Schilddrüsenlappen wird vollständig entfernt – findet mit O das Aufklärungsgespräch statt. In der Folgezeit vermutet O, das während des Eingriffs der Nervus recurrens beschädigt worden ist und sie deshalb unter Atembeschwerden leidet.

Im anschließenden Klageverfahren[143] konnten die beklagten Ärzte des Krankenhauses K zunächst wirksam nachweisen, dass sich O trotz fehlender (Risiko-)Aufklärung zu dem Eingriff entschlossen hatte. O konnte im Gegenzug nicht plausibel darlegen, dass sie sich bei einer vollständigen Aufklärung in einem echten Entscheidungskonflikt befunden hätte. Bei der Befragung von O durch die Richter stellte sich heraus, dass sie sich bereits *vor* der stationären Aufnahme zur Operation entschlossen hatte. Die Aufklärung an sich hat somit nicht zur Entscheidungsfindung von O beigetragen.

---

[142] OLG Oldenburg, VersR 1991, S. 820.

[143] OLG Koblenz, RDG 2005, S. 15; vgl. auch OLG Koblenz, RDG 2004, S. 119.

Wie im oben beschriebenen Beispiel geschehen, kann die zweifelsfreie Feststellung eines Entscheidungskonflikts nur durch eine **persönliche Anhörung** des Betroffenen durch die ermittelnden Richter gelingen.[144] Dabei geht es im Wesentlichen um die Erfassung der ganz **persönlichen Entscheidungssituation des Betroffenen**; was aus ärztlicher Sicht sinnvoll und erforderlich gewesen wäre und wie sich ein »vernünftiger Patient« verhalten hätte, ist deshalb grundsätzlich nicht entscheidend.[145]

Mutmaßlich rechtfertigende Einwilligung

Für die Praxis der Heilberufe von ähnlich wichtiger Bedeutung wie die ausdrückliche rechtfertigende Einwilligung ist der ebenfalls nicht gesetzlich normierte Rechtfertigungsgrund der **mutmaßlichen rechtfertigenden Einwilligung**. Dieser Rechtfertigungsgrund darf nicht verwechselt werden mit der hypothetischen Einwilligung. Während es sich bei der hypothetischen Einwilligung um eine *rückwirkende* Betrachtung des Gesamtsachverhalts handelt, wird im Rahmen der mutmaßlichen rechtfertigenden Einwilligung **vorausschauend** der mutmaßliche Wille des Betroffenen antizipiert. Demzufolge kommt dieser Rechtfertigungsgrund immer nur dann in Betracht, wenn ein Behandlungseingriff medizinisch geboten ist, der Patient jedoch weder ausdrücklich noch konkludent in den Eingriff eingewilligt hat und aufgrund seines Zustandes nicht mehr einwilligen kann. Die mutmaßliche rechtfertigende Einwilligung kommt **nicht** in Betracht, wenn der Rechtsgutinhaber (Patient) die Einwilligung für den Handelnden (Arzt oder Pflegekraft) erkennbar verweigert; ob dies aus der Sicht des Handelnden (Arzt oder Pflegekraft) möglicherweise unvernünftig oder nicht nachvollziehbar ist, spielt keine Rolle.

Der Hauptanwendungsbereich der mutmaßlichen rechtfertigenden Einwilligung ergibt sich in medizinischen Notfallsituationen, in denen der Patient im Zustand der Bewusstlosigkeit keinen eigenen Willen in Bezug auf den durchzuführenden Eingriff erklären kann. In solchen Situationen ist entscheidend, dass die behandelnde Person (Arzt oder Pflegekraft) ihr Handeln nach **objektiver Beurteilung an dem Interesse des Rechtsgutinhabers** (Patient) misst. Unter dieser Voraussetzung dient der Rechtfertigungsgrund der rechtfertigenden Einwilligung insgesamt dazu, den Arzt gebotene und schnelle Eingriffe durchführen zu lassen, ohne abwarten zu müssen, bis der Verletzte imstande ist, selbst eine eigene Erklärung abzugeben.

---

[144] BGH, NJW 1998, S. 2734.

[145] BGH, NJW 2005, S. 1364.

⚠ Der Handelnde hat sich stets zu fragen: Steht die Handlung nach verständiger Würdigung aller objektiven Umstände im Einklang mit dem Interesse des Betroffenen, **und** hätte dieser demnach in den Eingriff eingewilligt?

Bei der Bewertung des mutmaßlichen Patientenwillens sind insoweit alle verfügbaren Umstände einzubeziehen. Für die Beurteilung hat der Arzt frühere Äußerungen des Patienten, die für oder gegen sein Vorgehen sprechen, besonders zu beachten. Religiöse Überzeugungen oder sonstige bekannte Wertvorstellungen des Patienten sind in die Meinungsbildung mit einzubeziehen. Der Arzt hat diese Informationen unter anderem durch Befragen der Angehörigen oder dem Patient nahestehender Personen zu ermitteln. In diesem Zusammenhang ist darauf hinzuweisen, dass deren Aussagen nur Anhaltspunkte für den mutmaßlichen Willen des Patienten darstellen. Die Befragten können niemals anstelle des entscheidungsunfähigen Patienten eine für den Arzt bindende Willenserklärung abgeben.

Bei der Ermittlung des mutmaßlichen Willens sind neben den Informationen, die durch das Gespräch mit den Angehörigen erlangt wurden, auch die altersbedingte Lebenserwartung und die Schmerzerwartung des Patienten zu berücksichtigen. Objektive Kriterien, vor allem die Beurteilung einer Maßnahme als gemeinhin »vernünftig« oder »normal« und den Interessen eines verständigen Patienten üblicherweise entsprechend, haben keine eigenständige Bedeutung; sie können lediglich Anhaltspunkte für die Ermittlung des individuellen mutmaßlichen Willens sein.

Lassen sich auch bei der gebotenen sorgfältigen Prüfung keine konkreten Umstände für die Feststellung des individuellen mutmaßlichen Willens des Kranken finden, kann und muss auf Kriterien zurückgegriffen werden, die allgemeinen Wertvorstellungen entsprechen. Der Arzt hat sich in diesem Fall am Bild des »verständigen Patienten« zu orientieren. Maßgebliche Entscheidungsgröße ist dann die Indikation; sie ist mit der Verkürzung des Selbstbestimmungsrechts abzuwägen: Je **gravierender** der Eingriff die Lebensführung des Patienten belasten kann, umso **dringlicher** muss er medizinisch geboten sein. Anschaulich verweigert der BGH in seiner Entscheidung vom 25. März 1988[146] den angeklagten Ärzten die Bezugnahme auf den Rechtfertigungsgrund der mutmaßlichen Einwilligung. Diese hatten es unterlassen, die Patientin über eine vorhersehbare Situation bei einer Unterleibsoperation (Kaiserschnitt) aufzuklären, und nahmen irrigerweise deren Einwilligung in die eine weitere Schwangerschaft gefährdende Operationserweiterung an.

---

[146] BGH, NJW 1988, S. 2310; anders: OLG Frankfurt, NJW 1981, S. 1322.

Grundsätzlich kann der Arzt von einer »mutmaßlichen« Einwilligung bei vitaler oder bei absoluter Indikation ausgehen, wenn die Nichtbehandlung zu schwerem Siechtum führen würde.[147] Insgesamt ist jedoch Zurückhaltung geboten.

 Beispiel:

Das bewusstlose Unfallopfer O wird in eine Unfallklinik eingeliefert. Der Arzt A hält eine Notoperation für geboten, die er auch zur Lebensrettung an O durchführt. Dennoch wird O fortan an einer Querschnittslähmung leiden, weshalb er ein Weiterleben für sinnlos hält. Unter diesen Umständen hätte er seinen Tod bevorzugt. Daher hätte er auch die Durchführung der Notoperation verweigert, wenn er dazu imstande gewesen wäre.

A hat durch die Operation von O den Tatbestand der Körperverletzung gem. § 223 StGB erfüllt. Sein Handeln war nicht durch eine Einwilligung des O gerechtfertigt, da dieser eine solche Erklärung vor dem Eingriff nicht geäußert hatte. Das tatbestandsmäßige Handeln des A ist jedoch durch das Vorliegen einer mutmaßlichen Einwilligung gerechtfertigt, wenn die dafür notwendigen Voraussetzungen vorlagen. Übersichtlich dargestellt lauten diese:

Mutmaßliche rechtfertigende Einwilligung

Anwendbarkeit

Keine Einwilligung oder Versagung durch den Betroffenen.

Voraussetzungen

1. Fiktive Zulässigkeit einer rechtfertigenden Einwilligung

 Wäre eine rechtfertigende Einwilligung (fiktiv) zulässig gewesen?

Hier sind alle Voraussetzungen (objektiv und subjektiv) der rechtfertigenden Einwilligung zu prüfen.

---

[147] OLG München, VersR 1980; OLG Celle, VersR 1984, S. 444.

2. Handeln in Kenntnis und auf Basis des mutmaßlichen Willens (subjektive Komponente)

Der Handelnde muss den mutmaßlichen Willen des Rechtsgutinhabers ermitteln und danach handeln wollen.

3. Handeln im Interesse des Rechtsgutinhabers

Falls der mutmaßliche Wille des Betroffenen nicht zu ergründen ist, muss das Interesse des Rechtsgutinhabers nach **objektiven** Kriterien ermittelt werden.

Im obigen Beispiel ist die tatbestandsmäßige Handlung des A durch die mutmaßliche rechtfertigende Einwilligung gedeckt. A konnte nämlich aufgrund objektiver Erwägungen davon ausgehen, dass O ein Interesse am Weiterleben hat. Der Umstand, dass O selbst anders entschieden hätte, ist irrelevant. A konnte und musste nur das Vorliegen objektiver Anhaltspunkte beachten, denn subjektive Anhaltspunkte, die einen Rückschluss darauf zugelassen hätten, dass O im Falle einer Querschnittslähmung nicht hätte weiterleben wollen, lagen A nicht vor.

Rechtfertigende Pflichtenkollision

In bestimmten Extremfällen kann es vorkommen, dass einen Arzt oder eine Pflegekraft gleichzeitig **zwei gleichartige Handlungspflichten** treffen, jedoch nur eine von ihnen auf Kosten der anderen erfüllt werden kann. Charakteristisches Merkmal einer solchen Pflichtenkollision ist die **Entweder-oder-Situation**.

 Beispiel:
Bei einem schweren Verkehrsunfall werden die Unfallopfer O1 und O2 lebensgefährlich verletzt. Beide sollen in ein nahe gelegenes Krankenhaus gebracht werden. Nach Rücksprache mit dem dortigen Arzt A ergibt sich, dass das Krankenhaus nur noch einen intensivmedizinischen Behandlungsplatz zur Verfügung hat. A entscheidet, O1 aufzunehmen und notgedrungen die Aufnahme von O2 abzulehnen. O1 wird gerettet. O2 verstirbt beim Transport in ein weiter entfernt gelegenes Krankenhaus.

Die in diesem Beispiel erwähnten Umstände stellen A vor eine schwierige Situation: Er ist grundsätzlich verpflichtet, beiden Unfallopfern zu helfen. Die bedrohten Rechtsgüter, nämlich das jeweilige Leben der Unfallopfer, sind gleichwertig.[148] Unterstellt, dem wäre nicht so, müsste A eine Interessenabwägung zugunsten des gewichtigeren gefährdeten Rechtsguts vornehmen. Das Handeln des A wäre dann im Rahmen des rechtfertigenden Notstandes zu überprüfen. Hier ist die Sachlage jedoch anders. Hinzu kommt, dass A nur eines der Unfallopfer auf Kosten des anderen retten kann. A sieht sich nun vor die Wahl gestellt, entweder den Dingen ihren Lauf zu lassen und somit an der Entstehung größeren Schadens mitzuwirken oder den Schaden durch Erfüllung wenigstens einer seiner Handlungspflichten relativ gering zu halten. Dass A in der beschriebenen Situation, in der er schon sein Möglichstes tut, nicht zur strafrechtlichen Verantwortung gezogen werden soll, ist allgemein anerkannt. Für solche Fälle wurde der gesetzlich nicht geregelte Rechtfertigungsgrund der **rechtfertigenden Pflichtenkollision** entwickelt, wonach der Täter nicht rechtswidrig handelt, wenn er bei rangverschiedenen Pflichten die **höherrangige** auf Kosten der niederrangigen Pflicht und bei **gleichwertigen** Pflichten eine von beiden erfüllt.

Die Voraussetzungen für das Eingreifen der rechtfertigenden Pflichtenkollision sind folgende:

Rechtfertigende Pflichtenkollision

Anwendungsbereich

Unterlassungstaten (echte oder unechte Unterlassungsdelikte)

Voraussetzungen

1. Kollision zweier gleichwertiger Handlungspflichten
Gleichwertigkeit der zu rettenden Rechtsgüter (z.B. Leben gegen Leben; körperliche Unversehrtheit gegen körperliche Unversehrtheit). Ansonsten: Interessenabwägung im Rahmen des rechtfertigenden Notstandes gem. § 34 StGB.

---

[148] Küper, Tötungsverbot und Lebensnotstand, JuS 1981, S. 785.

2. Rettungsmöglichkeit ist nur zugunsten eines Rechtsgutes gegeben

3. Erfüllung nur einer der bestehenden Handlungspflichten

4. Handeln aufgrund der Handlungspflicht und in Kenntnis der Umstände (subjektive Komponente)

5. Die nicht erfüllte Handlungspflicht muss in Kenntnis der Pflichtenkollision unterlassen worden sein.

3. Die Schuldhaftigkeit des Handelns

In Übereinstimmung mit dem »Menschenbild« des Grundgesetzes beruht das deutsche Strafrecht auf dem **Schuld- und Verantwortungsprinzip**, das heißt, eine Strafe setzt eine Schuld voraus.[149]

 Keine Strafe ohne Schuld!

Grundlage des Schuld- und Verantwortungsprinzips ist die Fähigkeit des Menschen, sich frei und richtig zwischen Recht und Unrecht zu entscheiden. Nur wenn diese Entscheidungsfreiheit gegeben ist, hat es Sinn, einen Schuldvorwurf gegen den Täter zu erheben. Der Gegenstand des Schuldvorwurfs ist die in der rechtswidrigen Tat zum Ausdruck kommende **fehlerhafte Einstellung** des Täters zu den Verhaltensanforderungen der Rechtsordnung.

Eine tatbestandsmäßige und rechtswidrige Handlung führt dann ausnahmsweise nicht zur Bestrafung des Handelnden, wenn zu dessen Gunsten entweder

- die Voraussetzungen der Schuldfähigkeit nicht gegeben sind,
- ein im Strafrecht anerkannter Entschuldigungsgrund eingreift oder
- der Täter nicht in dem Bewusstsein handelt, Unrecht zu tun.

---

[149] BVerfGE 95, S. 96.

a) Schuldfähigkeit

Der Täter, der eine strafbare Handlung (tatbestandsmäßiges und rechtswidriges Handeln) vornimmt, kann nur dann bestraft werden, wenn er auch voll[150] schuldfähig ist. Die §§ 19 und 21 StGB regeln die Schuldfähigkeit. Das Gesetz geht grundsätzlich davon aus, dass jeder erwachsene Täter schuldfähig ist; nur bei Vorliegen besonderer Anhaltspunkte, die gegen die Schuldfähigkeit des Täters sprechen, unternimmt die Justiz weitere aufklärende Untersuchungsmaßnahmen. Beispielsweise wird im Falle der Schuldunfähigkeit wegen seelischer Störungen gem. § 20 StGB in der Praxis zumeist ein Sachverständiger bestellt, der Aufschluss über die seelische Verfassung des Täters zum Zeitpunkt der Tat geben soll.

Schuldunfähigkeit des Kindes

§ 19 StGB – Schuldunfähigkeit des Kindes

Schuldunfähig ist, wer bei Begehung der Tat noch nicht vierzehn Jahre alt ist.
Die absolute und unwiderlegbare Vermutung für die Schuldunfähigkeit bei Nichtvollendung des vierzehnten Lebensjahres zum Zeitpunkt der Tat stellt ein **absolutes Prozesshindernis** dar. Ein Strafverfahren ist sofort einzustellen laut §§ 206a, 260 Abs. 3 StPO (vgl. hierzu auch die Übersicht auf S. 180).

Schuldunfähigkeit wegen seelischer Störungen

§ 20 StGB – Schuldunfähigkeit wegen seelischer Störungen

Ohne Schuld handelt, wer bei Begehung der Tat wegen einer krankhaften seelischen Störung, wegen einer tiefgreifenden Bewusstseinsstörung oder wegen Schwachsinns oder einer schweren anderen seelischen Abartigkeit unfähig ist, das Unrecht der Tat einzusehen oder nach dieser Einsicht zu handeln.

Gemäß § 20 StGB muss der Täter wegen eines sog. **biologischen Merkmals** und dessen Auswirkungen auf seine Psyche außerstande sein, das Unrecht der Tat einzusehen oder nach dieser Einsicht zu handeln.

---

[150] Im Falle der verminderten Schuldfähigkeit gem. § 21 StGB entfällt die Strafe nicht; sie ist jedoch zu mildern (§ 49 AbS. 1 StGB).

Im Einzelnen setzt die Schuldunfähigkeit gem. § 20 StGB Folgendes voraus:

Schuldunfähigkeit wegen seelischer Störungen (§ 20 StGB)

A. Biologische Merkmale

   I. »Krankhafte seelische Störung«

beispielsweise:

1. **Exogene Psychosen** (Störungen mit einer hirnorganischen Ursache)
   - hirnorganische Krampfleiden
   - Infektionspsychosen
   - chronische degenerative Erkrankungen des Zentralnervensystems (z.B. Alzheimer-Krankheit)
   - allgemeiner Altersschwachsinn

2. **Endogene Psychosen**
   - Schizophrenie und der Bereich der manisch-depressiven Erkrankungen

3. **Intoxikationspsychosen**
   - Trunkenheit ab 3,0 ‰ Blutalkoholkonzentration (Faustregel)
   - Konsum von Cannabis

II. Tiefgreifende Bewusstseinsstörung (grundsätzlich *nicht* krankhafte Trübung oder Einengung des Bewusstseins)
- Erschöpfung
- schwere Übermüdung
- hochgradiger Affekt

III. Schwachsinn (angeborene Intelligenzschwäche ohne nachweisbare Ursache)

IV. Schwere andere seelische Abartigkeit

- Psychopathien
- Neurosen
- Triebstörungen
- Reifestörungen

B. Folge

I. Fehlendes Unrechtsbewusstsein (Unfähigkeit, »das Unrecht der Tat einzusehen«)

II. Handlungsunfähigkeit (Unfähigkeit, »nach dieser Einsicht zu handeln«)

Liegen die Voraussetzungen für eine Schuldunfähigkeit wegen seelischer Störungen gem. § 20 StGB vor, kann eine Bestrafung – das Gesetz meint damit eine Freiheitsstrafe oder eine Geldstrafe[151] – nicht erfolgen. Gemäß § 63 StGB hat jedoch das Gericht bei einem Täter, der wegen § 20 StGB nicht bestraft werden kann, die Unterbringung desselben in einem psychiatrischen Krankenhaus anzuordnen, wenn von ihm infolge seines Zustandes erhebliche rechtswidrige Taten zu erwarten sind und er deshalb für die Allgemeinheit gefährlich ist. Wurde die Tat durch einen Rauschmittelsüchtigen im Rausch (aufgrund des Konsums von Alkohol oder sonstiger abhängig machender Mittel) begangen und konnte der Täter wegen des Zustandes der Schuldunfähigkeit nicht bestraft werden, hat das Gericht gem. § 64 Abs. 1 StGB die Unterbringung in einer Entziehungsanstalt anzuordnen. Gemäß § 64 Abs. 2 StGB hat die Anordnung zu unterbleiben, wenn die **Entziehungskur** von vornherein aussichtslos erscheint.

Bedingte Schuldfähigkeit

Bedingt schuldfähig sind Jugendliche, die zur Zeit der Tat 14, aber noch nicht 18 Jahre alt sind (§ 3 JGG). Bei ihnen muss die Schuldfähigkeit nach dem Grad ihrer Entwicklungsreife in jedem Einzelfall geprüft und im Urteil besonders festgestellt werden.[152]

---

[151] Im Gegensatz zur »Strafe« knüpfen die Maßregeln der Besserung und Sicherung (§ 61 StGB) nicht an die Schuld, sondern an die Sozialgefährlichkeit des Täters an. Ihre Anordnung ist somit auch bei schuldlosem Handeln zulässig und setzt nur das Vorliegen einer rechtswidrigen Tat i.S.d. § 11 AbS. 1 Nr. 5 StGB voraus.

[152] RGSt 58, S. 128; Schaffstein/Beulke, Jugendstrafrecht, § 7.

Verminderte Schuldfähigkeit

 Von den Fällen der Schuldunfähigkeit (§§ 19 und 20 StGB) ist der Fall der verminderten Schuldfähigkeit gem. § 21 StGB zu unterscheiden. Bei der verminderten Schuldfähigkeit nach § 21 StGB entfällt der Schuldvorwurf nicht. Die Strafe ist – entgegen dem Gesetzeswortlaut in § 21 StGB (»kann«) – zu mildern.

§ § 21 StGB – Verminderte Schuldfähigkeit
Ist die Fähigkeit des Täters, das Unrecht der Tat einzusehen oder nach dieser Einsicht zu handeln, aus einem der in § 20 StGB bezeichneten Gründen bei Begehung der Tat erheblich vermindert, so kann die Strafe nach § 49 Abs. 1 StGB gemildert werden.

Die Grenze zwischen der Schuldunfähigkeit gem. § 20 StGB und der verminderten Schuldfähigkeit gem. § 21 StGB ist oft fließend. In der Praxis wird die Bewertung der seelischen Verfassung des Täters zumeist einem Sachverständigen (z.B. einem Neurologen, Psychiater etc.) überlassen. Bei Zweifeln an den Ergebnissen der Prüfung durch den Sachverständigen, die in der Regel in einem Sachverständigengutachten niedergeschrieben sind, wird häufig ein erneutes Gutachten in Auftrag gegeben. Die Erstellung eines weiteren Gutachtens kann auch auf Initiative des Angeklagten erfolgen. Dies ist zumeist der Fall, wenn das Erstgutachten zu einem für ihn ungünstigen Ergebnis gelangt. Neben der verminderten Strafe hat das Gericht gem. § 63 StGB auch im Falle der verminderten Schuldfähigkeit die Unterbringung des Täters in einem psychiatrischen Krankenhaus anzuordnen, wenn von diesem erhebliche rechtswidrige Taten zu erwarten sind und er deshalb für die Allgemeinheit eine Gefahr darstellt.

b) Entschuldigungsgründe

Wie bereits erwähnt, entfällt die Bestrafung trotz Vorliegens einer rechtswidrigen Tat im Zustand der Schuldfähigkeit, wenn die Tat entschuldigt ist. Dies ist der Fall, wenn zugunsten des Täters ein im Strafrecht anerkannter Entschuldigungsgrund gegeben ist; ein solcher ist der **entschuldigende Notstand** gem. § 35 StGB. Im Rahmen des entschuldigenden Notstandes führt auch rechtswidriges Handeln nicht zur Strafbarkeit, wenn es besonders hochwertige Rechtsgüter zu schützen gilt.

§ 35 StGB Abs. 2 – Entschuldigender Notstand

Wer in einer gegenwärtigen, nicht anders abwendbaren Gefahr für Leben, Leib oder Freiheit eine rechtswidrige Tat begeht, um die Gefahr von sich, einem Angehörigen oder einer anderen ihm nahestehenden Person abzuwenden, handelt ohne Schuld. Dies gilt nicht, soweit dem Täter nach den Umständen, namentlich weil er die Gefahr selbst verursacht hat oder weil er in einem besonderen Rechtsverhältnis stand, zugemutet werden konnte, die Gefahr hinzunehmen; jedoch kann die Strafe nach § 49 Abs. 1 gemildert werden, wenn der Täter nicht mit Rücksicht auf ein besonderes Rechtsverhältnis die Gefahr hinzunehmen hatte.

Entschuldigender Notstand (§ 35 StGB)

Abgrenzung zum rechtfertigenden Notstand

⚠ Beim rechtfertigenden Notstand gem. § 34 StGB muss das Schutzgut dem Eingriffsgut gegenüber **wesentlich überwiegen**. Dies ist beim entschuldigenden Notstand anders: Das Eingriffsgut kann gegenüber dem Schutzgut gleich- oder sogar höherwertig sein.

- § 35 Abs. 1 StGB beschränkt die **notstandsfähigen** Rechtsgüter (Leib, Leben oder Freiheit).
- Die Notstandshandlung gem. § 35 Abs. 1 StGB muss sich auf eine **Notlage des Täters oder einer anderen ihm nahestehenden Person** beziehen.

 Beispiel:

Bei einem Krankenhausbrand lässt die Pflegekraft K die in ihrer Obhut stehende Patientin P im Krankenbett liegen, um sich selbst vor dem Feuer zu retten. P fällt dem Feuer zum Opfer. K kann sich in Sicherheit bringen.

Die strafrechtliche Wertung in diesem Beispielsfall wäre Tötung durch Unterlassen (§§ 212, 13 StGB); die Tat ist jedoch wegen entschuldigenden Notstandes gem. § 35 Abs. 1 StGB entschuldigt; eine Bestrafung der schuldlos handelnden Täterin K ist nicht möglich.

Voraussetzungen

I. Notstandslage

Gegenwärtige Gefahr für eines der in § 35 Abs. 1 StGB abschließend aufgezählten Schutzgüter, die zwangsläufig die Verletzung anderer Interessen mit sich bringt.

1. Gefahr

Wahrscheinlichkeit eines Schadenseintritts aufgrund konkreter Umstände

 Die Gefahr ist im obigen Beispiel der drohende Feuertod der K.

2. Gegenwärtig

Die Gefahr ist gegenwärtig, wenn sie jederzeit in einen Schaden umschlagen kann, sofern nicht sofort Abhilfe geschaffen wird.

 K muss sofort die Örtlichkeit verlassen, um nicht selbst dem Brand zum Opfer zu fallen.

3. Rechtsgut

⚠ Die Aufzählung in § 35 Abs. 1 StGB ist **abschließend**.

Dies ist bei dem rechtfertigenden Notstand gem. § 34 StGB anders, nämlich hinsichtlich:

- Leben (es ist streitig, ob auch das ungeborene Leben dazu zählt[153])
- Leib
- Freiheit (gemeint ist nur die Fortbewegungsfreiheit i.S.d. § 239 Abs. 1, nicht die allgemeine Handlungsfreiheit i.S.d. § 240 Abs. 1 StGB[154])

4. persönliche Nähebeziehung (entschuldigter Personenkreis)

- Täter
- Angehörige gem. § 11 Abs. 1 Nr. 1 StGB
  - ➠ Verwandte und Verschwägerte gerader Linie
- Ehegatte
- Verlobte
- Geschwister
- Ehegatten der Geschwister
- Geschwister der Ehegatten

---

[153] Tröndle/Fischer, Strafgesetzbuch, § 35, RN 3.
[154] Schönke/Schröder, Strafgesetzbuch, § 35, RN 8; Wessels/Beulcke, Strafrecht AT, RN 433.

- Pflegeeltern und Pflegekinder
- nahestehende Personen
  - → eine mit dem Täter in Hausgemeinschaft lebende oder mit ihm auf andere Weise wie ein Angehöriger verbundene Person[155] (z.B. Partner einer nichtehelichen Lebensgemeinschaft)

II. Notstandshandlung

Die Notstandshandlung muss zur Gefahrenabwehr geeignet sein und zugleich das relativ mildeste Mittel darstellen, das dem Rettenden zur Verfügung steht.

III. Rettungswille

Der Rettungswille beinhaltet das Handeln in Kenntnis der Notstandslage.

IV. Unzumutbarkeit

Die Entschuldigung ist ausgeschlossen, wenn es dem Täter zumutbar war, die Gefahr hinzunehmen. Dies ist der Fall, wenn
- der Täter die Gefahr selbst verursacht hat (Selbstverursachungsgedanke),
- der Täter in einem besonderen Rechtsverhältnis stand.

Einem Rechtsverhältnis (rein moralische Pflichten sind hier nicht ausreichend) unterliegen insbesondere folgende Personen:
- Ärzte
- Pflegekräfte
- Soldaten (§ 6 Wehrstrafgesetz)
- Seeleute (§ 29 Seemannsgesetz)

⚠ Trotz Vorliegens eines besonderen Rechtsverhältnisses kann das Hinnehmen der Gefahr gleichwohl unzumutbar sein. So kann einem Angehörigen der o.g. Berufe nicht zugemutet werden, in den sicheren Tod zu gehen.[156]

K wäre im vorliegenden Fall trotz ihres besonderen Rechtsverhältnisses zu P nicht verpflichtet, ihr Leben für das der P zu riskieren.

---

[155] Lackner, Strafgesetzbuch, § 35, RN 4.

[156] Tröndle/Fischer Strafgesetzbuch, § 35, RN 12.

c) Die strafrechtlichen Irrtümer

Das Strafgesetzbuch enthält keine vollständige und erschöpfende Irrtumsregelung. Eine Unterscheidung wird in den §§ 16 und 17 StGB zwischen dem **vorsatzausschließenden Tatbestandsirrtum** und dem lediglich die **Schuld berührenden Verbotsirrtum** vorgenommen. Die Differenzierung zwischen dem den Vorsatz ausschließenden Irrtum und dem den Vorsatz nicht ausschließenden Irrtum hat weitreichende Bedeutung: Dort, wo ein entsprechender Fahrlässigkeitstatbestand nicht besteht, bleibt der im Tatbestandsirrtum handelnde Täter straflos. An die zur Straflosigkeit führende Unvermeidbarkeit des Verbotsirrtums (§ 17 Satz 1 StGB) werden von der Rechtsprechung jedoch hohe Anforderungen gestellt.[157] Außerdem regelt das Strafgesetzbuch die irrige Annahme **entschuldigender Tatumstände** (§ 35 Abs. 2 StGB).

Bei der Behandlung des Vorsatzes im Rahmen der Darstellung des Deliktsaufbaus ist bereits auf die Vorschrift des § 16 StGB eingegangen worden. Der Bestimmung ist zu entnehmen, worauf sich der Vorsatz erstrecken muss und dass alle objektiven Merkmale des Tatbestandes Gegenstand des Vorsatzes sind.

§ 16 StGB – Irrtum über Tatumstände
Wer bei der Begehung der Tat einen Umstand nicht kennt, der zum gesetzlichen Tatbestand gehört, handelt nicht vorsätzlich. Die Strafbarkeit wegen fahrlässiger Begehung bleibt unberührt.
Wer bei Begehung der Tat irrig Umstände annimmt, welche den Tatbestand eines milderen Gesetzes verwirklichen würden, kann wegen vorsätzlicher Begehung nur nach dem milderen Gesetz bestraft werden.

Tatbestandsirrtum

Ein Tatbestandsirrtum i.S.d. § 16 Abs. 1 StGB liegt vor, wenn jemand bei der Begehung der Tat einen Umstand nicht kennt, der zum **gesetzlichen Tatbestand** gehört. Der Tatbestandsirrtum ist die Kehrseite des Tatbestandsvorsatzes: Der Handelnde weiß nicht, was er in tatbestandlicher Hinsicht tut. Der Täter handelt also ohne Vorsatz (§ 16 Abs. 1 Satz 1 StGB). Gemäß § 16 Abs. 1 Satz 2 StGB bleibt die Fahrlässigkeitsstrafbarkeit jedoch unberührt, sofern das Gesetz einen einschlägigen Fahrlässigkeitstatbestand enthält (z.B. §§ 229, 222 StGB).

---

[157] Geerds, Der vorsatzausschließende Irrtum, Jura 1990, S. 421.

Beispiel:

S gibt in seinem Garten einen ungezielten Schuss ab, um die Funktionsweise seines Gewehrs zu erproben. Über eventuelle Auswirkungen des Schusses macht er sich keine Gedanken. Der Schuss trifft ein von S unbemerkt spielendes Kind tödlich.

Rechtsfolge: S verwirklicht den Tatbestand des Totschlags gem. § 212 StGB nicht vorsätzlich, denn sein Tatbestandsvorsatz entfällt gem. § 16 Abs. 1 Satz 1 StGB. Allerdings hat sich S wegen fahrlässiger Tötung gem. § 222 StGB zu verantworten.

§ 16 Abs. 2 StGB regelt die **irrige Annahme privilegierender Tatbestandsmerkmale**, d.h. von Umständen, die den Tatbestand eines milderen Gesetzes erfüllen würden.

 Beispiel:

Der Arzt A tötet die Patientin P in der irrtümlichen Annahme, es liege ein ernstliches Tötungsverlangen vor.

Rechtsfolge: Eine Bestrafung aus dem schwerwiegenderen Strafdelikt des Totschlags gem. § 212 StGB kommt nicht in Betracht. Entsprechend seiner Vorstellung ist der Täter gem. § 16 Abs. 2 StGB lediglich nach dem milderen Tatbestand des § 216 StGB zu bestrafen.

 Beispiel:

Die Mutter M, die ihr eheliches Kind gleich nach der Geburt in der irrigen Meinung tötet, das Kind sei nichtehelich, kann im Hinblick auf § 16 Abs. 2 StGB nur nach § 217 StGB, aber nicht nach § 212 StGB bestraft werden.

Die gutachterliche Prüfung des Tatbestandsirrtums erfolgt auf der Ebene des Vorsatzes im subjektiven Tatbestand.

Verbotsirrtum

Von einem Verbotsirrtum i.S.d. § 17 StGB spricht man, wenn der Täter zwar weiß, was er tut, jedoch der irrigen Vorstellung unterliegt, sein Handeln sei erlaubt.[158] Diese Fehlvorstellung kann auf der Unkenntnis des Täters von der Verbotsnorm beruhen, auf der Annahme ihrer Ungültigkeit oder auf der falschen Auslegung, dass sein in Wahrheit verbotenes Handeln rechtlich zulässig sei.

 § 17 StGB – Verbotsirrtum
Fehlt dem Täter bei der Begehung der Tat die Einsicht, Unrecht zu tun, so handelt er ohne Schuld, wenn er diesen Irrtum nicht vermeiden konnte. Konnte der Täter den Irrtum vermeiden, so kann die Strafe nach § 49 Abs. 1 gemildert werden.

Der Verbotsirrtum tritt in verschiedenen Erscheinungsformen auf:

- **Direkter Verbotsirrtum**

Beim direkten Verbotsirrtum (Irrtum hinsichtlich der Existenz der Verbotsnorm) sieht der Täter sein Verhalten als rechtlich zulässig an, weil er die betreffende Verbotsnorm nicht kennt oder verkennt, weil er sie für ungültig hält oder sie falsch auslegt. Nach § 17 StGB hat der direkte Verbotsirrtum keinen Einfluss auf den Tatbestandsvorsatz, vielmehr handelt der Täter ohne Schuld, wenn ihm die Einsicht fehlt, Unrecht zu tun.

⚠ Nimmt der Täter irrig an, sein Verhalten (z.B. homosexuelle Liebe, Ehebruch, Sodomie) verstoße gegen Strafvorschriften, die es in Wirklichkeit gar nicht gibt, liegt ein **umgekehrter Verbotsirrtum** vor (strafloses Wahndelikt).

 Beispiel:
Ein Arzt hält bei einer Operationserweiterung das Fehlen der Einwilligung für möglich, operiert jedoch weiter, da er der Auffassung ist, dass der weitergehende Eingriff zulässig sei, weil er medizinisch geboten ist.

---

[158] BGHSt 2, S. 197.

Rechtsfolge: In Betracht kommt eine Bestrafung des Arztes wegen Körperverletzung gem. § 223 StGB. Entscheidend ist gem. § 17 StGB, ob der Arzt den Irrtum über den nicht vorhandenen Rechtfertigungsgrund vermeiden konnte. **Vermeidbar ist ein Verbotsirrtum**, wenn dem Täter sein Vorhaben unter Berücksichtigung seiner Fähigkeiten und Kenntnisse hätte Anlass geben müssen, über dessen Rechtswidrigkeit nachzudenken oder sich diesbezüglich zu erkundigen, und er auf diesem Wege zur Unrechtseinsicht gekommen wäre.[159] Im vorliegenden Fall handelt es sich zweifelsfrei um einen vermeidbaren Verbotsirrtum (§ 17 Satz 2 StGB).

- **Indirekter Verbotsirrtum** (Irrtum hinsichtlich des Eingreifens von Rechtfertigungsgründen)
Beim indirekten Verbotsirrtum weiß der Täter, dass sein Verhalten einen Unrechtstatbestand erfüllt, er nimmt jedoch irrig an, es sei durch eine Gegennorm gerechtfertigt. Herkömmlicherweise werden auf der Rechtswidrigkeitsebene zwei Arten von Irrtümern unterschieden: der Erlaubnistatbestandsirrtum und der Erlaubnisirrtum.

Erlaubsnisirrtum

Beim Erlaubnistatbestandsirrtum ist der Täter der irrigen Ansicht, sein Verhalten sei durch einen von der Gesellschaft tatsächlich anerkannten Rechtfertigungsgrund gedeckt, das heißt, er stellt sich einen Sachverhalt vor, bei dessen tatsächlichem Vorliegen sein Handeln gerechtfertigt wäre. Mithin irrt sich der Täter über die sachlichen Voraussetzungen eines rechtlich anerkannten Rechtfertigungsgrundes.

 Beispiel:
Der Spaziergänger S schlägt den auf ihn zukommenden (in Wirklichkeit harmlosen und friedfertigen) Landstreicher L mit seinem Spazierstock nieder, weil er ihn für einen Räuber hält.

Rechtsfolge: Die Lösung ergibt sich nicht direkt aus dem Gesetz. In der dogmatischen Herleitung ist der Erlaubnistatbestandsirrtum in der juristischen Literatur stark umstritten. Die herrschende Meinung und die Rechtsprechung verneinen gem. § 16 Abs. 1 Satz 1 StGB analog die Strafbarkeit aus dem jeweiligen Vorsatztatbestand (hier § 223 StGB). Der

---

[159] Tröndle/Fischer, Strafgesetzbuch, § 17, RN 8.

Erlaubnistatbestandsirrtum wird in seinen Folgen dem Tatbestandsirrtum gleichgestellt, so dass eine Bestrafung des Täters wegen vorsätzlicher Tat entfällt. Unberührt bleibt gleichwohl die Bestrafung wegen des entsprechenden Fahrlässigkeitstatbestandes gem. § 16 Abs. 1 Satz 2 StGB analog (hier: § 229 StGB).

Die Mindermeinung vertritt die Auffassung, dass der Erlaubnistatbestandsirrtum gem. den Rechtsfolgen des § 17 StGB bestraft werden soll, das heißt, hiernach entfällt die Strafbarkeit nur dann, wenn der Irrtum hinsichtlich des Vorliegens der sachlichen Voraussetzungen eines Rechtfertigungsgrundes unvermeidbar war.[160]

Ein Erlaubnisirrtum liegt vor, wenn der Täter die rechtlichen Grenzen eines Rechtfertigungsgrundes verkennt oder sich irrig einen Rechtfertigungsgrund vorstellt, den die Rechtsordnung nicht kennt.

 Beispiel:

Staatsanwalt S ermittelt gegen zahlreiche Jugendliche wegen verschiedener Straftaten. Er nahm seine Ermittlungen zum Anlass, nach vorheriger Ermahnung zu künftigem Wohlverhalten den Jugendlichen Schläge auf das nackte Gesäß zu verabreichen.[161] Er war der Ansicht, aufgrund seiner Amtsstellung zu den Züchtigungen berechtigt zu sein.

Rechtsfolge: In Betracht kommt die Strafbarkeit wegen Körperverletzung im Amt gem. § 340 StGB. Der Staatsanwalt hat einen Rechtfertigungsgrund angenommen, den es überhaupt nicht gibt. Hier ist nicht nach § 16 StGB der Vorsatz ausgeschlossen. Vielmehr handelt es sich um einen **schuldausschließenden oder schuldmindernden Verbotsirrtum** nach § 17 StGB. Von einer Vermeidbarkeit des Irrtums ist auszugehen, so dass nur eine Strafmilderung infrage kommt.

Irrtum über das Eingreifen von Entschuldigungsgründen

Schließlich kann sich der Täter noch über das **Eingreifen von Entschuldigungsgründen** irren. Dieser Irrtum ist von den anderen Irrtümern scharf abzugrenzen, denn der Täter weiß, dass er Unrecht tut. Dieser Besonderheit kann durch die sinngemäße Anwendung der Verbotsirrtumsregeln am besten Rechnung getragen werden. In § 35 Abs. 2 StGB wird dies deutlich.

---

[160] Warda, Grundzüge der strafrechtlichen Irrtumslehre, Jura 1979, S. 286.

[161] Nachgebildet: BGH, NStZ 1986, S. 27.

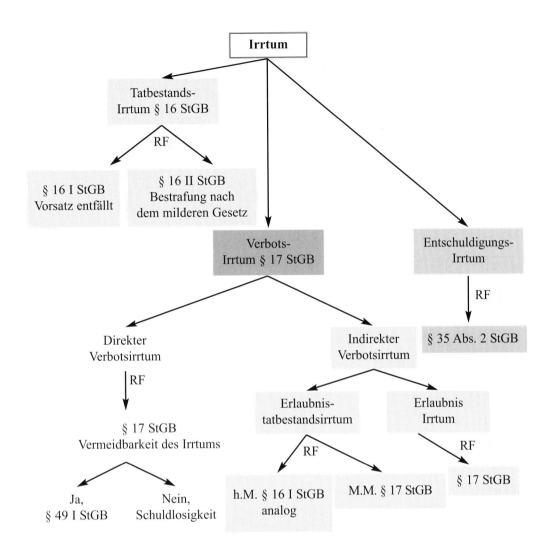

VII. Täter und Teilnehmer

Ein Grundprinzip des deutschen Strafrechts ist es, dass sich die Schwere einer Strafe danach richtet, inwieweit der Beitrag eines Beschuldigten zur Verwirklichung einer tatbestandsmäßigen Handlung zu gewichten ist.[162] Dies ist umso bedeutungsvoller, wenn mehrere Personen an der Verwirklichung beteiligt waren.[163] Zur besseren Differenzierung der einzelnen Tatbeiträge wird deshalb eine Einordnung in die Beteiligungsformen »Täter« und »Teilnehmer« vorgenommen.

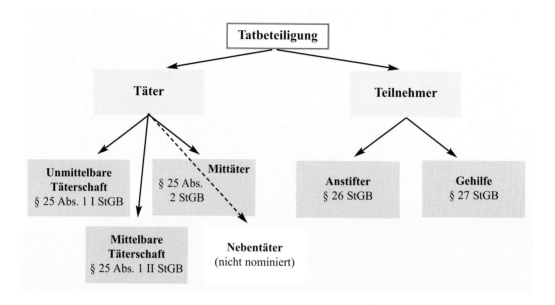

Täter

Die verschiedenen Formen der Täterschaft ergeben sich aus § 25 StGB:

- **unmittelbare Täterschaft** (§ 25 Abs. 1 1. Alt. StGB):
  selbständige Begehung der Straftat;
- **mittelbare Täterschaft** (§ 25 Abs. 1 2. Alt. StGB):
  Begehung der Straftat durch jemand Fremdes;
- Mittäter (§ 25 Abs. 2 StGB):
  gemeinschaftliches Begehen der Straftat.

---

[162] StGB § 46 Abs. 1 – Grundsätze der Strafzumessung: »Die Schuld des Täters ist Grundlage für die Zumessung der Strafe.«
[163] § 29 StGB – Selbständige Strafbarkeit des Beteiligten: »Jeder Beteiligte wird ohne Rücksicht auf die Schuld des anderen nach seiner Schuld bestraft.«

Die selbständige Begehung gilt in der Strafrechtssystematik als die unstrittigste Form, da der Täter alle subjektiven und objektiven Tatbestandsmerkmale in sich als Person vereint.[164] Als Zentralgestalt des Tatgeschehens verfügt er über die sog. **Tatherrschaft**, das heißt, er kann den Geschehensablauf nach eigenem Belieben steuern.[165]

 Beispiel:
Während sich O bei diagnostischen Maßnahmen befindet, betritt T deren Patientenzimmer. T entwendet die Brieftasche aus dem Nachtschrank der O.

Die Feststellung der Tatherrschaft gestaltet sich bei der **mittelbaren Täterschaft** deutlich komplizierter. Dazu ein Beispiel:

 Beispiel:
T bittet die gutgläubige Reinigungskraft P unter dem Vorwand, er sei der Ehemann der O, die bereits im Besuchercafé auf ihn warte, die Tür zum Patientenzimmer »seiner« Ehefrau zu öffnen und die im Nachtschrank deponierte Brieftasche herauszuholen. P tut dies und übergibt die Brieftasche T.

T vereint die Planung und Steuerung des Tatgeschehens sowie die tatsächliche Inbesitznahme des fremden Gegenstandes in seiner Person. P wiederum handelt als das quasi willenlose Werkzeug (»Tatmittler«)[166] des T, der während der Tatverwirklichung im Hintergrund bleibt. Damit beherrscht T die Tat und ist als Täter nach § 25 Abs. 1 2. Alt. StGB zu qualifizieren.[167]

 Nur wer die Tatherrschaft innehat, kann auch Täter sein.[168]

---

164 Lackner/Kuhl, Strafgesetzbuch, § 25, RN 1; Kindhäuser, Strafgesetzbuch, § 25, RN 4.

165 Tröndle/Fischer, Strafgesetzbuch, vor § 25, RN 1b; Wessels/Beulke, Strafrecht AT, RN 513.

166 Lackner/Kuhl, Strafgesetzbuch, § 25, RN 2.

167 Vgl. Wessels/Beulke, Strafrecht AT, RN 535, 536; anders: Roxin, Täterschaft und Tatherrschaft, S. 338 ff.

168 Tröndle/Fischer, Strafgesetzbuch, vor § 25, RN 1b; vgl. Lackner/Kuhl, Strafgesetzbuch, § 25, RN 2.

Handeln dagegen mehrere Tatbeteiligte in **gemeinschaftlicher Absicht** und liegt darüber hinaus eine **gleichverantwortliche Durchführung**[169] vor, so sind alle als »Mittäter« zu bestrafen. Das gilt auch dann, wenn die einzelnen Beteiligten *unterschiedliche* Tatbeiträge geleistet haben:[170]

 Beispiel:

T1 und T2 beschließen, gemeinsam eine Bank auszurauben und sich im Anschluss die Beute zu teilen. Während T1 unter Androhung von Gewalt erfolgreich die Herausgabe des Geldes erzwingt, sichert T2 den Eingang und fährt den Fluchtwagen.

Anders verhält es sich, wenn mehrere Personen unabhängig voneinander – d.h. **ohne gemeinschaftliche** Absicht – jeweils einen eigenständigen Tatbestand erfüllen. Eine solche Konstellation ist innerhalb des Strafgesetzbuchs bislang nicht normiert, wird jedoch in der Literatur[171] als **Nebentäterschaft** beschrieben.

 Beispiel:

N hat erfahren, zu welchem Zeitpunkt T1 und T2 den Bankraub durchführen wollen. N lauert daraufhin den beiden auf. Als diese gerade in den Fluchtwagen steigen wollen, reißt er ihnen die Beute aus der Hand und flieht erfolgreich.

Die Handlung des Nebentäters N ist unabhängig von der Tat des T1 und des T2 (Raub gem. § 249 StGB) als eigenständige Tat (Diebstahl gem. § 242 StGB) zu bewerten.[172]

Teilnehmer

Diese Beteiligungsformen sind im Wesentlichen dadurch gekennzeichnet, dass das schuldhafte Handeln nur in Verbindung mit der Vollendung (bzw. dem Versuch, sofern dieser strafrechtlich sanktioniert ist) **einer vorsätzlichen Tat eines anderen** zu verstehen und einzu-

---

[169] Kindhäuser, Strafgesetzbuch, § 25, RN 44.

[170] Lackner/Kuhl, Strafgesetzbuch, § 25, RN 1; Kindhäuser, Strafgesetzbuch, § 25, RN 46, 48.

[171] Wessels/Beulke, Strafrecht AT, RN 525.

[172] Wessels/Beulke, Strafrecht AT, RN 551.

ordnen ist.[173] Demzufolge können Fahrlässigkeitsdelikte nur als Täterschaftsdelikte begangen werden. Eine Teilnahme hieran ist nach dem Gesetz nicht möglich.

 Keine Teilnahme bei Fahrlässigkeit.

Formen der Teilnahme sind die **Anstiftung** (§ 26 StGB) und die **Beihilfe** (§ 27 StGB).

 § 26 StGB – Anstiftung
Als Anstifter wird gleich einem Täter bestraft, wer vorsätzlich einen anderen zu dessen vorsätzlich begangener rechtswidriger Tat bestimmt hat.

 § 27 StGB – Beihilfe
(1) Als Gehilfe wird bestraft, wer vorsätzlich einem anderen zu dessen vorsätzlich begangener rechtswidriger Tat Hilfe geleistet hat.
(2) ...

Anstiftung und Beihilfe ist gemeinsam, dass sie nur eine tatbestandsmäßige und rechtswidrige Haupttat voraussetzen, ein Verschulden auf Seiten des Haupttäters braucht hingegen nicht vorzuliegen. Damit ist die Teilnahme an der Tat eines Schuldunfähigen ebenfalls strafbar. Bei der Anstiftung ist wesentlich, dass der Teilnehmer den Haupttäter zur Tat bestimmt. Dies bedeutet, dass er den Tatentschluss beim Haupttäter hervorruft.

- Der Teilnehmer und der Täter handeln vorsätzlich (**doppelter Vorsatz**),[174]
- die Tatherrschaft liegt beim Täter.[175]

 Beispiel:
A schlägt B vor, C zu verprügeln, worauf B den entsprechenden Tatentschluss fasst und C brutal zusammenschlägt. A ist an der Schlägerei nicht beteiligt.

---

[173] Wessels/Beulke, Strafrecht AT, RN 551.

[174] Lackner/Kuhl, Strafgesetzbuch, § 26, RN 4, § 27, RN 7.

[175] Vgl. Lackner/Kuhl, Strafgesetzbuch, vor §25, RN 9.

Im Rahmen der Anstiftungsproblematik ist besonders hervorzuheben, dass eine Person, die bereits zur Tat entschlossen ist (ein sog. »Omnimodo facturus«), nicht mehr angestiftet werden kann.

 Keine Anstiftung bei bereits zur Tat entschlossenen Tätern.

Auch ist darauf hinzuweisen, dass sich der Vorsatz des Anstifters sowohl auf das Hervorrufen des Tatentschlusses beim Täter als auch auf die Verwirklichung der Haupttat beziehen muss. Man spricht in diesem Zusammenhang vom **doppelten Anstiftervorsatz**.

Beihilfe liegt vor, wenn dem Haupttäter zu seiner vorsätzlich begangenen rechtswidrigen Tat vorsätzlich Hilfe geleistet wird.

 Beispiel:
Pflegekraft A besorgt Pflegekraft B Morphium, damit diese den Patienten C töten kann.

Ohne besondere Aufforderung ist A gewillt, B in ihrem Bestreben, C zu töten, zu helfen. Ihr Tatbeitrag ist dabei für die Tatverwirklichung von wesentlicher Bedeutung: Ohne die Morphiumgabe wäre es B nicht gelungen, C das Leben zu nehmen.[176]

Abschließend ist darauf hinzuweisen, dass bereits der **Versuch der Teilnahme** an einer vorsätzlichen Tat – ganz gleich in welcher Form – mit Strafe bedroht ist.[177]

Bedeutung für das Gesundheitswesen

Die strafrechtliche Bedeutung der Täter-Teilnehmer-Problematik im Rahmen des Gesundheitswesens wird besonders in den Fällen deutlich, bei denen Eingriffe in die körperliche Integrität und das Selbstbestimmungsrecht des Patienten erfolgen. So auch im folgenden Fall:

---

[176] Lackner/Kühl, Strafgesetzbuch, § 27, RN 2.

[177] Durch § 30 StGB.

Beispiel: Anstiftung zur Körperverletzung

Die Angeklagte, eine examinierte Altenpflegerin mit Weiterbildung zur Heimleitung, betrieb bis Mitte 2001 eine Seniorenresidenz. In dieser Zeit wies sie eine angestellte Hilfskraft – in diesem Fall einen gelernten Kraftfahrzeugmechaniker – in die subkutane Spritztechnik ein. Daraufhin wurde die Insulininjektion an einer Heimbewohnerin wiederholt an diesen Angestellten delegiert (insgesamt 108 Mal). Die Injektion führte er technisch einwandfrei aus. In der ersten Instanz wurde die Befugnis der Pflegehilfskraft zur Verabreichung von subkutanen Injektionen noch bejaht. Zur Begründung wurde u.a. ausgeführt, es handele sich dabei um die einfachste Injektionsform, es seien niemals Komplikationen aufgetreten und die Angeklagte habe die Hilfskraft in die Injektionstechnik eingewiesen. Gegen diese Entscheidung legte die Staatsanwaltschaft Berufung ein und begehrte im Wesentlichen eine Verurteilung wegen Anstiftung zur Körperverletzung.[178]

Das zuständige Landgericht Waldshut-Tiengen folgte in seiner Entscheidung vom 23. März 2004 (2 Ns 13 Js 10959/99) dem Begehren der Staatsanwaltschaft. Es wurde zunächst festgestellt, dass das Verabreichen einer Injektion einen Eingriff in die körperliche Unversehrtheit der Betroffenen darstellt und damit den Tatbestand einer vorsätzlichen Körperverletzung (§ 223 StGB) erfüllt, sofern nicht eine rechtfertigende Einwilligung seitens der Bewohnerin vorgelegen hat.

Die von der Bewohnerin abgegebene Einwilligung bezog sich jedoch auf Eingriffe in die körperliche Unversehrtheit, die vom Arzt selbst oder von entsprechend qualifiziertem Fachpersonal durchgeführt wurden. Nach Auffassung des Gerichtes lag im vorliegenden Fall eine solche rechtfertigende Einwilligung nicht vor, da die invasive Maßnahme – entgegen den Erwartungen der Bewohnerin – von einem medizinisch-pflegerischen Laien durchgeführt wurde. Somit erfüllte die Pflegehilfskraft den Tatbestand der Körperverletzung (= **Täterschaft**), die sie auf Veranlassung der Heimleitung (= **Anstiftung**) begangen hat.[179]

---

[178] Großkopf, Die Angst geht um, Altenpflege 08/2005, S. 56 f.

[179] Vgl. LG Waldshut-Tiengen, RDG 2005, S. 59 f.

VIII. Versuch

Bei jeder Straftat lassen sich folgende Verwirklichungsstufen unterscheiden:

- Beendigung,
- Vollendung,
- Versuch,
- Vorbereitung,
- Fassen des Tatentschlusses.

Die Strafbarkeit des Handelns beginnt erst, wenn der Täter das Versuchsstadium erreicht hat. Zu beachten ist hierbei, dass der Versuch nur dann strafbar ist, wenn es sich bei der versuchten Tat um ein Verbrechen handelt oder der Versuch eines Vergehens im Gesetz ausdrücklich unter Strafe gestellt ist (§ 23 Abs. 1 StGB).

 § 23 StGB Abs. 1 – Strafbarkeit des Versuchs
Der Versuch eines Verbrechens ist stets strafbar, der Versuch eines Vergehens nur dann, wenn das Gesetz es ausdrücklich bestimmt.

Nachfolgend einige Beispiele:

- Versuch des sexuellen Missbrauchs unter Ausnutzung eines Beratungs-, Behandlungs- oder Betreuungsverhältnisses (§ 174 c Abs. 3 StGB),
- Versuch der Körperverletzung (§ 224 Abs. 2 StGB),
- Versuch der Freiheitsberaubung (§ 239 Abs. 2 StGB),
- Versuch der Urkundenfälschung (§ 267 Abs. 2 StGB).

Ein Versuch setzt einen auf die Verwirklichung eines bestimmten gesetzlichen Tatbestandes gerichteten Tatentschluss voraus. Hierbei ist die in einem Tatentschluss manifestierte »böse Gesinnung« allein noch nicht strafbar. Erforderlich ist vielmehr ein unmittelbares Ansetzen zur Verwirklichung der Tat (§ 22 StGB).

§ 22 StGB – Begriffsbestimmung

Eine Straftat versucht, wer nach seiner Vorstellung von der Tat zur Verwirklichung des Tatbestandes unmittelbar ansetzt.

Mithin muss das Tatgeschehen das Vorbereitungsstadium überschritten haben. Gebräuchlich ist in diesem Zusammenhang folgende Faustregel: Der Versuch beginnt dann, wenn der Täter aus seiner Sicht die Schwelle zum »Jetzt geht es los« überschritten hat.

 Beispiel:
Pflegekraft A deponiert im Zimmer des Patienten P eine Morphiumampulle nebst Spritze, um ihm vor Beendigung ihrer Schicht eine tödliche Dosis des Medikaments zu verabreichen.

Wenn der Tatentschluss des Täters aus tatsächlichen oder sonstigen Gründen nicht zur Verwirklichung eines Straftatbestandes führen kann, spricht man von einem sog. **untauglichen Versuch**. Gemäß § 23 Abs. 3 StGB ist auch der untaugliche Versuch strafbar, es sei denn, dass aufgrund des Gesamtgeschehens die Tat auf keinen Fall vollendet werden konnte.

 § 23 Abs. 3 StGB

Hat der Täter aus grobem Unverstand verkannt, dass der Versuch nach der Art des Gegenstandes, an dem, oder des Mittels, mit dem die Tat begangen werden sollte, überhaupt nicht zur Vollendung führen konnte, so kann das Gericht von Strafe absehen oder die Strafe nach seinem Ermessen mildern ...

Der bloße Versuch einer Straftat zeichnet sich dadurch aus, dass die Tat noch nicht vollendet wurde. Gemäß § 24 Abs. 1 StGB kann von einer Strafe abgesehen werden, wenn der Täter Abstand von seiner Tat nimmt. Man spricht hierbei vom sog. **Rücktritt vom Versuch**. Dieser Rücktritt vom Versuch ist stets ausgeschlossen, wenn die **Tat vollendet** ist oder es sich um einen **fehlgeschlagenen Versuch** handelt. Ein solcher fehlgeschlagener Versuch liegt immer dann vor, wenn der Täter den von ihm gewollten Erfolg nicht mehr erreichen kann und dies auch erkennt.

Beispiel:
Pflegekraft A öffnet den Schrank des Patienten P, um aus seiner dort abgestellten Tasche die Geldbörse zu entwenden, die P am Vorabend im Beisein von A in die Tasche gelegt hat. Beim Durchwühlen der Tasche stellt A fest, dass sich die Geldbörse nicht mehr in ihr befindet. Frustriert verlässt sie das Patientenzimmer.

Beim Rücktritt vom Versuch ist zwischen beendetem und unbeendetem Versuch zu unterscheiden. Abhängig davon, ob es sich um einen beendeten oder unbeendeten Versuch handelt, muss der Täter mit unterschiedlicher Intensität vom Versuch zurücktreten, um Straffreiheit nach § 24 Abs. 1 StGB zu erlangen.

 § 24 Abs. 1 StGB – Rücktritt
Wegen Versuchs wird nicht bestraft, wer freiwillig die weitere Ausführung der Tat aufgibt oder deren Vollendung verhindert. Wird die Tat ohne Zutun des Zurücktretenden nicht vollendet, so wird er straflos, wenn er sich freiwillig und ernsthaft bemüht, die Vollendung zu verhindern.

IX. Strafen

Das Strafrecht regelt die Verknüpfung der Voraussetzungen einer Straftat mit ihren Rechtsfolgen. Sind die rechtlichen Voraussetzungen eines Strafdelikts erfüllt, treten bestimmte Rechtsfolgen ein, die **Sanktionen** genannt werden. Das Gesamtsystem der strafrechtlichen Sanktionen besteht einerseits aus **Strafen** und andererseits aus den **sonstigen Sanktionen**.

Das Strafgesetzbuch sieht gegenwärtig vier Strafarten vor, die als Rechtsfolge innerhalb des vom Gesetz vorgegebenen Strafrahmens vom Richter verhängt werden können:

- Freiheitsstrafe (§ 38 StGB),
- Geldstrafe (§ 40 StGB),
- Vermögensstrafe (§ 43a StGB),
- Fahrverbot (§ 44 StGB).

Das Gesamtsystem der strafrechtlichen Sanktionen sieht darüber hinaus die Möglichkeit der Verhängung von sonstigen Sanktionen vor. Sie ergänzen die Strafe und werden häufig kumulativ mit dieser verhängt. Bei den sonstigen Sanktionen handelt es sich um die Maßregeln der Besserung und Sicherung. Im Gegensatz zur Verhängung einer Strafe, die voraussetzt, dass der Täter einen Straftatbestand rechtswidrig und schuldhaft erfüllt hat, knüpfen die Maßregeln der Besserung und Sicherung allein an die Gefährlichkeit des Täters an. Sie sind deshalb auch dann anwendbar, wenn dem Täter kein Schuldvorwurf gemacht werden kann (**schuldunabhängige Sanktion**).

In § 61 StGB sind die sechs verschiedenen Erscheinungsformen der **Maßregeln der Besserung und Sicherung** aufgelistet:

- Unterbringung in einem psychiatrischen Krankenhaus,
- Unterbringung in einer Entziehungsanstalt,
- Unterbringung in der Sicherungsverwahrung,
- Führungsaufsicht,
- Entziehung der Fahrerlaubnis,
- Berufsverbot.

Hervorzuheben ist das **Berufsverbot** gem. § 70 StGB. Das Berufsverbot ist eine Sicherungsmaßregel, die den aus strafrechtswidriger Berufs- oder Gewerbeausübung resultierenden Gefahren entgegenwirken soll. Vorausgesetzt ist eine berufs- oder gewerbebezogene Tat, die entweder strafbar oder wegen Schuldunfähigkeit nicht strafbar ist (z.B. Diebstahl von Morphium durch eine Pflegekraft[180]; ein Arzt erschwindelt von Patienten ein Darlehen[181]. Nach allgemeiner Ansicht genügen fahrlässige Pflichtverstöße, so dass vor allem im Bereich des Gesundheitswesens bei wiederholten Behandlungsfehlern die Frage des Berufverbots durchaus relevant werden kann.[182]

---

[180] OLG Hamburg, NJW 1955, S. 1568.

[181] BGH, NJW 1983, S. 2099.

[182] Ulsenheimer, Arztstrafrecht, RN 511.

B. Relevante Strafdelikte

I. Verletzung des persönlichen Lebens- und Geheimnisbereichs

1. Die Bedeutung der Schweigepflicht

Insbesondere im Gesundheitswesen ist die Wahrung des Berufsgeheimnisses eine bedeutsame Angelegenheit. Schon Hippokrates hatte das Schweigen als »heilige Pflicht« bezeichnet. Der Zweck des Schutzes liegt in der besonderen Beziehung zwischen Arzt und Patient: Sie bedarf, wie bei keinem anderen Vertrauensverhältnis, der Offenheit durch den Kranken. Diese wird dem Arzt vom Patienten freilich nur dann entgegengebracht, wenn er mit dessen Verschwiegenheit rechnen kann. Die Schweigepflicht gehört deshalb anerkanntermaßen zu den unentbehrlichen Berufspflichten des Arztes. Der Schutz von Patientengeheimnissen unterliegt dem verfassungsrechtlichen Schutz (Art. 1 Abs. 1 und Art. 2 Abs. 1 GG) des Individuums, und hat einen Schutzzweck für die Allgemeinheit. Denn Kranke sollen nicht wegen Zweifeln an der Verschwiegenheit des Arztes von einer Behandlung absehen.[183] Hierdurch würde die Funktionsfähigkeit unseres gesamten Gesundheitswesens beeinträchtigt, da die Gesundheit *aller von der Gesundheit des Einzelnen abhängt* und dieser vielfach nur dann zum Arzt geht, wenn er sich sicher sein kann, dass ihm aus der Konsultation keine Nachteile, Schwierigkeiten oder Peinlichkeiten entstehen.[184] Man denke in diesem Zusammenhang nur an Befürchtungen von Patienten nach der Diagnose Geschlechtskrankheit oder HIV bzw. Aids.

Ausdruck dieser Bedeutsamkeit der Schweigepflicht ist nicht zuletzt der Schutzgesetzcharakter des § 203 StGB als Schutzvorschrift i.S.d. § 823 Abs. 2 BGB: Über den strafrechtlichen Charakter hinaus besteht ein zivilrechtlicher Haftungstatbestand bei Schweigepflichtverletzungen. Das heißt: Wird das Persönlichkeitsrecht des Patienten dadurch beeinträchtigt, dass ein Schutzpflichtadressat das Berufsgeheimnis bricht, so kann der Patient Schadensersatz und bei schwerer Verletzung auch Schmerzensgeld verlangen.

---

[183] BGH, NJW 1968, S. 2290; Tröndle/Fischer, Strafgesetzbuch, § 203, RN 1b.

[184] Ulsenheimer, Arztstrafrecht, RN 361.

§ 203 Abs. 1 StGB – Verletzung von Privatgeheimnissen

Wer unbefugt ein fremdes Geheimnis, namentlich ein zum persönlichen Lebensbereich
gehörendes Geheimnis oder ein Betriebs- oder Geschäftsgeheimnis, offenbart, das ihm
1. als Arzt, Zahnarzt, Tierarzt, Apotheker oder Angehörigen eines anderen Heilberufs, der
für die Berufsausübung oder die Führung der Berufsbezeichnung eine staatlich geregelte
Ausbildung erfordert,
2. Berufspsychologen mit staatlich anerkannter wissenschaftlicher Abschlussprüfung
3 – 6. ...
anvertraut worden oder sonst bekannt geworden ist, wird mit Freiheitsstrafe bis zu einem
Jahr oder mit Geldstrafe bestraft.
...

2. Strafbarkeitsvoraussetzungen

A. Tatbestand

I. Objektiver Tatbestand

1. Schutzgegenstand
- **»Fremdes Geheimnis«**

  Ein »Geheimnis« ist eine Tatsache, die nur einem Einzelnen oder einem beschränkten Personenkreis bekannt ist und an deren Geheimhaltung ein sachlich
  begründetes Interesse besteht.[185]

  Der Begriff ist umfassend zu verstehen. Darunter fallen:
  - ➟ Krankheitsbild des Patienten,
  - ➟ Diagnose,
  - ➟ Therapie,
  - ➟ Prognose,
  - ➟ Geschehnisse des Privatlebens,
  - ➟ ungünstige Charaktermerkmale,
  - ➟ psychische Auffälligkeit,

---

[185] Schönke/Schröder/Lenckner, Strafgesetzbuch, § 203, RN 5; Langkeit, Umfang und Grenzen der ärztlichen Schweigepflicht,
NStZ 1994, S. 6.

→ berufliche, wirtschaftliche, finanzielle Verhältnisse,

→ Name des Patienten,

→ Tatsache, dass der Patient überhaupt in Behandlung ist.[186]

⚠ Dokumente, die typischerweise Geheimnisse beinhalten, sind Patientenakten, Röntgenbefunde und Arztbriefe!

»**Fremd**« ist jedes Geheimnis, das vom Täter aus gesehen eine andere Person betrifft. Geheim zu halten sind auch Umstände, die ein Patient über andere berichtet (die Entziehungskur der Nachbarin),[187]

• welches dem Schweigepflichtigen als Angehörigem eines bestimmten Berufs

anvertraut worden oder **Anvertrauen** ist das Einweihen in ein Geheimnis unter Umständen, aus denen sich eine Pflicht zur Verschwiegenheit ergibt.[188] Der Anvertrauende und der Geschützte müssen nicht personengleich sein. Die Kenntnis muss in einem **inneren Zusammenhang** mit der Berufstätigkeit stehen und nicht etwa nur »bei Gelegenheit der Berufsausübung« erlangt sein (z.B. bei einem Hausbesuch). Wird der Arzt im amtlichen Auftrag als **Sachverständiger** tätig, darf er die Untersuchungsergebnisse seinem Auftraggeber (Gericht, Staatsanwaltschaft, Verteidigung) mitteilen, wenn der Patient zur Duldung der Untersuchung verpflichtet ist oder ihr

sonst bekannt geworden ist. Gemeint sind diejenigen Fälle, in denen der Täter eine schutzwürdige Tatsache anders als durch »Anvertrauen« erfährt (z.B. durch die Indiskretion eines anderen Patienten). Entscheidend ist auch hier der innere Zusammenhang, das heißt, das Geheimnis muss dem Täter kraft seiner Berufsausübung bekannt werden.

---

[186] OLG Bremen, MedR 1984, S. 112; LG Köln, NJW 1959, S. 1598; anders: LG Oldenburg, NJW 1992, S. 1563.

[187] Ulsenheimer, Arztstrafrecht, RN 364.

[188] Tröndle/Fischer, Strafgesetzbuch, § 203, RN 7.

zugestimmt hat.[189] Gleichgültig ist allerdings, *wie* (mündlich, schriftlich) und *wo* das Geheimnis »anvertraut« wurde.

2. Tauglicher Täterkreis

Die Verletzung von Privatgeheimnissen ist ein **Sonderdelikt**, das heißt, die Tat kann nur von den anschließend aufgezählten Personen begangen werden (§ 203 Abs. 1 Nr. 1–6 StGB):

- Arzt,
- Zahnarzt,
- Tierarzt,
- Apotheker,
- Angehörige anderer Heilberufe, die eine staatliche Ausbildung haben, z.B.
    - ⇒ Pflegekraft,
    - ⇒ Hebamme,
    - ⇒ Arzthelferin,
    - ⇒ pharmazeutisch-technische Assistentin,
    - ⇒ medizinisch-technische Assistentin;
- berufsmäßig tätige Gehilfen, Lernende, durch den Tod des Betroffenen schweigepflichtig Gewordene (§ 203 Abs. 3 StGB):
    - ⇒ **Gehilfe** ist, wer einem anderen in dessen von § 203 StGB erfassten Funktion eng zuarbeitet. Gehilfen des Arztes sind die Sprechstundenhilfe, die Arztsekretärin (*nicht:* Reinigungspersonal, Pförtner, Boten, Chauffeure, Hausangestellte).
    - ⇒ **Lernende** sind Studenten in der praktischen Ausbildung, Referendare, Praktikanten, Auszubildende.
    - ⇒ Das Geheimnis muss auch von dem (Praxis-)**Erben**, dem Testamentsvollstrecker oder dem Vermächtnisnehmer gewahrt werden.

---

[189] BGHSt 33, S. 150.

3. Tathandlung

- **Unbefugtes Offenbaren** des Geheimnisses:
  - ⇒ Ein Geheimnis ist **offenbart**, wenn es in irgendeiner Weise einer anderen, nicht zum Wissen berufenen Person bekannt geworden ist. Die Form der Bekanntgabe ist beliebig. Ist ein Geheimnis schriftlich fixiert, ist bereits das **offene Herumliegenlassen** des Dokuments tatbestandsmäßig, falls die Möglichkeit besteht und in Kauf genommen wird, dass Unbefugte Einsicht nehmen.

 Beispiel:

Datenübermittlung per Fax an ein nicht gesichertes (mehreren zugängliches) Empfangsgerät.

  - ⇒ Die Offenbarung ist **unbefugt**, wenn sie **ohne Zustimmung** des Verfügungsberechtigten oder **ohne ein Recht zur Mitteilung** erfolgt.

Das Merkmal »unbefugt« hat einen *Doppelcharakter*. Bezüglich der Zustimmung des Patienten zur Offenbarung eines Geheimnisses ist es **tatbestandsausschließend**, zugleich wird jedoch auch durch bestimmte **Offenbarungspflichten** die Rechtswidrigkeit ausgeschlossen.[190]

- Befugnis aus der **Einwilligung** (Zustimmung) des Patienten:[191]
  - ⇒ Ausdrückliche Einwilligung (mündlich/schriftlich): Im Krankenhausaufnahmebogen ist eine Einwilligung nur möglich zu allgemeinen Bagatellinformationen (z.B. Zimmer- und Telefonnummer). Die Einwilligung zur Preisgabe konkreter Informationen muss über spezielle Entbindungserklärungen eingeholt werden.
  - ⇒ Mutmaßliche Einwilligung (z.B. bei Bewusstlosen und Geistesschwachen): Voraussetzung ist, dass der Patient zweifelsfrei und erkennbar kein Interesse an der Wahrung des Geheimnisses hat und nicht rechtzeitig befragt werden kann.[192] Gemutmaßt werden darf nur die Befugnis zur Offenbarung von Informationen, in die ein durchschnittlicher Patient nach den Erfahrungen des täglichen Lebens einwilligen würde (Benachrichtigung der nächsten Angehörigen bei einem Notfall).

---

[190] Leipziger Kommentar, Strafgesetzbuch, § 203, RN 74.

[191] Eingehender zur Einwilligung siehe ab Seite 75.

[192] BGH, NJW 1991, S. 2955.

➠ Konkludente Einwilligung: Der Patient stellt eine Frage auf eine Art und Weise, dass die Antwort (trotz des Beiseins eines Dritten) sogleich erwartet wird.

II. Subjektiver Tatbestand

- Der Täter muss **vorsätzlich** handeln (Dolus eventualis genügt), das heißt, er muss wissen,
    - ➠ dass es sich um Geheimnisse oder
    - ➠ Einzelangaben handelt, die ihm in seiner beruflichen Stellung bekannt gegeben worden sind,
    - ➠ dass der Geheimnisträger die Geheimhaltung vermutlich will,
    - ➠ dass er das Geheimnis offenbart.

B. Rechtswidrigkeit

Ähnlich wie bei der Freiheitsberaubung (§§ 239 ff. StGB; siehe S. 164) wirkt die Einwilligung bei der Schweigepflicht bereits tatbestandsausschließend.

Vielfältige **Rechtfertigungsgründe** im Bereich der Schweigepflicht ergeben sich aus Rechtspflichten. Im medizinischen Bereich sind typische Quellen **gesetzlicher Offenbarungspflichten**:

- Infektionsschutzgesetz (§§ 6, 7 IfSG),
- Personenstandsgesetz (§§ 18, 34 PStG),
- Sozialgesetzbuch – Allgemeiner Teil – i.V.m. dem Zehnten Buch Sozialgesetzbuch – Sozialverwaltungsverfahren und Sozialdatenschutz (§ 35 SGB I i.V.m. §§ 67 d, 68–77 SGB X),
- Sozialgesetzbuch Fünftes Buch – Gesetzliche Krankenversicherung (z.B. §§ 276, 277, 295, 306 SGB V),[193]
- Strafgesetzbuch (§§ 138 ff. StGB): Anzeige bei Vorbereitung bestimmter sehr schwerer Verbrechen.[194]

---

[193] Wagner, Änderung von Vorschriften des SGB über den Schutz von Sozialdaten, NJW 1994, S. 2937.

[194] Aufgrund des § 139 StGB sind hingegen Angehörige einiger Berufsgruppen nicht verpflichtet, Pläne zur Begehung bestimmter Straftaten, die ihnen im Rahmen ihrer Arbeit bekannt geworden sind, anzuzeigen. Dazu gehören u.a. Geistliche, Rechtsanwälte, Ärzte und psychologische Psychotherapeuten.

Ein weiterer bedeutsamer Rechtfertigungsgrund ist der rechtfertigende Notstand (§ 34 StGB).[195]

⚠ Achtung: Es ist eine sehr sorgfältige Abwägung zwischen dem mit der **Notstandshandlung** (d.h. der Informationsweitergabe) zu schützenden Rechtsgut und dem **Schweigeinteresse** des Patienten erforderlich (z.B. Mitteilung der Aids-Erkrankung eines Patienten an dessen Ehepartner[196], Anzeige von Kindesmissbrauch durch den Patienten, Anzeige an das Straßenverkehrsamt wegen Trunksucht oder sonst die Fahrtüchtigkeit aufhebende Krankheiten seines Patienten durch den Arzt[197]).

C. Schuld

D. Strafverfolgungsvoraussetzung

Voraussetzung für die Strafverfolgung ist gem. § 205 StGB ein Strafantrag.

3. Sonderproblem: Schweigepflicht gegenüber Eltern, Betreuern und Bevollmächtigten

⚠ Die Schweigepflicht ist prinzipiell auch gegenüber Eltern, Betreuern und Bevollmächtigten zu wahren!

Obwohl den Eltern gem. §§ 1629 BGB die Vertretungsmacht für das Kind (und damit eigentlich sogar das Recht zur Entbindung von der Schweigepflicht) und ihnen gem. § 1626 BGB und Art. 6 GG das Recht und die Pflicht zur elterlichen Sorge zusteht, wird dadurch dem Minderjährigen der Schutz des § 203 nicht generell entzogen. Denn es ist stets spiegelbildlich zu beachten, dass auch jedem Minderjährigen der Schutz seiner Grundrechte zusteht und damit auch das Recht auf Wahrung seiner Menschenwürde (Art. 1 GG) und insbesondere das allgemeine **Persönlichkeitsrecht** bzw. das Recht auf informationelle Selbstbestimmung aus Art. 2 Abs. 1 GG.[198]

---

[195] Zu seinen Voraussetzungen vgl. S. 64.

[196] OLG Frankfurt, NJW 2000, S. 875.

[197] BGH, NJW 1968, S. 228; OLG Zweibrücken, NJW 1968, S. 2301.

[198] BVerfG, Urteil vom 15. Dezember 1983 (1 BvR 209, 269, 362, 420, 440, 484/83).

Aus dieser Rechtsstellung heraus ergibt sich, dass die Persönlichkeitssphäre von **Minder-jährigen** stets Beachtung finden muss und auch bei ihnen die Schweigepflicht zu beachten ist. Vor einer Weitergabe von Informationen an die Eltern hat also stets eine Abwägung zwischen dem Selbstbestimmungsrecht des Minderjährigen und dem Informationsrecht der Eltern stattzufinden.

Es entsteht ein doppeltes Spannungsfeld, da sich nicht nur die Frage stellt, ob der Arzt informieren darf, sondern auch, ob er die Eltern informieren muss, weil er eventuell nur von diesen eine wirksame Einwilligungserklärung für eine anstehende Behandlungsmaßnahme erhalten kann. Diesbezüglich muss zuvor geklärt werden, ob der Jugendliche schon selbst über eine ausreichende Einsichtsfähigkeit und damit auch über eine Einwilligungsfähigkeit zur Behandlungsmaßnahme verfügt (vgl. S. 78–80).

Beide Abwägungen können nur streng einzelfallbezogen vorgenommen werden. Abwägungskriterien sind dabei stets das Alter (besser: die Reife- und der Entwicklungsstand des Minderjährigen) und die Tiefe des Eingriffs in seine Persönlichkeitssphäre durch die ärztliche Information an die Eltern und ferner ist abzuwägen, wie hoch das Gefährdungspotenzial durch die vorliegende Erkrankung des Minderjährigen ist und damit die Notwendigkeit der Einbeziehung der gesetzlichen Vertreter in die Behandlungsentscheidung. Sobald der Arzt aus eigener Überzeugung zu dem Ergebnis kommt, dass der Minderjährige mit der Gesundheitsproblematik bzw. der Einwilligung in die gebotenen ärztlichen Maßnahmen überfordert ist, muss das Persönlichkeitsrecht des Jugendlichen und die Schweigepflicht des Arztes hinter dem Recht der Eltern auf Information und der für den Arzt bestehenden Notwendigkeit, eine wirksame Einwilligungserklärung von den Eltern einzuholen, zurücktreten.

 Beispiel:
Beispielsweise bedarf es weder der Information der Eltern noch des Einholens ihres Einverständnisses, wenn eine Tetanus-Impfung bei einem Minderjährigen geboten ist (zu der Jugendliche in der Regel selbst einwilligungsfähig sind) und seine strengen Eltern durch das ärztliche Gespräch sonst darüber informiert werden müssten, dass sich ihr »Zögling« im Jugendlager beim nächtlichen Nacktbaden am Zaun des Schwimmbades eine Verletzung zugezogen hatte und nun eine Tetanus-Auffrischung notwendig ist.

Das 14. Lebensjahr sollte aber eine allgemeine Altersgrenze darstellen, unterhalb deren man die Eltern stets informiert und in jede Entscheidung mit einbezieht.

In besonderen Fällen könnte sich die Lage auch so darstellen, dass trotz der Einwilligungsunfähigkeit des Minderjährigen sein Persönlichkeitsrecht doch überwiegt und ein Weg gefunden werden muss, eine nicht unerhebliche ärztliche Behandlung ohne das Wissen der Eltern durchzuführen. In diesen Fällen kann es der Schutz der Persönlichkeitsrechte des Minderjährigen erfordern, über familiengerichtliche und vormundschaftsgerichtliche Maßnahmen (z.B. durch den Einsatz eines Vormunds bzw. eines Ergänzungspflegers) die ärztliche Maßnahme zu steuern. Paradebeispiel für solche Fälle ist der Schwangerschaftsabbruch bei minderjährigen Mädchen, bei denen aus besonderen Überlegungen heraus die Eltern nicht informiert werden sollen bzw. dürfen, das Mädchen aber noch nicht über die ausreichende Reife verfügt, um eigenständig in den Schwangerschaftsabbruch einzuwilligen. Hier werden typischerweise Amtsvormünder des Jugendamtes als Vertreter eingesetzt.

Das für die Eltern Gesagte gilt für **Betreuer** und Bevollmächtigte grundsätzlich in gleicher Weise. Es ist bei Betreuern und Bevollmächtigten ohnehin jeweils vorab zu prüfen, ob sich die gerichtlich bestimmten Aufgabenkreise der Betreuung oder der Inhalt der Vollmacht überhaupt auf Gesundheitsfragen erstreckt. Ist dem nicht so, ist der Betreuer oder Bevollmächtigte schon per se kein rechtlich relevanter Ansprechpartner des Arztes oder der Pflegekraft (vgl. im Einzelnen dazu Teil 6 zum Betreuungsrecht). Betreuern mit der Aufgabenzuweisung »Gesundheitsfürsorge« o.Ä. kommt gem. § 1902 BGB ein Vertretungsrecht und gem. §§ 1901, 1908i BGB i.V.m. § 1833 BGB auch eine Vertretungspflicht für den Betreuten zu. Dennoch wird auch der Betreute durch die Betreuungsbestellung nicht rechtlos gestellt, ebenso wie ein Vollmachtgeber. Dementsprechend sind auch im Verhältnis zum Betreuer die gleichen Abwägungskriterien zu beachten, wie sie oben für die Eltern aufgezeigt wurden. Es ist also stets zu klären, ob das ärztliche Gespräch nicht mit dem Betreuten allein geführt werden kann.

Urteile zur Schweigepflichtsproblematik gegenüber Eltern und/oder Betreuern liegen noch nicht vor. Das fehlende Streitpotenzial lässt sich unter Umständen auf das fehlende Wissen der Berechtigten zurückführen.

4. Schweigepflicht nach dem Tod des Patienten

Gemäß § 203 Abs. 4 StGB endet die Schweigepflicht nicht mit dem Tod des Betroffen. Hinsichtlich der notwendigen Informationsweitergabe eines Arztes an die Erben gelten ähnliche Abwägungskriterien, wie sie schon zur Schweigepflicht bei Minderjährigen beschrieben wurden. Ein Abwägungskriterium, das für die Weitergabe der Informationen an die Erben spricht, kann insbesondere sein, dass jene die fraglichen Informationen zur Geltendmachung von Rechten gegenüber Schädigern des Verstorbenen benötigen.

Schweigepflicht über den Tod hinaus![199]

5. Zeugnisverweigerungsrecht und -pflicht

Zeugen können vor Gericht grundsätzlich mit Zwangsmitteln zu einer Aussage bewegt werden. Dies gilt nicht, wenn ihnen ein Zeugnisverweigerungsrecht zukommt. In **Zivilprozessen** gewährt § 383 Abs. 1 Nr. 6 ZPO u.a. den Geheimnisträgern des § 203 StGB ein **Zeugnisverweigerungsrecht**.

Bei **Strafprozessen** ist zu beachten, dass gem. § 53 Abs. 1 Nr. 3 ZPO zunächst nur dem Arzt ein Zeugnisverweigerungsrecht zugesprochen wird. Für die berufsmäßig tätigen Gehilfen – die Pflegekräfte oder die Arztsekretärin – erfolgt in § 53a StPO eine gesonderte Regelung zum Zeugnisverweigerungsrecht. Die Besonderheit liegt im Strafprozessrecht darin, dass die Entscheidung über die Ausübung des Zeugnisverweigerungsrechts gem. § 53a Abs. 1 Satz 2 beim (»vorgesetzen«) Arzt liegt.

In allen Prozessarten endet das Zeugnisverweigerungsrecht stets mit der Schweigepflichtentbindungserklärung durch den Patienten, womit die Zeugenpflicht wieder auflebt.

 Grenzen des ärztlichen Zeugnisverweigerungsrechts![200]

6. Rechtsverletzung durch Herstellen von Patientenfotos

Es muss besonders auf eine am 1. Juli 2004 neu eingeführte Schutzvorschrift[201] vor unerlaubtem Fotografieren hingewiesen werden: Aus dem gesetzgeberischen Grundgedanken heraus, Prominente vor sog. Paparazzi-Fotos zu schützen, regelt diese neue Vorschrift das Verbot, in geschützten Räumen Fotos aus dem höchstpersönlichen Lebensbereich anderer Personen herzustellen. Ohne dass dazu bislang Urteile vorliegen, ist sich die juristische Literatur darin einig, dass darunter auch das Anfertigen von Fotos aus dem Intimbereich eines Patienten fallen. Damit stellt sich bei jedem Foto, das von einem Dekubitus am Gesäß des Patienten angefertigt werden soll, ein Strafbarkeitsproblem.

---

[199] OLG Naumburg, Beschluss vom 9. Dezember 2004 (4 W 43/04).

[200] BGH, Beschluss vom 6. Dezember 2001 (1 StR 468/01).

[201] § 201a StGB – Verletzung des höchstpersönlichen Lebensbereichs durch Bildaufnahmen: »(1) Wer von einer anderen Person, die sich in einer Wohnung oder einem gegen Einblick besonders geschützten Raum befindet, unbefugt Bildaufnahmen herstellt oder überträgt und dadurch deren höchstpersönlichen Lebensbereich verletzt, wird mit Freiheitsstrafe bis zu einem Jahr oder mit Geldstrafe bestraft. […]«

Da aber gerade bei Dekubitus-Fällen jede Einrichtung ein hohes Dokumentationsinteresse zum Zwecke der Beweissicherung hat, sollte jede Einrichtung standardmäßig Vordrucke für Einwilligungserklärungen ihrer Patienten/Bewohner vorhalten, in denen die Erlaubnis zur entsprechenden Fotodokumentation gewährt wird.

II. Körperverletzungsdelikte

Das Personal im Pflegebereich hat naturgemäß Eingriffe an den Körpern der Patienten vorzunehmen. Dies gehört zum Wesen der Heil- und Pflegeberufe. Mit diesem Handeln geht stets – der Natur der Sache gemäß – für den Angehörigen des Pflegeberufs die Gefahr einher, sich u.a. wegen eines Körperverletzungsdelikts strafbar zu machen. Nichtsdestotrotz haben die Angehörigen der Heilberufe durch den mit dem Patienten geschlossenen Behandlungsvertrag die Pflicht, Heilbehandlungen am Patienten zur Herbeiführung der Genesung desselben vorzunehmen. Das Strafgesetzbuch normiert im Rahmen seiner §§ 223–231 StGB diverse Straftatbestände, die den Schutz der Unversehrtheit des Körpers zum Gegenstand haben.

Zu den insoweit relevanten Delikten gehören:

- Körperverletzung gem. § 223 StGB,
- gefährliche Körperverletzung gem. § 224 StGB,
- Misshandlung von Schutzbefohlenen gem. § 225 StGB,
- schwere Körperverletzung gem. § 226 StGB,
- Körperverletzung mit Todesfolge gem. § 227 StGB,
- fahrlässige Körperverletzung gem. § 229 StGB.

Systematisch gesehen handelt es sich bei der gefährlichen Körperverletzung, der Misshandlung Schutzbefohlener, der schweren Körperverletzung und der Körperverletzung mit Todesfolge jeweils um **Qualifikationsdelikte** der einfachen Körperverletzung gem. § 223 StGB. Die Qualifikation knüpft im Falle der schweren Körperverletzung sowie der Körperverletzung mit Todesfolge an dem Eintritt der schweren Folge (sog. **Erfolgsqualifikation**) an, in den übrigen Fällen an der besonderen Schwere der Handlung (sog. **Tatbestandsqualifikation**). Als Pendant zur einfachen Körperverletzung ist gem. § 229 StGB auch das fahrlässige Handeln unter Strafe gestellt. Das Strafmaß ist bei den erwähnten Qualifikationsdelikten naturgemäß höher als bei der einfachen Körperverletzung. Die schwere Körperverletzung und die Körperverletzung mit Todesfolge sind Verbrechen i.S.d. § 12 StGB.[202] Die übrigen Delikte wurden vom Gesetzgeber als Vergehen eingestuft.

Körperverletzungsdelikte im Überblick

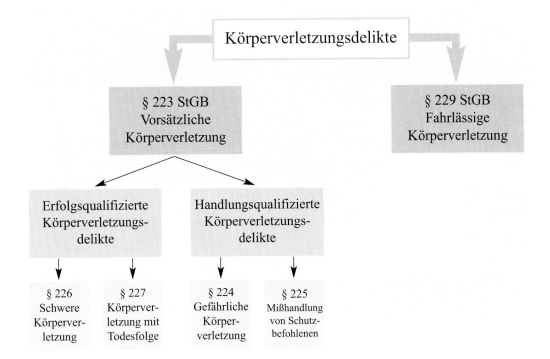

Der in der Praxis häufigste Fall betrifft die sog. einfache Körperverletzung (dies sowohl in vorsätzlicher als auch in fahrlässiger Begehungsform). Für die vorsätzliche Begehung der Körperverletzung genügt (wie bereits erwähnt) der sog. Eventualvorsatz. Danach wird vorsätzliches Handeln bejaht, wenn der Täter es ernstlich für möglich hält und sich damit abfindet, dass sein Verhalten zur Verwirklichung des gesetzlichen Tatbestandes führt. Er nimmt den Erfolg mithin **billigend in Kauf**.

---

[202] § 12 StGB ist auf S. 40 abgedruckt.

1. Tatbestandsvoraussetzungen der einfachen Körperverletzung

Die tatbestandlichen Voraussetzungen der Körperverletzung lauten wie folgt:

§ 223 StGB – Körperverletzung

(1) Wer eine andere Person körperlich misshandelt oder an der Gesundheit beschädigt, wird mit Freiheitsstrafe bis zu fünf Jahren oder mit Geldstrafe bestraft.
(2) Der Versuch ist strafbar.

§ 229 StGB – Fahrlässige Körperverletzung

Wer durch Fahrlässigkeit die Körperverletzung eines anderen verursacht, wird mit Freiheitsstrafe bis zu drei Jahren oder mit Geldstrafe bestraft.

Körperverletzung (§§ 223, 229 StGB)

A. Tatbestand

  I. Objektiver Tatbestand

  1. Körperliche Misshandlung

Eine körperliche Misshandlung ist ein übles, unangemessenes Behandeln, das entweder das körperliche Wohlbefinden oder die körperliche Unversehrtheit nicht nur unerheblich beeinträchtigt.[203]

Beispiele: eine Ohrfeige[204], das Würgen des Opfers[205], ein Faustschlag ins Gesicht[206], eine Injektion, eine Anästhesie[207], eine Strahlentherapie[208], die Vernichtung von deponiertem Sperma[209] etc., jedoch nicht bloß festes Zupacken, Angsteinflößen oder Bespucken.

---

[203] BGHSt 14, S. 269.
[204] BGH, NJW 1990, S. 3157.
[205] Tröndle/Fischer, Strafgesetzbuch, § 223, RN 3.
[206] OLG Düsseldorf, NJW 1994, S. 1232.
[207] BGH, NStZ 1995, S. 34.
[208] BGH, NJW 1998, S. 1802; Jerouschek, Körperverletzung durch Gammastrahlenbehandlung, JuS 1999, S. 746.
[209] BGH, NJW 1994, S. 127; andere Meinung: Laufs, Schmerzensgeld wegen schuldhafter Vernichtung deponierten Spermas?, NJW 1994, S. 775.

2. Gesundheitsbeschädigung

Die Beschädigung der Gesundheit erfordert das Hervorrufen oder Steigern eines pathologischen Zustandes, sei er auch nur vorübergehend.[210]

II. Subjektiver Tatbestand

- **Vorsatz** (Wissen und Wollen der Tatbestandsverwirklichung – Eventualvorsatz genügt),
- **Fahrlässigkeit** (pflichtwidriges Außerachtlassen der im Verkehr gebotenen Sorgfalt, zu der man nach den persönlichen Fähigkeiten und Umständen in der Lage gewesen wäre).

B. Rechtswidrigkeit

C. Schuld

D. Strafverfolgungsvoraussetzung

Strafverfolgungsvoraussetzung der §§ 223, 229 StGB ist gem. § 230 StGB der Strafantrag.

2. Ärztlicher Heileingriff als Körperverletzung

Die Frage, ob ein ärztlicher Heileingriff den Tatbestand der Körperverletzung erfüllt, ist seit über einhundert Jahren nicht nur zwischen Medizinern und Juristen stark umstritten. Der Bundesgerichtshof geht in ständiger, vom Reichsgericht übernommener[211] Rechtsprechung davon aus, dass **jeder die körperliche Integrität berührende Heileingriff eine Körperverletzung darstelle**, so beispielsweise:

---

[210] Tröndle/Fischer, Strafgesetzbuch, § 223, RN 6.

[211] RGSt 25, S. 375.

- Verabreichung einer Injektion,
- Blutentnahme,
- Operation,
- Amputation.

Dabei mache es keinen Unterschied, ob die Maßnahme erfolgreich oder erfolglos sei und ob der Eingriff kunstgerecht oder fehlerhaft durchgeführt werde. Möglich sei allerdings die **Rechtfertigung** des Arztes, die regelmäßig in der Einwilligung des Patienten zu sehen sei.[212]

Demgegenüber nehmen weite Teile der juristischen Literatur an, der Heileingriff erfülle nicht den Tatbestand des Körperverletzungsdelikts. Aus der Gesamtschau ergebe sich, dass die körperliche Integrität gerade nicht beeinträchtigt sei, sondern wiederhergestellt werden solle, so dass das Schutzgut der §§ 223 ff. StGB erst gar nicht betroffen sei.[213] Bei einem **gelungenen Heileingriff** sei schon der objektive Tatbestand der Körperverletzung nicht erfüllt, beim **misslungenen** Eingriff fehle es hingegen zumindest am Vorsatz des Arztes oder am Fahrlässigkeitsvorwurf. Wenngleich innerhalb bestimmter Fallkonstellationen gute Gründe für die Literaturmeinung sprechen[214], ist der Streit letztlich akademischer Natur. In der Praxis orientieren sich die Gerichte an der Rechtsprechung des Bundesgerichtshofs. Solange der Gesetzgeber die strafrechtlichen Vorschriften nicht ändert, bleibt jeder medizinische Eingriff trotz der Änderungsbestrebungen der Strafrechtswissenschaft vor den Strafgerichten dem Vorwurf der Tatbestandsmäßigkeit der Körperverletzung ausgesetzt.

3. Sonderproblem: HIV-Infektion als Körperverletzung

Das erworbene Immundefektsyndrom Aids – das Endstadium einer jahrelangen Krankheit, die sich epidemisch ausbreitet, eine hohe Mortalität aufweist und als medizinisch noch immer unbeherrschte Seuche viele Menschen tödlich bedroht – wirft schwere ethische und rechtliche Fragen auf. Es ist die Aufgabe der Juristen, diese Fragen mittels der bestehenden Rechtsinstitute und der bewährten medizinrechtlichen Kriterien zu beantworten.[215]

---

[212] Siehe S. 57 f.; BGHSt 11, S. 111; BGHSt 29, S. 33; OLG Hamburg, NJW 1975, S. 603.

[213] Schönke/Schröder, Strafgesetzbuch, § 223, RN 30; Otto, Strafrecht BT, § 15, RN 15.

[214] Insbesondere dann, wenn der Patient mit der Behandlung einverstanden war und diese, obwohl lege artis durchgeführt, Folgen nach sich zieht, über die der Patient zuvor nicht aufgeklärt wurde. Nach der Rechtsprechung entfällt die Rechtfertigung nach den Einwilligungs- grundsätzen, so dass eine Bestrafung wegen Körperverletzung möglich ist. Nach Ansicht der Literatur hingegen fehlt es beim fachgerecht ausgeübten Heileingriff an der Tatbestandsmäßigkeit. Die Bestrafung entfällt.

[215] Instruktiver medizinischer und juristischer Überblick: Laufs/Laufs, Aids und Arztrecht, NJW 1987, S. 2261.

Die Einordnung einer Infizierung mit dem HI-Virus unter die im Strafgesetzbuch normierten Delikte ist grundsätzlich schwierig und wegen der jeweiligen Umstände des Einzelfalls nicht pauschal möglich.

 Beispiel:
Der HIV-Infizierte A und die B haben ungeschützten Sexualkontakt, bei dem sich B mit dem HI-Virus infiziert. A wusste beim Sexualkontakt von seiner Infektion.

1. Fallabwandlung:
A hatte von seiner Infektion keine Kenntnis.

2. Fallabwandlung:
Sowohl A als auch B hatten Kenntnis von der Infektion des A.

3. Fallabwandlung:
A hatte von seiner Infektion Kenntnis. Er hatte mit B noch eine »alte Rechnung« offen und führte den Sexualkontakt durch, um sich an B zu rächen.

4. Fallabwandlung:
In allen zuvor genannten Fällen wird B nicht infiziert.

Fraglich ist bereits, ob der Tatbestand der Körperverletzung gem. § 223 Abs. 1 StGB durch die Infizierung erfüllt ist. Die Tatbestandsalternative der **körperlichen Misshandlung** wird allgemein wegen fehlender Auswirkungen der Infektion auf das körperliche Wohlbefinden oder auf die nach außen sichtbare Unversehrtheit des Körpers **abgelehnt**.

Streitig ist allerdings, ob die Infizierung eine **Gesundheitsbeschädigung** darstellt. Dies ist nach heute allgemeiner Ansicht der Fall. Dagegen wird argumentiert, die symptomlose Infektion sei keine Gesundheitsbeschädigung, da sie vollkommen schmerzlos verlaufe.[216] Dieser Argumentation ist der BGH mit der Feststellung entgegengetreten, dass die Gesundheitsbeschädigung nicht mit Schmerzempfindungen verbunden sein müsse.[217] Nach Ansicht des BGH liegt die Gesundheitsbeschädigung darin, dass der Betroffene mit dem Eintritt des Virus in seinen Organismus infektiös sei und dies auch – solange kein Heilmittel gegen Aids gefunden werde – bis zum Tod bleibe.[218] Die Ausführungen zum tatbestandlichen

---

[216] AG Kempten, NJW 1988, S. 2313.

[217] BGHSt 36, S. 1; Tröndle/Fischer; Strafgesetzbuch, § 223, RN 6a; Schönke/Schröder, Strafgesetzbuch, § 223, RN 7.

[218] BGHSt 36, S. 1, 6.

Erfolg der Gesundheitsbeschädigung verdienen Zustimmung. Schmerzempfindungen sind für die Frage der Gesundheitsbeschädigung unerheblich.[219] Niemand bezweifelt etwa die »beschädigte Gesundheit« eines Menschen bei einer diagnostizierten Krebserkrankung, obwohl noch keine Beschwerden aufgetreten sind. Typisch für das Krankheitsbild (die Gesundheitsbeschädigung) ist vielmehr die feststellbare Abweichung von dem als Gesundheit definierten Normalbild.

Die **Strafbarkeit des Täters** erfordert zudem einen zumindest bedingten Körperverletzungs-vorsatz (subjektiver Tatbestand: Eventualvorsatz). Diesen wird man immer dann bejahen können, wenn der Täter von seiner Infektion weiß. In der ersten Fallabwandlung wäre A mangels Vorsatz nicht zu bestrafen. Es wäre ferner zu prüfen, ob A pflichtwidrig und mithin aus Fahrlässigkeit seine Infektion verkannt hat. Dann käme eventuell eine Strafbarkeit wegen fahrlässiger Köperverletzung gem. § 229 StGB in Betracht.

Wegen des einer vorsätzlichen HIV-Infektion immanenten Unrechtsgehaltes wird insgesamt der **Strafrahmen** der einfachen Körperverletzung gem. § 223 StGB (Freiheitsstrafe bis zu fünf Jahre oder Geldstrafe) für zu gering erachtet. Daher erfolgt die Bestrafung nach Ansicht des BGH wegen versuchter gefährlicher Körperverletzung gem. §§ 224, 22 StGB.[220] Der Strafrahmen der gefährlichen Körperverletzung ermöglicht eine maximale Bestrafung mit Freiheitsstrafe von sechs Monaten bis zu zehn Jahren. Der BGH sieht den Versuch der Durchführung »einer das Leben gefährdenden Behandlung« durch den Sexualkontakt als gegeben an.

 § 224 StGB – Gefährliche Körperverletzung
(1) Wer die Körperverletzung
1. durch Beibringung von Gift oder anderen gesundheitsschädlichen Stoffen,
2. mittels einer Waffe oder eines anderen gefährlichen Werkzeugs,
3. mittels eines hinterlistigen Überfalls,
4. mit anderen Beteiligten gemeinschaftlich oder
5. mittels einer das Leben gefährdenden Behandlung
begeht, wird mit Freiheitsstrafe von sechs Monaten bis zu zehn Jahren, in minder schweren Fällen mit Freiheitsstrafe von drei Monaten bis zu fünf Jahren bestraft.
(2) Der Versuch ist strafbar.

---

[219] Frisch, Riskanter Geschlechtsverkehr eines HIV-Infizierten als Straftat?, JuS 1990, S. 362.

[220] BGHSt 36, S. 1 ff.

Gegen die Argumentation des BGH wird eingewendet, der Sexualkontakt als solcher sei keine das Leben gefährdende »Behandlung«, sondern ausschließlich die *Infizierung* als Körperverletzungserfolg sei lebensgefährdend. Diese Ansicht wird mit dem Wortlaut des § 224 StGB begründet, der besagt, dass die »Behandlung« und nicht deren Folge lebensgefährdend sein muss.

Die Annahme einer »nur« versuchten Tat liegt darin begründet, dass im Gerichtsverfahren der Ursächlichkeitsbeweis kaum geführt werden kann; das heißt, es ist letztlich nur schwer nachweisbar, dass die Infektion auch tatsächlich vom Täter herrührt. Der nicht feststellbare Zeitpunkt der Infektion stellt ein weiteres Problem dar. Gleichwohl ist davon auszugehen, dass der Täter die Lebensgefährlichkeit seines Handelns zumindest billigend in Kauf nimmt.

Folgt man der Argumentation des BGH, wäre A im Ausgangsfall wegen versuchter gefährlicher Körperverletzung zu bestrafen. Sollte feststehen, dass A auch die Infektion herbeigeführt hat, wäre er sogar wegen vollendeter gefährlicher Körperverletzung zu bestrafen.

Bei der 2. Fallabwandlung würde eine Bestrafung des A wegen versuchter gefährlicher Körperverletzung entfallen, da ihm der subjektiv vorgestellte Erfolg nicht zuzurechnen ist, wenn eine **eigenverantwortliche Selbstschädigung** der B vorliegt.

In der 3. Fallabwandlung könnte A einen Tötungsvorsatz gehabt haben. Insoweit wären die einschlägigen Tötungsdelikte zu prüfen, die sodann die Körperverletzungsdelikte verdrängen würden.

Auch wenn sich B – wie in der 4. Abwandlung aufgeführt – letztlich nicht infiziert, macht sich A nach wie vor wegen einer versuchten gefährlichen Körperverletzung strafbar.

III. Tötungsdelikte

Ebenso wie die Genesung der Patienten gehört auch das Sterben bzw. der Tod zum Pflegealltag. Bis zum Tod eines Menschen genießt dieser den uneingeschränkten und grundgesetzlich verbürgten Schutz seiner Menschenwürde (Art. 1 Abs. 1 Satz 1 GG: »Die Würde des Menschen ist unantastbar«). Mitunter stellt sich jedoch die ethisch-philosophisch geprägte Frage, ob im Einzelfall besonders schmerz- oder qualvolle Sterbevorgänge noch mit der Würde des Menschen vereinbar sind. In diesem Kontext werden nachfolgend die strafrechtlichen Grenzen der **Sterbehilfe** aufgezeigt.

Die Sterbehilfe, die auch als Euthanasie (griech.: angenehmer Tod) bezeichnet wird, ist begrifflich einzugrenzen und insbesondere von der »Hilfe zum Sterben«[221] bzw. der Beihilfe zum Selbstmord zu unterscheiden.

1. Hilfe zum Sterben

Unter »Hilfe zum Sterben« versteht man diejenigen ärztlichen und pflegerischen Maßnahmen, durch die Schmerzen gelindert werden und der Sterbevorgang erleichtert wird. Eine lebensverkürzende Wirkung haben diese Maßnahmen jedoch nicht.

 Beispiel:
Der Arzt A verabreicht dem im Sterben liegenden Patienten P Morphium, um dessen Schmerzen bis zum Todeseintritt zu lindern.

Eine strafrechtliche Sanktion droht bei der »Hilfe zum Sterben« nicht. Im Gegenteil, Ärzte sowie Pflegekräfte sind als Garanten für die körperliche Unversehrtheit des Patienten dazu verpflichtet, dem Sterbenden eine solche Hilfestellung zu gewähren. Die Versagung der Verabreichung schmerzstillender Mittel würde wegen des Bestehens einer Garantenstellung umgekehrt den Tatbestand der Körperverletzung durch Unterlassen gem. §§ 223, 13 StGB erfüllen.

2. Sterbehilfe

Grundsätzlich ist jedes Tätigwerden bzw. Untätigbleiben eines Arztes oder einer Pflegekraft, das zum Tode des Patienten führt, strafbar. Der strafrechtliche Lebensschutz kommt auch dem unheilbar Kranken und dem Todgeweihten zugute.[222]

Bei der Sterbehilfe hält der Arzt (oder die Pflegekraft) den Geschehensablauf vom Beginn der vorgenommenen (**aktive Sterbehilfe**) oder pflichtwidrig unterlassenen (**passive Sterbehilfe**) Maßnahme bis zum Tod des Patienten derart »in seinen Händen«, dass er diesen nach Belieben steuern kann. Der im Sterben liegende (**moribunde**) Patient hat auf den Geschehensablauf keinen Einfluss. Er lässt die zu seinem Tod führende Handlung (Tun bzw. Unterlassen) des Arztes oder der Pflegekraft schlicht über sich ergehen.

---

[221] Eingehend zu diesem Thema: Großkopf, Strafrechtliche Grenzen der Sterbehilfe, Pflegezeitschrift 1995, S. 538 ff. bzw. S. 681 ff.; Großkopf, Sterbehilfe – Spannungsfeld zwischen Menschenwürde und strafrechtlicher Verantwortung, RDG 2004, S. 20 ff.

[222] BGHSt 7, S. 287.

Hinsichtlich des **Todeszeitpunkts** wird von der Rechtswissenschaft die medizinische Definition des Todes aufgegriffen, das heißt, maßgeblich ist der Ausfall der Gehirnfunktion (**Hirntod**).[223] Verschiedene Kriterien sind für diesen Zustand charakteristisch:

- irreversible tiefe Bewusstlosigkeit,
- fehlendes Ansprechen auf sensorische und sensible Reize,
- weite, lichtstarre Pupillen,
- fehlende Spontanatmung,
- Fehlen von Reaktionen auf Schmerzreize im Trigeminusbereich,
- rascher Blutdruckabfall nach Absetzen der künstlichen Stützung des Kreislaufes.

△ Alle Kriterien zusammen müssen nach mehrfacher Untersuchung vorliegen.

△ Das Elektroenzephalogramm soll nur als Hilfsmittel, nicht als definitives Kriterium zur Todesfeststellung genutzt werden.

Solange der Hirntod nicht festgestellt ist, untersteht das Rechtsgut »Leben« dem Schutz des Strafrechts. Entgegen vereinzelten Meinungen[224] in der strafrechtlichen Literatur ist die Lockerung des Tötungsverbots für den überwiegenden Teil der strafrechtlichen Wissenschaft unannehmbar, da dies zu einer Relativierung des Lebensschutzes führen würde, die Achtung vor dem Leben untergrabe, reinen Nützlichkeitserwägungen Raum gebe, den Gefahren des Missbrauchs nicht zu begegnen vermöge und das Vertrauensverhältnis zwischen Arzt und Patient erschüttern werde.[225]

a) Aktive Sterbehilfe

Aktive Sterbehilfe ist die gezielte Tötung eines Kranken, um sein für unerträglich und sinnlos gehaltenes Leben zu beenden. Folgende Straftatbestände können im Rahmen der aktiven Sterbehilfe eine Strafbarkeit des Arztes bzw. der Pflegekraft begründen:

---

[223] Deutsch, Medizinrecht, RN 404.

[224] Otto, Die strafrechtliche Problematik der Sterbehilfe, Jura 1999, S. 434.

[225] Tröndle/Fischer, Strafgesetzbuch, vor § 211, RN 14 m.w.N.; Wessels/Hettinger, Strafrecht BT/1, RN 28.

- Mord gem. § 211 StGB,
- Totschlag gem. § 212 StGB,
- Tötung auf Verlangen gem. § 216 StGB.

Strafbarkeit wegen Mordes

 § 211 StGB – Mord

(1) Der Mörder wird mit lebenslanger Freiheitsstrafe bestraft.

(2) Mörder ist, wer

aus Mordlust, zur Befriedigung des Geschlechtstriebs, aus Habgier oder sonst aus niedrigen Beweggründen,

heimtückisch oder grausam oder mit gemeingefährlichen Mitteln oder

um eine andere Straftat zu ermöglichen oder zu verdecken,

einen Menschen tötet.

 Beispiel:

Die Pflegekraft K hat großes Mitleid mit dem im Koma liegenden Patienten P. Sie hält sein »Dahinsiechen« für menschenunwürdig und schaltet alle lebenserhaltenden Apparaturen ab. P stirbt daraufhin.

K könnte sich wegen Mordes gem. § 211 StGB durch das Erfüllen des Mordmerkmals »heimtückisch« strafbar gemacht haben. Heimtückisch handelt, wer die

 Arg- und Wehrlosigkeit des Opfers bewusst zur Tat ausnutzt.[226]

Bei diesem Beispiel stellt sich die Frage, ob P arglos war. Nach Ansicht des BGH ist derjenige arglos,

 der sich zur Tatzeit eines Angriffs nicht versieht.[227]

---

[226] BGHSt 2, S. 251; BGHSt 28, S. 210; BGHSt 39, S. 353; Tröndle/Fischer, Strafgesetzbuch, § 211, RN 16; Schönke/Schröder, Strafgesetzbuch, § 211, RN 22.

[227] BGHSt 2, S. 251; BGHSt 7, S. 218; BGHSt 20, S. 302; BGHSt 39, S. 368.

Dies setzt voraus, dass das Opfer das Bewusstsein hat, sicher vor feindseligen Angriffen zu sein, und dass ihm daher auch nichts passieren könne. Dies ist im Falle des P problematisch: Im Koma liegend und somit bewusstlos, wird er sich nicht in dem Gefühl gewiegt haben, sich in Sicherheit zu befinden. Aus diesem Grund verneint auch der BGH die Arglosigkeit von Bewusstlosen.[228] Der Schlafende hingegen nimmt nach Ansicht des BGH[229] stets »seine Arglosigkeit mit in den Schlaf«. Nach einer weit verbreiteten Ansicht in der juristischen Literatur sind neben Schlafenden auch Bewusstlose stets arglos.[230]

Der Ansicht des BGH zufolge hätte im obigen Beispiel sich K nicht wegen Mordes durch eine »heimtückische Begehungsweise« strafbar gemacht. Folgt man der juristischen Literatur, kommt man zu einem gegenteiligen Ergebnis:

⚠ Das starke Mitleid der K spielt im Hinblick auf ihre Strafbarkeit keine Rolle. Mitleid stellt weder einen Rechtfertigungs- noch einen Entschuldigungsgrund für die Tat dar.[231]

Jedoch hat der BGH[232] das Mordmerkmal »Heimtücke« bei heimlichen Krankenhaustötungen dann verneint, wenn sich das Mitleid aus einer objektiv nachvollziehbaren Wertung des Täters ableitet, die der Vermeidung schwersten Leidens den Vorrang gab.

Beispiel: Vorsätzliche Tötung eines Patienten[233]
Die 54-jährige angeklagte Schwesternhelferin arbeitete seit 1981 in einem Kreiskrankenhaus. Seit Februar 2000 war sie bis zum Tage ihrer vorläufigen Suspendierung in der Abteilung Innere Medizin tätig.
Das spätere Tatopfer R begab sich im Mai 2001 in stationäre medizinische Behandlung. Es wurde das Vorliegen eines kleinzelligen Bronchialkarzinoms festgestellt. Im Verlauf einer darauf folgenden orthopädischen Untersuchung wurde zudem eine deutliche Destruktion des 6. Halswirbelkörpers nach einer metastatischen Infiltration diagnostiziert, die zu einer Durchsetzung der beiderseitigen Wirbelbögen, einer Verschmälerung des Duralsacks und der Liquorsäule geführt hatte. Nach der Strahlentherapie wurde R zunächst nach Hause entlassen.

---

[228] BGHSt 23, S. 120; BGH, NStZ 1997, S. 491.

[229] BGHSt 7, S. 221; BGHSt 23, S. 119, BGHSt 32, S. 386; BGHSt 121.

[230] Tröndle/Fischer, Strafgesetzbuch, § 211, RN 6; Kutzer, Strafrechtliche Grenzen der Sterbehilfen, NStZ 1994, S. 110.

[231] In einem seltenen Fall hat der BGH allerdings die »Heimtücke« bei einer heimlichen Krankenhaustötung verneint, da sich das Mitleid »aus einer objektiv nachvollziehbaren Wertung des Täters ableitet, die der Vermeidung schwersten Leidens Vorrang gibt. An eine solche Heimtücke ausschließende Wertung sind strengste Anforderungen zu stellen« (BGHSt 37, S. 376).

[232] BGHSt 34, S. 355, 358 f.; BGHSt 37, S. 376.

[233] LG Kiel, RDG 2004, S. 94 f.

Infolge einer deutlichen Verschlechterung seines Gesundheitszustandes wurde er am 27. Juni 2001 als Notfall in das Kreiskrankenhaus mit zunehmender Kachexie bei ausgeprägtem Mund- und Pharynxsoor aufgenommen. Über einen venösen Zugang wurde R mit zahlreichen Medikamenten versorgt. Der Stationsarzt ordnete die Gabe von Morphium und Haldol an.

Die Angeklagte, die am 5. Juli 2001 gemeinsam mit zwei Pflegefachkräften den Spätdienst übernahm, wurde vom schlechten Allgemeinzustand des R unterrichtet. Sie begegnete R, wie auch anderen moribunden Patienten, mit vermehrter Zuwendung. Es tat ihr leid, dass er unter zunehmenden Atembeschwerden litt und Angst verspürte. Aus diesem Mitgefühl heraus erklärte sie dem Patienten, er werde nicht lange leiden müssen. Nachdem die Angeklagte gegen 14 Uhr die verordneten Mengen Morphin und Haldol appliziert hatte, entschloss sie sich eine Stunde später, weiteres Morphin intravenös zu injizieren. Dabei nahm sie billigend in Kauf, dass dies zu einem Atemstillstand und damit zum Tod des R würde führen können.

In Umsetzung dieser Entscheidung verabreichte sie einen der »Restbestände« des Morphins über den venösen Zugang. Kurz darauf verstarb R aufgrund einer durch die applizierte Morphingabe herbeigeführten Atemdepression.

Nach einer umfangreichen Beweisaufnahme verurteilten die Richter der Großen Strafkammer des LG Kiel die Angeklagte wegen Totschlags gem. § 212 Abs. 1 StGB zu einer Freiheitsstrafe von vier Jahren. Dass die Angeklagte auch eines Mordes gem. § 211 StGB schuldig sein könnte, ließ sich nicht feststellen. Die Prüfung des Mordmerkmals der »Heimtücke« ergab, dass die Angeklagte nicht die Arg- und Wehrlosigkeit von R ausnutzte, um nach ihren eigenen Wertmaßstäben selbstherrlich und gezielt dessen Leben zu verkürzen. Angesichts der äußerst begrenzten Lebenserwartung des R war die Motivation der Angeklagten nach den Urteilsfeststellungen der Kieler Richter in Anlehnung an die obergerichtliche Rechtsprechung »objektiv nachvollziehbar«. Die Angeklagte hat nach der Überzeugung der Schwurrichter ohne ärztliche Anordnung am 5. Juli 2001 und ohne Einverständnis des R mit bedingtem Tötungsvorsatz eine tödliche Menge Morphin appliziert. Eine alternative Täterschaft wurde in der Urteilsbegründung ausgeschlossen.

Die gerichtsmedizinischen Sachverständigen führten zur Überzeugung des Schwurgerichtes aus, dass es an einer alternativ zu einer Morphiumintoxikation in Betracht kommenden Todesursache fehlt und dass die im Körper des Opfers vorgefundene Morphiumkonzentration mit den in den Behandlungsunterlagen dokumentierten Morphiumgaben nicht zu vereinbaren ist. Aufgrund der sachverständigen Ausführungen schloss die Kammer gleichfalls die subkutane und intramuskuläre Applikation des Morphiums aus; todesursächlich war vielmehr nach den Feststellungen der Kieler Richter eine als Bolus applizierte intravenöse Gabe, die über den dokumentierten Umfang hinausging.

Nach der Gesamtwürdigung der Tatumstände hat die Kammer die strafmildernden Umstände eines minderschweren Totschlagfalles gem. § 213 StGB angenommen, so dass von einer Strafzumessung aus dem Regelstrafrahmen des § 212 StGB abgesehen werden konnte. Ein Berufsverbot gem. § 70 StGB wurde nicht angeordnet, weil eine Gefahr, dass die Angeklagte zukünftig erneut durch rechtswidrige Taten gegen ihre Berufspflichten verstoßen werde, nicht erkannt wurde.

Strafbarkeit wegen Totschlags

 § 212 StGB – Totschlag
(1) Wer einen Menschen tötet, ohne Mörder zu sein, wird als Totschläger mit Freiheitsstrafe nicht unter fünf Jahren bestraft.
(2) In besonders schweren Fällen ist auf lebenslange Freiheitsstrafe zu erkennen.

Die Strafbarkeit wegen Totschlags kommt dann in Betracht, wenn ein Mensch getötet worden ist, ohne dass ein Mordmerkmal verwirklicht wurde und auch kein Fall der Tötung auf Verlangen vorliegt. Somit stellt ein Verabreichen von tödlichen Medikamenten ohne die Zustimmung des Patienten einen Totschlag gem. § 212 StGB dar, wenn ein heimtückisches Handeln entsprechend den oben aufgeführten Grundsätzen nicht vorliegt.

Strafbarkeit wegen Tötung auf Verlangen

 § 216 StGB – Tötung auf Verlangen
(1) Ist jemand durch das ausdrückliche und ernstliche Verlangen des Getöteten zur Tötung bestimmt worden, so ist auf Freiheitsstrafe von sechs Monaten bis zu fünf Jahren zu erkennen.
Der Versuch ist strafbar.

Tötung auf Verlangen gem. § 216 Abs. 1 StGB liegt dann vor, wenn der Arzt oder die Pflegekraft auf **ausdrücklichen und ernstlichen Wunsch des Patienten** – eine bloße Einwilligung genügt nicht[234] – tätig wird und der **Entschluss**, den Patienten zu töten, erst **durch**

---

[234] RGSt 68, S. 307.

dieses Verlangen beim Täter hervorgerufen wurde. Aus dem Strafrahmen des § 216 Abs. 1 (sechs Monate bis fünf Jahre) folgt eine deutliche Privilegierung des zur Tötung bestimmten Täters gegenüber dem »Totschläger« gem. § 212 Abs. 1 StGB (Freiheitsstrafe nicht unter fünf Jahren). Zurückzuführen ist dies auf die besondere Konfliktsituation des Täters.[235]

 Beispiel:

Der Patient P befindet sich im Endstadium seiner Aids-Erkrankung. Er bittet die Pflegekraft K, ihm eine giftige Substanz zu verabreichen, um seinem Leiden ein Ende zu setzen. K befolgt den Wunsch des P. Dieser stirbt daraufhin.

1. Fallabwandlung:
K nimmt den Todeswunsch des P dankend an. Sie wollte ohnehin seinem Leben ein Ende setzen.

2. Fallabwandlung:
P verabreicht sich die giftige Substanz in Anwesenheit der K selbst. Das Gift führt unmittelbar zum Tod des P.

3. Fallabwandlung:
Wie in Abwandlung 1. Jedoch führt die Einnahme der Substanz zunächst nur zur Bewusstlosigkeit des P. Sein Tod tritt erst nach einigen Minuten ein. K steht währenddessen am Krankenbett des P.

Im Ausgangsfall richtet sich die Strafbarkeit der K nach § 216 Abs. 1 StGB (Tötung auf Verlangen). K hat das Leben des P gezielt durch das Einflößen der giftigen Substanz verkürzt. Eine Tötung durch K liegt insoweit vor. Dies geschah auf das **ausdrückliche und ernsthafte Verlangen** des P, der die K zur Vornahme einer Tötungshandlung »bestimmte«. »**Bestimmen**« bedeutet, dass das Opfer beim Täter den Tatentschluss zur Tötung hervorgerufen hat.

Im Falle der 1. Abwandlung hat sich K wegen Totschlags gem. § 212 StGB strafbar gemacht. Der Tatbestand des § 216 StGB ist deshalb nicht erfüllt, weil P die Pflegekraft K nicht zur Tat bestimmt hat. Denn K war bereits *vor* dem ernstlichen Verlangen des P zur Tat entschlossen. Somit ist der niedrigere Strafrahmen des § 216 StGB nicht zugunsten der K anwendbar.

---

[235] Tröndle/Fischer, Strafgesetzbuch, § 216, RN 1.

In der 2. Fallabwandlung macht K sich nicht strafbar. Die Bestrafung nach einem der o.g. Tötungsdelikte setzt die **Tatherrschaft** des Täters voraus; dies ist hier jedoch nicht der Fall: K kann das Tatgeschehen nicht nach ihrem Belieben steuern. Sie leistet lediglich Beihilfe zu einem straflosen Selbstmord.

Wegen der Straflosigkeit der Haupttat – dem Selbstmord – ist auch die Beihilfe zum Selbstmord straffrei.[236] Allerdings ist zu berücksichtigen, dass das Verabreichen von Medikamenten ohne Rücksprache mit dem Arzt einen Eingriff in den ärztlichen Therapieplan darstellt und somit arbeitsrechtliche Konsequenzen für die Pflegekraft zur Folge haben kann. Ferner ist auch wegen eines Verstoßes gegen das Arzneimittel- bzw. das Betäubungsmittelgesetz mit strafrechtlichen Konsequenzen zu rechnen.

Die 3. Fallabwandlung stellt eine weitere Variante bei der Frage der Abgrenzung zwischen der strafbaren Tötung auf Verlangen und der straflosen Beihilfe zum Selbstmord dar. Zu dem Zeitpunkt, zu dem P nach Einnahme des Gifts bewusstlos wird, verliert er seine Tatherrschaft. In diesem Moment ist K als Garantin für die Unversehrtheit des Lebens des P verpflichtet, umgehend lebensrettende Maßnahmen einzuleiten; dies hat sie hier unterlassen.

Ursprünglich hatte der BGH[237] dem Todeswunsch von Selbstmördern keine Bedeutung beigemessen; diese Erkenntnis schöpften die Karlsruher Richter aus der Suizidforschung[238]: Häufig wünschen Suizidenten nach ihrer Rettung den Todeseintritt nicht mehr herbei. Weite Teile der Literatur sprachen sich demgegenüber eindeutig für eine stärkere Gewichtung des Selbstbestimmungsrechts des Patienten und gegen die prinzipiellen Lebenserhaltungspflichten des medizinischen Personals aus.[239] Seit einem Beschluss des BGH aus dem Jahr 1987[240] scheint es allerdings Tendenzen zu geben, die einem ernsthaften, freiverantwortlich gefassten Selbsttötungsentschluss eine größere Bedeutung beimessen. Wenngleich sich insbesondere in der jüngeren Vergangenheit die Diskussionen zur Einführung und Gestaltung eines Paragraphen zu einer straffreien aktiven Sterbehilfe bei sog. infausten Prognosen[241] häufen, beharren Teile der Rechtsprechung noch immer auf dem Grundsatz »Das Rechtsgut des Lebens ist indisponibel«.

---

236 BGHSt 32, S. 367; OLG München, JA 1987, S. 581; Schönke/Schröder, Strafgesetzbuch, § 211, RN 33.

237 BGHSt 32, S. 367.

238 Kaiser, Kriminologie, § 59, RN 18.

239 Wessels/Hettinger, Strafrecht BT/1, RN 45.

240 BGH, NJW 1988, S. 1532; OLG München, JA 1987, S. 581.

241 Kusch, Tabu Sterbehilfe, NJW 2006, S. 262 f.; Lüderssen, Aktive Sterbehilfe – Rechte und Pflichten, JZ 2006, S. 695.

Unterstützung findet diese Meinung durch ein Urteil des Europäischen Gerichtshofs für Menschenrechte in Straßburg vom 29. April 2002. Die Richter dort hatten befunden, dass eine unheilbar an Motorneuron-Erkrankung leidende Patientin nicht das Recht hat, mit Hilfe ihres Partners oder von Ärzten ihr Leben beenden zu lassen. Insoweit hat sich K im obigen Beispiel wegen Totschlags durch Unterlassen gem. §§ 212, 13 StGB strafbar gemacht.

b) Passive Sterbehilfe

Die Zulässigkeit der passiven Sterbehilfe folgt aus der Anerkennung des Selbstbestimmungsrechts des Patienten bei der Entscheidung, ob, wie und wie lange er ärztlich behandelt werden will. Nach einer Entscheidung des BGH[242] aus dem Jahr 1957 ist es ein rechtswidriger Eingriff in die Freiheit und Würde der menschlichen Persönlichkeit, wenn ein Arzt – und sei es auch aus medizinisch berechtigten Gründen – eigenmächtig und selbstherrlich eine folgenschwere Operation bei einem Kranken gegen dessen Willen durchführt. Im Umkehrschluss bedeutet dies, dass gegen den Willen des unheilbar kranken, aber bewusstseinsklaren Patienten lebensverlängernde Maßnahmen nicht erfolgen dürfen.

Das Selbstbestimmungsrecht des Patienten schließt auch die Selbstbestimmung zum Tode ein.[243]

Passive Sterbehilfe liegt immer dann vor, wenn der Tod des Patienten durch ein Unterlassen herbeigeführt wird. Dies ist der Fall, wenn indizierte lebensverlängernde Maßnahmen nicht ergriffen werden, so z.B. bei:

- Nichtvornahme von Beatmung,
- Nichtvornahme von Bluttransfusion,
- Nichtvornahme von künstlicher Ernährung,
- Keine Verabreichung von Antibiotika an einen Krebskranken trotz Lungenentzündung.

Strafrechtlich relevant werden die »Sterbehilfefälle« dann, wenn durch die Aufnahme oder Fortführung der Behandlung der Todeseintritt hätte weiter hinausgezögert werden können. Kann ein solcher Sachverhalt festgestellt werden, erfüllt die indizierte, aber unterlassene

---

[242] BGHSt 11, S. 111.

[243] OLG München, JA 1987, S. 583.

Maßnahme des Arztes bzw. des Pflegepersonals entweder den Tatbestand des **Totschlags durch Unterlassen** gem. §§ 212, 13 StGB oder den der **unterlassenen Hilfeleistung** gem. § 323c StGB.

 § 323c StGB – Unterlassene Hilfeleistung

Wer bei Unglücksfällen oder gemeiner Gefahr oder Not nicht Hilfe leistet, obwohl dies erforderlich und ihm den Umständen nach zuzumuten, insbesondere ohne erhebliche eigene Gefahr und ohne Verletzung anderer wichtiger Pflichten möglich ist, wird mit Freiheitsstrafe bis zu einem Jahr oder mit Geldstrafe bestraft.

Die Bindung an das Selbstbestimmungsrecht des Patienten stellt für das medizinische Personal ein Problemfeld dar, mit dem es in der Praxis häufig konfrontiert wird. Zahlreiche Beispiele belegen, dass die psychische Situation eines kranken Menschen im Vergleich zu seinem Normalzustand eine andere ist und viele in gesunden Tagen sehr willensstarke Patienten sich an den Strohhalm zur Rettung geklammert haben.[244] Nichtsdestotrotz verdient das »Nein« eines Patienten letztendlich Respekt, selbst wenn es unvernünftig erscheint. Insoweit bedarf die Mitwirkung bei der Frage des Behandlungsabbruchs zum Zwecke der Sterbehilfe in jedem einzelnen Fall der verantwortungsvollen Überprüfung. Hinweise für den Umgang mit Sterbenden und von schwerster Krankheit Betroffenen geben die von der Bundesärztekammer verabschiedeten Grundsätze zur ärztlichen Sterbebegleitung (Stand: Mai 2004).

Darüber hinaus kann sich das ärztliche oder pflegerische Handeln an der höchstrichterlichen Rechtsprechung orientieren. In den 1990er Jahren hat der BGH in relativ rascher Folge verschiedene Fremdtötungsfälle zur aktiven[245], passiven[246] und indirekten[247] Sterbehilfe entschieden. Herausragende Bedeutung hatte der sog. Kemptener Fall. Der Erste Strafsenat erklärte den Behandlungsabbruch bei einem unheilbar erkrankten, nicht mehr entscheidungsfähigen Patienten ausnahmsweise für zulässig, obwohl der Sterbevorgang noch nicht eingesetzt hatte. Dem behutsam begründeten Urteil des BGH folgte ein (zivilrechtlicher) Beschluss des OLG Frankfurt a.M.[248], wonach bei einer hochbetagten Betreuten der Abbruch der lebenserhaltenden Ernährung durch eine Magensonde in entsprechender Anwendung von § 1904 BGB vormundschaftlich genehmigt wurde. Kennzeichnend für die den gerichtlichen Entscheidungen zugrunde liegenden Situationen war:

---

[244] Ulsenheimer, Arztstrafrecht, RN 286.

[245] BGHSt 37, S. 376.

[246] BGHSt 40, S. 257.

[247] BGHSt 42, S. 301.

[248] OLG Frankfurt, NJW 1998, S. 2747.

- Das Grundleiden des Kranken ist nach ärztlicher Überzeugung irreversibel.
- Die Krankheit hat einen tödlichen Verlauf angenommen.
- Der Tod wird in kurzer Zeit eintreten.[249]

Erst in diesem Stadium ist es gerechtfertigt, von Hilfe für den Sterbenden und Hilfe beim Sterben (Sterbehilfe) zu sprechen.

Unter bestimmten Umständen kann die passive Sterbehilfe[250], d.h. das Unterlassen der (weiteren) Behandlung, straffrei bleiben:

- bei Vorliegen einer ausdrücklichen Einwilligung durch den Patienten,
- bei Vorliegen einer mutmaßlichen Einwilligung durch den Patienten,
- bei Vorliegen der unmittelbaren Todesnähe.

Ausdrückliche Einwilligung

Die passive Sterbehilfe ist straflos, sofern der bewusstseinsklare, einsichtsfähige und über die Risiken der Nichtbehandlung aufgeklärte Patient das Unterlassen der Durch- bzw. Weiterführung der Behandlungsmaßnahmen ausdrücklich wünscht. Nach Ansicht des BGH[251] würde die Behandlung des Patienten gegen dessen ausdrücklichen Willen sogar einen rechtswidrigen »Eingriff in die Freiheit und Würde der menschlichen Persönlichkeit« darstellen, »wenn ein Arzt – und sei es auch aus medizinisch berechtigten Gründen – eigenmächtig und selbstherrlich eine folgenschwere Operation bei einem Kranken, dessen Meinung rechtzeitig eingeholt werden kann, ohne dessen vorherige Billigung vornähme. Denn ein selbst lebensgefährlich Kranker kann triftige und sowohl menschliche wie sittlich achtenswerte Gründe haben, eine Operation abzulehnen, auch wenn er durch sie – und nur durch sie – von seinem Leiden befreit werden könnte«.

---

[249] BGHSt 40, S. 257 bzw. BGH, NJW 1995, S. 204 (Kemptner Urteil).
[250] Vgl. BGH, Urteil vom 13. September 1994 (1 StR 357/94).
[251] BGHSt 11, S. 111, 114.

Angesichts der Tragweite einer solchen Entscheidung möchten immer mehr Menschen für den Fall, dass sie aufgrund bestimmter Umstände zu keiner Willensäußerung mehr fähig sind, Vorkehrungen treffen. Dies kann geschehen, indem sie eine Person ihres Vertrauens bevollmächtigen, diese Entscheidungen stellvertretend für sie zu fällen (»Vorsorgevollmacht«), oder indem sie eine Person benennen, die das Vormundschaftsgericht als Betreuer bestellen soll (»Betreuungsverfügung«).[252] Des Weiteren kann der Betroffene seine dezidierten Vorstellungen über die dann zu ergreifenden oder zu unterlassenden Maßnahmen kundtun (»Patientenverfügung«).[253]

△   Die Patientenverfügung – auch als **Patiententestament** oder »living will« bezeichnet – ist eine Anweisung, in der der Patient, noch im Vollbesitz seiner geistigen Kräfte, Voraussetzungen beschreibt, unter denen Behandlungen ausgeführt bzw. unterlassen werden sollen.[254]

Die tatsächliche Reichweite und vor allem die Bindungskraft solcher Verfügungen und Vollmachten sind zuletzt unterschiedlich bewertet worden. So verneinten Teile der juristischen Literatur bislang die Bindung des Arztes an eine Patientenverfügung mit dem Argument, dass der darin niedergelegte Wille sich nicht aus der konkreten Behandlungssituation ergebe, so dass die Patientenverfügung in Bezug auf die konkret durchzuführende Behandlungsmaßnahme keine unmittelbare Bindung des behandelnden Arztes entfaltet, sondern nur zur Auslegung des mutmaßlichen Willens herangezogen werden könne.[255]

Aber auch bei einem konkreten Bezug zu der Behandlungssituation wurde in der Vergangenheit dem von den Zivil-[256] und Strafgerichten[257] anerkannten **Prinzip des Selbstbestimmungsrechts** des Patienten widersprochen. Dies wird in der folgenden Entscheidung des BVerfG[258] deutlich:

---

[252] Eingehend dazu: Klein, Betreuungsrecht: Fester Aberglaube statt sicheren Wissens, RDG 2005, S. 78 ff.

[253] Vgl. Nationaler Ethikrat, Patientenverfügung – Ein Instrument der Selbstbestimmung. Stellungnahme, S. 7.

[254] Vgl. Großkopf, Sterbehilfe – Spannungsfeld zwischen Menschenwürde und strafrechtlicher Verantwortung, RDG 2004, S. 22; vgl. Großkopf, Problemfälle bei der Sterbehilfe, Pflegezeitschrift 1995, S. 681.

[255] Vgl. hierzu Rickmann, Verbindlichkeit von Patiententestamenten, DKZ 1988, S. 48, 49; Füllmich, Zur Ablehnung künstlich lebensverlängernder medizinischer Maßnahmen durch nicht entscheidungsfähige Patienten, NJW 1990, S. 2301; vgl. auch Großkopf, Sterbehilfe – Spannungsfeld zwischen Menschenwürde und strafrechtlicher Verantwortung, RDG 2004, S. 22.

[256] BGH, NJW-RR 1995, S. 857; BGH, NJW 1991, S. 261; OLG Köln, VersR 1990, S. 489.

[257] BGHSt 32, S. 379; BGHSt 37, S. 378; Tröndle/Fischer, Strafgesetzbuch, vor § 211, RN 23.

[258] BVerfG, Beschluss vom 2. August 2001 (1 BvR 618/93).

> **Beispiel: Bluttransfusion an einer Zeugin Jehovas**
>
> Die Beschwerdeführerin – eine Zeugin Jehovas – lehnt aus religiöser Überzeugung Bluttransfusionen ab. Nach einer Operation im Jahre 1992 war bei ihr eine lebensbedrohende Situation eingetreten. Das zuständige Amtsgericht hatte ihren Ehemann zum vorläufigen Betreuer bestellt. Dieser willigte gegen den gerichtsbekannten Willen der Beschwerdeführerin in die lebensrettende Verabreichung von Blutkonserven ein.
>
> Kurze Zeit danach legte der Ehemann die bereits vor der Operation von der Beschwerdeführerin umfassend bevollmächtigte Prozessvertreterin Beschwerde ein, die letztinstanzlich vom Bayerischen OLG als unbegründet zurückgewiesen wurde.
>
> Mit ihrer gegen die gerichtlichen Entscheidungen gerichteten Verfassungsbeschwerde rügt die Patientin die Verletzung verschiedener Grundrechte. Insbesondere behauptet sie, dass ihre vorsorglich getroffenen Vorkehrungen zur Besorgung ihrer Angelegenheiten gegen die Anordnungsvoraussetzungen der Betreuung durch ihren Ehemann sprachen: Indem ihr schriftlich manifestierter Wille in allen zivilgerichtlichen Instanzen unberücksichtigt blieb, sei ungerechtfertigt in ihr Grundrecht auf körperliche Unversehrtheit eingegriffen worden.

Die Verfassungsbeschwerde wurde gem. § 93b BVerfGG abgelehnt. In der Begründung des Bundesverfassungsgerichtes wurde ausgeführt, dass die Betreuungsanordnung des Amtsgerichtes, trotz Kenntnis der Religionszugehörigkeit der Beschwerdeführerin und der abgegebenen Erklärung, keine Bluttransfusion erhalten zu wollen, verfassungsrechtlich nicht zu beanstanden sei. Dies bedeutet, dass der ausdrücklich niedergelegte Wille der Beschwerdeführerin gegenüber der gerichtlichen Betreuungsanordnung, in deren Folge die ungewollte Bluttransfusion stattfand, nachrangig bewertet wurde.

Dagegen stellt der Bundesgerichtshof klar, dass »schon die Würde des Betroffenen (Art. 1 Abs. 1 GG) verlangt, dass eine von ihm eigenverantwortlich getroffene Entscheidung auch dann noch respektiert werden muss, wenn er die Fähigkeit zu eigenverantwortlichem Entscheiden inzwischen verloren hat«[259]. Die – durch seinen Betreuer zu vertretende – Willensbekundung eines Patienten gegenüber Arzt und Pflegepersonal hat somit eine signifikante Stärkung erfahren.

---

[259] BGH, RDG 2005, S. 119 f.; BGH, Beschluss vom 17. März 2003 (XII ZB 2/03).

Beispiel: Willensbekundung des Patienten

Ein 72-Jähriger erlitt im November 2000 infolge eines Myokardinfarkts einen hypo-xischen Gehirnschaden. Seither erfolgte die Ernährung über eine PEG-Sonde. Sein Sohn, der zum Betreuer bestellt worden war, beantragte mit Unterstützung der Ehefrau und der Tochter des Patienten die Einstellung der künstlichen Ernährung beim Amtsgericht, da eine Besserung des Zustandes seines Vaters nicht zu erwarten sei. Der Betreuer verwies auf eine vom Betroffenen im November 1998 handschriftlich unter-zeichnete Verfügung, in der für den Fall der Entscheidungsunfähigkeit u.a. niederge-legt war, dass keine Intensivbehandlungen vorgenommen werden sollten und die Ernährung bei irreversibler Bewusstlosigkeit einzustellen sei.

Vor dem Amtsgericht und dem Landgericht hatte der Antrag keinen Erfolg. Die wei-tere Beschwerde des Betreuers vor dem Schleswig-Holsteinischen OLG wurde dem BGH zur Entscheidung vorgelegt.

Die Richter des OLG waren der Ansicht, dass die Einwilligung des Betreuers nicht genehmigungsbedürftig sei. Eine Entscheidung konnte nicht getroffen werden, weil die Oberlandesgerichte Frankfurt und Karlsruhe zuvor ausgesprochen hatten, dass die Einwilligung des Betreuers eines selbst nicht mehr entscheidungsfähigen Patienten in den Abbruch der PEG-Ernährung analog § 1904 BGB der vormundschaftlichen Genehmigung bedarf.

Anstelle des schleswig-holsteinischen Oberlandesgerichtes hat der Bundesgerichtshof ent-schieden, dass das Rechtsmittel begründet ist und die Vorinstanzen zu Unrecht die Entscheidung in der Sache abgelehnt haben. Die Beibehaltung einer Magensonde ist ein fortdauernder Eingriff in die körperliche Integrität des Patienten, und solche Eingriffe bedür-fen grundsätzlich seiner Einwilligung. Ist der Patient nicht einwilligungsfähig, entfalten frühere Willenserklärungen über Maßnahmen der infrage stehenden Art ihre Wirkung, falls der Patient sie nicht widerrufen hat. Ist eine frühere Willensbekundung nicht bekannt, beur-teilt sich die Zulässigkeit einer unaufschiebbaren Maßnahme nach dem mutmaßlichen Willen des Patienten, bis für diesen ein Betreuer bestellt ist, womit die rechtliche Handlungsfähigkeit wiederhergestellt ist. Der Betreuer hat die Aufgabe, dem Willen des Betroffenen gegenüber Arzt und Pflegepersonal in eigener rechtlicher Verantwortung Geltung zu verschaffen.

Die richtige Umsetzung des Patientenwillens und die Unterlassung einer eigenen, den Patientenwillen ersetzenden Einwilligung in die Weiterbehandlung sind tauglicher Gegenstand einer vormundschaftlichen Überprüfung. Für eine Einwilligung des Betreuers und eine Zustimmung des Vormundschaftsgerichtes ist nach den Urteilsfeststellungen des BHG allerdings kein Raum, wenn ärztlicherseits eine solche Behandlung oder Weiterbehandlung nicht angeboten werde, sei es, dass sie von vornherein medizinisch nicht indiziert, nicht mehr sinnvoll oder aus sonstigen Gründen nicht möglich ist. Da hier eine bindende Patientenverfügung vorliegt, darf diese Willensbekundung nicht durch einen »Rückgriff« auf den mutmaßlichen Willen des Betroffenen »korrigiert« werden, es sei denn, dass sich dieser von der Erklärung eindeutig distanziert hat oder die Sachlage eine erhebliche Änderung erfahren hat. Dem Betreuer bietet das vormundschaftliche Verfahren die Möglichkeit, dem Willen des Betroffenen in rechtstaatlicher Weise zu entsprechen.

Grundsätzlich sind Patientenverfügungen nicht an eine bestimmte Form gebunden. Zur Vermeidung von Glaubwürdigkeits- und Auslegungsproblemen sowie zur Beweissicherung ist stets die Schriftform zu wählen.[260] Um die Formulierung einer Patientenverfügung zu erleichtern, bieten inzwischen verschiedene Stellen Beispiele und Textbausteine an.[261]

Nach dem Willen des Gesetzgebers soll – unter Berücksichtigung der bisherigen Entscheidungen und Erfahrungen – die Anwendung einer Patientenverfügung als Ausdruck und Instrument des Selbstbestimmungsrechts rechtsverbindlich normiert werden. Tatsächlich existiert bereits der Entwurf eines **Dritten Gesetzes zur Änderung des Betreuungsrechts**[262], der die Einführung der nachfolgenden Paragraphen vorsieht:

 § 1901a BGB – Patientenverfügungen (geplant)

(1) Eine Patientenverfügung, in der der Betreute seinen Willen zu Untersuchungen seines Gesundheitszustandes, Heilbehandlungen oder ärztlichen Eingriffen für den Fall seiner Einwilligungsunfähigkeit geäußert hat, gilt bei Einwilligungsunfähigkeit fort, falls keine konkreten Anhaltspunkte dafür vorliegen, dass der Betreute die Patientenverfügung widerrufen hat.

(2) Der Betreuer hat den in einer Patientenverfügung geäußerten Willen des Betreuten zu beachten und die darin vom Betreuten getroffenen Entscheidungen durchzusetzen, soweit ihm dies zumutbar ist. Das gilt auch dann, wenn eine Erkrankung noch keinen tödlichen Verlauf genommen hat. Eine vom Betreuten getroffene Entscheidung liegt vor, wenn die Patientenverfügung eine Einwilligung oder Nichteinwilligung in bestimmte Untersuchungen des Gesundheitszustandes, Heilbehandlungen oder ärztliche Eingriffe enthält, die auf die konkrete Situation zutrifft.

(3) Die Absätze 1 und 2 gelten auch für Bevollmächtigte.

---

[260] Vgl. Bundesministerium der Justiz, Bericht der Arbeitsgruppe Patientenautonomie am Lebensende, 2004, S. 16; vgl. Nationaler Ethikrat, Patientenverfügung – Ein Instrument der Selbstbestimmung. Stellungnahme, 2005, S. 21; vgl. Klein, Betreuungsrecht: Fester Aberglaube statt sicheren Wissens, RDG 2005, S. 79.

[261] Beispielsweise das Bundesministerium der Justiz, im Internet verfügbar unter www.bmj.bund.de/media/archive/1065.doc.

[262] Bundesministerium der Justiz, *www.bmj.bund.de/*.

§ 1904 BGB – Genehmigung des Vormundschaftsgerichtes bei ärztlichen Maßnahmen (geplant)

(1) Die Einwilligung des Betreuers in eine Untersuchung des Gesundheitszustands, eine Heilbehandlung oder einen ärztlichen Eingriff bedarf der Genehmigung des Vormundschaftsgerichtes, wenn die begründete Gefahr besteht, dass der Betreute aufgrund der Maßnahme stirbt oder einen schweren und länger dauernden gesundheitlichen Schaden erleidet. Ohne die Genehmigung darf die Maßnahme nur durchgeführt werden, wenn mit dem Aufschub Gefahr verbunden ist.

(2) Die Nichteinwilligung oder der Widerruf der Einwilligung des Betreuers in eine Untersuchung des Gesundheitszustands, eine Heilbehandlung oder einen ärztlichen Eingriff bedarf der Genehmigung des Vormundschaftsgerichtes, wenn die Maßnahme medizinisch angezeigt ist und die begründete Gefahr besteht, dass der Betreute aufgrund des Unterbleibens oder des Abbruchs der Maßnahme stirbt oder einen schweren und länger dauernden gesundheitlichen Schaden erleidet.

(3) Eine Genehmigung nach Abs. 1 und 2 ist nicht erforderlich, wenn zwischen Betreuer und Arzt Einvernehmen darüber besteht, dass die Erteilung, die Nichterteilung oder der Widerruf der Einwilligung dem mutmaßlichen Willen des Patienten entspricht.

(4) Ein Bevollmächtigter kann in eine der in Abs. 1 Satz 1 oder Abs. 2 genannten Maßnahmen nur einwilligen, sie verweigern oder die Einwilligung widerrufen, wenn die Vollmacht diese Maßnahmen ausdrücklich umfasst und schriftlich erteilt ist. Die Genehmigung des Vormundschaftsgerichtes ist nicht erforderlich.

Mutmaßliche Einwilligung

Beispiel:

Der bei einem Autounfall lebensgefährlich verletzte Patient P wird bewusstlos in die Unfallaufnahme eingeliefert. Der Arzt A hält aufgrund seiner Diagnose eine umfangreiche unfallchirurgische Behandlungsmaßnahme nebst entsprechender Bluttransfusion für dringend erforderlich. Unmittelbar vor dem chirurgischen Eingriff findet die Pflegekraft K in der Kleidung des P eine Patientenverfügung, in der P zum Ausdruck bringt, dass er Zeuge Jehovas sei und jegliche Bluttransfusion ablehne.

Auch nach den Grundsätzen der mutmaßlichen Einwilligung kann ein Unterlassen der Behandlung straflos bleiben, wenn nach Auswertung sämtlicher zur Verfügung stehender Anhaltspunkte für den mutmaßlichen Willen des bewusstlosen Patienten der Arzt zu dem

Ergebnis kommt, dass der Patient – sofern er die Möglichkeit dazu gehabt hätte – seine Einwilligung zu der indizierten Behandlungsmaßnahme verweigert hätte.

In einer solchen Situation ist allerdings zu beachten, dass an die Voraussetzungen für die Annahme eines auf den Behandlungsabbruch gerichteten mutmaßlichen Einverständnisses des entscheidungsunfähigen Patienten – im Interesse des Schutzes menschlichen Lebens – strenge Anforderungen zu stellen sind. Der Gefahr, dass Arzt, Angehörige oder Betreuer unabhängig vom Willen des Kranken nach eigenen Maßstäben und Vorstellungen das von ihnen als sinnlos, lebensunwert oder unnütz angesehene Dasein des Patienten beenden, muss von vornherein entgegengewirkt werden.

Aus diesem Grund hat der Arzt bei der Ermittlung des mutmaßlichen Willens des Patienten, wie auf S. 96 aufgeführt, alle ihm zur Verfügung stehenden Informationsquellen auszuschöpfen. Insbesondere hat er dabei zu berücksichtigen:

- frühere mündliche und schriftliche Äußerungen des Patienten,
- religiöse Überzeugungen des Patienten,
- sonstige Wertvorstellungen des Patienten,
- altersbedingte Lebenserwartung,
- Schmerzerwartung,
- Prognose der Krankheit,
- Todesnähe.

Lassen sich auch bei der gebotenen sorgfältigen Prüfung konkrete Umstände für die Feststellung des individuellen mutmaßlichen Willens des Kranken nicht finden, so kann und muss auf Kriterien zurückgegriffen werden, die allgemeinen Wertvorstellungen entsprechen. Dabei ist jedoch Zurückhaltung geboten; im Zweifel hat der Schutz menschlichen Lebens Vorrang vor den persönlichen Überlegungen eines Arztes, eines Angehörigen oder einer anderen beteiligten Person.[263]

 Im Zweifel für das Leben (*in dubio pro vita*)!

Im Einzelfall wird die Entscheidung naturgemäß auch davon abhängen, wie aussichtslos die ärztliche Prognose und wie nahe der Patient dem Tode ist. Je weniger die Wieder-

---

[263] BGH, NJW 1995, S. 204.

herstellung eines nach allgemeinen Vorstellungen menschenwürdigen Lebens zu erwarten ist und je näher der Tod bevorsteht, umso eher wird ein Behandlungsabbruch vertretbar erscheinen.[264]

Im obigen Beispiel wird A die Behandlung des P unterlassen müssen. A müsste aufgrund des bei P gefundenen Patientenverfügung zu der Überzeugung gelangt sein, dass P als Zeuge Jehovas jegliche Bluttransfusion ablehnt. Diesen Umstand hat A zu respektieren. Bei Zweifeln an der Ernsthaftigkeit der Patientenverfügung wäre A gehalten gewesen, weitere Nachforschungen – etwa durch Befragen von Verwandten, Freunden etc. – anzustellen. Es lagen allerdings keinerlei Anhaltspunkte dafür vor, dass die Patientenverfügung nicht dem mutmaßlichen Willen des Betroffenen entsprach.

Einsetzen des Sterbeprozesses

Stellt der Arzt bei einem todkranken Patienten fest, dass der Sterbeprozess eingesetzt und einen irreversiblen Verlauf angenommen hat, darf er auch ohne Vorliegen einer ausdrücklichen oder mutmaßlichen Einwilligung straffrei die Behandlung abbrechen oder gar nicht erst beginnen.[265] Eine mit allen technischen Mitteln durchgeführte lebensverlängernde Maßnahme, wie Beatmung, Bluttransfusion oder künstliche Ernährung einschließlich des Einsatzes hochwirksamer Medikamente, würde in einem solchen Fall dem Patienten das Recht zu sterben nehmen. Ärztliches und pflegerisches Handeln kann nicht den Sinn haben, das unaufhaltsame Sterben eines Menschen künstlich hinauszuzögern. Art. 2 Abs. 2 Satz 1 GG gewährleistet zwar das Recht auf Leben, nimmt aber dem Menschen im Grenzbereich zwischen Leben und Tod nicht das Recht zu sterben. Bei der Entscheidung, ob Todesnähe gegeben ist, hat der Arzt einen gewissen medizinischen Bewertungsspielraum.

Auch im Rahmen vormundschaftsgerichtlicher Prüfungen darf es nicht zu einer zu engen Auslegung des Begriffs »Todesnähe« kommen. So lehnte das Landgericht Heidelberg[266] den Antrag auf Einstellung der künstlichen Ernährung einer von ihrem Neffen betreuten 96 Jahre alten Heimbewohnerin mit dem Hinweis auf den noch nicht begonnenen Sterbeprozess ab. Die Betroffene lebte seit 1993 in Pflegeheimen, befand sich im Endstadium einer Demenz mit völliger Reduktion der sprachlichen und physischen Leistungen, war ständig bettlägerig und voll pflegebedürftig. Die Berufungsinstanz, das Oberlandesgericht Karlsruhe[267], hob

---

[264] BGH, NJW 1995, S. 204 f.

[265] BGH NStZ 1987, S. 229.

[266] LG Heidelberg, Beschluss vom 22. Dezember 2003 (2 T 71/03).

[267] OLG Karlsruhe, Beschluss vom 26. März 2004 (11 Wx 13/04).

die Entscheidung des Landgerichtes mit der Feststellung auf, dass ein irreversibler tödlicher Verlauf sehr wohl auch dann vorliegen kann, wenn der Tod noch nicht unmittelbar bevorsteht. Die vormundschaftliche Genehmigung durfte demnach nicht mit der Begründung einer fehlenden Todesnähe versagt werden.[268]

Abschalten technischer Apparaturen

Einen Sonderfall bei der Abgrenzung zwischen strafbewährter aktiver Sterbehilfe und straffreier passiver Sterbehilfe stellt das Abschalten technischer Apparaturen dar. Es ist umstritten, ob es sich hierbei um ein aktives Tun (Abschalten der Apparaturen) oder ein Unterlassen (Abbrechen der Behandlungsmaßnahmen) handelt.[269]

Im Bereich der Rechtsprechung zeichnet sich eine Tendenz zu einer straffreien Bewertung dieses Verhaltens ab. So entschied das Landgericht Ravensburg am 3. Dezember 1986[270]: »Ein im Sterben liegender Mensch, der aus eigener Kraft nicht mehr weiterleben und dessen Tod nur noch mit Hilfe technischer Geräte hinausgezögert werden kann, kann verlangen, dass solche Maßnahmen unterbleiben oder abgebrochen werden. Jemand, der diesem Verlangen nachkommt, tötet nicht, sondern leistet Beistand im Sterben.« Das Gericht hat in dieser Entscheidung allerdings ausdrücklich offengelassen, ob das Abschalten als aktives Tun oder als Unterlassen zu qualifizieren ist. Nach Auffassung der Autoren ist der technische Behandlungsabbruch gleich dem Abbruch einer medikamentösen Therapie zu behandeln, so dass beispielsweise in dem Abschalten eines Respirators ein Unterlassen zu erblicken ist.[271]

Schmerzlinderung mit lebensverkürzender Nebenwirkung

Soweit sich die Lebensverkürzung als unbeabsichtigte, aber als möglich bzw. unvermeidlich vorausgesehene und in Kauf genommene Nebenfolge einer auf ein therapeutisches Ziel gerichteten Maßnahme darstellt, ist diese nach fast einhellig anerkannter Rechtsauffassung straflos.[272] Voraussetzung ist, dass die Schmerzlinderung als gebotene ärztliche Hilfe derart im Vordergrund steht, dass die eventuelle Nebenwirkung, die Beschleunigung des Todeseintritts, als das im Verhältnis zu den unerträglichen Schmerzen geringere Übel in Kauf genommen werden darf.[273]

---

[268] OLG Karlsruhe, RDG 2005, S. 10 f.

[269] Großkopf, Problemfälle bei der Sterbehilfe, Pflegezeitschrift 1995, S. 681, m.w.N.

[270] LG Ravensburg, NStZ 1987, S. 229 mit Anmerkungen von Roxin.

[271] Schönke/Schröder, Strafgesetzbuch, vor §§ 211, RN 32.

[272] BGH NStZ 1997, S. 182; Schönke/Schröder, Strafgesetzbuch, vor §§ 211, RN 26 m.w.N.

[273] Ulsenheimer, Arztstrafrecht, RN 286.

Der Kranke hat ein Recht auf ein weitestgehend schmerzfreies und damit menschenwürdiges Sterben. Denn schwerste, als unerträglich empfundene Schmerzen können die Persönlichkeit des Kranken zerstören und seine Würde verletzen, indem sie ihn zum bloßen Objekt erniedrigen und ihn unfähig machen, sein Leben anzunehmen. Die Ermöglichung eines Todes in Würde und Schmerzfreiheit ist ein höherwertiges Rechtsgut als die Aussicht, unter schwersten Schmerzen noch einige Tage länger leben zu müssen.[274]

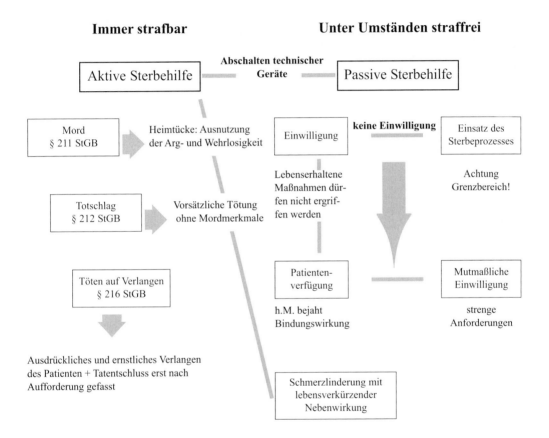

---

274 Kutzer, Strafrechtliche Grenzen der Sterbehilfe, NStZ 1994, S. 110.

Stellung der Pflegekraft in der Sterbehilfe

Die Entscheidung, ob der Patient weiter therapiert wird, ob auf die Überführung in eine Intensivstation verzichtet, eine bereits begonnene Therapie abgebrochen oder eine zusätzlich auftretende Krankheit nicht behandelt wird, liegt im Verantwortungsbereich des Arztes. Die Pflegekraft, die nach dem Therapieplan des Arztes tätig wird, hat die Anordnungen des Arztes zu befolgen.

Weiterhin ist festzuhalten, dass der Entschluss des Arztes, einen unheilbar kranken Patienten sterben zu lassen, nicht dazu führen darf, dass der Patient sich selbst überlassen bleibt und die pflegerischen Maßnahmen vollständig eingestellt werden. Das Sterben muss auf menschenwürdige Weise erfolgen. Mit dieser Forderung lässt es sich nicht vereinbaren, den Moribunden beispielsweise im verschmutzten Bett liegen zu lassen, den Schleim nicht aus der Lunge abzusaugen, die aufliegenden Körperteile unversorgt zu lassen oder ihn ohne Betreuung in einen Abstellraum abzuschieben.[275]

Inwieweit eine Pflegekraft an eine auf den Abbruch der lebenserhaltenden Maßnahmen abzielende Willenserklärung des Betroffenen gebunden ist, wurde in den Entscheidungen zum sog. Traunstein-Fall deutlich:

 Beispiel: Einstellung der künstlichen Ernährung
Der Kläger litt seit 1998 infolge eines im Alter von 16 Jahren begangenen Suizidversuchs am apallischen Syndrom (»Wachkoma«). Aufgrund eines von seinem Vater als Betreuer für ihn abgeschlossenen Heimvertrages befand er sich im Pflegeheim der Beklagten, wo er u.a. mittels einer PEG-Sonde künstlich ernährt wurde. Im Jahre 2001 ordnete der behandelnde Arzt einvernehmlich mit dem Betreuer die Einstellung der künstlichen Ernährung an. Dies wurde von den Betreibern der Heimeinrichtung u.a. mit der Begründung abgelehnt, die Pflegekräfte weigerten sich, unter Berufung auf ein von den verfassungsmäßigen Rechten abzuleitendes Verweigerungsrecht[276], der ärztlichen Anordnung zu entsprechen.

---

[275] Vgl. Brenner/Adel, Rechtskunde für das Krankenpflegepersonal, S. 69.; vgl. Grundsätze der Bundesärztekammer zur ärztlichen Sterbebegleitung, Mai 2004.

[276] Gemeint ist der Ethikvorbehalt: Das Recht der Pflegekräfte der Beklagten auf Berücksichtigung ihrer Gewissensentscheidung nach Art. 1, 2, 4 ff. GG.

Das LG Traunstein[277] und das OLG München[278] wiesen das Begehren des Klägers ab, was zu einer Fortsetzung der künstlichen Ernährung führte. Nach dem Tod des Betroffenen im März 2004 hatte der Bundesgerichtshof nun nicht mehr zur Sache selbst, sondern nur über die Kosten des Rechtsstreits zu befinden. Entgegen der Auffassung der Vorinstanz kam der Bundesgerichtshof in seinen Beratungen[279] zu der Feststellung, dass die Weiterführung der künstlichen Ernährung dem vom Betreuer als wirklicher oder mutmaßlicher Wille des Klägers geäußerten Willen widersprach. Eine so gegen den Willen des Bewohners durchgeführte künstliche Ernährung stellt somit eine rechtswidrige Zwangsbehandlung dar, deren Unterlassung er auch dann verlangen kann, wenn diese zu seinem Tod führen würde.[280] Im Hinblick auf die behaupteten Grundrechtsbeeinträchtigungen der Beklagten und ihrer Pflegekräfte wurde darüber hinaus festgestellt, dass auch das Selbstbestimmungsrecht der Pflegekräfte am entgegenstehenden Willen des Klägers bzw. des für ihn handelnden Betreuers seine Grenze fand.[281] Die **Anordnung des Betreuers auf Unterlassung** der künstlichen Ernährung war für das Pflegepersonal **bindend**.

⚠ Die Gewissensfreiheit verleiht dem Pflegepersonal nicht das Recht, sich durch aktives Handeln über das Selbstbestimmungsrecht des (durch seinen Betreuer vertretenen) Moribunden hinwegzusetzen.

Zugleich stellte der Bundesgerichtshof mit seiner Entscheidung klar, dass die strafrechtlichen Grenzen einer zulässigen passiven Sterbehilfe noch nicht abschließend geklärt seien. Aufgrund dessen sei dem Heimpersonal auch kein Vorwurf zu machen. In einem weiteren Verfahren vor dem Landgericht Traunstein[282] erkannten die Richter bei der vorliegenden Problemstellung nicht auf Schadensersatz zugunsten der Familie des Verstorbenen, da den Handelnden ein rechtserhebliches Fehlverhalten nicht nachzuweisen war.

⚠ Kein Schadensersatz aufgrund unterlassener passiver Sterbehilfe!

Im Gegensatz zum oben genannten Fall besteht eine Weigerungspflicht für das Pflegepersonal in solchen Situationen, in denen erkennbar wird, dass keine straffreie passive Sterbehilfe vorliegt oder dass sogar aktive Sterbehilfe begangen werden soll. Hier dürfen die Pflegekräfte der Anweisung des Arztes unter keinen Umständen Folge leisten (vgl. S. 92).

---

[277] LG Traunstein, Urteil vom 16. Oktober 2002 (3 O 205/02).

[278] OLG München, Urteil vom 13. Februar 2003 (3 U 5090/02).

[279] BGH, Beschluss vom 8. Juni 2005 (XII ZR 177/03).

[280] Vgl. BGH, RDG 2005, S. 120.

[281] Vgl. Großkopf, Auf Leben und Tod, Altenpflege 10/2005, S. 56 f.

[282] LG Traunstein, Urteil vom 7. Dezember 2005 (3 O 3142/04).

IV. Freiheitsberaubung

Jeder hat das grundgesetzlich geschützte Recht auf freie Entfaltung seiner Persönlichkeit (Art. 2 Abs. 1 GG), auf Unantastbarkeit seiner Menschenwürde (Art. 1 Abs. 1 GG) und das Recht auf persönliche Freiheit (Art. 2 Abs. 2 Satz 2 GG). Einen Ausfluss dieser Grundsätze stellt § 239 StGB (Freiheitsberaubung) dar, nach dem jede Einschränkung der persönlichen körperlichen Fortbewegungsfreiheit mit Strafe bedroht ist. Das aus diesen Bestimmungen abgeleitete Selbstbestimmungsrecht gilt für alle Menschen, auch für Kranke und Verwirrte.

§ 239 StGB – Freiheitsberaubung

(1) Wer einen Menschen einsperrt oder auf andere Weise der Freiheit beraubt, wird mit Freiheitsstrafe bis zu fünf Jahren oder mit Geldstrafe bestraft.

(2) Der Versuch ist strafbar.

(3) Auf Freiheitsstrafe von einem Jahr bis zu zehn Jahren ist zu erkennen, wenn der Täter
1. das Opfer länger als eine Woche der Freiheit beraubt oder
2. durch die Tat oder eine während der Tat begangene Handlung eine schwere Gesundheitsschädigung des Opfers verursacht.

(4) Verursacht der Täter durch die Tat oder eine während der Tat begangene Handlung den Tod des Opfers, so ist die Strafe Freiheitsstrafe nicht unter drei Jahren.

(5) In minder schweren Fällen des Abs. 3 ist auf Freiheitsstrafe von sechs Monaten bis zu fünf Jahren, in minder schweren Fällen des Abs. 4 auf Freiheitsstrafe von einem Jahr bis zu zehn Jahren zu erkennen.

Freiheitsberaubung

A. Tatbestand

I. Objektiver Tatbestand

1. Schutzgut
Geschützt ist die persönliche Fortbewegungs*freiheit*, also die Möglichkeit, sich nach seinem Willen fortzubewegen, insbesondere einen Raum zu verlassen.[283] Der Tatbestand des § 239 StGB ist erfüllt, wenn und solange eine Person – sei es auch

---

[283] BGHSt 32, S. 183; BGHSt 14, S. 314; Tröndle/Fischer, Strafgesetzbuch, § 239, RN 2; Schönke/Schröder, Strafgesetzbuch, § 239, RN 1.

nur vorübergehend – daran gehindert wird, ihren Aufenthaltsort zu verlassen. Ein Mensch, der seinen Aufenthaltsort nur mit Hilfe anderer verlassen kann oder dazu technischer Hilfsmittel (Rollstuhl, Brille etc.) bedarf, kann der Freiheit auch schon durch die Entfernung dieser Hilfsmittel beraubt werden.[284]

Nach seiner Struktur setzt § 239 ein Handeln **gegen oder ohne den Willen des Opfers** voraus. Nach ständiger Rechtsprechung kommt es nur auf den **potenziellen Ortsveränderungswillen** des Opfers an.[285] Entscheidend ist, ob es in der konkreten Situation des Täterhandelns einen Fortbewegungswillen hätte entwickeln können, nicht darauf, ob es diesen Ortsveränderungswillen tatsächlich hatte. Wenn der Täter bei seiner Handlung in Betracht zieht, dass sein Opfer einen Fortbewegungswillen entfaltet, das Opfer dieses aber tatsächlich nicht tut, liegt nur der Versuch der Freiheitsberaubung (§§ 239 Abs. 2, 23 StGB) vor.

 Beispiel:

Die Pflegekraft A will verhindern, dass der gerade schlafende, frisch operierte Patient P wie schon in der letzten Nacht aus seinem Bett aufsteht, um selbständig zur Toilette zu gehen. Deshalb zieht sie beide Bettgitter hoch, in der Gewissheit, dass P diese nicht selbst herunterlassen kann. Auch wenn P diese Nacht durchschläft und nicht zur Toilette will, wird ihm so die potenzielle Bewegungsfreiheit genommen und der Tatbestand der Freiheitsberaubung erfüllt.

Es besteht Einigkeit darüber, dass es auf die geistige Kapazität des Betroffenen nicht ankommt. Er muss lediglich so weit steuerungsfähig sein, sich überhaupt fortbewegen zu können. Unumstritten geschützt sind daher u.a. gehfähige, aber hochgradig Schwachsinnige.[286]

Bei Betroffenen, denen die *objektive* Fähigkeit fehlt, sich frei bewegen zu können, ist ein Teil der Literatur[287] der Ansicht, dass eine Freiheitsberaubung schon vom Grundsatz her nicht begangen werden kann, z.B. bei

- nicht lauffähigen Kleinkindern,
- Ohnmächtigen,

---

284 Schönke/Schröder, Strafgesetzbuch, § 239, RN 3; differenzierter: StA Itzehoe, BtPrax 2005, S. 196 f.

285 RGSt 61, S. 239; BGHSt 14, S. 316; BGHSt 32, S. 183, OLG Köln, NJW 1986, S. 334; Tröndle/Fischer, Strafgesetzbuch, § 239, RN 3.

286 BGHSt 32, S. 187.

287 Tröndle/Fischer, Strafgesetzbuch, § 239, RN 1; Schönke/Schröder, Strafgesetzbuch, § 239, RN 3.

- stark Betrunkenen,
- tief Schlafenden,
- Gelähmten/Amputierten ohne ihre Hilfsmittel.

Andere Autoren sehen dagegen auch in freiheitseinschränkenden Maßnahmen gegenüber diesem Personenkreis eine Freiheitsberaubung.[288]

⚠️ Das **Einverständnis** zur Beschränkung der Fortbewegungsfreiheit ist kein Rechtfertigungsgrund, sondern schließt bereits den Tatbestand des § 239 StGB aus (tatbestandsausschließendes Einverständnis).

2. Einsperren

Einsperren bedeutet das Festsetzen in einem durch äußere Vorrichtungen verschlossenen Raum, so dass der Betroffene objektiv gehindert ist, sich von der Stelle zu bewegen, wenn er das wollte.[289]

3. Andere Weisen der Freiheitsberaubung

- Festbinden auf einem Stuhl oder einem Bett (Fixierung),[290]
- Benutzung sog. Trickschlösser,
- Betäubung,[291]
- Wegnahme von Rollstuhl, Krücke, Blindenstock, eventuell auch der Brille oder der Kleidung,
- gewaltsames Festhalten,
- Festhalten durch Drohung/psychischen Druck,
- Vorspiegeln eines Hindernisses (z.B. durch die Behauptung, die Türklinke stehe unter Strom) etc.

---

[288] Fahl, Schlaf als Zustand verminderten Strafrechtsschutzes?, Jura 1998, S. 456 (460).

[289] Tröndle/Fischer, Strafgesetzbuch, § 239, RN 7; Schönke/Schröder, Strafgesetzbuch, § 239, RN 5.

[290] OLG Koblenz, NJW 1985, S. 1409.

[291] RGSt 61, S. 241.

II. Subjektiver Tatbestand

- Vorsatz (Wissen und Wollen der Tat – Eventualvorsatz genügt),
- Fahrlässigkeit (objektive und subjektive Sorgfaltspflichtverletzung bei objektiver und subjektiver Vorhersehbarkeit).

B. Rechtswidrigkeit

- allgemeine Rechtfertigungsgründe (z.B. Notwehr gem. § 32 StGB, Notstand gem. § 34 StGB, s.o.),
- rechtfertigende Einwilligung durch den Betreuer bzw. Bevollmächtigten mit vormundschaftsgerichtlicher Genehmigung (§ 1906 BGB; siehe Kap. 6 dieses Buches),
- Rechtfertigung aus Spezialgesetzen (z.B. UBG, PsychKG, StPO, PolG).

C. Schuld

Allgemeine Entschuldigungsgründe (s.o.)

Sonderfall der Freiheitsberaubung: die Fixierung des Patienten! Zur Unterbringung und Fixierung des Patienten beachten Sie bitte die Ausführungen in Teil 6.B »Unterbringungsrecht«.

V. Urkundsdelikte

1. Urkundenfälschung

 § 267 StGB – Urkundenfälschung

(1) Wer zur Täuschung im Rechtsverkehr eine unechte Urkunde herstellt, eine echte Urkunde verfälscht oder eine unechte oder verfälschte Urkunde gebraucht, wird mit Freiheitsstrafe bis zu fünf Jahren oder mit Geldstrafe bestraft.
(2) Der Versuch ist strafbar.

Urkundenfälschung

A. Tatbestand

I. Objektiver Tatbestand

1. Tathandlung
- Herstellen einer unechten Urkunde
- Verfälschen einer echten Urkunde
- Gebrauch einer unechten oder verfälschten Urkunde

Definitionen:
- **Urkunde**
  Verkörperte Gedankenerklärung, die geeignet und bestimmt ist, im Rechtsverkehr einen Beweis zu erbringen, und ihren Aussteller erkennen lässt, wozu es einer stofflichen Fixierung von gewisser Dauerhaftigkeit bedarf.[292]
  ➡ Krankenblätter,[293]
  ➡ Pflegeberichte,
  ➡ Operationsberichte etc.

- **Herstellen einer unechten Urkunde**
  Das Erwecken des Anscheins, dass ein anderer Aussteller der Urkunde ist (Identitätstäuschung).[294] Eine solche Identitätstäuschung kann auch durch die

---

[292] Tröndle/Fischer, Strafgesetzbuch, § 267, RN 2.

[293] OLG Koblenz, NJW 1995, S. 1624.

[294] BGH, NJW 1994, S. 2628.

Benutzung eines durch Fotomontage hergestellten fremden Kopfbogens geschehen[295] oder wenn ein Praxisstempel zu Unrecht benutzt wird und so getan wird, als sei die Praxis der Aussteller.

- **Verfälschen einer echten Urkunde**
  Die nachträgliche Inhaltsänderung, die beweiserheblich ist, begründet das Verfälschen. Das Ergebnis muss den Anschein erwecken, dass der Aussteller diesen Inhalt so geäußert hat.[296] Beispiel: Verfälschen von Krankenakten[297] oder die nachträgliche Veränderung von Dokumentationen.

- **Gebrauch von unechten oder verfälschten Urkunden**
  Dem zu Täuschenden wird die Urkunde so zugänglich gemacht, dass er den Urkundeninhalt ungehindert wahrnehmen kann (durch Vorlegen, Übergeben, Hinterlegen, Veröffentlichen, Verlesen, Bereitstellen). Eine Kenntnisnahme ist nicht erforderlich.[298]

Daneben gibt es noch weitere in engem Zusammenhang mit der Urkundenfälschung i.S.d. § 267 StGB stehende Straftatbestände.

II. Subjektiver Tatbestand

- **Vorsatz** bezüglich der Handlung des Fälschens, Verfälschens oder Gebrauchens und der Merkmale der Urkundeneigenschaft.

- **Zur Täuschung im Rechtsverkehr**
  Der Täter muss mittels der Urkunde einen Irrtum erregen wollen.

B. Rechtswidrigkeit

C. Schuld

---

[295] OLG Zweibrücken, NJW 1982, S. 2268.

[296] Tröndle/Fischer, Strafgesetzbuch, § 267, RN 19.

[297] Tröndle/Fischer, Strafgesetzbuch, § 267, RN 2.

[298] Tröndle/Fischer, Strafgesetzbuch, § 267, RN 23.

2. Fälschung beweiserheblicher Daten

 § 269 StGB – Fälschung beweiserheblicher Daten
(1) Wer zur Täuschung im Rechtsverkehr beweiserhebliche Daten so speichert oder verändert, dass bei ihrer Wahrnehmung eine unechte oder verfälschte Urkunde vorliegen würde, oder derart gespeicherte oder veränderte Daten gebraucht, wird mit Freiheitsstrafe bis zu fünf Jahren oder mit Geldstrafe bestraft.
(2) Der Versuch ist strafbar.

Die Legaldefinition des § 269 StGB verweist ausdrücklich auf den Urkundenbegriff von § 267 StGB. Im Unterschied zur Urkundenfälschung hat der § 269 StGB **beweiserhebliche Daten** zum Schutzgegenstand. Gemeint sind Daten, die elektronisch, magnetisch oder sonst nicht unmittelbar wahrnehmbar gespeichert sind. Gedankenerklärungen, die elektronisch auf einem Computermagnetband gespeichert und so verkörpert sind, werden als elektronische Urkunden wie normale Urkunden geschützt. Der Gesetzgeber beabsichtigte mit der Einfügung des § 269 StGB in das Strafgesetzbuch im Jahre 1986 (2. WiKG vom 15. Mai 1986 [BGBl. I, S. 721]), dem zunehmenden Einsatz von Datenverarbeitungsgeräten gerecht zu werden und Lücken in der Bekämpfung der Computerkriminalität zu schließen.

⚠ Das Herstellen, Verfälschen oder Gebrauchen elektronischer Patientendaten beurteilt sich nach § 269 StGB.

3. Urkundenunterdrückung

Die Urkundenunterdrückung i.S.d. § 274 Abs. 1 Nr. 1 dient dem Bestandsschutz von Urkunden und technischen Aufzeichnungen. Anders als bei § 267 StGB geht es dem Täter hier nicht um die Erlangung, sondern um die Beseitigung oder Beeinträchtigung des Beweismittels.

 § 274 StGB – Urkundenunterdrückung; Veränderung einer Grenzbezeichnung
(1) Mit Freiheitsstrafe bis zu fünf Jahren oder mit Geldstrafe wird bestraft, wer
   1. eine Urkunde oder eine technische Aufzeichnung, welche ihm entweder überhaupt nicht oder nicht ausschließlich gehört, in der Absicht, einem anderen Nachteil zuzufügen, vernichtet, beschädigt oder unterdrückt,
   2. beweiserhebliche Daten (§ 202a Abs. 2), über die er nicht oder nicht ausschließlich verfügen darf, in der Absicht, einem anderen Nachteil zuzufügen, löscht, unterdrückt, unbrauchbar macht oder verändert oder
   3. ...
(2) Der Versuch ist strafbar.

Gegenstand der Tat in § 274 Abs. 1 Nr. 1 StGB sind nur **echte Urkunden** und technische Aufzeichnungen, die dem Täter nicht oder nicht ausschließlich gehören. Unter »gehören« versteht das Gesetz hier das Recht, die Urkunde oder die technische Aufzeichnung zu Beweiszwecken zu gebrauchen. Gegenstand der Tat in § 274 Abs. 1 Nr. 1 StGB sind **beweiserhebliche Daten** i.S.d. § 202a StGB. Hierunter werden solche Daten verstanden, die elektronisch, magnetisch verkörpert oder sonst nicht unmittelbar wahrnehmbar sind, sondern erst mittels Instrumenten (Mikroskop, Verstärker, Sensor, Bildschirm, Drucker) »künstlich« wahrnehmbar werden. Tathandlungen können ein Vernichten (bzw. Löschen), Beschädigen (bzw. Unbrauchbarmachen oder Verändern) und Unterdrücken sein.

4. Ausstellen unrichtiger Gesundheitszeugnisse

§ 278 StGB bestraft das Ausstellen formell echter, aber inhaltlich unrichtiger Gesundheitszeugnisse, ahndet also im Unterschied zur »einfachen« Urkundenfälschung gem. § 267 StGB die sog. »schriftliche Lüge«. Ein Zeugnis i.S.d. 278 StGB ist unrichtig, wenn es einen unrichtigen Befund enthält. **Unrichtig** ist der Befund, der nicht das zutreffende Ergebnis einer pflichtgemäßen Untersuchung wiedergibt.[299]

 Die Befundbescheinigung ohne Untersuchung unterliegt ebenfalls dem § 278 StGB.

§ 278 StGB ist ein Sonderdelikt, daher ist der Täterkreis auf die folgenden Personengruppen beschränkt:
• Ärzte,
• andere approbierte Medizinalpersonen:
  ⇒ Heilpraktiker,
  ⇒ Pflegekräfte,
  ⇒ medizinisch-technische Assistenten,
  ⇒ medizinische Bademeister und Krankengymnasten.

 Geht der Aussteller über den Kreis seiner Funktion hinaus, scheidet § 278 StGB aus.[300]

---

[299] OLG Zweibrücken JR 1982, S. 294 mit Anmerkung Otto; Schönke/Schröder, Strafgesetzbuch, § 278, RN 2.

[300] OLG Bremen, GA 1955, S. 277.

[301] Ulsenheimer, Arztstrafrecht, RN 388.

[302] RGSt 24, S. 28.

[303] BGHSt 6, S. 90.

[304] BGHSt 5, S. 75.

[305] BGHSt 10, S. 157.

Gesundheitszeugnisse sind Erklärungen über die jetzige, frühere oder voraussichtlich künftige Gesundheit eines Menschen:[301]

- Impfscheine,[302]
- Krankenscheine,[303]
- ärztliche Berichte über Blutalkoholuntersuchungen,[304]
- gutachterliche Äußerungen,[305]
- die Feststellung nach § 218b StGB,
- Arbeitsunfähigkeitsbescheinigungen,
- Durchgangsarztberichte.

Nicht als unrichtiges Gesundheitszeugnis gilt die unrichtige Angabe der Todesursache im Totenschein.[306]

Der subjektive Tatbestand des § 278 StGB verlangt ein Handeln wider besseres Wissen und setzt demnach bezüglich der **inhaltlichen Unrichtigkeit** des Gesundheitszeugnisses direkten Vorsatz voraus. Mit anderen Worten, der Aussteller muss wissen, dass sein Attest in irgendeinem Punkt falsch ist. Bezüglich des **Verwendungszwecks** ist der **Eventualvorsatz** ausreichend, das heißt, es genügt die Vorstellung, dass die Bescheinigung zur Vorlage bei einer Behörde oder Versicherungsgesellschaft bestimmt ist.

Wenngleich die Vorschrift in der Praxis selten Anwendung findet, darf dies nicht darüber hinwegtäuschen, dass Gefälligkeitsgutachten in der Praxis häufig vorkommen (z.B. Arbeitsunfähigkeitsbescheinigungen). An der strafrechtlichen Relevanz ändert dies nichts.

---

[301] Ulsenheimer, Arztstrafrecht, RN 388.

[302] RGSt 24, S. 28.

[303] BGHSt 6, S. 90.

[304] BGHSt 5, S. 75

[305] BGHSt 10, S. 157.

[306] RGSt 65, S. 78.

VI. Schwangerschaftsabbruch

1. Hintergründe zur Rechtslage

Ungewollte Schwangerschaften wurden – soweit medizinisch begründbar – von den betroffenen Schwangeren schon seit jeher durch Abtreibungen beendet. Trotz umfangreicher Methoden zur Empfängnisverhütung in den letzten Jahrzehnten hat sich die Grundproblematik nicht verändert. Zudem hat sich gezeigt, dass dem Antrieb, einen Schwangerschaftsabbruch vorzunehmen, mit den Mitteln des Strafrechts kaum begegnet werden kann. Ohne dass hierzu verlässliche Zahlen vorliegen, gilt die Grundannahme, dass Schwangerschaftsabbrüche in nicht unerheblichem Umfang auch im Dritten Reich trotz Androhung der Todesstrafe vorgenommen wurden. In der früheren DDR, in der von 1972 bis 1993 eine reine Fristenlösung galt (unreglementierte Möglichkeit zum Abbruch innerhalb einer Frist der ersten zwölf Schwangerschaftswochen), stieg die Zahl der Schwangerschaftsabbrüche, obwohl nicht strafbewehrt, nicht ins Extreme.

Auch dem ungeborenen Leben kommt grundsätzlich der Schutz des Art. 2 Abs. 2 GG zu. Eine reine Fristenlösung, wie sie 1972 auch im Geltungsbereich des Grundgesetzes eingeführt werden sollte, wurde deshalb durch ein Urteil des Bundesverfassungsgerichtes verhindert. Doch wird auch der ungewollt schwangeren Frau ein gewisses Entscheidungsrecht nach den Grundsätzen des Allgemeinen Persönlichkeitsrechts aus Art. 2 Abs. 1 GG zugesprochen.

So wurde 1974 in der »alten« Bundesrepublik die sog. Indikationenlösung für den Schwangerschaftsabbruch in § 218a StGB eingeführt. Neben den gesellschaftspolitisch weniger streitigen Indikationen »Gefahren für Mutter und/oder Kind durch die Schwangerschaft« und der Indikation »Vergewaltigung der Frau als Ursache der Schwangerschaft« war die bedeutsamste Indikation das Vorliegen einer »sozialen Notlage bei der Schwangeren«. Die soziale Notlage wurde durch eine Befragung der Schwangeren ermittelt. Die Wahrhaftigkeit der Befragungsergebnisse zur sozialen Indikation wurde von den Gegnern dieser Lösung stets – und zum Teil sicherlich zu Recht – bestritten, denn bei der Befragung der Schwangeren dürfte es tatsächlich zu häufigen Täuschungen gekommen sein.

Es bestand (und besteht) in weiten Kreisen der Bevölkerung eine Grundeinstellung pro Abtreibung (»Mein Bauch gehört mir«). Des Weiteren gab es seinerzeit – mehr oder weniger ungehindert – die Möglichkeit, im benachbarten Ausland (Niederlande, Großbritannien) einen Schwangerschaftsabbruch auf eigene Kosten vornehmen zu lassen.

Die zulässigen Schwangerschaftsabbrüche wurden durch die Krankenkassen gezahlt. Es gab wiederholte Versuche von Mitgliedern der Krankenkassen, ihre »Mit-Finanzierung« der Schwangerschaftsabbrüche aus ihren Krankenkassenbeiträgen zu verhindern. Die Klagen blieben letztlich alle erfolglos, da jene Schwangerschaftsabbrüche als rechtmäßig einzustufen waren.

Nach dem Beitritt der ehemaligen DDR zur Bundesrepublik blieb es zunächst bei den zwei verschiedenen Regelungen in Ost und West. Hier trat insofern eine unhaltbare Rechtsungleichheit ein, da sich Bürgerinnen aus den alten Bundesländern, die in den neuen Bundesländern einen Abbruch vornehmen ließen, sich strafbar machten, die »Krankenzimmernachbarin« aus den neuen Bundesländern hingegen nicht.

Nach zähem Ringen wurde am 25. Juni 1992 über Parteigrenzen hinweg das neue Schwangeren- und Familienhilfegesetz beschlossen. Die dabei gefundene Lösung zielt im Kern darauf ab, dass Schwangerschaftsabbrüchen mit Mitteln des Strafrechts nicht sachlich begegnet werden kann, sondern dass praktische Hilfen für Schwangere in ihrer Konfliktlage die sinnvollere – und für den Schutz des neugeborenen Lebens effektivere – Lösung darstellen. Es wurden daher verstärkt staatliche Hilfen für Schwangere und junge Mütter eingeführt. Auf der Grundlage dieser – vor allem auch finanziellen Hilfen (Stiftung Mutter und Kind etc.) – soll der Schwangeren, die sich im Konflikt um die Austragung der Schwangerschaft befindet, ein umfassendes staatliches Hilfsangebot unterbreitet werden, um ihre Entscheidung zum Austragen des Kindes zu fördern. Letztlich soll der Schwangeren jedoch die freie Entscheidung über das weitere Vorgehen verbleiben. In den praktischen Hilfen und der Beratung sieht man staatlicherseits den sinnvollsten Schutz für das ungeborene Leben. Und das allgemeine Persönlichkeitsrecht der Schwangeren bleibt weitestgehend erhalten.

Durch eine einstweilige Anordnung im Jahre 1992 und ein Urteil vom 28. Mai 1993 hob das Bundesverfassungsgericht die neue Regelung teilweise wegen Verfassungswidrigkeit wieder auf. Das Bundesverfassungsgericht billigte grundsätzlich den Ansatz zum Schutz des ungeborenen Lebens durch praktische Hilfen und Beratung. Es verlangte jedoch zum einen die Sicherstellung der Qualität der Beratungsstellen selbst. Zum anderen monierte es, dass Abbrüche, die nun ohne eine Indikation vorgenommen werden sollten, als rechtmäßig zu gelten hätten und folglich weiterhin von den Krankenkassen hätten finanziert werden müssen.

Es wurde durch das Gericht zunächst eine Übergangslösung festgeschrieben, an deren Grundzügen sich die dann im Schwangeren und- Familienhilfeänderungsgesetz vom 21. August 1995 gefundene heutige Regelung der Schwangerschafts-»Beratungslösung« orientiert.

2. Grundsatz der Strafbarkeit eines Schwangerschaftsabbruchs

Der Schwangerschaftsabbruch ist **gem. § 218 StGB** für den Ausführenden (damit auch für Gehilfen und Anstifter) und für die Schwangere **im Grundsatz strafbar**.

 § 218 StGB – Schwangerschaftsabbruch

(1) Wer eine Schwangerschaft abbricht, wird mit Freiheitsstrafe bis zu drei Jahren oder mit Geldstrafe bestraft. Handlungen, deren Wirkung vor Abschluss der Einnistung des befruchteten Eies in der Gebärmutter eintritt, gelten nicht als Schwangerschaftsabbruch im Sinne dieses Gesetzes.
(2) In besonders schweren Fällen ist die Strafe Freiheitsstrafe von sechs Monaten bis zu fünf Jahren. Ein besonders schwerer Fall liegt in der Regel vor, wenn der Täter
   1. gegen den Willen der Schwangeren handelt oder
   2. leichtfertig die Gefahr des Todes oder einer schweren Gesundheitsschädigung der Schwangeren verursacht.
(3) Begeht die Schwangere die Tat, so ist die Strafe Freiheitsstrafe bis zu einem Jahr oder Geldstrafe.
(4) Der Versuch ist strafbar. Die Schwangere wird nicht wegen Versuchs bestraft.

3. Ausnahme: Straflosigkeit des Schwangerschaftsabbruchs

Der Schwangerschaftsabbruch ist lediglich unter den Voraussetzungen des § 218a StGB statthaft (eventuell auch bei Vorliegen allgemeiner Rechtfertigungsgründe, s.o.).

 § 218a StGB – Straflosigkeit des Schwangerschaftsabbruchs

(1) Der Tatbestand des § 218 ist nicht verwirklicht, wenn
   1. die Schwangere den Schwangerschaftsabbruch verlangt und dem Arzt durch eine Bescheinigung nach § 219 Abs. 2 Satz 2 nachgewiesen hat, dass sie sich mindestens drei Tage vor dem Eingriff hat beraten lassen,
   2. der Schwangerschaftsabbruch von einem Arzt vorgenommen wird und
   3. seit der Empfängnis nicht mehr als zwölf Wochen vergangen sind.
(2) Der mit Einwilligung der Schwangeren von einem Arzt vorgenommene Schwangerschaftsabbruch ist nicht rechtswidrig, wenn der Abbruch der Schwangerschaft unter Berücksichtigung der gegenwärtigen und zukünftigen Lebensverhältnisse der Schwangeren nach ärztlicher Erkenntnis angezeigt ist, um eine Gefahr für das Leben oder die Gefahr einer schwerwiegenden Beeinträchtigung des körperlichen oder seelischen Gesund-

heitszustandes der Schwangeren abzuwenden und die Gefahr nicht auf andere für sie zumutbare Weise abgewendet werden kann.

(3) Die Voraussetzungen des Abs. 2 gelten bei einem Schwangerschaftsabbruch, der mit Einwilligung der Schwangeren von einem Arzt vorgenommen wird, auch als erfüllt, wenn nach ärztlicher Erkenntnis an der Schwangeren eine rechtswidrige Tat nach den §§ 176 bis 179 des Strafgesetzbuches begangen worden ist, dringende Gründe für die Annahme sprechen, dass die Schwangerschaft auf der Tat beruht, und seit der Empfängnis nicht mehr als zwölf Wochen vergangen sind.

(4) Die Schwangere ist nicht nach § 218 strafbar, wenn der Schwangerschaftsabbruch nach Beratung (§ 219) von einem Arzt vorgenommen worden ist und seit der Empfängnis nicht mehr als zweiundzwanzig Wochen verstrichen sind. Das Gericht kann von Strafe nach § 218 absehen, wenn die Schwangere sich zur Zeit des Eingriffs in besonderer Bedrängnis befunden hat.

Voraussetzungen für eine Straffreiheit gem. § 218a Abs. 1 StGB (Beratungslösung)
- Beratung der Schwangeren in einer anerkannten Beratungsstelle,
- drei Tage Bedenkzeit der Schwangeren vor dem Eingriff,
- Verlangen des Abbruchs durch die Schwangere unter Vorlage der Bescheinigung beim Arzt,
- Abbruch durch einen Arzt,
- es sind nicht mehr als 12 Wochen seit der Empfängnis vergangen.

Die Schwangere selbst bleibt bei einer Überschreitung der Zwölf-Wochen-Frist des § 218a Abs. 1 StGB bis zur 22. Woche straffrei (§ 218a Abs. 4 Satz 1 StGB).

Die Voraussetzungen für einen Abbruch gem. § 218a Abs. 2 StGB (medizinische Indikation)
- Lebensgefahr/Gefahr einer schwerwiegenden körperlichen oder seelischen Beeinträchtigung *bei der Schwangeren* (nicht beim Embryo, s.u.),
- Feststellung dieser Gefahr durch einen Arzt,
- keine anderweitige, für die Schwangere zumutbare Abwendungsmöglichkeit.

Bei medizinischer Indikation nach § 218a Abs. 2 StGB braucht keine Beratung stattgefunden zu haben. Es gilt keine Befristung.

⚠ Die sog. eugenische oder embryopathische Indikation, die Abbruchmöglichkeit bei schwerwiegenden gesundheitlichen oder erbbiologischen Schäden beim Embryo bis zur 22. Schwangerschaftswoche, ist mit der Reform zur Beratungslösung aufgehoben worden. Schäden beim Embryo finden daher nur Berücksichtigung, wenn diese Schädigung die Gefährdungssituation des § 218a Abs. 2 StGB erfüllt, dies jedoch auch ohne die Befristung auf 22 Wochen.

Voraussetzungen für einen Abbruch gem. § 218a Abs. 3 StGB (kriminologische Indikation)
- Vorliegen einer Vergewaltigung, sexuellen Missbrauchs u.Ä. (§§ 176–179 StGB) der Schwangeren,
- dringende Annahme, dass die Schwangerschaft auf dieser Tat beruht,
- Abbruch durch einen Arzt mit Einwilligung der Schwangeren,
- es sind nicht mehr als 12 Wochen seit der Empfängnis vergangen.

⚠ Das Gericht kann von jeder Bestrafung nach § 218a StGB absehen, wenn die Schwangere sich zur Zeit des Eingriffs in einer besonderen Bedrängnis befunden hat (§ 218a Abs. 4 Satz 2 StGB).

Keine Finanzierung des Schwangerschaftsabbruchs durch die Krankenkasse bei Beratungslösung

Nur die Abbruchhandlungen nach §§ 218a Abs. 2 und 3 StGB gelten als nicht rechtswidrig. Beim Abbruch nach § 218a Abs. 1 StGB (Beratungslösung) gilt »der Tatbestand des § 218 StGB als nicht verwirklicht«. Weil die gesetzliche Aussage in § 218a Abs. 1 StGB, der Abbruch nach der Beratungslösung sei »nicht rechtswidrig« nunmehr fehlt, ergibt sich die Konsequenz, dass diese Form des zulässigen Schwangerschaftsabbruchs nicht mehr durch die Krankenkassen finanziert werden darf. So war dies vom Bundesverfassungsgericht 1993 auch gefordert worden (siehe S. 174).

Der Eingriff ist damit von der Betroffenen selbst zu zahlen oder wird über staatliche Hilfen finanziert. Die Kosten eines ambulanten Eingriffs belaufen sich dabei auf ca. 250 bis 400 Euro (von Eingriffen mit örtlicher Betäubung bis zu Eingriffen mit Vollnarkose). Bei einem stationären Eingriff kommen Krankenhaus-Pflegekosten von ca. 300 Euro für ca. ein bis zwei Aufenthaltstage hinzu.

Die Kostenübernahme durch staatliche Hilfen ist einkommensabhängig. Die Kostenabwicklung erfolgt bei gesetzlich Versicherten über deren Krankenkasse, bei Sozialhilfeempfängern über das Sozialamt. Die Einkommensgrenzen beziehen sich nur auf das Einkommen der Schwangeren selbst. Das Einkommen des Mannes muss nicht offenbart werden, da die Schwangere diesen in ihre Entscheidung nicht mit einzubeziehen braucht (z.B. weil sie sich vom Mann Einkommensnachweise herausgeben lassen müsste).

Die Grenzen (Stand 2002) belaufen sich auf ein monatliches Einkommen der Schwangeren in Höhe von netto 930,55 Euro. Diese Einkommensgrenze erhöht sich um 219,86 Euro je Unterhaltsverpflichtung (»Kind«). Eine weitere Erhöhung kann eintreten, wenn die von der Schwangeren zu zahlende Warmmiete über 273,54 Euro liegt. Die diesen Betrag übersteigenden Mietkosten können wiederum bis maximal 273,54 Euro angerechnet werden (die Obergrenze der anrechenbaren Miete liegt somit bei einer Gesamt-Warmmiete von 547,08 Euro).

4. Weitere Bestimmungen zum Schwangerschaftsabbruch

Nach dem Schwangeren- und Familienhilfeänderungsgesetz von 1995

- kann niemand verpflichtet werden, an einem Schwangerschaftsabbruch mitzuwirken (§ 12) – Arbeitsverweigerungsrecht für Klinikpersonal –, ausgenommen bei Notfällen,
- muss der Eingriff in speziell geeigneten Einrichtungen stattfinden.

Als Straftatbestände im Zusammenhang mit dem Schwangerschaftsabbruch sind ferner hervorzuheben:

- § 240 StGB: Nötigung der Frau oder des Arztes zum Abbruch
- § 219a StGB: Werbung für Schwangerschaftsabbruch
- § 219b StGB: Inverkehrbringen von Mitteln zum Schwangerschaftsabbruch
- § 218c StGB: Der den Abbruch vornehmende Arzt muss die Schwangerschaftswoche feststellen, die Schwangere vor dem Eingriff anhören und aufklären; er darf nicht zugleich Aussteller des Beratungsscheins gewesen sein.

C. Grundlagen des Strafverfahrens

Nach der Feststellung der Strafbarkeit einer Person durch die Anwendung der Strafrechtsvorschriften dienen die Vorschriften über das Strafverfahren dazu, die strafbare Handlung im Lichte rechtsstaatlicher Prinzipien zu verfolgen und den Staat zu einer Entscheidung über die Tat zu führen. Eine Bestrafung des Angeklagten setzt zwingend dessen **Strafmündigkeit** voraus. Diese beginnt mit Vollendung des **14. Lebensjahres** gem. § 19 StGB.[307] Vorher kann eine Straftat nicht verfolgt werden. Zwischen dem 14. und dem noch nicht vollendeten 18. Lebensjahr gilt der mutmaßliche Straftäter als **Jugendlicher** gem. § 1 Abs. 2 JGG.[308] Wer zur Zeit der Tat 18, aber noch nicht 21 Jahre alt war, gilt als **Heranwachsender** gem. § 1 Abs. 2 JGG.

 § 1 JGG – Persönlicher und sachlicher Anwendungsbereich
Dieses Gesetz gilt, wenn ein Jugendlicher oder Heranwachsender eine Verfehlung begeht, die nach den allgemeinen Vorschriften mit Strafe bedroht ist.
Jugendlicher ist, wer zur Zeit der Tat vierzehn, aber noch nicht achtzehn, Heranwachsender, wer zur Zeit der Tat achtzehn, aber noch nicht einundzwanzig Jahre alt ist.

Jugendliche sind nur strafrechtlich verantwortlich, wenn sie zur Zeit der Tat nach ihrer sittlichen und geistigen Entwicklung reif genug sind, das Unrecht ihrer Tat einzusehen und nach dieser Einsicht zu handeln.[309] Sofern ihre strafrechtliche Verantwortlichkeit feststeht, können gegen Jugendliche spezifische Sanktionen verhängt werden.

Diese bestehen in der Regel aus:

- **Erziehungsmaßregeln**[310] bzw.
- **Zuchtmitteln** oder **Jugendstrafe**, sofern die Erziehungsmaßregeln als nicht ausreichend erachtet werden.[311]

---

[307] § 19 StGB ist auf S. 101 abgedruckt.

[308] Jugendgerichtsgesetz in der Fassung der Bekanntmachung vom 11. Dezember 1974 (BGBl. I, S. 3472).

[309] § 3 Satz 1 JGG.

[310] Meistens handelt es sich dabei um eine stundenmäßig veranschlagte Tätigkeit in der Freizeit des Straftäters zugunsten einer gemeinnützigen Einrichtung (sog. Sozialstunden).

[311] § 5 Abs. 1 und 2 JGG.

Begeht ein Heranwachsender eine strafrechtlich relevante Verfehlung, wendet der Richter die für einen Jugendlichen geltenden Vorschriften an, sofern

- die Gesamtwürdigung der Persönlichkeit des Täters bei Berücksichtigung auch der Umweltbedingungen ergibt, dass er zur Zeit der Tat hinsichtlich seiner sittlichen und geistigen Entwicklung noch einem Jugendlichen gleichstand[312], oder
- es sich nach der Art, den Umständen oder den Beweggründen der Tat um eine Jugendstrafverfehlung handelt.[313]

 Überblick

Alter	Typus	Strafrechtliche Verantwortlichkeit
bis zur Vollendung des 14. Lebensjahres	**Kind**	**Strafunmündigkeit** *nicht* strafrechtlich verantwortlich
zwischen der Vollendung des 14. Lebensjahres und der Vollendung des 18. Lebensjahres	**Jugendlicher**	**bedingte Strafmündigkeit** strafrechtlich entweder gar nicht oder eingeschränkt als Jugendlicher verantwortlich (Jugendstrafrecht)
zwischen der Vollendung des 18. Lebensjahres und der Vollendung des 21. Lebensjahres	**Heranwachsender**	**bedingte oder volle Strafmündigkeit** strafrechtlich voll oder wie ein Jugendlicher verantwortlich (Jugendstrafrecht/Erwachsenenstrafrecht)
ab der Vollendung des 21. Lebensjahres	**Erwachsener**	**volle Strafmündigkeit** (Erwachsenenstrafrecht)

---

[312] § 105 Abs. 1 Nr. 1 JGG.

[313] § 105 Abs. 1 Nr. 2 JGG.

Das Strafverfahren lässt sich in drei Abschnitte untergliedern:

- das Ermittlungsverfahren,
- das Zwischenverfahren,
- das Hauptverfahren.

Jeder dieser drei Verfahrensabschnitte endet mit einer Entscheidung. Das Verfahren kann entweder bis zur letztendlichen Gerichtsentscheidung vorangetrieben oder in jedem Verfahrensabschnitt eingestellt werden. Nach der **Einstellung des Verfahrens** kann es jedoch unter Umständen durch das Feststellen weiterer Tathinweise oder sonstiger Tatumstände zur **Wiederaufnahme der Ermittlungen** und damit zur **Fortführung des Strafverfahrens** kommen.

I. Das Ermittlungsverfahren

Im Rahmen des Ermittlungsverfahrens hat die **Staatsanwaltschaft**, ausgehend von einem sog. **Anfangsverdacht** hinsichtlich des Vorliegens einer Straftat, den möglicherweise strafbegründenden Sachverhalt umfänglich aufzuklären. Am Ende der Ermittlungen steht die Entscheidung über die **Einstellung der Ermittlungen** oder die **Erhebung der öffentlichen Klage.**

1. Die Einleitung des Ermittlungsverfahrens im Regelfall

Liegen bestimmte Hinweise für eine Straftat (sog. Anfangsverdacht) vor, so leitet die Staatsanwaltschaft das Ermittlungsverfahren zur Erforschung des Sachverhalts ein. Dazu ist sie gem. § 152 Abs. 2 StPO verpflichtet (sog. **Legalitätsprinzip** = Verfolgungszwang).

 § 152 StPO – Anklagebehörde, Legalitätsgrundsatz
Zur Erhebung der öffentlichen Klage ist die Staatsanwaltschaft berufen.
Sie ist, soweit nicht gesetzlich ein anderes bestimmt ist, verpflichtet, wegen aller verfolgbaren Straftaten einzuschreiten, sofern zureichende tatsächliche Anhaltspunkte vorliegen.

An die »zureichenden tatsächlichen Anhaltspunkte« für eine Straftat kann die Staatsanwaltschaft auf vielfältige Weise gelangen. Die folgenden Beispiele machen dies deutlich:

Beispiel:

A meldet bei der Polizei das unerklärliche Verschwinden seines Fahrrades.

Meist liegt der Aufnahme des Ermittlungsverfahrens wie in diesem Beispiel eine **Strafanzeige** bei der Polizei oder bei der Staatsanwaltschaft zugrunde.

 Beispiel:

Der in einer Sache bereits ermittelnde Staatsanwalt S erfährt von Tatsachen, die möglicherweise in Zusammenhang mit einer anderen Straftat stehen.

Hier wird der Staatsanwalt auf eigene Initiative hin die Ermittlungen in der neuen Strafsache einleiten.

 Beispiel:

Im Keller eines Hauses wird die Leiche eines jungen Mannes gefunden. Es lässt sich nicht eindeutig feststellen, ob es sich um eine natürliche Todesursache handelt.

Bei der Feststellung eines nicht natürlichen Todes durch den die Leiche untersuchenden Arzt sind gem. § 159 Abs. 1 StPO die **Polizei- und Gemeindebehörden** zur sofortigen Anzeige an die Staatsanwaltschaft oder an das Amtsgericht verpflichtet. Diese Verpflichtung trifft nicht den Arzt. Dies gilt auch für den leitenden Arzt eines Gemeindekrankenhauses, da er als solcher keine »Behörde« ist.[314] Die Verpflichtung zur Anzeige an die Staatsanwaltschaft oder an das Gericht trifft ausnahmsweise die Krankenhausleitung, wenn das Gemeindekrankenhaus zur Vertretung der Gemeinde berechtigt ist.[315]

2. Die Einleitung des Ermittlungsverfahrens bei Antragsdelikten

Den sog. **Antragsdelikten** liegen Straftaten zugrunde, die eher einer privaten Rechtsbeziehung entspringen. In diesem Zusammenhang hat der Staat grundsätzlich kein besonderes Interesse

---

[313] Kleinknecht/Meyer-Großner, Strafprozessordnung, § 159, RN 6.

[314] Ebenda.

daran, sich zur Wiederherstellung der Rechtsordnung mittels strafrechtlicher Sanktionen einzumischen. Zumeist sind auch die zwischen zwei Parteien entstandenen Rechtsstreitigkeiten auf dem Zivilrechtswege durch die Geltendmachung von Schadensersatz oder Schmerzensgeld beizulegen. Falls der Geschädigte[316] in einem solchen Rechtsstreit jedoch der Ansicht ist, die Tat sei durch die Leistung eines wirtschaftlichen Ausgleichs nicht ausreichend gesühnt, kann er auf Antrag zusätzlich ein Strafverfahren gegen den Schädiger einleiten.

 Beispiele:
- A nennt B einen Idioten.
- A zerkratzt vorsätzlich das Auto des B.

Im ersten Beispiel dürfte sich A wegen **Beleidigung** gem. § 185 StGB, im zweiten Beispiel wegen **Sachbeschädigung** gem. § 303 Abs. 1 StGB strafbar gemacht haben. In erster Linie erkennt das Gesetz an, dass es B hier vornehmlich um die Wiedergutmachung seiner verletzten Rechtsposition gehen wird. Dies kann er durch die Geltendmachung von Schadensersatz bzw. Schmerzensgeld auf dem Zivilrechtsweg erreichen. Nur ausnahmsweise wird er auch fordern, dass A zusätzlich eine staatliche Sanktion aufgebürdet wird. In einem solchen Fall muss er jedoch innerhalb von drei Monaten[317] nach der Tat einen Strafantrag bei der Polizei oder der Staatsanwaltschaft stellen.

Die wichtigsten Antragsdelikte sind:

- Hausfriedensbruch gem. § 123 StGB
- Beleidigung gem. § 185 StGB
- Verletzung der ärztlichen Schweigepflicht gem. § 203 Abs. 1 Nr. 1 StGB
- Körperverletzung gem. § 223 StGB
- Sachbeschädigung gem. § 303 StGB

Ausnahmsweise kann die Staatsanwaltschaft bei Antragsdelikten die Ermittlungen auch ohne das Vorliegen eines Strafantrags einleiten, wenn sie das Bestehen eines besonderen

---

316 §§ 77 ff. StGB regeln die Frage nach der Antragsberechtigung. Im Regelfall ist der Geschädigte antragsberechtigt.

317 § 77b Abs. 1 StGB.

öffentlichen Interesses an der Strafverfolgung bejaht. Dies ist etwa bei der Körperverletzung gem. § 230 Abs. 1 StGB und bei der Sachbeschädigung gem. § 303c StGB der Fall.

3. Die Durchführung und der Abschluss der Ermittlungen

Im Rahmen der Ermittlungen der Staatsanwaltschaft ist die Polizei gem. § 161 Satz 2 StPO verpflichtet, dem Ersuchen oder dem Auftrag der Staatsanwaltschaft zur Aufklärung des Sachverhalts Hilfe zu leisten. Es sei betont, dass die Ermittlungen stets von der Staatsanwaltschaft und nicht – wie es so oft in Spielfilmen suggeriert wird – von der Polizei geleitet werden. Ferner hat die Staatsanwaltschaft gem. § 160 Abs. 2 StPO nicht nur die zur Belastung, sondern auch die zur Entlastung des vermeintlichen Täters dienenden Umstände zu ermitteln.

Am Ende des Ermittlungsverfahrens entscheidet die Staatsanwaltschaft darüber, ob die **öffentliche Klage geboten** oder **das Verfahren** mangels hinreichenden Tatverdachts oder aufgrund anderer Erwägungen **einzustellen** ist. Besteht aus Sicht der Staatsanwaltschaft aufgrund der festgestellten Sach- und Rechtslage eine Wahrscheinlichkeit für eine Verurteilung des Täters, so erhebt sie durch Einreichung einer **Anklageschrift** die öffentliche Klage beim zuständigen Gericht.[318] Anderenfalls hat sie das Verfahren einzustellen.[319]

Die Staatsanwaltschaft kann das Verfahren nach eigenem Ermessen auch dann einstellen, wenn

- die Strafverfolgung wegen geringer Schuld verzichtbar ist,[320]
- die Beweislage schwierig und ein gewichtigeres Delikt erfüllt ist,[321]
- die Verfolgung unbillig wäre[322] oder
- der Täter derzeit nicht aufgreifbar ist.[323]

---

[318] § 170 Abs. 1 StPO.

[319] § 170 Abs. 2 StPO.

[320] §§ 153, 153a StPO.

[321] §§ 154, 154a StPO.

[322] §§ 153b, 154c StPO.

[323] § 205 StPO.

[324] § 199 Abs. 1 StPO.

II. Das Zwischenverfahren

Im Zwischenverfahren entscheidet das für die Hauptverhandlung zuständige Gericht darüber, ob das Hauptverfahren zu eröffnen oder das Verfahren vorläufig einzustellen ist.[324] Eine vorläufige Einstellung des Verfahrens beschließt das Gericht in der Regel dann, wenn die durch die Staatsanwaltschaft beigebrachten Beweismittel wahrscheinlich nicht zu einer Verurteilung des Täters führen.

III. Das Hauptverfahren

Das Hauptverfahren dient zur Entscheidungsfindung im Strafprozess. Dort wird der Angeklagte – sofern er sich zur Sache äußern möchte – vernommen und alle weiteren Beweismittel gesichtet. Das Hauptverfahren endet mit einer Entscheidung des Gerichts. Die Entscheidung kann lauten auf

- Einstellung des Verfahrens,
- Freispruch,
- Verurteilung.

Teil 3
Zivilrecht

A. Grundlagen des Zivilrechts

Das Zivilrecht gehört dem Privatrecht an, das die Beziehungen der Bürger untereinander regelt und zum großen Teil im Bürgerlichen Gesetzbuch (BGB) verankert ist. Zu einem Zivilprozess kommt es nur, wenn der Bürger selbst tätig wird, wenn also beispielsweise der Patient Klage beim Gericht einreicht. Ein Behandlungs- oder Pflegefehler kann dabei neben den in Teil 2 beschriebenen strafrechtlichen Konsequenzen zu einer zivilrechtlichen Inanspruchnahme durch den Patienten und den Arbeitgeber führen.

⚠ Strafverfahren, Zivilverfahren und arbeitsrechtliche Verfahren sind allerdings selbständig und voneinander unabhängig. Eine Strafverfolgung kann – muss jedoch nicht – zur zivilrechtlichen Durchsetzung von Schadensersatzansprüchen führen.

! **Möglichkeiten der Inanspruchnahme**

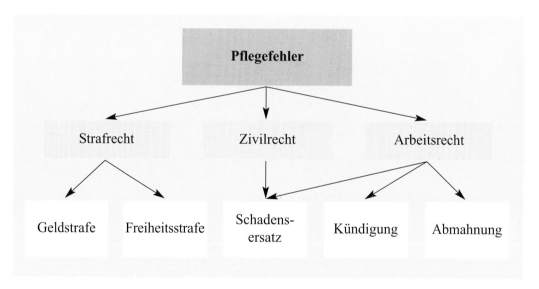

Zivilrechtliche Aspekte erlangen eine immer größere Bedeutung in der Alten- und Krankenpflege. Dies hängt sicherlich mit dem zunehmenden Rechtsbewusstsein der Patienten zusammen. Umso bedeutsamer ist es daher, sowohl die eigenen Rechte und Pflichten als auch die anderer zu kennen.

Von besonderem Interesse ist der Bereich des zivilrechtlichen Haftungsrechts, da gerade im Bereich der Alten- und Krankenpflege in Rechte anderer Personen eingegriffen wird – bei Injektionen beispielsweise in die körperliche Unversehrtheit (siehe S. 136–138) oder bei Fixierungen in die Freiheit der Person (siehe Teil 6.B).

Zivilrechtliche Haftung bedeutet, dass jemand für die Folgen seines Handelns einstehen muss. Wenn beispielsweise eine Pflegekraft oder ein Arzt einen Patienten widerrechtlich und schuldhaft an seinem Körper verletzt, indem ein falsches Medikament gespritzt wird, können sie für ihr Tun zur Verantwortung gezogen werden. Im Bereich des Zivilrechts gibt es für das Fehlverhalten allerdings keine Sanktionen, sondern es wird dem Geschädigten nur die Möglichkeit eingeräumt, Schadensersatz zu verlangen. Das heißt, dass im Zivilrecht eine Rechtsgutverletzung nicht zwangsläufig mit dem Eintritt des Schadens einer Ahndung zugeführt wird, sondern immer erst dann, wenn der Geschädigte Klage gegen den Schädiger erhebt.

B. Die Rechts- und Verantwortungs-fähigkeit im Zivilrecht

Vom Schädiger kann Ersatz des verursachten Schadens nur dann eingefordert werden, wenn er rechts- und verantwortungsfähig ist.

I. Rechtsfähigkeit

△ § 1 BGB bestimmt, dass die Rechtsfähigkeit des Menschen (natürliche Person) mit der Vollendung der Geburt beginnt und mit dem Tod endet.

Im Gegensatz zu den natürlichen Personen erhalten juristische Personen (eingetragener Verein, Aktiengesellschaft, Gesellschaft mit beschränkter Haftung [GmbH]) die Rechtsfähigkeit mit der Vornahme bestimmter Rechtsakte, z.B. der Eintragung in das Handelsregister. Die Rechtsfähigkeit der juristischen Person endet in der Regel durch die Auflösung der Gesellschaft.

Rechtsfähige natürliche und juristische Personen sind auch parteifähig (§ 50 Abs. 1 ZPO). Rechtsfähige Personen können daher in einem Rechtsstreit als Kläger oder Beklagter auftreten.

II. Geschäftsfähigkeit

⚠ Geschäftsfähigkeit ist die Fähigkeit, durch Rechtsgeschäfte Rechte und Pflichten zu begründen.

Die Geschäftsfähigkeit unterteilt sich wie folgt:

- volle Geschäftsfähigkeit,
- beschränkte Geschäftsfähigkeit,
- Geschäftsunfähigkeit.

1. Volle Geschäftsfähigkeit

Die volle Geschäftsfähigkeit erlangt der Mensch mit der **Vollendung des 18. Lebensjahres**. Der voll Geschäftsfähige kann jedes Rechtsgeschäft tätigen. Die volle Geschäftsfähigkeit entspricht im gerichtlichen Verfahren darüber hinaus auch der Prozessfähigkeit. Der Volljährige hat also die Fähigkeit, wirksam vor Gericht zu handeln (§ 51 ZPO).

2. Beschränkte Geschäftsfähigkeit

Die beschränkte Geschäftsfähigkeit steht zwischen der Geschäftsunfähigkeit und der vollen Geschäftsfähigkeit. Zum Schutz des beschränkt Geschäftsfähigen ist dessen abgegebene Willenserklärung zunächst schwebend unwirksam. Dies bedeutet, dass sie erst dann wirksam wird, wenn der gesetzliche Vertreter (Eltern, Pfleger, Betreuer) das Rechtsgeschäft genehmigt (§ 108 Abs. 1 BGB). Ausgenommen hiervon sind Geschäfte, die dem beschränkt Geschäftsfähigen nur einen rechtlichen Vorteil bringen (§ 107 BGB).

§ 107 BGB – Einwilligung des gesetzlichen Vertreters

Der Minderjährige bedarf zu einer Willenserklärung, durch die er nicht lediglich einen rechtlichen Vorteil erlangt, der Einwilligung seines gesetzlichen Vertreters.

§ 108 BGB Abs. 1 – Vertragsschluss ohne Einwilligung

Schließt der Minderjährige einen Vertrag ohne die erforderliche Einwilligung des gesetzlichen Vertreters, so hängt die Wirksamkeit des Vertrages von der Genehmigung des Vertreters ab.

Die Einwilligung des gesetzlichen Vertreters ist allerdings nicht erforderlich, wenn dem beschränkt Geschäftsfähigen ein bestimmter Geldbetrag zur eigenen Verwendung überlassen wurde. Nach dem sog. Taschengeldparagraphen (§ 110 BGB) ist in einem solchen Fall die vom beschränkt Geschäftsfähigen abgegebene Willenserklärung voll wirksam.

§ 110 BGB – »Taschengeldparagraph«

Ein von dem Minderjährigen ohne Zustimmung des gesetzlichen Vertreters geschlossener Vertrag gilt als von Anfang an wirksam, wenn der Minderjährige die vertragsmäßige Leistung mit Mitteln bewirkt, die ihm zu diesem Zwecke oder zu freier Verfügung von dem Vertreter oder mit dessen Zustimmung von Dritten überlassen worden sind.

Nach § 106 BGB sind beschränkt geschäftsfähig:

Personen ab dem vollendeten 7. bis zum 18. Lebensjahr.

3. Geschäftsunfähigkeit

Die Geschäftsunfähigkeit ist das Gegenstück zur vollen Geschäftsfähigkeit. Der Geschäftsunfähige kann auch mit Zustimmung seines gesetzlichen Vertreters keinerlei Rechtsgeschäfte tätigen. Dies ergibt sich ausdrücklich aus § 105 Abs. 1 BGB.

§ **§ 105 BGB – Nichtigkeit der Willenserklärung**
(1) Die Willenserklärung eines Geschäftsunfähigen ist nichtig.
(2) Nichtig ist auch eine Willenserklärung, die im Zustand der Bewusstlosigkeit oder vorübergehenden Störung der Geistestätigkeit abgegeben wird.

Da rechtsgeschäftliches Handeln eine wirksame Willenserklärung voraussetzt, die Willenserklärung eines Geschäftsunfähigen wegen § 104 Abs. 1 BGB jedoch nichtig ist, kann ein Geschäftsunfähiger keine Rechtsgeschäfte vornehmen.

Nach § 104 BGB ist geschäftsunfähig:

- wer nicht das 7. Lebensjahr vollendet hat,
- wer sich in einem die freie Willensbestimmung ausschließenden Zustande krankhafter Störung der Geistestätigkeit befindet, sofern nicht der Zustand seiner Natur nach ein vorübergehender ist.

III. Deliktsfähigkeit

Die privatrechtliche Deliktsfähigkeit beinhaltet die Verantwortlichkeit für unerlaubte Handlungen i.S.d. §§ 823 ff. BGB. Nur natürliche Personen können deliktsfähig sein. Bei der Deliktsfähigkeit wird geprüft, ob der Handelnde die Einsicht hat, einen anderen rechtswidrig zu schädigen. Fehlt eine solche Einsicht, kann der Verursacher für sein schädigendes Handeln nicht zur Verantwortung gezogen werden. In einem solchen Fall hätte der Verursacher keinen Schadensersatz nach §§ 823 ff. zu leisten. Ebenso wie die Geschäftsfähigkeit ist die Deliktsfähigkeit unterteilt in:

- volle Deliktsfähigkeit,
- beschränkte Deliktsfähigkeit,
- Deliktsunfähigkeit.

1. Volle Deliktsfähigkeit

Mit Vollendung des 18. Lebensjahres besteht die volle Deliktsfähigkeit mit der Folge, dass der Handelnde für sein Tun in vollem Umfang zur Verantwortung gezogen werden kann.

2. Beschränkte Deliktsfähigkeit

Nach Vollendung des 7. bis zum 18. Lebensjahr ist für eine unerlaubte Handlung nur derjenige verantwortlich, der bei Begehung der schädigenden Handlung die Einsicht hatte, etwas Unrechtes zu tun. Der Handelnde muss insoweit zum Zeitpunkt der Handlung die geistige Entwicklung und Reife besitzen, das Unrecht seiner Handlung zu erkennen. Das Gleiche gilt auch für Taubstumme.

 § 828 BGB – Minderjährige

(1) Wer nicht das siebente Lebensjahr vollendet hat, ist für einen Schaden, den er einem anderen zufügt, nicht verantwortlich.
(2) Wer das siebente, aber nicht das zehnte Lebensjahr vollendet hat, ist für den Schaden, den er [...] einem anderen zufügt, nicht verantwortlich. Dies gilt nicht, wenn er die Verletzung vorsätzlich herbeigeführt hat.
(3) ...

Das Gleiche gilt für **Taubstumme.**

3. Deliktsunfähigkeit

Für einen durch eine unerlaubte Handlung verursachten Schaden kann nicht zur Verantwortung gezogen werden:

- wer das 7. Lebensjahr noch nicht vollendet hat,
- wer im Zustand einer unverschuldeten Bewusstlosigkeit oder in einem die freie Willensausübung ausschließenden Zustand krankhafter Störung der Geistestätigkeit handelt.

 § 827 BGB – Ausschluss und Minderung der Verantwortlichkeit

Wer im Zustande der Bewusstlosigkeit oder in einem die freie Willensbestimmung ausschließenden Zustand krankhafter Störung der Geistestätigkeit einem anderen Schaden zufügt, ist für den Schaden nicht verantwortlich. Hat er sich durch geistige Getränke oder ähnliche Mittel in einen vorübergehenden Zustand dieser Art versetzt, so ist er für einen Schaden, den er in diesem Zustand widerrechtlich verursacht, in gleicher Weise verantwortlich, wie wenn ihm Fahrlässigkeit zur Last fiele; die Verantwortlichkeit tritt nicht ein, wenn er ohne Verschulden in den Zustand geraten ist.

Für den vom Deliktsunfähigen verursachten Schaden haftet allerdings der Aufsichtspflichtige, falls er seine Aufsichtspflicht verletzt hat (§ 829 BGB).

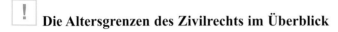 **Die Altersgrenzen des Zivilrechts im Überblick**

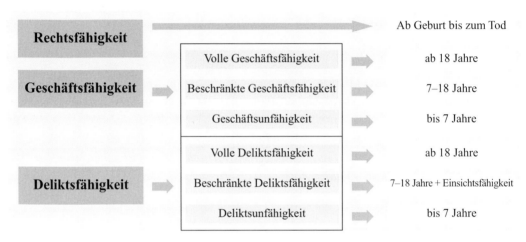

Rechtsfähigkeit		Ab Geburt bis zum Tod
	Volle Geschäftsfähigkeit	ab 18 Jahre
Geschäftsfähigkeit	Beschränkte Geschäftsfähigkeit	7–18 Jahre
	Geschäftsunfähigkeit	bis 7 Jahre
	Volle Deliktsfähigkeit	ab 18 Jahre
Deliktsfähigkeit	Beschränkte Deliktsfähigkeit	7–18 Jahre + Einsichtsfähigkeit
	Deliktsunfähigkeit	bis 7 Jahre

C. Materiell-rechtliche Grundlagen der zivilrechtlichen Haftung

Ausgangspunkt für jeden Pflege- und Arzthaftungsprozess ist die Tatsache, dass der Patient während seiner Behandlung bzw. Pflege einen Schaden erleidet. An diesen Schaden knüpft die zivilrechtliche Haftung des medizinischen Personals an. Grundsätzlich muss derjenige, der die Integrität einer anderen Person schuldhaft verletzt, den durch die Rechtsgutverletzung entstandenen Schaden ersetzen. Nach der in § 249 Abs. 1 BGB niedergelegten Regel ist der Geschädigte so zu stellen, als wäre der zum Ersatz verpflichtende Zustand nicht eingetreten.

§ 249 BGB – Art und Umfang des Schadensersatzes

Wer zum Schadensersatz verpflichtet ist, hat den Zustand herzustellen, der bestehen würde, wenn der zum Ersatz verpflichtende Umstand nicht eingetreten wäre. Ist wegen Verletzung einer Person oder wegen Beschädigung einer Sache Schadensersatz zu leisten, so kann der Gläubiger statt der Herstellung den dazu erforderlichen Geldbetrag verlangen.

Danach kann der Geschädigte grundsätzlich Naturalrestitution verlangen. Ist die Wiederherstellung des vorherigen Zustandes nicht mehr möglich, kann der Geschädigte statt der tatsächlichen Herstellung Geldersatz fordern. Zur Geltendmachung eines Schadensersatzanspruches muss sich der geschädigte Patient auf eine Anspruchsgrundlage berufen. Diese kann sich im Wesentlichen aus einem Vertrag oder aus unerlaubter Handlung, der sog. deliktischen Haftung, ergeben.

I. Haftung aus Vertrag

Die Haftung aus Vertrag setzt immer eine vertragliche Vereinbarung voraus. Der geschädigte Patient muss mit dem Anspruchsgegner einen Vertrag abgeschlossen haben. Ein Vertrag kommt durch zwei sich deckende Willenserklärungen zustande. Die Willenserklärung ist eine auf einen **rechtlichen Erfolg** gerichtete Willensäußerung, die ein Rechtsverhältnis begründet, ändert oder aufhebt. Ein wirksamer Vertrag erfordert mithin ein Angebot und eine Annahme. Stimmen die beiden Willenserklärungen überein, so kommt der Vertrag zustande. An dieser Stelle ist darauf hinzuweisen, dass für die wenigsten Verträge Formvorschriften wie die Schriftform oder die notarielle Beurkundung gelten – auch der mündlich abgeschlossene Vertrag ist grundsätzlich wirksam. Nur aus Gründen der Beweissicherung werden Verträge, die von besonderer Bedeutung oder erheblichen finanziellen Verpflichtungen geprägt sind, schriftlich abgefasst.

! **Wirksamkeitsvoraussetzung für einen Vertrag**

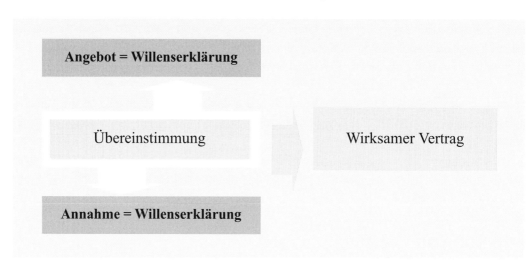

Neben den **gegenseitigen Verträgen** (Kauf-, Dienst-, Miet-, Werkvertrag: §§ 433 ff., 611 ff., 535 ff., 631 ff. BGB) existieren noch die sog. **einseitig verpflichtenden Verträge** (Schenkung, Bürgschaft: §§ 516 ff., 765 ff. BGB) und die **unvollkommen zweiseitig verpflichtenden Verträge** (Auftrag, Leihe: §§ 662 ff., 598 ff. BGB). Allen Vertragstypen ist gemein, dass zu ihrer Wirksamkeit zwei sich deckende Willenserklärungen vorliegen müssen. Die Vertragstypen unterscheiden sich mithin nur hinsichtlich ihrer Leistungspflicht. Bei den gegenseitigen Verträgen steht die Leistungspflicht in einem Gegenseitigkeitsverhältnis (**Synalagma**), wohingegen bei den einseitig verpflichtenden Verträgen nur ein Vertragspartner zur Leistung verpflichtet ist. Bei den unvollkommen zweiseitig verpflichtenden Verträgen stehen sich keine gleichwertigen Leistungspflichten gegenüber.

Neben den zwei- bzw. mehrseitig sich deckenden Willenserklärungen gibt es noch die **einseitig empfangsbedürftigen Willenserklärungen** (Rücktritt, Anfechtung: §§ 346, 119, 123 BGB) sowie die **einseitig nicht empfangsbedürftigen Willenserklärungen** (Testament, Auslobung: §§ 662 ff., 657 ff. BGB). Anzumerken ist, dass bei diesen Willenserklärungen auch von einseitigen (nicht) empfangsbedürftigen **Rechtsgeschäften** gesprochen wird. Das Rechtsgeschäft ist das von der Rechtsordnung gestellte Werkzeug, um Rechtsbeziehungen zwischen natürlichen und juristischen Personen untereinander oder zu Rechtsobjekten zu begründen.

! **Rechtsgeschäfte und Willenserklärungen**

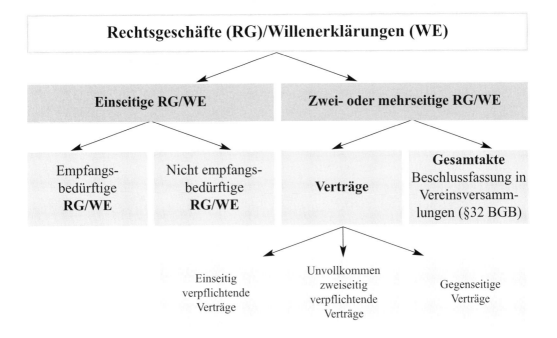

Grundlage für die Krankenhausbehandlung ist ein Vertrag zwischen Patient und Krankenhaus, der alle Krankenhausmitarbeiter zur Erbringung der vereinbarten fachlich einwandfreien Leistung verpflichtet. Bei fehlerhafter Leistung kann der Patient im Regelfall aus vertraglichen Ansprüchen nur Schadensersatz vom Krankenhausträger, nicht jedoch von der Pflegekraft selbst verlangen. In der Regel schließt nämlich der Patient den Behandlungsvertrag ausschließlich mit dem Krankenhausträger ab (sog. totaler Krankenhausaufnahmevertrag). Anders sieht die Situation bei dem totalen Krankenhausaufnahmevertrag mit Arztzusatzvertrag oder dem gespaltenen Krankenhausaufnahmevertrag aus. Bei diesen beiden Vertragstypen schließt der Patient sowohl einen Vertrag mit dem Krankenhaus als auch einen Vertrag mit dem behandelnden Arzt ab, so dass bei ärztlichen Behandlungsfehlern der Arzt unmittelbar vom Patient in Anspruch genommen werden kann. Die zur Durchsetzung der vertraglichen Schadensersatzansprüche notwendige Anspruchsgrundlage ist nach Einführung des Schuldrechtsmodernisierungsgesetzes der

§ 280 Abs. 1 BGB i.V.m. dem Krankenhausaufnahmevertrag.

Am 1. Januar 2002 ist das neue Schuldrecht in Kraft getreten. Neben einer Vielzahl von Vorschriften im Verjährungs-, Kauf- und Werkvertragsrecht ist auch das allgemeine Leistungsstörungsrecht überarbeitet worden. Durch das Schuldrechtsmodernisierungsgesetz wird in das System der Leistungsstörungen eine neue Generalklausel eingeführt, die gerade für rechtliche Fragestellungen im Gesundheitswesen von großer Bedeutung ist. Nach § 280 Abs. 1 Satz 1 BGB haftet der Schuldner aus einem (vertraglichen oder gesetzlichen) Schuldverhältnis wegen jeder »Pflichtverletzung«. Hierbei kann sich die Pflichtverletzung sowohl auf Hauptleistungen (das gelieferte Röntgengerät ist funktionsuntüchtig) als auch auf Nebenleistungen oder Schutzpflichten (der Patient stürzt wegen Unachtsamkeit der Pflegekraft) beziehen. Sie führt nach § 280 Abs. 1 Satz 2 nur dann zu einem Schadensersatzanspruch des Gläubigers, wenn sie vom Schuldner zu vertreten ist. Die Gesetzesformulierung macht deutlich, dass der Schuldner den Beweis erbringen muss, dass er die Pflichtverletzung »nicht zu vertreten« hat. Lediglich bei der Arbeitnehmerhaftung liegt die Beweislast nach § 619a BGB beim Gläubiger, d.h. beim Arbeitgeber.[325]

 § 280 BGB – Schadensersatz wegen Pflichtverletzung
(1) Verletzt der Schuldner eine Pflicht aus dem Schuldverhältnis, so kann der Gläubiger Ersatz des hierdurch entstehenden Schadens verlangen. Dies gilt nicht, wenn der Schuldner die Pflichtverletzung nicht zu vertreten hat.
(2) Schadensersatz wegen Verzögerung der Leistung kann der Gläubiger nur unter der zusätzlichen Voraussetzung des § 286 verlangen.
(3) Schadensersatz statt der Leistung kann der Gläubiger nur unter den zusätzlichen Voraussetzungen des § 281, des § 282 oder des § 283 verlangen.

---

[325] Däubler, Neues Schuldrecht – ein erster Überblick, NJW 2001, S. 3719, 3731.

! **Das neue Leistungsstörungsrecht**

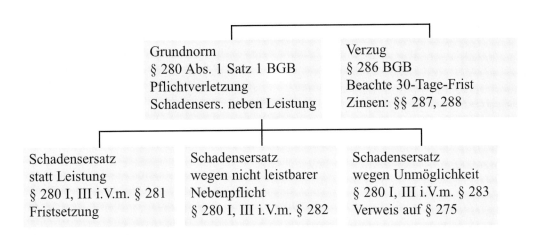

| Grundnorm
§ 280 Abs. 1 Satz 1 BGB
Pflichtverletzung
Schadensers. neben Leistung | Verzug
§ 286 BGB
Beachte 30-Tage-Frist
Zinsen: §§ 287, 288 |

| Schadensersatz
statt Leistung
§ 280 I, III i.V.m. § 281
Fristsetzung | Schadensersatz
wegen nicht leistbarer
Nebenpflicht
§ 280 I, III i.V.m. § 282 | Schadensersatz
wegen Unmöglichkeit
§ 280 I, III i.V.m. § 283
Verweis auf § 275 |

Neben dem Leistungsstörungsrecht ist auch das Verjährungsrecht einer umfassenden Änderung unterzogen worden. Innerhalb der Verjährungsfrist muss das gerichtliche Verfahren gegen den Schädiger eingeleitet worden sein. Um Schadensersatz verlangen zu können, müssen sämtliche Voraussetzungen der Anspruchsgrundlage gegeben sein. Nach dem neuen § 195 BGB beträgt die regelmäßige Verjährungsfrist drei Jahre.

§ **§ 195 BGB – Regelmäßige Verjährungsfrist**
Die regelmäßige Verjährungsfrist beträgt drei Jahre.

Die hiermit einhergehende signifikante Verkürzung der Verjährungsfrist auf ein Zehntel der bisher geltenden 30 Jahre wird dadurch entscheidend abgemildert, dass der Beginn der Frist hinausgeschoben ist. Es ist darauf hinzuweisen, dass gem. dem neuen § 199 Abs. 1 BGB der Lauf der Verjährungsfrist erst mit dem Schluss des Jahres beginnt, in dem

1. der Anspruch entstanden ist und
2. der Gläubiger von den den Anspruch begründenden Umständen und der Person des Schuldners Kenntnis erlangt oder ohne grobe Fahrlässigkeit erlangen müsste.

Dank dieses Zeitfensters hat der Gläubiger genug Spielraum, die Durchsetzung seiner Ansprüche zu verfolgen. Die Verjährungsvorschriften sehen in § 199 Abs. 2–4 Höchstfristen vor, bei deren Überschreitung die Verjährung auf jeden Fall eintritt. In § 199 Abs. 4 BGB ist als Grundsatz eine Zehn-Jahres-Frist ab Entstehung des Anspruches vorgesehen. Für Schadensersatzansprüche enthalten § 199 Abs. 2 und 3 BGB eine Sonderregelung. Diese wird damit begründet, dass der Schadenseintritt und damit die Entstehung des Anspruches zeitlich sehr verzögert erfolgen können. Daher sieht § 199 Abs. 2 BGB bei einer Verletzung von Leben, Körper, Gesundheit oder Freiheit eine 30-jährige Frist vor. Bei anderen Schadensersatzansprüchen tritt die Verjährung spätestens zehn Jahre nach der Entstehung des Anspruchs oder ohne Rücksicht auf den Entstehungszeitpunkt 30 Jahre nach dem die Haftung auslösenden Ereignis ein.

Hemmung und Neubeginn der Verjährung sind in den §§ 203–213 BGB geregelt. Dabei tritt gem. § 212 Abs. 1 BGB der Neubeginn der Verjährung nur noch ein, wenn der Schuldner den Anspruch dem Gläubiger gegenüber anerkennt oder wenn eine gerichtliche oder behördliche Vollstreckungshandlung vorgenommen oder beantragt wird. Die Hemmung der Verjährung erhält durch das neue Verjährungsrecht eine weitaus größere Bedeutung. Liegt ein Hemmungsfall vor, wird der Ablauf der Verjährungsfrist unterbrochen und beginnt erst dann fortzulaufen, wenn der Hemmungsfall nicht mehr besteht. Die wichtigsten Hemmungsvorschriften sind der §§ 203 und 204 BGB. Bei § 203 BGB ist insbesondere auf Satz 2 hinzuweisen, nach dem die Verjährung frühestens drei Monate nach Ende der Hemmung eintritt – unabhängig davon, wie weit die tatsächliche Verjährung des Anspruchs bereits fortgeschritten war.

 § 203 BGB – Hemmung der Verjährung bei Verhandlungen
Schweben zwischen dem Schuldner und dem Gläubiger Verhandlungen über den Anspruch oder die den Anspruch begründenden Umstände, so ist die Verjährung gehemmt, bis der eine oder der andere Teil die Fortsetzung der Verhandlungen verweigert. Die Verjährung tritt frühestens drei Monate nach dem Ende der Hemmung ein.

 § 204 BGB – Hemmung der Verjährung durch Rechtsverfolgung
(1) Die Verjährung wird gehemmt durch
1. die Erhebung der Klage auf Leistung oder auf Feststellung des Anspruchs, auf Erteilung der Vollstreckungsklausel oder auf Erlass des Vollstreckungsurteils,
2. ...
3. die Zustellung des Mahnbescheids im Mahnverfahren,
4. – 14. ...

(2) Die Hemmung nach Absatz 1 endet sechs Monate nach der rechtskräftigen Entscheidung oder anderweitigen Beendigung des eingeleiteten Verfahrens. Gerät das Verfahren dadurch in Stillstand, dass die Parteien es nicht betreiben, so tritt an die Stelle der Beendigung des Verfahrens die letzte Verfahrenshandlung der Parteien, des Gerichts oder der sonst mit dem Verfahren befassten Stelle. Die Hemmung beginnt erneut, wenn eine der Parteien das Verfahren weiter betreibt.

(3) ...

§ § 209 BGB – Wirkung der Hemmung

Der Zeitraum, während dessen die Verjährung gehemmt ist, wird in die Verjährungsfrist nicht eingerechnet.

Neben dem § 280 Abs. 1 BGB ist der Krankenhausaufnahmevertrag wesentlicher Bestandteil der Anspruchsgrundlage, die bei Schadensersatzklagen im Krankenhausbereich in Betracht kommt. Bei dem Krankenhausaufnahmevertrag handelt es sich vom Vertragstypus her um einen Dienstvertrag mit Nebenleistungen. Inhalt des totalen Krankenhausaufnahmevertrages sind dabei ärztliche, pflegerische und medizinisch-technische Leistungen, Unterkunft, Verpflegung sowie die Sicherstellung der persönlichen Ansprüche des Patienten.[326] Wird eine dieser Haupt- oder Nebenpflichten aus dem Krankenhausaufnahmevertrag schuldhaft verletzt und führt dies zu einem Schaden beim Patienten, kann dieser Schadensersatz verlangen.

Anspruchsvoraussetzungen des § 280 Abs. 1 BGB i.V.m. dem Krankenhausaufnahmevertrag

1. Es muss ein vertragliches Schuldverhältnis bestehen (Krankenhausaufnahmevertrag).
2. Der Schuldner muss eine Pflicht aus diesem Schuldverhältnis durch ein Handeln oder Unterlassen verletzt haben.
3. Durch die Pflichtverletzung muss dem Gläubiger ein Schaden entstanden sein (Ursachen- bzw. Kausalzusammenhang).
4. Die Pflichtverletzung muss schuldhaft – vorsätzlich oder fahrlässig – erfolgt sein (§ 276 BGB). Das Verschulden wird nach § 280 Abs. 1 Satz 2 BGB vermutet! Dies bedeutet, dass bei einer vorliegenden Pflichtverletzung der Schuldner beweisen muss, dass er die Pflichtverletzung nicht zu vertreten hat.

---

[326] Brenner/Adelhardt, Rechtskunde für das Krankenpflegepersonal, Abschnitt 2.1.

§ 276 BGB – Haftung für eigenes Verschulden

(1) Der Schuldner hat Vorsatz und Fahrlässigkeit zu vertreten, wenn eine strengere oder mildere Haftung weder bestimmt noch aus dem sonstigen Inhalt des Schuldverhältnisses, insbesondere aus der Übernahme einer Garantie oder eines Beschaffungsrisikos, zu entnehmen ist. Die Vorschriften der §§ 827, 828 finden entsprechende Anwendung.
(2) Fahrlässig handelt, wer die im Verkehr erforderliche Sorgfalt außer Acht lässt.
(3) Die Haftung wegen Vorsatzes kann dem Schuldner nicht im Voraus erlassen werden.

 Der zivilrechtlichen Fahrlässigkeit liegt ein anderer Maßstab als im Strafrecht zugrunde. Fahrlässig i. S. d. Zivilrechts handelt, wer die im Verkehr erforderliche Sorgfalt außer Acht lässt. Es gilt mithin ein objektiver Maßstab, das heißt, die Sorgfalt wird auf das erwartete Verhalten der Angehörigen der Gesundheitsberufe bezogen. Daher muss man sich die Frage stellen: »Was kann von einer ausgebildeten Pflegekraft erwartet werden?«

Zur Erfüllung der Vertragspflichten setzt das Krankenhaus Gehilfen ein: ärztliches, pflegerisches oder sonstiges Personal.

Für das schuldhafte Verhalten des eingesetzten Personals haftet das Krankenhaus bzw. der Krankenhausträger im gleichen Umfang, als wäre die schuldhafte Handlung durch das Krankenhaus bzw. den Krankenhausträger selbst begangen worden (vgl. § 278 BGB).

 § 278 BGB – Verschulden des Erfüllungsgehilfen

Der Schuldner hat ein Verschulden seines gesetzlichen Vertreters und der Personen, deren er sich zur Erfüllung seiner Verbindlichkeiten bedient, in gleichem Umfang zu vertreten wie eigenes Verschulden. Die Vorschrift des § 276 Abs. 3 findet keine Anwendung.

II. Haftung aus unerlaubter Handlung

Für Pflegekräfte ist die Haftung aus unerlaubter Handlung von erheblicher Bedeutung.

§ 823 BGB – Schadensersatzpflicht

(1) Wer vorsätzlich oder fahrlässig das Leben, den Körper, die Gesundheit, die Freiheit, das Eigentum oder ein sonstiges Recht eines anderen widerrechtlich verletzt, ist dem anderen zum Ersatz des daraus entstehenden Schadens verpflichtet.
(2) Die gleiche Verpflichtung trifft denjenigen, welcher gegen ein den Schutz eines anderen bezweckendes Gesetz verstößt. Ist nach dem Inhalt des Gesetzes ein Verstoß gegen dieses auch ohne Verschulden möglich, so tritt die Ersatzpflicht nur im Falle des Verschuldens ein.

Die Haftung aus unerlaubter Handlung ist in den §§ 823 ff. BGB geregelt. Im Unterschied zur vertraglichen Haftung kann der Schadensersatzanspruch aus unerlaubter Handlung gegen **jeden** geltend gemacht werden, der die in § 823 Abs. 1 BGB aufgeführten Rechte (Leben, Körper, Gesundheit, Eigentum, Freiheit) **widerrechtlich** und **schuldhaft** verletzt. Sinn und Zweck des § 823 BGB ist der Schutz des Einzelnen gegen widerrechtliche Eingriffe Dritter in seinen Rechtskreis.[327] Die Vorschriften, die sich auf unerlaubte Handlungen beziehen, sind vom Inhalt und Anspruchsaufbau her eng mit den strafrechtlichen Vorschriften verwandt.

Zu prüfen sind:

- Tatbestandsmäßigkeit,
- Rechtswidrigkeit,
- Schuld.

Daher wird die Haftung nach diesen Bestimmungen auch als **deliktische Haftung** bezeichnet. Der deliktische Schadensersatzanspruch verjährt ebenso wie der vertragliche nach drei Jahren (vgl. §§ 195, 199 Abs. 1 BGB).

Wie bereits aufgeführt, sind die

§§ 823 ff. BGB

die Anspruchsgrundlagen für die Haftung aus unerlaubter Handlung.

---

[327] Vgl. Palandt, Bürgerliches Gesetzbuch, Einf. vor § 823, RN 1.

Anspruchsvoraussetzungen für die Haftung aus unerlaubter Handlung gem. § 823 Abs. 1 BGB

1. Verletzung eines in § 823 Abs. 1 BGB geschützten Rechts(guts)
2. durch eine Handlung oder ein pflichtwidriges Unterlassen
3. Haftungsbegründende Kausalität:
   Kausalzusammenhang (Ursachenzusammenhang) zwischen Rechts(gut)verletzung und Handlung
4. Rechtswidrigkeit:

   ⚠ Die Tatbestandsmäßigkeit indiziert die Rechtswidrigkeit.
   Das heißt, die Rechtswidrigkeit entfällt nur dann, wenn ein Rechtfertigungsgrund gegeben ist, z.B.
   • Notwehr, § 227 BGB,
   • Notstand, § 228 BGB, oder
   • Selbsthilfe, § 229 BGB.
5. Schuld:
   a) Der Täter muss verschuldensfähig (deliktsfähig) gem. §§ 827, 828 BGB sein.
   b) Der Täter muss vorsätzlich oder fahrlässig gehandelt haben (§ 276 BGB).
6. Schaden:
   Jede Einbuße, die jemand infolge eines bestimmten Vorgangs oder Ereignisses an den ihm zugeordneten Lebens- und Vermögensgütern erleidet.
7. Haftungsausfüllende Kausalität:
   Zwischen der Rechts(gut)verletzung und dem Schaden muss ein Kausalzusammenhang (Ursachenzusammenhang) bestehen.

Im Unterschied zur vertraglichen Haftung basiert eine Haftung aus Delikt immer nur auf **eigenem, persönlichem Verschulden**. Eine Haftung des Krankenhauses für das eingesetzte Personal, den sog. Verrichtungsgehilfen, tritt allerdings dann ein, wenn nicht hinreichend qualifiziertes Personal eingesetzt oder das Personal ungenügend überwacht wurde (§ 831 BGB).

§ **§ 831 BGB – Haftung für den Verrichtungsgehilfen**
(1) Wer einen anderen zu einer Verrichtung bestellt, ist zum Ersatz des Schadens verpflichtet, den der andere in Ausführung der Verrichtung einem Dritten widerrechtlich zufügt. Die Ersatzpflicht tritt nicht ein, wenn der Geschäftsherr bei der Auswahl der be-

stellten Person und, sofern er Vorrichtungen oder Gerätschaften zu beschaffen oder die Ausführung der Verrichtung zu leiten hat, bei der Beschaffung oder der Leitung die im Verkehr erforderliche Sorgfalt beobachtet oder wenn der Schaden auch bei Anwendung dieser Sorgfalt entstanden sein würde.
(2) Die gleiche Verantwortlichkeit trifft denjenigen, welcher für den Geschäftsherrn die Besorgung eines der im Absatz 1 Satz 2 bezeichneten Geschäfte durch Vertrag übernimmt.

Die Haftung des Krankenhauses gründet sich dabei auf die Vermutung des **eigenen Verschuldens** bei Auswahl, Ausstattung, Überwachung und Leitung der Hilfspersonen.[326] Ein Verschulden der Hilfsperson ist somit unerheblich. Eine Haftungspflicht tritt bei eigenem Verschulden demzufolge auch dann ein, wenn der Hilfsperson kein Verschulden vorzuwerfen ist.

Das Krankenhaus hat darüber hinaus auch dafür Sorge zu tragen, dass durch die innerbetriebliche Organisation und die Arbeitsabläufe Dritte nicht geschädigt werden (sog. Organisationsverschulden). Insoweit haftet das Krankenhaus auch für eigenes Verschulden im Falle

- mangelhafter Organisation der Arbeitsabläufe (Überbelegung der Stationen),
- mangelhafter Dienstpläne (Unterbesetzung der Stationen mit Personal, Überstunden, Doppelschichten),
- unzureichender Kontrolle von technischen Geräten oder Hygienemaßnahmen.

---

328 Vgl. hierzu Palandt, Bürgerliches Gesetzbuch, § 831; RN 1.

! **Anspruchsgrundlage des § 823 Abs. 1 BGB**

Anspruchsgrundlage
§ 823 Abs. 1 BGB

Haftung *nur* für eigenes Verschulden
KEINE Haftung für fremdes Verschulden

ABER

Eigenes Verschulden liegt auch vor bei
* Einsatz unqualifizierten Personals
* unzureichender Überwachung des Personals
* unzureichender Leitung des Personals
* Organisationsverschulden
  – Überbelegung der Station
  – Unterbesetzung
  – Überstunden
  – fehlerhafte Gerätschaften

III. Der Haftungsumfang bei einer Inanspruchnahme

Art, Inhalt und Umfang des zu leistenden Schadensersatzes ergeben sich aus den §§ 249 ff. BGB (siehe S. 195 ff.). Diese Normen sind keine Anspruchsgrundlage, sondern ergänzen die Gesetze, die Schadensersatz vorsehen. Die §§ 249 ff. BGB finden grundsätzlich auf alle Schadensersatzansprüche Anwendung, unabhängig davon, ob sie aus Vertrag oder Delikt resultieren.[329] Das Schadensersatzrecht des BGB beruht auf dem Ausgleichsgedanken. Sinn und Zweck der Schadensersatzleistung ist die Eliminierung des entstandenen Schadens. Eine Bestrafung des Ausgleichspflichtigen ist – wie bereits auf S. 182 f. erwähnt – hiermit nicht bezweckt.

△ Das zivilrechtliche Haftungsrecht zielt also darauf ab, einen rechtswidrig und schuldhaft verursachten Schaden bei einer anderen Person oder deren Sachen wiederherzustellen (Schadenskompensation = Schadensersatz).

Ein Schaden im natürlichen Sinne ist dabei jede Einbuße, die jemand infolge eines bestimmten Ereignisses an seinen Lebensgütern wie Gesundheit, Ehre oder Eigentum erleidet. Die Schäden lassen sich in zwei Kategorien unterteilen: Zum einen gibt es den materiellen, zum anderen den immateriellen Schaden (auch bezeichnet als Vermögens- und Nichtvermögensschaden).

1. Materieller Schaden (Vermögensschaden)

△ Ein materieller Schaden (Vermögensschaden) ist jede Einbuße an vermögenswerten Gütern, also jede Beschädigung oder Zerstörung einer Sache, jede Einbuße an Vermögensrechten, jede Verminderung des Vermögens und Verhinderung des Erwerbs eines Vermögensvorteils. Somit setzt ein Vermögensschaden voraus, dass der entstandene Nachteil in Geld bewertet werden kann.[330]

Typische Vermögensschäden im Krankenhausbereich sind:

* zusätzliche Behandlungskosten,
* Rehabilitationskosten,
* Verdienstausfall,
* Rentenzahlungen im Falle der Berufsunfähigkeit,
* Zahlungen für Hilfsmittel (z.B. Rollstuhl).

---

[329] Vgl. hierzu Palandt, Bürgerliches Gesetzbuch, Vorbemerkung vor § 249, RN 1.

[330] Vgl. hierzu BGHZ 98, S. 222, und BGHZ 106, S. 31.

2. Immaterieller Schaden (Nichtvermögensschaden)

Ein immaterieller Schaden (= Nichtvermögensschaden) ist jede Einbuße an immateriellen Gütern, z.B. Körper, Gesundheit, Freiheit, allgemeines Persönlichkeitsrecht.

Zu beachten ist, dass die Verletzung eines immateriellen Gutes ursächlich für einen später eingetretenen materiellen Schaden sein kann – beispielsweise, wenn infolge einer Körperverletzung (➡ Nichtvermögensschaden) ein Arzneimittel gekauft werden muss oder sich eine Behandlung anschließt (➡ Vermögensschaden). Im Gegensatz zu den Vermögensschäden hat der Geschädigte bei den Nichtvermögensschäden nur einen Herstellungsanspruch nach § 249 BGB.

In diesem Zusammenhang ist darauf hinzuweisen, dass vor dem Schuldrechtsmodernisierungsgesetz und der Schadensersatzreform ein Schadensersatz wegen erlittener Schmerzen nur über die deliktische Haftung gem. § 847 BGB i.V.m. §§ 823 ff. BGB eingefordert werden konnte. Die vertragliche Anspruchsgrundlage ermöglichte mithin nur den Anspruch auf Ersatz des Vermögensschadens.

Über das Schuldrechtsmodernisierungsgesetz hinaus wurde im Zuge der am 1. August 2002 in Kraft getretenen Schadensersatzreform der bislang nur über eine deliktischen Haftung zu erwirkende Schmerzensgeldanspruch auch auf die vertragliche Haftung ausgedehnt. Darin eingeschlossen sind auch die sog. Gefährdungshaftungstatbestände.

Die Neuregelung des Schmerzensgeldanspruches wurde in den bestehenden § 253 BGB aufgenommen. Hierdurch wurde ein allgemeiner Anspruch auf Schmerzensgeld geschaffen – mit dem Ergebnis, dass sämtliche Anspruchsgrundlagen des Schuldrechts als Haftungsgründe für Schmerzensgeld in Betracht kommen. Der § 253 BGB besteht in der Neufassung aus zwei Absätzen:

§ 253 BGB – Immaterieller Schaden

(1) Wegen eines Schadens, der nicht Vermögensschaden ist, kann Entschädigung in Geld nur in den durch das Gesetz bestimmten Fällen gefordert werden.

(2) Ist wegen einer Verletzung des Körpers, der Gesundheit, der Freiheit oder der sexuellen Selbstbestimmung Schadensersatz zu leisten, kann auch wegen des Schadens, der nicht Vermögensschaden ist, eine billige Entschädigung in Geld gefordert werden.

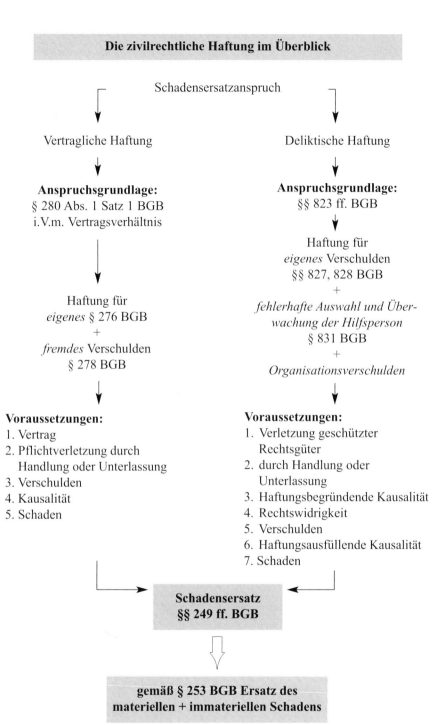

Die neue Rechtslage, nach der gem. § 253 BGB der Schmerzensgeldanspruch auch über die vertragliche Haftung abgewickelt werden kann, führt dazu, dass die deliktische Haftung bei Ansprüchen im Gesundheitswesen zukünftig nur noch eine untergeordnete Bedeutung haben wird. Ein Rückgriff auf die Anspruchsgrundlage der unerlaubten Handlung ist nur noch für die Fälle vorstellbar, bei denen mit dem Schädiger kein Vertragsverhältnis abgeschlossen wurde, dieser aber unmittelbar in Anspruch genommen werden soll.

D. Der Rückgriff des Arbeitgebers auf das Pflegepersonal

Gewinnt der Patient in einem gerichtlichen Verfahren, so hat er die Möglichkeit, Schadensersatz von jeder gegnerischen Prozesspartei zu verlangen. Verklagte der Patient z.B. den Krankenhaus- oder Altenheimträger und die den Schaden verursachende Pflegekraft, so kann er sowohl vom Krankenhaus- bzw. Altenheimträger als auch von der Pflegekraft Ersatz für den ihm entstandenen Schaden verlangen. Das Verhältnis zwischen Krankenhaus- bzw. Altenheimträger und Pflegekraft nennt man **Gesamtschuldnerschaft** (siehe hierzu § 421 BGB).

  § 421 BGB – Gesamtschuldner
Schulden mehrere eine Leistung in der Weise, dass jeder die ganze Leistung zu bewirken verpflichtet, der Gläubiger aber die Leistung nur einmal zu fordern berechtigt ist (Gesamtschuldner), so kann der Gläubiger die Leistung nach seinem Belieben von jedem der Schuldner ganz oder zu einem Teil fordern. Bis zur Bewirkung der ganzen Leistung bleiben sämtliche Schuldner verpflichtet.

Der Geschädigte kann allerdings nur einmal die Leistung fordern. Hat einer der Schuldner den Schaden ersetzt, erlischt der Schadensersatzanspruch des Geschädigten. Unter den Gesamtschuldnern, in unserem Beispiel der Krankenhaus- bzw. Altenheimträger ⇔ Pflegekraft, besteht ein sog. Ausgleichsanspruch: Der Schuldner, der den Schadensersatzanspruch begleicht, hat ein Rückgriffsrecht gegenüber dem nicht in Anspruch genommenen Schuldner (§ 426 BGB).

§ § 426 BGB – Ausgleichungspflicht. Forderungsübergang

(1) Die Gesamtschuldner sind im Verhältnis zueinander zu gleichen Anteilen verpflichtet, soweit nicht ein anderes bestimmt ist. Kann von einem Gesamtschuldner der auf ihn entfallende Beitrag nicht erlangt werden, so ist der Ausfall von den übrigen zur Ausgleichung verpflichteten Schuldnern zu tragen.
(2) Soweit ein Gesamtschuldner den Gläubiger befriedigt und von den übrigen Schuldnern Ausgleichung verlangen kann, geht die Forderung des Gläubigers gegen die übrigen Schuldner auf ihn über. Der Übergang kann nicht zum Nachteil des Gläubigers geltend gemacht werden.

Zahlt z.B. der Krankenhaus- bzw. Altenheimträger den gesamten Schadensersatz, so könnte er sich im Innenverhältnis an der den Schaden verursachenden Pflegekraft schadlos halten, mit anderen Worten, er könnte von ihr den ausgezahlten Geldbetrag zurückfordern. Der Rückforderungs- bzw. Ausgleichsanspruch wird allerdings durch den **Grad des Verschuldens** beschränkt. Liegt das Verschulden für den eingetretenen Schaden bei den Gesamtschuldnern jeweils bei 50 Prozent, so hat der Schuldner, der den Gläubiger befriedigt, gegenüber dem anderen Schuldner nur einen Rückforderungsanspruch in Höhe von 50 Prozent.

Der Ausgleichs- bzw. Rückforderungsanspruch hat seine eigene dreijährige Verjährung (§ 195 BGB). Die Verjährungsfrist des Ausgleichsanspruchs wird allerdings durch die tarifvertraglichen Ausschlussfristen beschränkt.[331] Für Pflegekräfte, die unter den Tarifvertrag für den öffentlichen Dienst (TVöD) fallen, ist **§ 37 TVöD**, für diejenigen, die unter die Arbeitsvertragsrichtlinien der Konföderation evangelischer Kirchen fallen, ist **§ 43 Abs. 1 AVR-K** zu beachten. Hiernach verfallen Ansprüche aus dem Arbeitsverhältnis innerhalb von sechs Monaten ab Kenntnis, wenn sie nicht während dieser Frist schriftlich geltend gemacht werden. Mit dem Ablauf der vorbezeichneten Ausschlussfrist ist der Anspruch untergegangen.

---

[331] BAG, NJW 1986, S. 3104.

E. Die Anordnungs- und Durchführungsverantwortung

I. Grundsatz

Die Anordnung von diagnostischen und therapeutischen Maßnahmen obliegt dem Arzt[332], während die Durchführung dieser Maßnahmen unter bestimmten Umständen auf das Pflegepersonal übertragen werden kann. Nach herrschender Meinung sind auch pflegerische Aufgaben ärztlicherseits anzuordnen. Handelt die Pflegekraft auf Anweisung des Arztes, bedeutet dies allerdings nicht, dass sie damit der straf- und zivilrechtlichen Verantwortung entzogen ist. Hat der Arzt die richtige Maßnahme und die richtige Pflegekraft ausgewählt und führt die Pflegekraft die Maßnahme nachweislich fehlerhaft durch, so ist **nur** sie der straf- und zivilrechtlichen Inanspruchnahme ausgesetzt.

Der Arzt trägt die **Führungs-** bzw. **Anordnungsverantwortung** und ist damit für die ordnungsgemäße Anordnung der Maßnahme und die Auswahl des richtigen Adressaten verantwortlich. Die angewiesene Pflegekraft hingegen trägt die **Durchführungsverantwortung,** sie ist somit für die korrekte, d.h. sach- und fachgerechte Ausführung der angeordneten Maßnahme verantwortlich. Sie wird aber auch dann in Anspruch genommen, wenn sie eine Maßnahme übernimmt, der sie nach eigener Feststellung nicht gewachsen war. Hier spricht man vom sog. **Übernahmeverschulden**. Kann die angewiesene Pflegekraft eine Maßnahme nicht ausführen, ist sie verpflichtet, die Ausführung der Anordnung zu verweigern (= **Remonstrationsrecht, -pflicht**).[333] Die Unfähigkeit, eine Maßnahme zu übernehmen, bezieht sich jedoch nicht nur auf fehlende Kenntnisse, sondern auch auf sonstige Umstände, z.B. Übermüdung, Überlastung, Krankheit oder gar Drogenkonsum.

Die Pflegekraft setzt sich auch dann einer straf- und zivilrechtlichen Inanspruchnahme aus, wenn sie auf Anordnung eine Maßnahme fehlerhaft durchführt, obwohl sie aufgrund ihres konkreten Wissensstandes erkennen konnte, dass die angeordnete Maßnahme fehlerhaft

---

[332] Steffen, Arzt und Krankenpflege: Konfliktfelder und Kompetenzen, MedR 1996, S. 265; Brenner, Rechtskunde für das Krankenpflegepersonal, S. 100.

[333] Steffen, Arzt und Krankenpflege: Konfliktfelder und Kompetenzen, MedR 1996, S. 265; vgl. hierzu auch die Ausführungen bei Saffé/Sträßner, Delegation ärztlicher Tätigkeiten auf nichtärztliches Personal aus haftungsrechtlicher Sicht, PflegeRecht 1998, S. 229 f.

war. Wenn der Arzt oder eine andere Pflegekraft eine fehlerhafte Anordnung erteilt, darf einer solchen Anordnung nicht blind Folge geleistet werden: Die angewiesene Pflegekraft ist in einem solchen Fall verpflichtet, die Ausführung abzulehnen. Kommt sie der Anordnung jedoch nach, kann die ausführende Pflegekraft sich nach Eintritt des Schadens nicht auf die erkennbar fehlerhafte Anordnung berufen.

 Es gibt keinen Befehlsnotstand!

Handelt die Pflegekraft ohne ärztliche Anordnung, trägt sie die **Gesamtverantwortung**, d.h. die Verantwortung sowohl für die Auswahl als auch für die Durchführung der getroffenen Maßnahme. Delegiert die Pflegekraft eine ärztliche Anordnung weiter, so trägt die anweisende Pflegekraft dabei die Verantwortung für die richtige Auswahl des Angewiesenen (Anordnungsverantwortung).

 Es ist somit festzuhalten, dass jedes Mitglied im Behandlungsteam für Fehlleistungen in seinem eigenen Aufgabengebiet, die **ursächlich** für den eingetretenen Schaden sind, straf- und zivilrechtlich zur Verantwortung gezogen werden kann.

Das Pflegepersonal ist daher zur Vermeidung der Verletzung pflegerischer Sorgfaltspflichten gehalten, bei einer Maßnahme die gesicherten pflegerischen Erkenntnisse zu berücksichtigen, die dem jeweiligen Stand der medizinischen Wissenschaft und Technik entsprechen. Es ist dabei immer diejenige Sorgfalt geboten, die der Patient von einer ordentlichen Pflegekraft in der konkreten Situation erwarten kann.

! Verantwortungsbeziehungen

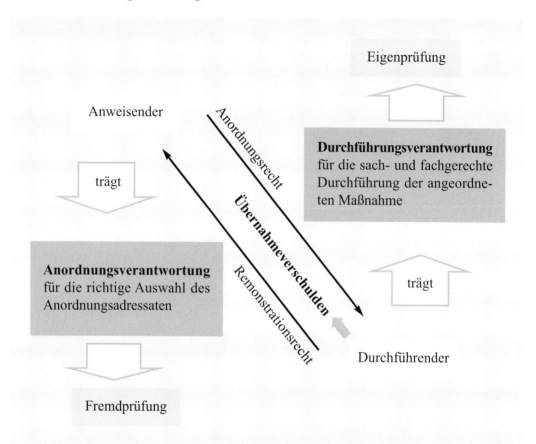

⚠ Zusammenfassend sind die nachfolgenden Prinzipien bei der Anordnung und Durchführung von Aufgaben zu beachten:

1. Der Angewiesene darf grundsätzlich darauf vertrauen, dass die Anweisung sach- und fachgerecht ist; er darf allerdings kein »blindes« Vertrauen haben. Sollten Anhaltspunkte vorliegen, die erkennen lassen, dass die Anweisung falsch ist, darf der Angewiesene sie nicht befolgen.

2. Der Anweisende darf grundsätzlich darauf vertrauen, dass der entsprechend befähigte Anordnungsadressat die Anordnung sach- und fachgerecht ausführt. Er darf jedoch nicht blind darauf vertrauen. Sollten Anhaltspunkte gegeben sein, die erkennen lassen, dass der Angewiesene der Anordnung nicht gewachsen ist oder die Anordnung nicht ordnungsgemäß ausführt, ist der Anweisende verpflichtet einzugreifen.

3. Der Angewiesene, der nicht in der Lage ist, eine Anweisung auszuführen, ist verpflichtet, die Ausführung der Anweisung abzulehnen;
   ansonsten ➡ **Übernahmeverschulden**

III. Sonderproblem: telefonische Anordnung

Im Bereich der Anordnungs- und Durchführungsverantwortung stellt die telefonische Anordnung einen besonderen Problemkomplex dar. Ordnet der Arzt telefonisch eine Maßnahme an, besteht die Gefahr von Hör- und Übermittlungsfehlern. Telefonische Anordnungen sind sicherlich bedenklich, lassen sich in der Praxis jedoch nicht immer vermeiden. Letztendlich wird man für die Zulässigkeit solcher Anordnungen auf den Einzelfall abstellen müssen. Falls es durch einen Übermittlungsfehler zu einem Missverständnis kommt und hierdurch ein Schaden beim Patienten entsteht, würde im Falle eines Prozesses zunächst einmal der Arzt das Risiko eines derartigen Übermittlungsfehlers tragen, weil er sich für die telefonische Anordnung entschieden hat.

⚠ Um Übermittlungsfehler zu vermeiden, sollte der Arzt sich die Anordnung von der Pflegekraft wiederholen lassen. Darüber hinaus sollte die Pflegekraft, aus Gründen der Beweissicherung, die telefonische Anordnung schriftlich fixieren und bei nächster Gelegenheit vom Arzt abzeichnen lassen.[334]

---

[334] Steffen/Dressler, Arzthaftungsrecht, RN 232.

III. Sonderproblem: Bedarfsmedikation

»Bedarfsmedikation« bedeutet, dass der Arzt der Pflegekraft aufgibt, ein bestimmtes Medikament bei »Bedarf« zu verabreichen oder eine Behandlungsmaßnahme vorzunehmen. Eine solche Anordnung ist äußerst problematisch, da die Medikation hier nicht auf die konkrete gesundheitliche Situation des Patienten hin erfolgt. Die Bedarfsmedikation wird daher in der juristischen Literatur als unzulässig angesehen, soweit dadurch dem Pflegepersonal ein eigener Entscheidungsspielraum im diagnostischen und therapeutischen Bereich belassen wird. Das Pflegepersonal ist grundsätzlich nicht befugt, eigene Diagnose- und Therapieentscheidungen zu treffen. Dies würde eine Pflegekraft jedoch tun, wenn sie selbständig das Medikament, den Verabreichungszeitpunkt, die Applikationsart und die Dosierung wählen könnte. Sie müsste in einem solchen Fall wegen Übernahmeverschuldens haften.

In der Praxis tritt allerdings häufig der Fall auf, dass die Pflegekraft im Rahmen des ärztlichen Therapieplans **bei Bedarf** ein Medikament oral oder per Injektion zu verabreichen hat. Wie bereits festgestellt, fällt die Diagnose und Therapie in den alleinigen Verantwortungsbereich des Arztes, so dass eine Bedarfsmedikation nur dann zulässig ist, wenn klare Entscheidungsparameter vorliegen.
Die Übertragung der Applikation von Medikamenten hat in jedem Einzelfall die detaillierte ärztliche Anordnung über

- die Art und Dosis des Medikaments,
- die Konzentration sowie
- den Zeitpunkt und die Art der Applikation

zur Voraussetzung.

Das heißt, dass bei einem bestimmten Blutdruck-, Puls- oder Temperaturwert Medikament X zu verabreichen wäre.

⚠ Die Art des Medikaments und seine Dosierung müssen sich aus vorbestimmten Rahmenbedingungen ergeben.

⚠ Der Zeitpunkt der Verabreichung eines Medikaments kann sich nach einem bestimmten Blutdruck-, Puls-, oder Temperaturwert richten.

Eine Bedarfsmedikation ohne Vorliegen messbarer Parameter – z.B. die pauschale Anweisung: »*Bei Schmerzen verabreichen Sie das Medikament Y*« – ist nur dann zulässig, wenn die Gefährdungsnähe und Komplikationsdichte, d.h. die objektive Gefährlichkeit der Maßnahme für den Patienten, als sehr gering einzustufen ist, so dass die Verabreichung des Medikaments keine gesundheitlichen Komplikationen nach sich ziehen kann. Dies ist in der Regel bei nicht rezeptpflichtigen Medikamenten anzunehmen.

F. Die Verantwortlichkeit bei der Ausführung ärztlicher Tätigkeiten

I. Einführung

Die moderne Medizin ist gekennzeichnet durch eine wachsende Spezialisierung und Technisierung, die eine immer differenziertere Arbeitsteilung zwischen Arzt und nichtärztlichem Hilfspersonal notwendig machen. Der eigentliche Kontakt des Patienten mit dem Arzt reduziert sich oft auf ein Minimum. Es ist eine Tatsache, dass die verschiedenen Medizinalfachberufe in zunehmendem Maße zur Erfüllung ärztlicher Aufgaben herangezogen werden. Die Zuhilfenahme nichtärztlicher Hilfspersonen ist aus der modernen Medizin nicht mehr wegzudenken. Die explosionsartige Komplexitätssteigerung medizinischer Erkenntnisse[335] macht den Einsatz von immer spezialisierterem Assistenzpersonal zur Erfüllung der ärztlichen Aufgaben unabdingbar.

Aus der Sicht des Juristen wirft diese Praxis neben den haftungsrechtlichen Fragen bei Zwischenfällen straf-, arbeits- und versicherungsrechtliche Probleme auf. Wenngleich ein geschädigter Patient die Durchsetzung seiner Forderung vornehmlich gegen den Arzt richten wird, ist daneben auch die Inanspruchnahme des nichtärztlichen Personals möglich (und sei es nur aus prozesstaktischen Gründen, um das nichtärztliche Personal als Zeugen im Verfahren gegen den Arzt auszuschalten).

---

[335] Hagedorn, 52. Deutscher Juristentag, 1978, I, S. 84.

II. Abgrenzung der Kompetenzbereiche (vertikale Arbeitsteilung)

Die Aufteilung der im Gesundheitswesen zu verrichtenden Dienstleistungen zwischen ärztlichem und nichtärztlichem Personal (sog. **vertikale Arbeitsteilung**) und die damit zusammenhängende Frage nach der Reichweite der Delegationen bedarf zunächst der Bestimmung des ärztlichen Verantwortungsbereiches. Das deutsche Gesundheitsrecht weist keine Norm auf, die das Tätigkeitsfeld des Arztes beschreibt. Zur Definition wird daher noch immer § 1 Abs. 2 Heilpraktikergesetz (HPG) aus dem Jahr 1939 herangezogen.

 § 1 HPG Abs. 2 – Erlaubnis
Ausübung der Heilkunde im Sinne dieses Gesetzes ist jede berufs- oder gewerbsmäßig vorgenommene Tätigkeit zur Feststellung, Heilung oder Linderung von Krankheiten, Leiden oder Körperschäden bei Menschen, auch wenn sie im Dienste von anderen ausgeübt wird.

Nach dieser Legaldefinition gibt es keinen arztfreien Bereich. Jede Infusions-, Injektions- oder Punktionstätigkeit würde ausschließlich in die ärztliche Kompetenz fallen. Es besteht Einigkeit darüber, dass diese Aufgabenbeschreibung zu weit gefasst ist und daher nur bedingte Erkenntnisse auf die Frage nach der Reichweite von Delegationen vermitteln kann. Nicht jeder Handgriff im ärztlichen Umfeld ist dem Arzt auch tatsächlich zugeordnet, denn die Medizinalfachberufe haben nicht zuletzt aufgrund der akademisierten Ausbildung in manchen Bereichen einen hohen Grad an Selbständigkeit entwickelt, so dass der ärztliche Aufgabenbereich in diesen Segmenten eingeschränkt werden kann.

Unter diesem Aspekt wurde mit der Novellierung des Gesetzes über die Berufe in der Krankenpflege[336] das Ausbildungsziel und der Ausbildungsauftrag der staatlich anerkannten Schulen (§ 3 KrPflG) neu gefasst. An die Stelle bisheriger Gesetzestermini (»sach- und fachkundige«, »Vorbereitung, Assistenz und Nachbereitung«[337]) traten bei der Beschreibung zukünftiger Pflege in ihrer Bedeutung deutlich weitergehende Begriffe wie »eigenverantwortlich«, »eigenständig«, »interdisziplinär … zusammenzuarbeiten« und »Mitwirkung«, die den im Gesetz genannten Pflegeberufen perspektivisch ein sehr viel anspruchsvolleres Tätigkeitsprofil verleihen als bisher.[338] Durch diese Formulierungen werden die »Kernbereiche« der pflegerischen Tätigkeiten, die einer ärztlichen Anordnung bedürfen bzw. nicht

---

[336] Gesetz über die Berufe in der Krankenpflege und zur Änderung anderer Gesetze vom 16. Juli 2003, in Kraft getreten am 1. Januar 2004.

[337] Vgl. Krankenpflegegesetz vom 4. Juni 1985 (BGBl. I, S. 893), § 4.

[338] Vgl. Di Bella/Schramm, Das Krankenpflegegesetz. Entwicklungen und Perspektiven für den Berufsstand Pflege, S. 4.

bedürfen, konkretisiert, was erstmalig einer Manifestierung eines arztfreien Raumes per Legaldefinition nahekommt.

Selbstverständlich wird kaum bestritten, dass die Kernbereiche des ärztlichen Handelns, die Diagnosestellung[339] und Ausarbeitung eines Therapieplans, ausschließlich dem approbierten Mediziner vorbehalten sein müssen. Gleichwohl bleibt die Notwendigkeit einer klaren Regelung bezüglich der Abgrenzung ärztlicher von pflegerischen Tätigkeiten bestehen. Über die Formulierungen des § 3 KrPflG hinaus enthält das novellierte Krankenpflegegesetz vom 1. Januar 2004 keine konkrete Aufgabenverteilung zwischen dem ärztlichen und pflegerischen Bereich und auch keine Zuweisung von Aufgaben, die ausschließlich ausgebildeten Pflegekräften vorbehalten sind (»Vorbehaltsaufgaben«).

⚠ Auch das novellierte Krankenpflegegesetz schützt nur die Berufsbezeichnung, also ob sich jemand »Gesundheits- und Krankenpflegerin« bzw. »Gesundheits- und Krankenpfleger« nennen darf, ordnet jedoch den Trägern der Berufsbezeichnung keine originären Aufgaben zu. Eine gesetzlich abschließende Regelung besteht somit nicht.

Daher können nur die Rechtsprechung, die juristische Literatur und die Stellungnahmen der Berufs- und Fachverbände einen gewissen Anhaltspunkt geben. In der Literatur werden ärztliche und pflegerische Aufgaben danach abgegrenzt, ob ärztliches Fachwissen erforderlich ist oder nicht. Seit einem Urteil des BGH aus dem Jahr 1984[340] wird bei der Frage nach der Reichweite der Aufgabendelegation an das pflegerische Personal grundsätzlich zwischen den Bereichen **Grundpflege** und **Behandlungspflege** differenziert.

1. Grundpflege

Die Grundpflege und die pflegerische Ergänzung des ärztlichen Behandlungskonzepts fallen in den Aufgabenbereich der Pflegekräfte und des Krankenhausträgers. Pflegekräfte versehen auf diesem Gebiet keine dem ärztlichen Tätigkeitsbereich zugeordnete Aufgabe.[341] Sie sind daher keine Erfüllungsgehilfen des Arztes, sondern stehen unter der Weisungs- und Überwachungsverantwortung der Pflegedienstleitung und des Krankenhausträgers. Die pflegerische Betreuung des Patienten ist in erster Linie Aufgabe des Krankenhausträgers, der eine eigene Verantwortung für das eingesetzte Pflegepersonal trägt. Die ordnungsgemäße Ausführung dieser Pflegeaufgabe ist grundsätzlich nicht vom Arzt geschuldet.[342] Daraus

---

[339] Gemeint sind medizinische Diagnosen.

[340] BGH, NJW 1984, S. 1400.

[341] Gehrlein, Leitfaden zur Arzthaftpflicht, S. 70.

[342] BGH, NJW 1984, S. 1400 (1402).

folgt, dass die Haftung des Arztes nur bis zu dem Punkt angenommen werden kann, an dem die Betreuung des Patienten ohne Defizite auf das pflegerische Personal übertragen wurde. Etwas anderes gilt, wenn die Pflege aus besonderen Gründen eine ärztliche Beurteilung und Anordnung verlangt. Die Grenzen zum (ärztlichen) Bereich der Behandlungspflege sind fließend und fallabhängig.

2. Behandlungspflege

Inwieweit im Rahmen der Behandlungspflege Maßnahmen auf Pflegekräfte übertragen werden können, hängt neben der subjektiven Fähigkeit des eingesetzten Personals von der objektiven Gefährlichkeit der durchzuführenden Maßnahmen ab. Mithin ist für die Delegation einer Aufgabe maßgeblich, dass der anordnende Arzt für seinen Patienten kein Gefährdungspotenzial erkennt. Fällt diese gewissenhafte Überprüfung positiv aus, steht der Übertragung von bestimmten ärztlichen Tätigkeiten auf das pflegerische Personal nach Ansicht der Rechtsprechung grundsätzlich nichts entgegen.

⚠ **Delegationsmodell**

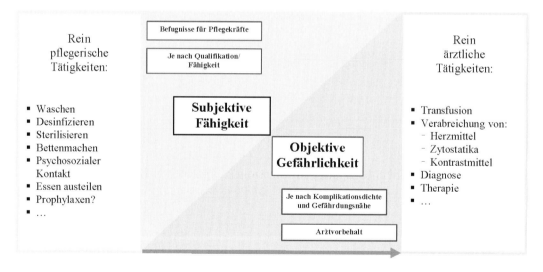

Die ausschließliche Bezugnahme auf richterliches Gestaltungsrecht in dem haftungssensiblen medizinischen Behandlungsgeschehen und das damit verbundene Risiko von Fehlinterpretationen schreckt jedoch manchen Verantwortlichen von einer Tätigkeitsübertragung ab. Hinzu kommt, dass sich auch sog. »Gerichtsentscheidungen mit wertsetzendem Charakter« an dem jeweiligen Einzelfall mit seinen spezifischen Besonderheiten orientieren und aus diesem Grund einer Verallgemeinerung nur bedingt zugänglich sind.

Diese Unsicherheit und die Besorgnis, dass das ohnehin knappe Zeitkontingent der Pflege-kräfte durch eine systematische Übernahme ärztlicher Tätigkeitsfelder eine nicht mehr trag-bare Belastung erfahren würde, bringt manche Pflegekraft bzw. deren Führungsebene dazu, die Übernahme ärztlicher Tätigkeiten zu verweigern. Da der Mehraufwand für die Pflege wegen des Kostendrucks aller Wahrscheinlichkeit nach auch nicht durch Neueinstellungen kompensiert werden kann, treffen zwei schwer zu vereinende Positionen aufeinander. Der Pflege wird demzufolge eine Gratwanderung zwischen der ökonomischen Gesamtverant-wortung ihres Einrichtungsträgers und der Erledigung der pflegerischen Aufgaben abverlangt.

In diesem Zusammenhang birgt die Praxis des Stationsalltags insofern ein zusätzliches Problem, als eine Vielzahl von ärztlichen Tätigkeiten bereits heute an der gesetzlichen Realität vorbei vom Pflegepersonal wahrgenommen wird. Es sollte hierbei dringend beach-tet werden, dass die an einer **unwirksamen Delegation** beteiligten Personen in jedem ein-zelnen Fall dem vollen Spektrum des Haftungsrechts ausgesetzt sind. Die Gefahr derartigen Handelns liegt einerseits in der zivilprozessrechtlich ungünstigen Beweislastumkehr (siehe S. 245–251), andererseits in der aussichtsreichen Inanspruchnahme des Anordnenden wegen fehlerhafter Auswahl des Anordnungsadressaten. Zu weitreichenden Konsequenzen kann auch die strafrechtliche Verantwortlichkeit führen, denn der Patient hat seine Einwilligung nur für den Fall erteilt, dass die Behandlung von entsprechend qualifiziertem Personal vor-genommen wird.[343] Im Umkehrschluss kann der invasive Eingriff der handelnden Person eine strafbare Körperverletzung darstellen, da keine Rechtfertigung durch die Einwilligung des Patienten vorliegt.

Zur Erlangung von Rechtsklarheit und Rechtsfrieden innerhalb der Einrichtung sollten die Pflegeverantwortlichen gemeinsam mit den übrigen Entscheidern ein für alle Beteiligten tragbares Delegationsmodell entwickeln. In einem ersten Schritt müsste das Leistungs-spektrum aller im Krankenhaus tätigen Professionen abgesteckt werden. Sodann kann eine Überprüfung der Aufgabenverteilung unter dem Aspekt der Lohnkosten erfolgen. Neben der Frage der Delegation von ärztlichen Aufgaben kann an dieser Stelle auch eine Über-prüfung von Aufgaben stattfinden, die dauerhaft von geringer qualifiziertem Personal wahr-genommen werden können (z.B. Essen austeilen, Bettenmachen oder Botengänge). In jedem Fall kann die Frage der Delegation nur von fachkompetentem Personal unter der Be-rücksichtigung der vorhandenen rechtlichen Rahmenbedingungen und des Patientenschutzes bewertet werden.[344]

---

[343] Siehe auch LG Waldshut-Tiengen RDG 2005, S. 59 f., sowie die Darstellung auf S. 78 ff.

[344] Großkopf, Delegation ärztlicher Aufgaben, RDG 2003, S. 2 ff.

⚠ Es gilt: Je geringer die **Komplikationsdichte** und die **Gefährdungsnähe**, desto »übertragbarer« die Maßnahme.

Wenngleich das Feld der Delegation von Aufgaben nunmehr grob umrissen ist, kann die Frage nach der Zulässigkeit der Delegation von Tätigkeiten nicht pauschal beantwortet werden. Vielmehr ist die Beziehung zwischen der Art des Eingriffs und der Qualifikation des jeweils Handelnden in jedem Einzelfall genau zu betrachten.

III. Die Injektionsproblematik

Ob und *unter welchen Voraussetzungen* eine ärztliche Tätigkeit an nichtärztliches Personal delegiert werden kann, lässt sich am deutlichsten an der Delegation von Injektionen darstellen. Die Zulässigkeit einer solchen Delegation an das Pflegepersonal ist für die Pflegekraft aufgrund einer Vielzahl von gerichtlichen Entscheidungen und unterschiedlichen Stellungnahmen in der juristischen Literatur kaum nachvollziehbar.[345] Die Vorgaben der Gerichte und das tägliche Handeln der Pflegekräfte in den Krankenhäusern, Altenheimen und ambulanten Pflegediensten (der Praxisalltag) klaffen darüber hinaus augenfällig auseinander. Im Folgenden sollen die Voraussetzungen für die Delegation und Ausführung subkutaner, intramuskulärer und intravenöser Injektionen aus juristischer Sicht aufgezeigt werden.

⚠ Grundsätzlich gehört die Verabreichung von Injektionen, gleich welcher Art, zum ärztlichen Verantwortungsbereich. Diese Tätigkeit kann das ärztliche Personal jedoch unter bestimmten Voraussetzungen auf Pflegekräfte übertragen.[346]

Bevor der Arzt[347] eine Aufgabe an das nichtärztliche Personal delegiert, muss er sich zum einen von der **objektiven Gefährlichkeit** des Eingriffs und zum anderen von der **subjektiven Fähigkeit** des Handelnden überzeugen.[348] Die objektive Gefährlichkeit des Eingriffs hängt von der Häufigkeit der möglicherweise auftretenden Komplikationen und von dem Risikograd des Eingriffs ab.

---

[345] BGH, NJW 1984, S. 1400; BGH, NJW 1981, S. 628; BGH, NJW 1980, S. 1903; BGH, NJW 1979, S. 1935; BGH, NJW 1974, S. 604; BGH, NJW 1954, S. 1536; BGH, NJW 1951, S. 566; OLG Frankfurt a.M., NJW-RR 2001, S. 90.

[346] BGH, NJW 1980, S. 1903; Wolfarth/Ückert, Subkutane und intramuskuläre Injektionen, Die Schwester/Der Pfleger 1994, S. 103 ff.

[347] An dieser Stelle ist darauf hinzuweisen, dass das aufgezeigte Delegationsmodell und die darin enthaltenen Grundsätze im gleichen Umfang auch dann anzuwenden sind, wenn nicht Ärzte, sondern Pflegekräfte Aufgaben delegieren.

[348] Schell, Staatsbürger- und Gesetzeskunde für die Krankenpflegeberufe in Frage und Antwort, S. 111.

! Grundvoraussetzung bei einer Delegation

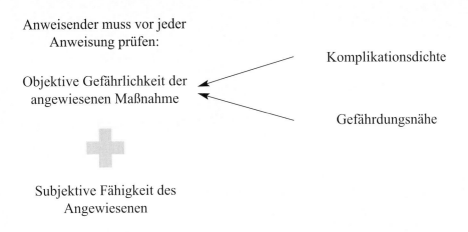

Bei Injektionen bestimmt sich die objektive Gefährlichkeit nach der anzuwendenden Technik, nach dem Zustand des Patienten und vor allem nach dem zu verabreichenden Medikament. Es gibt Medikamente, die aufgrund ihrer Gefährlichkeit überhaupt nicht von Pflegekräften verabreicht werden dürfen. Zu dieser Gruppe gehören beispielsweise:

- Röntgenkontrastmittel,
- Herzmittel,
- Zytostatika,
- Medikamente, bei denen häufiger Zwischenfälle beobachtet wurden.[349]

Ausgenommen von diesem Verabreichungsverbot sind – wegen der verstärkten Anwesenheit von ärztlichem Personal – gut organisierte Intensivstationen und Anästhesien.[350]

Die den einschlägigen Urteilen zugrunde liegenden Sachverhaltsschilderungen lassen überdies auch Aussagen über typische Komplikationserscheinungen von Fehlinjektionen zu:

---

[349] Böhme, Das Rechts des Krankenpflegepersonals, Teil 2: Haftungsrecht, S. 233 f.; Schell, Staatsbürger- und Gesetzeskunde für die Krankenpflegeberufe in Frage und Antwort, S. 111.

[350] Molkentin, Sorgfaltspflichten in der Anästhesie- und Intensivpflege, Deutsche Krankenpflegezeitschrift 1993, S. 416 f.

- Spritzenabzess[351],
- Spritzenhämatom,
- Infektion,
- nekrotische Entzündungen mit Gewebszerfall[352],
- ganz oder teilweise amputierte Gliedmaßen[353],
- Nervenlähmungen mit anschließender Bewegungsbeeinträchtigung.[354]

Regelmäßig zeitigten die fehlerhaften intramuskulären und intravenösen Injektionen größere Folgen.

Der Anordnende muss sich wie erwähnt auch von der Qualifikation der angewiesenen Pflegekraft überzeugen. Hierbei sind zwei unterschiedliche Qualifikationsebenen zu nennen:

- die formelle Qualifikation,
- die materielle Qualifikation.

Die formelle Qualifikation ist die durch das Ausbildungszeugnis bescheinigte Fähigkeit einer Pflegekraft. Gleichwohl sucht man in dem als reines Berufsbezeichnungsgesetz konzipierten Krankenpflegegesetz[355] vergeblich nach Hinweisen, die für eine Berechtigung von Pflegekräften zur Injektion, Infusion oder Punktion sprechen, so dass unter diesem Gesichtspunkt Pflegekräfte als Delegationsempfänger eigentlich ausfallen müssten. Wie bereits erwähnt, zeichnen sich die gesamten Medizinalfachberufe jedoch durch eine hohe faktische Spezialisierung aus, die zum Teil über den formellen Befähigungsstand hinausreicht. Diese materielle Qualifikation wird geprägt durch die Fähigkeiten, Kenntnisse und Erfahrungen einer Pflegekraft.

Bei der Anordnung von Injektionen muss die materielle Qualifikation hinsichtlich folgender Punkte geprüft werden:

---

[351] BGH, VersR 1969, S. 135.

[352] BGH, NJW 1980, S. 1903.

[353] BGH, NJW 1981, S. 628; BGH, NJW 1968, S. 1181.

[354] BGH, NJW 1979, S. 1935, BGH, NJW 1951, S. 566.

[355] Auch das Altenpflegegesetz schützt nur die Berufsbezeichnung (§ 27 AltPflG).

1. Beherrschung der Injektionstechnik,
2. Kenntnis über die Wirkungen und Nebenwirkungen des zu verabreichenden Medikaments,
3. Kenntnisse in der Krankenbeobachtung,
4. Fähigkeit zur Einleitung von Erste-Hilfe-Maßnahmen.

Sog. »Spritzenscheine« können den Arzt im Einzelfall nicht von der Überprüfung der materiellen Qualifikation entbinden. Ebenso wird die Pflegekraft durch die Bescheinigung nicht von ihrer Durchführungsverantwortung befreit. Wenn die Pflegeperson berechtigte Zweifel an einer Anordnung hegt, muss sie – wie bereits auf S. 212 ausgeführt – diese dem Arzt mitteilen, damit er seine Entscheidung überdenken kann. Dies ergibt sich aus ihrer Mitwirkungsverpflichtung nach §§ 3 AltPflG, KrPflG. Ihre Bedenken sollte die Pflegekraft dokumentieren. Sofern der Arzt bei seiner Anordnung bleibt, haftet er im Rahmen seiner Anordnungsverantwortung für einen Schaden des Patienten. Die Pflegeperson trägt dagegen weiterhin die Durchführungsverantwortung.

Aus dem Gesagten lässt sich nachfolgendes Delegationsmodell entwickeln:

! **Delegationsmodell**

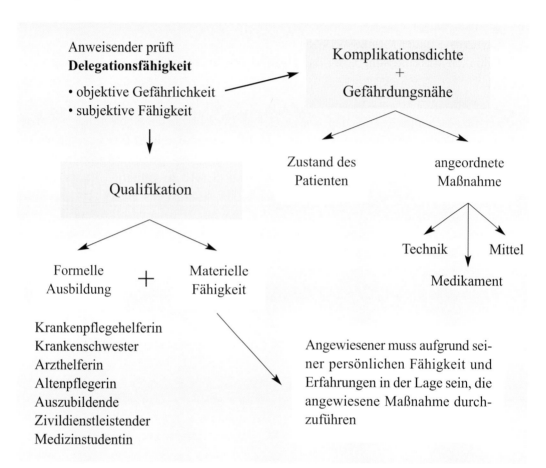

Rechtlich schwierig und noch nicht abschließend geklärt ist die Frage, inwieweit nicht **hinreichend formell, jedoch materiell qualifizierte Pflegekräfte** zum Verabreichen von Injektionen herangezogen werden können.[356] Die Rechtsprechung ging bisher von einer sehr formalistischen Sichtweise aus: Es bestehen keine Probleme, wenn Pflegepersonal mit dreijähriger Ausbildung subkutane und intramuskuläre Injektionen übertragen werden. Die Durchführung intravenöser Injektionen bleibt, insbesondere wegen der schnellen Wirksamkeit des Medikaments, nur Pflegekräften vorbehalten, die für diese Aufgabe besonders ausgebildet

---

[356] BGH, NJW 1986, S. 2365; Hahn, Zulässigkeit und Grenzen der Delegation ärztlicher Aufgaben, NJW 1985, S. 1972, 1982.

wurden und entsprechende Kenntnisse, Fähigkeiten und Fertigkeiten in diesem Bereich nachweisen können.[357]

Die formelle Qualifikation der **Gesundheits- und Krankenpflegehelfer** wirft im Bereich der Delegation von Injektionen dagegen Probleme auf.[358] Wegen der Einfachheit der Injektionstechnik subkutaner Injektionen gilt es weithin als geklärt, dass diese – nach entsprechender praktischer Berufserfahrung und Unterweisung – sehr wohl an Krankenpflegehelfer delegiert werden können. Auf die Frage, ob auch eine Übertragung der Durchführung von intramuskulären Injektionen zulässig sei, fand der BGH[359] in seiner Entscheidung aus dem Jahr 1979 keine abschließende Antwort. So führte er zwar aus, dass die Verabreichung von intramuskulären Injektionen durch Krankenpflegehelfer grundsätzlich nicht geduldet werden darf, weil eine fehlerhafte Ausführung bekanntermaßen zu typischen schwerwiegenden Schäden führen kann. Andererseits räumte der BGH in dieser Entscheidung die Möglichkeit ein, dass besonders qualifizierten und über das allgemeine Ausbildungsziel hinaus geübten Schwesternhelferinnen und Pflegehelfern ausnahmsweise selbständige intramuskuläre Injektionen anvertraut werden dürften. Der ADS, der DBfK und die Deutsche Krankenhausgesellschaft schlagen wegen dieser rechtlich nicht eindeutig geklärten Situation in ihren Stellungnahmen daher vor, Krankenpflegehelfern nur subkutane Injektionen zu übertragen.

In der Praxis werden die Krankenpflegehelfer häufig auch bei parenteralen Arzneimittelapplikationen von Ärzten eingesetzt. Aufgrund der geringen Gefährlichkeit von venösen Blutentnahmen und subkutanen und intrakutanen Injektionen bestehen unserer Ansicht keine Bedenken gegen diese Praxis. Kritisch wird es aber, wenn nichtärztliche Gehilfen mit einer derart geringen formellen Qualifikation zur Verabreichung von intramuskulären oder intravenösen Injektionen herangezogen werden. Es ist dem BGH beizupflichten, dass Krankenpflegehelfer hierzu nicht berechtigt sind. Dies wird umso bedeutungsvoller, wenn man berücksichtigt, dass mit der Novellierung des Krankenpflegegesetzes[360] die Regelungskompetenz des Helferberufs den Bundesländern zugewiesen wurde (analog der Ausbildung zum Altenpflegehelfer).

---

[357] Stellungnahme der ADS und des DBfK vom April 1989 zur Vornahme von Injektionen, Infusionen, Transfusionen und Blutentnahmen durch das Krankenpflegepersonal; Stellungnahme der Bundesärztekammer vom 18. April 1980 zu Injektionen, Infusionen und Blutentnahmen, abgedruckt bei Klie/Stascheit, Gesetze für Pflegeberufe.

[358] BGH, NJW 1979, S. 1935.

[359] BGH, NJW 1979, S. 1935 f.

[360] Durch das Gesetz über die Berufe in der Krankenpflege und zur Änderung anderer Gesetze vom 16. Juli 2003, in Kraft getreten am 1. Januar 2004.

Ohne eine länderübergreifende Verständigung besteht jedoch die Gefahr, dass sich die formelle Qualifikation aufgrund unterschiedlicher Rahmen- und Zielsetzungen in der Ausbildung nur noch schwer vergleichen lässt. Schon seit längerem gibt es Stimmen in der Literatur, die hauptsächlich auf die tatsächliche Befähigung abstellen.[361] Dieser Auffassung kann jedoch nicht gefolgt werden. Auch wenn sich der Pflegehelfer auf dem Gebiet der Injektionstechnik besondere Kenntnisse verschafft haben mag, darf dies nicht darüber hinweg täuschen, dass außer Detailwissen keine weitergehenden Kenntnisse vorhanden sind. Die durch das Bestehen der staatlichen Prüfung erworbene Qualifikation muss den Orientierungsrahmen für die Entscheidung bilden, bis zu welchem Grad eine darüber hinausgehende Spezialisierung noch akzeptiert werden kann.[362] Der geringere Ausbildungsumfang des Pflegehelfers lässt dies nicht zu.

⚠ **Delegation von behandlungspflegerischen Maßnahmen an Pflegehelfer**
Nach Ansicht des Sozialgerichtes Speyer ist nicht die materielle, sondern die formelle Qualifikation von entscheidender Bedeutung, da nur über diese im Regelfall ein ausreichender Rückschluss auf die fachliche Qualität möglich ist.[363]

Noch unübersichtlicher ist die Rechtslage bei **Auszubildenden** in den Pflegeberufen.[364] Diesen fehlt vor Beendigung ihrer Ausbildung zwangsläufig die formelle Qualifikation. Aus diesem Grunde haben der ADS und der DBfK, die Deutsche Krankenhausgesellschaft und die Bundesärztekammer in ihren Stellungnahmen erwähnt, dass Auszubildende Injektionen nur unter unmittelbarer Aufsicht und allein zum Zwecke der Ausbildung durchführen dürfen. Die Durchführungsverantwortung trägt dabei die anleitende Person. Die Praxis zeigt jedoch, dass Auszubildende nach mehrmaligem Spritzen unter Aufsicht häufig eigenständig Injektionen vornehmen. Dies ist rechtlich problematisch, denn nach der Entscheidung des OLG Köln vom 22. Januar 1987[365] ist davon auszugehen, dass keine intramuskulären Injektionen an Auszubildende delegiert werden dürfen. Nach dem einschlägigen Schrifttum dürfen auch Famuli, also kurz vor der Abschlussprüfung stehende Medizinstudenten, die sowohl das Physikum als auch einen zweimonatigen Pflegedienst absolviert haben, mangels ausreichender Erfahrung und Qualifikation **keine intramuskulären Injektionen** verabreichen.[366]

---

361 Andreas, Arztrecht 1980, S. 50; Andreas/Siegmund-Schulze, Die Schwester/Der Pfleger 1980, S. 128.
362 Hahn, Zulässigkeit und Grenzen der Delegierung ärztlicher Aufgaben, NJW 1981, S. 1977.
363 SG Speyer, RDG 2006, S. 117 ff.
364 BGH, NJW 1951, S. 566.
365 OLG Köln, MedR 1987, S. 192 ff.
366 Siehe hierzu Böhme, Das Rechts des Krankenpflegepersonals, Teil 2: Haftungsrecht, S. 233 f.

Bezüglich der **subkutanen Injektion** gibt es noch keinen Hinweis von Seiten der Rechtsprechung, ob diese Injektionen von Auszubildenden selbständig ausgeführt werden dürfen. Die Literatur vertritt hierzu eine geteilte Meinung: Zum einen wird die bereits dargestellte Auffassung vertreten, dass Auszubildende nur unter unmittelbarer Aufsicht Injektionen vornehmen dürfen. Zum anderen wird zu Recht angenommen, dass nicht auf die formelle Qualifikation, sondern auf die tatsächlich erworbenen Kenntnisse und Fähigkeiten abzustellen ist.[367] Denn die Grundsätze zur Delegation von Injektionen auf nichtärztliches Assistenzpersonal sollen dem Schutz des Patienten dienen. Diesem wird umfassend Genüge getan, wenn der Ausführende – die ausgebildete Pflegekraft, der Student oder Auszubildende – über das Wissen und Können verfügt, um eine Injektion fach- und sachgerecht durchzuführen, er also hinreichend materiell qualifiziert ist.[368]

Bei der Frage, ob eine ärztliche Aufgabe auf nichtärztliches Personal übertragen werden kann, wird auch von der Rechtsprechung zunehmend die materielle Qualifikation als Entscheidungsgrundlage herangezogen. Die Entscheidung des Landgerichtes Berlin[369] aus dem Jahr 1997 zeigt deutlich, dass nicht der Ausbildungsstand, sondern die tatsächliche Fähigkeit des Anordnungsempfängers ausschlaggebend war für die Übertragbarkeit der im konkreten Fall anstehenden intravenösen Injektion auf nichtärztliches Personal.

 Beispiel:

Die Klägerin wurde vom beklagten Arzt am 6. April 1989 wegen akuter Hüftgelenksschmerzen behandelt. Die Patientin bekam eine intravenöse Injektion von Novaminsulfon in die rechte Ellenbeuge, ohne zuvor vom Beklagten über Risiken und alternative Behandlungsmethoden aufgeklärt worden zu sein. Die Vornahme der Injektion wurde vom Beklagten an eine seiner Helferinnen delegiert, wobei er sich nicht erinnern konnte, welche seiner drei Angestellten er mit der Aufgabe beauftragt hatte. Eine der Angestellten ist ausgebildete Gesundheits- und Krankenpflegerin, die anderen sind Sprechstundenhilfen. Die Patientin erlitt bei der Behandlung einen Schwächeanfall und kollabierte, wobei nicht festzustellen ist, ob dies während oder unmittelbar nach der Injektion geschah. Während der drei folgenden Tage hatte die Klägerin ein Taubheitsgefühl im rechten Arm. Über zwei Jahre hinweg traten Schmerzen von wech-

---

367 Vgl. Böhme, Das Rechts des Krankenpflegepersonals, Teil 2: Haftungsrecht, S. 227 f.; Saffé/Sträßner, Delegation ärztlicher Tätigkeiten auf nichtärztliches Personal aus haftungsrechtlicher Sicht, PflegeRecht 1997, S. 98, 102.

368 Großkopf, Fehlinjektionen, Pflegezeitschrift 1994, S. 557 ff.

369 LG Berlin, Urteil vom 28. Juni 1997 (6 O 330/92).

selnder Intensität auf, und der rechte Unterarm verblieb radial bis zum Daumen taub. Ein anderer von der Klägerin konsultierter Arzt diagnostizierte am 15. September 1989 eine Läsion des Nervus cutaneus antebrachii lateralis rechts. Ein Sachverständiger bestätigte in einem vorgerichtlichen Schlichtungsverfahren diese Diagnose, wobei seiner Meinung nach ein vermeidbarer Injektionsfehler nicht vorlag, da es auch bei kunstgerechter Vorgehensweise möglich sei, dass die Nadel die Vene durchstoße und der Nerv dadurch geschädigt werde, dass Novaminsulfon in den extravasalen Raum gelange. Im vorliegenden Fall sei eine direkte Schädigung des Nervs auszuschließen, da kein Sofortschmerz aufgetreten sei und die Neurotoxizität durch das injizierte Medikament dokumentiert ist. Die Klägerin vertrat die Auffassung, dass intravenöse Injektionen durch Arzthelferinnen unvertretbar seien, da diese weder entsprechend ausgebildet noch eingewiesen und regelmäßig überprüft worden seien. Der Beklagte hat dazu vorgetragen, dass alle seine Helferinnen befähigt seien, intravenöse Injektionen zu verabreichen. Sie seien zuverlässig und langjährig (drei bis fünf Jahre) bei ihm angestellt.

Der beklagte Arzt wurde im vorliegenden Fall verurteilt. Das Gericht führte hierzu aus, dass der Behandlungsfehler und damit der Rechtsgrund für die Inanspruchnahme des Beklagten im Einsatz nicht hinreichend materiell qualifizierten Personals (Verletzung der Anordnungsverantwortung) lag. Die intravenöse Injektion stellt eine rein ärztliche Tätigkeit dar, die in der Praxis nur in Ausnahmefällen an erfahrenes und nach spezieller ärztlicher Anleitung mit Injektionen vertrautes Assistenzpersonal übertragen werden kann. Das Gericht führte hierzu allerdings weiter aus, dass grundsätzlich heute keine Bedenken mehr bestehen, intravenöse Injektionen an entsprechend qualifiziertes Assistenzpersonal (Arzthelferin, Gesundheits- und Krankenpflegerin) zu übertragen, sofern aufgrund der Art der Erkrankung und der Lokalisation der Spritze keine besonderen Komplikationen drohen. Insofern war **die Delegation der intravenösen Injektion an eine Gesundheits- und Krankenpflegerin oder Arzthelferin nicht von vornherein fehlerhaft**.

Durch die Regelung des § 831 BGB trägt der Arzt jedoch die Beweislast für die ausreichende Ausbildung, Anleitung und die Fähigkeit seines Assistenzpersonals, die ihm übertragene Maßnahme eigenverantwortlich und selbständig durchführen zu können. Wenn er diesen Nachweis nicht führen kann, wird sein Verschulden gesetzlich vermutet. Da der Beklagte sich nicht erinnern konnte, auf welche der drei Helferinnen er die Aufgabe übertragen hatte, musste er den erforderlichen Nachweis für alle drei Mitarbeiterinnen führen. Die Verschuldensvermutung des § 831 BGB wurde nicht widerlegt, weil der Beklagte die

Qualifikation der drei Helferinnen nicht umfassend nachgewiesen hat und auch nicht darlegen konnte, dass die mangelnde materielle Qualifikation nicht ursächlich für den eingetretenen Schaden war. Das Gericht wies ausdrücklich darauf hin, dass die pauschale Behauptung des Beklagten, alle drei Helferinnen seien langjährig bei ihm beschäftigt und sehr zuverlässig und befähigt, Injektionen zu verabreichen, allein nicht ausreiche. In dieser Entscheidung wird sehr deutlich, dass letztlich die materielle Qualifikation wesentliche Voraussetzung für die Delegierbarkeit ärztlicher Aufgaben ist. Um eine Inanspruchnahme zu verhindern, ist es jedoch wichtig, die materielle Qualifikation der eingesetzten Pflegekraft nachweisen zu können.

⚠ Abschließend ist darauf hinzuweisen, dass es sich bei dem geschilderten Fall um eine **zivilrechtliche Streitigkeit** gehandelt hat. Die Regeln der Beweislastumkehr und Beweiserleichterung finden in **Strafverfahren** keine Anwendung. Hier muss das Gericht mit an Sicherheit grenzender Wahrscheinlichkeit die Schuld des Täters beweisen. Ansonsten gilt der strafrechtliche Grundsatz: »In dubio pro reo« – »Im Zweifel für den Angeklagten«.

IV. Infusionen

Bei der Infusion ist zu beachten, dass deren Anlegen eine ausschließlich ärztliche Aufgabe darstellt. Der Wechsel von Infusionslösungen bei liegendem Infusionssystem, das Einspritzen in den Infusionsschlauch oder in die Infusionsflasche kann nach ärztlicher Anordnung von entsprechend qualifiziertem Pflegepersonal vorgenommen werden.[370] Hierbei entfällt zwar die Gefährlichkeit des körperlichen Eingriffs, die Gefährlichkeit des Infusionsmittels, die situationsgerechte Beherrschung der Aufgabenstellung durch den nichtärztlichen Mitarbeiter sowie die Überwachung des Gesamtgeschehens durch den Arzt können jedoch problematisch werden. Injektionen in den Infusionsschlauch mit direktem Venenzugang sind daher intravenösen Injektionen gleichzusetzen.[371]

Pflegekräfte, die über keine ausreichende (formelle) Qualifizierung verfügen, dürfen entsprechend den genannten Bedenken gegen das Verabreichen von intravenösen Injektionen keine Medikamente in den Infusionsschlauch spritzen bzw. keine Infusionslösungen anhängen.

---

370 Klie/Stascheit, Gesetze der Pflegeberufe, S. 98; Dilkrath/Worm, Katheterisierung mit System, Altenpflege 1987, S. 220 ff.

371 Andere Auffassung: Saffé/Sträßner, Delegation ärztlicher Tätigkeiten auf nichtärztliches Personal aus haftungsrechtlicher Sicht, Pflege-Recht 1998, S. 33.

V. Blutentnahmen

Blutentnahmen sind wegen der relativen Ungefährlichkeit und Einfachheit der Ausführung auf sowohl drei- als auch einjährig ausgebildete Pflegekräfte und auf Arzthelferinnen übertragbar.

VI. Transfusionen

In fast allen Bereichen der modernen Medizin – insbesondere der Chirurgie – sind Bluttransfusionen von entscheidender Bedeutung. Dies gilt für die Durchführung schwieriger Operationen wie für die Rettung Unfallverletzter oder den Blutaustausch bei Risikogeburten oder Vergiftungen. Die Bluttransfusion ist nicht risikolos, sondern kann zu erheblichen gesundheitlichen Komplikationen führen. Neben Fehlern bei der blutgruppenserologischen Bestimmung kann es zu Verwechslungen und damit zur Übertragung ungeeigneten Blutes kommen. Ebenso sind Ansteckungen als Folge der Übertragung von Krankheitskeimen möglich. Daher stellt die Bluttransfusion in der Regel einen schwerwiegenden Eingriff in die körperliche Integrität des Patienten dar. Die Übertragung von Blut oder Blutbestandteilen zu therapeutischen Zwecken (Transfusion) erfordert eine sorgfältige Vorbereitung und eine exakte Durchführung unter Berücksichtigung des aktuellen Standes der wissenschaftlichen Erkenntnisse.[372]

Durch das am 7. Juli 1998 in Kraft getretene Transfusionsgesetz wurde die Bundesärztekammer formal in die auf dem Gebiet des Transfusionswesens notwendige Qualitätssicherung eingebunden. Gemäß §§ 12 Abs. 1 Nr. 1 und 18 Abs. 1 Nr. 3 TFG erfasst diese Einbindung auch die Anforderungen an die Qualifikation der im Zusammenhang mit der Anwendung von Blutprodukten tätigen Personen.

Nach den Sicherheitsgrundsätzen der Richtlinien der Bundesärztekammer[373] ist die Transfusion eine rein ärztliche Tätigkeit, die besonderes ärztliches Fachwissen erfordert. Aufgrund der Gefahrgeneigtheit des Eingriffes kann die Durchführung solcher Maßnahmen nicht an Pflegekräfte delegiert werden.[374]

Zu den ärztlichen Aufgaben im Bereich der Bluttransfusion zählen neben dem Anhängen der Transfusion der Bedside-Test und die Kreuzblutbestimmung. Beide dürfen nicht eigenver-

---

[372] Schneider/Schorer, Klinische Transfusionsmedizin, S. 331.

[373] Bundesgesundheitsblatt 2000, Heft 7, S. 555–589.

[374] Steffen, Arzt und Krankenpflege: Konfliktfelder und Kompetenzen, MedR 1996, S. 265; Mueller-Eckhard, Transfusionsmedizin, S. 632.

antwortlich von der Pflegekraft durchgeführt werden.[375] Auch das Wechseln einer Blut-konserve kann von der Pflegekraft nicht übernommen werden, da es sich dabei aus medi-zinischer und damit auch aus rechtlicher Sicht um eine »neue« Bluttransfusion handelt. Die Pflegekraft darf bei der Transfusion nur unterstützend tätig werden. Die Überwachung der Bluttransfusion im Rahmen der Beobachtungspflege kann jedoch an besonders geschultes Pflegepersonal delegiert werden.

G. Die Beweislast im zivilrechtlichen Haftungsprozess

I. Grundsatz

Bei der Regelung rechtlicher Sachverhalte gibt es eine natürliche Arbeitsteilung zwischen dem **materiellen Recht (BGB)** und dem **Prozessrecht (ZPO)**. Das materielle Recht stellt die Haftungsgrundsätze auf, das Prozessrecht bildet den Rahmen, innerhalb dessen diese Regeln in einem gerichtlichen Verfahren auf einen tatsächlichen Sachverhalt angewendet wer-den. Erst wenn der Behandlungsfehler und seine Ursächlichkeit feststehen, greift die Haftung des Pflegepersonals oder des Arztes ein. Nicht selten ist der Sachverhalt unklar und das tatsächliche Geschehen unter den Parteien strittig. Zur Aufklärung des Geschehens wird den Parteien deshalb auferlegt, ihre Version der Ereignisse darzustellen und im Prozess zu beweisen. Dabei wird das gerichtliche Verfahren von den Aktivitäten der Parteien beherrscht (**Dispositionsmaxime**).

In einem Pflegehaftungsprozess können sich für den geschädigten Patienten hinter diesen Grundsätzen schwer zu nehmende Hürden verbergen. Lastet der Patient dem Pflegepersonal oder dem Arzt einen Behandlungsfehler durch positives Tun an, hat er zur Begründung von Schadensersatzansprüchen im Einzelnen darzulegen und zu beweisen, dass die Behandlung

---

[375] Weissauer, Rechtliche Probleme der Bluttransfusion, S. 134.

nicht dem medizinischen Standard entsprach, dadurch seine Gesundheitsbeschädigung verursacht wurde und der Schaden bei Anwendung der gebotenen Therapie vermieden worden wäre.[376] Bezieht sich der Vorwurf auf ein Unterlassen, so hat der Patient zu beweisen,
dass die Vornahme bestimmter diagnostischer oder therapeutischer Maßnahmen dem Stand
der Wissenschaft entsprach und seine Gesundheitsbeschädigung bei Anwendung dieser
Maßnahmen verhindert worden wäre.[377]

 Jede Prozesspartei hat die für sie günstigen Tatsachen darzulegen und zu beweisen!

Im Einzelnen hat der Patient demnach darzulegen und zu beweisen, dass das Fehlverhalten
der Pflegekraft bzw. des Arztes für die eingetretene Gesundheitsbeschädigung ursächlich war
(sog. **haftungsbegründende Kausalität**) und dass diese Gesundheitsbeschädigung wiederum ursächlich war für den beim Patienten eingetretenen Schaden (sog. **haftungsausfül-
lende Kausalität**). Darüber hinaus muss das Fehlverhalten vom Handelnden, das zur
Rechtsgutverletzung führte, schuldhaft, also zumindest leicht fahrlässig i.S.d. § 276 Abs. 2
BGB begangen worden sein.[378] Die Beweislast des Patienten erstreckt sich also auf den
Behandlungsfehler, die **körperliche Beeinträchtigung** und die **Kausalität zwischen
Behandlungsfehler und Körperschaden** sowie auf das **Verschulden** der handelnden
Person.

---

[376] Vgl. hierzu auch Schell, Arztpflichten, Patientenrechte, S. 36 f.

[377] BGH, NJW 1999, S. 860; 1995, BGH, NJW S. 1618; 1994, BGH, NJW S. 1594; BGH, NJW 1991, S. 1541; BGH, NJW 1988, S. 2949; BGH,
NJW 1988, S. 1513; BGH, NJW 1987, S. 2293; BGH, NJW 1987, S. 1482; BGH, NJW 1980, S. 1333.

[378] Großkopf, Die Beweislast im Haftungsprozeß gegen Krankenpflegepersonal und Ärzte, PflegeRecht 1998, S. 258 ff.

! **Die Beweislast des Patienten im Zivilrecht**

> ## Der Patient muss grundsätzlich die schadensersatzbegründenden Voraussetzungen beweisen

Schaden

Sorgfaltspflichtverletzung
(Behandlungsfehler)

Verschulden (Beweislastumkehr hinsichtlich des Verschuldens bei der
vertraglichen Haftung gem. § 280 Abs. 1 Satz 2 BGB)

Ursachenzusammenhang zwischen
• Handlung und Rechtsgutverletzung
• Rechtsgutverletzung und Schaden

Schadensersatz

Allerdings darf bei Pflegehaftungsprozessen nicht außer Acht gelassen werden, dass Zwischenfälle, die in der Regel auf ein Fehlverhalten hindeuten, in vielen Bereichen infolge der Unberechenbarkeit des lebenden Organismus ausnahmsweise auch schicksalhaft eintreten können.[379] Die physiologischen und biologischen Reaktionsabläufe in menschlichen Organismen sind auch bei sorgfältigster Pflege und Behandlung nicht immer vollständig beherrschbar. Daher indiziert der Eintritt eines Gesundheitsschadens nach einer ärztlichen bzw. pflegerischen Handlung nicht zwingend ein ärztliches bzw. pflegerisches Fehlverhalten.[380]

---

[379] BGH, NJW 1978, S. 1681.

[380] BGH, NJW 1991, S. 1540.

⚠ Für den Patienten bedeutet dies, dass in einem Pflege- und Arzthaftungsprozess mit dem Vorliegen eines beweisbaren Schadens nicht gleichzeitig der Beweis für ein schuldhaftes Fehlverhalten des medizinischen Personals erbracht wurde. Der Patient muss demnach trotz eines bei ihm eingetretenen Schadens mit Hilfe der im Zivilprozess zur Verfügung stehenden Beweismittel den Beweis erbringen, dass sein Schaden auf ein schuldhaftes Fehlverhalten des ärztlichen oder pflegerischen Personals zurückzuführen ist.

Gemäß den §§ 371 ff. ZPO stehen im Zivilprozess folgende Beweismittel zur Verfügung: Zeugen, Sachverständige, Augenschein, Urkunden und unter beschränkten Voraussetzungen auch die Vernehmung der Parteien:

! **Beweismittel des Zivilprozesses**

Beweis durch
Augenschein
§§ 371–372a ZOPO

Zeugenbeweis
§§ 373–401 ZPO

Beweis durch
Sachverständige
§§ 402–414 ZPO

Beweis durch
Urkunde
§§ 415–444 ZPO

Beweis durch
Parteivernehmung
§§ 445–484 ZPO

Die von den Parteien jeweils angebotenen Beweismittel werden vom Gericht im Rahmen der **freien richterlichen Beweiswürdigung** (§ 286 ZPO) ausgewertet. Die mit der Beweisführung belastete Partei muss mit Hilfe der gesetzlich vorgesehenen Beweismittel das Gericht von der zu beweisenden Tatsache vollumfänglich überzeugen. Allgemein anerkannt ist hierbei freilich, dass eine Überzeugung des Gerichtes nicht im Sinne absoluter Gewissheit verstanden werden kann, **muss vielmehr genügen**, dass der Beweispflichtige eine aus dem Lebensalltag heraus **so hohe Wahrscheinlichkeit** unter Beweis stellt, dass – nach gängiger Formulierung in der Rechtsprechung – **»vernünftige Zweifel schweigen«**.[381]

In der Praxis stellt sich für den Patienten häufig das Problem, dass er nicht weiß, mit welchem Beweismittel er einen erfolgreichen Rechtsstreit gegen die Personen führen kann, die ihn behandelten. Schließlich gibt es kaum Fälle, in denen der Patient ein Beweismittel benennen kann, mit dem ein eindeutiger Fehler des medizinischen Personals auf der Grundlage unmittelbarer Wahrnehmung nachgewiesen werden kann. So dürfte es einem Patienten nahezu unmöglich sein, einen Zeugen dafür zu benennen, dass nach einer Operation Instrumente oder andere zur Operation verwendete Gegenstände in seinem Körper verblieben sind und dass das medizinische Personal es schuldhaft versäumte, diese aus seinem Körper zu entfernen und nach der Operation nachzuzählen, obwohl es hierzu imstande gewesen wäre. Wegen der aufgezeigten Schwierigkeiten für den Patienten, einen wirksamen Beweis im Pflege- oder Arzthaftungsprozess führen zu können, dürfen die Anforderungen an die Beweisführung nicht überspannt werden.[382] Um dem verfassungsrechtlichen Gebot der »Waffengleichheit« der Parteien in einem Rechtsstreit zu genügen, sind dem Patienten Beweismöglichkeiten zu gewährleisten und ggf. Beweiserleichterungen zuzugestehen.[383]

1. Der Indizienbeweis

Beim Indizienbeweis wird auf der Grundlage von Hilfstatsachen (Indizien) auf das Vorliegen der zu beweisenden Haupttatsache geschlossen.[384] Für den Beweis der Haupttatsache ist erforderlich, dass vom Beweispflichtigen eine Kette von Hilfstatsachen dargelegt wird, die lückenlos auf die Haupttatsache schließen lässt, so dass im Ergebnis das Gericht von der Wahrheit der Haupttatsache hinreichend überzeugt ist. Der Indizienbeweis ist dann ein Vollbeweis mit den allgemein anerkannten – oben angesprochenen – Anforderungen an die richterliche Überzeugungsbildung. Bei dem nachfolgenden Fall des LG Köln[385] wurde im Ergebnis ein ärztlicher Fehler bei einer Blinddarmoperation aufgrund einer Indizienkette als ausreichend bewiesen angesehen.

---

[381] BGH, NJW 1951, S. 83.

[382] BVerfG, NJW 1979, S. 1925.

[383] Großkopf, Die Beweislast im Haftungsprozeß gegen Krankenpflegepersonal und Ärzte, PflegeRecht 1998, S. 258 ff.

[384] Vgl. Thomas/Putzo, Zivilprozessordnung, vor § 284, RN 11.

[385] LG Köln vom 11. März 1976, mitgeteilt von Weimar, MedKl 1978, S. 1673; ähnlich: BGH, VersR 1981, S. 462 (zurückgelassener Tupfer in Operationswunde); OLG Köln, VersR 1988, S. 140 (pflaumengroßer Tupfer im Operationsbereich).

Beispiel:

Der Patient war im Juli 1968 von dem beklagten Facharzt wegen einer Blinddarm-entzündung operiert worden. In der Folgezeit traten Beschwerden auf, insbesondere ver-lief die Wundheilung nicht komplikationslos, so dass der Patient weiterhin stationär behan-delt werden musste. Über ein Jahr später, im November 1969, wurde er dann wegen eines Tumors im Darmbereich in ein anderes Krankenhaus eingeliefert und dort operiert. Nach Öffnung der Bauchdecke fanden die operierenden Ärzte und Pflegekräfte im Dünndarm des Patienten ein verkrustetes Bauchtuch mit einer Größe von ungefähr 23 x 23 cm. Der Patient behauptete im Rechtsstreit, das Tuch sei bei der Blinddarm-operation zurückgelassen worden. Der beklagte Arzt bestritt dies und legte u.a. dar, das Tuch könne auch bei anderer Gelegenheit in den Körper des Patienten gelangt sein.

Dieser Fall zeigt besonders deutlich, dass es von vornherein nahezu ausgeschlossen sein dürfte, ein Fehlverhalten des medizinischen Personals durch unmittelbare Wahrnehmung nachweisen zu können. Einen Zeugen, der unmittelbar wahrgenommen hat, dass das große Bauchtuch nach Beendigung der Operation nicht aus dem Körper entfernt wurde, wird es wohl kaum geben. Schließlich ist davon auszugehen, dass keine Gegenstände im Körper eines Patienten zurückbleiben, da einer der an der Operation beteiligten Ärzte, Assistenten, Pflegekräfte, Praktikanten etc. dieses eigentlich bemerken sollte. Andererseits drängt sich bei solch markanten Schadensfällen der Verdacht auf, dass ein vorwerfbarer medizinischer Behandlungsfehler begangen worden sein muss.

Dieser Fall ist daher typisch für die im Folgenden dargestellte Beweisführung auf der Grundlage von Indizien:

• Ausgangstatsache ist das Vorfinden des Bauchtuches im Körper des Patienten bei der Operation im Jahre 1969.

• Da das Tuch demnach von außen in den Körper des Patienten gelangt sein muss, stellt sich die Frage, ob sich dieses Schadensereignis noch bei einer anderen Gelegenheit als bei der Operation 1968 ereignet haben könnte – mit der Folge, dass dann die Tatsache (das Zurücklassen des Tuches bei der Operation 1968) nicht mehr mit Indizwirkung als bewiesen gewürdigt werden könnte.

Im vorliegenden Fall hatte sich der Patient in der Vergangenheit unstreitig einer einzigen weiteren Operation – und zwar im Jahre 1957 – unterzogen. Die Möglichkeit, dass der Schaden bei dieser Gelegenheit eingetreten war, wurde vom Gericht auf der Grundlage eines eingeholten Sachverständigengutachtens als zu unwahrscheinlich zurückgewiesen. Nach der Beurteilung des Sachverständigen wäre es extrem unwahrscheinlich, dass sich das 23 x 23 cm große Bauchtuch über einem Zeitraum von elf Jahren im Körper des Patienten befunden habe, ohne dass dieser in irgendeiner Weise mit Beschwerden reagiert hätte. Das Gericht hielt hier die Ausführungen des Sachverständigen für nachvollziehbar und überzeugend. Andere Möglichkeiten, bei denen der Patient das Tuch aufgenommen haben könnte (oral, anal), wurden – nach eingehenden Ausführungen des Gerichtes – im Ergebnis als abwegig zurückgewiesen.

Der Beweisführung stand auch nicht entgegen, dass das Bauchtuch im Dünndarm aufgefunden wurde, obwohl der beklagte Arzt dem Patienten nur den Blinddarm entfernt hatte. Nach den Feststellungen des Sachverständigen war es medizinisch möglich, dass das Tuch in der Bauchhöhle zurückgelassen wurde und später im Körper des Patienten in den Dünndarm gelangte. Danach ging das LG Köln von dem Nachweis der haftungsbegründenden Kausalität, also vom Vorliegen eines für die Körperverletzung des Patienten ursächlichen ärztlichen Fehlverhaltens, aus. Dieses sah das Gericht im vorliegenden Fall auf der Grundlage der obigen Darlegungen als zweifelsfrei erwiesen an, so dass die Einwendungen des Arztes und Pflegepersonals – ein Bauchtuch, wie es im Körper des Patienten vorgefunden worden sei, wäre bei der Operation des Beklagten überhaupt nicht verwendet worden – von vornherein als unerheblich und demnach ohne Beweiserhebung zurückgewiesen wurden.

2. Beweis des ersten Anscheins

Der volle Beweis zur Überzeugung des Gerichtes sowohl für das Verschulden als auch für das kausale Geschehen kann oft nicht erbracht werden. Grundsätzlich wäre die Klage dann abzuweisen. Dies kann in bestimmten Fällen jedoch Ungerechtigkeiten in sich bergen. Handelt es sich um einen typischen Geschehensablauf, der immer wieder vorkommen kann, greift die Rechtsprechung zur Beweiserleichterung auf den Erfahrungssatz des **Anscheinsbeweises**[386] zurück. Der Anscheinsbeweis (auch Prima-facie-Beweis) führt nicht zu einer Beweislastumkehr, sondern nur zu einer Abschwächung der Beweislast. Kann von einem bestimmten Behandlungsfehler typischerweise auf die Verursachung des Schadens oder umgekehrt von einem Schaden auf einen bestimmten Behandlungsfehler geschlossen werden, ist es Sache des Arztes, diesen Anschein durch den Beweis eines Sachverhalts zu erschüttern, der die ernsthafte Möglichkeit eines atypischen Verlaufs nahelegt.

---

[386] Palandt, Bürgerliches Gesetzbuch, Vorbemerkung vor § 249 BGB, RN 163 ff.

Die Grundsätze des Anscheinsbeweises greifen immer dann, wenn ein Sachverhalt feststeht, der nach der allgemeinen Lebenserfahrung auf eine bestimmte Ursache oder einen bestimmten Geschehensablauf hinweist. Wichtig ist, dass der gesamte Fall das Gepräge des **Üblichen** und **Gewöhnlichen** trägt.[387]

Anhand des nachfolgenden Beispiels soll die Anwendung des Anscheinsbeweises verdeutlicht werden:

> **Beispiel:**
> Nach einer Operation bleibt ein Tupfer im Körper des Patienten zurück.

Nach höchstrichterlicher Rechtsprechung birgt das Zurücklassen eines Fremdkörpers im Körper des Patienten – zumindest bei einem größeren Gegenstand – die Vermutung einer schuldhaften Sorgfaltspflichtverletzung des Arztes oder der zuständigen Pflegekraft in sich, so dass von Seiten des Patienten ein Verschulden der Handelnden nicht mehr positiv bewiesen werden muss. Die gegnerische Partei – hier die Pflegekraft oder der Arzt – hat jedoch immer die Möglichkeit, den Beweis des ersten Anscheins durch die Darstellung eines anderen Geschehensablaufs zu entkräften. Der Arzt bzw. die Pflegekraft muss also darlegen und beweisen, dass im vorliegenden Fall der Geschehensablauf gerade nicht typisch war. Steht zur richterlichen Überzeugung fest, dass ein ungewöhnlicher Geschehensablauf vorliegt, bei dem von einem Verschulden nicht mehr typischerweise ausgegangen werden kann, so wäre der Beweis des ersten Anscheins entkräftet. Der Patient müsste dann das Gericht vom Verschulden des Arztes bzw. des Pflegepersonals durch den üblichen Vollbeweis überzeugen.

Außergewöhnliche und demnach **atypische Umstände** können sich insbesondere durch schwerwiegende, unvorhersehbare Zwischenfälle während der Operation ergeben. Ein solcher Fall wäre denkbar, wenn z.B. die Operationspflegekraft, deren Aufgabe es ist, die verwendeten Bauchtücher nach dem Eingriff wieder aus dem Körper des Patienten zu entnehmen und durch Nachzählen auf Vollständigkeit zu überprüfen, sich durch unerwartete Komplikationen bei der Operation und Personalmangel anderen Funktionen hätte zuwenden müssen und damit – wie in der Praxis oft der Fall – mit der vollständigen Entnahme der Bauchtücher überfordert gewesen wäre. Allerdings führt hierzu die höchstrichterliche

---

[387] BGHZ 100, S. 216.

Rechtsprechung einschränkend aus, dass bei dem notwendigerweise schnellen Ablauf eines operativen Eingriffs mit dem Hinzutreten unerwarteter Umstände während des Operationsverlaufs im Allgemeinen gerechnet werden muss.[388] Der Anscheinsbeweis kann daher erschüttert sein, wenn ein besonderer Umstand der Operation, etwa eine erhebliche Blutung zur Unzeit, eine solche Komplikation verursacht hat. Dann trägt der Patient wieder die volle Beweislast.

Eine weitere Anwendung des Anscheinsbeweises ist in der Rechtsprechung inzwischen für den **Bereich der Injektionstechnik** üblich geworden. Danach spricht die allgemeine Lebenserfahrung und somit der »erste Anschein« dann für eine schuldhaft fehlerhaft durchgeführte Injektion, wenn der Patient unmittelbar im Zusammenhang mit der Einspritzung starke Schmerzen und Lähmungserscheinungen verspürt und anschließend eine Schädigung des Ischiasnervs festzustellen ist. Beispielhaft erläutert sei dies unter Bezugnahme auf ein Urteil des Landgerichtes Lübeck[389] aus dem Jahr 1964:

 Beispiel:
Ein Patient verspürte nach Einspritzung des Medikaments Tomanol in die linke Gesäßhälfte starke Schmerzen im Gesäß, die in das linke Bein ausstrahlten, verbunden mit Lähmungserscheinungen und Reflexausfällen im linken Bein. Die medizinische Diagnose lautete: Schädigung des Ischiasnervs. Ferner sind ausgedehnte Nekrosen im Bereich der linken Gesäßhälfte aufgetreten. Ein operativer Eingriff war erforderlich, bei dem ein großer Teil des Gewebes und der Muskulatur der linken Gesäßhälfte entfernt wurde.

Das Gericht ging hier zugunsten des Patienten von einer nachgewiesenen Gesundheitsbeschädigung und fahrlässigen Körperverletzung aus. Grundlage für die Entscheidung war die Tatsache, dass das Medikament Tomanol erwiesenermaßen Substanzen enthält, die typischerweise dann zu ernsthaften Schädigungen führen, wenn sie in der Nähe von Nerven abgelagert werden. Typische Folge ist eine Kontraktion der Arterien mit Durchblutungsstörungen, die zum Zerfall des Gewebes führen können. Es ist medizinisch allgemein anerkannt, dass zur Verhinderung derartiger Schadensfolgen die Wahl der Einspritzstelle von außerordentlich großer Bedeutung ist. Dementsprechend wird auch von Seiten der Herstellerfirmen auf die Bedeutung sowie die Art und Weise der korrekten Injektionstechnik

---

[388] BGH, NJW 1952, S. 382.

[389] LG Lübeck, VersR 1967, S. 69.

hingewiesen. Bei einer Schädigung des Ischiasnervs lassen die Schmerzen und Lähmungserscheinungen des Patienten – im vorliegenden Fall immerhin erst ungefähr drei Minuten nach Einspritzung – nach der allgemeinen Lebenserfahrung darauf schließen, dass die Injektion nicht an der richtigen Stelle durchgeführt wurde. Im Wege des Anscheinsbeweises waren damit das schuldhafte Fehlverhalten und der Kausalzusammenhang zwischen Fehlverhalten und Schaden bewiesen. Es oblag daher der Gegenseite, entweder das Gegenteil zu beweisen oder zumindest überzeugend darzulegen, dass im vorliegenden Fall nicht von einem typischen Geschehensablauf ausgegangen werden konnte.

Mit dem hier beschriebenen Fall hat das LG Lübeck die vorangegangene Rechtsprechung des BGH bestätigt. In den vom Bundesgerichtshof entschiedenen Fällen waren Irgapyrin und Butazolidin injiziert worden. Der BGH hatte ausgeführt, dass bei einer Einspritzung dieser Wirkstoffe nach einem typischen Geschehensablauf dann von einer fehlerhaften Injektion auszugehen ist, wenn sofort Schmerzen und Lähmungserscheinungen auftreten.[390]

Dagegen lehnte es das Oberlandesgericht Köln[391] in einer Entscheidung aus dem Jahr 1994 ab, bereits dann nach allgemeiner Lebenserfahrung eine fehlerhafte Injektion anzunehmen, wenn der Patient zwar unmittelbar bei der Injektion über einen Schmerz klagt, eine Verletzung des Ischiasnervs jedoch nicht festzustellen ist. Der klagende Patient empfand nach einer intramuskulären Spritze zur Grippeprophylaxe Schmerzen im Bein. Nach dem Ergebnis der Sachverständigengutachten, die in beiden Instanzen eingeholt wurden, waren keine krankhaften Befunde erkennbar. Allerdings hebt das OLG Köln in seinen Entscheidungsgründen – in Fortsetzung der vorhergehenden Rechtsprechung – hervor, dass ein Anscheinsbeweis für die Anwendung einer falschen Injektionstechnik und damit für einen schuldhaften Behandlungsfehler angenommen werden kann, wenn durch eine intramuskuläre Injektion in das Gesäß der Ischiasnerv verletzt wurde.

In einem weiteren Urteil des OLG Köln[392] aus dem Jahr 1998 spielt der **Zeitrahmen** ebenfalls eine wichtige Rolle. Nach dieser Entscheidung begründet der zeitliche Zusammenhang zwischen Injektion und dem Auftreten eines Spritzenabszesses keinen Anscheinsbeweis für einen Behandlungsfehler. Der Entscheidung des OLG Köln lag folgender Sachverhalt zugrunde:

---

[390] BGH, VersR 1957, S. 336; BGH, VersR 1961, S. 1118.

[391] Urteil vom 19. Januar 1994 (27 U 228/92), in: DRsp-ROM, Nr. 1994/2014.

[392] OLG Köln, NJW 1999, S. 1790 f.

Beispiel:

Der Beklagte, ein niedergelassener Allgemeinmediziner, diagnostizierte am 20. Juni 1994 bei der Klägerin ein Lendenwirbelsyndrom, eine Ischialgie und weitere, hier nicht relevante Krankheitsbilder aus dem psychovegetativen Formenkreis. Zur Behandlung des LWS-Syndroms und der Ischialgie wurde der Klägerin an vier verschiedenen Tagen jeweils eine intramuskuläre Injektion mit Piroxicam, einem Antiphlogistikum, und jeweils eine Injektion des Anästhetikums Meaverin 1 % verabreicht. Am Abend des 29. Juni 1994 wurde die Klägerin mit hohem Fieber in ein Krankenhaus eingeliefert. Bei der stationären Aufnahme wurden ein großer Abszess im linken Gesäßmuskel (Glutaeus) und eine fragliche Arzneimittelunverträglichkeit festgestellt. Der Abszess wurde in zwei Operationen beseitigt. Als Erreger wurde Staphylococcus aureus festgestellt.

Die Klägerin behauptet, die Spritzenbehandlung sei medizinisch verfehlt gewesen. Der Abszess sei entstanden, weil der Beklagte entweder gegen die anerkannten Grundsätze der bei Injektionen zu wahrenden Hygiene verstoßen habe oder weil die von ihm injizierten Medikamente unverträglich gewesen seien.

Das OLG Köln prüfte, ob es einen Erfahrungssatz gibt, der besagt, dass ein Spritzenabszess nur bei einem Behandlungsfehler – wie z.B. mangelhafter Desinfektion – entstehen kann. Die Rechtsprechung hat bereits mehrfach entschieden, dass es einen solchen Erfahrungssatz nicht gibt.[393] Die Kölner Richter führten hierzu aus, dass eine an die Injektion anschließende Infektion keine Vermutung für einen Pflichtverstoß begründet. Ein Spritzenabszess sei vielmehr auch unter Beachtung aller denkbaren Sorgfalt nicht immer vermeidbar. Selbst bei vorschriftsmäßiger örtlicher Hautdesinfektion und Anwendung von sterilem Injektionsinstrumentarium kann es zu Infektionen kommen, da beim Einstich der Kanüle winzige Hautpartikel mit an ihnen haftenden Keimen in die Tiefe des Gewebes gepresst werden.[394] Die Bewältigung der Infektion durch den Organismus hängt dann von der Virulenz des Erregers oder der Widerstandskraft des Patienten ab.

Vom Gericht wurde ferner geprüft, ob der enge zeitliche Zusammenhang zwischen Injektion und sich ausbildender Infektion den Anschein dafür begründet, dass mangels sachgerechter Desinfektion eine massive Einführung von Erregern stattgefunden habe. Nach Auffassung der Mediziner Ludolph und Hierholzer[395] lässt die zeitnahe Ausbildung eines Spritzenabszesses

---

[393] OLG München, VersR 1994, S. 171; OLG Oldenburg, VersR 1987, S. 390.

[394] OLG Köln. VersR 1988, S. 44 ff.

[395] Ludolph/Hierholzer, Anscheinsbeweis bei Injektionsschäden, VersR 1990, S. 19 ff.

jedoch nicht auf einen Mangel bei der Desinfektion schließen. Der zeitliche Zusammenhang kann zwar die Kausalität zwischen Behandlung und Komplikation indizieren, nicht jedoch die Kausalität eines Fehlers. Der zeitliche Ablauf ist im Einzelfall für die Aussage, ob die erforderliche Hygiene vernachlässigt wurde, unerheblich. Vor diesem Hintergrund sieht das OLG Köln keinen Anlass, zugunsten der Klägerin vom Vorliegen eines Anscheinsbeweises auszugehen. Die Klägerin konnte demnach den von ihr geforderten Beweis, dass die aufgetretene Infektion auf einen Behandlungsfehler (mangelhafte Desinfektion) zurückzuführen ist, nicht erbringen.[396]

In einer unüberschaubaren Vielzahl von Fällen hatten sich Gerichte aller Instanzen mit der Frage des Anscheinsbeweises bei infektiösen Zwischenfällen im Zusammenhang mit einer medizinischen Behandlung auseinanderzusetzen. Wenngleich das Auftreten einer Infektion das Ergebnis eines Hygienefehlers sein kann, muss berücksichtigt werden, dass sich mikrobiologische Vorgänge ungesehen vollziehen und eine Infektion daher manifest werden kann, ohne dass die Möglichkeit ihrer Verhinderung bestand. Die Annahme des Anscheinsbeweises im Zusammenhang mit Infektionen greift nur dann, wenn der Patient einer Infektionsgefahr ausgesetzt wurde, die das Maß des Unvermeidlichen erheblich überschritten hat.[397] Wenn einem Patienten, der zu keiner HIV-gefährdeten Risikogruppe gehört und auch sonst keiner HIV-Infektionsgefahr ausgesetzt ist, Blut eines Spenders übertragen wird, der an Aids erkrankt ist, und bei ihm später eine HIV-Infektion festgestellt wird, so spricht der Anschein dafür, dass er vor der Infusion noch nicht HIV-infiziert war und ihm das Virus erst mit der Transfusion übertragen wurde. Erkrankt auch der Ehegatte des Blutempfängers an Aids, so spricht ein Anscheinsbeweis auch dafür, dass er von dem Blutempfänger angesteckt worden ist.[398] Dagegen scheidet ein Anscheinsbeweis für eine Infizierung durch eine Blutkonserve aus, wenn nicht feststeht, dass darin Blut eines an Aids erkrankten Spenders enthalten ist.

Zusammenfassend verfolgt die Rechtsprechung bei der Annahme des Anscheinsbeweises im Zusammenhang mit einer medizinischen Behandlung aufgrund der sehr komplexen Sachlage einen vorsichtigen Kurs. Dem Anscheinsbeweis kommt daher im medizinischen Haftungsrecht wenig Bedeutung zu, nicht zuletzt, weil angesichts der vielgestaltigen medizinischen Befunde typische Handlungsketten die Ausnahme bilden.[399] Individuelle Verhaltenweisen entziehen sich der Typisierung, so dass die Grundsätze des Anscheinsbeweises nicht herangezogen werden können.[400]

---

[396] Großkopf, Kein Schmerzensgeld für Infektion nach Injektion, Pflegezeitschrift 1999, S. 726 ff.
[397] OLG Düsseldorf, VersR 1998, S. 1242 (Desinfektionsmaßnahmen nicht beachtet); OLG Oldenburg, VersR 1995, S. 786 (Infektion nach Gelenkpunktion); 1991, S. 1379 (Hepatitis B in Kinderklinik); OLG Koblenz, VersR 1992, S. 580 (Wundinfektion bei Operation); OLG Köln, NJW 1985, S, 1402 (Zahnarzt Dauerausscheider von Hepatitis B, zahlreiche Patienten erkrankt, Anschein für Infektion durch Zahnarzt).
[398] BGH, NJW 1991, S. 1948.
[399] Gehrlein, Leitfaden zur Arzthaftpflicht, S. 95.
[400] BGH, NJW 1991, S. 1948.

! **Die Voraussetzungen des Anscheinsbeweises**

Anscheinsbeweis

Beweis erbracht

wenn Geschehensablauf

üblich + gewöhnlich

Beweis erschüttert

durch Nachweis eines atypischen Geschehensablaufs

Patient trägt wieder die volle Beweislast

3. Beweislastumkehr

Im Falle der Beweislastumkehr muss nicht mehr der geschädigte Patient als Anspruchsteller den Beweis für das Vorliegen anspruchsbegründender Voraussetzungen erbringen, sondern der Anspruchsgegner (der Arzt oder die Pflegekraft) muss beweisen, dass die Pflichtverletzung (der Behandlungsfehler) nicht von ihm zu vertreten ist. Infolge des Gesetzes zur Modernisierung des Schuldrechts vom 26. November 2001[401] ist die bisher von der Rechtsprechung[402]

---

[401] BGBl I, 2001, S. 3138.

[402] BGH, NJW 1991, S. 1540; BGH, NJW 1980, S. 1333; BGH, NJW 1978, S. 1681.

und Literatur[403] angenommene grundsätzliche Ausnahme der Beweislastumkehr des § 282 BGB a.F. im medizinischen Haftungsrecht überholt. Verbindlich ist nunmehr festgelegt, dass bei einer feststehenden Pflichtverletzung des Arztes bzw. Pflegers dieser auch zu beweisen hat, dass die Pflichtverletzung von ihm nicht zu vertreten ist (§ 280 Abs. 1 Satz 2 BGB).

 § 280 BGB – Schadensersatz wegen Pflichtverletzung
Verletzt der Schuldner eine Pflicht aus dem Schuldverhältnis, so kann der Gläubiger Ersatz des hierdurch entstandenen Schadens verlangen. Dies gilt nicht, wenn der Schuldner die Pflichtverletzung nicht zu vertreten hat. ...

Weitreichende Bedeutung hat diese neue Beweislastverteilung allerdings nicht, denn der Fall, dass ein Gericht einen Behandlungsfehler festgestellt, ein Verschulden des Arztes aber als nicht bewiesen angesehen hat, ist praktisch nicht vorgekommen.[404]

Soweit es um die von der Rechtsprechung entwickelten Grundsätze einer Beweislastverteilung nach Gefahren und Verantwortungsbereichen geht, können diese weiterhin herangezogen werden.[405]

Im Folgenden werden die verschiedenen Sachverhalte und die anspruchsbegründenden Voraussetzungen dargestellt, bei denen die Beweislast zugunsten des geschädigten Patienten umgekehrt werden kann.

a) Grober Behandlungsfehler

Eine vollständige Beweislastumkehr hinsichtlich der Kausalität (Ursächlichkeit) zulasten des Arztes bzw. der Pflegekraft ist nach ständiger Rechtsprechung dann anzunehmen, wenn dem Arzt oder der Pflegekraft ein grober, also besonders schwerwiegender Behandlungsfehler unterlaufen ist und dieser Umstand zugleich geeignet war, den konkreten Schaden des Patienten herbeizuführen.[406] Steht ein elementarer Fehler fest und hat der Patient einen Schaden erlitten, den ein fehlerfreies Verhalten verhindert hätte, so trägt der Behandelnde die Beweislast dafür, dass der Schaden nicht auf seinen Fehler zurückzuführen ist. Nach

---

[403] Weber, Muss im Arzthaftungsprozeß der Arzt seine Schuldlosigkeit beweisen? NJW 1997, S. 761; Müller, Beweislast und Beweisführung im Arzthaftungsprozeß, NJW 1997, S. 3049.

[404] Palandt, Bürgerliches Gesetzbuch, § 280, RN 42.

[405] Palandt, Bürgerliches Gesetzbuch, § 280, RN 34.

[406] BGH, NJW 1968, S. 1185, m.w.N.

den normalen Beweislastregeln hätte der Patient die Ursächlichkeit des Behandlungsfehlers für den eingetretenen Schaden zu beweisen. Liegt jedoch ein grober Behandlungsfehler vor, wird seine Kausalität für den Schaden vermutet.

⚠ Nach ständiger Rechtsprechung erfordert ein Behandlungsfehler dieses Schweregrades ein Fehlverhalten, das aus objektiver ärztlicher Sicht nicht mehr verständlich und verantwortbar erscheint, da ein solcher Fehler schlechterdings nicht unterlaufen darf. Ein derartiger Verstoß gegen die anerkannten Regeln der ärztlichen Kunst muss unter Gesamtbetrachtung des Behandlungsgeschehens festgestellt werden.[407]

Die Feststellung, ob ein Behandlungsfehler als grob zu bewerten ist, erfolgt nach dem Erkenntnisstand der medizinischen Wissenschaft zur Zeit der Vornahme der Behandlung. Das Gericht darf daher einen groben Behandlungsfehler nicht ohne die fachliche Begutachtung durch einen medizinischen Sachverständigen aus eigener Wertung heraus annehmen.[408] Eine Erhöhung der Wahrscheinlichkeit der eingetretenen Gesundheitsbeeinträchtigung wird nicht vorausgesetzt.[409] Mehrere einfache Fehler können zusammengenommen einen groben Behandlungsfehler darstellen.[410] Ist sowohl der grobe Behandlungsfehler als auch das Verschulden[411] vom Patienten bewiesen worden, muss nun der Arzt bzw. die Pflegekraft den Beweis dafür erbringen, dass die Ursächlichkeit zwischen fehlerhafter Handlung und Schaden nicht vorliegt, das heißt, dass der grobe Behandlungsfehler den Schaden des Patienten nicht verursacht hat. Ein solcher Beweis ist vom medizinischen Personal kaum zu erbringen. Ist jedoch eine kausale Verknüpfung mit dem Schaden in hohem Maße unwahrscheinlich, kommt die Umkehr der Beweislast nicht in Betracht.[412]

In der Praxis haben sich folgende Bereiche herauskristallisiert, in denen die Annahme eines groben Behandlungsfehlers besonders häufig zu beurteilen war:

---

[407] BGH, NJW 1999, S. 860; BGH, NJW 1988, S. 2303; BGH, NJW 1988, S. 2948; OLG Koblenz, NJW 1991, S. 1553 ff.; OLG Karlsruhe, VersR 1989, S. 195 ff.; OLG Hamm, VersR 1989, S. 292 ff.

[408] BGH, MDR 2001, S. 1115; BGH, MDR 2001, S. 1113.

[409] BGH, NJW 1986, S. 1540 f.

[410] BGH, NJW 2001, S. 2792.

[411] Bezüglich des Verschuldensnachweises ergeben sich für den Patienten zumeist keine Beweisschwierigkeiten, denn ein grober Behandlungsfehler wird in der Regel bei Anwendung der objektiv erforderlichen Sorgfalt im Einzelfall auch für den Arzt vermeidbar gewesen sein.

[412] BGH, MDR 1994, S. 1187; BGH, VersR 1997, S. 362; OLG Düsseldorf, VersR 1997, 575; OLG Düsseldorf, VersR 1992, S. 240.

- Diagnosefehler[413],
- Nichtvornahme diagnostischer Maßnahmen[414],
- Behandlungsfehler[415],
- Infektion[416],
- Geburtsvorgang.[417]

b) Einsatz nicht hinreichend qualifiziertes Personals

Nach ständiger Rechsprechung sind die Träger der Einrichtungen des Gesundheitswesens für die Organisation des Behandlungsgeschehens voll verantwortlich. Werden offensichtlich ungeeignete Personen zu medizinischen Behandlungsmaßnahmen eingesetzt, hat der Träger der Einrichtung darzulegen, dass die mangelnde Eignung nicht für den Körperschaden ursächlich ist.[418] Die Pflegekraft muss also beweisen, dass die Schädigung auch von einer qualifizierten Kraft verursacht worden wäre.[419] Dieser Beweis ist von den Trägern oft nur sehr schwer zu erbringen, so dass in der Regel eine Inanspruchnahme (Haftung) unausweichlich ist. Das grobe Fehlverhalten des Pflegepersonals[420] ist ebenso haftungsbegründend wie die Unterbesetzung einer Station.[421] Beide Pflichtverletzungen führen zur Umkehr der Beweislast[422] (siehe hierzu auch die Ausführungen zum Übernahmeverschulden auf S. 212 ff.).

---

[413] OLG Celle, VersR 1998, S. 54; OLG Celle, VersR 1994, S. 1237; OLG Hamm, VersR 1989, S. 292; OLG Koblenz, VersR 1988, S. 41.

[414] OLG Hamm, VersR 1996, S. 756; OLG Oldenburg, VersR 1994, S. 1241; OLG Köln, VersR 1994, 987; OLG Bamberg, VersR 1993, S. 1019.

[415] BGH, NJW 1999, S. 860; BGH, VersR 1998, S. 242; OLG Köln, VersR 1997, S. 366; OLG Oldenburg, VersR 1995, S. 1237; OLG Düsseldorf, VersR 1995, S. 785.

[416] BGH, NJW 1991, S. 1542; OLG Stuttgart, VersR 1990, S.385; OLG Düsseldorf, VersR 1988, S. 569; OLG Zweibrücken, MedR 1984, S. 27.

[417] OLG Köln, VersR 1998, S. 244; OLG Hamm, VersR 1997, S. 1403; Arztrecht 1990, S.69; OLG Braunschweig, VersR 1987, S. 76.

[418] BGH, NJW 1996, S. 2429; OLG Stuttgart, VersR 2000, S. 1108; Böhme, Das Recht des Krankenpflegepersonals, Abschnitt F.I.8.

[419] Großkopf, Fehlinjektionen, Pflegezeitschrift 1994, S. 557 f.

[420] OLG Oldenburg, VersR 1997, S. 749.

[421] OLG Stuttgart, NJW 1993, S. 2384.

[422] OLG Stuttgart, VersR 2000, S. 1108; OLG Braunschweig, VersR 1999, S. 191; OLG Köln, VersR 1997, S. 1404; OLG Oldenburg 1997, S. 749; OLG Hamm, NJW 1993, S. 2387; OLG Stuttgart, NJW 1993, S. 2384.

[423] BGH, VersR 1991, S. 467.

c) Herrschafts- und Organisationsbereich des Krankenhauses

Soweit es um Risiken geht wie der Organisation des Behandlungsgeschehens und des Zustandes der dazu benötigten Geräte und Materialien, bejaht der BGH auch in diesen Fällen eine Beweislastumkehr bezüglich des **Kausalzusammenhangs** und des **Verschuldens**.[423] Er begründet seine Auffassung damit, dass der Organisationsbereich, in dem die Schadensursache entstanden ist, vom Krankenhausträger und dem dort tätigen Personal **voll beherrscht** werden kann und daher alle erforderlichen Maßnahmen ergriffen werden können, um derartige Fehler zu vermeiden.[424]

Die Beurteilung wegen Organisationsverschulden orientiert sich an dem im medizinischen Berufskreis ausgeübten **Standard**. Der medizinische Standard besagt im Sinne einer Generalklausel, dass jeder Arzt bzw. jede Pflegekraft die vernünftigerweise zu erwartende Sorgfalt anzuwenden hat, um Schädigungen anderer zu vermeiden.[425] Bei der Bestimmung des Standards der jeweiligen Einrichtung berücksichtigt der BGH u.a. die unterschiedlichen Anforderungen an die verschiedenen Versorgungsstufen (Stadtkrankenhaus, Kreiskrankenhaus, Landesklinik, Universitätsklinik). Der Standard bezüglich der personellen, räumlichen und apparativen Behandlungsbedingungen ist der jeweiligen Versorgungsstufe anzupassen.[426] Ein Belegkrankenhaus muss beispielsweise nicht ein im selben Umfang personell besetztes Entbindungsteam wie ein Perinatalzentrum vorhalten[427], oder hygienische Defizite bei veralteten räumlichen Verhältnissen können durch betrieblich-organisatorische Maßnahmen ausgeglichen werden.[428]

Im Gegensatz zum Patienten sind die Einrichtungen des Gesundheitswesens eher in der Lage, den Hergang eines Schadens aufzuklären. Aufgrund der besseren Einsicht in die Organisationsstrukturen und die höhere Fachkompetenz ist es nicht sachgerecht, dem Patienten die Beweislast für das Verschulden und den Kausalzusammenhang zwischen fehlerhafter Behandlung und Schaden aus der Sphäre der Einrichtungen des Gesundheitswesens aufzubürden.

Der BGH entschied in diesem Zusammenhang folgenden Fall:[429]

---

[424] Vgl. Palandt, Bürgerliches Gesetzbuch, § 823, RN 164.

[425] Gehrlein, Leitfaden zur Arzthaftpflicht, S. 32.

[426] BGH, NJW 1988, S. 1511.

[427] BGH, NJW 1994, S. 1596.

[428] OLG Saarbrücken 1992, S. 52.

[429] BGH, NJW 1991, S. 2960.

Beispiel: Sturz vom Duschstuhl

Eine Patientin wurde am rechten Knie operiert; ihr linkes Bein konnte sie infolge einer Kinderlähmung nur nach Anlegen eines Spezialschuhs belasten. Nach der Operation suchte die Patientin zum ersten Mal das Bewegungsbad auf, dabei saß sie in einem sog. Duschstuhl, einem leichten Spezialrollstuhl, unter der Dusche. Bei dem Stuhl bestand die Gefahr, dass bereits ein Niesen oder ein leichtes Nach-vorn-Lehnen zum Kippen führen konnte. Mit diesem Stuhl wurde die Patientin von der Pflegekraft in den Ankleideraum nahe an eine Bank herangefahren, auf der ein Handtuch lag. Die Pflegekraft wandte sich von der Patientin ab mit den Worten, sie solle einen Moment warten. Die Patientin, die damals ca. 90 kg wog, beugte sich nach vorn, um nach dem Handtuch zu greifen. Dabei stürzte sie vornüber aus dem Duschstuhl und zog sich eine Stauchungsfraktur des zwölften Rückenwirbels sowie Prellungen und Blutergüsse zu.

Das Gericht bejahte ein pflichtwidriges Verhalten der Pflegekraft. Es führte aus, dass ihr die Gefährlichkeit des Duschstuhls bekannt gewesen sei.[430] Ihr sei auch klar gewesen, dass den Patienten nach dem Duschen kalt werde und sie deshalb möglichst schnell trocken werden wollen. Unter diesen Umständen hätte sich die Pflegekraft im Klaren darüber sein müssen, dass die Patientin versuchen würde, nach dem Handtuch zu greifen. Trotzdem habe sie nicht deutlich und eindringlich auf die bei dem Duschstuhl bestehende Kippgefahr hingewiesen und die Patientin nicht aufgefordert, sich ruhig zu verhalten und nicht nach dem Handtuch zu greifen. Darin sah der BGH eine Sorgfaltspflichtverletzung, da ein Sturz in einer Klinik auszuschließen sein muss. Diese Aufgabe ist Bestandteil des Behandlungsvertrages und damit Teil der Verpflichtung des Krankenhausträgers zur sachgerechten pflegerischen Betreuung. Diese Betreuung obliegt dem Krankenhausträger und dem Pflegepersonal aufgrund der Garantenstellung für die übernommene Behandlungsaufgabe (vgl. hierzu auch S. 42–45).

⚠ Typische Fehler, die in den Herrschafts- und Organisationsbereich des Krankenhauses fallen, sind beispielsweise:

---

[430] Ebenso BGH, VersR 1990, S. 1240 (Sturz von einer Krankenliege).

- unbemerkt gebliebene Entkopplung des Infusionssystems[431],
- Keimübertragung bei der Operation[432],
- unsterile Infusionsflüssigkeit[433],
- falsche Lagerung des Patienten auf dem Operationstisch[434],
- Sturz des Patienten während einer Bewegungs- und Transportmaßnahme.[435]

! **Struktur der Beweislastumkehr**

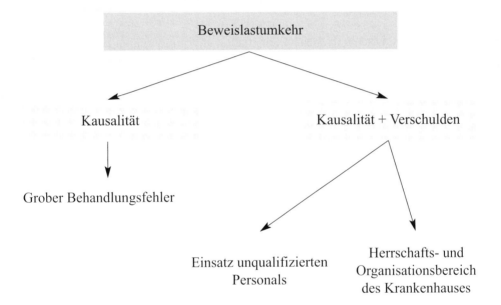

[431] BGH, NJW 1989, S. 263 ff.

[432] BGH, VersR 1991, S. 467.

[433] BGH, NJW 1982, S. 699.

[434] BGH, VersR 1984, S. 386.

[435] BGH, MDR 1991, S. 846.

II. Sonderproblem: Dokumentation

Im Pflegehaftungs- bzw. Arzthaftungsprozess ist dem Patienten eine erfolgversprechende Beweisführung in der Regel nur möglich, wenn die erforderlichen Unterlagen über den Behandlungsverlauf vorliegen. Insoweit dient die den Ärzten und Pflegekräften obliegende **Pflicht zur Dokumentation** auch dem Interesse der Patienten. Die Nichtdokumentation oder fehlerhafte Dokumentation stellt für den Patienten ein gravierendes Hindernis auf dem Weg zur Rechtsverwirklichung dar. Auch in diesem Bereich werden daher beweisrechtliche Konsequenzen gezogen. Ist eine dokumentationsbedürftige Tatsache in den Krankenunterlagen nicht dokumentiert oder findet eine Therapieaufklärung, die zu dokumentieren wäre, pflichtwidrig in den Krankenunterlagen keinen Niederschlag, folgt hieraus die Vermutung: **Das, was nicht dokumentiert ist, ist auch nicht geschehen.**

Grundsätzlich stellen Lücken in der Dokumentation allerdings keinen Haftungsgrund dar.[436] Vordergründiges Ziel und der Zweck einer Dokumentation sind nicht die Beweissicherung, sondern die Gewährleistung einer sachgerechten medizinischen Behandlung.

 Eine medizinisch nicht erforderliche Dokumentation ist daher nicht geboten.[437]

Ob eine Behandlungsmaßnahme oder ein Befund geeignet ist, den kausalen Zusammenhang zwischen einem Behandlungsfehler und einem Schaden herzustellen, hängt maßgeblich von der Einstufung **der medizinischen Erforderlichkeit** im konkreten Fall ab. Die Rechtsprechung ist in dieser Frage sehr unübersichtlich und verfolgt ebenso wie die medizinischen Sachverständigen nicht immer eine einheitliche Linie.

Offensichtlich werden diese Differenzen bei einem Blick auf die sog. **Dekubiti-Urteile**. Anhand des nachfolgend geschilderten Urteils des BGH aus dem Jahr 1986 zeigen sich die Probleme mangelhafter Dokumentation besonders deutlich:[438]

---

[436] BGH, NJW 1995, S. 1611; BGH, NJW 1993, S. 2375; BGH, NJW 1988, S. 2948.

[437] BGH, NJW 1999, S. 3408, BGH, NJW 1995, S. 1611; BGH, NJW 1993, S. 2375.

[438] BGH, NJW 1986, S. 2366.

Beispiel:

Die 65-jährige Klägerin wurde am 17. November 1977 nach einem Schlaganfall mit vollständiger schlaffer Halbseitenlähmung in das von der Beklagten betriebene Krankenhaus aufgenommen. Abgesehen von den unmittelbaren Folgen des Schlaganfalls litt die Klägerin vorübergehend an einem Lungenödem, erhöhtem Hirndruck und Magen-Darm-Blutungen. Infolge ihrer Krankheit lag sie nahezu bewegungslos und apathisch im Bett. Ende Dezember 1977/Anfang Januar 1978 trat bei ihr ein Druckgeschwür (Dekubitus) am Steißbein auf, das sich zu einem großen tiefgreifenden Geschwür entwickelte und schließlich ungefähr die Größe einer Männerfaust erreichte.

Die Klägerin behauptete, das Pflegepersonal des Krankenhauses habe nicht die notwendigen Vorbeugungsmaßnahmen zur Verhinderung des Durchliegegeschwürs getroffen. Die Pflegedokumentation gab weder Auskunft über die Diagnose, dass es sich bei der Patientin um eine Risikopatientin handelte, noch über die daraufhin durchzuführenden prophylaktischen Pflegemaßnahmen.

Der Bundesgerichtshof sah die Gefahr der Entstehung eines Druckgeschwürs bei der Klägerin als außergewöhnlich groß an. Die Richter sind insofern den Gutachten der im Prozess gehörten sachverständigen Mediziner gefolgt: Angesichts der über mehrere Wochen andauernden halbseitigen Lähmung der Klägerin befanden diese, dass eine hochgradige Gefahr der Entstehung eines Druckgeschwürs bestand.

War die Gefahr der Entstehung eines Dekubitus demgemäß außergewöhnlich groß und die Vermeidung allenfalls mit intensivsten Pflegemaßnahmen möglich, dann war es schon zur Gewährleistung der erforderlichen Prophylaxe erforderlich, in den Krankenunterlagen die ärztliche Diagnose festzuhalten, dass die Klägerin eine Risikopatientin war und besondere Pflegemaßnahmen ergriffen werden mussten. Weder konnte von dem Krankenhaus dieser Dokumentationsnachweis erbracht werden, noch bestand eine allgemeine schriftliche Anweisung, aus der Prophylaxen zur Vermeidung des Dekubitusrisikos hervorgingen.

Im Ergebnis führte daher die mangelhafte Dokumentation zu einer Beweiserleichterung. Es oblag dem beklagten Krankenhaus, die indizielle Wirkung der fehlenden Krankenblatteintragung zu entkräften. Nicht mehr die Patientin musste die objektiven Fehler und deren Ursächlichkeit für den eingetretenen Schaden beweisen, sondern das beklagte Krankenhaus musste den Beweis führen, dass die erforderlichen Maßnahmen ergriffen wurden.

Während der BGH bei der Krankenhauspatientin im vorgeschilderten Fall lediglich eine **»ernsthafte Gefahr«** der Dekubitusentstehung sah, schlossen das OLG Köln[439] und das OLG Oldenburg[440] in zwei voneinander unabhängigen Verfahren **bereits durch das Auftreten eines Druckgeschwürs (präsakraler Dekubitus 4. Grades)** auf einen **groben Pflegefehler.** Beiden Urteilen liegen medizinische Sachverständigengutachten mit der Feststellung zugrunde, dass durch eine fachgerechte Behandlung ein Dekubitus regelmäßig vermeidbar sei. Daher griffen beide Gerichte bei der Beurteilung der Kausalität zwischen Pflegefehler und der Entwicklung des Dekubitus auf die Regeln der Beweiserleichterung zurück, die generell im Falle grob behandlungsfehlerhaften Verhaltens anzuwenden sind. Die Beweislastumkehr erfolgte also bereits aus diesem Gesichtspunkt, der Rückgriff auf die Dokumentation war nicht erforderlich. Allerdings hätten beide Einrichtungen durch eine lückenlose Dokumentation der Behandlungsmaßnahmen den Entlastungsbeweis antreten können. Weder in dem Kölner noch in dem Oldenburger Verfahren ist dies gelungen, so dass die beklagten Einrichtungsträger zu hohen Schadensersatzleistungen verurteilt wurden.

Ein Dekubitus ist immer vermeidbar! (siehe CD-ROM)

Die beiden Urteilen zugrunde liegende Feststellung, dass ein Dekubitus bei der Betreuung von Schwerkranken immer vermeidbar ist und den Rückschluss auf grobe Pflegemängel zulässt, hat eine immense Steigerung des Haftungsrisikos in diesem Bereich zur Folge. Vertreter der Ärzteschaft und der Pflegenden stehen einer Mitverantwortung bei der Entstehung von Druckgeschwüren kritisch gegenüber. Außer Frage steht die Effektivität der Dekubitusprophylaxe und der Dekubitustherapie. Entgegen den Fachansichten der medizinischen Sachverständigen in den beiden geschilderten Fällen gibt es jedoch namhafte Stimmen in der Ärzteschaft und bei den Pflegenden, denen zufolge bei Hochrisikokranken Druckgeschwüre selbst durch umsichtigste und sorgfältigste Pflege nicht zu verhindern sind.[441] Gestützt wird diese Ansicht durch die **Dekubitusleitlinie der Deutschen Gesellschaft für Physikalische Medizin und Rehabilitation,** die nur von einer beträchtlichen Senkung des Dekubitusrisikos durch Prophylaxemaßnahmen, nicht aber von einer vollständigen Risikobeseitigung ausgeht.[442] Auch der Expertenstandard des **Deutschen Netzwerks für**

---

[439] OLG Köln, PflegeRecht 2001, S. 40.

[440] OLG Oldenburg, PflegeRecht 2000, S. 265.

[441] Werdan, Ist ein Dekubitus immer vermeidbar?, Der Internist 2002, S. 14.

[442] Leitlinien der Deutschen Gesellschaft für Physikalische Medizin und Rehabilitation, in Abstimmung mit der Vereinigung der Plastischen Chirurgen Deutschlands, dem Verband der klinischen Apotheker Deutschlands und der Deutschen Gesellschaft für Rechtsmedizin. AWMF-Leitlinien-Register Nr. 036/005.

Qualitätsentwicklung (DNQP) erkennt unter Berücksichtigung internationaler praktischer und theoretischer Erfahrungen des Dekubitusmanagements Einschränkungen bei bestimmten Risikopatienten an.[443]

Unterstützung finden diese Ansichten in einem Urteil des Landgerichtes Koblenz.[444] Die Richter kamen zu dem Ergebnis, dass der Klägerin kein Anspruch auf Schmerzensgeld zustehe, da ihr der erforderliche Nachweis nicht gelungen sei, dass es während der stationären Behandlung zu der Schädigung durch Dekubitus kam. In diesem Fall ließen jedoch die Richter die vom BGH entwickelten Prinzipien weitgehend außer Acht und begründeten die Klageabweisung mit verschiedenen Zeugenaussagen und dem Pflegeplan.

Auch im Verfahren vor dem Oberlandesgericht Düsseldorf[445] tendierte der erkennende Senat dazu, die Dekubitusprophylaxemaßnahmen nicht dem voll beherrschbaren Risiko- und Gefahrenbereich einer Pflegeeinrichtung zuzuordnen. Von streitentscheidender Bedeutung war jedoch die unzulängliche Dokumentation, die auf schuldhaft fehlerhafte Maßnahmen im Bereich der Dekubitusprophylaxe und damit auf einen Mangel bezüglich der gebotenen Sorgfalt schließen ließ.

Schadensersatz wegen fehlender Dekubitusprophylaxe! (siehe CD-ROM)

Die eintretenden Beweiserleichterungen bei unzulänglicher oder unrichtiger Dokumentation fußen – wie bereits oben erwähnt – auf dem Grundsatz der Waffengleichheit im Prozess.[446] Wegen der Komplexität der Behandlung und der Vielzahl der an der Behandlung beteiligten Personen ist für den Patienten der Nachweis eines Behandlungsfehlers in der Regel nur möglich, wenn er auf **umfangreiche** und **umfassende** Unterlagen über den Behandlungsverlauf zurückgreifen kann.[447] Zu den notwendigen Krankenunterlagen gehören u.a. Pflegeberichte, Patientenkarteien, Krankenblätter, Operationsberichte, Röntgenaufnahmen und EKGs.[448]

---

[443] Deutsches Netzwerk für Qualitätsentwicklung in der Pflege (DNQP), Expertenstandard Dekubitusprophylaxe in der PflegeOsnabrück 2002, S. 43.

[444] LG Koblenz, PflegeRecht 2001, S. 113.

[445] OLG Düsseldorf, RDG 2006, S. 61 f.

[446] Palandt, Bürgerliches Gesetzbuch, § 823, RN 161.

[447] Baumgärtel, Handbuch der Beweislast im Privatrecht, § 823, RN 56.

[448] Großkopf, Pflegedokumentation, Pflegezeitschrift 1998, S. 672 ff.

⚠ Die unzulängliche, lückenhafte oder nachträgliche Anfertigung, Ergänzung, Veränderung oder gar Vernichtung der Behandlungsunterlagen hat Beweiserleichterungen bis hin zur Beweislastumkehr zur Folge.[449]

⚠ **Dokumentationsmängel**

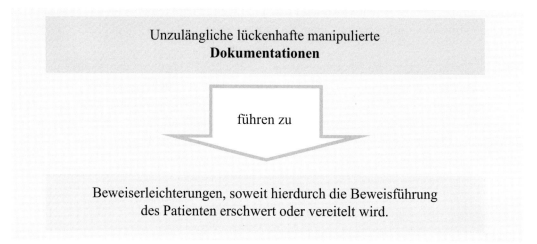

⚠ Eine Beweiserleichterung bis hin zur Beweislastumkehr kommt bei einem Dokumentationsmangel allerdings nur dann in Betracht, wenn dadurch die Aufklärung eines immerhin wahrscheinlichen Ursachenzusammenhangs zwischen ärztlichem Behandlungsfehler und Gesundheitsschaden erschwert oder vereitelt wird.[450]

Beweislastumkehr aufgrund von Dokumentationsmängeln[451] (siehe CD-ROM)

In erster Linie indiziert das Fehlen einer Dokumentation, dass die aufzeichnungspflichtige Behandlungs- und Pflegemaßnahme unterblieben ist.[452] Dies wirkt sich – zugunsten des

---

[449] BGH, NJW 1986, S. 2365.

[450] BGH, NJW 1988, S. 2949.

[451] OLG Oldenburg, Urteil vom 14. Oktober 1999 (1 U 121/98).

[452] BGH, NJW 1999, S. 863; BGH, NJW 1993, S. 2375; BGH, NJW 1984, S. 1403; OLG Köln, VersR 1988, S. 1249.

Patienten – auf den Nachweis eines Behandlungsfehlers, jedoch nicht auf den Ursachenzusammenhang zwischen Behandlungsfehler und eingetretenem Gesundheitsschaden aus. Ausnahmsweise kann der Dokumentationsmangel mittelbar auch für den Nachweis des Ursachenzusammenhangs Bedeutung gewinnen, wenn der wegen des Fehlens der gebotenen Aufzeichnung indizierte Behandlungsfehler als grob zu bewerten ist oder sich als Verstoß des Arztes oder der Pflegekraft gegen eine besondere Befundsicherungspflicht darstellt.[453]

Da der Zweck der Dokumentationspflicht neben der Therapiesicherung auch in der Beweissicherung liegt, ist die Dokumentation vollständig und vor allem in **unmittelbarem zeitlichen Zusammenhang** mit der Behandlungsmaßnahme vorzunehmen.[454] Eine spätere Nachholung oder gar inhaltliche Veränderung der Dokumentation vernichtet deren Beweiswirkung und könnte darüber hinaus als Urkundenfälschung gewertet werden.[455] Auch zur Vermeidung übertragungstechnischer und beweisrechtlicher Nachteile sollte eine zeitnahe Dokumentation erfolgen, die sowohl die Diagnose als auch die Anordnung und die am Patienten vorgenommenen Maßnahmen nebst Handzeichen des Ausführenden enthält. An dieser Stelle ist darauf hinzuweisen, dass selbstverständliche Routinemaßnahmen nicht dokumentiert werden müssen. In der Entscheidung des OLG Köln[456] wies das Gericht darauf hin, dass es sich bei der vor einer Injektion durchzuführenden Desinfektion der Haut um eine selbstverständliche Routinemaßnahme handele, die keiner ausdrücklichen Dokumentation bedürfe.

Auch die ärztliche Anordnung sollte aus Gründen der Rechtssicherheit und Rechtsklarheit grundsätzlich schriftlich[457] erfolgen. Darüber hinaus ist die schriftliche ärztliche Anordnung für die ausführende Pflegekraft bei einem eventuellen Streitfall von äußerster Wichtigkeit. Anhand dieser Dokumentation ist es der Pflegekraft möglich, den Beweis der Auftragserteilung zu führen.[458] Aus diesem Grund kann die Pflegekraft auf der schriftlichen Dokumentation bestehen und ihre Arbeitskraft gemäß dem allgemeinen Zurückbehaltungsrecht nach § 273 BGB verweigern[459], bis der Arzt seine Anordnung schriftlich erteilt hat. Ausgenommen hiervon sind selbstverständlich Notfallsituationen.[460]

---

[453] BGH, Urteil vom 24. Januar 1989 (VI ZR 170/88).

[454] BGH, VersR 1992, S. 578; OLG Zweibrücken, VersR 1999, S. 1546.

[455] OLG Koblenz, Urteil vom 19. September 1994 (2 Ss 123/94).

[456] OLG, Köln NJW 1999, S. 1790 f.

[457] BGH, NJW 1986, S. 2365; Steffen, Arzt und Krankenpflege: Konfliktfelder und Kompetenzen, MedR 1996, S. 265.

[458] Großkopf, Die Dokumentation des Pflegepersonals, Lästiges Übel oder Segensreicher Schutz, Pflegezeitschrift 1995, S. 54 ff; Großkopf, Pflegedokumentation, Pflegezeitschrift 1998, S. 672 ff.

[459] Klie/Stascheit, Gesetze der Pflegeberufe, S. 92; andere Auffassung: Saffé/Sträßner, Delegation ärztlicher Tätigkeiten auf nichtärztliches Personal aus haftungsrechtlicher Sicht, PflegeRecht 1998, S. 36.

[460] Böhme, Das Rechts des Krankenpflegepersonals, Teil 2: Haftungsrecht, S. 221 f.

! **Mindestvoraussetzungen einer ordnungsgemäßen Dokumentation**

Dokumentationsumfang

1. Name des Patienten
2. die durchzuführende Maßnahme
   a) Art
   b) Durchführungsform
   c) Zeitpunkt der Durchführung
3. Durchführender
4. Anordnender
5. Handzeichen des Durchführenden

Um den Dokumentationsaufwand zu reduzieren, ist es möglich und vorteilhaft, auf vorhandene Standards zu verweisen. Weitergehende Ausführungen in der Dokumentation sind dann nur noch bei Abweichungen und in Sonderfällen erforderlich. In der Dekubitus-Entscheidung wies der BGH darauf hin, dass von einer Dokumentation der angeordneten Pflegemaßnahme hätte abgesehen werden dürfen, wenn eine allgemeine schriftliche Anweisung bestanden hätte. Voraussetzung einer derartigen Anweisung ist nach den Karlsruher Richtern, dass deutlich hervorgeht, welche einzelnen prophylaktischen Maßnahmen in den Fällen eines Dekubitus-Risikos unbedingt durchzuführen sind.[461] Fehlt für die zu ergreifende Maßnahme der Standard, sind die durchgeführten Maßnahmen ausführlich in der Pflegedokumentation zu beschreiben. Somit zeigt sich, dass die Erarbeitung von Standards nicht nur zur Qualitätssicherung beiträgt, sondern auch den Umfang der vorzunehmenden Dokumentation auf ein geringeres Maß beschränkt.

---

[461] BGH, NJW 1986, S. 2365 f.

⚠ **Die wichtigsten Fragen zur Dokumentation auf einen Blick**

- Warum?   Qualitätssicherung, Therapiesicherung, Beweissicherung
  (Dokumentation = Urkunde)

- Wer?   Jeder, der medizinische Maßnahmen am Patienten vornimmt, hat
  die Pflicht, diese zu dokumentieren.

- Wann?   Die Dokumentation hat zeitnah zu erfolgen.

- Wie?   Die Dokumentation muss lesbar und verständlich sein.

- Was?   – Diagnose
  – Therapie
  – Prophylaxe
  – atypische Verläufe
  – Anordnungen

Nach den Regeln des Anscheinsbeweises gilt die dokumentierte Maßnahme als erbracht. Der Patient trägt dann die volle Beweislast. Eine Beweiserleichterung kommt dem Patienten für die dokumentierten Maßnahmen nicht zugute. Er muss demnach – nach den üblichen Beweisgrundsätzen – beweisen, dass der bei ihm eingetretene Schaden durch eine schuldhafte pflegerische bzw. ärztliche Handlung verursacht wurde.

III. Sonderproblem: Stürze in Heimeinrichtungen

In den vergangenen Jahren hat sich die wirksame Verhinderung von Sturzereignissen zu einem wesentlichen Kernthema in der pflegerischen Versorgung älterer Menschen entwickelt. Dies ist einerseits auf die Aktivitäten im Bereich der Qualitätssicherung und -entwicklung, beispielsweise der Einführung des Nationalen Expertenstandards zur Sturzprophylaxe, zurückzuführen.[462] Andererseits ist eine erhöhte Klagebereitschaft bei Sturzunfällen zu verzeichnen.[463] Dabei ist festzustellen, dass mehr noch als die Betroffenen selbst

---

[462] Eingehend dazu: Großkopf/Sassen, Haftungsrecht: Sturz ist das Thema Nummer eins, Die Schwester/Der Pfleger 2006, S. 266 ff.

[463] Vgl. die Nachweise zu den zahlreichen Gerichtsentscheidungen bei: LG Frankfurt a.M., NJW 2005, S. 1952 ff.; Lang/Herkenhoff, NJW 2005, Persönlichkeitsrechte und Menschenwürde im Alten- oder Pflegeheim, S. 1905 ff.

die Leistungsträger (gesetzliche und private Krankenversicherung, Sozialhilfeträger) Schadensersatzansprüche aus **übergegangenem Recht** (§ 116 Abs. 1 Satz 1 SGB X) geltend machen und die Erstattung der verauslagten Behandlungskosten einfordern.[464]

 § 116 SGB X Abs. 1 – Ansprüche gegen Schadensersatzpflichtige

Ein auf anderen gesetzlichen Vorschriften beruhender Anspruch auf Ersatz eines Schadens geht auf den Versicherungsträger oder Träger der Sozialhilfe über, soweit dieser auf Grund des Schadensereignisses Sozialleistungen zu erbringen hat, die der Behebung eines Schadens der gleichen Art dienen und sich auf denselben Zeitraum wie der vom Schädiger zu leistende Schadensersatz beziehen.

...

Ganz wesentlich bei diesen Verfahren ist die Frage der **Beweislastverteilung**. Wie bereits erwähnt (siehe S. 194 ff.), muss in Schadensersatzfällen üblicherweise die begehrende Partei den Nachweis erbringen, dass alle Anspruchsvoraussetzungen, die sich aus Vertragsverletzungen (§§ 280 ff. BGB) oder aus fehlerhaften Handlungen (§ 823 BGB) begründen können, vorliegen. Zur Verbesserung der eigenen Position strebt die Klägerseite deshalb die Anerkennung der Beweislastumkehr (oder zumindest von Beweiserleichterungen) an. Bei den vorliegenden Klageverfahren wird häufig auf die Beweiserleichterung abgestellt, die sich aus einer Grundsatzentscheidung des Bundesgerichtshofs aus dem Jahr 1990[465] ergibt. Bei dieser Entscheidung wurde das Risiko, in einer Einrichtung während einer pflegerischen Maßnahme zu stürzen, dem **voll zu beherrschenden Gefahrenbereich zugeordnet**. Dies hat die Konsequenz, dass es dann Sache des Einrichtungsträgers ist, aufzuzeigen und nachzuweisen, dass der Vorfall nicht auf einem pflichtwidrigen Verhalten der Pflegekräfte beruht.[466]

Auch im folgenden Fall begehrte die Krankenversicherung der Geschädigten vom Betreiber einer Heimeinrichtung die Erstattung von verauslagten Behandlungskosten.

---

[464] Vgl. Großkopf/Schanz, Der Sturz – die Haftungsfalle im Gesundheitswesen, RDG 2006, S. 2.

[465] BGH, Urteil vom 18. Dezember 1990 (VI ZR 169/90).

[466] Vgl. Gehrlein, Leitfaden zur Arzthaftpflicht, S. 56.

Beispiel: Sturz in einer Heimeinrichtung

Die 93-jährige Geschädigte war seit sieben Jahren zur vollstationären Pflege in der Heimeinrichtung des Beklagten untergebracht. Bereits vor ihrer Aufnahme und auch kurz danach erlitt sie drei Stürze, bei denen sie sich Verletzungen zuzog, die jeweils einer stationären Behandlung bedurften: eine Oberschenkelhalsfraktur links sowie Schädel-Hirn-Traumata ersten und zweiten Grades. Durch ein Pflegegutachten wurde der Bewohnerin neben einer Einschränkung der Gehfähigkeit eine hochgradige Seh-behinderung und eine zeitweise Desorientierung und Verwirrung bescheinigt. Neben ihrem Bett im Zimmer – das sie mit zwei Frauen teilte – befand sich eine Klingel; außerdem konnte sie sich durch Rufe bemerkbar machen. Das Pflegepersonal schaute regelmäßig jede Stunde, zu den Mahlzeiten und zur Inkontinenzversorgung nach der Bewohnerin. Am 27. Juni 2001 fand gegen 13 Uhr die letzte Kontrolle statt. Die Bewohnerin lag zu dieser Zeit zur Mittagsruhe in ihrem Bett. Gegen 14 Uhr wurde sie von der Pflegekraft in ihrem Zimmer vor dem Bett liegend aufgefunden. Sie hatte sich eine Oberschenkelhalsfraktur zugezogen und musste daraufhin stationär und anschließend ambulant behandelt werden.

Das Landgericht Berlin verurteilte den Heimbetreiber zur Zahlung von Schadensersatz in Höhe von rund 7185 Euro zuzüglich Zinsen. Nach Aufhebung des Urteils durch die Berufungsinstanz legte die Krankenversicherung Revision beim Bundesgerichtshof ein.[467] Die Klägerin musste zunächst den Pflichtverstoß des Beklagten beweisen. Da im vorliegenden Fall das Sturzereignis nicht im Rahmen einer pflegerischen Maßnahme, sondern aus unge-klärten Gründen im Wohnbereich der Geschädigten stattfand, der zum **normalen, alltägli-chen Gefahrenbereich** gezählt wird und grundsätzlich in der Eigenverantwortung der Geschädigten verbleibt[468], war es der Klägerin nicht möglich, eine Pflichtverletzung des Beklagten zu beweisen. Demzufolge versuchte die Klägerin mit dem Hinweis, dass der Schaden sich im Herrschafts- und Organisationsbereich des Beklagten ereignet hatte, eine Beweislastumkehr hinsichtlich der Pflichtverletzung zu erlangen. Die Karlsruher Richter betonten, dass der Begriff »voll beherrschbarer Gefahrenbereich« nicht so zu verstehen sei, dass allein der Umstand, dass sich ein Heimbewohner im Bereich eines Pflegeheims eine Sturzverletzung zugezogen hat, den Schluss auf eine Beweislastumkehr begründe.

---

[467] BGH, Urteil vom 28. April 2005 (III ZR 399/04).

[468] Vgl. BGH, RDG 2005, S.89 ff.

⚠ Eine Heimeinrichtung grenzt sich von einem Krankenhaus dadurch ab, dass dem Bewohner eine weitgehend normale, eigenverantwortliche Lebensführung ermöglicht werden soll. Diese ist zwangsläufig mit den Gefahren und Risiken verbunden, die auch das Leben außerhalb einer solchen Einrichtung bereithält.[469]

Unabhängig davon können – wie der BGH weiter feststellte – der Pflegeeinrichtung aufgrund des Heimvertrages grundsätzliche *Obhutspflichten zum Schutz der körperlichen Unversehrtheit* gegenüber dem Heimbewohner obliegen, deren schuldhafte Verletzung geeignet ist, einen Schadensersatzanspruch zu begründen.[470]

Diese Pflichten stehen jedoch in einem **besonderen Spannungsfeld**[471] zu den Rechten des Heimbewohners, die sich aus der Zielsetzung des Heimgesetzes (§ 2 HeimG)[472] ergeben und sich unmittelbar auf die verfassungsmäßig garantierten Grundrechte in Art. 1 Abs. 1 GG und Art. 2 Abs. 1 GG zurückführen lassen:

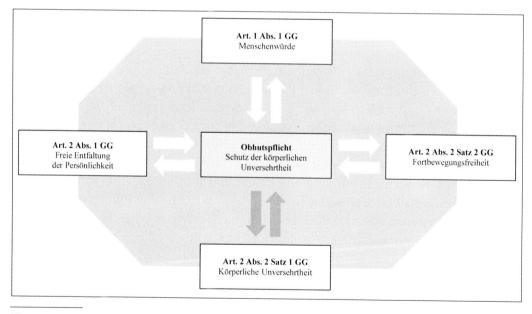

---

[469] Vgl. OLG Köln, Urteil vom 15. Januar 2004 (12 U 66/03).

[470] Vgl. Großkopf/Schanz, Der Sturz – die Haftungsfalle im Gesundheitswesen, RDG 2006, S. 3.

[471] Vgl. Lang/Herkenhoff, Persönlichkeitsrechte und Menschenwürde im Alten- oder Pflegeheim, NJW 2005, S. 1906; vgl. LG Frankfurt a.M., NJW 2005, S. 1952 ff.

[472] **§ 2 HeimG – Zweck des Gesetzes:**
(1) Zweck des Gesetzes ist es,
1. die Würde sowie die Interessen und Bedürfnisse der Bewohnerinnen und Bewohner von Heimen vor Beeinträchtigungen zu schützen,
2. die Selbständigkeit, die Selbstbestimmung und die Selbstverantwortung der Bewohnerinnen und Bewohner zu wahren und zu fördern,
...

Aufgrund der überragenden Bedeutung der Grundrechte hat die Auswahl geeigneter sturz-prophylaktischer Maßnahmen somit vor dem Hintergrund einer sorgfältigen Abwägung des Einzelfalls[473] bei gleichzeitiger Berücksichtigung des finanziell und personell Zumutbaren[474] zu erfolgen. Dabei ist es im Interesse des allgemeinen Persönlichkeitsrechts und der Menschenwürde des Heimbewohners hinzunehmen, dass es gelegentlich zu Stürzen kommen kann.[475]

 Jeder hat das Recht zu stürzen.

Unter diesem Blickwinkel ist auch eine weitere »Sturz-Entscheidung« des Bundesgerichts-hofs[476] zu sehen:

Beispiel: Sturzprävention und Selbstbestimmungsrecht
Die 89-jährige Geschädigte war seit sieben Jahren zur vollstationären Pflege in der Heimeinrichtung des Beklagten untergebracht. Einem Gutachten des Medizinischen Dienstes zufolge litt sie aufgrund einer Kleinhirnatrophie zeitweise unter schweren Schwindelzuständen, die mit einer Sturzneigung einhergingen. Tatsächlich waren der Aufnahme bereits drei Stürze vorausgegangen, bei denen die Geschädigte sich u.a. eine Trümmerfraktur des linken Schultergelenks zugezogen hatte. Obwohl sie vom Personal ständig gebeten wurde, mit Hilfe der Zimmerklingel oder durch Rufen Unterstützung anzufordern, beschloss die Bewohnerin in vielen Fällen, Dinge noch völlig selbständig durchzuführen, beispielsweise den Toilettengang. Auch die regel-mäßig gestellte Frage, ob nachts zu ihrer Sicherheit das Bettgitter hochgezogen wer-den solle, verneinte die Geschädigte, da sie die Toilette ohne Begleitung aufsuchen wollte. Im Zeitraum Januar bis März 2000 kam es zu insgesamt vier weiteren Stürzen. Bei dem letzten Sturz erlitt sie eine derart schwere Verletzung (Fraktur der Halswirbelsäule mit Lähmung der vier Extremitäten und respiratorischer Insuffizienz), dass sie an deren Folgen verstarb.

---

[473] OLG Naumburg, RDG 2005, S. 151 f.; OLG München RDG 2006, S. 17 ff.

[474] Dazu: Großkopf/Schanz, Der Sturz – die Haftungsfalle im Gesundheitswesen, RDG 2006, S. 4 f.

[475] Vgl. Lang/Herkenhoff, Persönlichkeitsrechte und Menschenwürde im Alten- oder Pflegeheim, NJW 2005, S. 1906.

[476] BGH, Urteil vom 14. Juli 2005 (III ZR 391/04).

Die klagende Krankenversicherung sah die vertraglichen Pflichten zum Schutz der körperlichen Unversehrtheit der Heimbewohnerin insofern verletzt, als von der Einrichtung nicht alle Möglichkeiten zur Vermeidung von Stürzen in Betracht gezogen wurden. Darunter fielen auch Maßnahmen (z.B. das Hochziehen der Bettgitter zur Nacht, Rund-um-die-Uhr-Überwachung), deren Durchsetzung auch **gegen den Willen der Bewohnerin** hätte geschehen müssen (unter der Maßgabe des § 1906 Abs. 4 BGB[477]). Dieser Ansicht schloss sich auch das OLG Dresden in seinem Urteil vom 23. September 2004 (7 U 753/04) an.[478] Der Bundesgerichtshof hingegen hob das Urteil der Berufungsinstanz u.a. mit dem Hinweis auf, die zwischen der Geschädigten und dem Heimpersonal geführten Gespräche und die dort geäußerten Willensäußerungen der Bewohnerin seien zu wenig beachtet worden.

⚠ Dies lässt die Schlussfolgerung zu, dass zur Wahrung des Selbstbestimmungsrechts des Heimbewohners sturzprophylaktische Maßnahmen in Verbindung mit einer plastischen Aufklärung über die möglichen Risiken und Folgen einer Ablehnung dieser Maßnahmen zwingend zu erörtern sind. Ebenso notwendig muss sowohl die Durchführung eines solchen Aufklärungsgesprächs als auch die Ablehnung von Maßnahmen dokumentiert werden.

Darüber hinaus ergibt sich aus dem bisher Gesagten, dass sich auch in Heimeinrichtungen Fallkonstellationen ergeben können, bei denen sich Stürze im voll beherrschbaren Bereich ereignen. Dazu zählen insbesondere Stürze von Heimbewohnern, die auch (z.B. beim Toilettengang) einer besonderen Betreuung und Fürsorge bedürfen.[479] Weiterhin ist auch die Anwendung von freiheitsbeschränkenden Maßnahmen im Rahmen der Sturzprävention nicht völlig ausgeschlossen. Aus juristischer Sicht sind diese aber nur als *Ultima Ratio* zu betrachten. Nach Meinung von Pflegewissenschaftlern stellen sie sogar das denkbar schlechteste Mittel zur Sturzprävention dar.[480]

---

[477] § 1906 Abs. 4 BGB ist auf S. 418 abgedruckt.

[478] OLG Dresden, RDG 2005, S. 9 f.

[479] OLG München, RDG 2006, S. 159 f.

[480] Deutsches Netzwerk für Qualitätsentwicklung in der Pflege (DNQP), Expertenstandard Sturzprophylaxe in der Pflege, 2006, S. 87.

H. Erbrecht

I. Grundlagen

⚠ Beim Tode eines Menschen bleibt sein Vermögen privates Eigentum seiner Erben; es fällt nicht an den Staat.

Das Bürgerliche Gesetzbuch regelt in den §§ 1922–2345 die privatrechtliche Nachfolge des oder der Erben. Das Erbrecht hat die Funktion, das Privateigentum mit dem Tod des Eigentümers nicht untergehen zu lassen, sondern seinen Fortbestand im Wege der Rechtsnachfolge zu sichern.[481] Damit soll erreicht werden, dass der erworbene Wohlstand nicht untergeht, sondern entweder zielgerichtet jemandem zugewendet wird oder das Vermögen in der Familie verbleibt.

1. Die Erbfähigkeit

Um das Vermögen des Erblassers im Wege der Gesamtrechtsnachfolge zu erlangen, muss die bedachte »Person« erbfähig sein. Die Erbfähigkeit ergibt sich aus der Rechtsfähigkeit gem. § 1 BGB. Somit ist derjenige erbfähig, der zur Zeit des Erbfalles lebt (§ 1923 Abs. 1 BGB). Die Erbfähigkeit natürlicher Personen beginnt demnach mit der Geburt und endet mit dem Tod. Gemäß § 1923 Abs. 2 BGB ist auch der bereits Gezeugte erbfähig, sofern er nach dem Erbfall lebend geboren wird. Neben den natürlichen Personen sind auch juristische Personen erbfähig, soweit sie zum Zeitpunkt des Erbfalles bereits bestehen.

2. Die Testierfähigkeit

Die Testierfähigkeit ist die Fähigkeit, rechtswirksam über seinen Nachlass zu verfügen. Grundsätzlich kann jeder, der **älter als 16 Jahre** ist, in einem Testament bestimmen, wem sein Vermögen zukommen soll (§ 2229 BGB).

---

[481] BVerfG, NJW 95, S. 2977.

Ausnahmen:

Erwachsene sind dann nicht testierfähig, wenn sie aufgrund einer **Krankheit** nicht verständig handeln können – z.B. Pflegebedürftige, Opfer eines schweren Unfalls oder Personen, die einen Schlaganfall erlitten haben.

Tipp: Wenn die Gefahr besteht, dass später jemand die Testierfähigkeit anzweifeln könnte, ist es ratsam, ein **ärztliches Gutachten** einzuholen. So kann künftiger Streit vermieden werden.

3. Der Erbe, der Erblasser

Erbe ist der, den der oder die Verstorbene (= Erblasser) in einem Testament oder Erbvertrag als Empfänger des Nachlasses bestimmt hat. Fehlt es an einer der vorgenannten Erklärungen, tritt an die Stelle der sog. gewillkürten Erbfolge die gesetzliche Erbfolge.

4. Die Erbengemeinschaft

Gibt es mehrere Erben, werden alle gemeinschaftlich am Nachlass beteiligt, auch wenn ihnen unterschiedliche Anteile am Erbe zustehen. Sie rücken in ihrer Gesamtheit in die Rechtsstellung des Erblassers ein (**Gesamtrechtsnachfolge**). Dies bedeutet: Wenn ein Erblasser mehrere Erben (nicht: einen Erben und diverse Vermächtnisnehmer) hinterlässt, bilden diese eine Erbengemeinschaft (§§ 2032 ff. BGB). Alle Erben können nur gemeinschaftlich über den Nachlass verfügen. Jedem Miterben steht ein entsprechend seiner Erbquote zu bemessender Anteil am Nachlass zu.

5. Das Erbe (= Erbmasse)

Als Erbe wird das gesamte Vermögen des Verstorbenen (= Erblasser) bezeichnet. Es werden mithin nicht nur einzelne Gegenstände, sondern immer der gesamte Nachlass einschließlich aller Aktivwerte und aller Schulden (= Passivwerte) vererbt. Die Erben erhalten somit den gesamten Nachlass des Verstorbenen. Sie rücken in ihrer Gesamtheit in die Rechtsstellung des Erblassers ein (**Gesamtrechtsnachfolge**).

II. Die gesetzliche Erbfolge

Das gesetzliche Erbrecht soll verhindern, dass sich der ideelle und wirtschaftliche Zusammenhang zwischen dem Vermögen und der Familie mit dem Tod des Vermögensinhabers einfach auflöst.

Die gesetzliche Erbfolge kommt zur Anwendung, wenn

- der Erblasser keine letztwillige Verfügung hinterlassen hat,
- die hinterlassene letztwillige Verfügung ungültig ist,
- die letztwillige Verfügung nur einen Teil des Nachlasses erfasst,
- der eingesetzte Erbe die Erbschaft nicht annehmen kann, weil er erbunwürdig oder vorverstorben ist oder zu Lebzeiten des Erblassers auf das Erbe verzichtet hat,
- der Erbe die Erbschaft ausgeschlagen hat.

Durch die gesetzliche Erbfolge wird anhand des Verwandtschaftsgrades eine Einstufung in verschiedene Ordnungen vorgenommen. Es kommt also darauf an, ob eine Abstammung vom Erblasser selbst, von dessen Eltern, dessen Großeltern etc. vorliegt. Die Einteilung in die Ordnungen erfolgt nach der verwandtschaftlichen Nähe zum Erblasser. Ein Nachkomme einer höheren Ordnung ist so lange nicht zur Erbfolge berufen, wie ein Verwandter einer vorhergehenden Ordnung vorhanden ist.

1. Gesetzliche Erben 1. Ordnung gem. § 1924 BGB

Erben 1. Ordnung sind die Kinder des Erblassers. Sofern diese nicht mehr leben, sie aber schon wiederum Kinder bekommen haben, treten diese (die Enkel des Erblassers) an ihre Stelle.

 Beispiel:
Der Erblasser E hinterlässt seine Söhne S1 und S2 sowie seine Enkelkinder K1 (Sohn des S1) und K2 (Sohn des S2). Alle vier Personen gehören zwar zur 1. Ordnung, sind aber nicht alle zugleich Erben. Zunächst erben nur S1 und S2. Sollte der Erblasser noch Eltern und Geschwister haben, sind sie gänzlich von der Erbfolge ausgeschlossen, da sie nicht zur 1. Ordnung gehören.

Adoptierte Kinder und nichteheliche Kinder werden ebenfalls als gesetzliche Erben 1. Ordnung angesehen, sofern sie nicht vor dem 30. Juni 1949 geboren wurden.[482]

2. Gesetzliche Erben 2. Ordnung gem. § 1925 BGB

Die Erben 2. Ordnung sind die Eltern des Erblassers und deren Abkömmlinge. Aus Sicht des Erblassers sind dies seine Eltern, seine Geschwister, Nichten und Neffen.

> **Beispiel:**
> Der Erblasser E hat keine eigenen Nachkommen. Auch seine Eltern sind bereits verstorben. Nur seine Geschwister T1 und T2 und der nicht adoptierte Halbbruder S3 (Sohn des Vaters) leben noch; T1 und T2 haben jeweils eine Tochter (E1 bzw. E2); H3 hat keine Abkömmlinge.

Da keine Erben der 1. Ordnung vorhanden sind, kann auf die 2. Ordnung zurückgegriffen werden. Danach hätten zunächst die Eltern von E geerbt. Diese leben jedoch nicht mehr. Insofern sind wieder deren Abkömmlinge Erben, also T1, T2 und S3 (Stammprinzip). Die Geschwister erben nun jeweils getrennt von der Mutter und dem Vater – T1 und T2 teilen sich den Erbteil der Mutter, T1, T2 und H3 teilen sich den Erbteil des Vaters (Linienprinzip). Die Enkel sind so lange noch keine Erben, wie ihre Eltern noch leben. Wäre T1 bereits verstorben, würde deren Tochter an ihre Stelle treten (Stammprinzip). Wäre H3 bereits verstorben, würde sein Anteil an T1 und T2 fallen, da er keine eigenen Abkömmlinge hat.

3. Gesetzliche Erben 3. Ordnung gem. § 1926 BGB

Die Erben 3. Ordnung sind die Großeltern des Erblassers und deren Abkömmlinge. Wenn die Großeltern nicht mehr leben, treten an deren Stelle die Onkel und Tanten und danach die Cousins und Cousinen des Erblassers. Bei der 3. Ordnung gelten die gleichen Prinzipien wie bei der 1. und 2. Ordnung.

---

[482] Erbrechtsgleichstellungsgesetz vom 16. Dezember 1997, das zum 1. April 1998 in Kraft getreten ist.

4. Gesetzliche Erben 4. und weiterer Ordnungen gem. §§ 1928, 1929 BGB

Die Erben 4. Ordnung sind die Urgroßeltern und deren Abkömmlinge. Die Erben der weiteren Ordnungen sind die noch entfernteren Verwandten. Bei diesen ist das Eintrittsrecht der Kinder zu den Ordnungen 2 und 3 abweichend geregelt. Wenn kein Urgroßelternteil mehr lebt, erbt derjenige alleine, der vom Erblasser durch die wenigsten vermittelnden Geburten getrennt ist.

!   **Die gesetzliche Erbfolge**

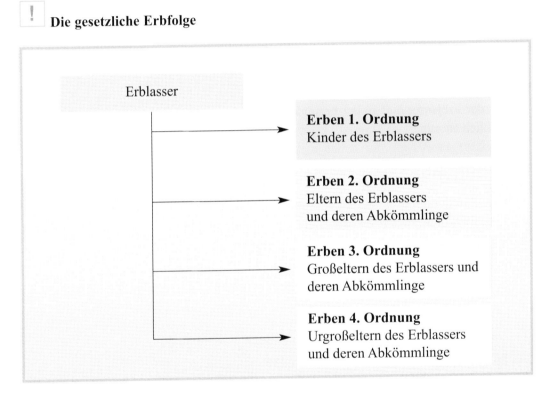

5. Die Stellung des Ehegatten

Neben den Verwandten hat auch der Ehegatte ein gesetzliches Erbrecht. Dessen Umfang hängt davon ab, welcher Güterstand in der Ehe gegolten hat und in welcher Erbordnung Verwandte mit dem Ehegatten zusammentreffen. Im Güterstand der Zugewinngemeinschaft erhält der Ehegatte vorweg ein Viertel der Erbschaft (§ 1371 BGB). Erbt der Ehegatte neben Erben der 1. Ordnung, erhält er ein weiteres Viertel. Erbt er neben Erben der 2. Ordnung, erhält er sogar zusätzlich zu dem Viertel aus § 1371 BGB noch mal die Hälfte der Erbschaft (§ 1931 BGB). Gilt ein anderer Güterstand als der gesetzliche Güterstand der Zugewinngemeinschaft – z.B. die Gütertrennung –, so greifen abweichende Regeln ein. Wenn der Ehegatte neben Abkömmlingen (Verwandten der 1. Ordnung) erbt, erhält er, unabhängig vom Güterstand, als »Voraus« die Haushaltsgegenstände und die Hochzeitsgeschenke – dies allerdings nur, soweit er diese zur Führung eines angemessenen Haushalts benötigt. Der geschiedene Ehegatte hat weder ein Erbrecht noch einen Anspruch auf den »Voraus«.

6. Das Staatserbrecht gem. § 1936 BGB

Sind weder ein überlebender Ehegatte noch Verwandte vorhanden oder zu ermitteln, so wird der Staat gesetzlicher Erbe. Es darf also nicht übersehen werden, dass Stiefkinder oder nicht adoptierte Pflegekinder, auch wenn sie jahrzehntelang im Haushalt des Erblassers gelebt haben, nicht zu den gesetzlichen Erben gehören. Sollen sie am Nachlass beteiligt werden, so muss der Erblasser dies in der besonderen Form des Testaments oder des Erbvertrags ausdrücklich anordnen.

III. Verfügungen von Todes wegen

Das Gesetz stellt dem Erblasser zur Gestaltung der Weitergabe seines Vermögens nach seinem Tode im Rahmen der Testierfreiheit (= inhaltliche Gestaltungsfreiheit) zwei Formen zur Verfügung:

- das **Testament** (vgl. § 1937 BGB) und
- den **Erbvertrag** (§ 1941 BGB).

1. Das Testament

a) Privatschriftliches Testament

Ein Testament kann grundsätzlich selbst geschrieben werden. In diesem Fall muss es vom künftigen Erblasser in Gänze eigenhändig handschriftlich geschrieben und unterschrieben sein.

Bei einem privatschriftlichen Testament ist Folgendes zu beachten:

- Ort und Datum der Testamentserrichtung sind handschriftlich anzugeben.
- Das Testament muss am Ende der Erklärungen unterschrieben werden, und zwar am besten mit Vor- und Familiennamen des künftigen Erblassers.
- Erklärungen, die nach der Unterschrift des künftigen Erblassers stehen, müssen nochmals unterschrieben werden, sonst sind sie ungültig.
- Ehegatten können ein solches »eigenhändiges Testament« auch in der Form errichten, dass ein Ehegatte das Testament von Anfang bis Ende eigenhändig schreibt und unterschreibt und der andere Ehegatte dann ebenfalls unterzeichnet. Er sollte dabei angeben, zu welcher Zeit und an welchem Ort er seine Unterschrift beigefügt hat.

b) Das notarielle Testament

Die Errichtung eines Testaments zur Niederschrift vor einem Notar bietet die Gewähr, dass Erklärungen im Testament aufgrund der Beratung durch den Notar die rechtliche Ausformung erhalten, die am besten die Erfüllung der Vorstellungen des künftigen Erblassers gewährleistet. Der Notar kann über die steuerlichen Folgen der geplanten Maßnahmen (Erbschaftssteuer) beraten und das Testament bis zum Tod des künftigen Erblassers sicher bei einem frei zu wählenden Amtsgericht aufbewahren lassen. Nach dem Tod des Erblassers wird dann das Testament alsbald dem zuständigen Nachlassgericht zugesandt.

c) Das Nottestament/Drei-Zeugen-Testament

Ist es dem Erblasser infolge von Krankheit, Unfall, Krieg etc. nicht mehr möglich, sich einer der bisher genannten Testamentsformen zu bedienen, so kann er seinen letzten Willen auch mündlich mitteilen. Dieser ist gültig, wenn er vor drei Zeugen mündlich abgegeben wird. Anschließend haben die Zeugen die mündliche Erklärung schriftlich – mit Ort, Datum, Unterschrift und Grund des Nottestaments – festzuhalten und dem Gericht zu Protokoll zu geben.

Das Drei-Zeugen-Testament (§ 2250 BGB) verliert seine Gültigkeit, wenn seit der Errichtung drei Monate verstrichen sind und der Erblasser noch lebt. Beim Drei-Zeugen-Testament übernehmen die drei Zeugen die Beurkundungsfunktion, da der Notar fehlt. Sie müssen deshalb während des gesamten Errichtungsvorgangs anwesend sein. Fehlt auch nur einer von ihnen, und sei es nur zeitweise, ist das Nottestament unwirksam. Jeder trägt gleichberechtigt mit den anderen die Verantwortung für die richtige Wiedergabe der Erklärung und muss daher zur Mitwirkung von Anfang an bereit sein. Deshalb ist derjenige kein Zeuge, der die Erklärung des Erblassers lediglich mit anhört, ohne zur Testamentserrichtung hinzugezogen worden zu sein oder ohne von sich aus seine Mitwirkungsbereitschaft zu erkennen gegeben zu haben. Die Zeugen können untereinander verwandt oder verschwägert sein.

Zeugen **dürfen** nicht sein:

- der Erblasser selbst,
- sein Ehegatte,
- die mit dem Erblasser in gerader Linie Verwandten (Eltern, Kinder),
- die Erben.

Zeugen **sollten** nicht sein:

- Minderjährige,
- Geistesschwache,
- Taube, Stumme,
- Blinde,
- Schreibunfähige.

2. Der Erbvertrag

Der Erbvertrag wird mit einer oder mehreren anderen Personen geschlossen und bewirkt eine vertragliche Bindung an die darin getroffenen Verfügungen, die einseitig nur bei einem entsprechenden Vorbehalt im Vertrag – ansonsten nur ganz ausnahmsweise – wieder gelöst werden können. Inhaltlich können im Erbvertrag dieselben Verfügungen wie im Testament getroffen werden.

⚠ Ein Erbvertrag kann nur vor einem Notar errichtet werden.

3. Der Pflichtteil

Falls der Erblasser im Wege der sog. gewillkürten Erbfolge seine nächsten Angehörigen nicht bedenkt, garantiert der Pflichtteilsanspruch den übergangenen nächsten Angehörigen durch die Einschränkung der Testierfreiheit des Erblassers und gegen dessen Willen eine Mindestbeteiligung am Nachlass.[483] Gemäß § 2303 BGB sind nur die nächsten Angehörigen des Erblassers pflichtteilsberechtigt. Zu den Pflichtteilsberechtigten zählen im Einzelnen:

- die Abkömmlinge,
- der Ehegatte,
- die Eltern.

Nach § 2303 Abs. 2 BGB besteht der Pflichtteil in der Hälfte des Wertes des gesetzlichen Erbteils.

 Beispiel:
Wird Sohn A, der einzige Abkömmling des Erblassers, enterbt und ist der Ehegatte des Erblassers bereits verstorben, so erhält A als Pflichtteil die Hälfte des Nachlasses. Läge kein Testament des Erblassers vor, würde A nach der gesetzlichen Erbfolge das gesamte Vermögen erben.

Der Pflichtteilsberechtigte hat nur einen schuldrechtlichen Anspruch. Er kann daher keine Nachlassgegenstände herausverlangen. An dieser Stelle ist ausdrücklich darauf hinzuweisen, dass beim Pflichtteilsrecht ebenso wie bei der gesetzlichen Erbfolge der vorrangige den nachrangigen Erben verdrängt.

IV. Vorgehensweise bei Eintritt des Erbfalls

1. Sterbefallanzeige

Jeder Todesfall ist dem Standesamt anzuzeigen. Hierzu verpflichtet sind Familienangehörige, derjenige, in dessen Wohnung sich der Sterbefall ereignet hat, oder jede andere Person, die

---

483 Palandt, Bürgerliches Gesetzbuch, Überblick vor § 2303, RN 1.

bei dem Tod zugegen war, somit unter Umständen auch das Krankenhauspersonal. Die Todesanzeige wird vom Standesamt an das Nachlassgericht übersandt. Das Nachlassgericht ist dasjenige Amtsgericht, in dessen Bezirk der Verstorbene zuletzt vor seinem Tod seinen Wohnsitz bzw. Aufenthalt hatte. In Zweifelsfällen kann das nächstgelegene Amtsgericht um Rat gefragt werden.

2. Eröffnung von Testamenten

Handschriftliche Testamente, die sich in Händen einer Privatperson befinden, müssen unbedingt beim Nachlassgericht abgeliefert werden. Die Herausgabe kann vom Nachlassgericht erzwungen werden. Eine Unterdrückung von Testamenten ist strafbar. Das Nachlassgericht eröffnet die letztwilligen Verfügungen in einem Termin. Beteiligte, die bei der Eröffnung des Testaments oder des Erbvertrages nicht zugegen waren, werden von dem sie betreffenden Inhalt in Kenntnis gesetzt. Insbesondere werden neben den Begünstigten auch diejenigen benachrichtigt, die ohne das Vorhandensein der letztwilligen Verfügung gesetzliche Erben geworden wären.

3. Erbschein und Beantragung des Erbscheins

Das Grundbuchamt kann den Grundbesitz des Verstorbenen auf dessen Erben nur umschreiben, wenn ihm eine Urkunde vorgelegt wird, die das Erbrecht bezeugt. Auch Behörden, Banken und Versicherungen verlangen oft einen solchen Nachweis, wenn der Erbe über Vermögenswerte des Verstorbenen verfügen will. Dieser Nachweis lässt sich leicht erbringen, wenn die Erbfolge auf einem notariellen Testament oder Erbvertrag beruht. In einem solchen Fall genügt es in der Regel, wenn der Erbe die notarielle Verfügung von Todes wegen zusammen mit dem Eröffnungsprotokoll des Nachlassgerichtes vorlegt. Ist dies nicht möglich, insbesondere weil der Erblasser kein oder nur ein handschriftliches Testament hinterlassen hat, muss der Erbe den Nachweis durch Vorlage eines Erbscheins führen. Im Zweifelsfall ist es ratsam, sich über die Notwendigkeit der Erbscheinsvorlage zu erkundigen. Der Erbschein ist kostenpflichtig; seine Gebühr richtet sich grundsätzlich nach dem Reinvermögenswert des Nachlasses.

4. Sonderfälle im Pflegebereich

Unwirksamkeit der Erbeinsetzung von Angehörigen eines Altenheimleiters:[484]

---

[484] OLG Düsseldorf, Beschluss vom 18. Juli 1997 (3 Wx 250/97).

Beispiel:

Der Erblasser wohnte in einem Altenheim. Im Testament hat er seine Schwester zur alleinigen Vorerbin eingesetzt. Als Nacherben hat er die Kinder des Heimleiters berufen. Der Heimleiter hatte von der Einsetzung seiner Kinder als Nacherben bereits zu Lebzeiten des Erblassers Kenntnis.

Die Entscheidung des OLG Düsseldorf stützt sich auf § 14 des Heimgesetzes.

§ 14 HeimG Abs. 5 – Leistungen an Träger und Beschäftigte

Dem Leiter, den Beschäftigten oder sonstigen Mitarbeitern des Heims ist es untersagt, sich von oder zugunsten von Bewohnern neben der vom Träger erbrachten Vergütung Geld oder geldwerte Leistungen für die Erfüllung der Pflichten aus dem Heimvertrag versprechen oder gewähren zu lassen. Dies gilt nicht, soweit es sich um geringwertige Aufmerksamkeiten handelt.

Nach Auffassung des OLG Düsseldorf ist die Nacherbeneinsetzung **unwirksam**, da sie gegen § 14 des Heimgesetzes verstößt. Denn dieser verbietet es dem Träger eines Altenheims, sich über das für die Pflege und Unterbringungsleistung vereinbarte Geld hinaus Geld oder geldwerte Leistungen versprechen oder gewähren zu lassen.

Hierunter fällt auch die Annahme von Erbschaften. Allerdings ist es so, dass die Unwirksamkeit der letztwilligen Verfügung nur dann eintritt, wenn dem Heimträger die Erbeinsetzung zu Lebzeiten des Heimbewohners bekannt war. Bei der Frage, wann eine solche Kenntnis gegeben ist, geht die Rechtsprechung davon aus, dass dies bereits dann der Fall ist, wenn Mitarbeiter des Heims in leitender Stellung von dem Testament Kenntnis haben.

Auf das Verhältnis zwischen Betreuer und Betreutem ist § 14 HeimG nicht analog anwendbar.[485]

---

[485] BayObLG, Beschluss vom 18. Dezember 1997 (1 Z BR 93/97).

Beispiel:

Das Vormundschaftsgericht hatte für die im Alter von 69 Jahren verstorbene Erblasserin einen Betreuer bestellt und als dessen Aufgabenkreis die Vermögenssorge und die Sorge für die Gesundheit bei risikobehafteten Eingriffen bestimmt. Die Erblasserin errichtete ein notarielles Testament, in dem sie die Tochter des Betreuers und deren Ehemann zu gleichen Teilen als Erben einsetzt. Die gesetzlichen Erben waren der Auffassung, dass dieses Testament nach § 14 HeimG unwirksam sei.

Das Bayerische Oberlandesgericht war der Auffassung, dass § 14 HeimG hier nicht zur Anwendung kommt. Nach dieser Vorschrift ist ein Testament unwirksam, wenn der Bewohner eines Heims Heimpersonal als Erben einsetzt und diese hiervon wissen. Ziel dieser Vorschrift ist es, eine unterschiedliche Behandlung der Bewohner eines Heims zu verhindern und die Bewohner vor finanzieller Ausnutzung oder Benachteiligung, insbesondere durch die nochmalige Abgeltung einer Leistung des Trägers, zu schützen und die Testierfreiheit der Bewohner zu sichern. Eine solche Interessenkollision kann das Gericht in einem Fall, in dem es sich nicht um einen Heimbewohner handelt, sondern lediglich ein Betreuer bestellt ist, nicht erkennen.

Teil 4
Arbeitsrecht

A. Allgemeines

I. Sonderrecht der Arbeitnehmer

Das Arbeitsrecht wird gemeinhin als das **Sonderrecht der Arbeitnehmer**[486] definiert. Das derzeit in der Bundesrepublik Deutschland geltende Arbeitsrecht war und ist einem ständigen (Werte-)Wandel unterzogen. Heute wird es als Mittel verstanden, um soziale Gerechtigkeit bei freiheitsrechtlicher Gestaltung der Arbeitsbedingungen herzustellen.[487]

Die gesetzlichen Regelungen und die von der Rechtsprechung entwickelten Grundsätze des deutschen Arbeitsrechts sind auf ein wirtschaftliches System bezogen, das durch Eigentum an Produktionsmitteln und die Anerkennung privatwirtschaftlichen Gewinnstrebens im Rahmen einer marktwirtschaftlichen Ordnung mit sozialpolitisch motivierten Korrekturen gekennzeichnet ist. Mit seinen Regelungen (insbesondere mit dem Betriebsverfassungsrecht) wird ein Teil der Verfügungsmacht über die Produktionsmittel auf die Arbeitnehmer bzw. deren Vertreter verlagert. Die Eigentümer müssen das wichtigste aus ihrem Eigentum folgende Recht – die Verfügungsbefugnis über die Produktionsmittel – mit den Arbeitnehmern und deren gewählten Vertretern teilen. Auch das Arbeitskampfrecht als Mittel zur autonomen Rechtsetzung durch die Verbände (Tarifverträge) gehört zu den Besonderheiten unseres (sozial-)marktwirtschaftlichen Systems.

Eine weitere Ausgestaltung der sozialen Komponente unseres Wirtschaftssystems bewirken die Arbeitnehmerschutz- und Arbeitsschutznormen, die das Streben der Unternehmer nach größtmöglicher Produktivität und Rentabilität beim Einsatz des Faktors Arbeit begrenzen und die Beachtung sozialer Kriterien erzwingen. Dazu gehören unter anderem:

---

[486] Hueck/Nipperdey, Lehrbuch des Arbeitsrechts, 7. Aufl. 1993, Bd. I, § 1, I.

[487] Richardi, Vorwort in Arbeitsgesetze, DTV-Gesetzestexte, 69. Aufl. 2006, S. XVI.

- die Pflicht zur Sozialauswahl bei betriebsbedingten Kündigungen nach dem Kündigungsschutzgesetz – § 1 KSchG,
- die Pflicht zur Beschäftigung von im Allgemeinen weniger leistungsfähigen schwerbehinderten Menschen – § 71 SGB IX – bzw. zur Zahlung einer Ausgleichsabgabe – § 77 SGB IX,
- die Entgeltfortzahlung im Krankheitsfall – § 3 Abs. 1 EntgeltfortzahlungsG,
- Beschäftigungsverbote und die Gewährung von Stillzeiten nach dem Mutterschutzgesetz – §§ 3, 6, 7 MuSchG,
- Beschäftigungsbeschränkungen nach dem Jugendarbeitsschutzgesetz – §§ 22 ff. JArbSchG.

II. Recht auf Arbeit

Das vieldeutige und häufig missverstandene **Recht auf Arbeit** ist eines der umstrittensten Schlagworte in der Diskussion um die Ausgestaltung des Wirtschaftssystems. Das in Art. 12 Abs. 1 GG gewährleistete Grundrecht auf freie Wahl des Arbeitsplatzes schützt den Einzelnen (nur) in seinem Entschluss, eine konkrete Beschäftigungsmöglichkeit in dem gewählten Beruf zu ergreifen, beizubehalten oder aufzugeben.

⚠ Mit dieser Wahlfreiheit ist kein Anspruch auf die Bereitstellung eines Arbeitsplatzes eigener Wahl verbunden.

Art. 12 GG gewährleistet ferner mit der Berufsfreiheit das Grundrecht aller Deutschen, Beruf, Arbeitsplatz und Ausbildungsstätte frei zu wählen (Abs. 1), und schließt Zwangsarbeit grundsätzlich aus (Abs. 2 und 3). Demgegenüber benötigen Ausländer für die Ausübung einer unselbständigen Erwerbstätigkeit eine **Arbeitserlaubnis**, wodurch der Vorrang deutscher und den Deutschen gleichgestellter EU-Arbeitnehmer (sog. bevorrechtigter Arbeitnehmer) gesichert werden soll. Einzelheiten sind im Ausländerrecht (AufenthaltsG) und im Arbeitserlaubnisrecht (§§ 284 ff. SGB III, AEVO nebst Durchführungsverordnungen) geregelt.

⚠ Ein subjektives Recht auf Einstellung gegenüber staatlichen Institutionen oder gar gegenüber privaten Arbeitgebern wird durch Art. 12 GG jedoch nicht gewährt. Das Recht auf Arbeit gilt jedoch als **Staatsziel**.

III. Beschäftigungsförderung

Eine gewisse Verpflichtung von Bund und Ländern zur Beschäftigungsförderung wird durch § 1 des Gesetzes zur Förderung der Stabilität und des Wachstums der Wirtschaft begründet:

§ **§ 1 des Gesetzes zur Förderung der Stabilität und des Wachstums der Wirtschaft (StabilitätsG)**

Bund und Länder haben bei ihren wirtschafts- und finanzpolitischen Maßnahmen die Erfordernisse des gesamtwirtschaftlichen Gleichgewichts zu beachten. Die Maßnahmen sind so zu treffen, dass sie im Rahmen der marktwirtschaftlichen Ordnung gleichzeitig zur Stabilität des Preisniveaus, zu einem hohen Beschäftigungsstand und außenwirtschaftlichem Gleichgewicht bei stetigem und angemessenem Wirtschaftswachstum beitragen.

Diese Regelung wird ergänzt durch § 2 Abs. 2 SGB III (Sozialgesetzbuch Drittes Buch) über die besondere Verantwortung von Arbeitgebern und Arbeitnehmern im Rahmen arbeitsmarktpolitischer Zielsetzungen:

§ **§ 2 SGB III**

(2) Die Arbeitgeber haben bei ihren Entscheidungen verantwortungsvoll deren Auswirkungen auf die Beschäftigung der Arbeitnehmer und von Arbeitslosen und damit die Inanspruchnahme von Leistungen der Arbeitsförderung einzubeziehen. Sie sollen dabei insbesondere

1. im Rahmen ihrer Mitverantwortung für die Entwicklung der beruflichen Leistungsfähigkeit der Arbeitnehmer zur Anpassung an sich ändernde Anforderungen sorgen,
2. vorrangig durch betriebliche Maßnahmen die Inanspruchnahme von Leistungen der Arbeitsförderung sowie Entlassungen von Arbeitnehmern vermeiden und
3. Arbeitnehmer vor der Beendigung des Arbeitsverhältnisses frühzeitig über die Notwendigkeit eigener Aktivitäten bei der Suche nach einer anderen Beschäftigung sowie über die Verpflichtung zur Meldung nach § 37b bei der Agentur für Arbeit informieren, sie hierzu freistellen und die Teilnahme an erforderlichen Qualifizierungsmaßnahmen ermöglichen.

Die Sicherung eines hohen Beschäftigungsniveaus und eines hohen Maßes an sozialem Schutz wird außerdem unter den Aufgaben in den Artikeln 2, 102a, 103 und 117 des EWG-Vertrages genannt.

Durch den Amsterdamer Vertrag ist die Förderung eines hohen Beschäftigungsniveaus in den Zielkatalog der EU aufgenommen und gleichzeitig ein neues Kapitel über Beschäftigung in den EWG-Vertrag eingefügt worden. Die allgemein anerkannte Bestrebung, zumutbare bezahlte Arbeit für jeden zu schaffen, soll also durch Wachstums- und Vollbeschäftigungspolitik verwirklicht werden. Unmittelbare Eingriffe in den Arbeitsmarkt sind dagegen weitgehend ausgeschlossen.

IV. Das Arbeitsrecht im Rechtssystem

Das Arbeitsrecht als solches umfasst nicht jede Rechtsbeziehung, die sich aus dem Tätigsein von Menschen ergibt. Das **Arbeitsrecht** ist vielmehr die Gesamtheit der Normen, die das Recht der Arbeitsverhältnisse als Sonderrecht der Arbeitnehmer in deren Beziehungen zum Arbeitgeber zum Gegenstand haben (zur Abgrenzung des Arbeitnehmerbegriffes siehe unten S. 285 ff.).

⚠ Das Arbeitsrecht betrifft die Rechte, die sich aus dem Verhältnis des **Arbeitnehmers** zum Arbeitgeber ergeben, und das Recht der Arbeitnehmer, Zusammenschlüsse bzw. Organisationen zu bilden.

Das Arbeitsrecht gilt also nicht für **Beamte** und **Selbständige**, obwohl auch sie Arbeit leisten. Rechtsgrundlage für deren Tätigkeit ist jedoch kein Arbeitsverhältnis (Arbeitsvertrag im engeren Sinn), sondern öffentlich-rechtliche Dienstverhältnisse bzw. Leistungsverträge eigener Art (meist Dienst- oder Werkverträge der Selbständigen).

Das Arbeitsrecht ist ein eigenständiges Rechtsgebiet, das zwar einen starken öffentlich-rechtlichen Einschlag aufweist, insgesamt jedoch als Teil des Privatrechts verstanden wird. So ist insbesondere das in den §§ 611–630 BGB geregelte Arbeitsvertragsrecht klassisches Privatrecht. Zum öffentlichen Recht gehören vor allem das sog. Arbeitsschutzrecht (z.B. die Gewerbeordnung, das Arbeitszeitgesetz oder das Schwerbehindertenrecht) und Teile des kollektiven Arbeitsrechts.

Das Arbeitsrecht wird nach allgemeiner Auffassung in drei Gebiete aufgeteilt:

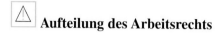 **Aufteilung des Arbeitsrechts**

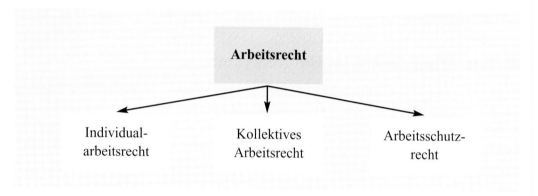

Das **Individualarbeitsrecht** regelt die Vertragsbeziehungen des einzelnen Arbeitnehmers zu einem Arbeitgeber, d.h. Abschluss, Bestand und Beendigung von Arbeitsverträgen mit den sich daraus für die Vertragsparteien ergebenden Rechten und Pflichten (Einzelheiten siehe unten).

Das **kollektive Arbeitsrecht** regelt Rechtsbeziehungen, die eine Vielzahl von Arbeitnehmern mit gleichen oder ähnlichen Interessen betreffen. Es sind in der Regel Vorschriften, die für die Rechtsbeziehungen von Zusammenschlüssen von Arbeitnehmern und/oder Arbeitgebern (= Kollektive) gelten (z.B. Arbeitnehmervertretungen, Gewerkschaften oder Arbeitgeberverbände) und die die Grundsätze über deren Aufgaben und Kompetenzen sowie über die Wirkung der von ihnen getroffenen Vereinbarungen enthalten.

Zum kollektiven Arbeitsrecht gehören insbesondere das Koalitionsrecht, das Tarifvertragsrecht, das Arbeitskampfrecht, das Betriebsverfassungsrecht und das Unternehmensmitbestimmungsrecht (auf die Einzelheiten des kollektiven Arbeitsrechts kann hier nicht eingegangen werden; zu den Einzelheiten muss insbesondere auf die Literatur zum Betriebsverfassungsrecht oder zum Personalvertretungsrecht verwiesen werden).

Das **Arbeitsschutzrecht** dient dem Schutz der Arbeitnehmer vor bestimmten Gefahren des Arbeitslebens. Es begründet öffentlich-rechtliche Pflichten, die dem Einzelnen bei der Arbeit drohenden Gefahren zu beseitigen oder zu minimieren.

⚠ **Die Regelungen des Arbeitsschutzrechts stehen nicht zur Disposition der Arbeits-vertragsparteien** (ein Arbeitnehmer kann insbesondere nicht wirksam auf Arbeits-schutzvorgaben an seinem Arbeitsplatz verzichten). Der Arbeitgeber kann notfalls mit Zwangsmaßnahmen zur Einhaltung der Normen des Arbeitsschutzrechts angehalten werden (Verwaltungszwang, Androhung und Festsetzung von Zwangsgeld). Häufig ist die Nicht-beachtung von Arbeitsschutzvorschriften durch den Arbeitgeber auch mit Bußgeld oder Strafe bedroht.

Zum Arbeitsschutzrecht gehören vor allem der Betriebs- und Gefahrenschutz, der Arbeitszeitschutz sowie der Schutz bestimmter Arbeitnehmergruppen (Jugendliche, schwer-behinderte Menschen, Frauen).

V. Die Rechtsquellen des Arbeitsrechts

Es wurde bereits ausgeführt, dass das Arbeitsrecht grundsätzlich ein Teil des Privatrechts ist und im Wesentlichen die Arbeitsvertragsverhältnisse betrifft. Als Rechtsquellen des Arbeitsrechts dienen daher die einzelvertraglichen Vereinbarungen (Arbeitsverträge) und das staatlich gesetzte Recht (Gesetze und Verordnungen). Ganz wesentlich bestimmt wird das Arbeitsrecht jedoch auch durch die vielfältige Entwicklung von Rechtsgrundsätzen aus Gerichtsurteilen. Darüber hinaus ist in einer Vielzahl von Arbeitsverhältnissen zu beachten, dass diese durch Vereinbarungen der Gremien der sozialen Selbstverwaltung (im Wesentlichen Gewerkschaften und Arbeitgeberverbände) überlagert sind. Dies sind im Allgemeinen Tarifverträge oder Betriebsvereinbarungen. Des Weiteren können sich auch aus mehrjähri-gen **betrieblichen Übungen** Rechtsansprüche ergeben.

Die Regelungskompetenz durch Gremien der sozialen Selbstverwaltung ist historisch gewach-sen und verfassungsrechtlich garantiert (Art. 9 Abs. 3 GG), teils auch gesetzlich fixiert (§§ 1–4 TVG, § 77 BetrVG). Gelegentlich räumt der Gesetzgeber tariflichen Regelungen sogar den Vorrang ein gegenüber ansonsten grundsätzlich zwingenden, also nicht abdingbaren Rechtsnormen (z.B. § 13 BUrlG, § 622 Abs. 4 BGB).

Es existieren Rechtsquellen auf den verschiedensten hierarchischen Rechtsebenen. Dabei ist zu beachten, dass rangniedere Regelungen nicht von den zwingenden Vorgaben der darüber liegenden Ebenen abweichen dürfen. Jedoch sind Vereinbarungen zugunsten der Arbeitnehmer in der Regel zulässig; Vereinbarungen zur Schmälerung von Arbeitsschutzbestimmungen sind dagegen grundsätzlich unwirksam.

❗ Die Hierarchie der Rechtsquellen

EWG-Vertrag

Grundgesetz

Bundesgesetze

Länderverfassungen

Landesgesetze

Rechtsgrundsätze

Tarifverträge

Dienst- bzw. Betriebsvereinbarung

(Einzel-)Arbeitsvertrag

Betriebliche Übung/Direktionsrecht

Jeder Normenbereich wird ergänzt durch eine umfangreiche Rechtsprechung.

Beispiel:
Der Betriebsrat des Unternehmens A vereinbart mit dem Unternehmen eine über die in den Arbeitsverträgen der bei A beschäftigten Arbeitnehmer hinausgehende Urlaubsregelung.
Trotz anderslautender Vorgaben in den jeweiligen Arbeitsverträgen ersetzt nunmehr die für den Arbeitnehmer günstigere Version aus der Betriebsvereinbarung die individualvertragliche Regelung.

⚠️ Aus diesem sog. **Günstigkeitsprinzip** folgt, dass einzelvertragliche Abweichungen gegenüber einem Tarifvertrag nur dann zulässig sind, wenn dies der Tarifvertrag ausdrücklich gestattet oder die Änderung für den Arbeitnehmer günstiger ist.

VI. Der Begriff des Arbeitnehmers

Wie bereits erwähnt, ist die Feststellung der Arbeitnehmereigenschaft bei Dienstleistungen ausschlaggebend für das Vorliegen eines Arbeitsverhältnisses und damit für die Anwendbarkeit der besonderen Normen des Arbeitsrechts. Entscheidend ist die Abgrenzung des Arbeitnehmers zum selbständigen Dienstleister (Vertragspartner eines freien Dienstvertrages).

△ Als **Arbeitnehmer** gilt nach gefestigter Rechtsprechung, wer seine Dienstleistung im Rahmen einer von Dritten bestimmten (also fremdbestimmten bzw. weisungsgebundenen) Arbeitsorganisation erbringt (ähnlich auch § 7 Abs. 1 SGB IV).

Die wesentlichen Abgrenzungskriterien sind:

- Weisungsgebundenheit (hinsichtlich Ort, Zeit, Inhalt der Tätigkeit),
- Eingliederung in fremdbestimmte betriebliche Organisation,
- Tätigkeit nur in einem einzigen Arbeitsverhältnis,
- Gesamtbewertung der Indizien nach Verkehrsanschauung.

1. Scheinselbständige Arbeitnehmer

Die Qualifikation eines Vertrages als Arbeitsverhältnis ist weiterhin bedeutsam für die Sozialversicherungspflichtigkeit. Zur Vermeidung sog. **Scheinselbständigkeit** (»Ein-Personen-Subunternehmer«) gilt, dass – unabhängig davon, wie der Vertrag zwischen dem Scheinselbständigen (also dem Arbeitnehmer) und dem Auftraggeber/Arbeitgeber benannt oder ausgestaltet ist – der Auftragnehmer als Arbeitnehmer zu qualifizieren und zu behandeln ist, wenn die genannten Arbeitnehmer-Kriterien auf das Vertragsverhältnis zutreffen.

Rechtlich problematisch ist die Abgrenzung zwischen Scheinselbständigen und Arbeitnehmern oft dann, wenn ein (angeblich) freier Dienstvertrag vom Auftraggeber gekündigt wird und der Gekündigte sich sodann seiner Arbeitnehmereigenschaft besinnt und zur Überraschung des Auftragsgebers eine Arbeitnehmerkündigungsschutzklage erhebt.

Darüber hinaus waren es schon immer die Sozialversicherungsträger (in Form des Außendienstes der Krankenkassen), die Scheinselbständige zu ermitteln suchen, um deren Entgelt der Beitragspflicht zur Sozialversicherung zu unterwerfen.

Das beständige Ansteigen von scheinselbständigen Auftragsverhältnissen, insbesondere durch das »Auslagern« von bisherigen Arbeitnehmern in scheinbare Subunternehmer-Auftragsverhältnisse[488], bewog die Regierung Schröder nach der Amtsübernahme 1998 zu gesetzlichen Gegenmaßnahmen. Es erfolgten hierzu Neuregelungen im Sozialversicherungsrecht zum 1. Januar 1999 und eine weitere Veränderung zum 1. Januar 2000. Insbesondere wurde mit Hilfe des damaligen § 7 SGB IV (vgl. BGBl. I, 1998, S. 3843, sowie BGBl. I, 2000, S. 2) versucht, durch eine Auflistung von Beschäftigungsumständen das Vorliegen eines Beschäftigungsverhältnisses zu definieren. Die Regelungen – vor allem die Auflistung des § 7 Abs. 4 SGB IV – wurden zum Jahresende 2002 mangels praktischer Umsetzbarkeit weitgehend wieder aufgehoben.

Es gelten speziell für das Arbeitsrecht wieder die althergebrachten Abgrenzungskriterien (s.o.).

Die Abgrenzung eines Vertragsverhältnisses zwischen freiem Dienstvertrag bzw. Subunternehmervertrag und Arbeitsverhältnis ist auch in der Pflege bedeutsam. Krankenhäuser, Pflegeheime, besonders aber die ambulanten Pflegedienste haben betriebswirtschaftliche Interessen an der Auslagerung von Diensten durch die Beauftragung von Pflegekräften als »selbständige« Subunternehmer oder freie Mitarbeiter. Stellt sich später eine Scheinselbständigkeit und damit die Sozialversicherungspflichtigkeit des Vertragsverhältnisses heraus, so sind die Sozialversicherungsbeiträge vom scheinbaren Auftraggeber (Arbeitgeberanteile *und* Arbeitnehmeranteile) nachzuentrichten. Dies kann rückwirkend bis zum Anfang des vierten zurückliegenden Kalenderjahres, bei vorsätzlich vorenthaltenen Beiträgen sogar bis zu 30 Jahren geschehen (§ 25 SGB IV).

Ein Rückgriff des Arbeitgebers auf seinen (scheinselbständigen) Arbeitnehmer wegen der Arbeitnehmeranteile ist nur möglich, wenn der Arbeitgeber die Sozialversicherungsbeiträge ohne Verschulden nicht abgeführt hat. Diese können dann maximal nur mit den drei nächsten Gehaltszahlungen (§ 28g SGB IV) verrechnet werden, was allerdings monatlich gem. § 394 BGB jeweils nur bis zur Lohnpfändungsfreigrenze (vgl. Anlage 2 zu § 850c ZPO) möglich ist.[489]

Bei einem fehlgeschlagenen »Outsourcing« und Vorliegen von Scheinselbständigkeit droht einem Arbeitgeber damit die alleinige Last von ca. 20 % Arbeitgeberanteilen plus 20 % Arbeitnehmeranteilen zur Sozialversicherung, und dies rückwirkend für bis zu fünf Jahre.

---

[488] Erwähnt seien nur Kellner, die ihr Arbeitsverhältnis auflösten und sodann bei ihrem bisherigen Gastwirt als selbständige Kellner-Subunternehmer auftraten.

[489] Vgl. Wannagat, SGB IV, § 28g, RN 7 m.w.N.

2. Arbeitnehmerähnliche Selbständigkeit

Außerdem werden arbeitnehmerähnliche Selbständige in der gesetzlichen Rentenversicherung seit dem 1. Januar 1999 kraft Gesetzes pflichtversichert (§ 2 Nr. 9 SGB VI), sofern die Vermutung für die Scheinselbständigkeit widerlegt ist.

Als arbeitnehmerähnliche Selbständige werden gem. § 2 Nr. 9 SGB VI solche Personen angesehen, die

- im Zusammenhang mit ihrer selbständigen Tätigkeit regelmäßig keine versicherungspflichtigen Arbeitnehmer über der 400-Euro-Basis beschäftigen,
- auf Dauer und im Wesentlichen nur für einen Auftraggeber tätig sind.

Der arbeitnehmerähnliche Selbständige hat, anders als der Scheinselbständige, selbst den vollen Beitragssatz an die Sozialversicherungsträger zu entrichten. Der Auftraggeber hat hier keine Beiträge zu zahlen. Im Überprüfungsfall besteht für den »Schein-Subunternehmer« also ein Interesse, eher als Scheinselbständiger denn als arbeitnehmerähnlicher Selbständiger eingestuft zu werden.

B. Der Arbeitsvertrag

Zum Individualarbeitsrecht gehören die für die Rechtsbeziehungen des einzelnen Arbeitnehmers zu seinem Arbeitgeber maßgebenden Grundsätze über die Vertragsanbahnung, den Bestand und die Beendigung von Arbeitsverhältnissen.

I. Die Vertragsanbahnung

1. Vorvertragliche Rechtsbeziehungen

⚠ Schon mit der Aufnahme von Vertragsverhandlungen entsteht zwischen den Verhandlungspartnern – dem Arbeitgeber und dem Bewerber – eine Rechtsbeziehung mit der gegenseitigen Verpflichtung zur Rücksichtnahme mit Schutz- und Obhutspflichten (§§ 311 Abs. 2, 241 Abs. 2 BGB n.F. – dem früheren Rechtsinstitut der »Culpa in Contrahendo«, d.h. Verschulden bei Vertragsschluss).[490] Soweit ein Verhandlungspartner nach Treu und Glauben unter Berücksichtigung der Verkehrsanschauung redlicherweise eine Aufklärung durch den anderen erwarten durfte (und nur dann), können auch Informations- und Aufklärungspflichten bei den Vertragsverhandlungen bestehen.[491] Anerkannt ist eine solche Informationspflicht beispielsweise, wenn der Bewerber nach einer Aids-Erkrankung gefragt wird (vgl. unten S. 291). Bei schuldhafter Pflichtverletzung während der Vertragsanbahnung kann die andere Vertragsseite später vom Vertrag zurücktreten (§ 324 BGB) und/oder Schadensersatz verlangen (§§ 280, 325 BGB).

Schutzpflichten des Arbeitgebers sind beispielsweise:

- pfleglicher Umgang mit den eingereichten Arbeitspapieren,
- vorvertraglicher Unfall- und Gefahrenschutz,
- rechtzeitige Information über eine getroffene Auswahlentscheidung (damit der Bewerber sich neu orientieren kann),
- Verschwiegenheit (der Arbeitgeber darf die persönlichen Informationen über den Arbeitnehmer, die er anlässlich der Bewerbung erlangt hat, gegenüber Dritten nicht offenbaren).

---

[490] Vgl. Palandt, Bürgerliches Gesetzbuch, § 241, RN 7, sowie BT-Drucks. 14/7052, S. 11 und 182.

[491] Palandt, Bürgerliches Gesetzbuch, § 311, RN 42 m.w.N.

2. Personalauswahl

a) Beteiligungsrechte des Betriebsrats

Der Betriebsrat ist der gesetzliche Interessenvertreter der Belegschaft. Er wird im eigenen Namen als Träger der Mitwirkungs- und Mitbestimmungsrechte der Arbeitnehmer tätig. Während seiner Amtszeit ist er von Weisungen der Belegschaft nicht abhängig, sondern Träger eines freien Mandats.

Der Betriebsrat kann die innerbetriebliche Ausschreibung von zu besetzenden Stellen verlangen (§ 93 BetrVG) und seine Zustimmung zu Einstellungen, Eingruppierungen, Umgruppierungen und Versetzungen unter bestimmten Voraussetzungen verweigern (§ 99 BetrVG). Auch seine **Mitbestimmung** in sozialen Angelegenheiten ist für die Personalplanung bedeutsam (§§ 87 ff. BetrVG). Verweigert der Betriebsrat etwa seine Zustimmung zur Leistung von Überstunden (vgl. § 87 Abs. 1 Nr. 3 BetrVG), so steigt der (kurzfristige) Personalbedarf.

Der Arbeitgeber hat den Betriebsrat über seine Personalplanung, insbesondere über den gegenwärtigen und künftigen Personalbedarf, rechtzeitig und umfassend anhand von Unterlagen zu unterrichten. Er hat mit ihm über Art und Umfang der erforderlichen personellen Maßnahmen und die Vermeidung von Härten zu beraten (§ 92 Abs. 1 BetrVG). Personalfragebogen und personelle Auswahlrichtlinien bedürfen der Zustimmung des Personalrats (§§ 94, 95 BetrVG). Über geplante Betriebsänderungen, die wesentliche Nachteile für die gesamte oder erhebliche Teile der Belegschaft haben können, ist er rechtzeitig und umfassend zu unterrichten (§ 111 BetrVG).

b) Informationsbedürfnis/Fragerechte

Bei der Vertragsanbahnung kann jeder den anderen grundsätzlich zu allen Umständen befragen, die ihm für die künftigen Rechtsbeziehungen bedeutsam erscheinen. Umgekehrt ergibt sich aus dem verfassungsrechtlich geschützten Persönlichkeitsrecht (Art. 2 Abs. 1 GG), dass niemand gezwungen werden kann, seine persönlichen Daten anlässlich seiner Bewerbung preiszugeben.

Der Bewerber ist also frei in der Entscheidung, ob er die ihm gestellten Fragen beantworten will. Eine unzulässige Frage des Arbeitgebers stellt deshalb noch keinen Eingriff in das

Recht auf informationelle Selbstbestimmung dar. Dementsprechend kann die unzulässige Frage allein noch keinen Schadensersatzanspruch wegen Verschuldens bei Vertragsverhandlungen oder wegen einer Persönlichkeitsrechtsverletzung begründen.

Nimmt sich der Bewerber sein Recht, eine ihm nicht genehme Frage nicht zu beantworten, liegt es auf der Hand, dass der Arbeitgeber hieraus entsprechende Schlüsse zieht. So kommt es nicht selten zu Lügen durch den Bewerber.

 Fragerecht

Die arbeitsrechtlichen Folgen einer unrichtig beantworteten Frage (Lüge des Bewerbers) richten sich nach ihrer Zulässigkeit.

Ist die Frage des Arbeitgebers unzulässig, da daran kein berechtigtes, billigenswertes und schutzwürdiges Interesse des Arbeitgebers anzuerkennen ist, bleibt die Falschbeantwortung ohne rechtlich erhebliche Folgen. Wird dagegen eine zulässige Frage wahrheitswidrig beantwortet, so kommt eine Anfechtung des Arbeitsvertrages durch den Arbeitgeber wegen arglistiger Täuschung gem. § 123 BGB (ggf. wegen Irrtums gem. § 119 BGB) in Betracht. Dies setzt jedoch voraus, dass der Arbeitnehmer (vorher Bewerber) die Frage bewusst falsch beantwortet hat und dabei gewusst oder erkannt hat, dass die Antwort für die Einstellungsentscheidung des Arbeitgebers von ausschlaggebender Bedeutung war.

Ein Fehlverhalten des Arbeitnehmers (Bewerbers) kann jedoch mit der Zeit verwirken und damit unbeachtlich werden, wenn der Arbeitnehmer trotz der früheren Lüge einige Zeit beanstandungsfrei gearbeitet hat.

Beispiele zum Fragerecht:

- **Fähigkeiten:** Fragen hierzu sind uneingeschränkt zulässig.
- **Gesundheit:** Fragen zu aktuellen Erkrankungen sind zulässig, wenn der Gesundheitszustand eine konkrete Auswirkung auf den zu besetzenden Arbeitsplatz hat.
- **HIV-Infektion:** Fragen sind unzulässig, da bei Beachtung der allgemeinen Hygienemaßstäbe keine Gefährdung besteht.
- **Aids-Erkrankung:** Wegen häufiger Krankheitsschübe besteht eine starke Beeinträchtigung der Leistungsfähigkeit. Diese muss ein Arbeitgeber vor Vertragsabschluss kennen, um entsprechend kalkulieren zu können.
- **Schwerbehinderung:** Fragen sind allgemein zulässig.
- **Schwangerschaft:** Dies ist eine angesichts des Gleichbehandlungsgrundsatzes generell unzulässige Frage. Es sei denn, wegen der Schwangerschaft ist/wird die Tätigkeit objektiv unmöglich (bei Mannequin, Sportlehrerin), oder der konkret zu besetzende Arbeitsplatz unterliegt den Beschäftigungsverboten des § 4 MuSchG.
- **Vorstrafen:** Fragen sind ausnahmsweise zulässig bei einer Vertrauensstellung (Frage nach Vermögensdelikten beim Buchhalter, nach Verkehrsdelikten beim Kraftfahrer).
- **Partei-, Gewerkschafts-, Religionszugehörigkeit:** Nur bei sog. Tendenzbetrieben (politische, konfessionelle, gewerkschaftliche Arbeitgeber) sind entsprechende Fragen zulässig.
- Sog. **Intimbefragungen** sind grundsätzlich unzulässig.
- **Psychologische Tests, medizinische Tests, Genomtests** und **graphologische Gutachten** sind nur mit Zustimmung des Bewerbers zulässig.

c) Informationspflicht

Von der (unschädlichen) Falschbeantwortung gestellter Fragen, die rechtlich gebilligt werden, ist die Verletzung von Mitteilungs- oder Aufklärungspflichten bei der Vertragsanbahnung zu unterscheiden.

△ Jeden Beteiligten trifft grundsätzlich die Pflicht, den anderen über sämtliche Umstände aufzuklären, die für den Vertragsschluss erkennbar von besonderer Bedeutung sind.

Bei einem Verstoß gegen diese Aufklärungspflicht kommt ebenfalls eine Anfechtung des Arbeitsvertrages wegen arglistiger Täuschung (§ 123 BGB) und Schadensersatz in Betracht.

d) Einstellungsuntersuchung

Der Arbeitgeber kann die Begründung eines Arbeitsverhältnisses davon abhängig machen, dass der Bewerber sich ärztlich untersuchen lässt und ihm ein Zeugnis über seinen Gesundheitszustand vorlegt. In vielen Fällen ist er sogar dazu verpflichtet, sich ein Gesundheitszeugnis vorlegen zu lassen, da bis zur Vorlage einer entsprechenden ärztlichen Bescheinigung ein Beschäftigungsverbot besteht (z.B. im Lebensmittelgewerbe und insbesondere aufgrund des Jugendarbeitsschutzgesetzes; vgl. Teil 4. G. III).

Allein der Bewerber kann darüber entscheiden, ob er sich untersuchen lassen und welche Untersuchungsergebnisse er dem Arbeitgeber zugänglich machen will. Er kann den untersuchenden Arzt anweisen, welche der bei der Untersuchung gewonnenen Informationen an den Arbeitgeber weitergeleitet werden dürfen. Ohne eine ausdrückliche Anweisung ist davon auszugehen, dass der Arzt nur zu solchen Untersuchungen und allgemeinen Aussagen berechtigt ist, die darüber Auskunft geben, ob der Untersuchte körperlich und geistig in der Lage ist, die in Aussicht genommene Arbeit zu verrichten.

e) Bewerbungskosten

⚠ Fordert ein Arbeitgeber einen Interessenten zur Vorstellung auf, so hat er diesem nach §§ 662–676 BGB die entstandenen notwendigen Auslagen und Verdienstausfälle auch dann zu erstatten, wenn kein Arbeitsverhältnis zustande kommt.

Zu den **Bewerbungskosten** gehören:

Fahrtkosten, notwendige Übernachtungskosten und Verpflegungskosten.

⚠ Nicht zu den Bewerbungskosten zählt die Abgeltung eines Urlaubstages. Nach Kündigung besteht aber ein Freistellungsanspruch gegenüber dem Noch-Arbeitgeber zur Stellensuche (§ 629 BGB). Das Arbeitsentgelt ist dabei fortzuzahlen.[492]

---

[492] Schaub, Arbeitsrechts-Handbuch, § 26, RN 3 m.w.N.

Will der Arbeitgeber den Kostenerstattungsanspruch des Bewerbers ausschließen, so muss er ihm dies bei der Aufforderung zur Vorstellung ausdrücklich bekannt geben.

⚠ Kein Aufwendungsersatzanspruch entsteht, wenn sich ein Bewerber unaufgefordert vorgestellt hat.

II. Vertragsschluss

1. Abschlussfreiheit

⚠ Nur im **öffentlichen Dienst** kann nach Art. 33 Abs. 2 GG ein **Einstellungsanspruch eines Bewerbers** entstehen, wenn die Entscheidung für einen anderen Bewerber rechtswidrig oder ermessensfehlerhaft ist. Denn hier gilt das Prinzip der Bestenauslese (unter den Bewerbern).

Bei Begründung von privatrechtlichen Arbeitsverträgen besteht *grundsätzlich* **Vertragsfreiheit** für Arbeitgeber und Arbeitnehmer. Dies ist durch Art. 2 Abs. 1 GG (Recht auf freie Entfaltung der Persönlichkeit/Wettbewerbsfreiheit) oder auch durch Art. 12 GG (Berufsfreiheit) verfassungsrechtlich gewährleistet. Bei der Auswahl eines neuen Arbeitnehmers ist der private Arbeitgeber deshalb (eventuell aber unter Einbeziehung des Betriebsrats) frei. Eine gewisse Einschränkung findet die Vertragsfreiheit in der Neuregelung des »Allgemeinen Gleichbehandlungsgesetzes« (AGG) vom 14. August 2006 (BGBl. I, S. 1897). Mit diesem Gesetz sollen u.a. Benachteiligungen beim Berufszugang sowie bei den Beschäftigungs- und Entlassungsbedingungen aufgrund Herkunft, Geschlecht, Behinderung, Alter etc. verhindert und beseitigt werden (vgl. im Einzelnen §§ 1, 2, 7 sowie §§ 11 und 12 AGG). In Erweiterung der bislang nur gegen geschlechterbezogene Diskriminierung bestehenden Bestimmungen (die aufgehobenen §§ 611a, 611b, 612 Abs. 3 BGB a.F.) schützt das AGG nun ebenfalls sonstige typischerweise von Diskriminierung betroffene Personenkreise (vgl. § 1 AGG). Ihnen gewährt das neue Recht bei Diskriminierung jetzt auch Beschwerde- und Leistungsverweigerungsrechte (§§ 13 und 14 AGG). Mit § 15 AGG wurden die Schadensersatz- und Entschädigungsregeln des § 611a BGB a.F. weitestgehend übernommen. Einem Arbeitgeber droht nach dieser Norm bei Diskriminierung eine konkrete Schadensersatzpflicht (§ 15 Abs. 1 AGG). Daneben besteht für ihn aber auch die Gefahr, abstrakte Entschädigungsleistungen an einen benachteiligten Beschäftigten zahlen zu müssen, selbst wenn diesem kein Vermögensschaden entstanden ist (§ 15 Abs. 2 AGG), so beispielsweise bei Verstößen des Arbeitgebers gegen das Gebot der benachteiligungsfreien Stellenausschreibung

(§§ 11, 7 AGG). Es entsteht allerdings kein Anspruch auf Erlangung des unter fehlerhafter Ausschreibung anderweitig besetzten Arbeitsplatzes (§ 15 Abs. 6 AGG). Das AGG bewirkt also bei Diskriminierung neben Schadensersatz auch eine Quasi-Sanktion. Der/die Benachteiligte muss seine Ansprüche jedoch innerhalb einer Frist von zwei Monaten schriftlich geltend machen (§ 15 Abs. 4 AGG).

 Beispiel: Ablehnung wegen Schwangerschaft
A bewirbt sich bei dem Träger des Krankenhauses T um eine freie Pflegestelle und teilt diesem zugleich mit, dass sie im dritten Monat schwanger sei. Obwohl T die A für besonders geeignet hält, lehnt er ihre Einstellung (»ausdrücklich«) wegen der Schwangerschaft ab.

Nach einer Entscheidung des Europäischen Gerichtshofes (EuGH) schuldet T der A Schadensersatz wegen Verstoßes gegen den **Gleichbehandlungsgrundsatz**. Dieser ergibt sich aus der EG-Richtlinie 76/207/EWG vom 9. Februar 1976.

 Beispiel:
A bewirbt sich bei dem Träger des Krankenhauses T um eine freie Pflegestelle. Dieser macht die Einstellung der A davon abhängig, dass sie aus der Gewerkschaft austritt.

Ein anschauliches Beispiel für eine Diskriminierung, die dennoch nicht zu einer Kontrahierungspflicht führt, ist die Aufforderung an einen Stellenbewerber, aus der Gewerkschaft auszutreten. Dies ist zwar ein unzulässiger Eingriff in das verfassungsrechtlich geschützte Recht auf gewerkschaftliche Betätigung (Art. 9 GG) und kann von der betroffenen Gewerkschaft mit Hilfe einer Unterlassungsklage bekämpft werden, es begründet jedoch keinen Einstellungsanspruch des Diskriminierten.

2. Das Arbeitsverhältnis

Das Arbeitsverhältnis ist ein durch den **Arbeitsvertrag** begründetes, dem Privatrecht angehörendes Dauerschuldverhältnis zwischen Arbeitnehmer und Arbeitgeber. Die vertraglichen Hauptpflichten sind die Leistung von weisungsgebundener (unselbständiger) **Arbeit** einerseits **gegen Entgelt** andererseits.

Wegen der besonders engen Bindungen und der Intensität der Rechtsbeziehungen zwischen Arbeitnehmer und Arbeitgeber – mit den zahlreichen Eingriffsmöglichkeiten in die Rechtssphäre des anderen – bestehen neben diesen vertraglichen Hauptpflichten auch zahlreiche wechselseitige Nebenpflichten der Vertragsparteien zum Schutz der beiderseitigen Rechtsgüter (siehe unten S. 310 ff.).

Der Vertrag kommt durch Angebot und Annahme der auf Abschluss des Arbeitsvertrages zielenden Willenserklärungen zustande. Der Arbeitsvertrag ist grundsätzlich an **keine Form** gebunden.

 Der Arbeitsvertrag kann grundsätzlich auch mündlich geschlossen werden.

Als Ausnahme von der Formfreiheit sind zunächst die althergebrachten Vorschriften zu den Ausbildungsverträgen mit dem Gebot der **Schriftform** zu beachten (§ 4 Abs. 1 BBiG, § 9 Abs. 4 KrPflG, § 13 Abs. 1 AltPflG; siehe dazu unten S. 307 f.).

Des Weiteren ist das Schriftformgebot des – seit dem 1. Januar 2001 geltenden – Teilzeit- und Befristungsgesetzes (TzBfG vom 21. Dezember 2000, BGBl. I, S. 1966) zu beachten. Dieses Schriftformgebot für befristete Arbeitsverträge war zuvor – vom 1. Mai 2000 bis 31. Dezember 2000 – bereits im § 623 BGB n.F. vorgeschrieben und wurde jetzt mit § 14 Abs. 4 des TzBfG in den Rahmen dieses Spezialgesetzes übernommen.

Der Verstoß gegen das Schriftformgebot (d.h. der mündliche Abschluss eines befristeten Arbeitsvertrages) hat gem. § 25 BGB und § 16 TzBfG nur die Unwirksamkeit der Befristungsabrede zur Folge. Ansonsten bleibt der Arbeitsvertrag wirksam und gilt somit als unbefristeter Arbeitsvertrag (§ 16 TzBfG).[493]

 Anders als bei der weitgehenden **Abschlussfreiheit** werden die **Inhaltsfreiheit** (durch Arbeitsschutzvorschriften) und die **Beendigungsfreiheit** (durch Kündigungsschutzvorschriften) für beide Parteien des Arbeitsvertrages durch zwingendes Gesetzesrecht und auch durch kollektive Regelungen (Tarifverträge) in hohem Maße eingeschränkt. Die Arbeitsschutzvorschriften können dabei regelmäßig nicht durch einzelvertragliche Vereinbarungen ausgeschlossen werden.

Zu den Besonderheiten des Individualarbeitsrechts gehört es, dass jedoch für den Arbeitnehmer günstigere Regelungen teilweise zwingendes Gesetzesrecht verdrängen können. Sie sind also nur einseitig zwingend (vgl. z.B. § 22 TzBfG).

---

493 Siehe hierzu auch unten S. 298 ff.

3. Nachweisgesetz und Beweisurkunde

Aufgrund des 1995 in Kraft getretenen Nachweisgesetzes sind Arbeitgeber verpflichtet, spätestens einen Monat nach dem vereinbarten Beginn des Arbeitsverhältnisses die wesentlichen Vertragsbedingungen schriftlich niederzulegen, die Niederschrift zu unterzeichnen und dem Arbeitnehmer auszuhändigen (§ 2 NachwG). Auch jede Änderung der wesentlichen Vertragsbedingungen ist dem Arbeitnehmer innerhalb eines Monats nach der Änderung schriftlich mitzuteilen (§ 3 Satz 1 NachwG).

Arbeitnehmer haben also seitdem einen einklagbaren Anspruch auf eine Beweisurkunde über ihre wesentlichen Vertragsbedingungen. Unterbleibt die Aushändigung der Beweisurkunde nach dem ersten Beschäftigungsmonat, können Arbeitnehmer Schadensersatzansprüche (positive Vertragsverletzung) geltend machen, wenn ihnen durch die unterbliebene Aushändigung ein Schaden entstanden ist.

Da die – nur vom Arbeitgeber zu unterzeichnende – Beweisurkunde dem Nachweisgesetz zufolge erst nach der Begründung des Arbeitsverhältnisses anzufertigen und auszuhändigen ist, können also Arbeitsverträge auch weiterhin formlos bzw. mündlich geschlossen werden. Ein Schriftformerfordernis im Sinne einer Wirksamkeitsvoraussetzung (vgl. § 125 BGB) ergibt sich aus dem Nachweisgesetz nicht. Ein Verstoß gegen das Nachweisgesetz bedingt ein Klagerecht des Arbeitnehmers, hat aber keine unmittelbaren Folgen auf den Bestand und den Inhalt des Arbeitsvertrages.

 Beispiel:
Landschaftsverband L verweigert dem bei ihm beschäftigten Arbeitnehmer A die tarifvertraglich vorgesehene Höhergruppierung, obwohl A nach der Beschreibung seiner Tätigkeit in der ihm ausgehändigten Nachweisurkunde die Voraussetzungen dafür erfüllt. Jedoch beruft sich L darauf, dass die Angaben in der von ihm ausgestellten Nachweisurkunde unrichtig waren und dass er die von A ausgeübte Tätigkeit falsch eingestuft hatte. A meint demgegenüber, die von L selbst vorgenommene Einstufung sei für diesen bindend.

Zwar spricht eine starke Vermutung für die Richtigkeit von Angaben in der Nachweisurkunde, doch wird dem Arbeitgeber nicht der Nachweis verwehrt, dass jene Informationen falsch sind.

4. Formularklauseln im Arbeitsvertrag

 Beispiel:

Als Arbeitnehmer A zwei Monate nach Beendigung seiner krankheitsbedingten Arbeitsunfähigkeit seinen Anspruch auf Entgeltfortzahlung geltend macht, verweigert sein Arbeitgeber, der Unternehmer U, die Zahlung wegen verspäteter Geltendmachung. Nach der Betriebsordnung seien alle Ansprüche verwirkt, die nicht innerhalb von vier Wochen geltend gemacht worden seien. In dem von A mit U geschlossenen schriftlichen Arbeitsvertrag war die Geltung der Betriebsordnung ausdrücklich vereinbart worden.

Enthält ein (Formular-)Arbeitsvertrag überraschende Klauseln, so werden diese nicht Vertragsinhalt. Überraschend sind Vertragsklauseln dann, wenn sie so ungewöhnlich sind, dass der Vertragspartner nicht damit zu rechnen brauchte (§ 305c BGB n.F. – früher §§ 3 und 5 AGBG). Für das genannte Beispiel bedeutet dies, dass trotz Vorliegens vielfältiger Ausschlussklauseln in Tarifverträgen (vgl. z.B. § 70 BAT/§ 37 TVöD) eine so extrem kurze Ausschlussfrist jedenfalls dann nicht Vertragsinhalt wird, wenn sie nicht im Arbeitsvertrag genannt ist, sondern sich nur aus einer Betriebsordnung ergibt – auch dann nicht, wenn auf diese im Arbeitsvertrag ausdrücklich verwiesen wird.

5. Das faktische Arbeitsverhältnis

 Beispiel:

A leidet unter Geistesschwäche. In diesem Zustand unterzeichnete er (unwirksam) einen Arbeitsvertrag. Bis zur Aufdeckung seiner Geistesschwäche erbringt er über zwei Monate lang Arbeitsleistungen für seinen Arbeitgeber.

In diesem Beispielfall ist wegen der Geistesschwäche des A zum Zeitpunkt des Vertragsschlusses kein gültiger Arbeitsvertrag zwischen ihm und seinem Arbeitgeber zustande gekommen. Der von A unterzeichnete Arbeitsvertrag ist nichtig (§ 105 Abs. 1 BGB). Die Beurteilung der von A erbrachten Dienste und das Schicksal der an ihn gezahlten Vergütung regelt sich nach der Lehre vom **faktischen Arbeitsverhältnis**.

⚠ Die Grundsätze der Lehre vom faktischen Arbeitsverhältnis kommen dann zur Anwendung, wenn jemand zwar ohne Rechtsgrund (also ohne wirksamen Arbeitsvertrag), aber doch mit Wissen und Wollen des Arbeitgebers von diesem beschäftigt wird.

Mangels wirksamen Vertrages ist kein Raum für eine Kündigung. Jede Vertragsseite kann sich schlicht durch einseitige Erklärung mit sofortiger Wirkung aus diesem faktischen Arbeitsverhältnis lösen. Bei gescheitertem Vertrag entstehen üblicherweise für beide Seiten Rückabwicklungsverpflichtungen. Denn die beiderseitigen Leistungen wurden i.S.d. § 812 BGB ohne Rechtsgrund (ohne wirksamen Vertrag) geleistet. Die erbrachte Arbeitsleistung kann jedoch naturgemäß nicht mehr ungeschehen gemacht und rückabgewickelt werden. Aber auch die Leistungen des Arbeitgebers (Lohnzahlung) dürfen hier nicht nach § 812 BGB zurückgefordert werden. Vor dieser untragbaren Rechtsfolge schützen die von der Rechtsprechung entwickelten Grundsätze vom faktischen Arbeitsverhältnis. Danach bleibt dem Beschäftigten der Lohnanspruch für die Dauer seiner tatsächlichen Beschäftigung auch ohne vertragliche Grundlage erhalten.

C. Sonderformen des Arbeitsvertrages

I. Grundsatz: Dauerarbeitsvertrag

Das Arbeitsrecht geht vom Grundsatz des unbefristeten Arbeitsvertrages – vom Dauerarbeitsvertrag – aus. Es gewährt dem Arbeitnehmer vielseitige soziale Schutzrechte, insbesondere auch den Kündigungsschutz (vgl. unten Teil 5. F. IV). Es bestünde sonst die Gefahr, durch entsprechende Klauseln im Arbeitsvertrag diese Schutzbestimmungen auszuhöhlen. Beispielsweise, wenn es erlaubt wäre, nur ganz kurzzeitige Arbeitsverträge beliebig oft hintereinander abzuschließen (Kettenarbeitsvertrag): Mit der Weigerung des Arbeitgebers, den nächsten Kurzzeitvertrag zu akzeptieren, wäre das Arbeitsverhältnis beendet, einer Kündigung bedürfte es nicht, Kündigungsschutz wäre nicht gegeben.

Um solche Umgehungen von Arbeitnehmerschutzrechten zu vermeiden, bedarf es für die Zulässigkeit befristeter und ähnlicher Arbeitsverträge besonderer Voraussetzungen.

II. Der befristete Arbeitsvertrag

Der befristete Arbeitsvertrag ist gem. § 3 Abs. 1 TzBfG für einen kalendermäßig festgelegten Zeitraum abgeschlossen (zum zweckbefristeten Arbeitsvertrag vgl. den folgenden Abschnitt). Der Vertrag endet mit dem vereinbarten Kalendertag, ohne dass es einer Kündigungserklärung bedarf.

§ 14 Abs. 4 TzBfG – Schriftformgebot
Die Befristung eines Arbeitsvertrages bedarf zu ihrer Wirksamkeit der Schriftform.

Befristete Arbeitsverträge waren bereits nach früherem Richterrecht dann ausnahmsweise zulässig, wenn für die Befristung ein sachlicher Grund vorlag. Auch gelten schon seit langem gesetzliche Sonderregelungen zur Zulässigkeit von befristeten Arbeitsverhältnissen bei Auszubildenden, bei Verträgen mit wissenschaftlichem Hochschulpersonal oder bei Ärzten in der Weiterbildung.

1985 und 1996 wurde dann mit dem Beschäftigungsförderungsgesetz (BeschFG) der Abschluss von befristeten Arbeitsverträgen erleichtert. Es wurde die Möglichkeit geschaffen, einen befristeten Arbeitsvertrag auch ohne das Vorliegen eines sachlichen Grundes abzuschließen, dies jedoch nur für maximal zwei Jahre. Mit der Möglichkeit zum Abschluss befristeter Verträge, für die der Kündigungsschutz nicht gilt, sollten dem Arbeitsmarkt Impulse gegeben werden. Das BeschFG wurde zum 1. Januar 2001 durch das Gesetz über Teilzeitarbeit und befristete Arbeitsverträge (Teilzeit- und Befristungsgesetz – TzBfG) ersetzt. Das TzBfG diente u.a. der Umsetzung der EU-Richtlinien 97/81/EG und 1999/70/EG.

Ein befristetes Arbeitsverhältnis ist nur zulässig, wenn die Voraussetzungen des § 14 TzBfG erfüllt sind. In § 14 Abs. 1 TzBfG findet sich zunächst die Festschreibung des schon nach althergebrachter Rechtsprechung geltenden Grundsatzes, dass beim Vorliegen eines sachlichen Grundes die Befristung eines Arbeitsvertrages möglich ist. § 14 Abs. 1 TzBfG listet dazu beispielhaft – aber nicht abschließend! – Fälle auf, bei denen ein anerkennenswerter sachlicher Grund vorliegt.

§ 14 Abs. 1 TzBfG

Die Befristung eines Arbeitsvertrages ist zulässig, wenn sie durch einen sachlichen Grund gerechtfertigt ist. Ein sachlicher Grund liegt insbesondere vor, wenn

1. der betriebliche Bedarf an der Arbeitsleistung nur vorübergehend besteht,

2. die Befristung im Anschluss an eine Ausbildung oder ein Studium erfolgt, um den Übergang des Arbeitnehmers in eine Anschlussbeschäftigung zu erleichtern,

3. der Arbeitnehmer zur Vertretung eines anderen Arbeitnehmers beschäftigt wird,

4. die Eigenart der Arbeitsleistung die Befristung rechtfertigt,

5. die Befristung zur Erprobung erfolgt,

6. in der Person des Arbeitnehmers liegende Gründe die Befristung rechtfertigen,

7. der Arbeitnehmer aus Haushaltsmitteln vergütet wird, die haushaltsrechtlich für eine befristete Beschäftigung bestimmt sind, und er entsprechend beschäftigt wird oder

8. die Befristung auf einem gerichtlichen Vergleich beruht.

In § 14 Abs. 2 TzBfG werden die früheren Regelungen des § 1 Abs. 1 und 3 BeschFG fortgeschrieben, nämlich die Möglichkeit, auch ohne das Vorliegen eines sachlichen Grundes einen befristeten Arbeitsvertrag abschließen zu können – dies aber nur für den maximalen Zeitraum von zwei Jahren, innerhalb derer höchstens drei Verlängerungen erfolgt sein dürfen. Widrigenfalls wird das befristete Arbeitsverhältnis zum unbefristeten Arbeitsverhältnis! Bei über 58-jährigen Beschäftigten sind gem. § 14 Abs. 3 TzBfG Befristungen ohne diese bei den Beschränkungen möglich. Jedoch darf hierbei die zurückliegenden sechs Monate kein Arbeitsvertrag zum gleichen Arbeitgeber bestanden haben.

 § 14 Abs. 2 und 3 TzBfG

(2) Die kalendermäßige Befristung eines Arbeitsvertrages ohne Vorliegen eines sachlichen Grundes ist bis zur Dauer von zwei Jahren zulässig; bis zu dieser Gesamtdauer von zwei Jahren ist auch die höchstens dreimalige Verlängerung eines kalendermäßig befristeten Arbeitsvertrages zulässig. Eine Befristung nach Satz 1 ist nicht zulässig, wenn mit demselben Arbeitgeber bereits zuvor ein befristetes oder unbefristetes Arbeitsverhältnis bestanden hat. Durch Tarifvertrag kann die Anzahl der Verlängerungen oder die Höchstdauer der Befristung abweichend von Satz 1 festgelegt werden. Im Geltungsbereich eines solchen Tarifvertrages können nicht tarifgebundene Arbeitgeber und Arbeitnehmer die Anwendung der tariflichen Regelungen vereinbaren.

(3) Die Befristung eines Arbeitsvertrages bedarf keines sachlichen Grundes, wenn der Arbeitnehmer bei Beginn des befristeten Arbeitsverhältnisses das 58. Lebensjahr vollendet hat. Die Befristung ist nicht zulässig, wenn zu einem vorhergehenden unbefristeten Ar-

beitsvertrag mit demselben Arbeitgeber ein enger sachlicher Zusammenhang besteht. Ein solcher enger sachlicher Zusammenhang ist insbesondere anzunehmen, wenn zwischen den Arbeitsverträgen ein Zeitraum von weniger als sechs Monaten liegt.

Gemäß dem zum 1. Januar 2004 eingeführten Abs. 2a des § 14 TzBfG sind in einem neu gegründeten Unternehmen (nicht, wenn lediglich eine Auslagerung von dann selbständigen Betriebsteilen erfolgt) in den ersten vier Jahren sachgrundlose Befristungen bis zur Gesamtdauer von vier Jahren möglich, und dies ohne eine Beschränkung der Zahl zwischenzeitlicher Verlängerungen.

△ Hervorzuheben ist, dass für Befristungen mit Sachgrund i.S.d. § 14 Abs. 1 TzBfG keinerlei Begrenzungen gelten – weder die Dauer der Befristung noch die Zahl einzelner Befristungsakte oder eine vorangegangene Beschäftigung beim gleichen Arbeitgeber. Denkbar sind deshalb hierbei auch Kettenbefristungen oder die Vereinbarung einer Befristung aus dem laufenden Dauerarbeitsverhältnis heraus (Aufhebungs- und Befristungsvereinbarung). Entscheidend ist allein der sachliche Grund bei der Vereinbarung der (nächsten) Befristung.[494]

Weitere Kernaussagen des TzBfG zur Befristung sind:

- Ein befristetes Arbeitsverhältnis kann nur dann (vorzeitig) gekündigt werden, wenn die **Kündigung** im Arbeitsvertrag oder im Tarifvertrag ausdrücklich vereinbart wurde (§ 15 Abs. 3 TzBfG).
- Ist die Befristung an die Lebenszeit einer Person geknüpft oder für über fünf Jahre eingegangen, so kann (nur) der Arbeitnehmer nach Ablauf von fünf Jahren kündigen. Die Kündigungsfrist beträgt dabei sechs Monate (§ 15 Abs. 4 TzBfG.)
- Wird das befristete Arbeitsverhältnis nach Fristablauf mit Wissen des Arbeitgebers fortgesetzt, wird es zum unbefristeten Arbeitsverhältnis, wenn der Arbeitgeber nicht unverzüglich widerspricht oder dem Arbeitnehmer nicht die Zweckerreichung unverzüglich mitteilt (§ 15 Abs. 5 TzBfG).
- Befristet beschäftigte Arbeitnehmer dürfen gegenüber unbefristet Beschäftigten nicht aufgrund der Befristung schlechter behandelt werden (**Diskriminierungsverbot** – § 4 Abs. 2 TzBfG).
- Befristet Beschäftigte sollen an **Fortbildungen** etc. angemessen teilhaben können (§ 19 TzBfG) und über frei werdende unbefristete Arbeitsplätze informiert werden (§ 18 TzBfG).

---

[494] Erfurter Kommentar (Müller-Glöge), § 14 TzBfG, RN 12.

- Ist die Befristungsvereinbarung rechtsunwirksam (z.B. nicht schriftlich festgelegt), gilt der Arbeitsvertrag als auf unbestimmte Zeit abgeschlossen (vgl. im Einzelnen § 16 TzBfG).
- **Rechtsschutz** gegen eine rechtsunwirksame Befristung kann nur binnen drei Wochen nach dem vereinbarten Ende des befristeten Arbeitsvertrages durch **Klage** beim **Arbeitsgericht** erlangt werden (§ 17 TzBfG).

III. Der zweckbefristete Arbeitsvertrag

Eine Sonderform des befristeten Arbeitsvertrages stellt der zweckbefristete Arbeitsvertrag dar. Er endet mit dem Erreichen des vorgegebenen Zwecks, gemäß der Neuregelung des § 15 Abs. 2 TzBfG jedoch frühestens zwei Wochen nach Zugang einer schriftlichen Unterrichtung des Arbeitnehmers durch den Arbeitgeber über den Zeitpunkt der Zweckerreichung.

IV. Der (auflösend) bedingte Arbeitsvertrag

Das Ende eines Arbeitsvertrages kann auch in der Weise vorab durch die Vertragspartner festgelegt werden, dass es an eine **auflösende Bedingung** geknüpft wird (§ 21 TzBfG). Auch hier gelten fast alle Ausführungen entsprechend, die für das befristete Arbeitsverhältnis gemacht wurden (vgl. im Einzelnen die Verweisungen in § 21 TzBfG). Als Beispiele für eine auflösende Bedingung sind zu nennen: Erreichen einer Altersgrenze, Eintritt von Fluguntauglichkeit bei Bordpersonal, Abstieg der Mannschaft bei Berufssportlern.[495]

V. Der Teilzeitarbeitsvertrag

Bis zum Inkrafttreten des Teilzeit- und Befristungsgesetzes (TzBfG) am 1. Januar 2001 ergaben sich die Rechte von Teilzeitarbeitnehmern nur aus einer umfangreichen Rechtsprechung – vor allem auch aus der Rechtsprechung des Europäischen Gerichtshofs. Jetzt sind die Rechte der Teilzeitbeschäftigten im Wesentlichen in den §§ 8 und 9 TzBfG geregelt.

---

[495] Erfurter Kommentar (Müller-Glöge), § 21 TzBfG, RN 6–8 m.w.N.

In § 8 Abs. 1 und 7 TzBfG wird der Rechtsanspruch der Arbeitnehmer festgeschrieben, den bestehenden Arbeitsvertrag auf **Teilzeitarbeit** umzustellen. Dieser Anspruch gilt allerdings erst in Betrieben mit mehr als 15 Arbeitnehmern (§ 8 Abs. 7 TzBfG) und nach sechs Monaten Betriebszugehörigkeit (§ 8 Abs. 1 TzBfG).

§ 8 TzBfG

(1) Ein Arbeitnehmer, dessen Arbeitsverhältnis länger als sechs Monate bestanden hat, kann verlangen, dass seine vertraglich vereinbarte Arbeitszeit verringert wird.
(2) Der Arbeitnehmer muss die Verringerung seiner Arbeitszeit und den Umfang der Verringerung spätestens drei Monate vor deren Beginn geltend machen. Er soll dabei die gewünschte Verteilung der Arbeitszeit angeben.
(3) ...

Weitere Kernregelungen des TzBfG zur Teilzeitarbeit sind:

- Der Arbeitgeber soll ein Einvernehmen über die Verteilung der künftigen Arbeitszeit herbeiführen (§ 8 Abs. 3 TzBfG).
- Die Verringerung der Arbeitszeit kann verweigert werden, soweit betriebliche Gründe, wie etwa die Sicherheit im Betrieb oder unverhältnismäßige Kosten, dem entgegenstehen (§ 8 Abs. 4 TzBfG).
- Soweit sich Arbeitgeber und Arbeitnehmer nicht über die Teilzeit einigen und der Arbeitgeber nicht spätestens einen Monat vor dem gewünschten Beginn die Teilzeit schriftlich ablehnt, gilt die Teilzeit nach den Wünschen des Arbeitnehmers (§ 8 Abs. 5 TzBfG). Im Ablehnungsfall ist Klage beim Arbeitsgericht geboten.
- Eine erneute Verringerung der Arbeitszeit kann frühestens zwei Jahre nach einer Einigung oder berechtigten Ablehnung verlangt werden (§ 8 Abs. 6 TzBfG).
- Arbeitsplätze sind, soweit möglich, auch als Teilzeitstellen auszuschreiben; interessierte Arbeitnehmer sind über vakante Stellen, die ihnen eine Umgestaltung der Arbeitszeit erlauben würden, zu informieren; die Arbeitnehmervertretung ist über die vorhandene oder geplante Teilzeitarbeitsplatzsituation zu unterrichten (§ 7 Abs. 1–3 TzBfG).
- Teilzeitbeschäftigte sollen an **Fortbildungen** etc. teilhaben können, solange dem nicht dringende betriebliche Gründe oder die Fortbildung anderer Beschäftigter entgegenstehen (§ 10 TzBfG).

- Teilzeitbeschäftigte dürfen wegen ihrer Teilzeitarbeit gegenüber vergleichbaren Vollzeitbeschäftigten nicht schlechter behandelt werden (**Diskriminierungsverbot** – § 4 Abs. 1 TzBfG).
- Es besteht insbesondere ein **Kündigungsverbot** für den Fall, dass ein Arbeitnehmer sich weigert, von Voll- in Teilzeit oder umgekehrt zu wechseln (§ 11 TzBfG).

§ 9 TzBfG regelt den neuen Anspruch der Arbeitnehmer auf die Verlängerung der Wochenarbeitszeit bei existentem freien Arbeitsplatz und bei entsprechender Eignung für jene Stelle. Dies unabhängig davon, ob das Beschäftigungsverhältnis zuvor in eine Teilzeitstelle reduziert worden war oder von Anfang an als Teilzeitstelle bestand.

VI. Sonderfall: Arbeitsplatzteilung

Neu ist (seit 1. Januar 2001) auch die Möglichkeit der Arbeitsplatzteilung gem. § 13 TzBfG:

- Eine Arbeitsplatzteilung kann (nur) durch Vereinbarung gestaltet werden. In diese Vereinbarung kann aufgenommen werden, ob beim Ausfall eines Arbeitnehmers die anderen zu dessen Vertretung, also zur Übernahme von dessen Arbeit, verpflichtet sind. Eine Pflicht zu einer Vertretung kann sich beim Vorliegen dringender betrieblicher Gründe ergeben (§ 13 Abs. 1 Satz 1–3 TzBfG).
- Scheidet ein Arbeitnehmer aus der Arbeitsplatzteilung aus, kann deshalb einem anderen Teilnehmer nicht gekündigt werden (§ 13 Abs. 2 TzBfG).
- Die Regeln der Arbeitsplatzteilung können für Arbeitnehmergruppen entsprechend angewandt werden. Generelle Abweichungen durch den Tarifvertrag sind zulässig (§ 13 Abs. 3 und 4 TzBfG).

VII. Der Abrufarbeitsvertrag

Der Abrufarbeitsvertrag war bis zum 1. Oktober 2001 in § 4 des BeschFG geregelt. Seit seinem Inkrafttreten bestimmt § 12 TzBfG den Inhalt des Abrufarbeitsvertrages.

Eine markante Regelung im Abrufarbeitsverhältnis ist, dass beim Fehlen einer Festlegung der Arbeitszeiten der Abruf-Arbeitnehmer für mindestens zehn Stunden wöchentlich und je Einsatz mit mindestens drei aufeinanderfolgenden Stunden in Anspruch zu nehmen ist. Kommt der Abrufarbeitnehmer in diesem Fall mit weniger Arbeitsstunden zum Einsatz, steht ihm dennoch der Lohnanspruch für die ganzen zehn Wochenarbeitsstunden zu.

⚠ Jeder Arbeitseinsatz muss mindestens vier Tage im Voraus (exklusive Wochenendtage) angekündigt werden (§ 12 Abs. 2 TzBfG)!

 § 12 TzBfG

(1) Arbeitgeber und Arbeitnehmer können vereinbaren, dass der Arbeitnehmer seine Arbeitsleistung entsprechend dem Arbeitsanfall zu erbringen hat (Arbeit auf Abruf). Die Vereinbarung muss eine bestimmte Dauer der wöchentlichen und täglichen Arbeitszeit festlegen. Wenn die Dauer der wöchentlichen Arbeitszeit nicht festgelegt ist, gilt eine Arbeitszeit von zehn Stunden als vereinbart. Wenn die Dauer der täglichen Arbeitszeit nicht festgelegt ist, hat der Arbeitgeber die Arbeitsleistung des Arbeitnehmers jeweils für mindestens drei aufeinanderfolgende Stunden in Anspruch zu nehmen.
(2) Der Arbeitnehmer ist nur zur Arbeitsleistung verpflichtet, wenn der Arbeitgeber ihm die Lage seiner Arbeitszeit jeweils mindestens vier Tage im Voraus mitteilt.

Durch Tarifverträge können auch ungünstigere Regelungen für die Arbeitnehmer vereinbart werden (§ 12 Abs. 3 TzBfG).

VIII. Der Aushilfsarbeitsvertrag

Der Aushilfsarbeitsvertrag ist in § 622 Abs. 5 Satz 1 Nr. 1 BGB geregelt. Er ist ein vollwirksamer Arbeitsvertrag und unterliegt grundsätzlich allen Regulierungen und Gestaltungsmöglichkeiten des Arbeitsrechts, wie bereits differenziert aufgezeigt. Es gelten auch hier der allgemeine und der besondere **Kündigungsschutz** (z.B. bei Schwangerschaft).

Die Besonderheit des Aushilfsarbeitsvertrages ist, dass hier jede kürzestmögliche Kündigungsfrist *vereinbart* werden kann. Selbst die Vereinbarung jederzeitiger – also fristloser – Kündigung ist möglich.[496] Voraussetzung ist jedoch, dass die kurze Kündigungsfrist ausdrücklich vereinbart und das Arbeitsverhältnis nur zur vorübergehenden Aushilfe eingegangen wurde.

---

[496] Vgl. Palandt, Bürgerliches Gesetzbuch, § 622, RN 22.

⚠ Der Aushilfsstatus erlischt jedoch – und es gelten dann sofort die allgemeinen Kündigungsvorschriften –, sobald das Arbeitsverhältnis über drei Monate hinaus fortgesetzt wird (§ 622 Abs. 5 Satz 1 Nr. 1 BGB).

IX. Das Probearbeitsverhältnis (Probezeit)

Probearbeitsverhältnisse werden in der Praxis normalerweise nicht gesondert vereinbart, sondern als Klausel in den »normalen« Arbeitsvertrag aufgenommen. Mit der Vereinbarung einer Probezeit gelten für diesen Arbeitsvertrag dann die besonderen Regeln für den Probearbeitsvertrag (für die Probezeit).

Der Probearbeitsvertrag dient der gegenseitigen Erprobung, und die besonderen Rechte gelten für beide Seiten. Auch der Arbeitnehmer kann also z.B. von den verkürzten Kündigungsfristen Gebrauch machen, wenn er den Arbeitsvertrag beenden will. Die Probezeit gilt nicht generell bei einem neuen Arbeitsverhältnis; es muss vielmehr ausdrücklich vereinbart werden! Anders ist dies nur bei Ausbildungsverträgen, wo eine Probezeit zwingend vorgegeben ist (§ 13 BBiG, § 13 KrPflG, § 18 AltPflG). Möglich ist auch die Vorgabe einer Probezeit durch Tarifverträge wie in § 2 TVöD, § 5 BAT.

Innerhalb der Probezeit, höchstens jedoch in den ersten sechs Monaten, kann eine verkürzte Kündigungsfrist vereinbart werden (§ 622 Abs. 3 BGB, § 2 TVöD, § 5 BAT). Diese muss aber mindestens zwei Wochen betragen (§ 622 BGB), nach BAT und TVöD zwei Wochen zum Monatsschluss (§ 53 Abs. 1 BAT, 34 Abs. 1 TVöD). Eine kurzfristiger ausgesprochene Probezeitkündigung wird dann erst nach der Zweiwochenfrist wirksam. Der Arbeitnehmer, der früher als vor Ablauf der Zweiwochenfrist von der Arbeit freigestellt wurde, behält seinen einklagbaren Lohnanspruch bis zum Ablauf jener zwei Wochen.

⚠ Im Ausbildungsverhältnis kann die Kündigung während der Probezeit ohne die Einhaltung einer Frist erfolgen (§ 15 BBiG, § 15 Abs. 1 KrPflG, § 20 Abs. 1 AltPflG). [497]

Beim Vorliegen der entsprechenden Gründe ist allerdings auch im Probearbeitsverhältnis eine außerordentliche, also fristlose Kündigung möglich. Wegen der Erprobungsvereinbarung kommt jedoch eine mangelnde Eignung des Arbeitnehmers als Kündigungsgrund nur extrem eingeschränkt in Betracht.

---

[497] Zur Kündigung eines Ausbildungsverhältnisses vgl. LAG Rheinland-Pfalz, RDG 2005, S. 85 f.

⚠ Die Probezeitkündigung kann bis zum letzten Tag der Probezeit ausgesprochen werden – mit Wirkung zwei Wochen danach. Der Arbeitsvertrag endet also sechs Monate und zwei Wochen nach Vertragsbeginn.

Zur Beendigung des Probearbeitsverhältnisses muss die Kündigung ausdrücklich ausgesprochen werden! Sie muss schriftlich erfolgen (§ 623 BGB n.F. und §§ 54 BAT, 15 Abs. 3 BBiG, 15 Abs. 3 KrPflG, 20 Abs. 3 AltPflG). Ansonsten mündet das Probearbeitsverhältnis nach Ablauf der Probezeit in ein unbefristetes Arbeitsverhältnis. Die Kündigung bedarf keines Kündigungsgrundes. Auch die Probezeitkündigung ist mitbestimmungspflichtig (Anhörung von Betriebsrat bzw. Personalrat).

Es ist jedoch möglich, das Probearbeitsverhältnis zugleich als befristetes Arbeitsverhältnis (schriftlich) zu vereinbaren (vgl. § 14 Abs. 1 Nr. 5 TzBfG). Dann endet das Arbeitsverhältnis automatisch mit dem Ende der Probezeit, eine Fortsetzung des Arbeitsverhältnisses muss dann neu vereinbart werden. Die maximale Dauer der Probezeit darf dann auch bei einer Fortsetzungsvereinbarung nicht überschritten werden.

Auch in der Probezeit gilt der besondere **Kündigungsschutz** (vgl. auch unten Abschnitt F. IV. 4). So dürfen z.B. Schwangere in der Probezeit nur mit Erlaubnis des Gewerbeaufsichtsamtes (§ 9 MuSchG) gekündigt werden. Mangels Kündigung greift der besondere Kündigungsschutz jedoch nicht bei Probezeitverträgen, die als befristet vereinbart sind.

X. Der Berufsausbildungsvertrag

Das Berufsausbildungsverhältnis ist ein besonderes Arbeitsverhältnis. Für anerkannte Ausbildungsberufe gelten die Bestimmungen des Berufsbildungsgesetzes (BBiG), für die Ausbildung in der Gesundheits-, Kranken-[498] und Altenpflege hingegen die Spezialvorschriften des Krankenpflegegesetzes (KrPflG) bzw. des Altenpflegegesetzes (AltPflG). Die Vorschriften des BBiG/KrPflG/AltPflG dürfen nicht zum Nachteil des Auszubildenden abbedungen werden (§§ 18 BBiG, 17 KrPflG, 22 AltPflG).

Das BBiG ist nur auf anerkannte Ausbildungsberufe anwendbar. Das Berufsausbildungsverhältnis wird durch Abschluss eines Ausbildungsvertrages zwischen dem Ausbilder und dem Auszubildenden begründet. Der Ausbildungsvertrag kann im Allgemeinen auch mündlich wirksam abgeschlossen werden. Gemäß § 4 BBiG sind jedoch unverzüglich nach

---

[498] Dies schließt die Gesundheits- und Kinderkrankenpflege mit ein.

Vertragsschluss, spätestens vor Beginn der Ausbildung die wesentlichen Vertragsinhalte schriftlich niederzulegen. Gemäß § 9 KrPflG/§ 13 AltPflG ist ein Ausbildungsvertrag stets schriftlich zu schließen.

Die Mindestinhalte von Ausbildungsverträgen sind in § 4 Abs. 1 BBiG/§ 9 Abs. 2 KrPflG/§ 13 Abs. 2 AltPflG festgelegt, beispielsweise:

- Art, Gliederung und Ziel der Ausbildung/Berufsbezeichnung,
- Beginn und Dauer der Ausbildung,
- Ausbildungsmaßnahmen außerhalb der Ausbildungsstätte und Hinweis auf Ausbildungs- und Prüfungsordnungen,
- Dauer der regelmäßigen täglichen bzw. wöchentlichen Ausbildungszeit,
- Dauer der Probezeit (§ 13 BBiG, § 13 KrPflG, § 18 AltPflG),
- Vergütung, Urlaub, Kündigungsvoraussetzungen.

Eine Vereinbarung, die die Schüler für die Zeit nach der Beendigung des Ausbildungsverhältnisses in der Ausübung ihrer beruflichen Tätigkeit beschränkt, ist nichtig (§ 5 Abs. 1 BBiG/§ 17 Abs. 2 KrPflG/§ 14 AltPflG – mit Ausnahmen bei Übernahmeverträgen in den letzten sechs bzw. drei Monaten des Ausbildungsverhältnisses).

1. Ausbildungsvergütung

Die Ausbildungsvergütung muss angemessen sein. Dies ist regelmäßig nicht mehr der Fall, wenn sie die in einem für den Ausbildungsbetrieb einschlägigen Tarifvertrag vorgesehenen Vergütungen um mehr als 20 Prozent unterschreitet.[499]

2. Freistellung

Der Ausbilder muss den Auszubildenden für die Teilnahme am Berufsschulunterricht und an Prüfungen unter Fortzahlung der Ausbildungsvergütung freistellen (§§ 7, 12 BBiG).

---

[499] BAG, NZA 1996, S. 698.

3. Beendigung des Ausbildungsverhältnisses

Das Ausbildungsverhältnis endet mit **Ablauf der vereinbarten Ausbildungszeit**, frühestens jedoch mit dem Bestehen der Abschlussprüfung. Bei deren Nichtbestehen verlängert sich das Ausbildungsverhältnis auf Wunsch des Auszubildenden bis zur Wiederholungsprüfung, höchstens jedoch für die Dauer eines Jahres (§ 14 Abs. 3 BBiG, § 14 KrPflG, § 19 AltPflG).

Während der Probezeit ist eine Kündigung von beiden Parteien ohne Angabe von Gründen jederzeit möglich. Nach der Probezeit ist eine Kündigung jedoch grundsätzlich ausgeschlossen. Der Auszubildende kann mit einer Frist von vier Wochen das Ausbildungsverhältnis durch Kündigung auflösen, wenn er das Ausbildungsverhältnis wechseln bzw. beenden will (§ 15 BBiG, § 15 KrPflG, § 20 AltPflG).

△ Die außerordentliche (fristlose) Kündigung eines Ausbildungsvertrages bei Vorliegen eines wichtigen Grundes bleibt beiden Vertragsparteien unbenommen.

△ Für Kündigungen eines Ausbildungsverhältnisses gibt es über die neue Bestimmung des § 623 BGB hinaus die althergebrachten Schriftformerfordernisse gem. § 15 Abs. 3 BBiG, § 15 Abs. 3 KrPflG und neuerdings auch § 20 Abs. 3 AltPflG.

△ Für Schülerinnen und Schüler, die Diakonissen, Diakonieschwestern oder Mitglieder einer geistlichen Gemeinschaft sind, gelten die besonderen Vorschriften für das Ausbildungsverhältnis (§§ 9–17 KrPflG, 13–22 AltPflG) nicht (§§ 18 KrPflG, 23 AltPflG).

D. Haupt- und Nebenpflichten von Arbeitnehmern und Arbeitgebern

I. Vertragliche Hauptpflichten (Direktionsrecht)

Die Hauptpflicht

- des *Arbeitnehmers* besteht in der Erbringung seiner Arbeitsleistung,
- des *Arbeitgebers* besteht in der Zahlung des Arbeitsentgelts.

Kennzeichen dieser Hauptpflichten beider Parteien ist es, dass die eine um der anderen willen erbracht wird und dass gar kein Arbeitsvertrag vorliegt, wenn diese Pflichten nicht bestehen. Der Arbeitnehmer verpflichtet sich zur Arbeitsleistung, um das Arbeitsentgelt zu erhalten, der Arbeitgeber zur Zahlung der Vergütung, damit die Arbeitsleistung erbracht wird. Somit gilt der Grundsatz:

 Ohne Arbeit kein Geld – und umgekehrt.

Die Hauptpflicht des Arbeitnehmers, die geschuldete Arbeitsleistung, konkretisiert sich in erster Linie durch den Inhalt des Arbeitsvertrages. Die Aufgaben des Arbeitnehmers können dort eng umschrieben oder nur ganz allgemein vorgegeben werden. Je allgemeiner die geschuldete Tätigkeit bzw. die Beschäftigung bezeichnet ist, umso weitreichender verbleibt beim Arbeitgeber das sog. **Direktionsrecht**, mit dem er die genaue Art und Ausführung der Tätigkeit sowie die Zeit und den Ort der Arbeit näher bestimmen kann. Der Arbeitnehmer ist grundsätzlich verpflichtet, die Anweisungen des Arbeitgebers bzw. des Vorgesetzten zu befolgen. Andererseits hat der Arbeitgeber die Grenze des billigen Ermessens (§ 315 BGB) und damit letztlich die Grenze des Willkürverbots zu achten.

Innerhalb dieser Grenzen ist der Arbeitgeber frei in der **Gestaltung von Dienst- und Urlaubsplänen**. Die Belange der Arbeitnehmer sollen berücksichtigt werden, zwingende betriebliche Bedürfnisse haben jedoch immer Vorrang.

Typische und anerkannte Bereiche des Direktionsrechts sind u.a. Bekleidungsvorschriften, Arbeitszeitkontrollen, Verbot von Alkohol und Rauchen oder Radioempfang, Möglichkeit der »privaten« Telefonnutzung, Anordnung von Vertretungs- und Bereitschaftsdiensten, Anordnung von Überstunden (wenn vereinbart, sonst in Notfällen und im Rahmen des Arbeitzeitrechts).

Nach den gleichen Kriterien ist die **Umsetzung** auf einen anderen (zumutbaren) Arbeitsplatz oder die nur vorübergehende **Abordnung** (ggf. gegen Ausgleichszahlungen) zu einer anderen Dienststelle zu bewerten.

Die **Versetzung** dagegen, also die dauerhafte Änderung des Aufgabenbereiches oder des Arbeitsorts, stellt regelmäßig eine Änderung des Arbeitsvertrages dar, die nur unter den Voraussetzungen einer Änderungskündigung durchsetzbar ist. Gegen diese kann sich in der gleichen Weise gewehrt werden wie gegen eine normale Beendigungskündigung. Es gelten alle Regeln und Voraussetzungen des normalen Kündigungsschutzrechts, und in der Regel sind auch die Mitbestimmungsrechte des Betriebsrats etc. zu beachten.

Dem Direktionsrecht des Arbeitgebers entspricht die **Gehorsamspflicht** des Arbeitnehmers. Weigerungsrechte ergeben sich allgemein erst bei Weisungen die außerhalb des vertraglich Vereinbarten liegen. Daneben können dem Arbeitnehmer in besonderen Situationen aber spezielle **Weigerungsrechte** zukommen. Allgemein gesagt, braucht (und darf) kein Arbeitnehmer Weisungen zu befolgen, die gegen Bestimmungen des Strafrechts verstoßen (Ausdrückliches wird durch § 8 Abs. 2 Satz 3 BAT normiert). Gleiches gilt für Weisungen entgegen den Bestimmungen des Arbeitsschutzes (vgl. § 4 MuSchG, §§ 22–24 JArbSchG).

⚠ Nur in Notfällen ist vom Arbeitnehmer jede angewiesene Tätigkeit auszuführen.

Die (dauerhafte) Übertragung geringwertigerer Tätigkeit kann (selbst bei gleichbleibender Lohnzahlung) unzumutbar sein. In diesem Fall oder bei dauerhafter (bezahlter) Freistellung vom Dienst steht dem Arbeitnehmer ggf. ein einklagbarer **Beschäftigungsanspruch** zu (Recht zu arbeiten).

Der Arbeitnehmer schuldet dem Arbeitgeber regelmäßig nur die vereinbarte (vertragliche bzw. tarifliche) Arbeitszeit. Innerhalb dieser schuldet er zwar seine volle Anspannung, jedoch keine Arbeitsleistung, die mit einer Überanstrengung einhergeht.

Fallen Überstunden oder Mehrarbeit (nach Vereinbarung, freiwillig oder in Notfällen) an, sind diese mit Gehalt oder Freizeit *jeweils* nebst Zuschlag auszugleichen.

Eine **Arbeitspause** liegt im Rechtssinne nur beim Einstellen jeglicher Tätigkeit vor. Hierzu zählen jedoch nicht Bereitschaftsdienstzeiten (vgl. zum Arbeitszeitrecht Abschnitt G.II).

 Beispiel: Anspruch auf Gratifikation
Arbeitnehmer A verlangt unter Berufung auf eine betriebliche Übung von seinem Arbeitgeber, dem Krankenhausträger T, die Zahlung eines Weihnachtsgeldes auch für das laufende Jahr. T hatte dem A und allen anderen bei ihm Beschäftigten drei Jahre lang ein Weihnachtsgeld »nach Gutdünken« gezahlt und in den Folgejahren auf der Gehaltsabrechnung vermerkt: »Auf Weihnachtsgeld besteht kein Rechtsanspruch.«

A hat nur dann einen Rechtsanspruch auf die Gratifikation, wenn darin eine betriebliche Übung zu sehen ist, auf deren Fortführung er vertrauen durfte. Werden Zahlungen für den Arbeitnehmer erkennbar nach Gutdünken geleistet, so begründen sie keine **Betriebsübung**. Für die Folgejahre schließt der Freiwilligkeitsvorbehalt (kein Rechtsanspruch) die Entstehung einer betrieblichen Übung also aus.

Arbeitnehmer im *öffentlichen Dienst* können auch nach langjähriger Gewährung von Vergünstigungen nicht darauf vertrauen, dass aufgrund einer betrieblichen Übung ein vertraglicher Anspruch auf die Vergünstigung entstanden ist, weil der öffentliche Arbeitgeber (laut Rechtsprechung) grundsätzlich nur die Leistungen gewähren muss, zu denen er verpflichtet ist.

Arbeitnehmeransprüche, die auf einer betrieblichen Übung beruhen, können durch eine gegenläufige betriebliche Übung wieder eingeschränkt werden. Gibt der Arbeitgeber über einen Zeitraum von drei Jahren zu erkennen, dass er sich vorbehält, eine auf einer betrieblichen Übung beruhende Leistung künftig zu reduzieren oder einzustellen, so wird die alte betriebliche Übung entsprechend geändert, wenn die Arbeitnehmer der neuen Vorgehensweise in diesem Zeitraum nicht widersprechen.

II. Vertragliche Nebenpflichten

Vertragliche Nebenpflichten sind die außer den Hauptpflichten bestehenden ergänzenden Verpflichtungen der Vertragsparteien. Diese wechselseitigen Schutzpflichten ergeben sich aus gesetzlichen Sondervorschriften (z.B. §§ 617, 618 BGB oder dem gesamten Arbeitsschutzrecht), sind vertraglich vereinbart oder ergeben sich ohne besondere Vereinbarung aus Treu und Glauben (§ 242 BGB).

Nebenpflichten können in Form von Handlungs- und Unterlassungspflichten bestehen.

Alle Nebenpflichten basieren auf dem Grundgedanken, dass Vertragsverhältnisse, die den Vertragspartnern große Eingriffsmöglichkeiten in die Sphäre des anderen gewähren, auch die (Neben-)Pflicht zur Interessenwahrung und Rücksichtnahme für den andern begründen, soweit dem nicht berechtigte eigene Interessen entgegenstehen.

Die Nebenpflichten der Arbeitnehmer werden schlagwortartig als **Treuepflichten**, die der Arbeitgeber als **Fürsorgepflichten** bezeichnet.

III. Nebenpflichten des Arbeitnehmers (Treuepflichten)

- Die Beachtung von Nebenpflichten kann u.U. durch **Klage** erzwungen werden.
- Die Missachtung kann Grundlage einer ordentlichen oder außerordentlichen **Kündigung** sein
- und vor allem als sog. positive Vertragsverletzung **Schadensersatzansprüche** des Arbeitgebers gegenüber dem Arbeitnehmer auslösen.

1. Politische Treuepflicht von Angestellten

Ein Beispiel für eine *tarifvertraglich begründete Unterlassungspflicht* für Angestellte im öffentlichen Dienst ist § 8 Abs. 1 Satz 2 des Bundesangestelltentarifvertrages (BAT): Der Angestellte muss sich durch sein gesamtes Verhalten **zur freiheitlich demokratischen Grundordnung i. S. d. Grundgesetzes bekennen**. Daraus wird als Unterlassungspflicht u.a. die Pflicht zur Mäßigung und Zurückhaltung bei politischer Betätigung auch im privaten Bereich gefolgert, die allerdings ihrerseits durch das Recht des Verpflichteten auf freie Meinungsäußerung und auf Versammlungs- und Vereinigungsfreiheit eingeschränkt wird.

2. Verschwiegenheitsgebot

Eine der wichtigsten Unterlassungspflichten ist die **Verschwiegenheitspflicht** (vgl. dazu auch § 3 TVöD, § 9 BAT) des Arbeitnehmers über Geheimnisse des Arbeitgebers. In erster Linie handelt es sich hier um alle betriebsinternen Informationen mit möglichen Auswirkungen auf die Wettbewerbssituation. Die Verschwiegenheitspflicht ist eigenständigen Charakters und weitergehender als die eigenständige Schweigepflicht betreffend Patientendaten i.S.d. § 203 StGB (s.o.).

Der Arbeitnehmer hat **ruf- und kreditschädigende Äußerungen** über den Arbeitgeber selbst dann zu unterlassen, wenn sie wahr sind.

⚠ Sämtliche **Verschwiegenheitspflichten** entfallen ausnahmsweise, wenn ein berechtigtes Interesse des Arbeitnehmers an der Mitteilung anzuerkennen ist.

3. Schmiergeldverbot

Auch das sog. **Schmiergeldverbot**, d.h. das Verbot der Annahme von Geschenken, gehört zu den Unterlassungspflichten des Arbeitnehmers. Es erfasst zwar nicht Gelegenheitsgeschenke oder übliche Trinkgelder, verbietet die Annahme von Schmiergeldern aber auch dann, wenn sich der Beschenkte nicht pflichtwidrig beeinflussen ließ.[500]

4. Wettbewerbsverbot

Zu den Nebenpflichten aus dem Arbeitsverhältnis gehört auch das **Wettbewerbsverbot des Arbeitnehmers**, das allerdings nicht jede Art von Nebentätigkeit ausschließt. Arbeitnehmer haben danach nur Geschäfte im Bereich der unternehmerischen Betätigung des Arbeitgebers zu unterlassen, während ihnen sonstige Nebentätigkeiten mit Rücksicht auf Art. 2 Abs. 1, Art. 12 GG nicht generell untersagt werden können. Eine über das Wettbewerbsverbot hinausreichende generelle Beschränkung von Nebentätigkeiten ist nur wirksam, wenn der Arbeitgeber ein berechtigtes Interesse daran hat.

5. Nebentätigkeiten

Unzulässige Nebentätigkeiten können Schadensersatzansprüche gegen den anderen Arbeitgeber begründen, der in Kenntnis des Nebentätigkeitsverbots einen bereits ander-

---

[500] Zur Kündigung wegen Annahme von Geldgeschenken vgl. LAG Schleswig-Holstein, Urteil vom 27. Oktober 2004 (3 Sa 314/04).

weitig beschäftigten Arbeitnehmer einsetzt. Gegenüber dem Arbeitnehmer, der ein gesetzliches oder vertragliches Nebentätigkeitsverbot missachtet, kommt eine Kündigung in Betracht.[501]

6. Mitteilungs- und Auskunftspflichten

 Als Nebenpflicht aus dem Arbeitsverhältnis bestehen insoweit Auskunftspflichten der Arbeitnehmer, als ein **Informationsanspruch des Arbeitgebers** gegeben ist.

Es ist gewohnheitsrechtlich anerkannt, dass ein derartiger Informationsanspruch des Arbeitgebers dann besteht, wenn er in entschuldbarer Weise über Bestehen oder Umfang seiner Rechte aus dem Arbeitsverhältnis im Ungewissen ist und der Arbeitnehmer die zur Beseitigung der Ungewissheit erforderliche Auskunft unschwer und ohne wesentliche Beeinträchtigung seiner Persönlichkeitsrechte erteilen kann. Dies schließt die Verpflichtung zur Auskunftserteilung auch über private Aktivitäten für den Fall ein, dass diese für die Beurteilung der Eignung und fachlichen Qualifikation des betreffenden Arbeitnehmers bedeutsam sind. Der Arbeitnehmer hat dem Arbeitgeber in jedem Fall Auskunft über den Stand der von ihm auszuführenden Arbeiten und über besondere Vorkommnisse dabei zu geben.

7. Lohnüberzahlung

Beispiel: Lohnüberzahlung

Arbeitnehmer A stellt fest, dass ihm sein Arbeitgeber, der Unternehmer U, für den laufenden Monat ohne erkennbaren Anlass ein wesentlich höheres als sein übliches Arbeitsentgelt überwiesen hat. Als U nach acht Monaten die Rückzahlung des versehentlich überzahlten Betrages fordert, beruft sich A auf den Ablauf der im Tarifvertrag vorgesehenen sechsmonatigen Ausschlussfrist für derartige Rückforderungsansprüche.

Aufgrund seiner arbeitsvertraglichen Treuepflicht hätte A den Grund für die Mehrzahlung aufklären und dem U die Überzahlung anzeigen müssen. Wegen seines treuwidrigen Verschweigens durch Verletzung seiner arbeitsvertraglichen Anzeigepflicht kann sich A nicht auf den Ablauf der tarifvertraglichen Ausschlussfrist berufen und muss die Überzahlung zurückerstatten.

---

[501] Zur Kündigung wegen Nebentätigkeit vgl. LAG München, Urteil vom 12. Januar 2006 (2 Sa 430/05).

8. Krankmeldung

Arbeitnehmer sind nach dem Grundsatz von Treu und Glauben auch verpflichtet, ihrem Arbeitgeber unverzüglich Mitteilung von einer Erkrankung zu machen. Die schnelle Meldung soll dem Arbeitgeber frühzeitig die Möglichkeit zur Ersatzorganisation geben.

Als Verletzung einer Unterlassungspflicht kommt auch der **Alkoholgenuss** außerhalb der Arbeitszeit dann in Betracht, wenn dadurch die Arbeitsfähigkeit beeinträchtigt wird.

9. Anzeigepflichten

Von einem **Fehlverhalten seiner Arbeitskollegen**, durch das ein Schaden droht oder bereits entstanden ist, muss der Arbeitnehmer dem Arbeitgeber nur dann Mitteilung machen, wenn er mit ihrer Überwachung und Kontrolle betraut ist (z.B. als Stationsleitung) oder wenn der drohende Schaden ganz unverhältnismäßig hoch wäre.

Den Arbeitnehmer trifft vor allem die Verpflichtung, dem Arbeitgeber von drohenden **Schäden Anzeige** zu machen, wenn er sie erkennt.

10. Schadensabwendungspflichten

Als eine weitere Handlungsnebenpflicht besteht für Arbeitnehmer eine **Schadensabwendungspflicht** in Notsituationen. Beispielsweise bei einem Brand oder einer Überschwemmung im Unternehmen des Arbeitgebers sind die Arbeitnehmer zur Schadensabwendung auch dann verpflichtet, wenn sie damit andere Leistungen als die vertraglich geschuldete Hauptpflicht erbringen. Auch der Buchhalter ist also in einer derartigen Notsituation zu Lösch- oder Aufräumarbeiten verpflichtet.

11. Herausgabepflichten

Ferner ist auch eine weitere Handlungsnebenpflicht des Arbeitnehmers seine Pflicht zur Herausgabe der ihm zur Verfügung gestellten Arbeitsmittel und des sonst für den Arbeitgeber bei seiner Tätigkeit Erlangten (entsprechende Anwendung von §§ 667, 675 BGB).

IV. Nebenpflichten des Arbeitgebers (Fürsorgepflichten)

Die gesamten Nebenpflichten des Arbeitgebers, zu denen auch eine Beschäftigungspflicht gehört, lassen sich in Schutzpflichten und Förderungspflichten einteilen.

1. Schutz von Leben und Gesundheit

Der Arbeitgeber hat die Pflicht, Arbeitnehmer bzw. Handlungsgehilfen vor Gefahren für Leben und Gesundheit, soweit es nach der Art ihrer Tätigkeit und nach den betrieblichen Gegebenheiten möglich ist, zu schützen (vgl. auch § 618 BGB). Die Einhaltung der einschlägigen Arbeitsschutzregeln gehört zu den vertraglichen Nebenpflichten des Arbeitgebers. Die Vorschriften des **Arbeitsschutzrechts** konkretisieren das von jedem Arbeitgeber zu beachtende Minimum an Arbeitsschutz. Dazu zählen u.a. die Vorschriften

- des Arbeitsschutzgesetzes (§§ 3 f. ArbSchG),
- der Arbeitsstättenverordnung,
- der Strahlenschutzverordnung,
- des Arbeitssicherheitsgesetzes,
- des Gerätesicherheitsgesetzes sowie
- eine Vielzahl weiterer Regelungen für bestimmte Berufe und Branchen.

Bei Verstößen des Arbeitgebers gegen die ihm obliegenden Verpflichtungen hat der Arbeitnehmer einen **einklagbaren Anspruch** auf die Schutzvorkehrungen und eventuell ein **Leistungsverweigerungsrecht**. Er kann durch Anrufung der Arbeitsgerichte erreichen, dass der Arbeitgeber zur Vornahme der notwendigen Schutzmaßnahmen gezwungen wird. Die Leistung der unter Verstoß gegen gesetzliche Schutzvorschriften von ihm geforderten Arbeit kann er verweigern und behält dennoch seinen Lohnanspruch, wenn er bereit ist, die von ihm tatsächlich geschuldete Arbeitsleistung zu erbringen (dies stellt eine Ausnahme vom Grundsatz »Ohne Arbeit kein Geld« dar).

Hat der Arbeitnehmer bereits einen Schaden erlitten, so stehen ihm grundsätzlich Schadensersatzansprüche zu, die allerdings wegen der Ausschlussvorschrift des § 104 SGB VII nur bei vorsätzlichen Schädigungen praktisch bedeutsam sind. Ansonsten kann er seine berufsbedingten Schädigungen nur bei der Berufsgenossenschaft geltend machen.

2. Arbeitsplatzgestaltung

Zu den Schutzpflichten des Arbeitgebers gehört auch die Pflicht zur menschengerechten **Ausgestaltung von Betrieb, Arbeitsmitteln und Arbeitsablauf** im Rahmen des technisch Möglichen und wirtschaftlich Zumutbaren (vgl. auch § 618 BGB). Die Arbeitsgestaltung ist nach den Bedürfnissen des arbeitenden Menschen auszurichten, soweit dies möglich ist.

Der Betriebsrat hat nach §§ 90, 91 BetrVG das Recht, bei der Gestaltung von Arbeitsplatz, Arbeitsablauf und Arbeitsumgebung mitzuwirken.

3. Schutz eingebrachter Sachen

Auch zum Schutz der von dem Arbeitnehmer in den Betrieb **eingebrachten Sachen** ist der Arbeitgeber verpflichtet. Er hat dem Arbeitnehmer z.B. die sichere Verwahrung seiner Kleidung zu ermöglichen und den zur Verfügung gestellten Parkplatz verkehrssicher zu gestalten. Daraus kann sich allerdings auch die Notwendigkeit und Berechtigung ergeben, die Unterbringung von Sachen in dafür ungeeigneten oder gefahrbringenden Räumen zu verbieten.

4. Abrechnungspflicht

Der Arbeitgeber hat nicht nur gegenüber den Trägern der Sozialversicherung die nach § 266a StGB strafbewehrte Pflicht zur richtigen Berechnung und Abführung der Sozialversicherungsbeiträge, dies ist zugleich eine vertraglich geschuldete (Neben-)Pflicht gegenüber dem Arbeitnehmer. Diese doppelte Verpflichtung hat für Arbeitnehmer den Vorteil, dass ihnen Schadensersatzansprüche gegen ihren Arbeitgeber zustehen, wenn sie wegen dessen Versäumnis z.B. keinen Rentenanspruch erwerben.

5. Schutz der Intimsphäre

Der Arbeitgeber ist verpflichtet, Eingriffe in die Intimsphäre seiner Arbeitnehmer und damit in deren unantastbaren Bereich privater Lebensgestaltung zu unterlassen und sie auch vor Eingriffen Dritter zu schützen.

 Beispiel:
Die Pflegekraft P stellt fest, dass die Klinikleitung zur Ermittlung der Pausenzeiten versteckte Videokameras zum Zwecke der elektronischen Überwachung in den Raucherzimmern der Angestellten installiert hat.

P kann sich gegen den Eingriff in ihr Persönlichkeitsrecht durch die heimliche Videoüberwachung mit einer **Unterlassungsklage** wehren.

Der Schutz der Intimsphäre verbietet es auch, Telefongespräche ohne Zustimmung des Gesprächspartners von einem Dritten mithören zu lassen (ohne vorausgegangene Ankündigung und Zustimmung des Gegenübers sind Gesprächsinhalte, die von einem Dritten am Telefon mitgehört wurden, vor Gericht nicht als Zeugenbestätigung verwertbar).

Zur Vorbeugung und Verhinderung von Eingriffen in die Intimsphäre von Beschäftigten ist der Arbeitgeber gesetzlich auch dazu verpflichtet, sie vor sexuellen Belästigungen am Arbeitsplatz zu schützen. Ergreift er keine oder nur ungeeignete Maßnahmen zur Unterbindung einer sexuellen Belästigung, sind die belästigten Beschäftigten berechtigt, ihre Tätigkeit ohne Verlust des Arbeitsentgelts einzustellen, soweit dies zu ihrem Schutz erforderlich ist (§ 4 Abs. 2 Beschäftigtenschutzgesetz).

6. Fortbildungsanspruch

⚠ Auf eine **berufliche Fortbildung** durch den Arbeitgeber oder auf dessen Kosten hat der einzelne Arbeitnehmer keinen Anspruch.

Wenn der Arbeitgeber allerdings Maßnahmen der beruflichen Bildung durchführt oder durchführen lässt, kann sich aus dem **Benachteiligungsverbot** ein Anspruch des einzelnen Arbeitnehmers auf Gleichbehandlung und damit auf Teilnahme an einer Fortbildungsveranstaltung ergeben.

Kein direkt durchsetzbarer Fortbildungsanspruch, aber eine gewisse Fortbildungsobliegenheit des Arbeitgebers ergibt sich durch die Rechtsprechung zu § 1 Abs. 2 Satz 3 KSchG. Danach ist eine Kündigung sozialwidrig und damit als unwirksam angreifbar, wenn statt der Kündigung eine Weiterbeschäftigung des Arbeitnehmers auf einem anderem Arbeitsplatz – nach zumutbaren Umschulungs- oder Fortbildungsmaßnahmen des Arbeitgebers – möglich gewesen wäre.

Dem Arbeitnehmer kann aber ein Anspruch auf **Bildungsurlaub** nach den Landes-Bildungsurlaubsgesetzen zustehen.

7. Einsicht in die Personalakte

Dem Arbeitnehmer steht das Recht auf Einsicht in seine Personalakte (vgl. auch § 3 Abs. 5 TVöD, § 13 AT) nebst der Berechtigung zur Fertigung von Abschriften zu. Er darf die Entfernung unzutreffender Inhalte verlangen und hat ebenso einen Anspruch auf die Aufnahme einer Gegendarstellung bei streitigen Akteninhalten.

8. Zwischenzeugnis

Nur in Ausnahmefällen hat der Arbeitnehmer im ungekündigten Beschäftigungsverhältnis Anspruch auf ein **Zwischenzeugnis**. Ein berechtigtes Interesse daran ist aber anzuerkennen, wenn dafür triftige Gründe bestehen (z.B. wenn eine Kündigung angedroht worden ist oder wenn bedeutsame personelle Änderungen, wie Vorgesetztenwechsel oder Betriebsänderungen, bevorstehen).

9. Arbeitspapiere

Dem Arbeitgeber kommt die Pflicht zu, die Arbeitspapiere des Arbeitnehmers auszufüllen bzw. diese herauszugeben.

10. Gleichbehandlungsgrundsatz

Die in Art. 3 GG niedergelegten Grundsätze zur **Gleichbehandlung (Diskriminierungsverbot)** unabhängig von Geschlecht (vgl. auch §§ 611a und 611b BGB), Herkunft, Rasse, Religion etc. sind grundsätzlich auch zu beachtende Maßstäbe im Arbeitsrecht. Es gilt insbesondere der Grundsatz »Gleicher Lohn für gleiche Arbeit«.

E. Schadensersatz- bzw. Regressanspruch gegen den Arbeitnehmer

I. Die Haftungsstrukturen beim Schaden nach außen

Sofern ein Arbeitnehmer (Arzt/Pflegekraft) während seiner Arbeitsverrichtung gegenüber Dritten (Patienten) einen Schaden schuldhaft verursacht, so haftet zunächst er selbst gegenüber dem Dritten nach den allgemeinen Grundsätzen aus unerlaubter Handlung (§§ 823 ff.

BGB) wie auf S. 192 ff. dargestellt. Zugleich haftet der Arbeitgeber (Einrichtungsträger) gegenüber dem Dritten (Patienten) für den von seinem Arbeitnehmer verursachten Schaden aus den Grundsätzen der §§ 831 BGB oder 278 BGB (siehe S. 202 ff.). Der Geschädigte (Patient) hat gem. § 421 BGB die Möglichkeit, nach seiner Wahl von beiden Ersatzverpflichteten (Gesamtschuldner i.S.d. § 421 BGB) den Ersatz seines Schadens zu fordern (vgl. S. 210 f.).

Ein Schadensausgleich durch einen der beiden Gesamtschuldner gegenüber dem Geschädigten erzeugt unter den beiden Gesamtschuldnern die Ausgleichspflicht des § 426 BGB. Diese Vorschrift geht im Grundsatz davon aus, dass Gesamtschuldner jeweils zur Hälfte für den Schaden haften. Im Verhältnis der beiden Gesamtschuldner – Arbeitgeber (Einrichtung) und Arbeitnehmer (Arzt/Pflegekraft) – ist dann deren eigene Arbeitsvertragsbeziehung zueinander zu beachten. Der den Schadensersatz begründende Pflichtverstoß – die sorgfaltswidrige Behandlung des Dritten (Patienten) – dürfte in aller Regel auch im Innenverhältnis von Einrichtung und Arzt/Pflegekraft einen Pflichtverstoß darstellen, denn der Arbeitnehmer schuldet dem Arbeitgeber naturgemäß eine sorgsame Arbeitsleistung.

Es ist anzunehmen, dass sich die Einrichtung als Arbeitgeber aufgrund des internen Pflichtverstoßes bei dem Arzt bzw. der Pflegekraft für die nach außen geleistete Schadenssumme schadlos hält (Regress oder Rückgriff des Arbeitgebers auf den Arbeitnehmer).

II. Die Begrenzung des Rückgriffs bzw. Regresses

Dem Arbeitnehmer stehen gegenüber dem Arbeitgeber verschiedene Rechtsgrundsätze zur Seite, die den Regress bzw. auch die unmittelbare Schadensübernahme nach außen hindern können.

1. Ausschlussfrist des § 37 TVöD, § 70 BAT

Sofern auf das Arbeitsverhältnis noch der Bundesangestelltentarifvertrag (BAT), der Tarifvertrag des öffentlichen Dienstes (TVöD) oder eine angepasste Regelung Anwendung findet, sind die Ausschlussfristen des § 70 BAT oder § 37 TVöD zu beachten. Hiernach ist (für beide Seiten!) die Geltendmachung von Ansprüchen nach sechs Monaten ausgeschlossen, wenn sie nicht zuvor schriftlich geltend gemacht wurden. Die Frist beginnt bei Schadensersatzansprüchen von dem Zeitpunkt an abzulaufen, zu dem der Arbeitgeber vom nach außen verursachten Schaden Kenntnis erlangt hat oder bei der ihm gebotenen Sorgfalt hätte erlangen können.

2. Haftungsbegrenzung gem. § 42 TVöD BT-K oder § 14 BAT i.V.m. Art. 34 GG

Bei der Anwendung des TVöD – Besonderer Teil Krankenhäuser (BT-K) – haftet der (ärztliche) Angestellte gem. § 42 TVöD BT-K i.V.m. Art. 34 GG nur für den Verschuldensmaßstab Vorsatz und grobe Fahrlässigkeit. Bei nur mittlerer oder gar leichter Fahrlässigkeit haftet er dem Arbeitgeber gegenüber nicht. Gleiches gilt aufgrund des § 14 BAT für jene Arbeitsverhältnisse, auf die noch der BAT Anwendung findet.

Unter **Fahrlässigkeit** ist gem. § 276 BGB das Außerachtlassen der im Verkehr erforderlichen Sorgfalt zu verstehen. Unter **Vorsatz** wird nach allgemeiner Meinung die bewusste und gewollte Handlung verstanden.

- **Leichte Fahrlässigkeit:** eine geringfügige und leicht entschuldbare Pflichtwidrigkeit, die jedem Arbeitnehmer unterlaufen könnte.
- **Mittlere Fahrlässigkeit:** ein Handeln, bei dem der Arbeitnehmer sich bewusst ist, dass sein Verhalten zu einem Schaden führen kann.[502]
- **Grobe Fahrlässigkeit:** eine besonders schwerwiegende und subjektiv unentschuldbare Pflichtverletzung bei Außerachtlassung der nötigen und jedem einleuchtenden Sorgfalt.[503]

3. Allgemeine Arbeitnehmer-Haftungseinschränkung

Aus der natürlichen Erkenntnis heraus, dass es der Eigenart von Diensten eines Arbeitnehmers für seinen Arbeitgeber entspricht, dass auch dem sorgfältigsten Arbeitnehmer Fehler unterlaufen können, hat die Rechtsprechung seit langem Grundsätze entwickelt, nach denen einem Arbeitnehmer bei Schadensfällen gegenüber dem Arbeitgeber Haftungsbegrenzungen zugutekommen sollen. Zunächst waren diese Haftungsbegrenzungen nur für die Fälle der sog. **gefahrgeneigten Arbeit** vom Bundesarbeitsgericht anerkannt worden[504], diese Rechtsprechung ist jedoch fortentwickelt worden.[505] Inzwischen besteht Einigkeit darüber, dass jede Arbeitsleistung eine Schadensneigung in sich trägt und der Arbeitnehmer deshalb generell zu schützen ist.

---

[502] Vgl. Palandt, Bürgerliches Gesetzbuch, § 276, RN 12 m.w.N.

[503] Vgl. Küttner, Personalbuch 2006, Kap. 30, RN 12 ff.

[504] BAG, DB 1957, S. 947 ff.

[505] BAG, DB 1994, S. 2237.

Jeder Arbeitnehmer haftet nunmehr nach dem Grundsatz, dass er bei leichter Fahrlässigkeit von einer Haftung gegenüber dem Arbeitgeber befreit ist. Eine volle Haftung trifft den Arbeitnehmer nur, wenn grobe Fahrlässigkeit oder Vorsatz vorliegt. Bei mittlerer Fahrlässigkeit gilt anteilige Haftung, wobei die genauen Haftungsanteile aus einer Gesamtschau der Umstände zu ermitteln sind – hierbei spielen insbesondere die Gefährlichkeit bzw. Schwierigkeit der Aufgabe, die Kenntnisse und Stellung des Arbeitnehmers wie auch sein Verdienst[506] eine wichtige Rolle.

III. Schaden als Voraussetzung für den Rückgriff

Im Rahmen des Arbeitgeberrückgriffs ist zu beachten, dass ein Schadensersatzanspruch gegen den Arbeitnehmer nur dann geltend gemacht werden kann, wenn dem Arbeitgeber auch tatsächlich ein Schaden entstanden ist. Bei pflegerischem bzw. medizinischem Fehlverhalten entsteht beim Arbeitgeber ein Schaden häufig nicht, da im Falle einer Schadensersatzverpflichtung die Betriebshaftpflichtversicherung für die Schadensersatzansprüche des Patienten aufkommt. Neueste Entwicklungen im Haftungsrecht zeigen jedoch, dass die Haftpflichtversicherer ihre Leistungsangebote für Versicherungsfälle aus dem Gesundheitswesen einschränken.

Besonders kritisch hervorzuheben ist in diesem Zusammenhang, dass der Haftungsumfang der Haftpflichtversicherungsverträge häufig nur noch leichte und mittlere Fahrlässigkeit umfasst. Hierdurch entsteht eine nicht unbeträchtliche Lücke in der Haftungsdeckung, denn die Gerichtspraxis bei medizinischen Haftungsfällen zeigt, dass die Kläger in nahezu jedem Haftungsfall bemüht sind, dem Arzt (oder der Pflegekraft) einen groben Behandlungsfehler nachzuweisen, um von den hieraus resultierenden Beweiserleichterungen (vgl. S. 245 ff.) zu profitieren. Wird der grobe Behandlungsfehler zugleich als grobe Fahrlässigkeit angesehen, erzeugt dies für den Versicherer im Fall des Haftungsausschlusses bei grober Fahrlässigkeit im Versicherungsvertrag eine Leistungsbefreiung.[507] Einstandspflichtig für den Schaden bleibt dann die Einrichtung, die ihn im Wege des Innenregresses gegenüber dem schadensverursachenden Arbeitnehmer (Arzt/Pflegekraft) geltend machen kann. Hierzu das anschauliche Beispiel des LAG Köln aus dem Jahr 2005:[508]

---

[506] BAG, DB 1988, S. 1603.

[507] Vgl. Großkopf/Schanz, Die Absicherung des zivilrechtlichen Haftungsrisikos im Gesundheitswesen, RDG 2004, S. 41 ff.

[508] LAG Köln, RDG 2005, S. 143 f.

Beispiel: Arbeitnehmerhaftung wegen ärztlicher Fehlbehandlung

Die Trägerin einer Frauenklinik macht, nachdem sie einen Arzthaftungsprozess gegen eine ehemalige Patientin rechtskräftig verloren hat, gegen die behandelnden Ärzte Regressansprüche unter dem Gesichtspunkt der Arbeitnehmerhaftung geltend.

Eine 42-jährige schwangere Patientin wurde im Jahre 1987 wegen des Verdachts einer Blutgruppenunverträglichkeit in der Frauenklinik der Klägerin aufgenommen. Nach dem kurzen stationären Aufenthalt mit ambulanter Nachversorgung beschlossen die behandelnden Ärzte unter Einbeziehung des Oberarztes, eine natürliche Geburt anzustreben. Am 27. September 1987 wurde um 12.30 Uhr in der Klinik eine CTG-Untersuchung eingeleitet, die vom aufnehmenden Arzt als suspekt eingestuft wurde. Nach den späteren gutachterlichen Feststellungen hätte das CTG richtigerweise als pathologisch eingestuft und als Indikation zur sofortigen Kaiserschnittentbindung gewertet werden müssen. Stattdessen wurden weitere CTGs angefertigt, die keinerlei Verbesserung der kindlichen Situation aufzeigten. Gegen 23.45 Uhr wurde die Dauerüberwachung der Patientin auf deren Wunsch und auf Anordnung des diensthabenden Oberarztes eingestellt. Am folgenden Morgen gegen 6.30 Uhr wurde der Entschluss zu einem Kaiserschnitt gefasst; um 7.12 Uhr wurde durch Kaiserschnittentbindung die Tochter der Patientin geboren. Das Kind war klinisch tot und musste reanimiert werden. Es erlitt einen schweren Hirnschaden und ist geistig wie körperlich mehrfach schwerstbehindert ohne jede Aussicht auf eine nachhaltige Besserung seines Zustandes. Die Behinderung ist mit größter Wahrscheinlichkeit auf eine unmittelbar vor der Geburt sich intrauterin entwickelnde fetale Anämie bei schwerer Blutgruppenunverträglichkeit zwischen Mutter und Kind zurückzuführen.

Mit Urteil des LG Aachen vom 9. April 2002 wurde die Klägerin rechtskräftig verurteilt, an die Patientin Schadensersatz in Höhe von 295.840,49 Euro zu zahlen. Ferner fordert die zuständige Krankenkasse Schadensersatzansprüche in Höhe von 387.310,31 Euro und das Sozialamt Ansprüche in Höhe von 48.550,28 Euro. Im vorliegenden arbeitsgerichtlichen Verfahren hat die Klägerin auf den Haftpflichtprozess mit der geschädigten Patientin Bezug genommen und beantragt vor dem ArbG Aachen, die vier in die Behandlung eingebundenen Ärzte zur gesamtschuldnerischen Zahlung von 295.840,49 Euro zuzüglich 8993,67 Euro Prozesskosten zu verurteilen. In der ersten Instanz wiesen die Aachener Arbeitsrichter zunächst mit einem Teilurteil die Klage gegen die Assistenzärzte ab. Der Klinikträger verfolgt indes seine Regressansprüche vor dem Landgericht weiter.

F. Beendigung des Arbeitsverhältnisses

Das Arbeitsverhältnis endet durch

- Anfechtung,
- Zeitablauf oder Bedingungseintritt (bei befristeten oder unter Bedingung stehenden Arbeitsverhältnissen),
- Aufhebungsvertrag,
- ordentliche oder außerordentliche Kündigung,
- Tod des Arbeitnehmers,
- Auflösung durch Gerichtsurteil,
- Lossagung vom faktischen Arbeitsverhältnis.

I. Beendigung durch Anfechtung

Ein Arbeitsverhältnis kann u.U. durch (rückwirkende) Anfechtung z.B. gem. §§ 119 BGB wegen Irrtums oder gem. § 123 BGB wegen Täuschung (seltener wegen Bedrohung) aufgelöst werden. Die Vertragsanfechtung ist streng zu unterscheiden von der Vertragskündigung.

⚠ Da keine Kündigung vorliegt, findet bei Anfechtungsfällen das gesamte Kündigungsschutzrecht keine Anwendung!

II. Beendigung durch bloßen Zeitablauf/Bedingungseintritt

Das Arbeitsverhältnis endet automatisch (ohne das Aussprechen einer Kündigung)

- bei befristeten bzw.
- zweckbefristeten
- oder mit auflösender Bedingung versehenen Verträgen.

⚠️ Ein ursprünglich befristetes Arbeitsverhältnis gilt jedoch gem. § 15 Abs. 5 TzBfG als auf unbestimmte Zeit verlängert, wenn der Arbeitnehmer mit Wissen des Arbeitgebers seine Arbeit fortsetzt und der Arbeitgeber der Fortsetzung nicht unverzüglich widerspricht oder die Zweckerreichung mitteilt (siehe dazu auch S. 301).

III. Beendigung durch Aufhebungsvertrag

Es gilt der Grundsatz der Vertragsfreiheit aus Art. 2 Abs. 1 GG. Jeder Vertrag kann von seinen Vertragsparteien einvernehmlich durch einen Aufhebungsvertrag beendet werden. So kann grundsätzlich auch jeder Arbeitsvertrag durch **Aufhebungsvertrag** aufgehoben werden. Seit 2001 gilt die Formvorschrift des § 623 BGB: Hiernach bedürfen Kündigungen und Aufhebungsverträge der Schriftform. Die Form der elektronischen Kündigung (vgl. § 125a BGB) ist ausdrücklich (§ 623 BGB a.E.) ausgeschlossen.

Bei einem Aufhebungsvertrag gelten weder die allgemeinen noch die besonderen Kündigungsschutzvorschriften! Es ist somit möglich (und durchaus üblich), dass sich Arbeitgeber aus wirtschaftlichen Gründen per Aufhebungsvertrag – gegen Abfindung – von Schwangeren, schwerbehinderten Menschen, (unliebsamen) Betriebsratsangehörigen etc. »loskaufen«.

⚠️ Auch Aufhebungsverträge sind – wie alle Verträge – grundsätzlich anfechtbar, soweit Irrtum, Täuschung oder Drohung vorgelegen hat.

Die Höhe einer Abfindung aufgrund des Ausscheidens aus dem Arbeitsvertrag wird in der Regel bei einem halben Brutto-Monatsgehalt pro Beschäftigungsjahr angesetzt, bei hohem Neuanstellungsrisiko für den Ausscheidenden auch mehr. Bei lang laufenden Beschäftigungsverhältnissen kann auch durchaus ein Monatsgehalt pro Beschäftigungsjahr in Ansatz gebracht werden (entsprechend § 10 KSchG).

⚠️ Die Steuerfreiheit für Abfindungen ist seit dem 1. Januar 2006 weggefallen.

⚠️ Es entsteht eine Sozialabgabenpflichtigkeit bezüglich des Abfindungsbetrages, und es drohen Sperr- oder Ruhezeiten bei der Arbeitslosenunterstützung, wenn der Arbeitsvertrag vorzeitig und/oder grundlos aufgehoben wurde bzw. wenn sich der Arbeitnehmer nicht gegen eine unberechtigte Kündigung zur Wehr gesetzt hat (vgl. §§ 144 und 143a SGB III). Die Bundesagentur für Arbeit verhängt bei Abfindungs- und Aufhebungsverträgen – bei denen kein hinreichend anerkennenswerter Grund vorliegt – in letzter Zeit sehr strikt Sperrzeiten (zwölf Wochen).

IV. Die Kündigung von Arbeitsverhältnissen

Die Kündigung kann **ordentlich** oder **außerordentlich** (fristlos) erfolgen.

1. Kündigungserklärung

Zur Kündigung bedarf es einer Erklärung gegenüber dem Vertragspartner, das Arbeitsverhältnis beenden zu wollen. Die Kündigungserklärung muss seit 2001 **grundsätzlich schriftlich** erfolgen (vgl. § 623 BGB oder § 15 Abs. 3 BBiG, § 15 Abs. 3 KrPflG, § 20 Abs. 3 AltPflG, § 54 BAT; siehe oben S. 326).

Eine Kündigungserklärung braucht keine Begründung zu enthalten (Ausnahme: fristlose Kündigungen in Ausbildungsverhältnissen). Wird dennoch eine Begründung gegeben, die sich als unbillig darstellt (rassistisch, sexistisch o.Ä.), so könnte die Kündigung (eventuell nur wegen der »unnötigen« Begründung) als treuwidrige Kündigung angreifbar sein.

△ Die Kündigungserklärung wird erst mit dem **Zugang beim Erklärungsempfänger wirksam**. Der Erklärende hat den Zugang im Streitfall zu beweisen. In der Rechtspraxis hat sich zum Beweis des Zugangs der Kündigung die Zustellung mittels eingeschriebenen Briefes oder mittels eines Boten bewährt. Die Kündigung per Telefax ist ungenügend. Sie kann jedoch im Ausnahmefall zur Fristwahrung mit gleichzeitiger Nachsendung eines eingeschriebenen Briefes zulässig sein. Die eingeschriebenen Briefe sollten dabei *nicht* mit Rückschein oder mit dem Zustellvermerk »persönlich« etc. versandt werden. Nimmt der (»vorgewarnte«) Adressat den Brief in diesen Fällen nicht an, geht die Kündigungserklärung nicht zu. Die mit Einwurfeinschreiben versandte Kündigungserklärung wird vom Postboten beim Empfänger eingeworfen, was von der Deutschen Post AG dokumentiert wird. Durch diese Dokumentation und den Zusteller als Zeugen ist der Zugang der Kündigung dann immer nachweisbar.

△ Kündigungserklärungen durch Bevollmächtigte (auch durch Rechtsanwälte) sollten zwingend mit einer schriftlichen Originalvollmacht abgegeben werden. Ansonsten besteht für den Empfänger die Möglichkeit, diese Kündigung gem. § 174 BGB **zurückzuweisen**. Bis zum erneuten, ordnungsgemäßen Versand der Kündigung können bereits wichtige Kündigungsfristen verstrichen sein.

△ Die Kündigung eines Arbeitsvertrages ist auch schon **vor dem Beginn des Arbeitsverhältnisses** möglich (in der Übergangszeit zwischen Vertragsschluss und vor der Arbeitsaufnahme). Zur Vermeidung von unliebsamen Überraschungen empfiehlt sich deshalb für Arbeitgeber, eine solche »frühzeitige« Kündigungsmöglichkeit im Arbeitsvertrag auszuschließen.

Existiert ein Betriebsrat bzw. eine Personalvertretung, muss diese vor dem Ausspruch der Kündigung zeitgerecht angehört werden (§ 102 BetrVG/jeweiliges PersVG), bei der Kündigung von leitenden Angestellten der **Sprecherausschuss** (§ 31 Abs. 2 SprecherausschussG). Diesen Gremien ist eine detaillierte Information zu den Kündigungsgründen zu liefern. Eine ohne Beteiligung dieser Personalvertretungen ausgesprochene Kündigung ist unwirksam.[509]

2. Ordentliche Kündigung

- Zu einer ordentlichen Kündigung bedarf es grundsätzlich **keiner Angabe eines Kündigungsgrundes**.
- Die ordentliche Kündigung bedarf jedoch der Einhaltung der **Kündigungsfristen** (aus Gesetz: § 622 BGB, Tarifvertrag § 53 BAT/§ 34 TVöD) oder vertraglich vereinbarter längerer Fristen.

⚠ Die Angreifbarkeit einer ordentlichen Kündigung hängt jedoch davon ab, ob der kündigende Arbeitgeber einschlägige **Kündigungsschutzvorschriften** beachtet hat.

3. Abfindungsanspruch des Arbeitnehmers nach dem Akzeptieren einer betriebsbedingten Kündigung

Zum 1. Januar 2004 neu ins Kündigungsschutzrecht aufgenommen wurde § 1a des KSchG. Hiernach erwächst einem Arbeitnehmer ein Anspruch auf die Zahlung einer Abfindung gegen den Arbeitsgeber, wenn dieser die Kündigung mit dringenden betrieblichen Erfordernissen begründet und dem Arbeitnehmer in der Kündigungserklärung die Abfindung für den Fall auslobt, dass jener innerhalb der Klagefrist (§ 4 KSchG) keine Kündigungsschutzklage erhebt.

---

[509] § 102 BetrVG/72a Personalvertretungsgesetz des Landes Nordrhein-Westfalen für Beamte des Landes NRW. Im Bund und in den anderen Bundesländern existieren vergleichbare Vorschriften.

§ 1a Abs. 2 bestimmt die Höhe des Abfindungsanspruches des Arbeitnehmers auf 0,5 Bruttoverdienste pro Beschäftigungsjahr.[510] Dabei ist bei der Berechnung der Beschäftigungsjahre ab mehr als sechs Monaten Beschäftigungszeit auf das nächste volle Jahr aufzurunden (§ 1a Abs. 2 Satz 3 KSchG).

Zur Vermeidung von Ruhenszeiten (§ 143a SGB III) oder sogar Sperrzeiten (§ 144 SGB III) beim Bezug von Arbeitslosengeld muss auch bei einer Abfindungsregelung über § 1a KSchG die Einhaltung der richtigen Kündigungsfrist beachtet werden – ebenso die Höhe des Abfindungsbetrages, der sich an genau 0,5 Bruttogehältern pro Beschäftigungsjahr orientieren muss.[511]

4. Ausschluss der ordentlichen Kündigung/Kündigungsschutz

Das Recht zur ordentlichen Kündigung ist in der Regel *ausgeschlossen* durch

Besondere Kündigungsschutzvorschriften
- während der Schwangerschaft und bis zum Ablauf von vier Monaten nach der Entbindung (§ 9 Abs. 1 MuSchG),
- während der Elternzeit bzw. acht Wochen davor (§ 18 Bundeselterngeldgesetz),
- gegenüber einem Mitglied des Betriebsrates, der Personalvertretung oder einer Jugend- oder Auszubildendenvertretung (§ 15 KSchG),
- bei schwerbehinderten Menschen nur mit Zustimmung des Integrationsamtes (§§ 85 ff. SGB IX),
- durch vertraglichen oder tarifvertraglichen Ausschluss der ordentlichen Kündigung (vgl. auch § 34 Abs. 2 TVöD, § 53 Abs. 3 BAT).

Die Kündigung *kann* ausgeschlossen sein, sofern sich dies nach den allgemeinen **Kündigungsschutzvorschriften** aus dem Kündigungsschutzgesetz (KSchG) ergibt.

---

[510] Erfurter Kommentar (Ascheid), § 1a KSchG, RN 9, § 10 KschG, RN 4.

[511] So die aktuellen Dienstanweisungen der Bundesagentur für Arbeit. Vgl. auch Gagel, § 143a SGB III, RN 29c; Erfurter Kommentar, § 143a SGB III, RN 7.

Voraussetzungen der Angreifbarkeit der Kündigung

Anwendbarkeit des KSchG bei:
- Bestehen des Arbeitsverhältnisses länger als sechs Monate,
- mehr als zehn Beschäftigten im Betrieb (bei Altverträgen vor dem 1. Januar 2004, seitdem bei stets mehr als fünf Beschäftigten).

Die soziale Rechtfertigung der Kündigung ergibt sich aus:
- personenbedingten,
- verhaltensbedingten oder
- betriebsbedingten Gründen (Letztere mit dem zusätzlichen Erfordernis einer Sozialauswahl unter mehreren kündbaren Arbeitnehmern).

a) Anwendung des Kündigungsschutzgesetzes

Bei Anwendbarkeit des **Kündigungsschutzgesetzes** (§ 23) ist eine ordentliche Kündigung angreifbar, wenn sie nicht den Voraussetzungen des KSchG, insbesondere § 1 KSchG, entspricht.

⚠ Wird eine fehlerhafte Kündigung jedoch nicht angegriffen, erlangt sie Wirksamkeit (§ 7 KSchG)! **Die Frist zur Erhebung einer Kündigungsschutzklage beträgt drei Wochen ab Zugang (§ 4 KSchG).**

Für die Anwendbarkeit des Kündigungsschutzgesetzes ist gem. **§ 23 KSchG Voraussetzung,** dass in dem Betrieb mehr als zehn Vollzeitarbeitskräfte (Teilzeitbeschäftigungen werden hochgerechnet) beschäftigt sind. Bei der Kündigung von Arbeitsverhältnissen, die schon am 31. Dezember 2003 bestanden hatten, müssen es mehr als fünf Vollzeitkräfte gewesen sein, und die Zahl der Beschäftigten darf zwischendurch nie auf fünf oder weniger zurückgefallen sein.

Problem: Der Gemeinschaftsbetrieb (Aufspaltung in Teilbetriebe)
Mehrere selbständige Zweigbetriebe sind als einheitlicher Betrieb i.S.d. § 23 KSchG anzusehen, wenn ein *einheitlicher Leitungsapparat* vorhanden ist, der die Gesamtheit der für die Erreichung des arbeitstechnischen Gesamtzwecks eingesetzten Mittel lenkt (so BAG).

Persönliche Voraussetzung für die Anwendbarkeit des Kündigungsschutzgesetzes auf Seiten des Arbeitnehmers ist gem. § 1 Abs. 1 KSchG, dass das Arbeitsverhältnis zum Arbeitgeber *vor dem Zugang* der Kündigung schon länger als sechs Monate ununterbrochen bestanden hat.

Eine Kündigung ist nach § 1 Abs. 1 i.V.m. Abs. 2 KSchG rechtsunwirksam, wenn sie **nicht sozial gerechtfertigt** ist. Eine soziale Rechtfertigung kann gem. § 1 KSchG vorliegen, wenn die Kündigung ihre Ursache hat

- in der Person des Arbeitnehmer (personenbedingte Kündigung),
- im Verhalten des Arbeitnehmers (verhaltensbedingte Kündigung) oder
- durch dringende betriebliche Erfordernisse (betriebsbedingte Kündigung) geboten ist.

b) Die betriebsbedingte Kündigung

Eine Kündigung aus betriebsbedingten Gründen kann zulässig sein, wenn sie

- durch **zwingende betriebliche Erfordernisse** bedingt ist (z.B. Umsatzrückgang – aber nur bei Wegfall der Arbeitsmenge –, Bettenabbau oder gar Schließung des Betriebs) und
- wenn sie das letzte Mittel – die *Ultima Ratio* – darstellt, also
  - ➡ keine Umsetzung möglich,
  - ➡ sonstiger Abbau von Kapazitäten unmöglich und
  - ➡ keine zumutbare Umschulung des Betroffenen möglich ist.

Die Beweislast hierfür liegt jeweils beim Arbeitgeber.

Die betriebsbedingte Kündigung ist gem. § 1 KSchG angreifbar bei **fehlerhafter Sozial-auswahl**. Danach darf der Arbeitgeber bei betriebsbedingten Kündigungen stets nur dem Arbeitnehmer die Kündigung aussprechen, der sozial weniger schützenswert ist.

Die Sozialauswahlkriterien (in folgender Rangfolge bei der Auswahlentscheidung) sind:

- Dauer der Betriebszugehörigkeit,
- Lebensalter,
- Zahl der Unterhaltsverpflichtungen (Frau/Kinder),
- Schwerbehinderung.

Die Beweislast hierfür liegt beim Arbeitnehmer; er muss also Kollegen benennen können, die weniger schützenswert sind.

c) Die personenbedingte Kündigung

Voraussetzung für eine sozial gerechtfertigte Kündigung kann auch die mangelnde Eignung (und mangelnde Anpassungsfähigkeit) bei einem Arbeitnehmer sein. Auch hier gilt die Maßgabe der *Ultima Ratio*: Eine Umsetzung muss unmöglich oder sinnlos sein.

Die mangelnde Eignung kann in Sonderfällen auch durch **Krankheit** (z.B. Sucht) begründet sein – dabei gelten jedoch strengste Anforderungen, beispielsweise eine

- lange Dauererkrankung bzw. häufige Kurzerkrankungen (diese über bereits ca. drei Jahre hinweg),
- weitere negative Prognose bezüglich künftiger Krankheit,
- erhebliche Betriebsstörung durch/bei Arbeitsunfähigkeit,
- Prognose über weiter anhaltende Betriebsstörungen,
- umfassende Interessenabwägung (so ist Zurückhaltung geboten, je finanzstärker der Arbeitgeber ist oder je länger der Arbeitnehmer dem Betrieb angehört).

HIV-Infektionen reichen im Allgemeinen nicht als Kündigungsgrund aus, da sie unter Beachtung der allgemeinen Hygienevorgaben keine Fremdgefährdung darstellen. Hingegen gelten die Betroffenheit und vor allem die krankheitsbedingte Leistungsbeeinträchtigung durch Aids nach bisheriger Meinung als ausreichender Kündigungsgrund. Es muss sich zeigen, ob die in den letzten Jahren verbesserten Behandlungsmöglichkeiten bei Aids hier einen Wandel bringen.

d) Die verhaltensbedingte Kündigung

Die Kündigung kann aufgrund von schweren Vertragsverletzungen des Arbeitnehmers im Leistungsbereich (Schlechtleistung) oder im Vertrauensbereich gerechtfertigt sein. Wieder gilt das Prinzip der *Ultima Ratio*: Die Kündigung stellt das letzte Mittel dar.

In Ausnahmefällen kann bereits eine einmalige ganz erhebliche Vertragsverletzung den sofortigen Ausspruch der Kündigung rechtfertigen (in Extremfällen sogar die fristlose). In aller Regel (schon aufgrund des Ultima-Ratio-Prinzips) sollen einmalige Vertragsverletzungen aber nicht zur Kündigung berechtigen.

Anders ist dies bei wiederholten Vorkommnissen – insbesondere wenn frühere Schlechtleistungen eine Abmahnung wegen ähnlichen Fehlverhaltens zur Folge hatten.

⚠ Für Arbeitgeber empfiehlt es sich, deutliches Fehlverhalten alsbald abzumahnen – dies, um dem Arbeitnehmer zu warnen und ihn zu einem vertragstreuen Verhalten zu bewegen (»wachzurütteln«), und um eine eventuell erforderlich werdende Kündigung »vorzubereiten«.

Der **Abmahnung** kommt eine Doppelfunktion zu:

- **Rügefunktion:** Das vertragliche Fehlverhalten ist genau zu bezeichnen bzw. zu bemängeln.
- **Warnfunktion:** Mit diesem (oft vergessenen) Teil der Abmahnung muss dem Arbeitnehmer verdeutlicht werden, dass die Pflichtverstöße als so gewichtig angesehen werden, dass ähnliches Verhalten künftig nicht mehr hinnehmbar ist und der Arbeitnehmer im Wiederholungsfall mit seiner Entlassung rechnen muss.

Als **Kündigungsvoraussetzung bei verhaltensbedingter Kündigung** ergeben sich nach den regelmäßigen Anforderungen der Rechtsprechung:

1. eine vorausgegangene Abmahnung,
2. eine gewisse Zeit für den Arbeitnehmer zur Korrektur des Fehlverhaltens (Besserung),
3. ein ähnlicher (nicht zu fern liegender) Pflichtverstoß wie der bereits abgemahnte.

Abmahnungsberechtigte sind alle Weisungsbefugten bzw. Vorgesetzten, nicht etwa nur der Personalchef (dabei hat dieser kein Mitbestimmungsrecht – allenfalls, soweit die Abmahnung ein Unwerturteil enthält, das einer mitbestimmungspflichtigen Beurteilung gleichkommt).

Als Vorstufe zur Abmahnung gilt die **Ermahnung** (Rüge ohne Warnung).

Abmahnungen, die unzutreffende Vorwürfe enthalten, müssen aus der Personalakte entfernt werden. Dieser Anspruch kann durch Klage beim Arbeitsgericht durchgesetzt werden. Der Arbeitnehmer kann sich auch damit begnügen, eine Gegendarstellung zur Abmahnung der Personalakte beizufügen. Letzteres kann dann empfehlenswert sein, wenn der Inhalt der Abmahnung nicht eindeutig falsch und damit die Abmahnung nicht mit Bestimmtheit erfolgreich anfechtbar ist. Zum einen ist eine Abmahnung – je nach Schwere des Verstoßes – spätestens nach drei beanstandungsfreien Beschäftigungsjahren wieder aus der Akte zu entfernen; zum anderen begründet die Abmahnung selbst keinen eigenständigen Beweis für die in ihr ausgesprochenen Pflichtverstöße. Der unzutreffende Inhalt der Abmahnung kann also auch noch bei nachfolgenden arbeitsrechtlichen Problemen – vor allem bei einer nachfolgenden Kündigung – als unrichtig bestritten werden. Für den Arbeitnehmer kann sich dann der Vorteil ergeben, dass es dem Arbeitgeber später schwerer fällt, die zuvor abgemahnten Pflichtverstöße zu beweisen. Bei einem frühen Angreifen der Abmahnung kann sich die Beweislage wegen der »frischen« Erinnerung von Zeugen für den Arbeitgeber noch besser gestalten.

⚠ Für Arbeitnehmer gilt: Nur **eindeutig fehlerhafte** Abmahnungen sollten gerichtlich angegriffen werden – ansonsten sollte man nur mit einer Gegendarstellung zur Sache reagieren.

Ein Anspruch auf Entfernung früherer Ermahnungen aus der Personalakte nach einem gewissen Zeitablauf wird allgemein verneint.

5. Die außerordentliche Kündigung

- Eine außerordentliche Kündigung kann **fristlos**, aber auch mit bestimmten Fristvorgaben erklärt werden.
- Sie erfordert zwingend das Vorliegen eines **wichtigen Grundes** (§ 626 BGB, § 54 BAT).
- Die Kündigungsmöglichkeit selbst unterliegt einer **2-Wochen-Ausschlussfrist** (§ 626 Abs. 2 BGB, § 54 Abs. 2 BAT, § 15 Abs. 4 BBiG, § 15 Abs. 4 KrPflG, § 20 Abs. 4 AltPflG).

⚠ Außerordentliche (allgemeinsprachlich: »fristlose«) Kündigungen müssen binnen zwei Wochen nach Kenntnisnahme der kündigungserheblichen Tatsachen zugegangen sein.

Ein **wichtiger Kündigungsgrund** ist gegeben, wenn Tatsachen vorliegen, aufgrund derer dem Kündigenden unter Berücksichtigung aller Umstände des Einzelfalls und unter Abwägung der Interessen beider Vertragsteile die Fortsetzung des Arbeitsverhältnisses

- bis zum Ablauf der ordentlichen Kündigungsfrist (unbefristete Arbeitsverträge) oder
- bis zu der vereinbarten Beendigung des Arbeitsverhältnisses (befristete Arbeitsverträge

nicht zugemutet werden kann (§ 626 BGB). Es hat eine Abwägung der Interessen des Arbeitgebers mit denen des Arbeitnehmers stattzufinden. Auch bei der außerordentlichen Kündigung sind frühere Vorkommnisse (ggf. mit Abmahnungen) zu beachten.

Beispiele für wichtige Kündigungsgründe sind:

- **Arbeitspflichtverletzungen**
  - ➟ Arbeitsverweigerung
  - ➟ bewusste Schlechterfüllung
  - ➟ eigenmächtiger Urlaubsantritt
  - ➟ unentschuldigtes Fernbleiben vom Arbeitsplatz
  - ➟ Trunkenheit am Arbeitsplatz
- **Treuepflichtverletzungen**
  - ➟ Verstoß gegen das Wettbewerbsverbot
  - ➟ Vollmachtsmissbrauch
- **Strafbare Handlungen**
  - ➟ Diebstahl, Untreue etc.
  - ➟ vorsätzliche Sachbeschädigung
- **Ehrverletzungen**
  - ➟ üble Nachrede und Verleumdungen (Mobbing)

⚠ Fristlose Kündigungen, bei denen kein wichtiger Grund gegeben ist, werden regelmäßig in eine fristgerechte Kündigung zum nächstmöglichen Termin umgedeutet (für den Fall der Anwendbarkeit des Kündigungsschutzgesetzes empfiehlt sich daher immer, eine Kündigungsschutzklage binnen der 3-Wochen-Frist des § 13 Abs. 1 Satz 2 i.V.m. § 4 Satz 1 KSchG zu erheben).

6. Ausschluss oder Beschränkung der außerordentlichen Kündigung

Auch eine außerordentliche Kündigung findet ihre Grenzen in den Regelungen des besonderen Kündigungsschutzes und ist nur unter sehr engen Voraussetzungen, insbesondere der behördlichen Zustimmung, möglich (siehe S. 329) – wobei die besonders schweren Vertragsverstöße, die im Allgemeinen eine fristlose Kündigung zur Folge haben, oft auch beim Vorliegen des besonderen Kündigungsschutzes greifen und die »Gewerbeaufsichtsämter« zu einer Zustimmung zur Kündigung bewegen werden. [512]

---

[512] Zur außerordentlichen Kündigung einer Altenpflegerin vgl. LAG Nürnberg, Urteil vom 20. August 2004 (9 Sa 923/03).

V. Grundaussagen zum Zeugnisanspruch

Jedem Arbeitnehmer steht gem. § 630 BGB (vgl. auch § 35 Abs. 1 TVöD, § 61 Abs. 1 BAT, § 109 GewO) bei Beendigung des Arbeitsverhältnisses (sofort ab der Kündigung) ein Zeugnis zu. Während des Bestehens des Arbeitsverhältnisses kann nach der Rechtsprechung des BAG (sowie nach § 35 Abs. 2 TVöD, § 61 Abs. 2 BAT) beim Vorliegen eines berechtigten Interesses (z.B. vor einer Versetzung bzw. bei einem Vorgesetztenwechsel) ein Zwischenzeugnis verlangt werden (vgl. oben S. 320).

Der Arbeitnehmer kann ein **einfaches Zeugnis** verlangen, aus dem Name und Beruf und Art und Dauer der Beschäftigung hervorgehen müssen (§ 630 Satz 1 BGB, § 109 Abs. 1 Satz 2 GewO). Der Arbeitnehmer kann auch ein **qualifiziertes Zeugnis** (§ 630 Satz 2 BGB, § 109 Abs. 1 Satz 3 GewO, § 35 Abs. 1 TVöD, § 61 Abs. 1 BAT) verlangen, aus dem sich seine Leistung und seine Führung im Dienst ergeben. [513]

Beim Inhalt des Zeugnisses kommt der **Wahrheitspflicht** absoluter Vorrang zu. In der Formulierung von Werturteilen ist der Arbeitgeber frei. [514] Jedoch verlangt die Rechtsprechung, dass das Zeugnis zugleich von einem verständigen Wohlwollen gegenüber dem Arbeitnehmer getragen sein muss und ihm sein berufliches Fortkommen nicht unnötig erschwert werden darf. Dem Arbeitnehmer steht ein Zeugnisberichtigungsanspruch für den Fall zu, dass das Zeugnis objektive Fehler enthält.

Der bisherige Arbeitgeber kann sich bei der Schadensverursachung aufgrund eines verspäteten oder unrichtigen Zeugnisses gegenüber dem Arbeitnehmer schadensersatzpflichtig machen. Ebenso kann eine Schadensersatzpflicht gegenüber dem neuen Arbeitgeber entstehen, wenn sich bei diesem aufgrund einer objektiven Unrichtigkeit im Zeugnis ein Schaden ergibt.

---

[513] Zur Leistungsbeurteilung in einem Arbeitszeugnis vgl. BAG, RDG 2004, S. 7.

[514] Vgl. Palandt, Bürgerliches Gesetzbuch, § 630, RN 4 m.w.N.

G. Arbeitsschutzrecht

I. Allgemeines

Die Beschäftigung in den Einrichtungen des Gesundheitswesens setzt die einzelnen Arbeitnehmer mannigfachen Gefahren aus. Diese können durch den Umgang mit gesundheitsschädlichen, feuergefährlichen oder explosiven Stoffen entstehen, durch Strahlen, Lärm und Zugluft, durch schlecht gelüftete oder staubige Arbeitsräume und durch eine übermäßige Ausdehnung der Arbeitszeit. Dementsprechend gilt:

Arbeitsschutzrecht ist die Gesamtheit aller Rechtsnormen, die Pflichten des Arbeitgebers begründen, um die dem Arbeitnehmer durch die Arbeit drohenden Gefahren zu beseitigen oder zu mindern.

1. Betriebliche Durchführung des Arbeitsschutzes

Es ist in erster Linie eine Obliegenheit des Arbeitgebers, die organisatorischen Voraussetzungen des Arbeitsschutzes zu schaffen und seine Durchführung zu überwachen. Zugleich ist es aber auch eine vertragliche Nebenpflicht des Arbeitnehmers, die Arbeitsschutzvorschriften zu beachten und Verstöße hiergegen anzuzeigen.

Darüber hinaus werden durch zahlreiche Gesetze weitere Instanzen zur Überwachung der Einhaltung der Arbeitsschutzvorschriften institutionalisiert:

- Sicherheitsbeauftragter (§ 22 SGB VII)
- Betriebsrat (§ 80 Abs. 1 Nr. 1 BetrVG) bzw. Personalrat (§ 81 BPersVG)
- Fachkraft für Arbeitssicherheit (§ 5 Abs. 1 ArbSichG)
- Datenschutzbeauftragter (§ 36 BDSG)
- Beauftragter in Angelegenheiten der schwerbehinderten Mitarbeiter (§§ 94 ff. SGB XI)
- Strahlenschutzbeauftragter (§§ 29 ff. StrahlenschutzVO)

2. Aufsicht

Zur Durchsetzung des Arbeitsschutzes gegenüber dem Arbeitgeber sind grundsätzlich alle zur Durchführung berufenen Stellen heranzuziehen. Staatliche Aufsichtsorgane sind:

- die Gewerbeaufsicht,
- Ordnungs- und Polizeibehörden,
- in Nordrhein-Westfalen: staatliche Ämter für Arbeitsschutz.

Die Einhaltung des Arbeitsschutzes ist im Verhältnis der Arbeitsvertragsparteien für den Arbeitgeber eine **vertragliche Nebenpflicht** (§ 618 BGB). Bei Zuwiderhandlung kann dem Arbeitnehmer das **Recht der Arbeitsablehnung** oder ein **Anspruch auf Schadensersatz** zustehen, ohne dass dem Arbeitgeber hieraus ein Recht zur Kündigung erwächst.

II. Arbeitszeitschutz

1. Allgemeines

Es ist eine elementare Erfahrung, dass der Mensch nicht ohne Unterbrechung arbeiten kann. Ihm sind bestimmte Leistungsgrenzen gesetzt. Überschreitet er diese, fällt seine Leistung ab. Wiederholte Überschreitungen der Leistungsgrenzen schädigen den Organismus – die Folgen sind vorzeitige Erschöpfung, Krankheit, Frühinvalidität.[515] Im gesamten Bereich des Gesundheitswesens sind diese Erkenntnisse von besonderer Bedeutung, denn die Überlastungen der Arbeitnehmer wirken sich unmittelbar zum Nachteil des Patientenwohls aus. Aufgabe des Arbeitszeitschutzes ist es daher, den Arbeitnehmer vor diesen Gefahren zu schützen.

 § 1 ArbZG – Zweck des Gesetzes

Zweck des Gesetzes ist es,
1. die Sicherheit und den Gesundheitsschutz der Arbeitnehmer bei der Arbeitszeitgestaltung zu gewährleisten und die Rahmenbedingungen für flexible Arbeitszeiten zu verbessern sowie
2. den Sonntag und die staatlich anerkannten Feiertage als Tage der Arbeitsruhe und der seelischen Erhebung der Arbeitnehmer zu schützen.

---

[515] Zmarzlik/Anzinger, Arbeitszeitgesetz, Teil B, RN 1.

Vom sachlichen Geltungsbereich des Gesetzes ausgeschlossen sind:

- leitende Angestellte i.S.d. § 5 Abs. 3 BetrVG,
- Chefärzte,
- Leiter von öffentlichen Dienststellen und deren Vertreter,
- Arbeitnehmer im öffentlichen Dienst, die zu selbständigen Entscheidungen in Personalangelegenheiten befugt sind.

Der Arbeitgeber ist gem. § 16 ArbZG verpflichtet, einen Abdruck des ArbZG und der für die Einrichtung geltenden Rechtsverordnungen, Tarifverträge und Betriebsvereinbarungen an geeigneter Stelle auszulegen oder auszuhängen. Beachtet der Arbeitgeber die Vorschriften des ArbZG nicht, kommt eine Ahndung als Ordnungswidrigkeit oder Straftat in Betracht (§§ 22, 23 ArbZG).

2. Definition der Arbeitszeit

Die Zeit zwischen Beginn und Ende der Arbeit ist **Arbeitszeit**, unabhängig davon, ob und in welcher Form der Arbeitgeber von der ihm während dieser Zeit zur Verfügung stehenden Arbeitskraft Gebrauch macht[516], das heißt, ob der Arbeitnehmer tatsächlich arbeitet, ist unerheblich. Der Begriff der Arbeitszeit ist gesetzlich definiert.

 § 2 ArbZG Abs. 1 – Begriffsbestimmung
(1) Arbeitszeit im Sinne dieses Gesetzes ist die Zeit vom Beginn bis zum Ende der Arbeit ohne die Ruhepausen; Arbeitszeiten bei mehreren Arbeitgebern sind zusammenzurechnen.

Die Zeit nach der Beendigung der täglichen Arbeitszeit ist die arbeitsfreie Zeit, die **Ruhezeit**. Hierunter wird die frei verfügbare Zeit des Arbeitnehmers zur Ruhe und Erholung von der täglichen Arbeit, insbesondere durch ununterbrochenen Schlaf zwischen der Beendigung der täglichen Arbeitszeit und ihrem Wiederbeginn am nächsten Arbeitstag, verstanden.[517]

---

[516] Zmarzlik/Anzinger, Arbeitszeitgesetz, § 2, RN 7.

[517] Zmarzlik/Anzinger, Arbeitszeitgesetz, §, 5 RN 7.

§ 5 ArbZG Abs. 1 – Ruhezeit

(1) Die Arbeitnehmer müssen nach Beendigung der täglichen Arbeitszeit eine ununterbrochene Ruhezeit von mindestens elf Stunden haben.

3. Ruhepausen

Der Gesetzgeber hat offengelassen, was inhaltlich unter einer »Pause« zu verstehen ist, also wann eine Unterbrechung der Arbeitszeit und damit nicht zu vergütende Arbeitszeit i.S.d. Arbeitszeitgesetzes gegeben ist. Über die Definition der »Pause« besteht in der einschlägigen Kommentarliteratur[518] weitgehend Einigkeit; auch in zweitinstanzlichen Entscheidungen fand der Pausenbegriff wie folgt Anwendung:

> Eine Pause i.S.d. Arbeitszeitgesetzes liegt nach der bisherigen Rechtsprechung des Bundesarbeitsgerichtes[519] dann vor, wenn ein Arbeitnehmer während der Arbeitsunterbrechung weder Arbeit zu leisten noch sich dafür bereitzuhalten braucht, sondern freie Verfügung darüber hat, wo und wie er diese Ruhezeit verbringt.

Entscheidendes Kriterium für die Pause ist somit die Freistellung des Arbeitnehmers von jeder Arbeitsverpflichtung und auch jeglicher Verpflichtung, sich zum Dienst bereitzuhalten. Dies bedeutet, dass der Arbeitnehmer während einer Ruhepause nicht (mehr) dem Direktions- bzw. Weisungsrecht des Arbeitgebers unterliegt, also Vorschriften und Anordnungen, wo (spezielle Räume, Aufenthalt im Bereich der Station, Abteilung etc.) und wie er die Pause zu verbringen habe, nicht möglich sind; nur dann ist das für die Pause essenzielle Autonomie- und damit Erholungskriterium erfüllt.[520]

Werden dem Arbeitnehmer dagegen Vorschriften gemacht, wo und wie er eine Ruhepause verbringen soll (auf der Station, in einem gesonderten Ruheraum oder mit »Piepser« etc.), um ihn im Bedarfsfall einsetzen zu können, liegt keine Pause i.S.d. § 4 ArbZG vor. Der Mitarbeiter muss seinen Arbeitsbereich während der Pause »verlassen können«[521].

---

518 Baeck/Deutsch, Das Arbeitszeitgesetz, Kommentar, § 4, RN 8.

519 Urteile des BAG vom 5. Mai 1988, 27. Februar 1992 und 23. Februar 1992, AP Nr. 1, 5 und 6 zu § 3 AZO Kr.

520 Großkopf, Das Arbeitszeitgesetz – Was genau ist eine Pause? Pflegezeitschrift 2001, S. 733 f.

521 Burger, Ruhepausen im Krankenhaus und in Pflegeeinrichtungen, Pflege- & Krankenhausrecht 1999, S. 91.

Besonders erschwert wird die Organisation von Pausen in den Arbeitsbereichen mit Dienstzeiten, die vollständig von nur einem Arbeitnehmer versehen werden. Dies trifft in der Regel auf die **Nachtwache** zu. Die lange Zeit durchaus übliche Praxis, für einen zuvor festgelegten Zeitraum statt einer Pause einen **Bereitschaftsdienst** anzuordnen, ist spätestens mit der Novellierung des Arbeitszeitgesetzes[522] und der damit verbundenen Auffassungsänderung hinsichtlich des »Bereitschaftsdienst«-Begriffs[523] unzulässig. Auch die auf europäischer Ebene geführte Diskussion um eine erneute Veränderung des Bereitschaftsdienstes ändert an diesem Sachverhalt voraussichtlich nichts.[524]

Somit ist anzumerken, dass der Arbeitgeber in jedem Fall kraft seines Direktionsrechts verpflichtet ist, während der Arbeitszeit **echte Pausen** zu gewähren, damit der Arbeitnehmer in der Lage ist, frei von Arbeits- und Aufenthaltsverpflichtungen seinen eigenen Belangen nachzugehen und sich jeweils individuell und privat zu erholen.[525] Zur Lösung werden unterschiedliche Ansätze diskutiert, die beispielsweise von der stärkeren Nutzung von Patientenrufanlagen[526] über die Bereitstellung von Vertretungspersonal (z.B. durch sog. Springer[527]) bis hin zu einer erheblichen Flexibilisierung der bisherigen Arbeitszeitmodelle[528] reichen.

 § 4 ArbZG – Ruhepausen
Die Arbeit ist durch die im Voraus feststehenden Ruhepausen von mindestens 30 Minuten bei einer Arbeitszeit von mehr als sechs bis zu neun Stunden und 45 Minuten bei einer Arbeitszeit von mehr als neun Stunden insgesamt zu unterbrechen. Die Ruhepausen nach Satz 1 können in Zeitabschnitte von jeweils 15 Minuten aufgeteilt werden. Länger als sechs Stunden hintereinander dürfen Arbeitnehmer nicht ohne Ruhepausen beschäftigt werden.

---

[522] Mit dem Gesetz zu Reformen am Arbeitsmarkt vom 24. Dezember 2003 (BGBl. I, S. 3003), in Kraft getreten am 1. Januar 2004.

[523] Das Bundesarbeitsgericht kam bereits in seinem Urteil vom 4. August 1988 (6 AZR 48/86) zum Schluss, dass auch der Bereitschaftsdienst seinem Wesen nach eine Aufenthaltsbeschränkung darstellt, die mit einer Verpflichtung, im Bedarfsfall sofort tätig zu werden, verbunden ist.

[524] Zur Problematik des Bereitschaftsdienstes siehe S. 346 ff.

[525] So auch Kittner/Zwanziger, Arbeitsrecht, § 40, RN 5.

[526] Vgl. Böhme, Arbeitsrecht für die Pflege, S. 248.

[527] Vgl. Böhme, Arbeitsrecht für die Pflege, S. 247 f.; MAGS, Arbeitszeitmodelle in Umsetzung des Arbeitszeitgesetzes als Beispiele moderner Arbeitsorganisation, S. 28 f.

[528] LASI, Arbeitszeitgestaltung in Krankenhäusern, S. 16 ff.

4. Dauer der Arbeitszeit

Eine der wichtigsten Regelungen ist die der gesetzlichen Höchstarbeitszeit. Dabei ist zunächst zwischen nationaler und europäischer Gesetzgebung zu unterscheiden.

Das Arbeitszeitgesetz legt in § 3 ausschließlich die **werktägliche Tagesarbeitszeit** fest, die den Umfang von **acht Stunden pro Tag** nicht überschreiten darf. Werktage sind die Wochentage mit Ausnahme des Sonntags. Tatsächlich wird in den meisten Einrichtungen des Gesundheitswesens abweichend von dieser Festsetzung gearbeitet. Diese Abweichungen werden durch verschiedene Öffnungsklauseln im Arbeitszeitgesetz legitimiert. So kann die werktägliche Arbeitszeit auf **bis zu zehn Stunden** verlängert werden, wenn innerhalb von sechs Monaten bzw. 24 Wochen insgesamt nicht mehr als **durchschnittlich acht Stunden** gearbeitet wird (§ 3 Satz 2 ArbZG).

Für Dienstformen, die mit einer regelmäßigen Überschreitung einhergehen, kann im Rahmen eines Tarifvertrages bzw. einer Betriebs- oder Dienstvereinbarung eine entsprechende Verlängerung der werktäglichen Arbeitszeit **über zehn Stunden** festgelegt werden (§ 7 Abs. 1 ArbZG), wenn in die Arbeitszeit regelmäßig und in erheblichem Umfang Arbeitsbereitschaft oder Bereitschaftsdienst fällt.

Ein erheblicher Umfang ist bereits dann anzunehmen, wenn der Bereitschaftsdienst bzw. die Arbeitsbereitschaft mindestens 25 Prozent der Gesamtarbeitszeit umfasst.[529]

> **Beispiel:**
> Der Regeldienstplan von Pflegekraft A sieht jeweils im Wochenwechsel folgende Arbeitszeiten vor: Frühschicht, Spätschicht, Frühschicht, Bereitschaftsdienst. Der Umfang des Bereitschaftsdienstes ist als erheblich einzustufen, denn er umfasst 25 Prozent der Arbeitszeit des Bemessungszeitraums.

Diese Öffnungsklauseln ermöglichen dem Arbeitgeber für die genannten Arbeitsformen einen erheblichen Spielraum für die Gestaltung der Arbeitszeit des Arbeitnehmers über den in § 3 ArbZG gesetzten Rahmen hinaus. Um eine missbräuchliche Nutzung zulasten des Arbeitnehmers auszuschließen, wird die **absolute** Grenze für die **wöchentliche Höchstarbeitszeit** zum einen durch § 7 Abs. 8 ArbZG und zum anderen durch die Richtlinie

---

[529] Roggendorf, Arbeitszeitgesetz, S. 96.

2003/88/EG des Rates der EU über bestimmte Aspekte der Arbeitszeitgestaltung[530] vom 4. November 2003 (»Arbeitszeitrichtlinie«) definiert.

 § 7 Abs. 8 ArbZG – Abweichende Regelungen
Werden Regelungen nach Abs. 1 Nr. 1 und 4, Abs. 2 Nr. 2 bis 4 oder solche Regelungen aufgrund der Abs. 3 und 4 zugelassen, darf die Arbeitszeit 48 Stunden wöchentlich im Durchschnitt von zwölf Kalendermonaten nicht überschreiten. Erfolgt die Zulassung aufgrund des Abs. 5, darf die Arbeitszeit 48 Stunden wöchentlich im Durchschnitt von sechs Kalendermonaten oder 24 Wochen nicht überschreiten.

 Art. 6 Richtlinie 2003/88/EG – Wöchentliche Höchstarbeitszeit
Die Mitgliedstaaten treffen die erforderlichen Maßnahmen, damit nach Maßgabe der Erfordernisse der Sicherheit und des Gesundheitsschutzes der Arbeitnehmer
1. die wöchentliche Arbeitszeit durch innerstaatliche Rechts- und Verwaltungsvorschriften oder in Tarifverträgen oder Vereinbarungen zwischen Sozialpartnern festgelegt wird;
2. die durchschnittliche Arbeitszeit pro Siebentageszeitraum 48 Stunden einschließlich der Überstunden nicht überschreitet.

Eine Überschreitung der Höchstarbeitszeitgrenze über 48 Stunden hinaus ist nur bei einer **ausdrücklichen Einwilligung seitens des Arbeitnehmers** möglich, wenn durch besondere Regelungen sichergestellt wird, dass die Gesundheit des Arbeitnehmers nicht gefährdet ist (§ 7 Abs. 2a ArbZG). Erklärt sich ein Arbeitnehmer nicht dazu bereit oder widerruft er eine zuvor gegebene Einwilligung, so darf ihm daraus kein Nachteil entstehen. Einwilligung und Widerruf bedürfen jeweils der Schriftform (§ 7 Abs. 7 ArbZG).

 § 7 Abs. 2a ArbZG
In einem Tarifvertrag oder aufgrund eines Tarifvertrags in einer Betriebs- oder Dienstvereinbarung kann abweichend von den §§ 3, 5 Abs. 1 und § 6 Abs. 2 zugelassen werden, die werktägliche Arbeitszeit auch ohne Ausgleich über acht Stunden zu verlängern, wenn in die Arbeitszeit regelmäßig und in erheblichem Umfang Arbeitsbereitschaft oder Bereitschaftsdienst fällt und durch besondere Regelungen sichergestellt wird, dass die Gesundheit der Arbeitnehmer nicht gefährdet wird.

§ 7 Abs. 7 ArbZG

Aufgrund einer Regelung nach Abs. 2a oder den Abs. 3 bis 5 jeweils in Verbindung mit Abs. 2a darf die Arbeitszeit nur verlängert werden, wenn der Arbeitnehmer schriftlich eingewilligt hat. Der Arbeitnehmer kann die Einwilligung mit einer Frist von sechs Monaten schriftlich widerrufen. Der Arbeitgeber darf einen Arbeitnehmer nicht benachteiligen, weil dieser die Einwilligung zur Verlängerung der Arbeitszeit nicht erklärt oder die Einwilligung widerrufen hat.

Diese besondere Öffnungsklausel – »individuelles Opt-out« (§ 7 Abs. 2 a ArbZG) – findet sich inhaltsgleich in Art. 22 der Richtlinie 2003/88/EG wieder. Sie gilt als der derzeit strittigste Punkt im Hinblick auf eine Novellierung der europäischen Arbeitszeitrichtlinie, da in ihr ein hohes Missbrauchspotenzial gesehen wird. Das Europäische Parlament und die Europäische Kommission haben in ihrem Änderungsvorschlag gefordert, dass die »Optout«-Regelung binnen drei Jahren nach Inkrafttreten der neuen Richtlinie auslaufen soll.[531] Im Rat der Europäischen Union konnte hierüber jedoch noch keine Einigung erzielt werden.[532]

5. Nacht- und Schichtarbeit

Die Nacht- und Schichtarbeit ist in § 6 ArbZG geregelt. **Nachtarbeit** ist jede Arbeit, die mehr als zwei Stunden der Nachtzeit umfasst (§ 2 Abs. 3 ArbZG). Nachtzeit i.S.d. Gesetzes ist die Zeit von 23 bis 6 Uhr (§ 2 Abs. 3 ArbZG). Die **Schichtarbeit** ist im Gesetz nicht definiert. Nach der Rechtsprechung des Bundesarbeitsgerichtes liegt Schicht- oder Wechselschichtarbeit dann vor, wenn mindestens zwei Arbeitnehmer eine übereinstimmende Arbeitsaufgabe erfüllen, indem sie sich regelmäßig nach einem feststehenden und für sie überschaubaren Plan ablösen, so dass der eine Arbeitnehmer arbeitet, während der andere eine arbeitsfreie Zeit hat. Dabei braucht der betreffende Arbeitsplatz nicht identisch zu sein, wenn nur die jeweiligen Arbeitnehmer gegenseitig austauschbar sind.[533]

6. Sonn- und Feiertagsarbeit

Der Schutz der Sonn- und Feiertagsruhe ist verfassungsrechtlich durch Art. 140 GG i.V.m. Art. 139 Weimarer Reichsverfassung garantiert. § 9 ArbZG wiederholt dieses Verbot der Sonn- und Feiertagsarbeit.

---

531 Rat der Europäischen Union, Geänderter Vorschlag für eine Richtlinie …, Dokument Nr. 9554/05, S. 9.

532 Rat der Europäischen Union, Dokument Nr. 10134/06, S. 10.

533 BAG, NZA 1991, S. 239; Schaub, Arbeitsrechtshandbuch, § 45, RN 54.

§ 9 ArbZG Abs. 1 – Sonn- und Feiertagsruhe
Arbeitnehmer dürfen an Sonn- und gesetzlichen Feiertagen von 0 bis 24 Uhr nicht beschäftigt werden.

Dieses Verbot gilt nicht für Krankenhäuser und andere Einrichtungen zur Behandlung, Pflege und Betreuung von Personen. Die Beschäftigungsverhältnisse in diesen Bereichen sind im Ausnahmekatalog des § 10 Abs. 1 ArbZG ausdrücklich genannt.

7. Bereitschaftsdienst

Die Einordnung der Zeit, die über die gesetzlich zulässige Arbeitszeit hinausgeht (Überarbeit) in Form der Arbeitsbereitschaft, Rufbereitschaft oder des Bereitschaftsdienstes, ist nicht oder nur unzureichend gesetzlich definiert. Rechtsprechung und juristische Literatur beschreiben diese Dienste wie folgt:

- **Arbeitsbereitschaft**
  Dies ist die Zeit wacher Achtsamkeit im Zustand der Entspannung. Es handelt sich um eine Leistung, bei der der Wechsel zwischen vollem Arbeitseinsatz und bloßer Bereitschaft nicht festgelegt ist.[534]
  Arbeitsbereitschaft gehört neben der Vollarbeit zur Arbeitszeit.[535]

- **Rufbereitschaft**
  Dies ist die Verpflichtung eines Arbeitnehmers, sich an einem selbst bestimmten, aber dem Arbeitgeber anzugebenden Ort auf Abruf zur Arbeit bereitzuhalten.[536]
  Rufbereitschaft ist keine Arbeitszeit, sondern Ruhezeit.[537]

- **Bereitschaftsdienst**
  Der Arbeitnehmer hat sich an einer vom Arbeitgeber bestimmten Stelle innerhalb oder außerhalb des Betriebes aufzuhalten, um, sobald es notwendig ist, seine Arbeit aufzunehmen.[538]
  Bereitschaftsdienst ist regelmäßig als Arbeitszeit einzustufen.

---

[534] BAG, NZA 1991, S. 516; Die, Arbeit – Arbeitsbereitschaft, DB 1969, S. 172.

[535] Küttner, Personalhandbuch, Kap. 33, RN 1.

[536] BVerwG, BB 1985, S. 1398.

[537] Dobberahn, Das neue Arbeitszeitrechtsgesetz, RN 48.

[538] BAG, NZA 1990, S. 561; Schaub, Arbeitsrechtshandbuch, § 45, RN 45.

Bis ins Jahr 2004 wurden diese Dienstformen zum Teil noch anders verstanden: Während bei der Arbeitsbereitschaft gemeinhin noch Einigkeit[539] darüber herrschte, diese arbeitszeitrechtlich grundsätzlich der Arbeitszeit zuzuordnen, nutzte man zur Definition der Rufbereitschaft und des Bereitschaftsdienstes u.a. eine Öffnungsklausel im Arbeitszeitgesetz (§§ 5 Abs. 3, 7 Abs. 2 Nr. 1 ArbZG a.F.), die die Tarifvertragsparteien ermächtigte, »die Ruhezeiten bei Bereitschaftsdienst und Rufbereitschaft den Besonderheiten dieser Dienste anzupassen, insbesondere Kürzungen der Ruhezeit infolge von Inanspruchnahmen während dieser Dienste zu anderen Zeiten auszugleichen«.

Daraus folgerten die Rechtsprechung[540] und große Teile der Literatur[541], dass Rufbereitschaft und Bereitschaftsdienste keine Arbeitszeit i.S.d. Arbeitszeitgesetzes seien.

Im Oktober 2000 klagte die spanische Ärztegewerkschaft SIMAP gegen die Gesundheitsverwaltung der Region Valencia, die ihrer Meinung nach den von den Medizinern in den Gesundheitszentren der Verwaltung abgeleisteten Bereitschaftsdienst fälschlicherweise nicht als Arbeitszeit gewertet hatte. Nach Ansicht der Ärztegewerkschaft waren die nationalen Rechtsvorschriften nicht mit den Regelungen der europäischen Arbeitszeitrichtlinie[542] vereinbar. Auf Vorlage eines spanischen Gerichtes entschied der Europäische Gerichtshof am 3. Oktober 2000 (C-303/98)[543] zugunsten der Ärztegewerkschaft, dass der Bereitschaftsdienst in den Gesundheitszentren als Arbeitszeit anzusehen ist.

Diese Entscheidung und ihre Wirkung auf das nationale Arbeitszeitrecht wurden in der unmittelbaren Folgezeit von den deutschen Gerichten unterschiedlich beurteilt:[544] So qualifizierte das Arbeitsgericht Gotha[545] in einem Beschluss vom 3. April 2001 den Bereitschaftsdienst im Leistungsbereich eines DRK-Rettungsdienstes unter direkter Bezugnahme auf die Entscheidung des Europäischen Gerichtshofs als Arbeitszeit. Demgegenüber sah das Arbeitsgericht Lübeck[546] wenige Monate zuvor einen Unterschied zwischen Zeiten mit Arbeitsleistung und Zeiten ohne Arbeitsleistung während eines Bereitschaftsdienstes. Im Vertrag eines Rettungsdienst-Disponenten waren letztere ausdrücklich der Ruhezeit zuge-

---

[539] Dobberahn, Das neue Arbeitszeitrechtsgesetz, RN 46; Roggendorf, Arbeitszeitgesetz, S. 43.

[540] BAG, NZA 2001, S. 451 (allerdings für den vergütungsrechtlichen Aspekt des Bereitschaftsdienstes); Hess. VGH, NZA 1985, S. 782; BVerwG, BB 1988, S. 1046.

[541] So: Zmarzlik/Anzinger, ArbZG, § 2, RN 14; Schaub, Arbeitsrechtshandbuch, § 45, VI 3.

[542] Zum Zeitpunkt der EuGH-Entscheidung Richtlinie 93/104/EG, jetzt Richtlinie 2003/88/EG.

[543] EuGH, Arztrecht 2000, S. 335.

[544] Vgl. Großkopf/Schanz, Mal hü, mal hott, Altenpflege 01/2003, S. 52 ff.

[545] ArbG Gotha, Arztrecht 2001, S. 151.

[546] ArbG Lübeck, Pflegerecht 2001, S. 284.

ordnet, weshalb nach Ansicht der Lübecker Richter auch kein Verstoß gegen die europäische Arbeitszeitrichtlinie vorlag und die Klage abzuweisen war.

Mit Urteil vom 8. November 2001 fällte das Arbeitsgericht Kiel[547] eine richtungsweisende Entscheidung: In dem Verfahren stritt ein Assistenzarzt um die arbeitszeitrechtliche Einordnung des von ihm abzuleistenden Bereitschaftsdienstes. Mit Verweis auf die SIMAP-Entscheidung werteten die Kieler Richter den Bereitschaftsdienst als Arbeitszeit i.S.d. Arbeitszeitgesetzes. In dem folgenden Berufungsverfahren vor dem zuständigen LAG Schleswig-Holstein[548] wurde die Sache dem EuGH zur letztendlichen Auslegung der Richtlinie vorgelegt. Dessen Richter kamen in ihrem Urteil vom 9. September 2003 (C-151/02) zu folgendem Schluss: Anders als bei der sog. Rufbereitschaft war der Assistenzarzt verpflichtet, an der Arbeitsstelle dauerhaft präsent zu sein, um so im Bedarfsfall ohne Zeitverlust handeln zu können. Diese Einschränkung in der Wahl des Aufenthaltsortes stellte gleichzeitig auch eine erhebliche Einschränkung in der persönlichen Gestaltung der Zeiten dar, in denen *keine* beruflichen Leistungen vom Arbeitnehmer in Anspruch genommen werden. Diese Verpflichtung ist damit als **Bestandteil seiner Aufgabenwahrnehmung** und damit **vollumfänglich als Arbeitszeit** anzusehen; Bereitschaftsdienst ist somit Arbeitszeit. Das Vorhandensein eines Ruheraumes ändert daran nichts.[549]

Mit dem Gesetz zu Reformen am Arbeitsmarkt vom 24. Dezember 2003 (BGBl. I, S. 3003), in Kraft getreten am 1. Januar 2004, wurde das deutsche Arbeitszeitgesetz hinsichtlich des Bereitschaftsdienstes an die Entscheidungen des EuGH angeglichen. Gleichzeitig waren die Sozialpartner aufgefordert, ihre Tarifverträge und Betriebsvereinbarungen den veränderten Maßgaben binnen einer Übergangsfrist bis Ende 2005 anzupassen.

Auf Initiative des Bundesrates[550] und auf Beschluss des Bundestages[551] wurde diese Frist zwischenzeitlich um ein weiteres Jahr verlängert. Zur Begründung wurde der zu erwartende erhebliche finanzielle und personelle Mehrbedarf angeführt: So ermittelten die Wissenschaftlichen Dienste des Bundestages einen Personalmehrbedarf von 18.700 Ärzten und 10.900 Vollkräften im Funktionsdienst bzw. im medizinisch-technischen Dienst.[552] Dagegen stellte das Bundesarbeitsgericht mit Beschluss vom 24. Januar 2006 (1 ABR 6/05) fest, dass die Grenze der höchstzulässigen Wochenarbeitszeit von 48 Stunden ausnahmslos

---

[547] ArbG Kiel (1 Ca 2113 d/01).

[548] LAG Schleswig-Holstein, Beschluss vom 12. März 2002 (3 Sa 611/01).

[549] EuGH, RDG 2003, S. 5.

[550] BR.-Drucks. 778/05, beschlossen am 25. November 2005.

[651] BT.-Drucks. 16/219, beschlossen am 15. Dezember 2005.

[552] WDB, Nr. 9/06 (8. Februar 2006), S. 2.

auch auf sog. **Alt-Verträge**[553] anzuwenden ist, was auch die Dienstformen des Bereitschafts-dienstes und der Arbeitsbereitschaft einschließt. Dies ergibt sich aus der Bindungswirkung der EU-Richtlinien.

Gemäß Art. 249 Abs. 3 EGV ist die Richtlinie für die Mitgliedstaaten, an die sie gerichtet ist (demnach auch Deutschland), hinsichtlich des zu erreichenden Ziels verbindlich. Wenngleich vom EuGH und der H.M. die unmittelbare Wirkung von Richtlinien zwischen Privaten abgelehnt wird (sog. horizontale Direktwirkung)[554], besteht jedoch Einigkeit darüber, dass die Richtlinien des Rates der EU Wirkung entfalten (sog. vertikale Direktwirkung)[555], wenn es um das Verhältnis des einzelnen EU-Bürgers zu seinem Mitgliedstaat und dessen Organen (z.B. Behörden, Gerichte) geht, sofern folgende Voraussetzungen erfüllt sind:

- Die Richtlinie muss so genau formuliert sein, dass daraus unmittelbar Rechte abge-leitet werden können (Self-executing-Charakter).
- Die zur Zielerreichung in der Richtlinie gestellte Frist muss abgelaufen sein.
- Die Bestimmung muss dem einzelnen Bürger Rechte verleihen.

In Bezug auf die Richtlinie 2003/88/EG sind alle diese Voraussetzungen gegeben – mit anderen Worten: Die Höchstarbeitszeitgrenze von 48 Stunden pro 7-Tages-Zeitraum kann grundsätzlich verbindliche Wirkung auch auf die Arbeitsverhältnisse im bundesdeutschen Gesundheitswesen haben, wenn es sich hierbei um einen öffentlichen Arbeitgeber handelt. Der EuGH hat in ständiger Rechtsprechung den Begriff der »öffentlichen Institution« weit ausgelegt und privatrechtlich organisierte Einrichtungen, an denen die öffentliche Hand beteiligt ist, als öffentliche Institutionen qualifiziert. Daher dürfen ungeachtet der verlängerten Übergangsvorschrift als staatliche Unternehmungen qualifizierte Einrichtungen nicht gegen die in der EU-Richtlinie festgelegte 48-Stunden-Regelung verstoßen.

Allerdings ist die Bundesrepublik Deutschland nicht das einzige durch die Richtlinie 2003/88/EG beschwerte EU-Mitglied; eine Novellierung der Richtlinie, die die bisherigen Erfahrungen bei der Umsetzung berücksichtigen und Unzulänglichkeiten beheben soll, wird bereits seit längerem diskutiert (vgl. S. 345).

---

553 Gemeint sind Tarifverträge und Betriebsvereinbarungen, die bereits vor dem 1. Januar Bestand hatten.

554 Callies/Ruffert, EU-Vertrag und EG-Vertrag; Teil II, Art. 249, RN 78 m.w.N.

555 Seit EuGH–Urteil vom 6. Oktober 1970, Rechtssache 9/70; BVerfGE 75, S. 223.

Der von der Europäischen Kommission am 31. Mai 2005 vorgelegte Änderungsvorschlag[556] definiert dabei erstmals den Begriff »Bereitschaftsdienst« als Zeit, in der der Arbeitnehmer an seinem Arbeitsplatz zur Verfügung stehen muss, um auf Aufforderung des Arbeitgebers seine Tätigkeit ausüben oder seine Aufgaben wahrnehmen zu können. Die Verfasser des Vorschlags haben sich damit offensichtlich der Auffassung des EuGH angenähert. Ganz anders wird jedoch die Anrechenbarkeit der effektiven Dienstzeit durch die Einführung des Begriffs »inaktive Zeit während des Bereitschaftsdienstes« betrachtet, der dem Umstand einer tatsächlichen (Nicht-)Inanspruchnahme wieder eine deutlich größere Bedeutung beimisst.[557] Diese inaktiven Zeiten sind einerseits *keine Ruhezeit*, dürfen andererseits aber auch *nicht grundsätzlich* der Arbeitszeit zugerechnet werden.[558] Den Mitgliedstaaten soll freigestellt werden, ob sie von dieser freizügigeren Einordnung Gebrauch machen oder den gesamten Bereitschaftsdienst wie bislang vollumfänglich als Arbeitszeit einstufen wollen.

⚠ Ohne eine entsprechende Änderung des Arbeitszeitgesetzes – bezogen auf die Nichtinanspruchnahme während des Bereitschaftsdienstes – sind inaktive Zeiten als Arbeitszeit zu bewerten.

Sollten diese Vorschläge in unveränderter Form in eine neue Arbeitszeitrichtlinie einfließen, ist es durchaus möglich, dass der deutsche Gesetzgeber der Argumentation der Europäischen Kommission folgen und die arbeitzeitrechtliche Bewertung der inaktiven Zeiten zukünftig den Sozialpartnern überlassen wird. Inwieweit damit den zuvor genannten Umsetzungsproblemen entgegengearbeitet wird, ist umstritten.[559]

III. Jugendarbeitsschutzrecht

Das Jugendarbeitsschutzgesetz (JArbSchG) regelt den besonderen Arbeitsschutz für Jugendliche und ein Beschäftigungsverbot für Kinder. Das Gesetz enthält eine Fülle von Einzelfallregelungen, die ihrerseits oftmals wieder durch vielschichtige Ausnahmeregelungen gekennzeichnet sind. Diese Darstellung muss sich hier auf einen Überblick beschränken und konzentriert sich dabei im Wesentlichen auf den im Kranken- und Altenpflegeexamen relevanten Stoff.

---

[556] Rat der Europäischen Union, Geänderter Vorschlag für eine Richtlinie ..., Dokument Nr. 9554/05, S. 9.

[557] Vgl. Litschen, Neufassung der EU-Arbeitszeitrichtlinie, Das Krankenhaus 2004, S. 880.

[558] Vgl. mit der Unterteilung des Bereitschaftsdienstes durch das ArbG Lübeck.

[559] Abeln/Repey, Die Revision der EU-Arbeitszeitrichtlinie und der Bereitschaftsdienst der Ärzte, AuR 2005, S. 20 ff.

§ 1 JArbSchG – Geltungsbereich

(1) Dieses Gesetz gilt für die Beschäftigung von Personen, die noch nicht 18 Jahre alt sind,

1. in der Berufsausbildung

2. als Arbeitnehmer oder Heimarbeiter

3. mit sonstigen Dienstleistungen, die der Arbeitsleistung von Arbeitnehmern oder Heimarbeitern ähnlich sind,

4. in einem der Berufsausbildung ähnlichen Ausbildungsverhältnis.

(2) Dieses Gesetz gilt nicht für geringfügige Hilfeleistungen …

 § 2 JArbSchG – Definitionen: Kind, Jugendlicher

(1) Kind im Sinne dieses Gesetzes ist, wer noch nicht 15 Jahre alt ist.

(2) Jugendlicher im Sinne dieses Gesetzes ist, wer 15, aber noch nicht 18 Jahre alt ist.

(3) Auf Jugendliche, die der Vollzeitschulpflicht unterliegen, finden die für Kinder geltenden Vorschriften Anwendung.

1. Verbot der Beschäftigung von Kindern

§ 5 Abs. 1 JArbSchG bestimmt das grundsätzliche **Verbot der Beschäftigung von Kindern**. In § 5 Abs. 2, 6 und 7 JArbSchG werden dann sehr detaillierte und teilweise zeitlich eingeengte Ausnahmeregelungen für Schulpraktika, Arbeit in den Ferien, Arbeiten bei Film oder Theater, für Arbeitstherapie, für Arbeit als Teil einer strafrichterlichen Auflage u.a. aufgeführt.

2. Regelungen für Jugendliche

In den §§ 8–21b JArbSchG finden sich die wesentlichen Regelungen für die Beschäftigung von Jugendlichen differenzierend zwischen 15-, 16- und 17-Jährigen:

- in den §§ 8, 12, 15 JArbSchG die Dauer der maximalen täglichen und wöchentlichen **Arbeitszeiten** (Norm: maximal acht Stunden täglich bzw. 40 Stunden wöchentlich),
- in den §§ 11, 13, 14, 16 JArbSchG: **Pausen**- und Nachtruhe-Regelungen,
- in den §§ 9 und 10 JArbSchG die Freistellung für den Berufsschulunterricht und Prüfungen (diese haben Vorrang vor der Arbeitspflicht und dem Urlaubsanspruch),
- in § 19 JArbSchG der **Erholungsurlaub**, gestaffelt nach Alter.

3. Beschäftigungsverbote und Beschränkungen

In den §§ 22–31 sind besondere Verbote und Gebote für die Beschäftigung von Jugendlichen festgelegt:

- § 22 JArbSchG: Verbot der Beschäftigung bei körperlichen Gefahren (Überanstrengung/Lärm/Nässe) oder sittlichen Gefahren (Arbeit im Nachtlokal)
- § 23 JArbSchG: Verbot der Akkordarbeit
- § 24 JArbSchG: keine Arbeit unter Tage
- § 25 JArbSchG: keine Beschäftigung durch bestimmte Vorbestrafte
- § 31 JArbSchG: Züchtigungsverbot, keine Abgabe von Alkohol und Tabak
- § 28 JArbSchG: Gebot der körpergerechten Eignung und Gestaltung von Einrichtungen und Gerätschaften

4. Ärztliche Untersuchungen

Die §§ 32–46 JArbSchG regeln die ärztlichen Untersuchungen:

- § 32 JArbSchG: Der Jugendliche ist beim Eintritt (bzw. Wechsel) in das Berufsleben verpflichtet, dem Arbeitgeber eine Bescheinigung über die sog. Erstuntersuchung zur Feststellung seiner Eignung zum betreffenden Beruf vorzulegen.

 Die ärztliche Bescheinigung der Erstuntersuchung darf maximal 14 Monate alt sein!

- § 33 JArbSchG: Eine erste **Nachuntersuchung** muss nach einem Jahr zur Bescheinigung der Eignung und zu eventuellen Auswirkungen durch den Beruf vorgelegt werden.
- § 34 JArbSchG: Weitere Nachuntersuchungen erfolgen jährlich freiwillig.
- § 35 JArbSchG: Der Arzt soll im Bedarfsfall außerordentliche Nachuntersuchungen anordnen, wenn
  1. ein Entwicklungsrückstand erkennbar ist,
  2. gesundheitliche Schwächen bzw. Schäden vorhanden sind oder
  3. Auswirkungen der Beschäftigung noch nicht zu übersehen sind.

5. Aufsicht

Die Aufsichtsbehörden haben die Einhaltung der Bestimmungen des JArbSchG zu überwachen. Ihnen stehen dabei Betretungsrechte zu den Betrieben zu (§ 51 JArbSchG). Verstöße gegen die Bestimmungen des JArbSchG sind bußgeld- und strafbewehrt (§§ 58, 59 JArbSchG).

IV. Mutterschutzrecht

1. Allgemeines

Das Mutterschutzgesetz gilt für Frauen in einem Arbeitsverhältnis und für Heimarbeiterinnen (§ 1 MuSchG). Sinn und Zweck dieses Gesetzes ist der Schutz der Schwangeren bzw. der Mutter vor den körperlichen Gefahren am Arbeitsplatz und vor den Gefahren und Befürchtungen um ihren Arbeitsplatz und Lohn.

Das Mutterschutzgesetz gilt auch in Probearbeitsverhältnissen! Bei befristeten Arbeitsverhältnissen (und bei befristeten Probearbeitsverhältnissen) endet mit deren Ablauf auch der Mutterschutz i.S.d. Mutterschutzgesetzes.

Die Schwangere soll dem Arbeitgeber die Schwangerschaft mitteilen (§ 5 Abs. 1 Satz 1 MuSchG), es besteht also keine Meldepflicht! Naturgemäß können aber die Schutzvorschriften ohne eine Kenntnis des Arbeitgebers für die Schwangere nicht angewandt werden. Mit ihrer Mitteilung soll die Schwangere zugleich den mutmaßlichen Entbindungstermin nennen. Der Arbeitgeber kann ein Attest verlangen. Er muss unverzüglich die Aufsichtsbehörde von der Schwangerschaft unterrichten (§ 5 Abs. 1 Satz 3 MuSchG), damit diese ihrer Kontrollfunktion nachkommen kann.

2. Kündigungsschutz (§ 9 MuSchG)

Eine **Kündigung** ist während der gesamten Schwangerschaft und vier Monate darüber hinaus **unzulässig**, wenn dem Arbeitgeber die Schwangerschaft bekannt war oder innerhalb von zwei Wochen nach Zugang der Kündigung mitgeteilt wird. Die Kündigung kann in besonderen Ausnahmefällen jedoch durch die für den Arbeitsschutz zuständige oberste Landesbehörde für zulässig erklärt werden (§ 9 Abs. 3 MuSchG). Als solche Ausnahmefälle können die Insolvenz (Konkurs) des Arbeitgebers oder Betriebsschließungen gelten. In Kleinstbetrieben können wirtschaftliche Gründe ausschlaggebend sein, vor allem können schwere Pflichtverletzungen der Schwangeren bzw. Mutter Ausnahmebewilligungen für Kündigungen bedingen.

⚠ Die zu Unrecht Gekündigte muss den Arbeitgeber zur Rücknahme der Kündigung auffordern, dies hat zwecks Beweissicherung schriftlich zu erfolgen. Es bedarf streng genommen einer beiderseitigen Weiterbeschäftigungsvereinbarung, die man aber in der Annahme der Kündigungsrücknahmeerklärung durch die Schwangere sehen kann – anderenfalls ist die Aufsichtsbehörde einzuschalten und binnen drei Wochen nach Zugang der Kündigung Klage beim Arbeitsgericht auf Feststellung des Fortbestandes des Arbeitsverhältnisses und später auch auf Lohnzahlung zu erheben.

⚠ Neu: Seit dem 1. Januar 2004[560] unterliegen alle arbeitsrechtlichen Kündigungen der dreiwöchigen **Klagefrist** des § 4 KSchG ab Zugang einer schriftlichen Kündigung.

---

[560] Art. 1 des Gesetzes zu Reformen am Arbeitsmarkt vom 24. Dezember 2003, BGBl. I, 2003, S. 3002 ff.

Der Abschluss eines **Aufhebungsvertrages** (in der Regel gegen Abfindungszahlung) ist jederzeit möglich. Es ist aber nochmals warnend darauf hinzuweisen, dass der (freiwillige) Abschluss eines Aufhebungsvertrages gem. § 144 SGB III eine **Sperrzeit** vor dem Bezug von **Arbeitslosengeld** zur Folge hat.

3. Schonende Gestaltung des Arbeitsplatzes

 § 2 Abs. 1 MuSchG (Gestaltung des Arbeitsplatzes)
Wer eine werdende oder stillende Mutter beschäftigt, hat bei der Einrichtung und der Unterhaltung des Arbeitsplatzes einschließlich der Maschinen, Werkzeuge und Geräte und bei der Regelung der Beschäftigung die erforderlichen Vorkehrungen und Maßnahmen zum Schutze von Leben und Gesundheit der werdenden oder stillenden Mutter zu treffen.

- Geräte und Einrichtungen sind entsprechend zu gestalten (§ 2 Abs. 1 MuSchG),
- Sitz- und Liegemöglichkeiten sind bereitzustellen (§ 2 Abs. 2 MuSchG),
- vermehrte Pausen sind zu dulden (§ 2 Abs. 3 MuSchG),
- Gewährung von umfangreichen Stillzeiten (§§ 7 und 6 Abs. 3 MuSchG),
- keine Mehr-, Nacht- und Sonntagsarbeit (§ 8 MuSchG) – jedoch in den ersten vier Schwangerschaftsmonaten mit Sonderregelung u.a. in der Krankenpflege (§ 8 Abs. Abs. 4 MuSchG),
- Freistellungsanspruch für Arztbesuche (§ 16 MuSchG).

4. Beschäftigungsverbote

⚠ Während der Schwangerschaft und nach der Geburt gelten zugunsten der Betroffenen zahlreiche Beschäftigungsverbote:

- (freiwillig verzichtbare) **sechs Wochen vor der Geburt** (§ 3 Abs. 2 MuSchG),
- zwingend für **acht Wochen nach der Geburt** bzw. für zwölf Wochen bei Früh- und Mehrlingsgeburten (§ 6 Abs. 1 MuSchG),
- **jederzeit**, wenn (nach ärztlichem Zeugnis) **Gesundheitsgefahren** für Mutter oder Kind bestehen (§ 3 Abs. 1 MuSchG).

Der Verzicht der Schwangeren auf die Schutzfrist vor der Geburt ist jederzeit widerrufbar (§ 3 Abs. 2 MuSchG am Ende).

Kommt das Kind vor dem vorausberechneten Termin zur Welt, verlängert sich die Frist des § 6 Abs. 1 MuSchG (nach der Geburt) zusätzlich um den Zeitraum der Schutzfrist des § 3 Abs. 2 MuSchG, der nicht in Anspruch genommen werden konnte (§ 6 Abs. 1 Satz 2 MuSchG).[561]

In § 4 Abs. 1–3 MuSchG finden sich **Beschäftigungsverbote** für ganz konkrete körperlich belastende Beschäftigungsformen. Ausnahmen davon sind wiederum in § 4 Abs. 3–5 MuSchG definiert.

 § 4 Abs. 1 – 3 MuSchG (weitere Beschäftigungsverbote)

(1) Werdende Mütter dürfen nicht mit schweren körperlichen Arbeiten und nicht mit Arbeiten beschäftigt werden, bei denen sie schädlichen Einwirkungen von gesundheitsgefährdenden Stoffen oder Strahlen, von Staub, Gasen oder Dämpfen, von Hitze, Kälte oder Nässe, von Erschütterungen oder Lärm ausgesetzt sind.

(2) Werdende Mütter dürfen insbesondere nicht beschäftigt werden

1. mit Arbeiten, bei denen regelmäßig Lasten von mehr als 5 kg Gewicht oder gelegentlich Lasten von mehr als 10 kg Gewicht ohne mechanische Hilfsmittel von Hand gehoben, bewegt oder befördert werden. Sollen größere Lasten mit mechanischen Hilfsmitteln von Hand gehoben, bewegt oder befördert werden, so darf die körperliche Beanspruchung der werdenden Mutter nicht größer sein als bei Arbeiten nach Satz 1,

2. nach Ablauf des fünften Monats der Schwangerschaft mit Arbeiten, bei denen sie ständig stehen müssen, soweit diese Beschäftigung täglich vier Stunden überschreitet,

3. mit Arbeiten, bei denen sie sich häufig erheblich strecken oder beugen oder bei denen sie dauernd hocken oder sich gebückt halten müssen,

4. mit der Bedienung von Geräten und Maschinen aller Art mit hoher Fußbeanspruchung, insbesondere von solchen mit Fußantrieb,

5. mit dem Schälen von Holz,

6. mit Arbeiten, bei denen sie infolge ihrer Schwangerschaft in besonderem Maße der Gefahr, an einer Berufskrankheit zu erkranken, ausgesetzt sind oder bei denen durch das Risiko der Entstehung einer Berufskrankheit eine erhöhte Gefährdung für die werdende Mutter oder eine Gefahr für die Leibesfrucht besteht,

7. nach Ablauf des dritten Monats der Schwangerschaft auf Beförderungsmitteln,

---

[561] § 6 Abs. 1 Satz 2 MuSchG eingeführt durch das Zweite Gesetz zur Änderung des Mutterschutzrechts vom 16.Juni 2002 (BGBl. I, 2002, S. 1812).

8. mit Arbeiten, bei denen sie erhöhten Unfallgefahren, insbesondere der Gefahr auszu-gleiten, zu fallen oder abzustürzen, ausgesetzt sind.
(3) Die Beschäftigung von werdenden Müttern mit
1. Akkordarbeit und sonstigen Arbeiten, bei denen durch ein gesteigertes Arbeitstempo ein höheres Entgelt erzielt werden kann,
2. Fließarbeit mit vorgeschriebenem Arbeitstempo ist verboten. Die Aufsichtsbehörde kann Ausnahmen bewillige ...

5. Mutterschaftsgeld und Zuschüsse

Die §§ 11–14 MuSchG enthalten vielschichtige Regelungen – je nach Sozialversicherungsstatus der Betroffenen –, nach denen während der Beschäftigungsverbote durch die Zahlung von Mutterschaftsgeld und Arbeitgeberzuschüssen (ggf. Zuschüssen des Bundes) das durchschnittliche Gehalt erhalten bleibt.

6. Die Maßnahmen der Mutterschaftshilfe

§ 15 MuSchG (Mutterschaftshilfe)
Frauen, die in der gesetzlichen Krankenversicherung versichert sind, erhalten auch die folgenden Leistungen bei Schwangerschaft und Mutterschaft nach den Vorschriften der Reichsversicherungsordnung oder des Gesetzes über die Krankenversicherung der Landwirte:
1. ärztliche Betreuung und Hebammenhilfe,
2. Versorgung mit Arznei-, Verband- und Heilmitteln,
3. stationäre Entbindung,
4. häusliche Pflege,
5. Haushaltshilfe.

V. Elterngeld und Elternzeit (früher: Erziehungsurlaub)

Das frühere **Bundeserziehungsgeldgesetz** (BErzGG) war zum 1. Januar 2001 grundlegend reformiert worden. Zur Verbesserung der Familienförderung wurde das Gesetz zum 1. Juli 2007 erneut erheblich verändert, insbesondere bezüglich der Höhe der Zahlungsansprüche. Gemäß § 27 BEEG (Bundeselterngeld- und Elternzeitgesetz) hat für Kinder, die vor dem 31. Dezember 2006 geboren sind, hinsichtlich des Elterngeldes das bis zu diesem Datum geltende Recht weiterhin Gültigkeit. In Bezug auf die Elternzeit gilt das neue Recht weitreichend auch für vor dem 1. Januar 2007 geborene Kinder (vgl. im Einzelnen § 27 BEEG).

Die Regeln zur Elternzeit wurden ohnehin nur modifiziert und entsprechen weitreichend dem seit 2001 geltenden Recht.

1. Anspruch auf Elterngeld

 § 1 Abs. 1 BErzGG – Berechtigte[562]
(1) Anspruch auf Elterngeld hat, wer
1. einen Wohnsitz oder seinen gewöhnlichen Aufenthalt in Deutschland hat,
2. mit seinem Kind in einem Haushalt lebt,
3. dieses Kind selbst betreut und erzieht und
4. keine oder keine volle Erwerbstätigkeit ausübt.

Gemäß § 1 Abs. 3 BEEG stehen u.a. angenommene Kinder, Kinder von Ehegatten oder Lebenspartnern den Kindern des Abs. 1 Nr. 2 gleich. Eine Person gilt als nicht voll erwerbsfähig, wenn ihre wöchentliche Arbeitszeit durchschnittlich 30 Wochenstunden nicht übersteigt (zu weiteren Ausnahmen vgl. § 1 Abs. 6 BEEG).

Der Bezug von **Elterngeld** setzt gem. § 7 BEEG einen schriftlichen Antrag voraus. Der Antrag kann dabei auf höchstens drei vergangene Monate zurückwirken (§ 7 Abs. 1 Satz 2 BEEG). Der Anspruch besteht nur während der ersten 14 Lebensmonate des Kindes, bei angenommenen Kindern bis zum 14. Monat ab der Aufnahme des Kindes und längstens bis zur Vollendung des achten Lebensjahres. Es besteht Anspruch auf zwölf Monatsbeträge. Unter weiteren Voraussetzungen des § 4 Abs. 2 und 3 BEEG besteht Anspruch auf weitere zwei Monate Elterngeld.

Das Elterngeld wurde mit der Reform zum 1. Januar 2007 erheblich angehoben. Die Höhe bemisst sich nach den detaillierten Regeln des § 2 BEEG und beträgt grundsätzlich 67 Prozent des Durchschnittseinkommens der letzten zwölf Monate, maximal 1800 Euro. Bei Mehrlingsgeburten erhöht sich das Elterngeld je Kind um 300 Euro (§ 2 Abs. 6 BEEG). Ohne vorausgehendes Einkommen wird ein Eltergeld von 300 Euro gezahlt (§ 2 Abs. 5 BEEG).

Mutterschafts- und Mutterschutzgelder gem. MuSchG werden angerechnet (vgl. § 3 BEEG, §§ 13 und 14 MuSchG). Bei Sozialhilfebezug etc. bleibt das Elterngeld bis insgesamt 300 Euro im Monat unberücksichtigt (vgl. § 10 BEEG). Ebenso werden Unterhaltsverpflichtungen nur um den Betrag erhöht, der monatlich 300 Euro übersteigt (§ 11 BEEG).

---

[562] Leicht vereinfachte Darstellung; vgl. im Einzelnen § 1 BEEG.

Falschangaben oder vernachlässigte Informationspflichten im Verfahren sind gem. § 14 BEEG bußgeldbewehrte **Ordnungswidrigkeiten**.

Die für die Zahlung des Elterngeldes zuständigen Behörden sind von Bundesland zu Bundesland verschieden. Abgesehen von wenigen Ausnahmen sind ungefähr in der Hälfte der Bundesländer die Jugendämter, in der anderen Hälfte die Versorgungsämter zuständig.

⚠ Für Rechtsstreitigkeiten, die den Anspruch auf Zahlung von Elterngeld betreffen, sind die Sozialgericht zuständig (§ 13 BEEG).

2. Anspruch auf Elternzeit (früher: Erziehungsurlaub)

Die Regelungen zur Elternzeit wurden durch die Reform zum 1. Januar 2007 kaum verändert. Die Voraussetzungen für den Anspruch auf Elternzeit statuiert § 15 BEEG. Demnach haben Arbeitnehmerinnen und Arbeitnehmer Anspruch auf Elternzeit, wenn sie mit ihrem Kind, mit einem adoptierten oder Pflegekind in einem Haushalt leben und dieses Kind selbst betreuen und erziehen (vgl. zu den Einzelheiten § 15 BEEG).

Der Anspruch besteht gem. § 15 Abs. 2 BEEG bis zur Vollendung des dritten Lebensjahres des Kindes. Mit Zustimmung des Arbeitgebers können zwölf Monate der Elternzeit auf die Zeit bis zur Vollendung des achten Lebensjahres des Kindes übertragen werden. Bei angenommenen bzw. adoptierten Kindern können die gesamten drei Jahre Elternzeit bis zum achten Lebensjahr des Kindes genommen werden (§ 15 Abs. 2 Satz 5 BEEG). Die Zeit der Mutterschutzfrist gem. § 6 Abs. 1 MuSchG wird auf die Elternzeit angerechnet (§ 15 Abs. 2 Satz 2 BEEG). Die Elternzeit kann – auch anteilig – von jedem Elternteil allein oder von beiden Elternteilen gemeinsam genommen werden (§ 15 Abs. 3 BEEG).

Es dürfen neben der Elternzeit bis zu 30 Wochenstunden gearbeitet werden (§ 15 Abs. 4 Satz 1 BEEG). Teilzeitarbeit bei einem anderen Arbeitgeber oder eine selbständige Tätigkeit bedarf der Zustimmung des Arbeitgebers (§ 15 Abs. 4 Satz 3 BEEG). Unter den detaillierten Vorgaben des § 15 Abs. 5–7 BEEG kann eine Verringerung der Arbeitszeit verlangt werden.

Die Elternzeit (der Erziehungsurlaub) muss spätestens sieben Wochen vor Beginn schriftlich vom Arbeitgeber verlangt werden. Dabei ist sogleich zu erklären, für welchen Zeitraum die Elternzeit genommen wird (§ 16 Abs. 1 Satz 1 BEEG). Die Elternzeit kann dabei auf zwei Zeitabschnitte verteilt werden, mit Zustimmung des Arbeitgebers auch auf mehrere (§ 16 Abs. 1 Satz 5 BEEG). Eine Verlängerung und eine vorzeitige Beendigung[563] der vorgewählten

Elternzeit sind in der Regel nur mit Zustimmung des Arbeitgebers möglich (§ 16 Abs. 3 Satz 1 BEEG). Stirbt das Kind während der Elternzeit, endet diese spätestens drei Wochen nach dem Tod des Kindes (§ 16 Abs. 4 BEEG).

Für jeden vollen Kalendermonat für den vom Arbeitnehmer Elternzeit – ohne Teilzeitarbeit – genommen wird, reduziert sich dessen **Erholungsurlaub** um ein Zwölftel (§ 17 Abs. 1 BEEG).

Gemäß § 18 BEEG besteht ab Beantragung des Erziehungsurlaubs, maximal jedoch acht Wochen vor dessen Beginn und während des Erziehungsurlaubs (besonderer) **Kündigungsschutz**. Wie beim Mutterschutz kann gemäß § 18 Abs. 1 Satz 2 BEEG eine Kündigung in besonderen Fällen ausnahmsweise für zulässig erklärt werden. Zuständig zu dieser Entscheidung ist auch hier die für den Arbeitsschutz zuständige oberste Landesbehörde. Solche Zustimmungen werden in der Regel nur in Fällen von Betriebsstilllegungen oder Existenzgefährdungen erteilt.

Dem Arbeitnehmer kommt aus § 19 BEEG ein Sonderkündigungsrecht zum Ende der Elternzeit zu. Er kann unter Einhaltung einer Kündigungsfrist von drei Monaten kündigen.

---

[563] Die Änderung der Elternzeit ist nur mit Zustimmung des Arbeitgebers möglich; vgl. LAG Baden-Württemberg, RDG 2004, S. 112 f. Die Änderung der Elternzeit ist nur mit Zustimmung des Arbeitgebers möglich; vgl. LAG Baden-Württemberg, RDG 2004, S. 112 f.

H. Die Arbeitsgerichtsbarkeit

Für Streitigkeiten aus dem Arbeitsverhältnis ist die Spezialzuständigkeit der Arbeitsgerichte gegeben. Mit dem Arbeitsgerichtsgesetz (ArbGG) ist auch das Prozessrecht gesondert geregelt.

⚠ In arbeitsgerichtlichen Verfahren besteht die Besonderheit, dass in Streitigkeiten erster Instanz jede Partei ihre eigenen Kosten, insbesondere also die Kosten eines Rechtsanwalts, selbst zu tragen hat (unabhängig vom Ausgang des Verfahrens, also auch bei einem Obsiegen im Prozess).

Hintergrund dieser – für manchen überraschenden – Regelung ist eine Schutzfunktion für den Arbeitnehmer. Dieser soll nicht durch Furcht vor hohen gegnerischen Anwaltskosten bei einer möglichen Prozessniederlage von einer Klage abgehalten werden. Es besteht zudem kein Anwaltszwang, so dass sich der Arbeitnehmer im Prozess selbst vertreten oder durch sonstige »Nichtanwälte« (z.B. Gewerkschaftsvertreter) vertreten lassen kann.

Teil 5
Sozialrecht

A. Allgemeines

Das Sozialrecht gehört wie das Verwaltungsrecht zum öffentlichen Recht, ist aber ein eigenständiges Rechtsgebiet mit eigener Gerichtsbarkeit (Sozialgerichte), eigener Prozessordnung (Sozialgerichtsgesetz – SGG) und eigenem Verwaltungsverfahrensrecht (10. Sozialgesetzbuch – SGB X). Viele Regelungen des Sozialrechts stehen thematisch in einem engen Zusammenhang mit denen des Arbeitsrechts.

Bei der Rechtsanwendung bedarf es aber wegen der unterschiedlichen behördlichen und gerichtlichen Zuständigkeiten sorgfältiger Abgrenzung. Der gleiche Lebenssachverhalt kann dabei in beiden Rechtsbereichen höchst unterschiedliche Wirkungen entfalten. So kann es sich arbeitsrechtlich sowohl für den Arbeitgeber wie für den Arbeitnehmer als vorteilhaft erweisen, ein Arbeitsverhältnis einvernehmlich, aber u.U. mit hoher Abfindung zu beenden. Die Rechtmäßigkeit des Aufhebungsvertrages bemisst sich dann an den **arbeitsrechtlichen** Regelungen (z.B. § 623 BGB). Hinsichtlich **sozialversicherungsrechtlicher** Bestimmungen kann es sich allerdings in einem solchen Fall als problematisch erweisen, wenn die einvernehmliche Aufhebung des Arbeitsverhältnisses eine Sperrfrist beim Arbeitslosengeld auslöst (§ 144 SGB III) bzw. eine Ruhensfrist (§ 143a SGB III) wegen einer eventuell zu hohen Abfindungszahlung – wobei sich die Sozialverwaltung (hier die Arbeitsagentur) bei der zulässigen Höhe einer Abfindung wiederum an arbeitsrechtlichen Normen orientiert (§§ 1a und 10 KSchG).

Grundsätzlich regelt das Arbeitsrecht die privatrechtlichen Beziehungen zwischen Arbeitgeber und Arbeitnehmer. Das **Sozialrecht** dient der Erfüllung sozialpolitischer Aufgaben der Daseinsvorsorge mit dem Instrumentarium des öffentlichen Rechts, meist durch staatliche Transferleistungen (Unterstützungszahlungen). Die früher in den unterschiedlichsten Einzelgesetzen geregelten Aspekte des Sozialrechts wurden in den vergangenen Jahren nach und nach in den einzelnen Büchern des Sozialgesetzbuchs (SGB) zusammengefasst (z.B. Arbeitsförderungsgesetz = SGB III, Reichsversicherungsordnung = SGB VI, Schwerbehindertengesetz = SGB IX, Bundessozialhilfegesetz = SGB XII). Nach wie vor gibt es aber neben den Büchern des SGB eine Fülle von Einzelgesetzen. Es ist jedoch geplant, noch weitere Sozialgesetze bei deren nächsten grundlegenden Reformierung als weitere Bücher in das SGB zu überführen (z.B. das BAföG oder das Wohngeldgesetz).

Im Sozialgesetzbuch Teil 1 (= SGB I – Allgemeiner Teil) finden sich die Vorschriften, die für alle Teilbereiche des Sozialrechts übergreifend gelten, z.B. die Rechte auf Beratung und Auskunft für jedermann durch die verschiedenen Sozialleistungsträger (§§ 14, 15 SGB I) oder die Verpflichtung der Leistungsempfänger/Antragsteller zur Erteilung von Auskünften (§ 60 SGB I). Das SGB IV regelt ebenfalls gemeinsame Vorschriften, hier speziell für den Bereich der Sozialversicherung (für SGB III–VII).

Das Sozialgesetzbuch Teil 10 (SGB X – Verwaltungsverfahren) enthält die Regelungen des für sämtliche Bereiche des Sozialrechts geltenden Verfahrensrechts. Es ist eine Spezialregelung verglichen mit den allgemeinen Verwaltungsverfahrensgesetzen (VwVfG) der Länder und des Bundes. Geregelt sind hier z.B. die Zuständigkeit (§ 2 SGB X), das Recht auf Akteneinsicht (§ 25 SGB X), das Wesen des Verwaltungsakts (»Leistungsbescheids«) gem. §§ 31 ff. SGB X, die Kostenfreiheit des Verfahrens (§ 64 SGB X) und die Bestimmungen zum Datenschutz (§§ 67 ff. SGB X).

Die wesentlichen Bereiche des materiellen Sozialrechts sind:

- das **Sozialversicherungsrecht**;
  z.B. Kranken-, Rentenversicherung,
- das Recht der **staatlichen Entschädigungsleistungen**,
  z.B. Soldatenversorgung, Impfschädenversorgung (vgl. InfektionsschutzG);
- das **soziale Förderungsrecht**,
  z.B. Arbeitsförderung (SGB III), Ausbildungsförderung (BAföG), Wohngeld (WoGG), Schwerbehindertenrecht (SGB IX, früher SchwbG u.a.), Kinder- und Jugendhilfe (SGB VIII);
- das **Sozialhilferecht** (jetzt SGB XII).

Die zahlreichen Einzelheiten der verschiedenen Sozialgesetze können im Rahmen dieses Lehrbuches nicht sämtlich dargestellt werden. Für vertiefende Informationen muss auf die zu jedem Bereich des Sozialrechts bestehende Spezialliteratur verwiesen werden. Die nachfolgenden Darstellungen konzentrieren sich deshalb darauf, einen Überblick zu geben, der der Orientierung dient und als Wissen in der Pflegeausbildung gefordert wird.

⚠ Bei konkretem Informationsbedarf und vor allem bei dringendem Handlungsbedarf in der Praxis ist darauf hinzuweisen, dass die Sozialleistungsträger (Krankenkassen, Rentenversicherer, Sozialämter etc.) zur **Beratung und Auskunft** an jeden Anfragenden verpflichtet sind (§§ 14, 15 SGB I).

Die Sozialleistungsträger sind zudem zu einer **möglichst schnellen Gewährung der Sozialleistungen** verpflichtet (§ 17 SGB I).

B. Sozialversicherungsrecht

Als Begründer des Sozialversicherungssystems gilt Reichskanzler Otto von Bismarck, der auf Anstoß von Kaiser Wilhelm I. ab dem Jahr 1881 die Sozialgesetze entwickeln ließ. Während in den Jahrhunderten zuvor alte und kranke Menschen über ihren (Groß-)Familienverband abgesichert waren, ergab sich im ausgehenden 19. Jahrhundert im Zuge der damaligen rasanten industriellen Entwicklung angesichts der »Flucht« von Einzelpersonen als Arbeiter in die Städte und Industriezentren das Problem, dass diesen, nun mehr oder weniger auf sich allein gestellt, jeder Rückhalt im Bereich der sozialen Absicherung fehlte. Im Falle von Krankheit und Arbeitsunfähigkeit oder im Alter waren sie somit zumeist auf Betteln oder staatliche Notversorgung angewiesen. Diesem Missstand der Verelendung in den Industriezentren galt es durch Sozialgesetze zu begegnen.

Nach und nach entstanden die sog. **fünf Säulen der Sozialversicherung** (angegeben werden das jeweilige Gesetz und dessen Gründungsdatum):

Die fünf Säulen der Sozialversicherung

Die Sozialversicherungen beruhen auf dem Gedanken der sog. Solidargemeinschaft (bzw. dem Generationenvertrag in der Rentenversicherung). Die von den versicherungspflichtigen Arbeitnehmern abzuführenden Beiträge an die Sozialversicherungsträger (z.B. an die Krankenkasse) werden unabhängig von deren Bedürftigkeit (z.B. chronisch krank, schwerstpflegebedürftig) nach ihrer Leistungsfähigkeit festgelegt, und zwar bezogen auf das Einkommen.

Aus dem Solidargedanken folgt, dass die Mitgliedschaft in den Sozialversicherungen gesetzlich vorgeschrieben ist (**Versicherungspflicht**). Wer versicherungspflichtig ist, wird in den jeweiligen Sozialversicherungsgesetzen genau definiert. Es sind im Wesentlichen alle Arbeiter, Angestellten, Auszubildenden (zum Teil ebenfalls Studenten, Rentner, Wehrdienstleistende, im Einzelfall auch Selbständige).

Die Versicherungspflicht entfällt in der Kranken- und Pflegeversicherung für diese Gruppen ab einer bestimmten Einkommenshöhe (**Pflichtversicherungsgrenze**): Keine Versicherungspflicht besteht (bundeseinheitlich) bei einem Jahreseinkommen von über 47.700 Euro (Stand 2007). Personen, die nicht versicherungspflichtig sind, obliegt es in ihrem eigenen Interesse (und im Interesse ihrer Angehörigen), eine Vorsorge durch private Kranken-, Unfall-, Rentenversicherungsverträge etc. zu treffen.

Von der Grenze der Versicherungspflicht zu unterscheiden ist die Höhe der **Beitragsbemessungsgrenze**. Nur bis zu dieser definierten Einkommenshöhe erfolgt der prozentuale Abzug von Sozialversicherungsbeiträgen. Für das Jahr 2007 liegt die Beitragsbemessungsgrenze für die Kranken- und Pflegeversicherung bundeseinheitlich bei einem Bruttojahresarbeitsentgelt von 42.750 Euro, für die Renten- und Arbeitslosenversicherung bei einem *monatlichen* Grenzbetrag von 4250 Euro (West) und 4550 Euro (Ost).

Die **Beiträge** zu den Sozialversicherungen berechnen sich für jede einzelne Sozialversicherungsart nach bestimmten Prozentwerten vom Bruttoeinkommen des Versicherungsmitglieds. Bis zum Jahr 2005 wurden diese prozentualen Abzüge vom Arbeitgeber und vom Arbeitnehmer je zur Hälfte getragen (Arbeitnehmer- und Arbeitgeberanteile zur Sozialversicherung). Eine Ausnahme von der je hälftigen Beitragsleistung bildet schon immer die gesetzliche Unfallversicherung, deren Beiträge (Beitragshöhe je nach Gefahrenklasse der beruflichen Tätigkeit) allein vom Arbeitgeber aufgebracht werden.

Seit 2005 wurden erste Abweichungen von diesem Prinzip der hälftigen Beitragszahlung eingeführt. Durch einseitig den Arbeitnehmern aufgebürdete Sonderbeiträge sollten die Arbeitgeber von weiteren Steigerungen der sog. Lohnnebenkosten verschont werden. Daher wurde für die Arbeitnehmer zum 1. Juli 2005 ein 0,9%-iger Sonderbeitrag in der Krankenversicherung (SGB V) festgelegt. Bereits zum 1. Januar 2005 wurde in der Pflegeversicherung (SGB IX) ein 0,25%-iger Zuschlag für über 23 Jahre alte kinderlose Beitragszahler eingeführt.

Für das Jahr 2007 zeichnet sich auch in der Krankenversicherung eine wesentliche Abkehr von der seit rund 120 Jahren geltenden hälftigen Teilung der Sozialversicherungsbeiträge ab. Die Änderungen sollen ab April 2007 beginnen und ab 2009 mit Einführung des sog. **Fondsmodells** abgeschlossen werden.

Neben dem schon heute geltenden Sonderzuschlag für Arbeitnehmer von 0,9 % sollen nach derzeitigem Stand (November 2006) mit der sog. Bürgerversicherung („Kopfpauschalen") Arbeitgeber und Arbeitnehmer – einkommensunabhängig – einen feststehenden Betrag (im

Raum stehen 119 Euro) an die Krankenkassen abführen. Neben diesen Pauschaleinzahlungen der Arbeitgeber und Arbeitnehmer sollen erhebliche Mittel aus Steuergeldern an die Krankenkassen fliesen. Gelder für mitversicherte Kinder sollen künftig ausschließlich aus Steuermitteln aufgebracht werden. Reichen einer Kasse diese gleichmäßig verteilten Mittel dann nicht zur Finanzierung ihrer Leistungen, soll diese Sonderbeiträge (nur) von ihren Versicherten, aber nicht vom Arbeitgeber einziehen können (im Raum stehen maximal 8 Euro). Angesichts der Möglichkeit der Versicherten, zu einer »billigeren« Kasse zu wechseln, wird hier ein wirtschaftlicher Druck zur Sparsamkeit auf jede Krankenversicherung erzeugt.

Raum für eigene Notizen zur Gesundheitsreform/Bürgerversicherung

I. Die Krankenversicherung (SGB V) – Stand 2006

Die **Träger der Krankenversicherung** sind die Allgemeinen Ortskrankenkassen, die Betriebs- und Innungskrankenkassen sowie die Knappschafts-, See- und Landwirtschaftlichen Krankenkassen und die sog. Ersatzkassen (Barmer, DAK etc.). Die frühere Pflichtzuweisung einzelner Berufsgruppen zu einer ganz bestimmten Krankenkasse ist aufgehoben; es besteht nunmehr Wahlfreiheit. Nach einer Kündigung kann jeder Versicherte zu einer anderen Krankenkasse seiner Wahl wechseln.

Die Beiträge zur Krankenversicherung sind je nach Krankenkasse recht unterschiedlich. Allgemein liegen sie bei ca. 13,4 % des Bruttoeinkommens (je hälftig zu tragen vom Arbeitnehmer und vom Arbeitgeber; siehe S. 368).

Die **Leistungen der Krankenversicherung** sind unter anderem:

- Vorsorgemaßnahmen (Krebsfrüherkennung),
- Krankenbehandlung (Arzt, Zahnarzt, Krankenhaus, Arzneien, Haushaltshilfen),
- Krankengeld (nach der Entgeltfortzahlung durch Arbeitgeber),
- Rehabilitations-/Anschlussheilbehandlungen,
- Schwangeren- und Mutterschaftshilfen, Mutterschaftsgeld.

Diese Leistungen werden im Rahmen der **Familienversicherung** unter bestimmten Voraussetzungen – und ohne zusätzliche Beiträge – auch den Familienangehörigen des Versicherten gewährt. Ist aber ein Elterteil privat, das andere hingegen gesetzlich krankenversichert, werden die Kinder nicht beitragsfrei in die gesetzliche Krankenkasse aufgenommen, sondern müssen entweder dort freiwillig oder in einer privaten Krankenversicherung abgesichert werden. Ohne einen solchen Versicherungsvertrag bliebe das Kind unversichert für den Krankheitsfall![564]

II. Die Unfallversicherung (SGB VII)

Die **Träger der Unfallversicherung** sind im Wesentlichen die **Berufsgenossenschaften** (gegliedert nach Berufszweigen) und die Eigenunfallversicherungen von Bund, Ländern

---

[564] In Deutschland soll es tausende Fälle von fehlender Krankenversicherung geben. Diesem Missstand möchte man durch eine erleichterte erneute Mitversicherung von Kindern bzw. dem erleichterten Neueintritt von Erwachsenen in eine Krankenkasse ab 2007 mit der Novellierung des Krankenversicherungsrecht Abhilfe schaffen.

und Kommunen. Die Beiträge zur Unfallversicherung werden vom Arbeitgeber *allein* getragen. Die Beitragssätze staffeln sich für die Arbeitgeber nach Gefahrenklassen der bei ihnen zu leistenden Arbeit.

Die Unfallversicherung tritt ein für Folgen von Unfällen im Beruf oder für sog. Wegeunfälle (auf dem Weg zur oder von der Arbeit).

Die wesentlichen **Leistungen der Unfallversicherung** (nur nach Unfällen im Berufs- bzw. Schulbereich) sind unter anderem:

- die Heilbehandlung nach dem Unfallereignis,
- Rehabilitations- und Umschulungsmaßnahmen,
- Berufs- und Erwerbsunfähigkeits- oder Hinterbliebenenrenten.

III. Die Rentenversicherung (SGB VI)

Träger der Rentenversicherung ist im Wesentlichen »Die Deutsche Rentenversicherung«, in der zum 1. Oktober 2005 die Bundesversicherungsanstalt für Angestellte (BfA) und die Landesversicherungsanstalten für Arbeiter (LVAs) zusammengefasst wurden. Es existieren daneben noch weitere kleinere Leistungsträger. Die Beiträge zur Rentenversicherung betragen 2007 (zusammen) 19,9 %.

Die wesentlichen **Leistungen der Rentenversicherung** sind unter anderen:

- Alters- und Hinterbliebenenrenten,
- Berufs- und Erwerbsunfähigkeitsrenten,
- Rehabiltations- (**Kuren**) und Umschulungsmaßnahmen.

IV. Die Arbeitslosenversicherung (u.a. SGB III)

Träger ist die **Bundesagentur für Arbeit** mit ihren Untergliederungen in Landesagenturen und örtliche Arbeitsagenturen.

Die Beiträge lagen bis 2006 über viele Jahre hinweg konstant bei (zusammen) 6,5 %. Für 2007 ist eine Absenkung auf 4,2 % geplant.

Die wesentlichen **Leistungen der Arbeitslosenversicherung** sind unter anderem:

- Berufsberatung und **Arbeitsvermittlung**,
- Arbeitsbeschaffungsmaßnahmen, Schlechtwettergeld,
- **Arbeitslosengeld**, Arbeitslosenhilfe, Konkursausfallgeld,
- Umschulungs- und Fortbildungsmaßnahmen.

V. Die Pflegeversicherung (SGB XI)

Die **Pflegeversicherung** ist die jüngste Sozialversicherung. Sie wurde 1994 und 1995 in zwei Stufen, zuletzt für die häusliche Pflege, eingeführt. Zuvor konnten viele Pflegebedürftige die hohen Kosten – insbesondere von Heimpflege – nur noch über die Sozialhilfe finanzieren. Es galt einerseits das weitere Anwachsen von Altersarmut durch **Heimkosten** zu begrenzen und andererseits die häusliche Pflege durch die Gewährung von **Pflegegeld** zu stärken.

Die Träger der Pflegeversicherung sind die **Pflegekassen**, die den Krankenkassen angegliedert wurden. Wegen des hohen Verwaltungsaufwandes, der aus der Aufteilung der Zuständigkeit für die Übernahme von Behandlungskosten etc. teils auf die Pflegeversicherung, teils auf die Krankenversicherung resultierte, bestehen seit 2006 Überlegungen, die Pflegeversicherung als eigenständige Versicherung wieder abzuschaffen und die Verwaltung und die Leistungen der Pflegeversicherungen vollständig unter dem Dach der Krankenversicherungen einzugliedern.

Die Beiträge zur Pflegeversicherung müssen von Selbständigen, Schülern und Studenten allein, ansonsten hälftig (Satz: 1,7 %, Stand 2006) getragen werden. Kinderlose (über 23 Jahre) zahlen darüber hinaus einen zusätzlichen Beitragszuschlag von 0,25 %.

Von den vielfältigen **Leistungen der Pflegeversicherung** seien hier erwähnt:

- Pflegemittel, technische Hilfsmittel (Rollstühle) und Zuschüsse zu Umbauten,
- **Geld- oder Sachleistungen** für die Pflegeleistung selbst,
- **stationäre Pflege**.

Die reine **Geldleistung** wird (monatlich im Voraus) gewährt, wenn der Betroffene seine Pflege selbst – ohne professionelle Hilfsdienste – regelt. Unter **Sachleistungen** ist hier die Zahlung von Leistungen an ambulante Pflegedienste zu verstehen, die der Betroffene zur Sicherstellung seiner **häuslichen Pflege** beauftragt hat und die selbst mit der Pflegekasse abrechnen. Die Leistungen zur **stationären Pflege** erfolgen bei Heimunterbringung.

Die Höhe der Geld- und Sachleistungen sowie die Höhe der Zahlungen bei stationärer Pflege werden maßgeblich durch die Einstufung des Betroffenen in eine von drei Pflegestufen bestimmt. Die Einstufung erfolgt durch die Pflegekasse nach den Ermittlungen des Medizinischen Dienstes (der frühere Vertrauensarzt) der Krankenkasse.

Übersicht zu den **Leistungen der Pflegeversicherung**:

Pflegestufe	I	II	III
Geldleistung	205,– Euro	410,– Euro	665,– Euro
Sachleistung	384,– Euro	921,– Euro	1.432,– Euro
Vollstationäre Pflege	1.023,– Euro	1.279,– Euro	1.432,– Euro, in Härtefällen bis zu 1.688,– Euro

Statt der Geld- oder Sachleistung kann auch die sog. **Kombinationsleistung** beantragt werden. Nach § 38 SGB XI ist es möglich, den Bezug von Sach- und Geldleistungen aus der Pflegeversicherung zu kombinieren. Man kann das Aufteilungsverhältnis dabei selbst bestimmen und z.B. 75 % Sachleistung mit 25 % Geldleistung beantragen. Damit könnten bei Pflegestufe II bis zu (75 % von 921 Euro =) 690,76 Euro an Pflegeleistungen eines

Pflegedienstes finanziert werden. Daneben würden (25 % von 410 Euro =) 102,50 Euro an Geldleistung zur Auszahlung kommen. Sofern vom Pflegedienst mehr Leistungen als für 690,76 Euro im Monat erbracht werden, muss der Fehlbetrag durch den Versicherten selbst getragen werden. Werden weniger Leistungen als für 690,76 Euro abverlangt, verfällt der nicht verbrauchte Sachleistungsanspruch ersatzlos. An die gewählte Aufteilung ist man für sechs Monate gebunden (§ 38 Satz 3 SGB XI).

Die meisten Pflegekassen gewähren (an der eigentlich starren Festlegung des § 38 Satz 3 SGB XI vorbei) je nach Bedarf aber auch eine flexible Aufteilung zwischen Geld- und Sachleistung. Das Verhältnis zwischen Sach- und Geldleistungen bestimmt sich dann Monat für Monat neu durch das Maß der tatsächlich abverlangten Sachleistungen der Pflegedienste. Die Pflegekassen warten dazu die Rechnung des Pflegedienstes für deren Leistungen im Vormonat ab, bestimmen aus der Rechnung den Prozentanteil des Verbrauchs an Sachleistungen und zahlen dann im Wert des nicht verbrauchten Prozentanteils neben der Sachleistung noch ein Pflegegeld an den Versicherten aus.

Beispiel:

Es wurde Kombinationspflege bei Pflegestufe II beantragt und die Pflegekasse ist bereit, flexibel abzurechnen. Die Abrechnung des Pflegedienstes ergab für den vergangenen Monat Kosten in Höhe von 614 Euro. Aus dem maximalen *Sach*leistungsbetrag in Höhe von 921 Euro wurden mit 614 Euro 66,67 % verbraucht und 307 Euro, also 33,33 %, nicht in Anspruch genommen. Demnach können aus dem Leistungsbetrag für *Geld*leistungen in Pflegestufe II von maximal 410 Euro noch 33,33 %, also 136,67 Euro, als Geldleistung an den Betroffenen ausgezahlt werden.

Die **Kombinationsleistung wird erst nach einem entsprechenden Antrag** gezahlt. Wenn nur Sachleistung beantragt ist, verfallen nicht ausgeschöpfte Sachleistungsansprüche ersatzlos.

C. Sozialhilferecht

I. Grundsätze

In Art. 20 Abs. 1 GG weist sich die Bundesrepublik Deutschland ausdrücklich als Sozialstaat aus. Die Regelung gilt als sog. Staatsziel, aus der selbst noch keine direkten Ansprüche für den Bürger abgeleitet werden können. Gemäß Art. 1 Abs. 1 GG wird weiterhin die Achtung und der Schutz der Menschenwürde als staatliche Aufgabe herausgestellt. Der Umsetzung dieser Vorgaben des Grundgesetzes dient das Sozialhilferecht. Die Sozialhilfe ist seit 2005 im zwölften Teil des Sozialgesetzbuches[565] geregelt, das das frühere Bundessozialhilfegesetz (BSHG) abgelöst hat.

Sind die Voraussetzungen des SGB XII erfüllt, dann besteht ein **Rechtsanspruch auf Sozialhilfe** (§ 17 Abs. 1 SGB XII).

§ 1 SGB XII – Aufgabe der Sozialhilfe

Aufgabe der Sozialhilfe ist es, den Leistungsberechtigten die Führung eines Lebens zu ermöglichen, das der Würde des Menschen entspricht. Die Leistung soll sie so weit wie möglich befähigen, unabhängig von ihr zu leben; darauf haben auch die Leistungsberechtigten nach ihren Kräften hinzuarbeiten. Zur Erreichung dieser Ziele haben die Leistungsberechtigten und die Träger der Sozialhilfe im Rahmen ihrer Rechte und Pflichten zusammenzuwirken.

II. Allgemeine Vorschriften

Anders als bei sonstigen staatlichen Leistungen ist der **Anspruch auf Sozialhilfe** nicht erst ab der Antragstellung gegeben. Mit Ausnahme der Leistungen zur Grundsicherung im Alter und bei Erwerbsminderung (§§ 41 ff. SGB XII) besteht Anspruch auf Sozialhilfe, sobald dem Leistungsträger die Leistungsvoraussetzungen bekannt werden (§ 18 SGB XII).

---

565 Eingeführt durch das Gesetz zur Einordnung des Sozialhilferechts in das Sozialgesetzbuch vom 27. Dezember 2003 (BGBl. I, S. 3022), in Kraft seit dem 1. Januar 2005.

Gemäß § 2 SGB XII gilt der **Grundsatz der Nachrangigkeit der Sozialhilfe**. Sozialhilfe erhält demnach nicht,

- wer sich selbst helfen kann (durch Arbeitseinkommen, Vermögenseinsatz),
- wer die erforderliche Hilfe von anderen, insbesondere von Angehörigen, oder
- von Trägern anderer Sozialleistungen erhält.

Welche Einkünfte als **Einkommen** gerechnet werden und welches Einkommen eventuell nicht angerechnet wird, bestimmt sich nach den §§ 82 ff. und 85 ff. SGB XII.

Grundsätzlich muss zunächst alles verwertbare **Vermögen** zum eigenen Lebensunterhalt eingesetzt werden (§ 90 Abs. 1 SGB XII). Ausgenommen vom Gebot des Verbrauchs des eigenen Vermögens sind das sog. **Schonvermögen**, ein kleiner Barbetrag gem. §§ 90 Abs. 2, 92 SGB XII, und das sog. kleine Hausgrundstück (§ 90 Abs. 2 Nr. 8 SGB XII). Die Schonbeträge vom Ersparten (§ 90 Abs. 2 Nr. 9 SGB XII) sind in der Verordnung zur Durchführung des § 90 Abs. 2 Nr. 9 des SGB XII festgehalten (mindestens 1600 Euro, für über 60-Jährige oder voll Erwerbsgeminderte sind es 2600 Euro).

Personen, die in **eheähnlicher Gemeinschaft** (vgl. § 20 SGB XII) oder in einer **Haushaltsgemeinschaft** (früher: Wohn- und Wirtschaftsgemeinschaft, § 36 SGB XII) leben, müssen sich sozialhilferechtlich weitestgehend wie Ehegatten behandeln lassen. Für Erwerbsgeminderte, Auszubildende, Ausländer und Auslandsdeutsche sind die Sonderregeln der §§ 21–24 SGB XII zu beachten.

Sozialhilfe kann **eingeschränkt** werden, wenn Leistungen erschlichen wurden oder der Hilfeempfänger trotz Belehrung ein unwirtschaftliches Verhalten fortsetzt (§ 26 SGB XII).

Wird Sozialhilfe geleistet, können Ansprüche des Leistungsempfängers gegen Dritte durch schriftliche **Überleitungsanzeige** auf den Sozialhilfeträger übergeleitet werden (§ 93 SGB XII). Bürgerlich-rechtliche **Unterhaltsansprüche** des Leistungsempfängers gegen Eltern oder Kinder gehen unmittelbar auf den Sozialhilfeträger über (§ 94 SGB XII).

Träger der Sozialhilfe (vgl. § 3 SGB XII) sind in der Regel die (Land-)Kreise und die kreisfreien Städte (teilweise auch größere kreisangehörige Städte und Gemeinden).

III. Die Bereiche der Sozialhilfe

 § 8 SGB XII – Leistungen der Sozialhilfe

Die Sozialhilfe umfasst:

1. Hilfe zum Lebensunterhalt (§§ 27 bis 40),

2. Grundsicherung im Alter und bei Erwerbsminderung (§§ 41 bis 46),

3. Hilfen zur Gesundheit (§§ 47 bis 52),

4. Eingliederungshilfe für behinderte Menschen (§§ 53 bis 60),

5. Hilfe zur Pflege (§§ 61 bis 66),

6. Hilfe zur Überwindung besonderer sozialer Schwierigkeiten (§§ 67 bis 69),

7. Hilfe in anderen Lebenslagen (§§ 70 bis 74)

sowie die jeweils gebotene Beratung und Unterstützung.

IV. Hilfe zum Lebensunterhalt

Die **Hilfen zum Lebensunterhalt** sind in den §§ 27 ff. SGB XII geregelt. Dazu gehören:

- (laufende) Hilfen zum notwendigen **Lebensunterhalt** (§ 27 SGB XII), insbesondere Ernährung, Unterkunft, Bekleidung, Körperpflege, Hausrat, Heizung und Bedürfnisse des täglichen Lebens (einschließlich Teilnahme an kulturellen Veranstaltungen),
- einmalige Leistungen für die Erstausstattung einer Wohnung und bei Schwangerschaft/Geburt sowie für Klassenfahrten (§ 31 SGB XII),
- Beiträge für die Kranken-, Pflege- und Altersabsicherung (§§ 32, 33 SGB XII),
- die Übernahme von Schulden nur in engen Notlagen; ein Ausnahmefall ist insbesondere die Übernahme von Mietrückständen zur Vermeidung von Wohnungslosigkeit (§ 34 Abs. 2 SGB XII).

Die Hilfe zum Lebensunterhalt wird regelmäßig als pauschalierte monatliche Regelsatzzahlung gewährt. Die einzelnen Bundesländer legen hierzu jährlich den Regelbedarf (vgl. § 28 SGB XII) für Hilfeempfänger in **Regelsatzverordnungen** fest. So hat ein Alleinstehender (der Haushaltsvorstand) nach den seit dem 1. Januar 2005 geltenden Regelsätzen in den meisten Bundesländern Anspruch auf einen Eckregelsatz in Höhe von 345 Euro. In einigen Bundesländern sind die Regelsätze jedoch etwas geringer. Weiteren Haushaltsangehörigen stehen 80 %, Kindern unter 14 Jahren 60 % zu. Für über 65-Jährige, Erwerbsgeminderte,

Schwangere, Alleinerziehende und Behinderte kann im Rahmen des § 30 SGB XII Mehrbedarf geltend gemacht werden.

Die heutigen Regelsätze beinhalten anteilig die Gelder für Sonderbedarfe nach altem Recht (Ersatz für Haushaltsgegenstände, Bekleidung etc.). Kann im Einzelfall der Sonderbedarf nicht finanziert werden (weil der Leistungsempfänger keine Rücklagen gebildet hat), kann hierfür ein ergänzendes **Darlehen** gewährt werden. Die Rückzahlung hierfür erfolgt durch Einbehalte in Höhe von 5 % des Eckregelsatzes aus den nachfolgenden Monatsleistungen (§ 37 SGB XII).

Bei nur kurzfristiger Bedürftigkeit können laufende Hilfen zum Lebensunterhalt auch (nur) als Darlehen gewährt werden (§ 38 SGB XII).

V. Eingliederungshilfe für Behinderte

Die Eingliederungshilfe wird in den §§ 53 ff. SGB XII geregelt. Die Eingliederungshilfe soll bereits präventiv wirken (§ 53 Abs. 2 SGB XII) und zur Integration der Behinderten in die Gesellschaft beitragen (§ 53 Abs. 3 SGB XII).

Die regelmäßigen **Leistungen der Eingliederungshilfe** sind (§ 54 SGB XII):

- Hilfen zur Schul-, Berufsschul- und auch Hochschulausbildung,
- Hilfen zur Ausbildung für sonstige angemessene Tätigkeiten,
- Hilfen durch Gewährung von Behindertenbeschäftigung (§ 56 SGB XII),
- Hilfe durch Aufnahme in Behinderteneinrichtungen/Heime (§ 55 SGB XII).

Bei Unterkunft in einer stationären Einrichtung (in der Regel Pflegeheim) wird vom Sozialhilfeträger statt der Regelsatzleistung (nur) ein angemessener **Barbetrag** (Taschengeld) zur freien Verfügung gezahlt. Gemäß § 35 Abs. 2 Satz 2 SGB XII beträgt der Barbetrag (mindestens, aber üblich) 26 % des Eckregelsatzes, also 89,70 Euro. Der frühere Zusatzbarbetrag für Personen, die auch eigenes Geld zur Finanzierung ihres Lebensunterhaltes einbringen können (z.B. Renten), ist mit dem SGB XII nicht übernommen worden.

VI. Hilfe in besonderen Lebenslagen

Die Hilfe in besonderen Lebenslagen wird in § 8 Nr. 3–7 SGB XII aufgelistet (s.o.) und findet Ausdruck in den darauf folgenden Unterabschnitten des SGB XII (ab §§ 47 ff. SGB XII).

Für den Fall, dass Leistungsberechtigte die Aufnahme einer Tätigkeit oder die Teilnahme an einer erforderlichen Vorbereitungsmaßnahme ablehnen, sieht § 39 SGB XII Sanktionen vor. So kann demjenigen, der sich weigert, zumutbare Arbeit zu leisten, der maßgebende Regelsatz bis auf das zum Lebensunterhalt Unerlässliche in Stufen von jeweils 25 % gekürzt werden (§ 39 SGB XII i.V.m. § 26 SGB XII).

D. Die Rechtswege im Sozialrecht

Für Rechtsstreitigkeiten im Bereich des Sozialversicherungsrechts (SGB III–VII, XI und XII) ist das **Sozialgericht** zuständig. Bei Streitigkeiten, die das sonstige Sozialrecht betreffen, gilt der Rechtsweg zum **Verwaltungsgericht**.

Für beide Rechtszweige gelten jeweils ein besonderes Verwaltungsverfahrensrecht und ein besonderes Prozessrecht: Für das Sozialversicherungsrecht gilt als Verfahrensrecht das SGB X und als Prozessrecht das Sozialgerichtsgesetz (SGG); für das sonstige Sozialrecht gelten die Regelungen des allgemeinen Verwaltungsrechts, das Verwaltungsverfahrensgesetz (VwVfG) des Bundes oder die Verwaltungsgesetze der 16 Bundesländer. Für das gerichtliche Verfahren (Prozessrecht) gilt einheitlich die Verwaltungsgerichtsordnung (VwGO).

In beiden Gerichtsbarkeiten gilt der Amtsermittlungsgrundsatz, das heißt, nach einer zulässigen Klageerhebung leitet (ermittelt) das Gericht die Rechtsfindung von sich aus. Das Sozialgerichtsverfahren wie auch das Verfahren gegenüber dem Sozialversicherungsträger sind grundsätzlich kostenfrei.

Teil 6
Betreuungs- und Unterbringungsrecht

A. Betreuungsrecht

Das Betreuungsrecht ist im Arzt- und Pflegehaftungsrecht von elementarer Bedeutung. Denn von Notfallmaßnahmen abgesehen kommt es für die Zulässigkeit von Behandlungsmaß- nahmen im Wesentlichen auf die Einwilligung des Patienten an (siehe oben S. 75 ff.). Fehlt diesem aufgrund geistiger Defizite oder längerer Bewusstlosigkeit die Einsichtsfähigkeit und damit die Einwilligungsfähigkeit betreffend die anstehenden Behandlungsmaßnahmen, ist im Regelfall die Einwilligung eines Vertreters erforderlich. Entgegen landläufiger Meinung und auch weit verbreiteter Praxis steht aber bei volljährigen Patienten weder den Eltern noch den erwachsenen Kindern oder den Ehegatten eine generelle Vertretungsberechtigung zu.

Ein solches Vertretungsrecht für nahe Angehörige sollte erstmals 2003 mit den §§ 1358, 1358a und 1618b des Entwurfs zum 2. Betreuungsrechtsänderungsgesetz[566] in das Familien- recht eingeführt werden. Hiernach wäre zunächst dem Ehegatten und ersatzweise den Kindern oder den Eltern eines Hilfsbedürftigen eine gesetzliche Vertretungsberechtigung zugespro- chen worden. Wegen verbleibender Missbrauchsgefahren und eines zu hohen Kontrollauf- wands hat man diese Regelungen im Gesetzgebungsverfahren jedoch alsbald aufgegeben. Es setzte sich im Bundestag die Meinung durch, dass jeder, der durch den Ehegatten, seine Kinder oder durch andere vertreten werden möchte, dies (weiterhin) über eine Vollmacht gestal- ten soll. Es wurden mit dem 2. Betreuungsrechtsänderungsgesetz zum 1. Juli 2005 dann auch verschiedene Neuregelungen getroffen, die das Erstellen von Vollmachten bzw. Vorsorgevollmachten erleichtern.

Im Behandlungsalltag bedarf es deshalb bei Patienten, die nicht in vollem Besitz ihrer gei- stigen Kräfte sind und daher in medizinische Maßnahmen nicht selbst einwilligen können, eines Bevollmächtigten oder eines Betreuers. Ansonsten sind nur kurzzeitig sind Maßnahmen zulässig, die aufgrund der Notstandsregelungen (§ 34 StGB) gerechtfertigt sind. Es ist sodann unverzüglich der Bevollmächtige hinzuzuziehen bzw. ein Betreuungsverfahren einzuleiten.

⚠ Das Verkennen, dass im Rahmen einer medizinischen Maßnahme eine Betreuung not- wendig ist, einerseits und die massive Überschätzung der Befugnisse von Verwandten und

---

[566] BR.-Drucks. 865/03 = BT.-Drucks. 15/2494.

auch von Betreuern andererseits führen im Behandlungs- und Pflegealltag sehr häufig zu Fehlern, die dann die gesamte Behandlungsmaßnahme – trotz medizinisch richtiger Vorgehensweise – zu einer rechtswidrigen machen und eine strafrechtliche wie zivilrechtliche Haftung nach sich ziehen können.

I. Einführung: Betreuung statt Entmündigung

Zum 1. Januar 1992 trat das Betreuungsrecht in Kraft[567]. Es ist als Teil des Familienrechts mit den §§ 1896–1908i in das BGB und mit den §§ 65 ff. in das FGG eingefügt worden. Das Betreuungsrecht ersetzt dort die früheren Bestimmungen über die Entmündigung und die Gebrechlichkeitspflegschaft für Erwachsene (§§ 1896–1908 BGB a.F.). Die Bestimmungen über die Vormundschaft über Minderjährige (§§ 1773–1895 BGB) sind unverändert geblieben.

△ Seit Inkrafttreten des Betreuungsrechts im Jahre 1992 kann kein Volljähriger mehr entmündigt werden.

Die Entmündigung und auch die Gebrechlichkeitspflegschaft nach altem Recht bedeuteten in der Regel einen einschneidenden Rechtsverlust, den die betroffenen Menschen häufig als unangemessen und diskriminierend empfanden. Erwachsene Menschen, die bis zur Novellierung des Vormundschaftsrechts unter Vormundschaft standen, waren Kindern unter sieben Jahren gleichgestellt, sofern sie gem. § 104 Ziffer 3 BGB (a.F.) geschäftsunfähig waren. Selbst kleinste Rechtsgeschäfte durften sie nicht tätigen. Menschen, die wegen Geistesschwäche, Sucht und Verschwendung unter Vormundschaft gestellt worden waren, waren Minderjährigen über sieben Jahren gleichgestellt. Sie waren somit nicht voll geschäftsfähig und bedurften zur Abgabe einer wirksamen Willenserklärung grundsätzlich der Zustimmung ihres Vormunds.

Wegen dieser einschneidenden Wirkung der früheren Entmündigung behandelten die zuständigen Gerichte die Entmündigungsvorschriften ausgesprochen restriktiv, mit der Folge, dass nur wenigen Entmündigungsanträgen stattgegeben wurde. Der im Grunde nicht verwerfliche Sinn und Zweck der Entmündigung, der Schutz vor selbstschädigenden Rechtsgeschäften, kam letztlich kaum noch zum Tragen. Dies verdeutlicht der Rückgang der Entmündigungszahlen bis einschließlich 1989.

---

567 Gesetz zur Reform des Rechts der Vormundschaft und Pflegschaft für Volljährige vom 12. September 1999, BGBl. I, 1999, S. 2002, novelliert durch das Betreuungsrechtsänderungsgesetz vom 25. Juni 1998, BGBl. I, 1998, S. 1580.

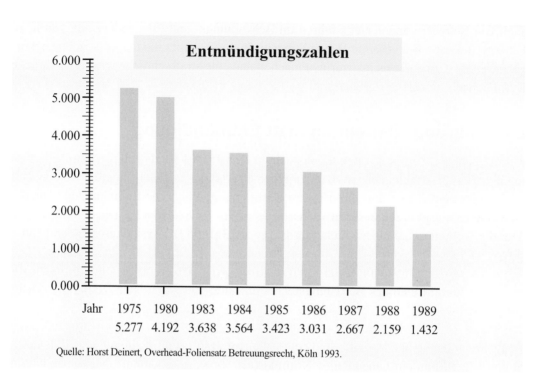

Quelle: Horst Deinert, Overhead-Foliensatz Betreuungsrecht, Köln 1993.

Im Hinblick auf die Achtung der Menschenwürde (Art. 1 GG), auf das Recht zur freien Entfaltung der Persönlichkeit (Art. 2 Abs. 1 GG) und wegen der Rechtsgarantien gegen Zwangsbehandlungen und freiheitsentziehende Maßnahmen (Art. 2 Abs. 2, 104 GG) konnte diese unbefriedigende Rechtslage nicht bestehen bleiben. Dies führte zum heutigen Betreuungsrecht, mit der Absicht, grundgesetzkonforme Hilfen so weit wie möglich, Zwang und Einschränkungen gegen die Betroffenen jedoch nur als absolute Ausnahme und unter strenger Kontrolle des Vormundschaftsgerichtes zuzulassen.

Das »neue« Rechtsinstitut der Betreuung verfolgt diese Zielsetzung, indem zwar notwendige Hilfestellung gewährt wird, gleichzeitig jedoch die Eigenverantwortlichkeit der Betreuten im größtmöglichen Umfang erhalten bleibt. Das Wesen der Betreuung besteht darin, dass lediglich ein gesetzliches Vertretungsrecht entsteht und dies nicht für den gesamten Rechtskreis des Betroffenen gilt, sondern dass das Vertretungsrecht nur für einzelne Lebensbereiche angeordnet wird, in denen der Betroffene einer Hilfe bedarf. In der Grundform der Betreuung (ohne Einwilligungsvorbehalt gem. § 1903 BGB; vgl. S. 391) wird dem Betroffenen der Betreuer lediglich »als Helfer an die Seite gestellt«. Der Betroffene selbst bleibt aber voll geschäfts- und handlungsfähig. Eine einseitig »zwingende« Stellung kommt dem Betreuer daher nicht zu (vgl. unten S. 407).

II. Voraussetzungen zur Anordnung einer Betreuung

1. Geistige Behinderung oder Erkrankung

Eine Betreuung kann nur angeordnet werden, wenn bei der betroffenen Person eine Hilfsbedürftigkeit vorliegt, die auf einer der in § 1896 Abs. 1 BGB genannten Krankheiten oder Behinderungen beruht. Dies bedeutet aber nicht automatisch, dass ein Betreuer bestellt wird: Gemäß § 1996 Abs. 2 BGB ist zusätzlich noch festzustellen, ob die Hilfestellung nicht durch andere Maßnahmen als die Einrichtung einer Betreuung, z.B. durch den Anstoß einer **Bevollmächtigung**, geleistet werden kann.

 § 1896 BGB Abs. 1 – Bestellung eines Betreuers
(1) Kann ein Volljähriger aufgrund einer psychischen Krankheit oder einer körperlichen, geistigen oder seelischen Behinderung seine Angelegenheiten ganz oder teilweise nicht besorgen, so bestellt das Vormundschaftsgericht auf seinen Antrag oder von Amts wegen für ihn einen Betreuer. Den Antrag kann auch ein Geschäftsunfähiger stellen. Soweit der Volljährige aufgrund einer körperlichen Behinderung seine Angelegenheiten nicht besorgen kann, darf der Betreuer nur auf Antrag des Volljährigen bestellt werden, es sei denn, dass dieser seinen Willen nicht kundtun kann.

Voraussetzungen der Betreuung

- **Psychische Krankheiten**
  Hierzu gehören alle körperlich nicht begründbaren seelischen Erkrankungen, ferner seelische Störungen, die körperliche Ursachen haben, beispielsweise infolge von Krankheiten (z.B. einer Hirnhautentzündung) oder von Verletzungen des Gehirns. Auch Abhängigkeitserkrankungen (Sucht) können bei entsprechendem Schweregrad psychische Krankheiten sein. Dasselbe gilt schließlich für Neurosen oder Persönlichkeitsstörungen (»Psychopathien«).

- **Geistige Behinderungen**
  Hierunter fallen die angeborenen und die während der Geburt oder durch frühkindliche Hirnschädigungen erworbenen Intelligenzdefekte verschiedener Schweregrade.

- **Seelische Behinderungen**
  Dies sind bleibende psychische Beeinträchtigungen, die infolge psychischer Erkrankungen entstanden sind. Auch die geistigen Auswirkungen des Altersabbaus werden hierzu gerechnet.

- **Körperliche Behinderungen**
  Auch körperliche Behinderungen können Anlass für die Bestellung eines Betreuers sein, allerdings nur, soweit sie die Fähigkeit zur Besorgung der eigenen Angelegenheiten wenigstens teilweise aufheben oder wesentlich behindern. Dies kann etwa bei dauernder Bewegungsunfähigkeit der Fall sein.

- **Fürsorgebedürfnis**
  Zu der Krankheit oder Behinderung muss ein Fürsorgebedürfnis hinzutreten: Ein Betreuer darf nur bestellt werden, wenn der Betroffene *aufgrund* dieser Krankheit oder Behinderung seine Angelegenheiten ganz oder teilweise nicht zu besorgen vermag.

2. Grundsatz der Erforderlichkeit bei einer Betreuerbestellung

Die Betreuung stellt eine wichtige Hilfe für die Betroffenen dar. Sie kann von ihnen aber auch als Eingriff empfunden werden, vor allem wenn sie mit der Bestellung nicht einverstanden sind. Für alle Bereiche des Betreuungsrechts gilt daher der **Grundsatz der Erforderlichkeit** (§ 1896 Abs. 2 BGB).

§ **§ 1896 Abs. 2 BGB**
(2) Ein Betreuer darf nur für Aufgabenkreise bestellt werden, in denen die Betreuung erforderlich ist. Die Betreuung ist nicht erforderlich, soweit die Angelegenheiten des Volljährigen durch einen Bevollmächtigten, der nicht zu den in § 1897 Abs. 3 bezeichneten Personen gehört, oder durch andere Hilfen, bei denen kein gesetzlicher Vertreter bestellt wird, ebenso gut wie durch einen Betreuer besorgt werden können.

Aufgabenbereiche, die die Betroffenen noch eigenständig erledigen können, dürfen einem Betreuer nicht zur Betreuung übertragen werden. Was die Betreuten noch selbst tun können und wofür sie einen gesetzlichen Vertreter benötigen, wird im gerichtlichen Verfahren durch Sachverständigengutachten und richterliche Entscheidung festgestellt.

Die Prüfung der Erforderlichkeit bezieht sich

- auf das »Ob« einer Betreuerbestellung,
- auf den Umfang der Aufgabenkreise des Betreuers,
- auf die einschränkende Wirkung der Betreuerstellung,
- auf die Dauer der Anordnung.

⚠ Die Betreuung gilt als »Ultima Ratio«, d.h. als letztes Mittel. Es muss also zunächst festgestellt werden, ob nicht andere Hilfsmöglichkeiten bestehen, insbesondere die Unterstützung durch Familienangehörige, Bekannte oder soziale Dienste. Solche Hilfen haben dann Vorrang vor einer Betreuung.

Wenn es lediglich darum geht, dass jemand *rein tatsächliche Angelegenheiten* nicht mehr selbständig besorgen kann (etwa seinen Haushalt nicht mehr führen oder die Wohnung nicht mehr verlassen kann etc.), so rechtfertigt dies in der Regel nicht die Bestellung eines Betreuers. Hier reicht es normalerweise, praktische Hilfen zu organisieren (z.B. zum Sauberhalten der Wohnung durch Vermittlung einer Putzhilfe oder für die Versorgung mit Essen die Bestellung von »Essen auf Rädern«), wofür man aber nicht dauerhaft einen gesetzlichen Vertreter i. S. d. Betreuungsrechts einzusetzen braucht.

Einen Betreuer für Vermögensangelegenheiten braucht auch derjenige nicht, der zwar seine Finanzen nicht mehr selbst regeln kann, aber einem Helfer Vollmacht erteilt hat oder trotz seiner allgemeinen Hilfsbedürftigkeit noch fähig ist, eine andere Person mit der Vermögensverwaltung zu bevollmächtigen. Jeder kann in gesunden Tagen – vorausschauend für den Fall einer eventuell später eintretenden Betreuungsbedürftigkeit – einer Person seines Vertrauens die Wahrnehmung einzelner oder aller Angelegenheiten übertragen (zur Vorsorgevollmacht siehe unten S. 399 ff.). Der so Bevollmächtigte kann dann, wenn die Bedürftigkeit eintritt, für den Betroffenen handeln, ohne dass es weiterer Maßnahmen bedarf. Das Gericht muss bzw. kann (mangels Erforderlichkeit gem. § 1896 Abs. 2 BGB) dann keine Betreuung einrichten.

Denkbar sind schließlich Fälle, in denen zwar eine Bevollmächtigung existiert, diese jedoch entweder fehlerhaft oder nicht umfassend genug ausgestaltet ist. Dann kann und muss eine Betreuung für die nicht abgedeckten Bereiche (gerichtlich) angeordnet werden. Zum Betreuer wird dann typischerweise der Bevollmächtigte bestellt.

3. Aufgabenkreis Kontrollbetreuung

Bei **Bevollmächtigungen** kann allerdings die Situation eintreten, dass der Vollmachtgeber nicht mehr in der Lage ist, die Tätigkeiten des Bevollmächtigten zu überwachen. In diesem Fall kann sich dann als erforderlicher Aufgabenkreis die »Kontrolle des Bevollmächtigten« (**Kontrollbetreuer**, § 1896 Abs. 3 BGB) ergeben.

§ 1896 Abs. 3 BGB

Als Aufgabenkreis kann auch die Geltendmachung von Rechten des Betreuten gegenüber seinem Bevollmächtigten bestimmt werden.

4. Verbot der Zwangsbetreuung

Mit dem 2. Betreuungsrechtsänderungsgesetz wurde durch die Hinzufügung des Abs. 1a im § 1896 BGB zum 1. Juli 2005 eine weitere Hürde für die Anordnung einer Betreuung ins Gesetz aufgenommen:

§ 1896 Abs. 1a BGB

Gegen den freien Willen des Volljährigen darf ein Betreuer nicht bestellt werden.

Der Wandel vom Vormundschafts- zum Betreuungsrecht hatte seinen wesentlichen Grund in der Stärkung des Selbstbestimmungsrechts der Betroffenen. Das Selbstbestimmungsrecht eines jeden Menschen basiert auf Art. 2 Abs. 1 GG und wirkt als Grundrecht unmittelbar. Schon daraus leitet sich das Verbot der **Zwangsbetreuung** ab. Die neue Vorschrift des Abs. 1a im § 1896 BGB nimmt deshalb lediglich einen Grundsatz in das Betreuungsrecht auf, der sich eigentlich bereits aus dem Grundgesetz ergibt und zuvor auch schon mehrfach von der Rechtsprechung[568] in Betreuungssachen herausgestellt worden war. Die gesetzliche Festschreibung ist ein mahnender »Fingerzeig« des Gesetzgebers an die Richterschaft, das Hilfsbedürfnis eines Betroffenen nicht über dessen freien Willen zu stellen. Schätzungen zufolge sind zwar mindestens 10 % aller Betreuungen medizinisch und praktisch (§ 1896 Abs. 1 und 2 BGB) angezeigt, laufen aber als Zwangsbetreuung den Grundrechten der Betroffenen zuwider.

---

[568] Vgl. jeweils: BayObLG, FamRZ 1996, S. 898; BayObLG, FamRZ 1997, S. 902; BayObLG, FamRZ 1998, S. 454; BayObLG, FamRZ 2002, S. 703. Weitergehende Hinweise auch bei Palandt, Bürgerliches Gesetzbuch, Einführung von § 1896, RN 11 f.

Ein »**freier Wille**« im Sinne des Art. 2 Abs. 1 GG und des § 1896 Abs. 1a BGB stellt von den intellektuellen Anforderungen her eine Steigerung zum sog. **natürlichen Willen** dar. Von Letzterem spricht man, wenn eine Äußerung zwar zielgerichtet erfolgt, aber es dem Erklärenden entweder an **Einsichtsfähigkeit** fehlt oder an der Fähigkeit, nach einer gewonnenen Einsicht zu handeln.[569] Ein »freier Wille« setzt voraus, dass der Betroffene bei seiner Entscheidung zu einer sachbezogenen Abwägung des Für und Wider der in Betracht kommenden Gesichtspunkte fähig ist bzw. dass eine Entscheidung nicht infolge geistiger Störung durch Einflüsse Dritter übermäßig beeinflusst wurde.

Bei einem Betroffenen darf – trotz Vorliegens einer geistigen Behinderung, psychischen Erkrankung etc. i.S.d. § 1896 Abs. 1 BGB und obwohl sich die Betreuung sachlich als erforderlich i.S.d. § 1896 Abs. 2 BGB erweist – dennoch keine Betreuung angeordnet werden, wenn er die Betreuung ablehnt und dabei noch fähig ist, den Sinn und das Wesen einer Betreuung zu erfassen sowie die Vor- und Nachteile, die ihm mit und ohne Betreuung erwachsen, gegeneinander abzuwägen.

5. Die Aufgabenkreise des Betreuers

Aus dem Grundsatz der Erforderlichkeit folgt, dass die Aufgabenkreise für eine Betreuung nicht schematisch festgelegt sein können, sondern ganz individuell bestimmt werden müssen. Die Grundlage für die Festlegung der Aufgabenkreise des Betreuers stellen dabei in erster Linie die Aussagen des im gerichtlichen Verfahren vorgeschriebenen Sachverständigengutachtens dar (§ 68b FGG).

Angesichts der Vielzahl der Betreuungsverfahren haben sich in der Praxis typische Lebensbereiche herauskristallisiert, die immer wieder in den Betreuungsanordnungen vorzufinden sind, nämlich gewisse »Standard-Aufgabenkreise«:

- Gesundheitsvorsorge
- Regelungen der finanziellen- und sonstigen Vermögensangelegenheiten
- Wohnungsangelegenheiten
- Aufenthaltsbestimmungsrecht

---

569 Sehr instruktiv dazu die Gesetzesbegründung zum 2. Betreuungsrechtsänderungsgesetz: BR.-Drucks. 865/03 = BT.-Drucks. 15/2495, jeweils
S. 60–63, ferner die oben zitierte Rechtsprechung des BayOLG.

Des Weiteren sind verschiedene Aufgabenbereiche vom Typus her dadurch vorgezeichnet, dass sie im Betreuungsrecht an diversen Stellen genannt werden, da sie mit besonderen Einschränkungen versehen sind (vgl. die Beispiele auf S. 386 f.).

Bei besonders hilfsbedürftigen Menschen kann sich die Notwendigkeit ergeben, die Betreuungsanordnung auf »alle Angelegenheiten des täglichen Lebens« auszudehnen. Diese umfassende Anordnung muss aber wegen des einschränkenden Grundsatzes der Erforderlichkeit eine Ausnahme darstellen. In nicht unbedenklicher Weise hat die Flut von Verfahren, mit denen die Vormundschaftsgerichte zu kämpfen haben, jedoch dazu geführt, dass Gerichte von dieser Form der Anordnung nicht selten Gebrauch machen. Wie im Weiteren dargestellt wird, ist allerdings zu beachten, dass die Befugnis zur »**Postkontrolle**« nur dann besteht, wenn diese gesondert angeordnet wurde (§ 1896 Abs. 4 BGB).

III. Rechtliche Auswirkungen der Betreuung

1. Grundsatz der Geschäftsfähigkeit des Betreuten

⚠️ Der Betreuer tritt im Normalfall der Betreuung nur *helfend* neben den Betreuten mit der Befugnis, diesen in bestimmten Lebensbereichen rechtlich zu vertreten.

§ **§ 1902 BGB – Vertretung des Betreuten**

In seinem Aufgabenkreis vertritt der Betreuer den Betreuten gerichtlich und außergerichtlich.

Der Betreuer wird nach § 1902 BGB zu einem gesetzlichen Vertreter des Betreuten in den ihm übertragenen Aufgabenkreisen. Er erlangt damit im Grunde *nur* die vergleichbare Stellung eines Bevollmächtigten, die Rechtsstellung und die eigene Handlungsbefugnis des Betreuten bleiben diesem trotz Betreuerbestellung *voll* erhalten (zur Ausnahme bei Einwilligungsvorbehalt siehe unten S. 391 f.)!

Die Betreuungsanordnung hat keinen Einfluss auf die Geschäftsfähigkeit des Betreuten. Die Frage der (Un-)Wirksamkeit der von ihm abgegebenen Willenserklärungen wird – wie bei jeder anderen Person auch – allein danach beurteilt, ob er deren Wesen, Bedeutung und Tragweite erkennen und sein Handeln danach ausrichten kann. In vielen Betreuungsfällen wird eine solche Einsicht nicht mehr vorhanden sein. Dann ist der Betreute schon »im natürlichen Sinne« – aber eben unabhängig von der Betreuerbestellung – geschäftsunfähig (§ 104 Nr. 2 BGB) (siehe oben S. 192).

 § 104 BGB – Geschäftsunfähigkeit

Geschäftsunfähig ist:
1. wer nicht das siebte Lebensjahr vollendet hat;
2. wer sich in einem die freie Willensbestimmung ausschließenden Zustande krankhafter Störung der Geistestätigkeit befindet, sofern nicht der Zustand seiner Natur nach ein vorübergehender ist.

Mit der verbleibenden Geschäftsfähigkeit des Betreuten können sich Probleme durch sog. konkurrierende Willenserklärungen ergeben, wenn Betreuter und Betreuer mit unterschiedlicher Intention, aber beide grundsätzlich wirksam handeln. Hier gibt es keine Vorrangregelung: Das Problem erfordert gegenseitige Rücksichtnahme und Absprachen untereinander ebenso wie beim Verhältnis eines Bevollmächtigten zum Vollmachtgeber.

2. Der Einwilligungsvorbehalt

Sofern ein Betreuter nicht nur hilfsbedürftig ist, sondern sich mit seinen Willenserklärungen krankheitsbedingt erheblichen Schaden zuzufügen droht, kann seine Geschäftsfähigkeit im Betreuungsverfahren eingeschränkt werden. Dies ist unter den Voraussetzungen des § 1903 BGB durch die Anordnung eines sog. Einwilligungsvorbehalts möglich.

 § 1903 Abs. 1 BGB – Einwilligungsvorbehalt

Soweit dies zur Abwendung einer erheblichen Gefahr für die Person oder das Vermögen des Betreuten erforderlich ist, ordnet das Vormundschaftsgericht an, dass der Betreute zu einer Willenserklärung, die den Aufgabenkreis des Betreuers betrifft, dessen Einwilligung bedarf (Einwilligungsvorbehalt). [...]

Bei den Aufgabenkreisen, für die ein Einwilligungsvorbehalt gem. § 1903 BGB angeordnet ist, kann der Betreute selbst keine wirksamen Willenserklärungen mehr abgeben. Sofern er dennoch eine Willenserklärung abgibt, steht deren rechtliche Wirksamkeit unter dem Vorbehalt, dass der Betreuer in das betreffende Geschäft einwilligt. Wenige Ausnahmen gelten nur für geringfügige Geschäfte, in denen auch Minderjährige wirksame Rechtsgeschäfte – ohne die Zustimmung ihrer Eltern – vornehmen können (vgl. § 1903 Satz 2 BGB mit dem Verweis auf §§ 108–113, 131 Abs. 2 und 206 BGB).

Dabei erstreckt sich ein Einwilligungsvorbehalt nicht auf alle zur Betreuung ausgesprochenen Aufgabenkreise. Das Gericht muss die Anordnung des Einwilligungsvorbehalts auf jenen Teil der Aufgabenkreise beschränken, bei dem eine erhebliche Selbstgefährdung besteht. Dies ergibt sich aus dem Grundsatz der Erforderlichkeit (§ 1896 Abs. 2 BGB). Im Betreuungsbeschluss des Vormundschaftsgerichtes und in der darauf basierenden Bestellungsurkunde bzw. dem Betreuerausweis erfolgt deshalb zum einen die Auflistung der zur Betreuung ausgesprochenen Aufgabenkreise, zum anderen werden jene Aufgabenkreise angeführt, auf die sich der Einwilligungsvorbehalt bezieht. In den nicht vom Einwilligungsvorbehalt betroffenen Aufgabenkreisen bleibt der Betreute voll geschäftsfähig.

Da das Bestehen eines Einwilligungsvorbehalts äußerlich nicht erkennbar ist, kann er für vermeintliche Vertragspartner eine äußerst unliebsame Überraschung darstellen, so beispielsweise, wenn der Vertragspartner des Betreuten im Glauben an einen abgeschlossenen Vertrag seinerseits bereits Verfügungen trifft (z.B. die Ware herausgibt), aber wegen des Einwilligungsvorbehalts und unterbleibender Betreuerzustimmung kein wirksamer Vertrag und damit keine Zahlungspflicht entsteht. Es besteht dann zwar ein Rückabwicklungsanspruch (die Ware ist zurückzugeben), der Vertragspartner muss aber hoffen, dass seine Vorleistung (die Ware) tatsächlich noch rückholbar ist.

⚠ Der Betreute ist in den Aufgabenkreisen, bei denen ein Einwilligungsvorbehalt angeordnet ist, also entrechtet und quasi »entmündigt«, wie dies nach altem Vormundschaftsrecht der Fall war.

Der Einwilligungsvorbehalt rechtfertigt sich nur aus dem Ziel zum Schutz des Betroffenen. Er ist anzuordnen, wenn der Betroffene durch sein Verhalten im Aufgabenkreis sich ansonsten erheblichen Eigenschaden zuzufügen droht.

3. Eheschließung, Testament, Wahlrecht

Der Betreute kann – wenn er nicht nach den allgemeinen Regeln geschäftsunfähig ist – heiraten. Ebenso kann er ein Testament errichten, wenn er noch testierfähig ist, also wenn er in der Lage ist, die Bedeutung seiner Erklärung einzusehen und nach dieser Einsicht zu handeln. Die Betreuerbestellung hat darauf keinerlei Einfluss. Auch das Wahlrecht behält der Betreute; eine Ausnahme sehen die Wahlgesetze nur für den Fall vor, dass die Betreuerbestellung umfassend für alle Lebensangelegenheiten erfolgt ist.

IV. Bedeutsame Aufgabenkreise

Zum Schutz der Betreuten sind die Handlungsmöglichkeiten der Betreuer in vielen Bereichen eingeschränkt bzw. reglementiert. Bestimmte bedeutsame Entscheidungen der Betreuer bedürfen zu ihrer Wirksamkeit der Genehmigung durch das Vormundschaftsgericht.

1. Durchführung von gefährlichen Heileingriffen (§ 1904 BGB)

Eine Einwilligung (§ 228 StGB; vgl. oben S. 76 ff.) in gefährliche ärztliche Eingriffe bedarf der Genehmigung durch das Vormundschaftsgericht (§ 1904 BGB).

 § 1904 Abs. 1 BGB – Ärztliche Maßnahmen

Die Einwilligung des Betreuers in eine Untersuchung des Gesundheitszustandes, eine Heilbehandlung oder einen ärztlichen Eingriff bedarf der Genehmigung des Vormundschaftsgerichts, wenn die begründete Gefahr besteht, dass der Betreute auf Grund der Maßnahme stirbt oder einen schweren und länger dauernden gesundheitlichen Schaden erleidet. Ohne die Genehmigung darf die Maßnahme nur durchgeführt werden, wenn mit dem Aufschub Gefahr verbunden ist.

Eine »**begründete Gefahr**« i.S.d. § 1904 BGB besteht, wenn sich ein Risiko auch bei größtmöglicher ärztlicher Sorgfalt und bei fehlerfreier Durchführung des Eingriffs nicht mit Gewissheit ausschließen lässt.

Die Begriffe »**schwerer Schaden**« und »**länger andauernder gesundheitlicher Schaden**« sind noch nicht durch Urteile präzisiert. Eine Orientierung für ihre Interpretation erfolgt insoweit sinnvollerweise an der Rechtsprechung zu den Fällen der schweren Körperverletzung (§ 226 StGB). Dies umfasst zumindest die Fälle von Glied- und Organverlusten, des Verlustes des Sehvermögens, der Sprache oder der Zeugungsfähigkeit, dauerhafte erhebliche Entstellungen, Verfall in Siechtum, Lähmung oder in Geisteskrankheit.[570]

Eine Ausnahme sind **Eilfälle**: Eine Maßnahme darf ohne Genehmigung des Vormundschaftsgerichtes durchgeführt werden, wenn mit ihrem Aufschub Gefahr (erhebliche Gesundheitsverschlechterung) verbunden wäre (§ 1904 Abs. 1 Satz 2 BGB).

Einwilligungen in ärztliche Maßnahmen durch **Bevollmächtigte** werden ab S. 157 und 424 beschrieben.

---

[570] Vgl. die Ausführungen bei Tröndle/Fischer, Strafgesetzbuch, § 226, RN 2 ff.

2. Einwilligung in eine Sterilisation (§ 1905 BGB)

Die Einwilligung eines Betreuers in eine Sterilisation bedarf der Genehmigung des Vormundschaftsgerichtes (§ 1905 BGB).

 Unverständlich »versteckt« findet sich in § 1899 Abs. 2 BGB die Bestimmung, dass für die Einwilligung in die Sterilisation ein gesonderter Betreuer zu bestellen ist. Gleiches gilt für die Regelung, dass Vereins- oder Behördenbetreuer hierbei ausscheiden (§ 1900 Abs. 5 BGB). Die Aufgabe des Sterilisationsbetreuers ist mit der Einwilligungserklärung erledigt. Die Behütung während des Eingriffs selbst obliegt dann wieder dem »normalen« Betreuer.

Grundvoraussetzung für das Verfahren über die Einsetzung eines Sterilisationsbetreuers ist die anfängliche Feststellung durch das Gericht, dass der/die Betroffene nicht selbst in den Eingriff einwilligen kann (§ 1905 Abs. 1 Satz 1 BGB).

§ **§ 1905 BGB – Sterilisation**

(1) Besteht der ärztliche Eingriff in einer Sterilisation des Betreuten, in die dieser nicht einwilligen kann, so kann der Betreuer nur einwilligen, wenn

1. die Sterilisation dem Willen des Betreuten nicht widerspricht,

2. der Betreute auf Dauer einwilligungsunfähig bleiben wird,

3. anzunehmen ist, dass es ohne die Sterilisation zu einer Schwangerschaft kommen würde,

4. infolge dieser Schwangerschaft eine Gefahr für das Leben oder die Gefahr einer schwerwiegenden Beeinträchtigung des körperlichen oder seelischen Gesundheitszustandes der Schwangeren zu erwarten wäre, die nicht auf zumutbare Weise abgewendet werden könnte, und

5. die Schwangerschaft nicht durch andere zumutbare Mittel verhindert werden kann. Als schwerwiegende Gefahr für den seelischen Gesundheitszustand der Schwangeren gilt auch die Gefahr eines schweren und nachhaltigen Leidens, das ihr drohen würde, weil vormundschaftsgerichtliche Maßnahmen, die mit ihrer Trennung vom Kind verbunden wären (§§ 1666, 1666a), gegen sie ergriffen werden müssten.

(2) Die Einwilligung bedarf der Genehmigung des Vormundschaftsgerichts. Die Sterilisation darf erst zwei Wochen nach Wirksamkeit der Genehmigung durchgeführt werden. Bei der Sterilisation ist stets der Methode der Vorzug zu geben, die eine Refertilisierung zulässt.

- Alle Voraussetzungen des § 1905 BGB müssen kumulativ vorliegen.
- Die Sterilisation Minderjähriger ist ausdrücklich verboten (§ 1631 BGB). Weder die Eltern noch das Kind selbst können hierin einwilligen.
- Zwangssterilisationen sind verboten. Jede auf Abwehr gerichtete Reaktion oder Äußerung des geistig Behinderten muss dazu führen, dass der Eingriff zu unterbleiben hat.

3. Die betreuungsrechtliche Unterbringung (§ 1906 Abs. 1 und 4 BGB)

Der Betreuer kann den Betreuten unter den engen Voraussetzungen des § 1906 Abs. 1 und 4 BGB zur Abwehr erheblicher Eigengefährdungen und mit Genehmigung des Vormundschaftsgerichtes in einer geschlossenen Einrichtung unterbringen oder sog. unterbringungsähnlichen Maßnahmen unterziehen. Zu den Einzelheiten verweisen wir auf die zusammenhängende Darstellung zum Recht der Unterbringung und Fixierung (vgl. unten S. 405).

Zur Einwilligung in Unterbringungen durch **Bevollmächtigte** siehe unten S. 412 f.

4. Postkontrolle

§ 1896 Abs. 4 BGB – Post und Fernmeldekontrolle
Die Entscheidung über den Fernmeldeverkehr des Betreuten und über die Entgegennahme, das Öffnen und das Anhalten seiner Post werden vom Aufgabenkreis des Betreuers nur dann erfasst, wenn das Gericht dies ausdrücklich angeordnet hat.

Post- und Fernmeldekontrolle dienen dem besonderen Schutz des Betreuten. Erforderlich ist dieser Aufgabenkreis in der Regel insofern, als sichergestellt werden soll, dass Rechnungen oder sonstige wichtige eingehende Post erledigt werden bzw. der Betroffene sich nicht durch Versenden ihn gefährdender Post selbst schädigt. Nur wenn die Postkontrolle ausdrücklich in den Betreuungsbeschluss aufgenommen wurde, ist sie erlaubt. Hierdurch wird klargestellt, dass auch bei ansonsten sehr umfangreicher Betreuungsanordnung die Postkontrolle keinesfalls mit einbezogen sein kann. Ohne entsprechende Anordnung dürfen selbst postalisch eingegangene Rechnungen nicht ohne Zustimmung des Betreuten an den Betreuer mit dem Aufgabenkreis »Finanzen« ausgehändigt werden.

⚠ Bei Postaushändigung und Postöffnung ohne die Einwilligung des Betreuten droht eine Strafe gem. § 202 StGB (Verletzung des Briefgeheimnisses)!

5. Wohnungsauflösung (§ 1907 BGB)

Mit der Auflösung der Wohnung verliert der Betreute seinen Lebensmittelpunkt, die vertraute Umgebung und vielfach auch seinen Bekanntenkreis. Er soll daher durch das Erfordernis einer vormundschaftsgerichtlichen Genehmigung der Wohnungsauflösung (nach Sachprüfung und Anhörung des Betreuten) vor übereilten Maßnahmen des Betreuers geschützt werden (§ 1907 BGB).

 § 1907 BGB – Genehmigung einer Wohnungsauflösung

(1) Zur Kündigung eines Mietverhältnisses über Wohnraum, den der Betreute gemietet hat, bedarf der Betreuer der Genehmigung des Vormundschaftsgerichts. Gleiches gilt für eine Willenserklärung, die auf die Aufhebung eines solchen Mietverhältnisses gerichtet ist.
(2) Treten andere Umstände ein, auf Grund derer die Beendigung des Mietverhältnisses in Betracht kommt, so hat der Betreuer dies dem Vormundschaftsgericht unverzüglich mitzuteilen, wenn sein Aufgabenkreis das Mietverhältnis oder die Aufenthaltsbestimmung umfasst. Will der Betreuer Wohnraum des Betreuten auf andere Weise als durch Kündigung oder Aufhebung eines Mietverhältnisses aufgeben, so hat er dies gleichfalls unverzüglich mitzuteilen.
(3) Zu einem Miet- oder Pachtvertrag oder zu einem anderen Vertrag, durch den der Betreute zu wiederkehrenden Leistungen verpflichtet wird, bedarf der Betreuer der Genehmigung des Vormundschaftsgerichts, wenn das Vertragsverhältnis länger als vier Jahre dauern oder vom Betreuer Wohnraum vermietet werden soll.

6. Weitere genehmigungspflichtige Handlungen

a) Geldgeschäfte

Nach § 1908 i BGB i.V.m. §§ 1806–1820 BGB sind vielfältige Geld- und Wertpapiergeschäfte genehmigungspflichtig. Sparkonten sind mit einem Sperrvermerk (Mündelgeld/Betreuungskonto) zu versehen; jede Verfügung vom Sparbuch ist grundsätzlich genehmigungspflichtig, ebenso sonstige Geldverfügungen im Wert von über 3000 Euro. Die genehmigungsfreien Verfügungen beschränken sich im Grunde auf die Fälle des § 1813 BGB.

b) Grundstücksgeschäfte

Hier bestehen umfangreiche Genehmigungserfordernisse nicht nur beim Kauf und Verkauf eines Grundstücks des Betreuten, sondern ebenso z.B. bei der Bestellung von Grundschulden und Hypotheken (vgl. § 1908 i BGB i.V.m. § 1821 BGB).

c) Sonstige genehmigungspflichtige Geschäfte

Vgl. dazu die in § 1822 BGB aufgeführten Angelegenheiten.

V. Auswahl des Betreuers

Aus den unterschiedlichen Regelungen der §§ 1897–1900 BGB lässt sich folgende Reihenfolge der Präferenzen feststellen, nach der die Person des Betreuers ausgewählt werden soll.

1. Wunsch des Betroffenen (§ 1897 Abs. 4 BGB, § 1901a BGB)
2. Angehörige (§ 1897 Abs. 5 BGB)
3. Mitglieder von Betreuungsvereinen (§ 1900 Abs. 1 und 2 BGB)
4. Bedienstete der Betreuungsbehörde (§ 1900 Abs. 4 BGB)

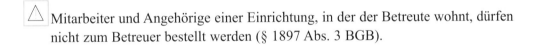 Mitarbeiter und Angehörige einer Einrichtung, in der der Betreute wohnt, dürfen nicht zum Betreuer bestellt werden (§ 1897 Abs. 3 BGB).

In sog. Betreuungsverfügungen (s.u.) kann jedermann rechtzeitig niederlegen, wer im Falle einer Betreuungsbedürftigkeit vom Gericht zum Betreuer bestimmt werden soll (vgl. dazu § 1901a BGB).

Das Gericht kann mehrere Betreuer bestellen, wenn dies sinnvoll erscheint (§ 1899 Abs. 1 BGB), z.B. Rechtsanwälte oder Steuerberater mit Sonderaufgaben neben den Familienangehörigen. Seit dem 2. Betreuungsrechtsänderungsgesetz sollen mehrere Berufsbetreuer aber die Ausnahme sein (§ 1899 Abs. 1 Satz 3 BGB).

Der seit 1992 bestehende enorme Bedarf an Betreuern hat zum Entstehen einer Fülle von Betreuungsvereinen (in der Regel Untergliederungen der Wohlfahrtsverbände) und zur freiberuflichen Niederlassung von Berufsbetreuern geführt. Sofern kein Betreuerwunsch des Betroffenen vorliegt und keine Familienangehörigen zur Verfügung stehen, ist der Richter in der Auswahl eines Betreuers nicht gebunden. Die Entscheidung fällt üblicherweise auf ihm bekannte Berufsbetreuer oder durch Vorschlag durch die Betreuungsbehörde (in der Regel auf Kreisebene). Da keine Zulassungsvoraussetzungen für Berufsbetreuer bestehen, sind für deren Auswahl vor allem ihr Leumund bei der Behörde und dem Gericht sowie ihre Fachkenntnisse entscheidend.

Mit § 1897 Abs. 6 und Abs. 7 BGB wurden im Jahre 2005 mit dem 2. Betreuungsrechtsänderungsgesetz erstmals Vorschriften eingeführt, nach denen die (Kreis-)Betreuungsbehörde vor der erstmaligen Einsetzung neuer Berufsbetreuer angehört werden soll unter Beiziehung eines Führungszeugnisses und eines Auszuges aus der Schuldnerkartei.

VI. Pflichten des Betreuers

1. Handeln zum Wohle des Betroffenen

Der Betreuer muss den Betreuten in seinem Aufgabenbereich persönlich betreuen. Er hat sich dabei nicht nur an verwaltungsmäßigen Zweckmäßigkeiten zu orientieren, sondern muss vor allem das Wohl des Betreuten beachten (vgl. § 1901 Abs. 1 BGB). Der Betreuer hat den Wünschen des Betreuten zu entsprechen, jedoch nur, soweit dies dessen Wohl nicht zuwiderläuft und dem Betreuer auch zuzumuten ist (§ 1901 Abs. 3 BGB).

2. Haftung des Betreuers

Der Betreuer haftet dem Betreuten für Schäden, wenn er seine Betreuerpflichten schuldhaft verletzt (§ 1833 BGB i.V.m. §§ 1908i, 276 BGB).

VII. Dauer der Betreuung

Die Betreuerbestellung und die Anordnung eines Einwilligungsvorbehalts dürfen nicht länger als notwendig dauern (vgl. dazu § 1908d Abs. 1 und § 1896 Abs. 2 BGB). Wegen der Vorgabe aus § 69 Abs. 1 Nr. 5 FGG enthält jeder Betreuungsbeschluss auch ein Datum, zu dem das Gericht über die Aufhebung oder Verlängerung der Betreuung erneut zu entscheiden hat. Der maximale Zeitraum für edine Betreuung wurde mit dem 2. Betreuungsrechtsänderungsgesetz von fünf auf sieben Jahre erhöht (§ 69 Abs. 1 Nr. 5 FGG). Dabei ist zu beachten, dass mit dem Verstreichen des im Betreuungsbeschluss genannten Datums zwar eine pflichtwidrige Unterlassung der Überprüfung und Neuentscheidung durch das Gericht vorliegt, die Betreuung aber keineswegs automatisch endet.

Der Betreuer hat dem Vormundschaftsgericht den Wegfall der Betreuungsbedürftigkeit – insgesamt oder bezüglich einzelner Aufgabenbereiche – mitzuteilen. Gleiches gilt, wenn sich das Bedürfnis zur Erweiterung der Betreuung ergibt (vgl. § 1901 Abs. 5 BGB). Wegen des Amtsermittlungsgrundsatzes hat das Gericht aber auch Anregungen Dritter – einschließlich des Betreuten – zu prüfen.

Eine Betreuung, die zur Erfüllung einer bestimmten Aufgabe angeordnet wurde (z.B. Mitwirkung an Erbschaftsaufteilung oder Einwilligung in Sterilisation), ist mit ihrer Zweckerreichung erledigt. Formal endet sie aber erst mit dem gerichtlichen Aufhebungsbeschluss.

⚠️ Die Betreuung endet neben den natürlichen Beendigungsgründen – dem Tod des Betreuten oder des Betreuers – erst mit dem Aufhebungsbeschluss des Vormundschaftsgerichtes (§ 1908d Abs. 1 Satz 1 BGB).

Stirbt der Betreute, so endet die Betreuung »in der Sekunde des Todes« wegen des Wegfalls des Rechtssubjekts, das bisher durch den Betreuer vertreten wurde. Der Betreuer hat den Tod dem Vormundschaftsgericht mitzuteilen. Die Erben »schlüpfen« automatisch in die Rechtsstellung des verstorbenen Betreuten wie bei jedem Todesfall. Eine »kommissarische« Fortführung der Betreuung, bis die Erben die Regelung der Geschäfte übernommen haben, ist oft zweckmäßig. Die Rechtsgrundlagen hierzu ergeben sich dann aus den Bestimmungen über die »Geschäftsführung ohne Auftrag« gem. §§ 677 ff. BGB.

VIII. Vorsorgevollmacht und Betreuungsverfügung

1. Die Vorsorgevollmacht

Die Betreuung ist nicht erforderlich, soweit die Angelegenheiten des Betroffenen durch einen **Bevollmächtigten** ebenso gut wie durch einen Betreuer besorgt werden können (§ 1896 Abs. 2 Satz 2 BGB). Existiert bereits eine ausreichende Bevollmächtigung (eventuell eine Generalbevollmächtigung), so ist die Anordnung einer Betreuung nicht möglich (siehe oben S. 385) – und ebenso, wenn eine betreuungsbedürftige Person noch rechtlich fähig und willens ist, jemanden als Bevollmächtigten einzusetzen.

Deshalb empfiehlt es sich für jedermann, einer Person seines Vertrauens (möglichst zugleich auch einer Ersatzperson) eine Generalvollmacht, zumindest aber eine Vorsorgevollmacht auszustellen. Die Vorsorgevollmacht unterscheidet sich von der allgemeinen (General-) Vollmacht nur insofern, als das Wirksamwerden der Vollmacht bis zum Zeitpunkt des Eintritts der Hilfsbedürftigkeit aufgeschoben ist. Hier stellt sich aber das Problem, dass der so Bevollmächtigte dann bei seinen Rechtshandlungen auch das Vorliegen der Hilfsbedürftigkeit (den Eintritt des Vorsorgefalls) nachweisen muss. Deshalb ist der sofort geltenden Generalvollmacht der Vorzug zu geben.

Wer eine Vorsorgevollmacht ausstellt, sollte den Vorsorgefall deshalb genau definieren (z.B. »Eintritt einer Beeinträchtigung, die eine Betreuungsbedürftigkeit i.S.d. § 1896 BGB erzeugt«) und auch gleich die Art des dafür notwendigen Nachweises vorgeben (z.B. »Der Vollmacht beigeheftetes ärztliches Attest zur Betreuungsbedürftigkeit i.S.d. § 1896 BGB«).

Allgemein bedarf eine **Vollmacht** keiner Schriftform, sie kann mündlich erteilt werden (vgl. § 167 BGB). Aus Beweisgründen ist dies außer in Notsituationen (auf dem Weg in den OP-Saal; beachte aber § 1904 Abs. 2 BGB) jedoch möglichst zu vermeiden. Eine Vollmacht sollte also verschriftlicht werden. Zum Nachweis der Echtheit der Unterschrift empfiehlt es sich, die Unterschrift **notariell beglaubigen** zu lassen. Sofern die Gefahr besteht, dass später die Geschäftsfähigkeit zum Zeitpunkt der Vollmachterstellung in Zweifel gezogen werden kann, sollte auf der Vollmacht zeitnah ein ärztlicher Vermerk angebracht werden, der die Geschäftsfähigkeit bescheinigt. Die Geschäftsfähigkeit und sogleich die Echtheit der Unterschrift belegt man auch durch das Erstellen der Vollmacht in Form der **notariellen Beurkundung**.

Soll die Vollmacht auch zu Grundstücksverfügungen berechtigen, so muss sie zumindest notariell beglaubigt sein (§ 29 Grundbuchordnung).

Banken erkennen (gemäß ihren allgemeinen Geschäftsbedingungen) eine Vollmacht in der Regel nur dann an, wenn die Unterschrift des Vollmachtgebers bankintern beglaubigt ist.

Mit dem 2. Betreuungsrechtsänderungsgesetz hat der Gesetzgeber in § 6 Abs. 2 ff. BtBG seit dem 1. Januar 2005 die Möglichkeit eingeführt, die Unterschrift auf Vorsorgevollmachten und Betreuungsverfügungen bei der (Kreis-)Betreuungsbehörde beglaubigen zulassen.

Mit dem (1.) Betreuungsrechtsänderungsgesetz vom 25. Juni 1998 wurden zum 1. Januar 1999 für zwei Fälle erstmals Form- und Inhaltsanforderungen für Vollmachten festgeschrieben.

Die betrifft zum einen die **Bevollmächtigung zu Einwilligungen in gefährliche ärztliche Eingriffe** i.S.d. § 1904 Abs. 1 BGB, zum anderen die **Bevollmächtigung zu Unterbringungen und unterbringungsähnlichen Maßnahmen** i.S.d. § 1906 Abs. 1 und 4 BGB.

⚠ Eine **Bevollmächtigung** ist in diesen Fällen generell nur wirksam, wenn die sie schriftlich erteilt ist und sie die in §§ 1904 Abs. 1, 1906 Abs. 1 oder 4 BGB genannten Maßnahmen ausdrücklich im Vollmachtstext nennt.

Es gibt Tendenzen in der Rechtsprechung[571], dass Vorsorgevollmachten nicht in zu allgemeiner Form gehalten sein dürfen. Wegen der Möglichkeit, dass sich solche Tendenzen verstärken, empfiehlt sich für Vorsorgevollmachten neben einer einleitenden Generalbevollmächtigungsklausel eine Auflistung der wichtigsten Rechte des Bevollmächtigten.

Vor- oder nachteilig kann bei einer Bevollmächtigung sein, dass ein Bevollmächtigter nicht an die Genehmigungserfordernisse des Betreuungsrechts gebunden ist (Ausnahme: §§ 1904 Abs. 2, 1906 Abs. 5 BGB). Dies erleichtert ihm zwar die Arbeit, entzieht ihn jedoch auch der entsprechenden Kontrolle durch das Gericht.

2. Die Betreuungsverfügung

Statt einer Vorsorgevollmacht kann jedermann beizeiten eine **Betreuungsverfügung** errichten. Hiermit kann für den Fall der Betreuungsbedürftigkeit dem Vormundschaftsgericht vorgegeben werden, welche Person zum Betreuer bestellt werden soll (vgl. § 1901a BGB). Das Gericht kann von dem Vorschlag abweichen, wenn der Einsatz der vorgeschlagenen Person dem Wohle des Betroffenen zuwiderlaufen würde (§ 1897 Abs. 4 Satz 1 BGB).

3. Beratung zu Vollmachten und Betreuungsverfügungen

Der § 1 Rechtsberatungsgesetz verbietet die Rechtsberatung durch nicht berechtigte Personen. Neben den Rechtsanwälten und Notaren galt schon nach altem Recht, dass die (Kreis-)Betreuungsbehörden gem. § 6 Betreuungsbehördengesetz (BtBG) zur Beratung über Vollmachten und Betreuungsverfügungen berechtigt und verpflichtet sind. Mit dem 2. Betreuungsrechtsänderungsgesetz wurde für die anerkannten Betreuungsvereine (§ 1908f Abs. 1 BGB) ebenfalls eine Berechtigung zur Beratung über die Errichtung von Vorsorgevollmachten eingeführt (§ 1908f Abs. 4 BGB).

---

571 So z.B. LG Hamburg, FamRZ 1999, S. 1613.

Es gibt keine Vorschrift, die besagt, dass Vollmachten, Betreuungsverfügungen oder Patiententestamente in bestimmten Zeitabständen neu bekräftigt werden müssen. Wegen der jedoch so lautenden allgemeinen Meinung empfiehlt es sich, bei drohenden Gesundheitsverschlechterungen (oder vor einem problematischen Krankenhausaufenthalt) einen Bekräftigungsvermerk auf der Vollmacht anzubringen (z.B.: »Dies ist nach wie vor mein fester Wille. Datum, Unterschrift«).

Gemäß § 78 a BNotO (Bundesnotarordnung – Fassung ab 1. August 2004) führt die Bundesnotarkammer ein zentrales automatisiertes Register (**Vorsorgeregister**) in das Vorsorgevollmachten und Betreuungsverfügungen aufgenommen werden können (vgl. www.zvr-online.de). Die Vormundschaftsgerichte können bei Bedarf online auf dieses Register zugreifen, um die Existenz von Verfügungen zu überprüfen.

Vollmachten und Betreuungsverfügungen können vom Vollmachtgeber jederzeit widerrufen werden, solange er noch geschäftsfähig ist.

IX. Grundsätze zum Verfahren der Betreuerbestellung

1. Antragstellung/Anregung der Betreuung

Die Einleitung des Betreuungsverfahrens erfolgt gem. § 1896 Abs. 1 BGB »auf Antrag des Betroffenen (selbst) oder von Amts wegen«. Die Regel in der Praxis sind Verfahren, die von Amts wegen eingeleitet werden, und zwar auf *Anregung* von dritter Seite (Angehörige, Ärzte, Heimleitung, Nachbarn etc.).

2. Das Verfahren bei Gericht

Das Gericht hat gem. § 68 FGG (Gesetz über die Angelegenheiten der freiwilligen Gerichtsbarkeit) den Betroffenen persönlich anzuhören. Nach § 68a FGG muss der Betreuungsbehörde (in der Regel auf Kreisebene eingerichtet) und nahen Angehörigen bzw.

Vertrauenspersonen des Betroffenen Gelegenheit zur Stellungnahme gegeben werden. Zuständig ist nach § 65 FGG das Amtsgericht des gewöhnlichen Aufenthalts des Betroffenen. Diesem ist in bestimmten Fällen gem. § 67 FGG ein Verfahrenspfleger zur Rechtswahrung beizuordnen. In jedem Fall ist als Grundlage der (endgültigen) gerichtlichen Entscheidung ein Sachverständigengutachten einzuholen (§ 68b FGG).

3. Das Verfahren in Eilfällen

In Eilfällen ist die Einrichtung einer vorläufigen Betreuung durch eine **einstweilige Anordnung** des Vormundschaftsgerichtes möglich (§ 69f FGG). Der Antrag ist auf ein ärztliches Zeugnis (Attest) zu stützen, das Aufschluss über die dringenden Gründe gibt, dass die Voraussetzungen für eine Betreuerbestellung vorliegen. Das ärztliche Attest sollte die Erkrankung (vgl. § 1896 Abs. 1 BGB) und die Hilfsbedürftigkeit (vgl. § 1896 Abs. 2 BGB) des Betroffenen – mit Angabe der notwendigen Aufgabenkreise – deutlich aufzeigen. Die gleichzeitige Benennung eines (bereitwilligen) Betreuers ist von Vorteil.

Wenn Gefahr im Verzug ist, kann die Anhörung des Betroffenen durch das Gericht auch erst nach der Betreuerbestellung erfolgen (§ 69f Abs. 2 Satz 2 FGG). Im besonderen Eilfall kann auch per Fax (und Nachsendung der Originale) unter Beifügung eines ärztlichen Attests ein Eilantrag bei Gericht eingereicht werden. Es empfiehlt sich, die Angelegenheit zuvor telefonisch mit dem zuständigen Richter zu besprechen, damit ein eventuell bestehender besonderer Informationsbedarf des Richters abgeklärt und im Antrag sogleich berücksichtigt werden kann.

Nach eigener Erfahrung aus anwaltlicher Tätigkeit können gerichtliche Betreuungsbeschlüsse in besonderen Ausnahmefällen bereits binnen weniger Stunden nach Antragstellung schriftlich als Fax vorliegen!

4. Die Rechtsmittel

Die Entscheidung des Gerichtes zur Betreuung ist mit der (unbefristeten) **Beschwerde** gem. § 69g FGG angreifbar. Beschwerdeberechtigt sind neben dem Betroffenen (und dessen Verfahrenspfleger) nahe Angehörige und die Betreuungsbehörde (vgl. im Einzelnen § 69g Abs. 1 und 2 FGG).

Als **zuständiges Gericht** zur Einlegung der Beschwerde gilt neben dem Gericht des gewöhnlichen Aufenthalts (Wohnsitz) gem. § 65 FGG auch das Gericht, in dessen Bezirk der Betroffene gerade untergebracht ist (§ 69g Abs. 3 FGG).

⚠ Mit der **sofortigen Beschwerde** binnen einer Frist von zwei Wochen ab Zustellung sind gem. § 69g Abs. 4 FGG folgende Punkte angreifbar:

- die Anordnungen oder Ablehnung von Einwilligungsvorbehalten,
- die Entscheidung, mit der die Weigerung, sich zum Betreuer bestellen zu lassen, durch das Gericht zurückgewiesen worden ist,
- die Entscheidung, durch die ein Betreuer gegen seinen Willen entlassen worden ist.

X. Eilfall-Allzuständigkeit des Vormundschaftsgerichtes

⚠ In Eilfällen hat das Vormundschaftsgericht – sofern Handlungen sonstiger Beteiligter nicht möglich sind – alle im Interesse des Betroffenen erforderlichen Maßnahmen selbst zu treffen (§ 1846 BGB).

B. Unterbringungsrecht

I. Einleitung: Unterbringungen und Fixierungen

Unterbringungs- und Fixierungsmaßnahmen stellen massive Eingriffe in die Rechtsstellung der betroffenen Personen dar. Für den Bereich der Unterbringungen besteht dabei ein umfangreiches gesetzliches Regelungswerk, das Rechtssicherheit sowohl für die Betroffenen als auch für die Handelnden erzeugt. Für Fixierungsmaßnahmen bestehen spezialgesetzliche Vorgaben lediglich bei deren Anwendung während einer Unterbringung oder im Bereich des Betreuungsrechts. Außerhalb des Unterbringungs- und Betreuungsrechts richtet sich die Zulässigkeit von Fixierungen nach allgemeinen Rechtsgrundsätzen. Über die rechtlichen Grenzen der Fixierung bestehen Unsicherheiten und weitreichende Unkenntnisse bei den Ärzten und Pflegekräften.

Problematisch ist, dass Fixierungen – fälschlicherweise – oft nur in der Variante der Fesselung überhaupt als **Fixierung** angesehen und nur in der Form der Zwangsfixierung als rechtlich problematisch erachtet werden. Es sind jedoch eine Vielzahl weiterer gängiger Behandlungs- und Pflegemaßnahmen als Fixierungen zu werten, deren Zulässigkeit an den strengen rechtlichen Kriterien der Freiheitsbeschränkung gemessen werden muss. Dies gilt grundsätzlich auch dann, wenn die Fixierung zum Schutz des Betroffenen erfolgt.

Zivilrechtlich sind gesteigerte Sorgfaltsanforderungen bei der Entscheidung für die Durchführung einer Fixierung zu beachten.

II. Begriffsklärung

1. Unterbringung

Unterbringung bedeutet das Verbringen eines Betroffenen *gegen oder ohne seinen Willen* in eine abgeschlossene Einrichtung oder eine geschlossene Station (vgl. § 2 Abs. 1 FEVG). Die 16 Unterbringungsgesetze der einzelnen Bundesländer (vgl. dazu S. 413) definieren »Unterbringung« jeweils ähnlich. Abzugrenzen ist die Unterbringung vom bloßen Einsperren in der eigenen Wohnumgebung.

2. Fixierung

Unter einer **Fixierung** versteht man jede mechanische Bewegungseinschränkung. Damit fallen weit mehr Pflegehandlungen unter den Begriff der Fixierung als gemeinhin angenommen, nämlich nicht nur die **Fesselung** am Bett (1- bis 5-Punkt-Fixierung), sondern auch:

- Festbinden am Bett durch Gurte,
- Gurte am Stuhl, Rollstuhl,
- die feste Tischplatte am Stuhl,
- das **Bettgitter**/Steckbrett u.v.m.

Unerheblich für die Einstufung einer Maßnahme als Fixierung ist auch, ob diese eine typische Pflegemaßnahme darstellt oder als Ausnahmehandlung erfolgt. So stellt jegliches Festbinden mit einem derben Strick, einem Kabel, einem Kleidungsstück oder das Festklemmen einer Person unter einem Bettlaken[572] wie auch das Einschnüren in einem Schlafsack o.Ä. eine Fixierung dar.[573] Ebenso als Fixierung einzustufen sind sonstige Pflegehandlungen, die bewusst bewegungseinschränkend vorgenommen werden, so etwa ein überdimensionierter Gipsverband.

Nicht als Fixierungen zu werten sind (mangels ausreichender Bewegungseinschränkung) beispielsweise das Anbringen eines Schutzhelms, der den motorisch unruhigen Betroffenen vor Schäden durch Anschlagen des Kopfes an die Wand oder an das Bettgestell bewahren soll, oder auch nicht fest geschnürte Anti-Kratz-Handschuhe. Ebenso sind Personenortungs- bzw. Sendeanlagen für sich allein noch keine bewegungseinschränkenden Maßnahmen.[574]

Die Einstufung einer Maßnahme als Fixierung ist unabhängig von deren Zweck. Es spielt deshalb keine Rolle, ob die Fixierung zum Schutz des Betroffenen, zum Schutz anderer oder zur (grundsätzlich unzulässigen) Disziplinierung oder gar Bestrafung erfolgt.

3. Sedierung

Unter einer **Sedierung** versteht man die gezielte[575] Bewegungseinschränkung (»Ruhigstellung«) einer Person mittels Medikamenten. Die Zulässigkeit von Sedierungen ist meist an gleicher Stelle gesetzlich geregelt wie die der Fixierung. Insgesamt gelten zur Sedierung die entsprechenden Ausführungen dieses Kapitels zur Fixierung.

---

572 Böhme, Rechtshandbuch, Teil 4, A-Z, Fixierung, S. 4.

573 Weitere Beispiele bei: Großkopf in Kerres/Seeberger, Pflegedienste und Sozialstationen erfolgreich führen, Teil 12/8, S. 1; Böhm/Fisch/Pohl, Fixierung im Pflegealltag, Die Schwester/Der Pfleger 1999, S. 334; BT.-Drucks. 11/4528, S. 148.

574 Vgl. Münchener Kommentar, § 1906, RN 34 m.w.N.

575 Vgl. Palandt, Bürgerliches Gesetzbuch, § 1906, RN 20.

4. Isolierung

Die **Isolierung** bzw. Isolation bezeichnet das Einsperren eines Betroffenen in einem besonderen Raum. Auch zu deren Zulässigkeit gilt das zur Fixierung Gesagte.

III. Die Grenzen von Unterbringungen und Fixierungen aus der Grundrechtsstellung eines jeden Betroffenen

1. Die Grundrechtswirkungen

Unterbringungen werden wegen der allgemein bekannten Beschränkungen sehr restriktiv eingesetzt. Was Fixierungen angeht, besteht jedoch bei den Pflegenden oft kein ausreichendes Problembewusstsein hinsichtlich der strengen rechtlichen Grenzen. Es wird in der Regel zu leichtfertig fixiert. Dies resultiert zum einen aus dem natürlichen Bestreben der Pflegenden und Ärzte, die Betroffenen möglichst weit vor Gefahren zu schützen. Verstärkt wird der »Drang« zu »beschützenden Maßnahmen« bei den Handelnden zum anderen durch die Sorge um die eigene Haftung, falls der Betroffene zu Schaden kommt (z.B. wenn dieser aus dem Bett oder aus dem Rollstuhl fällt). Die Freiheits- und Persönlichkeitsrechte der Betroffenen werden hierbei schnell vernachlässigt und werden oftmals verkannt.

Ein Grund für diese Unkenntnis ist sicherlich darin zu sehen, dass die wichtigsten Grundlagen der Handlungsgrenzen für den Nichtjuristen an recht versteckten Stellen zu finden sind: Diese Grundlagen stammen im Wesentlichen aus dem Grundgesetz, genauer: aus den Grundrechten.

Es muss ausdrücklich betont werden, dass die Grundrechte nicht etwa nur allgemeine Programmsätze oder nur staatliche Zielvorstellungen sind, sondern *zwingendes Recht* darstellen (Art. 1 Abs. 3 GG). Auch wenn sich Grundrechte vordergründig nur gegen den Staat richten (vgl. S. 32), muss wegen des sog. Gewaltmonopols des Staates und der sog. Drittwirkung der Grundrechte auch jede private Einrichtung die Vorgaben der Grundrechte bei Freiheitsbeschränkungen beachten.

Für Unterbringungen und Fixierungen gelten vor allem die Maßstäbe der Art. 2 und 104 GG.

Art. 2 GG: Freiheit der Person

(1) Jeder hat das Recht auf die freie Entfaltung seiner Persönlichkeit, soweit er nicht die Rechte anderer verletzt und nicht gegen die verfassungsmäßige Ordnung oder das Sittengesetz verstößt.

(2) Jeder hat das Recht auf Leben und körperliche Unversehrtheit. Die Freiheit der Person ist unverletzlich. In diese Rechte darf nur auf Grund eines Gesetzes eingegriffen werden.

 Art. 104 GG: Rechtsgarantien bei Freiheitsentziehung

(1) Die Freiheit der Person kann nur auf Grund eines förmlichen Gesetzes und nur unter Beachtung der darin vorgeschriebenen Formen beschränkt werden. Festgehaltene Personen dürfen weder seelisch noch körperlich misshandelt werden.

(2) Über die Zulässigkeit und Fortdauer einer Freiheitsentziehung hat nur der Richter zu entscheiden. Bei jeder nicht auf richterlicher Anordnung beruhenden Freiheitsentziehung ist unverzüglich eine richterliche Entscheidung herbeizuführen. [...]

2. Die allgemeine Handlungsfreiheit (Selbstbestimmungsrecht) aus Art. 2 Abs. 1 GG

Art. 2 Abs. 1 GG beschreibt die allgemeine Handlungsfreiheit. Im Kern ist die Aussage des Art. 2 Abs. 1 GG: »Jeder kann tun und lassen, was er will, solange er nicht die Rechte anderer Personen verletzt oder gegen Gesetze verstößt.«

Solange das Selbstbestimmungsrecht eines Patienten nicht durch verminderte geistige Fähigkeiten eingeschränkt ist, kann er also jede nicht verbotene Handlung vornehmen oder jede ihm nicht genehme Maßnahme verbieten. Dieses Recht geht im Grunde so weit, dass dem geistig unbeeinträchtigten Patienten das Recht auf Selbsttötung zusteht, an der er (eigentlich) nicht gehindert werden darf (vgl. S. 150 und 159)!

3. Verbot von Zwangsbehandlungen und Zwangsfixierungen

Das – aktiv gestaltbare – Selbstbestimmungsrecht aus Art. 2 Abs. 1 GG wird verstärkt durch die – passiv schützenden – strengen Verbote des Art. 2 Abs. 2 GG. Satz 1 dieses Artikels schützt u.a. das **Recht auf körperliche Unversehrtheit**. Hieraus resultiert das grundsätzliche Verbot von Zwangsuntersuchungen und **Zwangsbehandlungen**. Art. 2 Abs. 2 Satz 2 GG schützt das Recht auf die persönliche (Bewegungs-)**Freiheit**. Eingriffe in diese beiden Schutzrechte sind gem. Art. 2 Abs. 2 Satz 3 GG nur auf der Grundlage eines Gesetzes zulässig.

Es gibt vielfältige Gesetze, die in bestimmten Fällen Zwangsuntersuchungen erlauben. Erwähnt seien beispielsweise nur die zwangsweise durchführbare Blutalkoholkontrolle bei trunkenheitsverdächtigen Autofahrern (§ 81a StPO) oder die Zwangsuntersuchungsmöglichkeiten nach dem Infektionsschutzgesetz (IfSG). Gesetze, die **Zwangsbehandlungen** ermöglichen, waren schon immer selten. Mit dem Außerkrafttreten des Geschlechtskrankheitengesetzes finden sich Zwangsbehandlungsmöglichkeiten noch in den Unterbringungsgesetzen sowie im Haft- und im Maßregelvollzugsrecht. Die in der Pflege bedeutsamste Grundlage für Zwangsbehandlungen findet sich mit § 1906 Abs. 1 Nr. 2 BGB im Betreuungsrecht.

Auch für die Zulässigkeit von **Freiheitsentziehungen** bedarf es gem. Art. 2 Abs. 2 Satz 3 GG einer Grundlage im Gesetz. Hinzu kommt aus Art. 104 GG noch der Richtervorbehalt! Während Zwangsbehandlungen und Zwangsuntersuchungen aufgrund von Behördenentscheidungen möglich sind, muss ein Freiheitsentzug durch einen Richter angeordnet werden (ausgenommen Eilfälle).

Als gesetzliche Grundlagen für Freiheitsentziehungen sind neben der Strafhaft- und Untersuchungshaft als Beispiele zu nennen: die Absonderung (Quarantäne) nach dem Infektionsschutzgesetz, die Beugehaft nach der Zivilprozessordnung, die die Unterbringung von Kindern betreffenden Vorschriften gem. §§ 1631b, 1705, 1800, 1915 BGB. In der Pflege besonders maßgeblich sind die Regelungen über Unterbringungen und Fixierungsmaßnahmen[576] nach dem Betreuungsrecht (§ 1906 Abs. 1 Nr. 1 und Abs. 4 BGB) und nach den Unterbringungsgesetzen (PsychKG/UBG/MaßregelvollzG) der einzelnen Bundesländer.

IV. (Zwangs-)Unterbringungen

1. Die betreuungsrechtliche (zivilrechtliche) Unterbringung

Für gefährdete Personen enthält auch das Zivilrecht in verschiedenen Bereichen Regelungen für eine Unterbringung. Die Bestimmungen zur Unterbringung von Kindern (§§ 1631b, 1705, 1800, 1915 BGB) bleiben in dieser Abhandlung außer Betracht. Es gelten dort aber ähnliche Voraussetzungen, wie sie im Folgenden für die Unterbringung nach dem **Betreuungsrecht** dargestellt werden.[577]

---

576 Zu Sturzprävention und Selbstbestimmungsrecht vgl. BGH, RDG 2005, S. 123 f.

577 Vgl. ansonsten die Darstellungen bei Palandt, Bürgerliches Gesetzbuch, zu § 1631b und zu § 1800.

a) Unterbringungsvoraussetzungen nach dem Betreuungsrecht

Als Zulässigkeitsvoraussetzungen für eine Unterbringung nach dem Betreuungsrecht werden in § 1906 Abs. 1 BGB Nr. 1 und 2 **zwei Fallalternativen** vorgegeben.

- **Psychische Krankheit:** Gemeinsame Voraussetzung für eine Unterbringung sowohl nach § 1906 Abs. 1 Nr. 1 als auch nach Nr. 2 BGB ist eine psychische Krankheit oder geistige oder seelische Behinderung des Betreuten.[578] Die psychische Krankheit muss keinesfalls das Maß der Geschäftsunfähigkeit i.S.d. § 104 BGB erreichen.[579] Erforderlich ist vielmehr eine Krankheitsstufe, aufgrund derer der Betreute seinen Willen nicht mehr selbst bestimmen kann.[580] Wer sich aus freier Willensbestimmung und lediglich aus Freude an den Genüssen des Lebens oder aus Leichtsinn Gefahren aussetzt oder sogar schädigt, kann deshalb nicht untergebracht werden.[581]
- **Selbstgefährdung:** § 1906 Abs. 1 Nr. 1 BGB verlangt die Gefahr, dass der Betreute sich tötet oder sich einen erheblichen gesundheitlichen Schaden zufügt. Dieser Gesundheitsschaden braucht dabei keine besondere Schwere zu erreichen, ausreichend ist, dass er nicht heilbar ist oder dass der Betreute an der Schädigung längere Zeit leiden würde.[582] Liegt nur die Gefahr einer Fremdschädigung vor, liefert das Betreuungsrecht keine Unterbringungsmöglichkeiten. Hier kann eine Unterbringung nur über PsychKG/UBG vorgenommen werden.
- **Untersuchung/Heilbehandlung:** Gemäß § 1906 Abs. 1 Nr. 2 BGB ist eine Unterbringung des Betreuten zulässig, wenn eine Untersuchung des Gesundheitszustandes, eine Heilbehandlung oder ein ärztlicher Eingriff notwendig ist und dies ohne die Unterbringung nicht durchgeführt werden kann. Wegen des Selbstbestimmungsrechts (siehe oben S. 75 ff., 93) ist hier aber weiterhin erforderlich, dass der Betreute aufgrund seiner psychischen Krankheit etc. die Notwendigkeit der Unterbringung (besser: der ärztlichen Maßnahme[583]) nicht erkennen oder nicht nach dieser Einsicht handeln kann.

---

[578] Vgl. zu den Krankheitsbildern Marschner/Volckart, Freiheitsentziehung und Unterbringung, Teil 4, RN 1 ff.

[579] Klüser/Rausch, Praktische Probleme bei der Umsetzung des neuen Betreuungsrechts, NJW 1993, S. 621.

[580] BayObLG, FamRZ 1993, S. 998; OLG Düsseldorf, FamRZ 95, S. 118.

[581] So schon die Gesetzesbegründung: BT.-Drucks. 11/4528, S. 146; Schell, Betreuungsrecht & Unterbringungsrecht, S. 78.

[582] Vgl. Bienwald/Sonnenfeld/Hoffmann, Betreuungsrecht, § 1906, RN 91 f.

[583] So Münchener Kommentar, § 1906, RN 16; Palandt, Bürgerliches Gesetzbuch, § 1906, RN 10 m.w.N.

- **Zum Wohle des Betreuten:** Beiden Alternativen einer Unterbringung nach § 1906 Abs. 1 BGB ist im ersten Halbsatz dieser Vorschrift vorgegeben, dass die betreuungsrechtliche Unterbringung nur zum Wohle des Betreuten zulässig ist. Hier wird die Voraussetzung des Unterbringungsgrundes der Selbstgefährdung nochmals verstärkt und besonders herausgehoben.
- **Erforderlichkeit:** Die Unterbringung muss insofern notwendig sein, als der verfolgte Zweck nicht auch durch mildere Mittel erreicht werden kann. Des Weiteren muss er mit der Unterbringung überhaupt erreichbar sein – sonst ist diese unzulässig. [584]

b) Zuständigkeiten bei der betreuungsrechtlichen Unterbringung

Die Entscheidung, ob eine Unterbringung vorgenommen werden soll, trifft zunächst grundsätzlich der **Betreuer** (§ 1906 Abs. 1 1. Teilsatz BGB).

Einem Betreuer stehen Unterbringungsentscheidungen allerdings nur dann zu, wenn ihm im Betreuungsbeschluss ein Aufgabenkreis[585] zugewiesen wurde, der den Lebensbereich der Unterbringung mit umfasst. Neben der ausdrücklichen Bestimmung des Aufgabenkreises »Unterbringungsmaßnahmen« o.Ä. wird der Aufgabenkreis »Aufenthaltsbestimmung« als ausreichend angesehen. Der Aufgabenkreis der »Gesundheitsfürsorge« allein reicht nach neuerer Literaturmeinung[586] und Rechtsprechung[587] für Unterbringungsentscheidungen gem. § 1906 Abs. 1 BGB nicht aus. Ungeklärt ist noch, ob für diese Unterbringungsentscheidungen (für Zwangsuntersuchungen bzw. behandlungen) zusätzlich zum Aufenthaltsbestimmungsrecht auch der Aufgabenkreis der »Gesundheitsfürsorge« zugewiesen sein muss.[588]

Der Betreuer muss sich seine Unterbringungsentscheidung vor der Einweisungsmaßnahme durch das **Vormundschaftsgericht** genehmigen lassen (§ 1906 Abs. 2 Satz 1 BGB). Zum Eilfall siehe den nachfolgenden Abschnitt d.

---

584 Zur Unterbringung in einem psychiatrischen Krankenhaus und Fixierung eines Schizophrenie-Erkrankten vgl. OLG München, Beschluss vom 30. März 2005 (33 Wx 38/05).

585 Vgl. zu den Aufgabenkreisen das vorstehende Kapitel A: »Betreuungsrecht«.

586 Ablehnend: Palandt, Bürgerliches Gesetzbuch, § 1906, RN 6.

587 OLG Hamm, FamRZ 2001, S. 861.

588 Zum Stand vgl. Bienwald in Staudinger, Bürgerliches Gesetzbuch, § 1906, RN 20 f. m.w.N.

c) Die einstweilige Unterbringung im Betreuungsrecht

In Eilfällen kann das Vormundschaftsgericht die Unterbringung schon vor dem Vorliegen eines Sachverständigengutachtens durch eine **einstweilige Anordnung** herbeiführen. Hierzu gelten die zum Landesunterbringungsrecht gemachten Ausführungen zur einstweiligen Anordnung zu §§ 70h, 69f FGG entsprechend.

d) Vorläufige Unterbringung/Eilunterbringung durch den Betreuer

⚠️ Wenn mit einem Aufschub Gefahr verbunden ist, kann ein Betreuer gem. § 1906 Abs. 2 Satz 2 BGB eine Unterbringung vorläufig auch ohne eine vormundschaftsgerichtliche Genehmigung veranlassen. Die richterliche Genehmigung ist aber unverzüglich nachzuholen.

Sofern zugleich eine (richterliche) einstweilige Anordnung nach § 70h FGG möglich ist (siehe oben, geht diese der vorläufigen Unterbringung durch den Betreuer vor.[589]

Bei Eilbedarf und bei Nichterreichbarkeit oder Nichtvorhandensein eines Betreuers kann schließlich das Vormundschaftsgericht selbst eine Unterbringungsentscheidung treffen (§ 1846 BGB).

e) Verfahrensrecht

Da die förmlichen Voraussetzungen von Unterbringungen und Fixierungen einheitlich geregelt sind, wird das **Verfahrensrecht** weiter unten (S. 420 f.) zusammengefasst dargestellt.

2. Maßnahmen von Bevollmächtigten

Dem Grundsatz der Vertragsfreiheit folgend ist es möglich, anderen Personen jedwede gesetzlich zulässige (§§ 134, 138 BGB) **Bevollmächtigung** auszustellen. Damit können auch Entscheidungen über die eigene Person betreffende Unterbringungsmaßnahmen auf andere übertragen werden. Es ist zunehmend festzustellen, dass sich Personen für den Fall der Hilfsbedürftigkeit wappnen und frühzeitig durch **Vollmachten** Vorsorge treffen (siehe oben S. 399 ff.). Wegen der sehr einschneidenden Wirkungen, die Unterbringungen mit sich bringen, hat der Gesetzgeber im Rahmen des 1. Betreuungsrechtsänderungsgesetzes bestimmt,

---

[589] Palandt, Bürgerliches Gesetzbuch, § 1906 BGB, RN 14.

das allgemein gehaltene Generalvollmachten nicht mehr zu Unterbringungsmaßnahmen ermächtigen. Als Warnfunktion für den Vollmachtgeber und zum Zwecke der Klarstellung kann eine Vollmacht hierzu seit dem 1. Januar 1999 nur noch dienen, wenn die strengen Vorgaben des neu eingeführten Abs. 5 des § 1906 BGB beachtet sind. Danach muss die **Vollmacht** schriftlich erteilt sein und die Unterbringungsmaßnahmen in der Vollmacht ausdrücklich genannt werden.

⚠ Bei ausdrücklicher und schriftlicher Bevollmächtigung zu Unterbringungsmaßnahmen gelten dann auch für den Bevollmächtigten alle Vorschriften entsprechend, die für Betreuer nach § 1906 Abs. 1–4 BGB gelten (§ 1906 Abs. 5 BGB). Insbesondere ist hier das Bedürfnis der gerichtlichen Genehmigung, aber auch die Eilfallregelung des § 1906 Abs. 2 Satz 2 BGB zu nennen.

3. Die ordnungsrechtliche Unterbringung

Der Bereich der ordnungsrechtlichen **Unterbringung** unterliegt der Gesetzgebungszuständigkeit der Länder. Deshalb finden sich in allen 16 Bundesländern unterschiedliche Unterbringungsgesetze. In Bayern und Baden-Württemberg sind diese auch als Unterbringungsgesetz (UBG) bezeichnet. In den sonstigen Bundesländern lautet die Kurzbezeichnung jeweils (mit Variationen) Psychisch-Kranken-Gesetz (PsychKG). Die nachfolgenden Ausführungen orientieren sich am PsychKG NW, dem »Gesetz über Hilfen und Schutzmaßnahmen bei psychischen Krankheiten« Nordrhein-Westfalens. Jedoch sind die grundlegenden Bestimmungen des Unterbringungsrechts in allen 16 Landesgesetzen recht einheitlich. Lediglich die Fundstellen im jeweiligen Gesetz und die Wortlaute variieren.

Die Unterbringungsgesetze regeln

- die Beratung und Hilfe für psychisch Kranke (§§ 3 ff., 7 ff., 27 ff. PsychKG NW),
- die Voraussetzungen für Zwangsuntersuchungen und Zwangsbehandlungen (§§ 9, 17, 18 PsychKG NW),
- die Voraussetzungen für Zwangsunterbringungen (§§ 10 ff. PsychKG NW),
- die Rechte und Pflichten während der Unterbringung (§§ 19 ff. PsychKG NW).

a) Unterbringungsvoraussetzungen nach PsychKG (UBG)

- **Psychische Erkrankung:** Grundvoraussetzung einer Unterbringung ist immer das Vorliegen einer psychischen Erkrankung (§ 11 PsychKG NW i.V.m. § 1 PsychKG NW). Diese psychischen Erkrankungen sind Psychosen und andere behandlungsbedürftige psychische Störungen und schwere Suchterkrankungen (vgl. § 1 Abs. 2 PsychKG NW).[590]
- **Selbst- und/oder Fremdgefährdung:** Aufgrund dieser psychischen Erkrankung (hier ist der Ursachenzusammenhang entscheidend) muss sich eine gegenwärtige und erhebliche **Selbstgefährdung** oder eine Gefährdung von bedeutenden Rechtsgütern anderer (**Fremdgefährdung**) ergeben (vgl. § 11 Abs. 1 Satz 1 PsychKG NW). Die von den meisten Unterbringungsgesetzen geforderte »Gegenwärtigkeit« der Gefahr bedeutet eine sich bereits zeigende oder unmittelbar bevorstehende Schädigung.
- **Kein milderes Mittel:** Die Gefährdungen können durch keine anderen Maßnahmen als durch die Unterbringung abgewendet werden (Unterbringung als »Ultima Ratio«). Andere, vorrangig anzuwendende Maßnahmen wären Unterbringungen gemäß sonstigen Spezialgesetzen oder sonstige Maßnahmen nach dem Betreuungsrecht.

⚠ Für sich allein *nicht* ausreichend für eine Unterbringung ist der Umstand, dass sich ein (einsichtsfähiger) Betroffener weigert, sich behandeln zu lassen. Diese in § 11 Abs. 1 Satz 2 PsychKG NW zu findende Abgrenzung ist nur eine Klarstellung des ohnehin sich aus Art. 2 Abs. 1 GG ergebenden Grundsatzes des Vorrangs des Selbstbestimmungsrechts.

⚠ Da das Betreuungsrecht sich auf die Fälle der Eigengefährdung beschränkt und die Unterbringungsgesetze nur als Ultima Ratio angewendet werden dürfen, ergibt sich in der Regel folgende Aufteilung für das anzuwendende Recht bei Unterbringungen:

---

[590] Erläuterungen zu den Krankheitsbildern finden sich bei Marschner/Volckart, Freiheitsentziehung und Unterbringung, Teil 4, RN 1 ff.

Eigengefährdung   **Fremdgefährdung**

Zivilrechtliche Unterbringung   Öffentlich-rechtliche
nach Betreuungsrecht   Unterbringungs nach
(§ 1906 BGB)   PsychKG/UGB

b) Zwangsuntersuchungen und Zwangsbehandlungen bei der ordnungsrechtlichen Unterbringung nach PsychKG/UBG

Voraussetzungen einer Zwangsuntersuchung sind (§ 9 Abs. 1 PsychKG NW, vgl. auch §§ 17, 11 PsychKG NW):

- das Vorliegen gewichtiger Anhaltspunkte für eine Erkrankung i. S.d. § 11 PsychKG NW und
- die daraus resultierende Gefahr durch den Betroffenen gegen sich oder gegen andere (Fremd- oder Eigengefährdungslage),
- wenn der Betroffene sich nicht freiwillig den Aufforderungen des Gesundheitsamtes zur Untersuchung stellt.

Voraussetzungen einer Zwangsbehandlung:

- Gemäß § 18 PsychKG NW (vgl. auch § 22 Sächs. PsychKG, § 20 PsychKG Rheinland-Pfalz) sind Zwangsbehandlungen zulässig, die den Zweck der Unterbringung – die krankheitsbedingte Gefährdung – betreffen und die nach den Regeln der ärztlichen Kunst hierzu geboten sind.

- Alle neueren Unterbringungsgesetze stellen als Zulässigkeitsvoraussetzung zunächst auf die Einwilligung des Betroffenen zu der Behandlung ab. Mangelt es dem Betroffenen an der Einsichtsfähigkeit, ist die Einwilligung des gesetzlichen Vertreters oder eines Bevollmächtigten erforderlich (vgl. § 18 Abs. 3 PsychKG NW). Fehlt eine solche Hilfsperson, muss – im Eilverfahren – eine Betreuung eingerichtet werden.
- Zwangsbehandlungen – auch ohne Zustimmung eines Vertreters – sind nur statthaft, wenn Lebensgefahr besteht bzw. wenn erhebliche Gefahren für die Gesundheit des Betroffenen oder anderer Personen dies gebieten (vgl. § 18 Abs. 4 PsychKG NW).

c) Zuständigkeiten bei der ordnungsrechtlichen Unterbringung nach PsychKG/UBG

Zuständig für die Beantragung einer geschlossenen Unterbringung sind die örtlichen Ordnungsbehörden (**Ordnungsamt**) (vgl. im Einzelnen § 12 PsychKG NW). Das Ordnungsamt hat den Unterbringungsantrag an das **Vormundschaftsgericht** beim örtlich zuständigen Amtsgericht zur Entscheidung einzureichen.

Soll eine Unterbringung durchgeführt werden, ist also zunächst das Ordnungsamt einzuschalten, von wo aus dann alle weiteren Maßnahmen getroffen werden. Sofern die Anzeige an die an sich unzuständige **Polizei** gerichtet wird, übernimmt diese üblicherweise zunächst den weiteren Gang des Verfahrens und leitet dabei den Vorgang an das Ordnungsamt (auch nachts) weiter.

d) Die einstweilige Unterbringung im Bereich PsychKG/UBG

⚠️ Die **einstweilige Unterbringung** ist die Unterbringung durch einstweilige Anordnung durch das Vormundschaftsgericht, die wegen der Eilbedürftigkeit ohne ein ärztliches **Gutachten** erfolgen muss. Die einstweilige Unterbringung ist für alle Unterbringungsverfahren in § 70h i.V.m. § 69f des Gesetzes über die Angelegenheiten der freiwilligen Gerichtsbarkeit (FGG) bundeseinheitlich geregelt.

- Es müssen dringende Gründe für die Annahme einer Unterbringungsbedürftigkeit bestehen, und
- mit einem Aufschub der Entscheidung muss Gefahr verbunden sein.
- Außerdem muss ein ärztliches Zeugnis über den Zustand des Betroffenen vorliegen; nach Möglichkeit soll der Betroffene vor der Unterbringungsentscheidung durch den Richter angehört werden; die Anhörung ist jedenfalls nachzuholen.
- Bei Hilfsbedürftigkeit soll dem Betroffenen ein Verfahrenspfleger als Rechtsbeistand beigeordnet werden.

⚠ Die einstweilige Anordnung darf zunächst die Dauer von sechs Wochen nicht überschreiten. Reicht dieser Zeitraum für die Herbeiführung einer ordentlichen Entscheidung (aufgrund eines Gutachtens) nicht aus, kann eine Verlängerung der Unterbringung durch eine weitere einstweilige Anordnung bis zu einer Gesamtdauer von drei Monaten erfolgen (§ 70h Abs. 2 FGG).

e) Die sofortige Unterbringung nach PsychKG/UBG

⚠ Mit der **sofortigen Unterbringung** regeln die einzelnen Landesunterbringungsgesetze die Befugnis der Ordnungsbehörden für den Eilfall, eine Unterbringung zunächst eigenständig herbeizuführen, sofern eine richterliche Entscheidung nicht erreichbar ist.

- Es müssen dringende Anhaltspunkte für das Erfordernis einer Unterbringung gegeben sein.
- Die Entscheidung der Behörde muss sich dabei auf ein (fach-)ärztliches Zeugnis stützen.
- Die richterliche Entscheidung ist unverzüglich nachzuholen (vgl. z.B. § 14 PsychKG NW).

f) Verfahrensrecht zur Unterbringung nach PsychKG/UBG

Das **Verfahrensrecht** betreffend Unterbringungen und Fixierungen ist im Gesetz über die Angelegenheiten der freiwilligen Gerichtsbarkeit einheitlich geregelt und wird deshalb im Folgenden zusammenfassend dargestellt.

V. (Zwangs-)Fixierungen

1. Fixierungen nach dem Betreuungsrecht (unterbringungsähnliche Maßnahmen)

a) Voraussetzungen

Unter dem Oberbegriff »unterbringungsähnliche Maßnahmen« wird die Zulässigkeit der in § 1906 Abs. 4 BGB zusammengefassten Freiheitsbeschränkungen durch

- mechanische Vorrichtungen (Fixierungen),
- Medikamente (Sedierungen),
- oder auf andere Weise[591]

geregelt. Es gelten grundsätzlich die gleichen sachlichen Voraussetzungen und die verfahrensmäßigen Vorgehensweisen, wie sie für die betreuungsrechtliche Unterbringung gefordert sind (siehe oben S. 385 f.). Sofern dem Betroffenen ein Betreuer zugewiesen ist, dessen Aufgabenstellung die Fixierung mit umfasst (siehe oben S. 389 f.), sollen Fixierungen statt nach PsychKG/UBG soweit möglich nur in Absprache mit dem Betreuer erfolgen.

 § 1906 Abs. 4 BGB

Die Absätze 1 bis 3 gelten entsprechend, wenn dem Betreuten, der sich in einer Anstalt, einem Heim oder einer sonstigen Einrichtung aufhält, ohne untergebracht zu sein, durch mechanische Vorrichtungen, Medikamente oder auf andere Weise über einen längeren Zeitraum oder regelmäßig die Freiheit entzogen werden soll.

Der Teilsatz »ohne untergebracht zu sein« hat in den ersten Jahren nach der Einführung des Betreuungsrechts zu einer Verunsicherung geführt. Es gab in der juristischen Literatur die Ansicht, dass einzelne unterbringungsähnliche Maßnahmen i.S.d. § 1906 Abs. 4 BGB dann nicht mehr gesondert genehmigt werden müssten, wenn der Betroffene schon (vormundschaftsgerichtlich genehmigt) untergebracht ist. Es besteht inzwischen aber Einigkeit[592]

---

[591] Vgl. ausführliche Beispiele bei: Schell, Betreuungsrecht & Unterbringungsrecht, S. 30 f. und S. 83; Münchener Kommentar, § 1906, RN 33 m.w.N.

[592] Grundlegend: BayOLG, FamRZ 1994, S. 721; vgl. Palandt Bürgerliches Gesetzbuch, § 1906, RN 23 m.w.N. und dessen noch abweichende Ansicht bis in die 53. Auflage, 1994.

darüber, dass diese Passage so nicht interpretiert werden darf: Es macht einen erheblichen Unterschied für die Untergebrachten, ob sie sich innerhalb der Unterbringungseinrichtung frei bewegen können oder ob sie dort zusätzlich den massiven Beschränkungen durch unterbringungsähnliche Maßnahmen unterworfen sind.

△ Der hohe Rang der Freiheitsrechte, wie er in Art. 2 Abs. 2 GG i.V.m. Art. 104 GG festgeschrieben ist (siehe oben S. 408), gebietet deshalb, dass auch bei bereits Untergebrachten bei weiteren unterbringungsähnlichen Maßnahmen erneut die Voraussetzungen des § 1906 BGB zu beachten sind. Es bedarf der gesonderten Prüfung des Vorliegens der Gefährdungslage nach § 1906 Abs. 4 i.V.m. Abs. 1 BGB und der richterlichen Genehmigung gem. § 1906 Abs. 2 Satz 1 BGB (Art. 104 GG).

Die unterbringungsähnlichen Maßnahmen gem. § 1906 Abs. 4 BGB werden erst dann genehmigungsbedürftig, wenn sie über einen längeren Zeitraum oder regelmäßig erfolgen. Beide Tatbestandsvoraussetzungen sind durch Urteile noch nicht eindeutig präzisiert. In der juristischen Literatur wird unter einem »längeren Zeitraum« allgemein eine Dauer von mehr als 24 Stunden, zum Teil auch ein Zeitraum, der das Ende des folgenden Tages überschreitet, verstanden. Nach Ansicht der Autoren stellt die Begrenzung auf die 24-Stunden-Frist eine sachgerechte Regelung dar.

Auch der Begriff »regelmäßig« i.S.d. § 1906 Abs. 4 BGB ist noch nicht geklärt. Laut amtlicher Gesetzesbegründung im Regierungsentwurf[593] gilt als regelmäßig, wenn die Maßnahme aus stets gleichem oder wiederkehrendem Anlass erfolgt. Die Anzahl der Vorgänge oder Tage, mit der die Regelmäßigkeit erreicht ist, wird in der juristischen Literatur zum Teil bei drei, zum Teil bei sieben Tagen angesetzt. Hier meinen die Autoren, dass das Abstellen auf eine 7-Tage-Regelung bei Freiheitsbeschränkungen der praktikablere Ansatz ist.

b) Verfahren

Das Verfahrensrecht entspricht dem der Unterbringung (§ 70 Abs. 1 Satz 2 Nr. 2 FGG) und wird im Folgenden zusammenhängend dargestellt.

2. Fixierungen durch Bevollmächtigte

Auch was Fixierungen angeht, können Bevollmächtigte tätig werden (vgl. oben S. 412 f.). Es sind jedoch die Vorgaben des § 1906 Abs. 5 BGB zu beachten, und auch bei Fixierungen durch Bevollmächtige ist die Genehmigung des Vormundschaftsgerichtes einzuholen.

---

593 Vgl. den Überblick bei Münchener Kommentar, § 1906, RN 41 m.w.N.

3. Die Fixierungen im Rahmen von PsychKG/UBG-Unterbringungen

a) Voraussetzungen

In fast allen Unterbringungsgesetzen der Länder (zum Teil ergänzt in den Landesvoll-
streckungsgesetzen) sind die Voraussetzungen für (Zwangs-)Fixierungen, Sedierungen und
Isolierungen unter dem Schlagwort »**besondere Sicherungsmaßnahmen**« speziell geregelt (vgl. z.B. § 20 PsychKG NW).

Ähnlich wie bei Unterbringungen müssen auch für die Fixierung des bereits Untergebrachten
folgende Voraussetzungen vorliegen:

- gegenwärtige und
- erhebliche Eigengefährdung oder
- erhebliche Fremdgefährdung von bedeutenden Rechtsgütern,
- denen nicht durch weniger einschneidende Maßnahmen begegnet werden kann
  (Ultima Ratio).

Die jüngeren Gesetzesfassungen der Länder bestimmen ausdrücklich, dass
Fixierungen
- nur auf ärztliche Anordnung und
- bei ärztlicher Überwachung erfolgen dürfen und
- umfänglich zu dokumentieren sind.

Mehrere Unterbringungsgesetze schreiben für die Dauer der Fixierungsmaßnahme eine ständige **Beobachtung** (d.h. Sichtkontakt) vor.

Hinsichtlich der einzelnen landesspezifischen Zwangsmöglichkeiten muss hier auf das
Studium der betreffenden Landesgesetze verwiesen werden.

b) Das Verfahren bei Sicherungsmaßnahmen nach PsychKG/UBG

Das Verfahrensrecht für die hier behandelten Unterbringungsmaßnahmen und für die unterbringungsähnlichen Maßnahmen i.S.d. § 1906 Abs. 4 BGB bestimmt sich gem. § 70 FGG (Gesetz über die Angelegenheiten der freiwilligen Gerichtsbarkeit) bundeseinheitlich nach den §§ 70 ff. FGG (vgl. dazu nachfolgend S. 422 ff.). Nicht erfasst sind durch den § 70 FGG die »besonderen Sicherungsmaßnahmen« nach den PsychKG/UBG der Länder, ebenso wenig übrigens auch unterbringungsähnliche Maßnahmen bei der Unterbringung von Kindern nach §§ 1631b, 1705, 1800, 1915 BGB. Gemäß § 70 Abs. 1 Satz 2 Nr. 3 FGG ist nur die grundsätzliche Unterbringungsentscheidung von den Regelungen des FGG betroffen.

⚠ Das hat bei der praktischen Umsetzung die drastische Konsequenz, dass – anders als bei den unterbringungsähnlichen Maßnahmen nach § 1906 BGB – bei den Fixierungen etc. nach PsychKG/UBG keine gesonderte richterliche Genehmigung eingeholt werden muss.

Die Maßnahmen nach PsychKG/UBG sind Verwaltungshandlungen. Das Verfahren bei den PsychKG/UBG-Maßnahmen regelt sich damit allein nach den Bestimmungen der Unterbringungsgesetze selbst sowie nach den jeweiligen Landesverwaltungsverfahrensgesetzen oder den Landesverwaltungsvollstreckungsgesetzen. Nach den in allen Landesgesetzen ähnlich vorzufindenden Bestimmungen zum sog. allgemeinen Verwaltungsrecht sind Verwaltungsvollstreckungshandlungen – soweit möglich – zunächst nur anzudrohen und müssen bei ihrer Durchführung immer den allgemeinen Verhältnismäßigkeitsgrundsatz beachten. Das bedeutet, dass bei der Verwaltungsentscheidung zu einer besonderen Sicherungsmaßnahme neben den speziellen Bestimmungen der PsychKG/UBG darauf zu achten ist, dass die beabsichtigte Maßnahme erforderlich und geeignet ist und das mildeste Mittel darstellt.

Dieses Buch ist nicht der Ort, ein juristisches Grundsatzproblem wissenschaftlich aufzubereiten und dadurch aufzuzeigen, dass diese gängige Verwaltungspraxis rechtlich fehlerhaft ist. Es soll jedoch zum Ausdruck gebracht werden, dass die Autoren diese Verwaltungspraxis für unvereinbar mit den Grundsätzen der Art. 2 Abs. 2 und 104 GG halten, und auf die Problematik nach der Neuregelung des Betreuungsrechts zu § 1906 Abs. 4 BGB verwiesen werden (vgl. oben S. 418 f.), wonach zunächst streitig war, ob bei bereits untergebrachten Personen die zusätzlichen unterbringungsähnlichen Maßnahmen richterlich zu genehmigen seien. Dieser Streit ist inzwischen mit allseitiger Anerkennung eines Vorbehalts richterlicher Entscheidung beigelegt.[594]

---

[594] Vgl. nochmals BayObLG FamRZ 1994, S. 721; vgl. ansonsten die Nachweise bei Bienwald, Betreuungsrecht, § 1906 BGB, RN 63. m.w.N.; Palandt, Bürgerliches Gesetzbuch, RN 23 m.w.N. und dessen noch abweichende Ansicht bis in die 53. Auflage, 1994.

⚠ **Persönliche Anmerkung der Verfasser**

Die besonderen Sicherungsmaßnahmen, die während einer Unterbringung nach PsychKG/UBG veranlasst werden können, verändern die Qualität der Freiheitsentziehung ganz erheblich. Aufgrund von Art. 2 Abs. 2 und Art. 104 GG sollten auch diese Maßnahmen daher einer gesonderten richterlichen Genehmigung bedürfen.

VI. Das Verfahrensrecht bei Unterbringungen und unter bringungsähnlichen Maßnahmen im Allgemeinen (FGG)

1. Allgemeines

Wie bereits dargestellt, sind für die Einleitung eines Unterbringungsverfahrens nach PsychKG/UBG die Ordnungsbehörden zuständig, für zivilrechtliche Unterbringungen und unterbringungsähnliche Maßnahmen der Betreuer oder auch ein Bevollmächtigter. Im besonderen Eilfall kann das Vormundschaftsgericht die Entscheidung allein herbeiführen (vgl. § 1846 BGB).

Das gerichtliche Verfahren für die ordnungsrechtliche und die zivilrechtliche Unterbringung sowie für unterbringungsähnliche Maßnahmen i.S.d. § 1906 Abs. 4 BGB ist bundeseinheitlich in den Bestimmungen der §§ 70 ff. FGG (Gesetz über die Angelegenheiten der freiwilligen Gerichtsbarkeit) geregelt. Die Verweisungen auf das FGG, die in manchen PsychKG/UBG zu finden sind (z.B. § 13 PsychKG NW), sind nur deklaratorischer Natur.

2. Der Verfahrensablauf im Überblick

- Die Zuständigkeit für die **Antragstellung** ergibt sich aus dem jeweiligen materiellen Recht (s.o.) für den Betreuer, den Bevollmächtigten bzw. für das Ordnungsamt.
- **Entscheidung durch das Amtsgericht** (§§ 70, 70f, 70g FGG; vgl. auch Art. 104 GG).

- Ein **Verfahrenspfleger** ist – soweit erforderlich – dem Betroffenen für das Verfahren beizuordnen (§§ 70a, 70b FGG).
- **Richterliche Anhörung** des Betroffenen (§ 70c FGG)
- Anfragen an **Angehörige**/Vertrauenspersonen (§ 70d)
- Die (endgültige) Unterbringungsentscheidung erfolgt nach Einholung eines durch einen Arzt der Psychiatrie erstellten **Gutachtens** (§ 70e FGG).
- Für die **Verlängerung** der Unterbringung gelten nach § 70i Abs. 2 FGG die allgemeinen Voraussetzungen. Ab vier Jahren Unterbringungsdauer soll ein bislang unbeteiligter Sachverständiger zur Begutachtung eingesetzt werden.
- Der Vollzug der Unterbringung kann durch das Gericht nach § 70k FGG **ausgesetzt** werden.
- § 70i Abs. 1 FGG betrifft die **Aufhebung** der Unterbringung bei Wegfall der Voraussetzungen.
- Bei **einstweiligen Anordnungen** sind ergänzende Regelungen für das Verfahren in §§ 70h, 69f FGG geregelt (zu den einzelnen sachlichen Voraussetzungen hierzu siehe oben S. 403).

3. Rechtsmittel bei Unterbringungen und ähnlichen Maßnahmen

a) Die sofortige Beschwerde

Die **sofortige Beschwerde**, die binnen zwei Wochen ab Zustellung des Gerichtsbeschlusses einzulegen ist, stellt gem. §§ 70m, 70g Abs. 3 Satz 1 FGG das Rechtsmittel gegen Unterbringungen und gegen unterbringungsähnliche Maßnahmen i.S.d. § 1906 Abs. 4 BGB dar.

Beschwerdeberechtigt sind alle, deren Rechte durch die gerichtliche Entscheidung beeinträchtig sind (§ 20 FGG), insbesondere der Betroffene, sein Verfahrenspfleger, eine benannte Vertrauensperson, der Betreuer, die Betreuungsbehörde, der Leiter der Einrichtung sowie bestimmte Familienangehörige (vgl. im Einzelnen: §§ 70m Abs. 2, 70d FGG).

b) Antrag auf gerichtliche Entscheidung

Im Vollzug einer Unterbringung nach PsychKG/UBG kann der Betroffene gegen einzelne Maßnahmen, die den Vollzug betreffen, gem. § 70l FGG einen Antrag auf gerichtliche

Entscheidung stellen. Dieser Antrag hat gem. § 70l FGG nur dann aufschiebende Wirkung, wenn das Gericht dies gesondert anordnet (§ 70l Abs. 3 FGG). Die Entscheidung des Gerichtes ist unanfechtbar (§ 70l Abs. 4 FGG).

Unter **einzelnen Maßnahmen** sind dabei nicht nur förmliche Verwaltungsakte (vgl. § 35 VwVfG), sondern auch jedes tatsächliche Verwaltungshandeln des Anstaltsleiters und seiner Bediensteten zu verstehen[595], z.B. Fragen des Schriftverkehrs, Beurlaubungen, selbst die Art der Essensausgabe.[596] Hierher gehört aber auch die Anordnung von besonderen Sicherungsmaßnahmen (vgl. zur Problematik siehe oben S. 421 f.).

VII. Strafrechtliche Haftung bei Unterbringung und Fixierung

Der typische Straftatbestand, der durch unrechtmäßige Unterbringungen und Fixierungen erfüllt wird, ist der der **Freiheitsberaubung** gem. § 239 StGB. Weiterhin relevant sind auch die Tatbestände der **Nötigung** (§ 240 StGB) und der Aussetzung (§ 221 StGB). Bei Schädigungen aufgrund unsachgemäßer **Fixierung** ist eine Haftung wegen Körperverletzung (§§ 223 ff. StGB) denkbar. Eine unberechtigte **Sedierung** kann, wie jede unberechtigte oder unsachgemäße Medikation, zugleich eine Körperverletzung darstellen. Bei extrem ungünstigen Verläufen sind selbst Tötungsdelikte denkbar.

1. Der Tatbestand der Freiheitsberaubung nach § 239 StGB

§ 239 Abs. 1 StGB – Freiheitsberaubung
Wer einen Menschen einsperrt oder auf andere Weise der Freiheit beraubt, wird mit Freiheitsstrafe bis zu fünf Jahren oder mit Geldstrafe bestraft.

Der Tatbestand der Freiheitsberaubung ist erfüllt, wenn einer Person die potenzielle Fortbewegungsfreiheit beschnitten wird. Unerheblich ist dabei, ob die betroffene Person es überhaupt bemerkt hat, dass ihr eine Ortsveränderung unmöglich gemacht wurde.[597] Geschützt

---

[595] Vgl. nur Keidel/Kuntze/Winkler, Kommentar zum Gesetz über die Angelegenheiten der freiwilligen Gerichtsbarkeit, § 70l, RN 2; Damrau/Zimmermann, Betreuungsrecht, § 70l FGG, RN 2.

[596] Weitere Beispiele bei Keidel/Kuntze/Winkler, Kommentar zum Gesetz über die Angelegenheiten der freiwilligen Gerichtsbarkeit, § 70l, RN 2; Damrau/Zimmermann, Betreuungsrecht, § 70l FGG, RN 2 und RN 4.

[597] BGHSt 14, S. 314; Kritisch hierzu mit ausführlichen Nachweisen: Schumacher, Freiheitsberaubung und »Fürsorglicher Zwang« in Einrichtungen der stationären Altenhilfe, S. 434 f. und 441 f.; Tröndle/Fischer, § 239 StGB, RN 4.

ist jede Person, die noch einen »natürlichen Willen« zur Fortbewegung entwickeln kann.[598] Eine besondere geistige Reife oder gar Geschäftsfähigkeit des Betroffenen ist also nicht erforderlich.[599] Ohne Bedeutung ist auch, ob der Betroffene zur Fortbewegung der Hilfe Dritter oder technischer Hilfsmittel bedarf.[600] Keine Freiheitsberaubung liegt nach der neueren juristischen Literatur bei Handlungen gegenüber Personen vor, denen objektiv die Bewegungsfähigkeit fehlt, z.B. Bewusstlosen oder Ohnmächtigen, tief Schlafenden, Gelähmten, sinnlos Betrunkenen und Säuglingen.[601]

Als Tathandlung kommen vielfältige Möglichkeiten der Bewegungseinschränkung über das typische Einsperren oder Festbinden hinaus in Betracht, z.B. das (zum Schutz gedachte) Bettgitter, Wegnahme von Rollstuhl oder Krücken, der Brille oder der Kleidung.[602]

Alle bei bewegungsunruhigen Patienten bzw. Bewohnern üblichen Fixierungshandlungen stellen damit eine mögliche (vorsätzliche) **Freiheitsberaubung** dar, sofern der Betroffene die Schutzmaßnahme nicht selbsttätig wieder beseitigen kann.

Strafrechtlich zulässig sind diese Maßnahmen daher nur, wenn der Betroffene einwilligt (die Einwilligung wirkt bei der Freiheitsberaubung bereits tatbestandsausschließend) oder sonstige Rechtfertigungsgründe vorliegen.

2. Die Einwilligung in die Freiheitsbeschränkung bei Fixierungen und Unterbringungen

Wie oben in Teil 2 zum Strafrecht ausgeführt, kann eine Einwilligung ausdrücklich (mündlich, schriftlich) oder konkludent (durch erkennbare Gestik) erklärt werden oder auch in der Form der mutmaßlichen Einwilligung vorliegen.

Typisch im Pflegealltag ist die mündliche Einverständniserklärung zu Sicherungsmaßnahmen wie dem Bettgitter oder auch Gurten am Stuhl. Da sich eine mündliche Einwilligung im Streitfall nur durch Zeugen beweisen lässt, ist bei Problempatienten bzw. -bewohnern das Einholen einer schriftlichen Einwilligungserklärung ratsam, da dies zur Beweissicherung erforderlich werden könnte. Aufgrund des erhöhten Risikopotenzials bei solchen Patienten bzw.

---

598 Ständige Rechtsprechung: seit RGSt 62, S. 160 ff.

599 Vgl. auch BGHSt 32, S. 183 ff.

600 Schumacher, Freiheitsberaubung und »Fürsorglicher Zwang« in Einrichtungen der stationären Altenhilfe, S. 436.

601 Tröndle/Fischer, Strafgesetzbuch, § 239 StGB, RN 5 m.w.N; Schönke/Schröder, Strafgesetzbuch, § 239, RN 3 m.w.N.; Großkopf in Kerres/Seeberger, Pflegedienste und Sozialstationen erfolgreich führen; Teil 12/8, S. 3.

602 Vgl. auch Großkopf in Kerres/Seeberger, Pflegedienste und Sozialstationen erfolgreich führen, Teil 12/8, S. 3.

Bewohnern empfehlen die Verfasser, bei Patienten mit motorischen Unruhezuständen immer deren Einverständnis beweissicher zu dokumentieren. Das Einverständnis zu einer **Unterbringung** (sog. **Freiwilligkeitserklärung**) sollte stets schriftlich eingeholt werden.

Trotz der hartnäckigen gegenteiligen Annahme in der Praxis kann eine Einwilligungserklärung *nicht* durch einen (noch so) nahen **Angehörigen**, z.B. durch die Ehefrau, erteilt werden.[603] Ausgenommen hiervon sind nur Einwilligungserklärungen von Eltern für ihre noch minderjährigen Kinder oder von Angehörigen, die mit einem entsprechenden Aufgabenkreis zum Betreuer bestellt sind, sowie von ausreichend Bevollmächtigten.

Die vorausgegangene **Aufklärung** ist zwingende Voraussetzung jeder wirksamen arzthaftungsrechtlichen Einwilligung durch den Patienten bzw. Bewohner.[604] Die Anforderungen an eine Aufklärung über Fixierungen sind jedoch eher gering einzustufen.

Ist eine Fixierung ärztlicherseits zum Schutz des Patienten bzw. Bewohners indiziert und lehnt dieser dennoch die Fixierungsmaßnahme ab, so ist der Betroffene auch über das Risiko einer unterbleibenden Fixierung aufzuklären.

Weitere Voraussetzung für eine wirksame Einwilligung in Behandlungs- wie in Unterbringungs- und Fixierungsmaßnahmen ist die **Einsichtsfähigkeit** des Betroffenen (vgl. S. 84). Die Einsichtsfähigkeit einer Person ist unabhängig von der Geschäftsfähigkeit (§ 106 BGB) zu beurteilen. Es bedarf nur einer sog. natürlichen Einsichtsfähigkeit, die wesentlich weiter reicht als die Geschäftsfähigkeit und letztlich erst durch den Zustand der Geisteskrankheit gem. § 104 BGB begrenzt ist. Auch bei Minderjährigen und Dementen muss daher grundsätzlich schon bzw. noch eine Einwilligungsfähigkeit angenommen werden. Es kommt immer auf den Einzelfall und auf die Komplexität der anstehenden Maßnahme und die jeweilige Verfassung (Tagesform) des Betroffenen bei der Einwilligungsentscheidung an. An die Einsichtsfähigkeit bei Unterbringungen – vor allem bei Fixierungen u.Ä. – sind keine allzu hohen Anforderungen zu stellen. Als problematisch könnten sich Fälle erweisen, bei denen ein Betroffener aufgrund seiner geistigen Minderbegabung bzw. Demenz nicht sachgerecht einzuschätzen vermag, dass er sich mit der Fixierung in die Gefahr von Regressionen begibt.

---

603 Vgl. Großkopf, Die Fixierung des Patienten, Pflegezeitschrift 1994, S. 500.

604 Vgl. nur Tröndle/Fischer, Strafgesetzbuch, § 223, RN 9f und 9q m.w.N.

3. Rechtfertigung aufgrund unterbringungsrechtlicher Spezialgesetze

Als strafrechtliche Rechtfertigungsgründe kommen bei einer zwangsweisen Unterbringung und Fixierung in erster Linie die Befugnisse von Betreuern, Ordnungsämtern und der Leiter von Einrichtungen aus Spezialgesetzen (insbesondere aus den PsychKG/UBG oder aus dem zivilrechtlichen Unterbringungsrecht) in Betracht. Die für diese Abhandlung wichtigsten Vorschriften wurden bereits beschrieben. Liegen die erforderlichen Unterbringungs- oder Fixierungsvoraussetzungen vor, ist auch eine Rechtfertigung im strafrechtlichen Sinne gegeben.

4. Notwehr gem. § 32 StGB

Unterbringungen, vor allem Fixierungen, können zudem nach dem allgemeinen Strafrecht, z.B. aus den Gesichtspunkten der Notwehr und der Nothilfe gem. § 32 StGB, gerechtfertigt sein. Zu den allgemeinen Voraussetzungen der Notwehr sei zunächst auf die in Teil 2 gemachten Ausführungen verwiesen. Typische Fälle, die zu einer Rechtfertigung insbesondere von unterbringungsähnlichen Maßnahmen führen können, dürften das körperliche Festhalten und/oder Fixieren von fremdaggressiven (z.B. prügelnden) Patienten sein.

5. Rechtfertigender Notstand gem. § 34 StGB

Zum rechtfertigenden Notstand wird ebenfalls auf die Ausführungen in Teil 2 verwiesen. Wegen der besonderen Bedeutung, die dem rechtfertigenden Notstand in Eilsituationen zukommen kann, wird der Gesetzestext hier aber nochmals zum Abdruck gebracht.

§ 34 StGB – Rechtfertigender Notstand

Wer in einer gegenwärtigen, nicht anders abwendbaren Gefahr für Leben, Leib, Freiheit, Ehre, Eigentum oder ein anderes Rechtsgut eine Tat begeht, um die Gefahr von sich oder einem anderen abzuwenden, handelt nicht rechtswidrig, wenn bei Abwägung der widerstreitenden Interessen, namentlich der betroffenen Rechtsgüter und des Grades der ihnen drohenden Gefahren, das geschützte Interesse das beeinträchtigte wesentlich überwiegt. Dies gilt jedoch nur, soweit die Tat ein angemessenes Mittel ist, die Gefahr abzuwenden.

§ 34 StGB ist auf die Fälle beschränkt, bei denen die Gefahr »nicht anders abwendbar« ist. Dieser Rechtfertigtatbestand ist also als Ausnahme zu behandeln. Bei Fixierungen und Unterbringungen ist § 34 StGB in der Regel eine Vorschrift für solche **Eilfälle**, bei denen keine Einwilligung zu erlangen und auch (noch) kein Betreuer oder das Vormundschaftsgericht erreichbar ist. Es ist zu betonen, dass § 34 StGB nur zurückhaltend angewendet werden darf. Sobald und soweit ein Handlungsbedarf entsteht, muss zunächst versucht werden, eine Rechtfertigung der Unterbringung oder Fixierung über die erwähnten Spezialgesetze zu erreichen.

⚠ Es werden über § 34 StGB deshalb auch nur kurzfristige Maßnahmen gerechtfertigt sein. Sobald die Maßnahme über § 34 StGB herbeigeführt ist, muss für deren längerfristige Fortführung eine Rechtfertigung aus den Spezialgesetzen herbeigeführt werden. Das heißt, es muss sofort nach der (Notfall-)Fixierung etc. auch ein Betreuungsverfahren eingeleitet bzw. versucht werden, die Ordnungsbehörde oder das Vormundschaftsgericht bei den anstehenden Entscheidungen einzuschalten.

Ist eine Eilmaßnahme nicht über eine spezialgesetzliche Regelung umsetzbar, so bleibt es dabei, dass die Voraussetzungen des § 34 StGB zur Vornahme einer Fixierung oder Unterbringung zu prüfen sind. In den typischen Fällen der Pflege konkretisiert sich die Fragestellung aus § 34 StGB darauf, ob der Eingriff in das Rechtsgut »Freiheit« des Patienten unter Abwägung gegen die zu »schützenden Interessen« wesentlich überwiegt.

Bei den typischen Pflegeproblemen sollte ein klares Abwägungsergebnis ohne besondere Mühe möglich sein. So rechtfertigt sich bei bewusstlosen oder verwirrten Menschen, die selbst keine Einwilligung mehr erklären können, wohl immer eine Fixierung, um den Sturz vom Operationstisch bzw. aus dem Bett zu verhindern. Sicherlich ist auch eine Isolierung oder eine Fixierung eines autoaggressiven Menschen gerechtfertigt, um zu verhindern, dass dieser erneut andere angreift. Ebenso das (körperliche) Zurückhalten verwirrter Menschen im Krankenhaus oder Altenheim, denen beim Verlassen der Einrichtung der Erfrierungstod oder schwere Gesundheitsgefahren im Straßenverkehr drohen.

Es ist dabei jeweils zu prüfen, ob zur Abwendung der Gefahr nicht weniger einschneidende Maßnahmen als die freiheitsentziehende vorhanden sind[605] und ausreichen (Ultima Ratio). Rechtswidrig sind daher z.B. Fixierungen, die nur aufgrund von Personalmangel vorgenommen werden.[606] Fixierungen zur Disziplinierung eines Patienten sind unzulässig.[607]

⚠ Es ist zu wiederholen: Für eine Interessenabwägung gem. § 34 StGB zum Eigenschutz des Patienten gegen dessen Willen bleibt kein Raum, wenn er einsichtsfähig ist. Wer selbstbestimmt z.B. das Andauern einer Sturzgefahr hinnehmen will, kann nicht zwangsweise fixiert werden.

---

606 Schumacher, Freiheitsberaubung und »Fürsorglicher Zwang« in Einrichtungen der stationären Altenhilfe, S. 448.

607 OLG Karlsruhe, MedR 1995, S. 411.

6. Die Pflicht zur Fixierung

Kommt ein Patient zu Schaden, weil sich eine Gefahr verwirklicht hat (Sturz), die durch die Pflegekräfte bzw. den Arzt nicht verhindert wurde, obwohl ihnen dies möglich und zumutbar gewesen wäre, kann sich eine strafrechtliche Haftung aus dem Gesichtspunkt der unterlassenen Hilfeleistung gem. § 323c StGB (vgl. dazu auch S. 43, 151) ergeben.

Weiter ist zu beachten, dass die Handelnden arbeitsvertraglich die Sorge für die Patienten übernommen haben. Ihnen kommt deshalb eine **Garantenstellung** gem. § 13 StGB zu. Über diese Verweisungsvorschrift droht den Handelnden bei einer Schädigung des Patienten aufgrund ihres Unterlassens eine Haftung aus der gesamten Palette des Strafrechts, je nachdem, welchen Schaden der Patient erlitten hat. Erleidet er z.B. eine Körperverletzung durch eine angezeigte, aber unterlassene Fixierung (Sturz aus dem Bett), so kommt eine Strafbarkeit wegen Körperverletzung durch Unterlassen gem. §§ 223, 13 StGB in Frage. Führt eine Unterlassung zum Tod eines Patienten, kann eine Strafe wegen Totschlags durch Unterlassen gem. §§ 212, 13 StGB in Betracht kommen.

VIII. Zivilrechtliche Haftung bei Unterbringungs- und Fixierungsfehlern

Bei einer Schadensverursachung nach schuldhafter Verletzung der Sorgfaltspflichten kann die Pflegekraft bzw. der Arzt dem Patienten gegenüber gem. §§ 280 ff. bzw. gem. §§ 823 ff. BGB zum Ersatz des entstandenen Schadens verpflichtet sein.

⚠ Bei der Durchführung von Unterbringungs- und Fixierungsmaßnahmen gelten über die üblichen Pflegestandards hinaus besondere **Sorgfaltspflichten**.

Bei gegebener medizinischer Indikation für eine Fixierungsmaßnahme besteht für die Pflegenden die Pflicht, diese auch vorzunehmen.[608] Jedoch beschränkt die Rechtsprechung die Schutzmaßnahmen[609] auf die üblichen Maßnahmen, die mit einem vernünftigen finanziellen und personellen Aufwand realisierbar sind.

---

[608] Böhme, Rechtshandbuch, Teil 4, A-Z, Fixierung, S. 11 m.w.N.

[609] Zur Pflicht zum Schutz der körperlichen Unversehrtheit von Heimbewohnern vgl. BGH, RDG 2005, S. 89 ff.

Die **Anordnung** der **Fixierung** ist eine rein ärztliche Tätigkeit, die nicht an Pflegekräfte **delegiert** werden kann.[610] Nur im Eilfall können Pflegekräfte die Fixierung eigenständig vornehmen, müssen aber sodann unverzüglich eine ärztliche Entscheidung nachholen.[611] Die ärztliche Anordnung ist im Bereich der zivilrechtlichen Haftung ein elementares Erfordernis einer jeden Fixierung (Isolierung, Sedierung, Unterbringung) – auch bei einer vorliegenden Einwilligung des Patienten. Dieses Erfordernis wird in der Praxis sehr weitreichend missachtet, da der Schutzzweck überspitzt und das Risikopotenzial, das aus der Vornahme der Fixierung herrührt, als solches nicht bekannt ist oder vernachlässigt wird.

 Als **Beispiele für solche Gefahren** sind zu nennen:[612]

- Ein Patient mit Unruhetrieb versucht, über das angebrachte Bettgitter zu klettern, und stürzt zu Boden.
- Ein Unruhepatient schädigt sich bei zu locker angelegten Fixiergurten.
- Ein Patient entwickelt aufgrund einer Fixierung Angstzustände bzw. Misstrauen gegen die Pflegekräfte.
- Ein Patient entwickelt Aggressionszustände gegen sich oder gegen Pflegekräfte.
- Ein vollfixierter Patient erbricht sich und erstickt.

Ob ein solches Risikopotenzial bei einem Patienten überhaupt gegeben ist und wie diesem Risiko zweckmäßigerweise mit begleitender Therapie begegnet werden kann, obliegt der alleinigen Kompetenz des Arztes. Ein besonderes Problem zeigt sich bei den Fixierungen in Altenheimen, wo nicht ständig Ärzte präsent sind – dies insbesondere unter dem Gesichtspunkt, dass Ferndiagnosen unzulässig sind. Arztferne und ähnliche Erschwernisse in der praktischen Umsetzung können jedoch keine Einschränkung bezüglich des Erfordernisses der zwingenden ärztlichen Anordnung ergeben.

---

[610] Grundlegend: OLG Köln, MedR 1993, S. 235 f.; vgl. auch Großkopf, Die Fixierung des Patienten, Pflegezeitschrift 1994, S. 501; Schell, Betreuungsrecht & Unterbringungsrecht, S. 88 m.w.N.; Neumann, Rechtliche Grundlagen zu Betreuung und Fixierung, Die Schwester/Der Pfleger 1999, S. 378. In diesem Sinne auch OLG Düsseldorf, Arztrecht 2006, S. 214 ff.

[611] Vgl. ebenda.

[612] Vgl. auch die Beispiele bei Böhme, Rechtshandbuch, Teil 4, A-Z, Fixierung, S. 13. Beispiele für tödliche Unfälle illustriert Höfert, Spannungsfeld Recht, S. 57.

Die ärztliche Anordnung der Fixierung hat schriftlich zu erfolgen.[613]
Sie sollte enthalten:

- Name des Patienten (bei Dokumentation auf gesondertem Bogen)
- Grund der Fixierung
- Dauer der Fixierung
- genaue Art der Fixierung
- Art und Häufigkeit von begleitenden Pflegehandlungen
- Art und Zeittakt der Zwischenkontrolle/Sichtkontrolle/Sitzwache
- Unterschrift des Arztes

Die meisten PsychKG/UBG jüngeren Datums enthalten die Verpflichtung, bei Fixierungen Sichtkontakt zum Betroffenen sicherzustellen. Bei einer dauerhaften Vollfixierung durch Gurte ist die ärztliche Anordnung alle 24 Stunden zu erneuern.

Die Durchführung der Fixierung ist des Weiterem geschultem Personal zu übertragen[614] und – insbesondere das Anlegen und die Zwischenkontrollen – ausführlich zu dokumentieren.[615]
Die Dokumentation (**Fixierungsbericht**) sollte folgende Eintragungen enthalten: [616]

- Name des Patienten
- Name des anordnenden Arztes
- Name der zur Fixierung angewiesenen Pflegekraft
- Beginn und Ende der Fixierung
- Durchführungsvermerke zu den Zwischenkontrollen
- Durchführungsvermerke zu zwischenzeitlichen Pflegehandlungen
- Vermerke zu besonderen Vorkommnissen

---

613 Großkopf, Die Fixierung des Patienten, Pflegezeitschrift 1994, S. 501; Schell, Betreuungsrecht & Unterbringungsrecht, S. 88; OLG Köln, MedR 1993, S. 235.

614 Ausführliche Handlungsrichtlinien finden sich bei Böhme, Rechtshandbuch, Teil 4 A-Z, Fixierung, S. 16 ff.; s. a. Juchli, Thiemes Pflege, S. 1389;

615 Großkopf in Kerres/Seeberger, Pflegedienste und Sozialstationen erfolgreich führen, Teil 12/8.1 S. 13; Schell, Betreuungsrecht & Unterbringungsrecht, S. 88; Neumann, Rechtliche Grundlagen zu Betreuung und Fixierung, Die Schwester/Der Pfleger 1999, S. 378.

616 Muster bei Böhme, Rechtshandbuch, Teil 4, A-Z, S. 23.; sowie bei Böhm/Fisch/Pohl, Fixierung im Pflegealltag. Die Schwester/Der Pfleger 1999, S. 335, oder auch bei Höfert, Spannungsfeld Recht, S. 58 f.

Teil 7
Ordnungsrecht

Das Ordnungsrecht (ähnlich dem Polizeirecht) als Teil des Verwaltungsrechts enthält Regelungen zur sog. Gefahrenabwehr. Zuständig sind die Ordnungsbehörden (Ordnungsämter, Gesundheitsamt, Gewerbeaufsicht etc.). Das Ordnungsrecht beschreibt in einer Vielzahl unterschiedlicher (Bundes- und Landes-)Gesetze bestimmte Gefahrensituationen und gibt den Ordnungsbehörden die Befugnis, zur Abwehr dieser Gefahren mit staatlichen Anordnungs- und Zwangsmitteln in die Rechtskreise einzelner Rechtssubjekte einzugreifen. Diese Anordnungs- und Zwangsmittel stellen die Standard-Eingriffsgrundlagen für die Einschränkung von Grundrechtspositionen dar (vgl. zu den Grundrechtsschranken S. 482).

Auch im Gesundheitswesen sind die vielfältigsten ordnungsrechtlichen Bestimmungen zu beachten. Im Folgenden werden die wichtigsten Gesetze schwerpunktmäßig dargestellt.

A. Infektionsschutzgesetz (IfSG)

I. Allgemeines

Zum 1. Januar 2001 löste das neu geschaffene Gesetz zur Verhütung und Bekämpfung von Infektionskrankheiten beim Menschen[517] – kurz: Infektionsschutzgesetz (IfSG) – vom 12. Mai 2000[518] folgende Rechtsvorschriften ab:

* das Bundes-Seuchengesetz,
* das Geschlechtskrankheitengesetz nebst Durchführungsverordnungen,
* die Laborberichtsverordnung (positive HIV-Tests betreffend),
* die Meldeverordnung humane spongiforme Enzephalopathien betreffend,
* die Meldeverordnung zu HUS- und EHEC-Infektionen.

---

[517] Die Bekämpfung von Seuchen bei Tieren unterliegt hingegen dem Tierseuchengesetz.

[518] BGBl. I, 2000, S. 1045.

Mit dem **Infektionsschutzgesetz** wurde das aus den 1950er und 1960er Jahren stammende Seuchenrecht umfassend novelliert und dem Fortschritt in Medizin, Biochemie und Technik angepasst. Die Herausforderungen neuer Krankheiten und Übertragungswege wurden berücksichtigt. Zudem wurden Ermächtigungsgrundlagen für die Bundesregierung zur Umsetzung von **EU-Richtlinien** in deutsches Recht geschaffen.[519]

Die Neuregelung erbrachte im Krankenhausbereich vor allem Änderungen im Meldewesen (§ 6 ff. IfSG) und neue Bestimmungen über Aufzeichnungen von nosokomialen Infektionen (§ 23 Abs. 1 IfSG). Darüber hinaus kommt jetzt dem **Robert-Koch-Institut** (RKI) als Nachfolgeorganisation des Bundesgesundheitsamtes[520] die herausragende Rolle als Koordinierungsstelle im Infektionsschutz zu.

II. Zweck des Gesetzes und Begriffsbestimmungen

 § 1 Abs. 1 IfSG
(1) Zweck des Gesetzes ist es, übertragbaren Krankheiten beim Menschen vorzubeugen, Infektionen frühzeitig zu erkennen und ihre Weiterverbreitung zu verhindern.

Die Umsetzung der **Vorbeugung** erfolgt durch staatliche Aufklärung der Allgemeinheit über Infektionsgefahren und über die Möglichkeiten zu deren Verhütung (§ 3 IfSG). Diese Aufgabe wird unterstützt durch Maßnahmen zur Früherkennung von Infektionsgefahren und der bundesweiten Koordinierung von Forschungs- und Präventionsmaßnahmen über das Robert-Koch-Institut (§ 4 IfSG) sowie der Erstellung eines Planes zur gegenseitigen Warnung und Information zwischen Bund und Ländern (§ 5 IfSG).

Die im IfSG vorzufindenden speziellen **Begriffe** werden in § 2 IfSG definiert:

 § 2 IfSG (Auszug)
Im Sinne dieses Gesetzes ist
1. Krankheitserreger ein vermehrungsfähiges Agens (Virus, Bakterium, Pilz, Parasit) oder ein sonstiges biologisches transmissibles Agens, das bei Menschen eine Infektion oder übertragbare Krankheit verursachen kann,
2. Infektion die Aufnahme eines Krankheitserregers und seine nachfolgende Entwicklung oder Vermehrung im menschlichen Organismus,

---

519 Vgl. Regierungsentwurf in BT-Drucks. 14/2530 S. 1, oder Bales/Schnitzler, Melde- und Aufzeichnungspflicht für Krankheiten und Krankheitserreger, S. A 3501.

520 Vgl. Erdle, Infektionsschutzgesetz, einleitende Anmerkung zu § 4 m.w.N.

3. Übertragbare Krankheit eine durch Krankheitserreger oder deren toxische Produkte, die unmittelbar oder mittelbar auf den Menschen übertragen werden, verursachte Krankheit, [...]

4. Krankheitsverdächtiger eine Person, bei der Symptome bestehen, welche das Vorliegen einer bestimmten übertragbaren Krankheit vermuten lassen,

5. Ausscheider eine Person, die Krankheitserreger ausscheidet und dadurch eine Ansteckungsquelle für die Allgemeinheit sein kann, ohne krank oder krankheitsverdächtig zu sein,

6. Ansteckungsverdächtiger eine Person, von der anzunehmen ist, dass sie Krankheitserreger aufgenommen hat, ohne krank, krankheitsverdächtig oder Ausscheider zu sein,

7. nosokomiale Infektion eine Infektion mit lokalen oder systemischen Infektionszeichen als Reaktion auf das Vorhandensein von Erregern oder ihrer Toxine, die im zeitlichen Zusammenhang mit einer stationären oder einer ambulanten medizinischen Maßnahme steht, soweit die Infektion nicht bereits vorher bestand, [...]

12. Gesundheitsschädling ein Tier, durch das Krankheitserreger auf Menschen übertragen werden können,

13. Sentinel-Erhebung eine epidemiologische Methode zur stichprobenartigen Erfassung der Verbreitung bestimmter übertragbarer Krankheiten und der Immunität gegen bestimmte übertragbare Krankheiten in ausgewählten Bevölkerungsgruppen [...]

III. Das Meldewesen des IfSG

Voraussetzung jeden ordnungsbehördlichen Einschreitens ist das Bekanntwerden der zu begegnenden Gefahr. Hierzu regelt das IfSG ein umfassendes System zur Erfassung des Auftretens einzelner Krankheiten (§ 6 Abs. 1 IfSG) und (neuerdings) Erregertypen (§ 7 IfSG) sowie des Ausbruchs von miteinander zusammenhängenden nosokomialen Infektionen (§ 6 Abs. 3 IfSG) und deren Meldung an das Gesundheitsamt.

§ 6 Abs. 1 Nr. 1 und 2 IfSG – Meldepflichtige Krankheiten

(1) Namentlich ist zu melden:

1. *der Krankheitsverdacht, die Erkrankung sowie der Tod an*

a) *Botulismus*

b) *Cholera*

c) *Diphtherie*

d) *humaner spongiformer Enzephalopathie, außer familiär-hereditären Formen*

e) *akuter Virushepatitis*

f) *enteropathischem hämolytisch-urämischem Syndrom (HUS)*

g) *virusbedingtem hämorrhagischem Fieber*

h) *Masern*

i) *Meningokokken-Meningitis oder -Sepsis*

j) *Milzbrand*

k) *Poliomyelitis (als Verdacht gilt jede akute schlaffe Lähmung, außer wenn traumatisch bedingt)*

l) *Pest*

m) *Tollwut*

n) *Typhus abdominalis/Paratyphus*

sowie die Erkrankung und der Tod an einer behandlungsbedürftigen Tuberkulose, auch wenn ein bakteriologischer Nachweis nicht vorliegt,

2. *der Verdacht auf und die Erkrankung an einer mikrobiell bedingten Lebensmittel-vergiftung oder an einer akuten infektiösen Gastroenteritis, wenn*

    a) *eine Person betroffen ist, die eine Tätigkeit im Sinne des § 42 Abs. 1 ausübt,*

    b) *zwei oder mehr gleichartige Erkrankungen auftreten, bei denen ein epidemischer Zusammenhang wahrscheinlich ist oder vermutet wird.*

[...]

- § 6 Abs. 1 Nr. 3 IfSG regelt die Meldung von außergewöhnlichen Impfreaktionen.
- § 6 Abs. 1 Nr. 4 IfSG betrifft die Meldung von Verletzungen durch oder das Berühren von tollwutkranken bzw. -verdächtigen Tieren.
- § 6 Abs. 1 Nr. 5 IfSG statuiert eine gesetzliche Generalklausel zur Meldepflicht bei Hinweisen auf Erkrankungen, die nicht in den Listen des § 6 IfSG und deren Erreger nicht in § 7 IfSG genannt sind und die als allgemeingefährlich vermutet werden.
- § 6 Abs. 2 regelt die namentliche Meldung von Behandlungsverweigerern bei Lungentuberkulose.
- § 6 Abs. 3 IfSG bestimmt die nichtnamentliche Meldung eines **Ausbruchs**. Dies ist das gehäufte Auftreten nosokomialer Infektionen, bei denen ein epidemischer Zusammenhang wahrscheinlich ist oder vermutet wird.

§ 7 Abs. 1 IfSG – Meldepflichtige Nachweise von Krankheitserregern

(1) Namentlich ist bei folgenden Krankheitserregern, soweit nicht anders bestimmt, der direkte oder indirekte Nachweis zu melden, soweit die Nachweise auf eine akute Infektion hinweisen:

(Beispielhafter Auszug der in § 7 Abs. 1 IfSG aufgelisteten 47 Erreger)

2. Bacillus anthracis

3. Borrelia recurrentis

7. Clostridium botulinum oder Toxinnachweis

11. Ebolavirus

12. a) Escherichia coli (EHEC)

14. FSME-Virus

15. Gelbfiebervirus

19.–23. Hepatitis-A–E-Virus

24. Influenzaviren; Meldepflicht nur für den direkten Nachweis

25. Lassavirus

26. Legionella sp.

30. Masernvirus

31. Mycobacterium leprae

41. Salmonella, sonstige

42. Shigella sp.

43. Trichinella spiralis

47. andere Erreger hämorrhagischer Fieber

(2) Namentlich sind in dieser Vorschrift nicht genannte Krankheitserreger zu melden, soweit deren örtliche und zeitliche Häufung auf eine schwerwiegende Gefahr für die Allgemeinheit hinweist.

(3) Nichtnamentlich ist bei folgenden Krankheitserregern der direkte oder indirekte Nachweis zu melden:

1. Treponema pallidum

2. HIV

3. Echinococcus sp.

4. Plasmodium sp.

5. Rubellavirus; Meldepflicht nur bei konnatalen Infektionen

6. Toxoplasma gondii; Meldepflicht nur bei konnatalen Infektionen

Zur Meldung verpflichtete Personen (vereinfachte Darstellung des § 8 IfSG) sind:

- der feststellende Arzt (und in Krankenhäusern bzw. Heimen auch dessen vorgesetzte Ärzte) bzw. bei Tollwut der Tierarzt,
- die Leiter von Medizinaluntersuchungsämtern und Laboratorien sowie der Pathologie,
- examinierte Pflegekräfte,
- Luft- und Seeschifffahrtskapitäne,
- Leiter von Pflegeeinrichtungen, Justizvollzugsanstalten, Heimen u.a.

Die **namentlichen Meldungen** müssen folgende Angaben enthalten (vereinfachte Darstellung des § 9 IfSG):

- Name, Geschlecht und Geburtsdatum,
- Hauptwohnsitz, ggf. ein abweichender aktueller Wohnort,
- Tätigkeit des Betroffenen in Kindergärten, Schulen, Kliniken, Heimen, Unterkünften, Anstalten, Arzt- und Zahnarztpraxen,
- Diagnose und Tag der Erkrankung oder der Diagnose,
- Infektionsquelle und Infektionsland,
- Name, Anschrift und Telefonnummer der mit der Erregerdiagnostik beauftragten Untersuchungsstelle,
- Daten zu einer Krankenhausaufnahme,
- Blut-, Organ- oder Gewebespenden in den letzten sechs Monaten,
- bei Impfschäden die Eintragungen im Impfpass,
- Name, Anschrift und Telefonnummer des Meldenden.

Die **nichtnamentlichen Meldungen** nach § 7 Abs. 3 IfSG müssen enthalten (vereinfachte Darstellung des § 10 IfSG):

- Geschlecht und Geburtsdatum,
- Untersuchungsbefund, Untersuchungsmaterial und Nachweismethode, Jahr und Monat der Diagnose,
- Infektionsquelle und Infektionsland,
- Name, Anschrift und Telefonnummer des Meldenden.

⚠ Eine namentliche **Meldung** hat unverzüglich, **spätestens binnen 24 Stunden** seit Kenntnisnahme, an das örtliche Gesundheitsamt zu erfolgen (§ 9 Abs. 3 IfSG).

Die nichtnamentliche Meldung muss innerhalb von zwei Wochen an das Robert-Koch-Institut auf einem Formblatt oder geeigneten Datenträger erfolgen (§ 10 Abs. 4 IfSG).

IV. Die Koordinierungsaufgaben des Robert-Koch-Instituts

Das Robert-Koch-Institut (RKI) hat infektionsepidemiologische Daten zu erfassen, auszuwerten und zu veröffentlichen sowie relevante Richtlinien und Merkblätter bundeseinheitlich zu erstellen (§ 4 Abs. 2 IfSG). Das RKI hat Konzeptionen zur Vorbeugung übertragbarer Krankheiten sowie zur frühzeitigen Erkennung und Verhinderung der Weiterverbreitung von Infektionen zu entwickeln (§ 4 Abs. 1 IfSG). Neben der Optimierung der Datenerfassung und -auswertung erhofft man sich durch die beschleunigte Veröffentlichung relevanter Daten durch das RKI mehr Transparenz der Meldedaten und hierdurch auch eine gesteigerte Meldemotivation.[521]

Beim RKI werden die nichtnamentlichen Meldungen gem. §§ 7 Abs. 3, 10 IfSG erfasst. Es werden zudem Daten zu Erkrankungen und Todesfällen sowie Nachweise von Krankheitserregern nach Maßgabe von Falldefinitionen gem. § 4 Abs. 2 Nr. 2a IfSG von den Gesundheitsämtern – nichtnamentlich – aufgenommen (§ 11 Abs. 1 IfSG). Dem RKI werden gem. § 12 IfSG das Auftreten von Cholera, Diphtherie, Fleckfieber, Gelbfieber, virusbedingtem hämorrhagischen Fieber, Pest, Poliomyelitis, Rückfallfieber sowie Fälle von Influenzavirusnachweisen durch die Gesundheitsämter gemeldet. Das RKI hat die Meldung den internationalen Verpflichtungen gemäß anonymisiert an die Weltgesundheitsorganisation (WHO) zu übermitteln.

Das Robert-Koch-Institut kann gem. §§ 13, 14 IfSG in Zusammenarbeit mit sonstigen Gesundheitseinrichtungen sog. **Sentinel-Erhebungen**[522] (vgl. auch oben S. 435, § 2 Nr. 13 IfSG) als stichprobenartige Erhebungen zur Verbreitung übertragbarer Krankheiten durchführen, wenn diese von großer gesundheitspolitischer Bedeutung sind und durch die Einzelfallmeldungen nicht erfasst werden können. Ebenso können stichprobenweise Ermittlungen zu dem Anteil der Personen geführt werden, die gegen bestimmte Erreger *nicht* immun sind (§ 13 Abs. 1 Satz 1 Nr. 2 IfSG).

---

[521] Bales/Schnitzler, Melde- und Aufzeichnungspflicht für Krankheiten und Krankheitserreger, S. A 3501.

[522] »Sentinel«, engl. für »Wächter«.

Beim RKI ist gem. § 20 Abs. 2 IfSG eine Impfkommission angesiedelt, die Empfehlungen zur Durchführung von **Schutzimpfungen** und zur Prophylaxe übertragbarer Krankheiten herausgibt. Gemäß § 18 Abs. 2 Nr. 1 IfSG ermittelt und veröffentlicht das RKI wirksame und umweltverträgliche Mittel und Verfahren zu Entseuchungsmaßnahmen (Desinfektion).

V. Die Erfassung von nosokomialen Infektionen und Resistenzen (§ 23 IfSG)

Aufgrund des verstärkten Auftretens von nosokomialen Infektionen und Krankheitserregern mit Resistenzen beschreibt das Infektionsschutzgesetz in § 23 erstmals eine Dokumentationspflicht über diese Vorgänge.

§

§ 23 Abs. 1 IfSG – Nosokomiale Infektionen, Resistenzen

(1) Leiter von Krankenhäusern und von Einrichtungen für ambulantes Operieren sind verpflichtet, die vom Robert-Koch-Institut nach § 4 Abs. 2 Nr. 2 Buchstabe b festgelegten nosokomialen Infektionen und das Auftreten von Krankheitserregern mit speziellen Resistenzen und Multiresistenzen fortlaufend in einer gesonderten Niederschrift aufzuzeichnen und zu bewerten. Die Aufzeichnungen nach Satz 1 sind zehn Jahre aufzubewahren. Dem zuständigen Gesundheitsamt ist auf Verlangen Einsicht in die Aufzeichnungen zu gewähren.

Gemäß § 23 Abs. 2 IfSG ist beim RKI eine Kommission »Krankenhaushygiene und Prävention nosokomialer Infektionen« eingerichtet worden. Diese erstellt Empfehlungen zur Prävention nosokomialer Infektionen sowie zu betrieblich-organisatorischen und baulich-funktionellen Maßnahmen der Hygiene in Krankenhäusern und anderen medizinischen Einrichtungen.

VI. Maßnahmen zur Verhütung übertragbarer Krankheiten (§§ 16 ff. IfSG)

⚠ Die Aufteilung der behördlichen Maßnahmen in solche zur Verhütung (§§ 16 ff. IfSG) und solche zur Bekämpfung (§§ 24 ff. IfSG) übertragbarer Krankheiten stellt nach Ansicht der Autoren keine logisch zwingende Abgrenzung dar. Seuchenpolizeiliche Maßnahmen aus einem Bereich werden wechselseitig im anderen Bereich Erfolge zeigen. Das Abfragen der Maßnahmen im Zusammenhang mit dieser Aufteilung des Gesetzes in Examensprüfungen erscheint unangemessen schwierig.

⚠ Die Maßnahmen, die unter der Rubrik »Verhütung« zusammengefasst sind, konzentrieren sich auf die Gefahrenermittlung an Gegenständen, auf deren Entseuchung und auf das Impfwesen.

Die zentrale Vorschrift zu **Maßnahmen zur Verhütung von übertragbaren Krankheiten** ist § 16 IfSG. Sie entspricht in den Absätzen 1 und 2 im Wesentlichen dem ehemaligen § 10 Abs. 1 und 2 BSeuchG, dessen Kommentierungen daher zur Auslegung von Rechtsfragen bei § 16 IfSG herangezogen werden können.

§ **§ 16 Abs. 1 IfSG – Allgemeine Maßnahmen**
(1) Werden Tatsachen festgestellt, die zum Auftreten einer übertragbaren Krankheit führen können, oder ist anzunehmen, dass solche Tatsachen vorliegen, so trifft die zuständige Behörde die notwendigen Maßnahmen zur Abwendung der dem Einzelnen oder der Allgemeinheit hierdurch drohenden Gefahren. Die bei diesen Maßnahmen erhobenen personenbezogenen Daten dürfen nur für Zwecke dieses Gesetzes verarbeitet und genutzt werden.

- **§ 16 Abs. 1 IfSG** enthält die allgemeine Ermächtigung der Gesundheitsbehörde, im konkreten Gefahrenfall wie auch im Verdachtsfall jedwede Abwehrmaßnahmen zu ergreifen. Die weite Fassung solcher Generalermächtigungen für behördliches Einschreiten fordert als Korrektiv die strenge Beachtung des verwaltungsrechtlichen Verhältnismäßigkeitsgrundsatzes, wonach jede Maßnahme darauf zu prüfen ist, ob sie zur konkret anstehenden Gefahrenabwehr geeignet, erforderlich und das mildeste Mittel ist.

- **§ 16 Abs. 2 IfSG** umfasst für den Gefahrenfall ganz konkrete Ermächtigungen zum Betreten von Grundstücken, Räumen, Fahrzeugen etc.; es können Personen zur Auskunft und zur Vorlage von Unterlagen verpflichtet werden. Dabei dürfen Kopien angefertigt und Proben entnommen werden.

- **§ 17 IfSG** enthält die gesetzliche Ermächtigung zu Maßnahmen, wenn Gegenstände mit meldepflichtigen Krankheitserregern behaftet sind und zu befürchten ist, dass es hierdurch zur Verbreitung der Krankheit kommt. Es können **Entseuchungsmaßnahmen** angeordnet werden bis hin zur Vernichtung der Gegenstände. Während der Entseuchung oder auch Schädlingsbekämpfung kann die Nutzung von Räumen untersagt werden. Es kann angeordnet werden, dass der zur Vernichtung Angewiesene geeignetes Fachpersonal beauftragen muss (§ 7 Abs. 3 IfSG). Gemäß § 18 IfSG dürfen bei behördlich angeordneten Entseuchungen (Desinfektionen), Entwesungen (Bekämpfung von Nichtwirbeltieren) und zur Bekämpfung von Wirbeltieren (in der Regel Ratten) nur Mittel und Verfahren zum Einsatz kommen, die durch das Robert-Koch-Institut oder das Bundesinstitut für gesundheitlichen Verbraucherschutz zugelassen sind (zur Prüfung der Mittel vgl. **§ 18 Abs. 2 IfSG**).

- In der Nachfolge des Geschlechtskrankheitengesetzes haben die Gesundheitsämter gem. **§ 19 IfSG** bezüglich sexuell übertragbarer Krankheiten (und bei Tuberkulose) Beratungen und Untersuchungen anzubieten.

- Gemäß **§ 20 Abs. 1 IfSG** haben die Behörden über Schutzimpfungen und andere prophylaktische Maßnahmen bei übertragbaren Krankheiten zu informieren. Im Bedarfsfall sollen nach § 20 Abs. 3 IfSG öffentliche Empfehlungen zu Schutzimpfungen etc. ausgesprochen werden. Gemäß § 20 Abs. 6 IfSG können durch Rechtsverordnung des Bundesgesundheitsministeriums **Zwangsimpfungen** angeordnet werden. Der impfende Arzt, hilfsweise das Gesundheitsamt, hat die **Impfung** in ein Impfbuch gem. den Vorgaben des § 20 Abs. 2 IfSG einzutragen.

VII. Maßnahmen zur Bekämpfung übertragbarer Krankheiten (§§ 24 ff. IfSG)

§ Gemäß § 24 IfSG ist die **Behandlung** der wichtigsten übertragbaren Krankheiten und der sexuell übertragbaren Krankheiten ausdrücklich **Ärzten vorbehalten**. Ein Verstoß hiergegen steht gem. § 75 Abs. 5 IfSG unter Strafandrohung!

Zwangsbehandlungen sind generell durch Art. 2 Abs. 2 GG, der die körperliche Unversehrtheit einer jeden Person schützt, verboten. In dieses Schutzrecht kann nur aufgrund eines Gesetzes eingegriffen werden. Das Infektionsschutzgesetz sieht einen solchen Eingriff *ausdrücklich nicht vor* (anders noch § 26 des früheren Gechlechtskrankheitengesetzes). Das Verbot von Zwangsbehandlungen wird in § 28 Abs. 1 Satz 3 IfSG wiederholt.

⚠ Aufgrund des IfSG darf keine Zwangsheilbehandlung angeordnet werden.

Die Maßnahmen zur Bekämpfung von übertragbaren Krankheiten konzentrieren sich auf die Ermittlung von Seuchengefahren durch Untersuchungen, die Verhinderung von Menschenansammlungen und auf Tätigkeitsverbote und die Inquarantänenahme Betroffener.

- Nach **§ 25 Abs. 1 IfSG** (**Generalermächtigung**) kann das Gesundheitsamt – sofern auch nur anzunehmen ist, dass eine Person oder ein Verstorbener krank, krankheitsverdächtig, ansteckungsverdächtig oder ein Ausscheider ist – alle erforderlichen Ermittlungen zu Art, Ursache, Ansteckungsquelle und Ausbreitung der Krankheit anstellen.
- Ist anzunehmen, dass bei einer Blut-, Organ- oder Gewebespende der Spender (ggf. ein Verstorbener) meldepflichtig erkrankt oder infiziert war, und ist eine Übertragung durch Blut, Blutprodukte, Gewebe oder Organe möglich, so hat das Gesundheitsamt die zuständigen Bundes- und Landesbehörden unverzüglich zu unterrichten. Bei Spendern vermittlungspflichtiger Organe ist auch die Koordinierungsstelle (§ 11 TransplantationsG), bei sonstigen Organ- oder Gewebespendern das Transplantationszentrum (§ 25 Abs. 2 IfSG) zu unterrichten.
- Gemäß **§ 26 Abs. 1 IfSG** gelten die zu § 16 Abs. 2 IfSG beschriebenen Betretungs-, Auskunfts- und Einsichtsrechte auch bei den Vorschriften zur Bekämpfung übertragbarer Krankheiten entsprechend.

- Als weitergehende Maßnahme können gem. **§ 26 Abs. 2 IfSG** die in § 25 Abs. 1 IfSG genannten Personen durch das Gesundheitsamt vorgeladen werden und verpflichtet werden, sich untersuchen zu lassen oder Entnahmen von Untersuchungsmaterial an sich vornehmen zu lassen, insbesondere äußerliche Untersuchungen, Röntgenuntersuchungen, Tuberkulin-Testungen, Blutentnahmen und Abstriche von Haut und Schleimhäuten zu dulden. Invasive Eingriffe und Maßnahmen, die eine Betäubung erfordern, bedürfen der Einwilligung des Betroffenen.
- Gemäß **§ 28 IfSG** können im Gefahrenfall Veranstaltungen beschränkt oder verboten, Badeanstalten oder Gemeinschaftseinrichtungen geschlossen werden. Personen kann aufgegeben werden, bestimmte Orte nicht zu verlassen oder nicht aufzusuchen.
- Gemäß **§ 29 IfSG** können die in § 25 Abs. 1 IfSG genannten Personen einer Beobachtung unterworfen werden. Sie haben währenddessen Untersuchungen, auch die in § 26 Abs. 2 IfSG genannten, zu dulden, Zutritt zu ihrer Wohnung zu gestatten oder Wohnungswechsel zu melden. Diese Anzeigepflicht gilt auch für im Lebensmittelgewerbe oder in Einrichtungen nach §§ 36 Abs. 1 und 33 IfSG Tätige.
- Nach **§ 31 IfSG** können den in § 25 Abs. 1 IfSG genannten Personen bestimmte berufliche Tätigkeiten ganz oder teilweise untersagt werden.
- Gemäß **§ 30 Abs. 1 IfSG** hat die Behörde Personen, die an Lungenpest oder an von Mensch zu Mensch übertragbarem hämorrhagischem Fieber erkrankt oder dessen verdächtig sind, (zwingend) in einem Krankenhaus oder in einer für diese Krankheit geeigneten Einrichtung abzusondern (**Quarantäne**).
- Diese Absonderung kann gem. **§ 30 Abs. 2 und 3 IfSG** zwangsweise durchgeführt werden. Ansteckungsverdächtige und Ausscheider können auch in anderen geeigneten und abgeschlossenen Einrichtungen abgesondert werden.

△ Bei Quarantänemaßnahmen hat der Träger der Einrichtung gem. § 30 Abs. 5 IfSG dafür zu sorgen, dass das eingesetzte Personal und weitere gefährdete Personen den erforderlichen Impfschutz oder eine spezifische Prophylaxe erhalten.

VIII. Weitere Bestimmungen des IfSG

Die **§§ 33–35 IfSG** enthalten besondere Vorschriften **für Kinder- und Jugendeinrichtungen**, § 36 darüber hinaus für Heime, Massenunterkünfte und Anstalten etc. Personen, die an den in § 34 IfSG aufgelisteten Krankheiten erkrankt, krankheitsverdächtig oder verlaust sind, dürfen dort nicht mehr tätig sein bzw. die Einrichtung nicht mehr nutzen. Zu den sonstigen Schutzmaßnahmen vgl. im Einzelnen § 34–36.

Die §§ 37–41 IfSG und die Trinkwasserverordnung (BGBl. I, 2001, S. 959)[523] regeln infektionsrechtliche Schutzvorschriften für das Trinkwasser (§ 37 Abs. 1 und 3 IfSG), Badewasser (§ 37 Abs. 2 und 3 IfSG) und Abwasser (§ 4 IfSG).

§ 42 IfSG statuiert **Beschäftigungsverbote** bei Personen mit bestimmten Erkrankungen, die in der **Lebensmittelherstellung** oder im -verkauf tätig sind. Gemäß § 43 Abs. 1 IfSG sind diese Personen vor der Aufnahme ihrer Tätigkeit durch das Gesundheitsamt über den § 42 IfSG zu belehren. Später haben diese **Belehrungen** nachweislich jedes Jahr durch den Arbeitgeber zu erfolgen (§ 43 Abs. 4 und 5 IfSG). Liegen bei einem Arbeitnehmer Verdachtsgründe vor, dass er an einer der in § 42 Abs. 1 IfSG aufgeführten Krankheiten (z.B. Gastroenteritis, Salmonellosen, Typhus abdominalis) leidet, ist er zur *unverzüglichen Meldung* an den Arbeitgeber **verpflichtet** (§ 43 Abs. 2 IfSG). Der Arbeitgeber wiederum muss bei Entdeckung eines erkrankten Mitarbeiters Maßnahmen zu Verhinderung der Weiterverbreitung der Krankheitserreger einleiten (§ 43 Abs. 3 IfSG).

IX. Entschädigungsregelungen (§§ 56–68 IfSG)

Das IfSG enthält in den §§ 56 ff. Bestimmungen über die Entschädigung von Betroffenen, die durch ordnungsrechtlichen Maßnahmen des IfSG beeinträchtigt wurden. Beispielhaft erwähnt seien hier:

- **§§ 56–59 IfSG:** Die Regelung einer Entschädigung für Verdienstausfall für Personen, die von Berufsverboten betroffen sind.
- **§§ 60–64 IfSG:** Bestimmungen von Versorgungsleistungen für Personen, die einen Impfschaden erlitten haben.
- **§§ 65–66 IfSG:** Regelungen zur Entschädigung bei Vernichtung oder Wertminderung von Gegenständen, die von Verhütungsmaßnahmen gem. §§ 16 und 17 IfSG betroffen waren.

---

[523] Zuletzt geändert durch Art. 263 der Verordnung vom 25. November 2003 (BGBl. I, S. 2304).

X. Straf- und Bußgeldvorschriften (§§ 73 ff. IfSG)

Die §§ 73 ff. IfSG enthalten Straf- und Bußgeldbestimmungen bei einer Androhung von **Freiheitsstrafen von bis zu fünf Jahren** bei Verstößen beispielsweise gegen die Meldepflichten der §§ 6 und 7 IfSG, die Mitwirkungspflichten gem. § 16 Abs. 2 IfSG, die Untersuchungspflicht gem. § 26 Abs. 3 Satz 1 IfSG, gegen das Beschäftigungsverbot des § 43 Abs. 1 Satz 1 IfSG oder bei der Behandlung von übertragbaren Krankheiten als Nichtarzt entgegen § 24 Satz 1 IfSG (§ 75 Abs. 5 IfSG).

XI. Aids- bzw. HIV-Infektion als übertragbare Krankheit i.S.d. BSeuchG/IfSG

Aids bzw. das Tragen des HI-Virus waren grundsätzlich gefährliche Erkrankungen i.S.d. § 3 des ehemaligen Bundes-Seuchengesetzes (BSeuchG). Nach langer kontroverser Diskussion hat man beide Krankheitsstadien jedoch nicht in den Katalog der Meldepflichten des ehemaligen § 3 des BSeuchG aufgenommen. Stattdessen wurde eine anonyme Meldepflicht nach der ehemaligen Laborberichtsverordnung geschaffen.

Auch nach der Einführung des Infektionsschutzgesetzes blieb es bei der nichtnamentlichen Meldung (vgl. § 7 Abs. 3 Nr. 2 IfSG). Hintergrundüberlegung war und ist, dass viele Menschen, sofern eine namentliche Meldepflicht beim Aufdecken von HIV oder Aids gegeben wäre, sich generell von der Vornahme eines Aids-Tests abschrecken ließen. Somit würde eine Vielzahl von Erkrankten keine Kenntnis von ihrer Erkrankung erlangen. Ohne diese Kenntnis würden sie sich weder einer Behandlung unterziehen noch Schutzmaßnahmen gegen eine Weiterverbreitung des Virus unternehmen.

Die Anonymität der Aids-Tests und die umfangreiche Risikoaufklärung gelten heute als Grund für die erreichte hohe Untersuchungsrate und Behandlungsdichte auf freiwilliger Basis.

B. Arzneimittelgesetz (AMG)

I. Allgemeines

Das Arzneimittelgesetz in der Neufassung vom 11. Dezember 1998 (BGBl. I, S. 3586, zuletzt geändert am 14. August 2006[524]) stellt eine detaillierte Regelung über die Herstellung von Arzneimitteln, den Umgang mit ihnen und die Haftung für Arzneimittelschäden dar. Es dient insgesamt der Sicherung einer ordnungsgemäßen Versorgung von Mensch und Tier mit Arzneimitteln.

 § 1 AMG – Zweck des Gesetzes

Es ist der Zweck dieses Gesetzes, im Interesse einer ordnungsgemäßen Arzneimittelversorgung von Mensch und Tier für Sicherheit im Verkehr mit Arzneimitteln, insbesondere für die Qualität, Wirksamkeit und Unbedenklichkeit der Arzneimittel nach Maßgabe der folgenden Vorschriften zu sorgen.

 § 2 Abs. 1 AMG – Arzneimittelbegriff

(1) Arzneimittel sind Stoffe und Zubereitungen aus Stoffen, die dazu bestimmt sind, durch Anwendung am oder im menschlichen Körper

1. Krankheiten, Leiden, Körperschäden, oder krankhafte Beschwerden zu heilen, zu lindern, zu verhüten oder zu erkennen.

2. die Beschaffenheit, den Zustand oder die Funktion des Körpers oder seelische Zustände erkennen zu lassen,

3. vom menschlichen oder tierischen Körper erzeugte Wirkstoffe oder Körperflüssigkeiten zu ersetzen,

4. Krankheitserreger, Parasiten oder körperfremde Stoffe abzuwehren, zu beseitigen oder unschädlich zu machen oder

5. die Beschaffenheit, den Zustand oder die Funktion des Körpers oder seelische Zustände zu beeinflussen.

---

[524] Durch Art. 12 des Gesetzes über die Bereinigung des Bundesrechts im Zuständigkeitsbereich des Bundesministeriums für Arbeit und Soziales und des Bundesministeriums für Gesundheit (BGBl. I 2006, S. 1869).

Als Arzneimittel gelten gem. § 2 Abs. 2 AMG auch diverse Gegenstände und Instrumente wie Pflaster, Binden, sterile Einmal- Instrumente, künstliche Implantate, Zahnplomben, Verbandsstoffe, chirurgisches Nahtmaterial u.a.

Grundsätzlich *nicht* unter den Arzneimittelbegriff fallen gem. § 2 Abs. 3 AMG:

- Lebensmittel, Futter und kosmetische Mittel i.S.d. §§ 2 und 3 des Lebensmittel- und Futtermittelgesetzbuches,
- Tabakerzeugnisse i.S.d. § 3 des Vorläufigen Tabakgesetzes,
- Medizinprodukte und Zubehör für Medizinprodukte i.S.d. § 3 des Medizinproduktegesetzes – es sei denn, es handelt sich um Arzneimittel i.S.d. § 2 Abs. 1 Nr. 2 AMG,
- die in § 9 Satz 1 des Transplantationsgesetzes genannten Organe und Augenhornhäute, wenn sie zur Übertragung auf andere Menschen bestimmt sind.

Weitere wesentliche Begriffsbestimmungen enthält § 4 AMG. Hier seien nur herausgehoben:

- **Fertigarzneimittel** sind Arzneimittel, die im Voraus hergestellt und in einer zur Abgabe an den Verbraucher bestimmten Verpackung in den Verkehr gebracht werden.
- **Blutzubereitungen** sind Arzneimittel, die aus Blut gewonnene Blut-, Plasma- oder Serumkonserven, Blutbestandteile oder Zubereitungen aus Blutbestandteilen enthalten oder zur Gänze daraus bestehen.

II. Anforderungen an Arzneimittel (§§ 5 ff. AMG)

Gemäß § 5 AMG ist es verboten, bedenkliche Arzneimittel in Verkehr zu bringen. Dies sind solche Arzneimittel, die im begründeten Verdacht stehen, dass ihre Nebenwirkungen ein wissenschaftlich vertretbares Maß überschreiten.

§ 8 AMG verbietet die Herstellung und das Inverkehrbringen von minderwertigen, irreführend aufgemachten oder laut Verfallsdatum abgelaufenen Arzneimitteln.

§ 10 AMG bestimmt die **Kennzeichnungspflicht von Fertigarzneimitteln**, auf deren Verpackung Folgendes zu finden sein muss:

- Name/Firma und Anschrift des Herstellers,
- Bezeichnung des Arzneimittels,
- Zulassungsnummer,
- Chargenbezeichnung oder Herstellungsdatum,
- Darreichungsform,
- Inhaltsangabe in Gewicht, Volumen oder Stückzahl,
- Art der Anwendung,
- Wirkstoff bzw. wirksame Bestandteile nach Art und Menge,
- das genaue Verfallsdatum,
- der Hinweis »verschreibungspflichtig« oder »apothekenpflichtig«,
- Lagerungshinweise.

§ 11 AMG verlangt bei Fertigarzneimitteln die **Gebrauchsinformation (Packungsbeilage)** mit:

- Namen/Firma und Anschrift des Herstellers,
- Wirkstoff bzw. wirksame Bestandteile nach Art und Menge,
- Anwendungsgebieten, Gegenanzeigen, Neben- und Wechselwirkungen,
- Einzel- und Tagesdosierungsanleitung (»soweit nicht anders verordnet«),
- Art und ggf. Maximaldauer der Anwendung,
- Verfalls- und Haltbarkeitshinweise,
- Hinweis, dass die Präparate für Kinder unzugänglich zu lagern sind,
- Lagerungshinweise.

III. Herstellung und Zulassung

⚠ Zur gewerbsmäßigen **Herstellung** von Arzneimitteln bedarf es der Erlaubnis durch eine Bundesbehörde (§§ 13 ff., 77 AMG). Für Impfstoffe, Zelltherapeutika und Arzneimittel, die aus Blut und menschlichem Gewebe gewonnen werden, ist das Paul-Ehrlich-Institut (PEI), für alle anderen das Bundesinstitut für Arzneimittel und Medizinprodukte (BfArM) zuständig.

Vor dem **Inverkehrbringen** von Arzneimitteln bedürfen diese der Zulassung im Rahmen umfangreicher Überprüfungen durch die genannten Bundesbehörden (§§ 21 ff. AMG). Homöopathische Arzneimittel müssen lediglich durch das Bundesinstitut für Arzneimittel und Medizinprodukte registriert werden (§§ 38, 39 AMG).

Gemäß §§ 40 ff. AMG sind klinische Prüfungen von neuen Arzneimitteln an strenge Voraussetzungen geknüpft. Es hat u.a. eine besondere Nutzen- und Risikoabwägung vor der klinischen Prüfung stattzufinden, der Proband ist umfassend aufzuklären und die Einwilligungserklärung des ausreichend einsichtsfähigen Probanden schriftlich einzuholen. Eine klinische Prüfung bei Minderjährigen (§ 40 Abs. 4 AMG) darf nur stattfinden, wenn das zu prüfende Arzneimittel zum Einsatz bei Minderjährigen bestimmt ist und die Prüfung an Erwachsenen keine ausreichenden Ergebnisse erwarten lässt.

IV. Die Abgabe von Arzneimitteln (§§ 43 ff. AMG)

Gemäß § 43 AMG sind alle Arzneimittel grundsätzlich **apothekenpflichtig**. Die Ausnahme bilden Arzneien wie Heilwässer, Heilerde, Pflanzenextrakte (z.B. Knoblauchpillen), Pflaster und Brandbinden, die gem. §§ 44–46 **frei verkäuflich** sind. Nach § 48 AMG werden durch Rechtsverordnung jene Arzneimittel bestimmt, die (über die grundsätzliche Apothekenpflicht hinaus) **verschreibungspflichtig** sind. Hier werden Arzneimittel erfasst, die – auch bei bestimmungsgemäßem Gebrauch – ohne ärztliche Überwachung die Gesundheit gefährden könnten, sowie Arzneimittel, die häufig in erheblichem Umfang nicht bestimmungsgemäß gebraucht werden (Medikamentenmissbrauch/-abhängigkeit). Arzneimittel mit neuen Substanzen unterliegen in der Regel in den ersten drei Jahren einer generellen Verschreibungspflicht (§ 48 Abs. 1 und 2 Satz 3 AMG).

Das Rezept muss enthalten:

- Name des Arztes,
- Name des Patienten,
- Arzneimittel und Menge/Packungsgröße,
- Dosierungsangabe bei einer Abweichung von der Gebrauchsinformation,
- Ausstellungsdatum und Unterschrift des Arztes.

Das Rezept behält für sechs Monate Gültigkeit.

V. Arzneimittelhaftung (§§ 84 ff. AMG)

In den §§ 84 ff. AMG ist die Haftung für Körperschäden und Todesfälle aufgrund von Arzneimitteleinwirkungen geregelt. Zentrale Vorschrift ist § 84 AMG, der dem Hersteller oder Vertreiber unabhängig von einem Verschulden eine Schadensersatzpflicht auferlegt. Voraussetzung ist, dass das Arzneimittel bei bestimmungsgemäßem Gebrauch eine schädliche Wirkung hat und die Ursache im Bereich der Entwicklung oder Herstellung liegt oder der Schaden auf einer unzureichenden Kennzeichnung, Fachinformation oder Gebrauchsinformation (Beipackzettel) beruht.

VI. Straf- und Bußgeldbestimmungen (§§ 95 ff. AMG)

Die §§ 95 ff. AMG enthalten umfangreiche Straf- und Bußgeldbestimmungen für den Fall von Verstößen gegen das Arzneimittelgesetz.

C. Medizinprodukterecht (MPG, MPBetreibV)

I. Allgemeines

Das Medizinproduktegesetz (MPG) in seiner Fassung vom 7. August 2002 (BGBl. I, S. 3146, zuletzt geändert am 25. November 2003[525]) stellt ein Spezialgesetz neben dem Arzneimittelgesetz (s.o.) und dem Gerätesicherheitsgesetz[526] dar. Mit der Neufassung durch das **Zweite MPG-Änderungsgesetz** wurde das MPG erweitert, aber in Teilen auch gestrafft, entbüro-

---

[525] Durch die Achte Zuständigkeitsanpassungsverordnung (BGBl. I, 2003, S. 2304).

[526] BGBl. I, 1992, S. 1794.

kratisiert und neu strukturiert. Durch diese Neustrukturierung ist es auch zu einigen Verschiebungen in der bisherigen Paragraphenfolge gekommen. Einen beklagenswerten Nachteil erbrachte die Gesetzesänderung insofern, als der Gesetzestext die genauen Anforderungen an Medizinprodukte und Verfahrensweisen vielfach nicht mehr selbst vorgibt, sondern auf EU-Richtlinien verweist. Deren Texte sind für manchen nur schwer zugänglich, und es müssen für die vielen Verweisungen mühsam die unterschiedlichsten EU-Richtlinien beigezogen werden.

 Die **Medizingeräteverordnung** vom 14. Januar 1985 (BGBl. I, 1985, S. 93), zuletzt geändert am 29. Juni 1998 (BGBl. I, 1998, S. 1762), wurde durch Art. 6 des Zweiten MPG-Änderungsgesetzes aufgehoben. Für bestimmte Medizinprodukte gelten gem. § 44 MPG Übergangsregelungen bis zum Jahr 2007.

Mit der Einführung des ursprünglichen Medizinproduktegesetzes im Jahre 1994 hatte der bundesdeutsche Gesetzgeber eine Reihe von Richtlinien des Europäischen Rates in deutsches Recht umgesetzt.[527] Durch das Zweite MPG-Änderungsgesetz wurden erneut zwei EU-Richtlinien – 98/79/EG und 2000/70/EG – einbezogen. Es wurden damit Bestimmungen, die In-vitro-Diagnostika und Medizinprodukte betreffen, die stabile Derivate aus menschlichem Blut oder Blutplasma enthalten, in das MPG übernommen.

Das MPG regelt Sicherheitsvorkehrungen für das Inverkehrbringen und den anschließenden dauerhaft sicheren Betrieb von Medizinprodukten. Weitergehender als das AMG trifft das MPG dabei Regelungen, die nicht nur dem Schutz der Patienten dienen, sondern auch dem Schutz der Anwender (Pflegekräfte etc.) und Dritter (»an der eigentlichen Pflegehandlung Unbeteiligter«). Das MPG enthält dazu technische und medizinische Anforderungen an die Medizinprodukte sowie Beobachtungs-, Informations- und Meldepflichten für die Beteiligen.

II. Zweck des Gesetzes und Begriffsklärung

§ 1 MPG – Zweck des Gesetzes
Zweck dieses Gesetzes ist es, den Verkehr mit Medizinprodukten zu regeln und dadurch für die Sicherheit, Eignung und Leistung der Medizinprodukte sowie die Gesundheit und den erforderlichen Schutz der Patienten, Anwender und Dritter zu sorgen.

---

527 Vgl. die Übersicht bei Laufs/Uhlenbruck, Handbuch des Arztrechts, § 135, RN 8.

§ 2 Abs. 1 MPG – Anwendungsbereich des Gesetzes
(1) Dieses Gesetz gilt für Medizinprodukte und deren Zubehör. Zubehör wird als eigenständiges Medizinprodukt behandelt.

Die Absätze 2 und 3 des § 2 MPG regeln die Anwendbarkeit des Medzinproduktegesetzes auf Geräte zur Verabreichung von Arzneimitteln.

Die relevanten Definitionen zu den Medizinproduktevorschriften finden sich in § 3 des MPG:

 § 3 Nr. 1 MPG – Begriffsbestimmungen
Medizinprodukte sind alle einzeln oder miteinander verbunden verwendeten Instrumente, Apparate, Vorrichtungen, Stoffe und Zubereitungen aus Stoffen oder andere Gegenstände einschließlich der für ein einwandfreies Funktionieren des Medizinproduktes eingesetzten Software, die vom Hersteller zur Anwendung für Menschen mittels ihrer Funktionen zum Zwecke
a. der Erkennung, Verhütung, Überwachung, Behandlung oder Linderung von Krankheiten,
b. der Erkennung, Überwachung, Behandlung, Linderung oder Kompensierung von Verletzungen oder Behinderungen,
c. der Untersuchung, der Ersetzung oder der Veränderung des anatomischen Aufbaus oder eines physiologischen Vorgangs oder
d. der Empfängnisregelung
zu dienen bestimmt sind und deren bestimmungsgemäße Hauptwirkung im oder am menschlichen Körper weder durch pharmakologisch oder immunologisch wirkende Mittel noch durch Metabolismus erreicht wird, deren Wirkungsweise aber durch solche Mittel unterstützt werden kann [...]

⚠ **Medizinprodukte** sind also Gegenstände mit therapeutischer und helfender Funktion, die im Gegensatz zu Arzneimitteln jedoch nicht pharmakologisch, sondern rein physikalisch wirken.[528]

---

[528] Deutsch, Medizinrecht, RN 984 m.w.N.

Die Medizinprodukte werden gem. § 13 MPG i.V.m. Anhang IX der EG-Richtlinie 93/42/EWG in vier Klassen eingeteilt. Die Zugehörigkeit zu einer Klasse wird durch die Gefährlichkeit des Medizinproduktes bestimmt. So zählen zur Klasse I die Medizinprodukte mit geringem Gefährdungsgrad wie Verbandsmaterial oder Rollstühle. Zu den Klassen IIa und IIb zählen z.B. Kontaktlinsen, künstliche Gelenke oder Röntgengeräte. In Klasse III finden sich Medizinprodukte mit hohem Risiko wie Herzschrittmacher oder künstliche Herzklappen.[529] Die **Klassifizierung** erfolgt gem. § 13 Abs. 1 und 2 i.V.m. § 37 Abs. 1 MPG im Einvernehmen zwischen dem Hersteller und der »Benannten Stelle« (siehe unten S. 457 f.), im Streitfall durch die Aufsichtsbehörde.

§ 3 Nr. 2–21 MPG liefert umfangreiche Definitionen, die zur Auslegung des MPG bedeutend sind – beispielsweise Begriffe wie Sonderanfertigung, Zubehör, Nebenwirkung, herstellen, Inbetriebnehmen, ausstellen, In-vitro-Diagnostikum oder auch der Begriff des aktiven Medizinproduktes (Produkt mit Energiequelle).

III. Anforderungen an Medizinprodukte (§§ 4–13 MPG)

§ 4 MPG statuiert zunächst das allgemeine Verbot des Inverkehrbringens, Betreibens etc. von Medizinprodukten, die die Sicherheit von Patienten über ein nach den Erkenntnissen der medizinischen Wissenschaft vertretbares Maß hinausgehend gefährden, deren **Verfallsdatum** abgelaufen ist oder die mit irreführenden Angaben versehen sind.

§ 6 legt als sachliche Voraussetzung für das Inverkehrbringen und die Inbetriebnahme der meisten Medizinprodukte fest, dass diese mit einer **CE-Kennzeichnung** versehen sein müssen.

Die CE-Kennzeichnung muss gem. § 9 MPG gut sichtbar auf dem Medizinprodukt aufgebracht werden. Sonstige Aufdrucke auf dem Gerät oder auf der Verpackung dürfen die CE-Kennzeichnung nicht in der Lesbarkeit oder in der Verständlichkeit beeinträchtigen. So wird das Anbringen des GS-Zeichen (»Geprüfte Sicherheit« nach dem Gerätesicherheitsgesetz) als unzulässig angesehen.[530]

Die Erteilung einer CE-Kennzeichnung setzt gem. § 6 Abs. 2 i.V.m. § 7 MPG voraus, dass das Medizinprodukt den für es geltenden Vorgaben der EG-Richtlinien entspricht und dies gem. § 37 Abs. 1 MPG durch das sog. Konformitätsbewertungsverfahren festgestellt ist.

---

529 Deutsch, Medizinrecht, RN 985 m.w.N.

530 Deutsch, Medizinrecht, RN 995 m.w.N.

Gemäß § 8 MPG wird die Übereinstimmung von Medizinprodukten mit dem MPG vermutet, soweit ein Medizinprodukt den Vorgaben sog. Harmonisierter Normen, gleichgestellten Monographien des Europäischen Arzneibuches oder (neu) gemeinsamen technischen Spezifikationen entspricht. Die §§ 10–12 MPG enthalten besondere Regeln für das Inverkehrbringen von Sonderanfertigungen, Behandlungseinheiten oder Systemen sowie für das Sterilisieren von Medizinprodukten.

IV. Die Regelungen zum Betrieb von Medizinprodukten (§ 14 MPG, MPBetreibV)

Mit der Neuregelung des Medizinproduktegesetzes im Jahre 2002 wurden die bisherigen Regelungen zur Errichtung, zum Betrieb und zur Anwendung von Medizinprodukten (§§ 22–24 MPG a.F.) in eine eigene Rechtsvorschrift überführt: die »Verordnung über das Errichten, Betreiben und Anwenden von Medizinprodukten« oder kurz »Medizinprodukte-Betreiberverordnung« (MPBetreibV). Diese liegt derzeit in der Fassung der Bekanntmachung vom 21. August 2002 (BGBl. I, S. 3396), zuletzt geändert am 25. November 2003 (BGBl. I, S. 2304), vor.

Die Kernaussagen der **MPBetreibV** sind (vereinfacht):

- Die MPBetreibV gilt hinsichtlich des Umgangs mit Medizinprodukten gem. § 3 MPG, ausgenommen sind Medizinprodukte zur klinischen Prüfung oder zur Leistungsbewertung (vgl. § 1 MPBetreibV).
- **Der Umgang mit Medizinprodukten ist nur Personen gestattet, die die dafür erforderliche Ausbildung oder Kenntnis und Erfahrung besitzen** (§ 2 Abs. 2 und 4 MPBetreibV, vgl. auch § 4 MPBetreibV).
- Vor der Anwendung ist das Medizinprodukt auf seinen ordnungsgemäßen Zustand und seine Funktionstätigkeit zu prüfen und die Gebrauchsanweisung etc. zu beachten (§ 2 Abs. 5 MPBetreibV)!
- Es besteht Meldepflicht bei Funktionsstörungen, Änderungen der Leistung, Fehlern in der Kennzeichnung oder in der Gebrauchsanweisung, die zu schwerwiegenden Gefahren für Patienten, Beschäftigte oder Dritte geführt haben oder hätten führen können.

- Wer quantitative labormedizinische Untersuchungen durchführt, hat in jedem Quartal interne Kontrollen durchzuführen und sich an Ringversuchen zu beteiligen (§ 4a MPBetreibV).
- Der Betrieb eines neuen Medizinproduktes darf nur aufgenommen werden, nachdem der Hersteller – vor Ort – eine Funktionsprüfung und die Einweisung des Betriebspersonals vorgenommen hat (§ 5 MPBetreibV).
- Der Betreiber hat das Medizinprodukt den vom Hersteller vorgegebenen regelmäßigen Kontrollen zu unterziehen und dies zu dokumentieren (§ 6 MPBetreibV).
- Für die Medizinprodukte des § 7 MPBetreibV ist ein Medizinproduktebuch zu führen, u.a. zur Dokumentation der genannten Sicherheitsvorschriften. Medizinproduktebuch und Gebrauchsanweisung sind gut zugänglich aufzubewahren (§ 9 MPBetreibV).
- Über aktive nicht implantierbare Medizinprodukte ist ein Bestandsverzeichnis zu führen (§ 8 MPBetreibV).
- Nach der Implantation eines aktiven Medizinproduktes ist dem Patienten eine spezielle Informationsschrift gem. § 10 MPBetreibV auszuhändigen.
- Der Betreiber hat für bestimmte Medizinprodukte messtechnische Kontrollen nach den exakten Vorgaben des § 11 MPBetreibV zu erfüllen.

V. Benannte Stellen zur Konformitätsbewertung (§§ 15–18 MPG n.F.)

Für die Durchführung der (Gefahren-)Klassifizierung von Medizinprodukten (§ 13 MPG), für die Verfahren zur Konformitätsbewertung (§§ 6–9 MPG), für Sonderverfahren für Systeme und Behandlungseinheiten (§ 10 MPG) und für die Erteilung von Konformitätsbescheinigungen (CE-Kennzeichen – § 9 MPG) legt das Bundesministerium für Gesundheit gem. § 15 i.V.m. § 37 Abs. 1 MPG sog. **Benannte Stellen** fest.

Die Benannten Stellen müssen ein Akkreditierungsverfahren gem. § 15 MPG durchlaufen und dabei ihre Befähigung zur Wahrnehmung der Aufgaben des MPG und diverser EU-Richtlinien (vgl. § 15 Abs. 1 MPG) nachgewiesen haben. Die Akkreditierung kann zeitlich befristet werden (vgl. im Einzelnen § 17 MPG). Sie kann auch auf bestimmte Aufgabengebiete sachlich beschränkt oder unter Auflagen erteilt sein. Benannte Stellen sind auch solche, die aufgrund eines EU-Rechtsaktes von einem anderen EU-Staat benannt wurden (§ 15 Abs. 3 MPG).

Die Tätigkeit der Benannten Stellen wird durch die Aufsichtsbehörde überwacht und erforderlichenfalls geregelt (§ 15 Abs. 2 MPG). Die Akkreditierung kann durch die Aufsichtsbehörde widerrufen, zum Ruhen gebracht oder zurückgenommen werden, wenn die Stelle die Anforderungen nach §§ 15, 37 Abs. 1 MPG nicht bzw. nicht mehr erfüllt. Die Akkreditierung und Benennung kann auch mit Zeitablauf oder aufgrund von Betriebsaufgabe oder Verzicht durch die Stelle erfolgen (§ 16 Abs. 1 MPG).

Die Benannten Stellen sind privatrechtliche Organisationen, die (ähnlich dem TÜV für Kraftfahrzeuge) durch das MPG öffentlich-rechtlich zur Umsetzung von Verwaltungsaufgaben ermächtigt sind. Ihnen stehen gem. § 15 Abs. 2 MPG bei ihren Kontrollaufgaben auch hoheitsähnliche Betretungs-, Besichtigungs- und Einsichtsrechte in Unterlagen zu.

Die Benannten Stellen erhalten eine EU-weite Kennnummer. Ebenso wie EU-ausländische Stellen nach einem entsprechendem EU-Rechtsakt in Deutschland als Benannte Stellen fungieren können, ist es möglich, dass deutsche Benannte Stellen im EU-Ausland tätig werden. Jeder Hersteller kann sich also zwecks Klassifizierung, Zertifizierung etc. an jedwede in- und EU-ausländische Benannte Stelle wenden.[15]

VI. Die klinische Prüfung und Bewertung von Medizinprodukten (§§ 19–24 MPG)

Die Eignung von Medizinprodukten für den vorgesehenen Verwendungszweck ist gem. § 19 MPG durch eine Bewertung anhand klinischer Daten zu belegen. Dabei darf gem. § 20 MPG die **klinische Prüfung** am Menschen nur durchgeführt werden, wenn das Risiko für die Testperson ärztlich vertretbar ist. Die Testperson muss nach der Aufklärung über Wesen, Bedeutung und Tragweite der klinischen Prüfung eine (schriftliche) **Einwilligung** in die Prüfung und (neuerdings) eine weitere Einwilligung für die Einsichtnahme in die Gesundheitsdaten zu Prüfungszwecken erteilt haben. Der Proband darf sich dabei nicht in einer zwangsweisen Unterbringung befinden.

Der die Prüfung leitende Arzt muss eine mindestens zweijährige Erfahrung in klinischen Prüfungen haben. Es muss ferner ein dem Stand der wissenschaftlichen Erkenntnisse entsprechender Prüfplan für die Studie vorhanden sein. Soweit erforderlich, müssen biologische und/oder technische Sicherheitsüberprüfungen durchgeführt werden. Es bedarf einer

---

531 Deutsch, Medizinrecht, RN 1002 m.w.N.

Haftpflichtversicherung für den **Probanden** von mindestens 500.000 Euro (§ 20 Abs. 3 MPG). Für die klinische Prüfung an Minderjährigen oder Schwangeren gelten die Spezialbedingungen der Abs. 4 und 5 des § 20 MPG.

Die klinische Prüfung darf gem. § 20 Abs. 6–8 MPG erst begonnen werden, wenn der Auftraggeber sie der Aufsichtsbehörde angezeigt hat und eine zustimmende Stellungnahme der **Ethikkommission** vorliegt (zu den Ausnahmeregelungen vgl. § 20 Abs. 7 und 8 MPG).

Für die klinische Prüfung an Personen, die an einer Krankheit leiden, zu deren Behebung das zu prüfende Medizinprodukt angewendet werden soll, und an geistig beeinträchtigten Personen gelten neben § 20 MPG die besonderen Voraussetzungen des § 21 MPG. Die Durchführung der klinischen Prüfungen bestimmt sich gem. § 22 MPG noch zusätzlich durch die Vorgaben spezieller EU-Richtlinien. Für den Fall, dass Leistungsbewertungsprüfungen von **In-vitro-Diagnostika** stattfinden, aufgrund derer eine eigenständige oder zusätzliche Belastung für den Probanden entsteht, gelten gem. § 24 MPG auch hier die betreffenden EU-Richtlinien und die Vorgaben des § 20 MPG.

VII. Verantwortlichkeit, Überwachung und Warnmeldungen (§§ 25–31 MPG) sowie Apotheken- und Verschreibungspflicht

§ 5 MPG weist die persönliche Verantwortlichkeit für das erstmalige Inverkehrbringen von Medizinprodukten etc. dem **Hersteller**, dessen Bevollmächtigtem oder dem Importeur zu. Diese haben gem. § 25 MPG ihre Tätigkeit den Überwachungsbehörden anzuzeigen. Ebenso anzeigepflichtig ist, wer Medizinprodukte zusammensetzt oder sterilisiert. Wer In-vitro-Diagnostika in Verkehr bringen will, hat diese zuvor nach den detaillierten Vorgaben des § 25 Abs. 3 MPG der Überwachungsbehörde zu beschreiben.

△ Betriebe und Einrichtungen sowie geschäftsmäßig tätige Personen, die mit Medizinprodukten befasst sind, unterliegen gem. § 26 MPG der Kontrolle durch die Überwachungsbehörden. Die Behörde wird durch § 26 Abs. 2 Satz 1 und § 28 MPG umfassend zu Maßnahmen der Gefahrenabwehr ermächtigt. Sie ist gem. § 26 Abs. 2–7 MPG berechtigt, Medizinprodukte zu überprüfen, Geschäftsräume, Fahrzeuge und u.U. auch Wohnräume zu betreten, Proben zu entnehmen, Unterlagen einzusehen und in begründeten Fällen zu kopieren sowie Auskünfte abzuverlangen. Gemäß § 28 MPG kann erforderlichenfalls die Schließung von Betrieben oder Einrichtungen angeordnet werden. Des Weiteren kann das

Inverkehrbringen, Betreiben oder Anwenden von Medizinprodukten beschränkt oder untersagt und die Sicherstellung oder der Rückruf von Medizinprodukten angeordnet werden.

Wird festgestellt, dass die CE-Kennzeichnung auf einem Medizinprodukt unrechtmäßig angebracht worden ist, hat der Verantwortliche die Voraussetzungen nachzuerfüllen. Ansonsten kann das Inverkehrbringen des Medizinproduktes beschränkt oder das Medizinprodukt gänzlich vom Markt genommen werden.

Das Bundesministerium für Gesundheit ist gem. § 37 Abs. 6 MPG ermächtigt, aus Gründen des Gesundheitsschutzes Medizinprodukte generell zu verbieten oder deren Bereitstellung zu beschränken.

⚠ Sofern Gefahren bekannt sind, die von Medizinprodukten ausgehen, sind die Behörden abgesehen von den genannten Maßnahmen dazu verpflichtet, bundes- und EU-weit **Warnmitteilungen** zu erlassen (vgl. § 27 Abs. 2 Satz 4, § 28 Abs. 2 Satz 3 MPG). Werden CE-gekennzeichnete Medizinprodukte entdeckt, die trotz ordnungsgemäßer Installation und Anwendung solche Sicherheitsrisiken in sich bergen, dass sie vom Markt zu nehmen sind, dann hat die Behörde gem. § 28 Abs. 3 MPG umgehend eine detailliert begründete Mitteilung an das Bundesministerium für Gesundheit zu machen. Die Behörde kann nach § 28 Abs. 4 MPG einzelne Gefährdete, bei Gefahr im Verzug die gesamte Öffentlichkeit, auf die Gefahr durch das Medizinprodukt hinweisen.

Zum Erkennen grundsätzlicher Risiken eines Medizinproduktes schreibt § 29 MPG (vgl. auch § 3 MPBetreibV und § 30 Abs. 4 Satz 2 MPG) ein Beobachtungs- und **Meldesystem** vor. Danach sind Neben- und Wechselwirkungen, Gegenanzeigen, Verfälschungen, Funktionsfehler etc. zentral zu erfassen und auszuwerten, insbesondere jeder Funktionsmangel, der zum Tod oder zu einer schwerwiegenden Verschlechterung des Gesundheitszustandes beim Patienten führte oder hätte führen können. Dies muss ebenso geschehen, wenn ein solcher Mangel zum Rückruf des Medizinproduktes durch den Hersteller geführt hat.

Der Hersteller, sein Bevollmächtigter oder der Importeur nach § 5 MPG muss gem. § 30 MPG einen **Sicherheitsbeauftragten** für Medizinprodukte bestimmen und diesen der Aufsichtsbehörde anzeigen. Der Sicherheitsbeauftragte hat die Meldungen über die Risiken von Medizinprodukten zu sammeln, zu bewerten und Gegenmaßnahmen zu koordinieren und eventuell Meldepflichten zu erfüllen.

⚠ Wer berufsmäßig Fachkreise fachlich informiert oder in die sachgerechte Handhabung der Medizinprodukte einweist (der sog. **Medizinprodukteberater**), darf diese Tätigkeit nur ausüben, wenn er die gem. § 31 MPG vorgeschriebene Sachkenntnis über die Medizin-produkte und deren Handhabung besitzt. Dies gilt auch, wenn fernmündliche Informationen über Medizinprodukte erteilt werden.

In § 1 der Verordnung über Vertriebswege von Medizinprodukten – MPVertrV – (BGBl. I, 1997, S. 3148) werden aufgelistete Medizinprodukte der **Apothekenpflicht** unterworfen. Die §§ 1–6 der Verordnung über die Verschreibungspflicht von Medizinprodukten – MPVerschrV – (BGBl. I, 1997, S. 3146) regeln die **Verschreibungspflicht** von Medizin-produkten. Diese gilt insbesondere dann, wenn die betreffenden Medizinprodukte ver-schreibungspflichtige Stoffe nach dem Arzneimittelgesetz enthalten.

Die **zuständigen Behörden** werden zum Teil im MPG konkret benannt: So ist das Bundesinstitut für Arzneimittel und Medizinprodukte zuständig für die Bewertung der tech-nischen und medizinischen Sicherheit von Medizinprodukten (§ 32 Abs. 1 MPG), das Paul-Ehrlich-Institut für die Sicherheit von In-vitro-Diagnostika und für die Prüfung von Blut- und Gewebespenden oder Infektionskrankheiten (§ 32 Abs. 2 MPG) und die Physikalisch-Technische Bundesanstalt für die Sicherheit und Einheitlichkeit des Messwesens (§ 32 Abs. 3 MPG). Dem Bundesministerium für Gesundheit steht gem. § 37 MPG die Ermächtigung zum Erlass von Verordnungen zu.

Sofern das MPG keine anderweitige besondere Zuständigkeit vorgibt, sind die zuständigen Stellen die nach dem jeweiligen Recht der Bundesländer eingesetzten Aufsichts- und Über-wachungsbehörden.[532]

VIII. Sondervorschriften für den Bereich der Bundeswehr

Gemäß § 38 Abs. 2 MPG obliegt im Bereich der Bundeswehr der Vollzug und die Überwa-chung des MPG der Spezialzuständigkeit der Bundeswehrstellen und -sachverständigen. Im Rahmen des § 39 Abs. 2 MPG können durch Rechtsverordnung für die Bundeswehr Ausnahmebestimmungen zum MPG getroffen werden. Konkret gibt § 39 Abs. 1 vor, dass bei der Abgabe von Medizinprodukten an die Bundeswehr auf die Angabe des Verfallsdatums verzichtet werden kann. Das Bundesministerium der Verteidigung hat dabei allerdings die Qualität und Sicherheit des Medizinproduktes zu gewährleisten (§ 39 Abs. 1 Satz 2 MPG).

---

532 Vgl. auch Deutsch, Medizinrecht, RN 1020, 1021 m.w.N.

IX. Die Haftung nach dem MPG

1. Keine Gefährdungshaftung nach dem MPG

Für die zivilrechtliche (Schadensersatz-)**Haftung** sieht das MPG – anders als das Arzneimittelgesetz (dort § 84 AMG) – keine Gefährdungshaftung vor. Es gelten somit die allgemeinen zivilrechtlichen Haftungsregeln, denen zufolge der Geschädigte neben dem Schaden und dem Schädiger auch das Verschulden des Schädigers gem. § 276 BGB beweisen muss.[533]

2. Die Produkthaftung für Medizinprodukte

Die zivilrechtliche Haftung des Herstellers eines Medizinproduktes unterliegt des Weiteren den Regeln der **Produkthaftung**. Nach § 1 Produkthaftungsgesetz (ProdHaftG) hat der Hersteller (§ 4 ProdHaftG) eines Produktes (§ 2 ProdHaftG) Fehler (§ 3 ProdHaftG) grundsätzlich zu vertreten und Schadensersatz für Körper-, Gesundheits- und Sachschäden zu leisten, es sei denn, ein Haftungsausschluss nach § 1 Abs. 2 und 3 ProdHaftG liegt vor (vermutetes Verschulden). Hierzu muss allerdings der Hersteller das Vorliegen eines behaupteten Haftungsausschlusses beweisen.

Die in § 2 Abs. 2 und 3 ProdHaftG genannten Haftungsausschlussgründe für den Hersteller sind (vereinfacht):

- Der Hersteller hat das Produkt nicht in Verkehr gebracht.
- Das Produkt hatte beim Inverkehrbringen den Fehler noch nicht.
- Er hat das Produkt nicht für den Verkauf hergestellt oder vertrieben.
- Der Fehler beruht auf einer beim Inverkehrbringen zwingenden Rechtsvorschrift.
- Der Fehler konnte nach dem Stand der Technik beim Inverkehrbringen nicht erkannt werden.
- Der Fehler beruhte nicht auf dem vom Hersteller stammenden Teilprodukt, sondern auf einem Fehler des Hauptproduktes.

---

[533] Allgemeine Meinung: vgl. Deutsch, Medizinrecht, RN 1022 m.w.N.

§ 3 Abs. 1 ProdHaftG – Fehler

Ein Produkt hat einen Fehler, wenn es nicht die Sicherheit bietet, die unter Berücksichtigung aller Umstände, insbesondere

a) seiner Darbietung

b) des Gebrauchs, mit dem billigerweise gerechnet werden kann

c) des Zeitpunkts, in dem es in den Verkehr gebracht wurde,

berechtigterweise erwartet werden kann.

Es sind objektive Maßstäbe bei der Beurteilung dieser Fehlervoraussetzungen anzulegen. Der Gebrauch, mit dem der Nutzer eines Produktes billigerweise rechnen kann, ergibt sich aus der Beschreibung des Produktes und aus der Gebrauchsanweisung. Die Sicherheitserwartungen unter Berücksichtigung aller Umstände bestimmen sich ganz wesentlich nach dem Stand von Wissenschaft und Technik und insbesondere nach technischen Normen[534] und damit bei Medizinprodukten nach den CE-Voraussetzungen der Bestimmungen des MPG i.V.m. den EU-Richtlinien.

Der Anspruch aus § 1 ProdHaftG erlischt gem. § 13 ProdHaftG zehn Jahre nach dem Inverkehrbringen des Produktes durch den Hersteller, es sei denn, es ist hierüber bereits ein Verfahren gerichtlich anhängig gemacht.

Die zivilrechtliche Haftung der Anwender (Ärzte, Therapeuten, Pflegekräfte) ergibt sich nach den allgemeinen – verschuldensabhängigen – Bestimmungen der §§ 823 ff. BGB).

3. Die strafrechtliche Haftung und Bußgeldhaftung nach dem MPG

Das MPG sieht in § 40 MPG n.F. empfindliche Freiheitsstrafen bei Verstößen gegen die Vorschriften zum Inverkehrbringen von Medizinprodukten gem. §§ 4, 6, 14 Satz 2 MPG vor. Bereits der Versuch eines Delikts ist hierbei gem. § 40 Abs. 2 MPG strafbar. Sofern die Gesundheit einer Großzahl von Menschen gefährdet wird oder im Einzelfall Todesgefahr oder die Gefahr schwerer Gesundheitsschäden besteht oder wenn die Tat aus grobem Eigennutz große Vermögensvorteile erbringt, regelt § 40 Abs. 3 MPG einen Verbrechenstatbestand mit Strafandrohung bis zu fünf Jahren Freiheitsstrafe.

---

534 Vgl. nur Palandt, Bürgerliches Gesetzbuch, Anhang 3, ProdHaftG § 3, RN 4 m.w.N.

§ 42 MPG regelt darüber hinaus u.a. auch Strafen bei Verstößen gegen die Bestimmungen zur **klinischen Prüfung** oder gegen Leistungsbewertungsprüfungen. Auch in der Verordnung über die Verschreibungspflicht von Medizinprodukten (MPVerschrV) ist in § 7 ein Straftatbestand zur Ahndung der unerlaubten Abgabe von Medizinprodukten bei **Verschreibungspflicht** geregelt.

In § 42 MPG, § 13 MPBetreibV, § 7 MPVerschrV und § 3 MPVertrV werden eine Vielzahl von **Ordnungswidrigkeiten** beschrieben, die gem. § 45 Abs. 3 MPG mit einer **Geldbuße** von bis zu 25.000 Euro geahndet werden können.

D. Betäubungsmittelgesetz (BtMG)

I. Allgemeines

Das zentrale Gesetz im Bereich des Betäubungsmittelrechts ist das Gesetz über den Verkehr mit Betäubungsmitteln (BtMG) in der Fassung vom 1. März1994 (BGBl. I, 1994, S. 358), zuletzt geändert am 21. Juni 2005 (BGBl. I, 2005, S. 1818). Von besonderer Bedeutung ist hier zudem die »Verordnung über das Verschreiben, die Abgabe und den Nachweis des Verbleibs von Betäubungsmitteln« (Betäubungsmittel-Verschreibungsverordnung – BtMVV) vom 20. Januar 1998 (BGBl. I, 1998, S. 74, 80), zuletzt geändert am 10. März 2005 (BGBl. I, 2005, S. 757).

Das Betäubungsmittelrecht behandelt Stoffe und Zubereitungen (vgl. die Definitionen dazu in § 2 BtMG), die ähnlich wie Arzneimittel wirken können, aber die Gefahr der Erzeugung von Abhängigkeit mit sich bringen. Mit dem Betäubungsmittelrecht soll, wie sich aus § 1 Abs. 2 und 3 BtMG schließen lässt, Drogenmissbrauch und Suchtgefahren vorgebeugt werden.

Der Gesetzgeber hat den Begriff des **Betäubungsmittels** selbst nicht allgemein definiert, sondern verweist in § 1 Abs. 1 BtMG auf die drei umfangreichen Auflistungen von Stoffen und Zubereitungen in den **Anlagen I bis III zum BtMG**. Diese Listen können durch die Bundesregierung, in dringenden Fällen vom Bundesminister für Gesundheit ergänzt werden. Wegen neu entwickelter Mittel und aufgrund neuer Erkenntnisse zur Wirkungsweise der Mittel unterliegen die Listen immer wiederkehrenden Anpassungen.[535]

	Anlage I zu § 1 Abs. 1 BtMG	**Anlage II zu § 1 Abs. 1 BtMG**	**Anlage III zu § 1 Abs. 1 BtMG**
Verkehrs- und Verschreibungs-fähigkeit	Nicht verkehrs- und verschreibungsfähige Mittel[536]	Verkehrsfähig, aber nicht verschreibungsfähige Mittel	Verkehrs- und verschreibungsfähige Mittel
Erläuterung	Diesen Mitteln wird keine medizinisch sinnvolle, sondern nur eine schädliche Wirkung zugeschrieben.	Diese Mittel dürfen als solche nicht verschrieben werden, können jedoch als Ausgangsstoffe in der Pharmaindustrie und in Apotheken Verwendung finden.	Diesen Mitteln wird medizinische Wirkung zugeschrieben, und sie dürfen verschrieben werden, wenn ihre Anwendung am menschlichen oder tierischen Körper begründet ist (siehe § 13 BtMG).
Beispiele	Cannabis, Heroin, LSD	Aminorex, Isomethadon, Nicocodin	Diazepam, Fentanyl, Phenobarbital

Durchführende Behörde im Aufgabenbereich des BtMG ist – soweit keine andere Zuständigkeit angegeben wird – das Bundesinstitut für Arzneimittel und Medizinprodukte.

---

535 Vgl. Änderungsnachweise bei: Joachimski, Betäubungsmittelgesetz, Einleitung, RN 8, sowie § 1, RN 4.

536 Eine Erlaubnis zum Verkehr kann im Einzelfall zugelassen werden (siehe § Abs. 2 BtMG).

II. Die Erlaubnis zum Verkehr mit Betäubungsmitteln

Jeder Umgang (Verkehr) mit Betäubungsmitteln bedarf grundsätzlich der **Erlaubnis**.

 § 3 BtMG – Erlaubnis zum Verkehr mit Betäubungsmitteln
(1) Einer Erlaubnis des Bundesinstitutes für Arzneimittel und
Medizinprodukte bedarf, wer
1. Betäubungsmittel anbauen, herstellen, mit ihnen Handel treiben, sie, ohne mit ihnen
Handel zu treiben, einführen, ausführen, abgeben, veräußern, sonst in den Verkehr brin-
gen, erwerben oder
2. ausgenommene Zubereitungen (§ 2 Abs. 1 Nr. 3) herstellen will.
(2) Eine Erlaubnis für die in Anlage I bezeichneten Betäubungsmittel kann das Bundes-
institut für Arzneimittel und Medizinprodukte nur ausnahmsweise zu wissenschaftlichen
oder anderen im öffentlichen Interesse liegenden Zwecken erteilen.

Ausnahmen von der Erlaubnispflicht regelt § 4 BtMG in einer umfänglichen Aufstellung für
bestimmte Personen und Aufgabenkreise. Aus den dortigen Regelungen seien erwähnt:

- der Verkehr mit Betäubungsmitteln im Rahmen des Betriebs einer Apotheke oder
  Krankenhausapotheke (§ 4 Abs. 1 Nr. 1 BtMG nach Meldung gem. § 4 Abs. 3
  BTMG),
- der Erwerb von Betäubungsmitteln gemäß Anlage III aufgrund ärztlicher, zahnärzt-
  licher oder tierärztlicher Verschreibung.

III. Verhaltenspflichten bei Verschreibungen oder Stationsanforderungen

 § 13 Abs. 1 BtMG – Verschreibung durch Ärzte
(1) Die in Anlage III bezeichneten Betäubungsmittel dürfen nur von Ärzten, Zahnärzten
und Tierärzten und nur dann verschrieben oder im Rahmen einer ärztlichen, zahnärztli-
chen oder tierärztlichen Behandlung einschließlich der ärztlichen Behandlung einer
Betäubungsmittelabhängigkeit verabreicht oder einem anderen zum unmittelbaren Ver-

brauch überlassen werden, wenn ihre Anwendung am oder im menschlichen oder tierischen Körper begründet ist. [...]

△ Betäubungsmittel dürfen nur von Ärzten – auf Spezialrezept – verschrieben werden (§ 8 BtMVV).

In vielen Krankenhäusern und sonstigen Einrichtungen bestehen darüber hinaus interne Dienstanweisungen, die weitere Verhaltensvorschriften vorgegeben. So wird die Berechtigung zur Verschreibung (intern) oftmals auf bestimmte Ärzte oder Ärztegruppen begrenzt.

△ Nach den Bestimmungen der **Betäubungsmittel-Verschreibungsverordnung** (BtMVV) sind *amtliche Formblätter* (§ 15 BtMVV) zum Verschreiben von Betäubungsmitteln an Patienten (**Betäubungsmittelrezept:** §§ 8, 9, 15 BtMVV) bzw. für die Anforderung von Betäubungsmitteln für den Stationsbedarf (**Betäubungsmittel-Anforderungsschein:** §§ 10, 11, 15 BtMVV) zu verwenden.

Betäubungsmittelrezepte und Betäubungsmittel-Anforderungsscheine werden jeweils *durchnummeriert* ausgegeben (§§ 8 Abs. 3, 10 Abs. 3 BtMVV). Formblätter für Betäubungsmittelrezepte werden nur auf Anforderung des einzelnen Arztes ausgegeben und müssen vor Diebstahl gesichert aufbewahrt werden (§ 8 Abs. 2, 4 BtMVV). Demgegenüber werden Betäubungsmittel-Anforderungsscheine an den einrichtungsleitenden Arzt ausgegeben, der berechtigt ist, diese an einen Stationsarzt weiterzugeben. Über die Weitergabe muss ein Nachweis geführt werden (§ 10 Abs. 2 und 3 BtMVV).

△ Betäubungsmittelrezepte und Betäubungsmittel-Anforderungsscheine bestehen jeweils aus drei Ausführungen: Teil I und II gehen zur Apotheke, Teil II des Betäubungsmittelrezepts geht anschließend zur Abrechnung an die Krankenkasse. Teil III verbleibt beim verschreibenden bzw. anfordernden Arzt.

Arzt bzw. Station und Apotheker haben ihre Exemplare **drei Jahre** lang aufzubewahren (§§ 8 Abs. 5, 10 Abs. 4 BtMVV). Ebenso sind alle drei Ausführungen jener Formblätter aufzubewahren, die fehlerhaft ausgefüllt wurden und nicht mehr verwendet werden konnten; Verluste von Formblättern sind zu melden (§§ 8 Abs. 4, 10 Abs. 4 BtMVV).

Angaben auf dem **Betäubungsmittel-rezept** gem. § 9 BtMVV:	Angaben auf dem **Betäubungsmittel-Anforderungsschein** gem. § 11 BtMVV:
Name und Anschrift des Patienten Ausstellungsdatum Bezeichnung des Mittels mit Menge und/oder Rezeptur Gebrauchs- bzw. Einnahmeanweisung	Name, Berufsbezeichnung, Anschrift Telefonnummer und Unterschrift des Arztes Name/Bezeichnung und Anschrift der Einrichtung Ausstellungsdatum Bezeichnungen der Mittel mit Menge und/oder Rezeptur Name, Telefonnummer und Unterschrift des Arztes

Korrekturen auf sind auf allen drei Durchschriften handschriftlich zu vermerken und jeweils durch Unterschrift zu bestätigen (§§ 9 Abs. 2, 11 Abs. 2 BtMVV).

Bei der Abgabe der Betäubungsmittel darf das Rezept nicht älter als sieben Tage sein (§ 12 Abs. 1 Nr. 1c BtMVV). Wird hingegen eine sog. Notfall-Verschreibung verwendet, so darf das Rezept nicht älter als einen Tag sein (§ 12 Abs. 1 Nr. 3b BtMVV). Der Arzt ist in einem solchen Fall verpflichtet, unverzüglich die Verschreibung mit einem Betäubungsmittelrezept (speziell gekennzeichnet mit dem Buchstaben »N«) der liefernden Apotheke nachzureichen (§ 8 Abs. 6 BtMVV).

Die zur Verschreibung zulässige **Höchstmenge** bestimmter Betäubungsmittel ist für die Allgemeinmedizin in § 2 BtMVV vorgeschrieben. Nur in begründeten Einzelfällen darf der Arzt für Patienten, die in seiner Dauerbehandlung stehen, von diesen Vorgaben abweichen (§ 2 Abs. 2 BtMVV). Hinsichtlich der Anforderungen für den Stations- und Praxisbedarf gilt, dass die Vorratshaltung für jedes Betäubungsmittel den Monatsbedarf nicht überschreiten soll. Bestimmte Betäubungsmittel (z.B. Sufentanil) dürfen sogar nur bis zu der Menge eines durchschnittlichen Zwei-Wochen-Bedarfs auf Vorrat gehalten werden (§ 2 Abs. 3, 4 BtMVV).

Neben den genannten Vorschriften existieren darüber hinaus noch weitere Sonderregelungen für das das Verschreiben von Betäubungsmitteln in Einrichtungen des Rettungswesens (§ 6 BtMVV) und für das Verschreiben von Betäubungsmitteln **an Bewohner von Alten- und Pflegeheimen sowie von Hospizen** (§ 5 BtMVV).

§ **§ 5 BtMVV – Verschreiben für Bewohner von Alten- und Pflegeheimen sowie von Hospizen**

(1) Der Arzt, der ein Betäubungsmittel für einen Bewohner eines Alten- und Pflegeheimes oder eines Hospizes verschreibt, kann bestimmen, dass die Verschreibung nicht dem Patienten ausgehändigt wird. In diesem Falle darf die Verschreibung nur von ihm selbst oder durch von ihm angewiesenes oder beauftragtes Personal seiner Praxis, des Alten- und Pflegeheimes oder des Hospizes in der Apotheke vorgelegt werden.

(2) Das Betäubungsmittel ist im Falle des Absatzes 1 Satz 1 dem Patienten vom behandelnden Arzt oder dem von ihm beauftragten, eingewiesenen und kontrollierten Personal des Alten- und Pflegeheimes oder des Hospizes zum unmittelbaren Verbrauch zu überlassen.

(3) Der Arzt darf im Falle des Absatzes 1 Satz 1 die Betäubungsmittel des Patienten in dem Alten- und Pflegeheim oder dem Hospiz unter seiner Verantwortung lagern; [...]

IV. Aufzeichnungspflichten (BTM-/Stationsbuch)

Gemäß § 17 BtMG bzw. § 13 BtMVV sind Apotheken, Arztpraxen und Krankenhausstationen nachweispflichtig über den Verbleib und den genauen Bestand an Betäubungsmitteln. Der Nachweis ist mittels vorgegebenen Karteikarten oder Betäubungsmittelbüchern mit fortlaufend nummerierten Seiten zu führen (vgl. § 15 BtMVV). Die formularmäßig angepasste Nutzung von EDV ist zulässig, sofern jederzeit der Ausdruck der gespeicherten Angaben möglich ist (§ 13 Abs. 1 BtMVV).

Es sind jeweils anzugeben (§ 14 Abs. 1 BtMVV):

- Bezeichnung, bei Arzneimitteln entsprechend § 9 Abs. 1 Nr. 3 BtMVV:
  - Gewichtsmenge des enthaltenen Betäubungsmittels je Packungseinheit,
  - bei abgeteilten Zubereitungen je abgeteilter Form,
  - Darreichungsform,
- Datum des Zugangs oder Abgangs,
- die zu- oder abgegangene Menge:
  - bei nicht abgeteilten Zubereitungen die Gewichtsmenge in Gramm oder Milligramm,
  - bei abgeteilten Zubereitungen die Stückzahl,
  - bei flüssigen Zubereitungen die Menge auch in Millilitern,

- Lieferant/Empfänger mit Anschrift bzw. Angaben zu Herkunft oder Verbleib,
- Bezeichnung der Station, Wohngruppe o.Ä.,
- Name und Anschrift des verschreibenden/anfordernden Arztes und Nummer des Betäubungsmittelrezepts oder Anforderungsscheins (nur in Apotheken).

Zu jedem Monatsende sind die Bestände und deren Richtigkeit durch den Anforderungsberechtigten zu kontrollieren und durch Namenszeichen und Datum zu bestätigen (§ 13 Abs. 2 BtMVV).

V. Weitere Sorgfaltspflichten beim Verkehr mit Betäubungsmitteln

- § 14 BtMG legt eine Kennzeichnungspflicht für Betäubungsmittel und Verpackung fest.
- Gemäß § 15 BtMG sind Betäubungsmittel abgesondert und **diebstahlsicher** (**»Giftschrank«**) aufzubewahren.
- Gemäß § 16 BtMG müssen im Falle einer Vernichtung von Betäubungsmitteln zwei Zeugen anwesend sein. Die Vernichtung hat so stattzufinden, dass eine auch nur teilweise Wiedergewinnung von Betäubungsmitteln ausgeschlossen ist, aber auch keine Umweltschädigungen stattfinden.

VI. Straf- und Bußgeldtatbestände (§§ 29 ff. BtMG)

Die §§ 29 ff. BtMG enthalten vielfältige Straf- und Ordnungswidrigkeitstatbestände für den Fall von Verstößen gegen die Bestimmungen des BtMG. Bei Fällen, wo es um den Besitz von »leichten Drogen« in geringen Mengen zum Eigengebrauch geht, besteht die allseits bekannte Tendenz der Staatsanwaltschaften und Gerichte, Strafverfahren wegen geringer Schuld einzustellen bzw. von Verfolgung abzusehen (vgl. §§ 29 Abs. 5, 31a BtMG).

Bei den sonstigen Delikten, insbesondere beim gewerbsmäßigen Handel oder bei der Verursachung von Gesundheitsgefahren, sieht das Gesetz hohe Strafandrohungen vor (§ 29

Abs. 3, 30a BtMG). Zur Prävention von Betäubungsmittelmissbrauch zeichnet sich in der Gerichtspraxis zudem eine Tendenz zum Ausspruch erhöhter Strafmaße ab.

⚠ Grundsätzlich ist bereits der (unerlaubte) Besitz und ebenso die Abgabe/Weitergabe von Betäubungsmitteln strafbar. Die Stationsaufzeichnungen (Betäubungsmittelbuch, -rezepte, -Anforderungsscheine) sind Urkunden.

> **Beispiel:**
> Wer Betäubungsmittel aus den Stationsbeständen mitnimmt, macht sich zumindest des Diebstahls in einem besonders schweren Fall gem. §§ 242, 243 StGB und zugleich (tateinheitlich) des unerlaubten Besitzes von Betäubungsmitteln gem. § 29 Abs. 1 Nr. 1 BtMG strafbar. Falls im Stations-BTM-Buch, bei den Anforderungsscheinen oder Krankenakten zwecks Vertuschung Veränderungen vorgenommen werden, kommt eine Strafbarkeit wegen Urkundenfälschung gem. § 267 StGB hinzu.

E. Lebensmittelrecht

I. Allgemeines

Kernstück des Lebensmittelrechts ist das Lebensmittel-, Bedarfsgegenstände- und Futtermittelgesetzbuch (LFBG) in der Fassung der Bekanntmachung vom 26. April 2006 (BGBl. I, S. 945). Es trat erstmals am 7. September 2005 in Kraft und löste damit weitgehend die Bestimmungen des Lebensmittel- und Bedarfsgegenständegesetzes (LMBG) ab.

⚠ **Sinn und Zweck** lebensmittelrechtlicher Bestimmungen ist es, die Bevölkerung bzw. die Verbraucher vor gesundheitlichen Gefahren und vor Täuschungen bei der Ernährung zu schützen.

Das LFBG dehnt diesen Schutzzweck auf Futtermittel, Kosmetika und sog. Bedarfsgegenstände aus. Bedarfsgegenstände sind gem. § 2 Abs. 6 LFBG Gegenstände, die dazu bestimmt sind, mit den Schleimhäuten des Mundes in Berührung zu kommen, Verpackungen, Gegenstände zur Körperpflege, Spielwaren und Scherzartikel, Bekleidung, Insektensprays, Reinigungs-, Desinfektions- und Pflegemittel etc.

Das LFBG wird ergänzt durch eine Vielzahl von Detailgesetzen zu den unterschiedlichsten Bereichen. Diese Vielzahl resultiert zum einen aus »althergebrachten« deutschen Rechtsvorschriften bis hin zum Reinheitsgebot für Bier aus dem Jahr 1516. Zum anderen verlangen das gestiegene Umwelt- und Gesundheitsbewusstsein der Bevölkerung und Politik und die ständig fortschreitenden Möglichkeiten der Lebensmittelchemie (Zusatzstoffe, Gentechnik) in den letzten Jahrzehnten verstärkt nach Absicherungen für den Verbraucher.

Ein Übriges ergibt sich aus den Vorgaben (Richtlinien) der Europäischen Union, die jeweils in deutsches innerstaatliches Recht umgesetzt werden müssen. Solche Detailgesetze sind z.B. die Fleischverordnung und die Fleischhygieneverordnung, die Geflügelfleischhygieneverordnung, die Fischhygieneverordnung, die Milchverordnung oder die Hackfleischverordnung.

II. Beispielhafte Regularien

Es ist verboten, Lebensmittel und Stoffe derart herzustellen, dass sie geeignet sind, die Gesundheit zu schädigen, sowie Gegenstände herzustellen, die aufgrund ihrer Form Lebensmitteln ähneln und beim versehentlichen Verzehr Gefahren für die Gesundheit hervorrufen könnten (vgl. § 5 LFBG).

In Hygieneverordnungen aufgrund § 14 LFBG existieren Regelungen, die die hygienische Beschaffenheit von Lebensmitteln von der Herstellung über die Verarbeitung, den Transport, die Lagerung bis hin zu den Verkaufsbedingungen (Mindesthaltbarkeitsdaten) sichern. Es bestehen Verbote, nicht zugelassene Zusatzstoffe in Lebensmittel einzubringen, Lebensmittel zu bestrahlen, Lebensmittel mit bestimmten Rückständen aus Pflanzenschutzmitteln oder Tierpharmaka (Antibiotika) in Verkehr zu bringen (§§ 6–11 LFBG).

Es ist verboten, Lebensmittel mit irreführenden Bezeichnungen oder nachgemachte Lebensmittel in Verkehr zu bringen (§ 11 LFBG). Diätetische Lebensmittel müssen sich nach der Diätverordnung von allgemeinen Lebensmitteln unterscheiden. Lebensmittel dürfen nicht durch das Herausstellen von Heilungswirkungen beworben werden (§ 12 LFBG).

Die §§ 26 ff. LFBG und die Kosmetikverordnung regeln die Zulassung und Kennzeichnungspflichten von Kosmetika. §§ 30 ff. LFBG dienen dem Schutz vor Schadstoffbelastungen aus sonstigen Bedarfsgegenständen, insbesondere aus Kleidung, Reinigungsmitteln, oder Gegenständen, die unmittelbar am Körper getragen werden.

III. Überwachungen und Sanktionen im Lebensmittelrecht

Den Behörden zur Lebensmittelüberwachung (in nahezu allen Bundesländern die örtlichen Ordnungsämter) kommen gem. §§ 42 ff. LfBG Auskunfts- und Betretungsrechte zu sowie das Recht, Proben zu ziehen.

Aus §§ 58 ff. LfBG folgen umfangreiche Straf- und Ordnungswidrigkeitenregelungen.

F. Personenstands- und Melderecht

Nach dem Personenstandsgesetz (PersStdG) in der Fassung vom 8. August 1957 (BGBl. III, S. 2111), zuletzt geändert am 21. August 2002 (BGBl. I, S. 3322), führen die örtlichen Standesämter die Personenstandsbücher: das Heiratsbuch, das Familienbuch, das Geburtenbuch und das Sterbebuch.

Zur Sicherung der ordnungsgemäßen Führung dieser Personenstandsbücher bestehen Meldepflichten, die dem Gebot der Schweigepflicht (§ 203 StGB) vorgehen (Meldepflicht als Befugnis zum Offenbaren von Patientendaten).

I. Geburtsanzeigen

△ Die **Geburt** eines Kindes muss gem. § 16 PersStdG **spätestens binnen einer Woche an das Standesamt des Geburtsortes** gemeldet werden.

Zur Meldung der Geburt sind (in folgender Reihenfolge) gem. § 17 PersStdG verpflichtet:

- der Vater des Kindes, wenn er Mitinhaber der elterlichen Sorge ist,
- die bei der Geburt anwesende Hebamme,
- der bei der Geburt anwesende Arzt,
- jeder andere, der bei der Geburt anwesend war oder von der Geburt weiß,
- die Mutter, sobald sie dazu imstande ist.

⚠ In öffentlichen Krankenhäusern, Heimen u.Ä. gilt die Sonderregelung des § 18 PersStdG: Dort trifft die Meldepflicht den Leiter der Einrichtung.

II. Sterbe-/Todesanzeige

⚠ Der **Tod** eines Menschen muss gem. § 32 PersStdG **spätestens am folgenden Werktag** an das Standesamt des Sterbeortes gemeldet werden.

Zur Meldung des Todesfalles sind (in folgender Reihenfolge) gem. § 33 PersStdG verpflichtet:

- das Familien(ober)haupt,
- derjenige, in dessen Wohnung sich der Sterbefall ereignet hat,
- jeder andere, der bei dem Tod zugegen war oder sonst von dem Sterbefall weiß.

⚠ In öffentlichen Krankenhäusern, Heimen u.Ä. gilt die Sonderregelung des der §§ 34, 18 PersStdG: Dort trifft die Meldepflicht den Leiter der Einrichtung.

Ebenso sind Totgeburten zu melden (§ 16 PersStdG), nicht dagegen Fehlgeburten. Eine Fehlgeburt liegt nach neuerer Definition (§ 29 Personenstandsverordnung – PersStdGAV) vor, wenn der Embryo weniger als 500 Gramm Gewicht erreicht hat und keine Lebenszeichen vorgelegen haben, also nach dem Scheiden aus dem Mutterleib weder das Herz geschlagen noch die Nabelschnur pulsiert, noch die natürliche Lungenatmung eingesetzt hat.

III. Meldepflicht im Krankenhaus und in Heimen

Das Melderecht unterliegt der Gesetzgebung der Länder. Die Regelungen dazu sind aber weitestgehend einheitlich, da sie durch das Melderechtsrahmengesetz des Bundes zum Teil vorbestimmt sind.

Sobald eine neue Wohnung bezogen wird, besteht die Pflicht zur Anmeldung (Ummeldung) binnen einer Woche (vgl. nur § 13 MG NW). Die Pflicht zu einer Anmeldung in einem Krankenhaus oder einer ähnlichen Einrichtung besteht jedoch nicht, wenn der Patient bei seiner Aufnahme in das Krankenhaus für eine andere Wohnung innerhalb der Bundesrepublik Deutschland gemeldet ist (§ 28 Abs. 1 MG NW). Wer nicht gemeldet ist, hat sich binnen einer Woche anzumelden, sofern sein Aufenthalt die Dauer von zwei Monaten überschreitet. Bei der Aufnahme von Gebrechlichen obliegt die Meldepflicht dem Leiter der Einrichtung (§ 28 MG NW).

Teil 8
Staatsbürgerkunde

A. Die Entwicklung der Menschenrechte

Die Menschenrechte sind eine Errungenschaft der Neuzeit. Bis ins späte Mittelalter hinein gab es für den einzelnen Bürger keine Schutzrechte vor staatlichen Eingriffen. Das Volk war mehr oder weniger rechtlos und der Willkür seines Monarchen ausgesetzt. Vorrechte gab es nur für besondere Stände, Herrscher, Fürsten oder Ritter.

Durch die Erfindung der Buchdruckerkunst und die damit einhergehende beginnende Aufklärung in breiten Bevölkerungsschichten setzte sich während des 18. und 19. Jahrhunderts in Europa der Liberalismus durch. Er betrachtet den Menschen als Individuum und gesteht ihm persönliche Freiheiten und ungehinderte Betätigungsmöglichkeiten gegenüber der Allgemeinheit (dem Staat) zu.

I. Die Zeit der Aufklärung

Die ersten Festschreibungen von Rechten für den Einzelnen finden sich im England des 17. Jahrhunderts mit der

* **Petition of Rights,** 1628 (Steuern nur nach Zustimmung des Parlaments),
* **Habeas-Corpus-Akte,** 1679 (Verhaftete sind dem Richter vorzuführen),
* **Bill of Rights,** 1689 (Einschränkung der königlichen Rechte zugunsten des Parlaments).

Als nächster Schritt in der Entwicklung der Menschen- und Bürgerrechte in Europa ist die im Rahmen der **Französischen Revolution** erfolgte Erklärung der Menschen- und Bürgerrechte von 1789 zu erwähnen.

Das Fehlen althergebrachter monarchischer Strukturen führte in den Staaten Neuenglands/Amerikas (»USA«) zur

* **Pennsylvania Charter of Privileges** vom 28. Oktober 1701,
* **Virginia Bill of Rights** vom 12. Juni 1776,
* amerikanischen **Unabhängigkeitserklärung** von 1776.

Im Wesentlichen verbesserten sich die Rechte des Einzelnen dann allerdings erst im Zuge der fortschreitenden Industrialisierung sowie durch die Entstehung eines wohlhabenden Bürgertums und die damit einhergehende Zurückdrängung der Rechte des Adels.

Die grundlegenden Änderungen und Umwälzungen der europäischen Herrschaftsverhältnisse nach dem Ersten Weltkrieg, insbesondere auch der verstärkte Einfluss Großbritanniens und der USA nach dem Zweiten Weltkrieg, brachten die Ausrufung jener Schutzrechte, die bis heute eine Mindestsicherung von Menschenrechten bieten:

- **Allgemeine Erklärung der Menschenrechte** durch die Vereinten Nationen 1949,
- Europäische Konvention zum Schutze der Menschenrechte und Grundfreiheiten **(EMRK)** vom 4. November 1950,
- **Schlussakte der KSZE** (Konferenz über Sicherheit und Zusammenarbeit in Europa) in Helsinki 1975.

II. Die Rechtsentwicklung in Deutschland bis zum Grundgesetz

- Auf dem **Hambacher Fest** im Jahre 1832 fand die erste Versammlung der demokratisch-republikanischen Volksbewegung Süddeutschlands statt.
- Die erste freiheitliche Verfassung der Deutschen wurde 1849 von der Nationalversammlung in der Frankfurter Paulskirche (**Paulskirchenverfassung**) verabschiedet. Sie wurde nie in geltendes Recht umgesetzt.
- Am 31. Juli 1919 verabschiedete die in Weimar tagende Nationalversammlung die **Weimarer Reichsverfassung**. Das Deutsche Reich definierte sich fortan als demokratische parlamentarische Republik.
- Am 8. Mai 1949 wurde das **Grundgesetz** für die Bundesrepublik Deutschland vom Parlamentarischen Rat beschlossen und am 23. Mai 1949 verkündet. Aufgrund des Einigungsvertrages vom 31. August 1990 gilt das Grundgesetz seit dem 3. Oktober 1990 für das gesamte deutsche Volk.

B. Grundgesetz und Grundrechte

I. Die Entstehung des Grundgesetzes

Das Grundgesetz wurde in den westlichen Besatzungszonen der Alliierten unter Einfluss-
nahme der USA und Großbritanniens erarbeitet. Auf der Grundlage der »bewährten«
Strukturen der Weimarer Reichsverfassung wurden 1946/1947 die sog. Frankfurter Papiere
erarbeitet. In den Jahren 1947/1948 fanden Tagungen von Staatsrechtlern auf der Insel
Herrenchiemsee statt. Der sog. Herrenchiemsee-Entwurf war sodann die Arbeitsgrundlage
für die Beratungen des Parlamentarischen Rates im Bonner Museum König.

Der **Parlamentarische Rat** bestand aus 65 Mitgliedern, die in den Landtagen der westlichen Bundesländer gewählt worden waren. Nach Beratungen, die von September 1948 bis
Mai 1949 andauerten, beschloss der Parlamentarische Rat am 8. Mai 1949 das »Bonner
Grundgesetz«, das am 23. Mai 1949 verkündet wurde. In der damaligen sowjetisch besetzten Zone entwickelte man parallel hierzu die Verfassung der DDR, die am 12. Oktober 1949
in Kraft trat.

Inhaltlich wurde das Grundgesetz aus den anerkanntermaßen bewährten Strukturen der
Weimarer Reichsverfassung von 1919 weiterentwickelt. Es galt jedoch, die Schwächen der
Weimarer Reichsverfassung zu korrigieren, die im Dritten Reich dazu geführt hatten, dass
diese Verfassung letztlich nur noch auf dem Papier bestand und ins Leere lief. Die schon in
der Weimarer Reichsverfassung enthaltenen Grundrechte waren nach Art. 48 WRV durch
Notverordnungen auf den Druck Hitlers weitgehend aufgehoben und diesem durch das vom
Deutschen Reichstag beschlossene Ermächtigungsgesetz umfassende »Alleinherrschafts-
rechte« zugeschrieben worden.

Um die neue Verfassung vor solchen Angriffen zu schützen, wurden mit den Artikeln 1, 20
und 79 Absicherungen in das Grundgesetz aufgenommen. Der Name »Grundgesetz« für die
(west-)deutsche Verfassung wurde gewählt, da sie als Provisorium vor der alsbald erwarte-
ten Wiedervereinigung und einer sodann zu beschließenden neuen Verfassung gedacht war.
Nachdem sich das Grundgesetz über 40 Jahre bewährt hatte, wurde es 1990 bei der
Wiedervereinigung nicht nur fast gänzlich beibehalten, sondern auch sein Name blieb unverändert.

II. Die Konzeption der Grundrechte

Die schon angesprochenen Menschenrechte sind Rechte, die innerhalb der Welt-Staatengemeinschaft als Mindestrechte eines jeden menschlichen Individuums angesehen werden. Ihnen wird (quasi »gottgegeben«) überall Geltung zugesprochen – unabhängig davon, ob sie von einzelnen Staaten in ihre Gesetze aufgenommen wurden oder nicht. Als die wesentlichsten Menschenrechte seien die **Meinungsfreiheit** (vgl. Art. 5 GG), die **Religionsfreiheit** (vgl. Art. 4 GG) und die **Gleichheit von Mann und Frau** vor dem Gesetz (vgl. Art. 3 GG) hervorgehoben.

Ohne Zweifel hat die Bundesrepublik Deutschland alle Menschenrechte in den Grundrechtekatalog der Art. 1–19 GG aufgenommen. Die Grundrechte beinhalten neben den Menschenrechten eine zweite Gruppe von Rechten, die sog. Bürgerrechte. Als **Bürgerrechte** bezeichnet man jene Rechte, die ein Staat nur seinen *eigenen* Staatsbürgern gewährt.[537] Als Beispiele für Bürgerrechte, die im Grundgesetz zu finden sind, seien erwähnt: die **Berufsfreiheit** (Art. 12 GG), die **Vereinsfreiheit** (Art. 9 GG), das Recht der **Freizügigkeit** (Art. 11 GG) und die **Versammlungsfreiheit** (Art. 8 GG).

Insgesamt ist die Funktion aller **Grundrechte** des Grundgesetzes als (Mindest-)*Abwehrrechte des Einzelnen gegenüber dem Staat* bzw. als Schutz vor beeinträchtigenden Maßnahmen des Staates zu charakterisieren.[538]

 Beispiel:
Ihr Grundrecht (Menschenrecht) auf Meinungsfreiheit können Sie jedem Polizisten (als Repräsentant des Staates) entgegenhalten, der Ihre Demonstration gegen die Schließung des Kindergartens in Ihrem Stadtteil wegen Behinderung des Marktgeschehens unterbinden will.
Keine Geltung hat die Meinungsfreiheit im Disput mit dem Wirt Ihrer Stammkneipe, der Sie nach ihm politisch unliebsamen Äußerungen (aufgrund seines Hausrechts) des Lokals verweist.

---

537 Vgl. nur Maunz/Zippelius, § 19 II 1 m.w.N.

538 Von Münch, in: Von Münch/Kunig, Vorbemerkung vor Art. 1–19, RN 16 m.w.N.

In abgeschwächter Weise können die Grundrechte auch unter Privatmenschen Geltung erlangen. In Bereichen, in denen im Zivilrecht bestimmte Rechtsbegriffe relativ offen (»schwammig«) im Gesetz formuliert sind (z.b. der Begriff der Sittenwidrigkeit in § 138 BGB), können die Grundaussagen der Grundrechte zur Auslegung des Gesetzes herangezogen werden. Diese mittelbare Auswirkung der Grundrechte in den Privatrechtsbereich bezeichnet man als **Drittwirkung der Grundrechte**.[539]

Grundrechtsträger sind auch Kinder, auch schon der ungeborene Mensch (Embryo), was sich in den Verfassungsbeschwerden gegen die Regelungen zum Schwangerschaftsabbruch zeigte. Die Grundrechte gelten auch für inländische juristische Personen (Art. 19 Abs. 3 GG).

Grundrechte gelten nicht grenzenlos. Jedes Freiheitsrecht eines Individuums muss seine natürlichen Grenzen in den Rechten anderer erfahren. In den Grundrechten selbst, aber auch durch Gesetze können die Grundrechte deshalb in Maßen eingeschränkt werden. Im Grundrechtetext muss die Einschränkbarkeit des (betreffenden) Grundrechts allerdings als zulässig erklärt worden sein (sog. **Schrankenvorbehalt** von Grundrechten).[540]

Ein Gesetz, das ein Grundrecht einschränkt, muss zudem allgemein formuliert sein. Es ist also nicht möglich, Einzelfälle (bestimmte Fälle, Personen, Unternehmen betreffend) durch ein gesondertes Gesetz abweichend von den für das sonstige Volk geltenden Bestimmungen zu regeln (Art. 19 Abs. 1 Satz 1 GG). Grundrechte dürfen niemals in ihrem Wesensgehalt eingeschränkt werden (Art. 19 Abs. 2 GG).

Das **Zitiergebot** des Art. 19 Abs. 1 Satz 2 GG besagt, dass jedes Gesetz, das Grundrechtspositionen einschränken kann, nur gültig ist, wenn diese einschränkbaren Grundrechte im Gesetzesverkündungstext mit aufgeführt werden.[541]

In Art. 79 Abs. 3 GG sind Bestimmungen des Grundgesetzes aufgeführt, die nicht verändert werden dürfen (**Ewigkeitsgarantie des Grundgesetzes**). Änderungen des Grundgesetzes bedürfen im Übrigen einer *Zwei-Drittel-Mehrheit* im Bundestag wie auch im Bundesrat.

 Art. 79 GG – Änderung des Grundgesetzes/Ewigkeitsgarantie
(1) Das Grundgesetz kann nur durch ein Gesetz geändert werden, das den Wortlaut des Grundgesetzes ausdrücklich ändert oder ergänzt. […]

---

[539] Vgl. dazu Jarass/Piroth, Vorbemerkung vor Art. 1, RN 9, und eingehend von Münch, in: Von Münch/Kunig, Vorbemerkung vor Art. 1–19, RN 28 ff.

[540] Vgl. Von Münch, in: Von Münch/Kunig, Vorbemerkung vor Art. 1–19 RN 52 ff.

[541] Schmidt-Bleibtreu/Klein, Art. 19, RN 6.

(2 Ein solches Gesetz bedarf der Zustimmung von zwei Dritteln der Mitglieder des Bundestages und zwei Dritteln der Stimmen des Bundesrates.
(3) Eine Änderung dieses Grundgesetzes, durch welche die Gliederung des Bundes in Länder, die grundsätzliche Mitwirkung der Länder bei der Gesetzgebung oder die in den Artikeln 1 und 20 niedergelegten Grundsätze berührt werden, ist unzulässig.

III. Ausgewählte Grundrechte

Beispielhaft sei zur Geltung von Grundrechten bzw. grundrechtsgleichen Rechten (z.B. die Art. 101 ff. GG) zunächst auf unsere Ausführungen auf S. 36 ff. (zu Art. 103 Abs. 2 GG) oder auf Seite 408 (zu Art. 2 Abs. 2, 104 GG) verwiesen.

Würde des Menschen (Art. 1 Abs. 1 GG)

Angesichts der Erfahrungen mit dem nationalsozialistischen Regime wurde die Würde des Menschen zum höchsten Gut des Grundgesetzes erklärt. Dies wird einerseits durch Art. 1 GG[543] und andererseits durch den besonderen Schutz nach Art. 79 GG[542] (Ewigkeitsgarantie) verdeutlicht. Diese besondere Position der Menschenwürde im Rechtssystem zeigt sich auch darin, dass sie immer Vorrang hat, wenn sich Konflikte mit anderen Grundrechten oder Grundgesetzartikeln ergeben sollten.

Generelle Freiheitsrechte (Art. 1 Abs. 1 und 2 GG)

Neben dem Schutz der Menschenwürde aus Art. 1 Abs. 1 GG stellt Art. 2 GG[544] das sicherlich bedeutsamste Grundrecht im Bereich des Krankenpflegerechts dar. Das sehr umfassende **Recht auf freie Entfaltung der Persönlichkeit** aus Art. 2 Abs. 1 GG ist die Basis des **Selbstbestimmungsrechts des Patienten**. Das Recht reicht so weit, dass dem einsichtsfähigen Menschen ein Recht zur Verweigerung jeder Behandlungsmaßnahme und letztlich auch zum aktiv betriebenen Selbstmord zukommt.

---

542 **Art. 1 GG – Würde des Menschen:**
(1) Die Würde des Menschen ist unantastbar. Sie zu achten und zu schützen ist Verpflichtung aller staatlichen Gewalt. [...]

543 **Art. 79 Abs. 3 GG:**
(3) Eine Änderung des Grundgesetzes, durch welche die Gliederung des Bundes in Länder, die grundsätzliche Mitwirkung der Länder bei der Gesetzgebung oder die in den Artikeln 1 und 20 niedergelegten Grundsätze berührt werden, ist unzulässig.

544 **Art. 2 GG – Generelle Freiheitsrechte:**
(1) Jeder hat das Recht auf die freie Entfaltung seiner Persönlichkeit, soweit er nicht die Rechte anderer verletzt und nicht gegen die verfassungsmäßige Ordnung oder das Sittengesetz verstößt.
(2) Jeder hat das Recht auf Leben und körperliche Unversehrtheit. Die Freiheit der Person ist unverletzlich. In diese Rechte darf nur auf Grund eines Gesetzes eingegriffen werden.

Art. 2 Abs. 2 Satz 1 GG gewährt das Recht auf Leben und körperliche Unversehrtheit. Es korrespondiert mit dem allgemeinen Pesönlicheitsrecht aus Art. 2 Abs. 1 GG und begründet **das Verbot von Zwangsbehandlungen** – gegen oder ohne (vgl. S. 408 f.) den Willen eines (einsichtsfähigen) Patienten. Die gesetzlichen Grundlagen, nach denen aufgrund von Art. 2 Abs. 2 Satz 3 Zwangsbehandlungen zulässig sein können, unterliegen äußerst engen Voraussetzungen und sind zudem sehr selten gegeben, so z.B. das GeschlKrG (siehe auch S. 409), das PsychKG (siehe auch S. 409 ff. und insbesondere S. 418 ff.), das Betreuungsgesetz (siehe auch S. 383 ff.) oder die Strafprozessordnung (z.B. § 81a StPO).

Art. 2 Abs. 2 Satz 2 GG schützt i.V.m. Art 104 GG das Freiheitsrecht. Ohne ausdrückliche gesetzliche Regelung und ohne diesbezüglichen richterlichen Beschluss sind jedwede **Freiheitsbeschränkungen** gegen oder ohne den Willen *eines einsichtsfähigen Patienten* unzulässig. Es verbieten sich somit grundsätzlich auch all jene Maßnahmen, die allgemein als Schutzmaßnahmen angesehen werden. Dies betrifft oft gerade die Pflege alter Menschen. Verboten sind auch noch so gut gemeinte Maßnahmen wie die Anbringung eines Bettgitters, das Anlegen eines Bauchgurtes am Bett oder am Stuhl, das Anbringen einer festen Tischplatte am Therapiestuhl und auch ruhigstellende medikamentöse Behandlungen, wenn keine Zustimmung des Patienten oder Betreuers vorliegt.

Gleichheit vor dem Gesetz (Art. 3 GG)

Dieses Grundrecht garantiert Gleichheit vor dem Gesetz. Darüber hinaus verbietet es auch, Menschen aufgrund bestimmter Merkmale zu diskriminieren. Diese sind nach Art. 3 Abs. 3 GG[545] Geschlecht, Abstammung, Rasse, Sprache, Heimat und Herkunft, Glaube sowie religiöse und politische Anschauung.

Glaubens-, Gewissens- und Bekenntnisfreiheit (Art. 4 GG)

Das Grundgesetz garantiert nicht nur Glaubens- und Gewissensfreiheit, sondern auch Religionsfreiheit. Es besteht auch ein Recht auf freie Religionsausübung und die Freiheit auf *Nicht*ausübung einer Religion.[546]

---

[545] **Art. 3 GG – Gleichheit vor dem Gesetz:**
  (1) Alle Menschen sind vor dem Gesetz gleich.
  (2) Männer und Frauen sind gleichberechtigt. Der Staat fördert die tatsächliche Durchsetzung der Gleichberechtigung von Frauen und Männern und wirkt auf die Beseitigung bestehender Nachteile hin.
  (3) Niemand darf wegen seine Geschlechtes, seiner Abstammung, seiner Rasse, seiner Sprache, seiner Heimat und Herkunft, seines Glaubens, seiner religiösen oder politischen Anschauungen benachteiligt oder bevorzugt werden. Niemand darf wegen seiner Behinderung benachteiligt werden.

[546] Schwierig ist dieser Problemkreis z.B. im Hinblick auf die Nichtteilnahme von Schülern am Religionsunterricht.

Recht der freien Meinungsäußerung (Art. 5 GG)

Jeder hat das Recht, seine eigene Meinung frei zu äußern und sich aus allen frei zugänglichen Quellen zu informieren. Eine Beschränkung kann das Recht auf Meinungsfreiheit durch den Jugendschutz und das Recht der persönlichen Ehre anderer erfahren (Art. 5 Abs. 2 GG). Besonders betont wird die Freiheit von Forschung, Lehre und Kunst[547] (Art. 5 Abs. 3 GG).

Schutz der Familie (Art. 6 GG)

Die Familie steht unter dem besonderen Schutz des Staates.[548] Es ist festgelegt, dass die Erziehung von Kindern grundsätzlich Aufgabe und Recht der Eltern ist. Dieses Recht kann ihnen nur genommen werden, wenn sie nicht in der Lage sind, ihre Kinder angemessen zu erziehen. Alle Mütter haben ein Recht auf besondere Fürsorge des Staates. Ein Beispiel dafür ist das Mutterschutzrecht.

Versammlungsfreiheit (Art. 8 GG)

Alle Deutschen dürfen sich jederzeit, auch ohne besondere Genehmigung, versammeln, solange diese Versammlungen friedlich und ohne Waffen stattfinden.[549] Dies gilt allerdings uneingeschränkt nur für geschlossene Räume, Versammlungen unter freiem Himmel können durch Gesetze eingeschränkt werden.

---

[547] **Art. 5 GG – Freiheit der Meinungsäußerung:**

(1) Jeder hat das Recht, seine Meinung in Wort, Schrift und Bild frei zu äußern und zu verbreiten und sich aus allgemein zugänglichen Quellen ungehindert zu unterrichten. Die Pressefreiheit und die Freiheit der Berichterstattung durch Rundfunk und Film werden gewährleistet. Eine Zensur findet nicht statt.

(2) Diese Rechte finden ihre Schranken in den Vorschriften der allgemeinen Gesetze, den gesetzlichen Bestimmungen zum Schutze der Jugend und in dem Recht der persönlichen Ehre.

(3) Kunst und Wissenschaft, Forschung und Lehre sind frei. Die Freiheit der Lehre entbindet nicht von der Treue zur Verfassung.

[548] **Art. 6 GG – Schutz der Familie:**

(1) Ehe und Familie stehen unter dem besonderen Schutze der staatlichen Ordnung.

(2) Pflege und Erziehung der Kinder sind das natürliche Recht der Eltern und die zuvörderst ihnen obliegende Pflicht. Über ihre Betätigung wacht die staatliche Gemeinschaft.

(3) Gegen den Willen der Erziehungsberechtigten dürfen Kinder nur auf Grund eines Gesetzes von der Familie getrennt werden, wenn die Erziehungsberechtigten versagen oder wenn die Kinder aus anderen Gründen zu verwahrlosen drohen.

(4) Jede Mutter hat Anspruch auf den Schutz und die Fürsorge der Gemeinschaft.

(5) Den unehelichen Kindern sind durch die Gesetzgebung die gleichen Bedingungen für ihre leibliche und seelische Entwicklung und ihre Stellung in der Gesellschaft zu schaffen wie den ehelichen Kindern.

[549] **Art. 8 GG – Recht auf Versammlungsfreiheit:**

(1) Alle Deutschen haben das Recht, sich ohne Anmeldung oder Erlaubnis friedlich und ohne Waffen zu versammeln.

(2) Für Versammlungen unter freiem Himmel kann dieses Recht durch Gesetz oder auf Grund eines Gesetzes beschränkt werden.

Recht auf Bildung von Vereinen und Koalitionsfreiheit (Art. 9 GG)

Alle Deutschen haben das Recht, Vereine und Gesellschaften zu bilden, solange sich diese nicht gegen die Strafgesetze, die verfassungsmäßige Ordnung oder den Gedanken der Völkerverständigung richten. Besonders geschützt ist das Recht, Gewerkschaften oder Arbeitgeberverbände zu gründen (Art. 9 Abs. 3 GG).[550]

Berufsfreiheit (Art. 12 GG)

Im Prinzip hat jeder Deutsche das Recht, Beruf und Ausbildungsstätte frei zu wählen. Es sind allerdings Einschränkungen aufgrund von Gesetzen möglich.[551] In vielen Fällen ist dies sinnvoll, wenn für den Beruf bestimmte Voraussetzungen und Fähigkeiten notwendig sind.

Eigentum, Erbrecht und Enteignung (Art. 14 GG)

Das Grundgesetz garantiert für alle das Recht auf Eigentum und das Erbrecht – unter der Einschränkung der »Sozialbindung des Eigentums«.[552] Dies bedeutet, dass Eigentum auch dem Wohl der Allgemeinheit dienen muss. Im Interesse der Allgemeinheit können Enteignungen vorgenommen werden, wenn dies durch ein Gesetz bestimmt wird, das auch eine Entschädigung regelt.

---

[550] **Art. 9 GG – Vereinigungsfreiheit:**

(1) Alle Deutschen haben das Recht, Vereine und Gesellschaften zu bilden.

(2) Vereinigungen, deren Zwecke oder deren Tätigkeit den Strafgesetzen zuwiderlaufen oder die sich gegen die verfassungsmäßige Ordnung oder gegen den Gedanken der Völkerverständigung richten, sind verboten.

(3) Das Recht, zur Wahrung und Förderung der Arbeits- und Wirtschaftsbedingungen Vereinigungen zu bilden, ist für jedermann und für alle Berufe gewährleistet. Abreden, die dieses Recht einschränken oder zu behindern suchen, sind nichtig, hierauf gerichtete Maßnahmen sind rechtswidrig. Maßnahmen nach den Artikeln 12 a, 35 Abs. 2 und 3, Artikel 87 a Abs. 4 und Artikel 91 dürfen sich nicht gegen Arbeitskämpfe richten, die zur Wahrung und Förderung der Arbeits- und Wirtschaftsbedingungen von Vereinigungen im Sinne des Satzes 1 geführt werden.

[551] **Art. 12 GG – Recht auf freie Berufswahl:**

(1) Alle Deutschen haben das Recht, Beruf, Arbeitsplatz und Ausbildungsstätte frei zu wählen. Die Berufsausübung kann durch Gesetz oder auf Grund eines Gesetzes geregelt werden.

(2) Niemand darf zu einer bestimmten Arbeit gezwungen werden, außer im Rahmen einer herkömmlichen allgemeinen, für alle gleichen öffentlichen Dienstleistungspflicht.

(3) Zwangsarbeit ist nur bei einer gerichtlich angeordneten Freiheitsentziehung zulässig.

[552] **Art. 14 GG – Eigentum – Erbrecht – Enteignung:**

(1) Das Eigentum und das Erbrecht werden gewährleistet. Inhalt und Schranken werden durch die Gesetze bestimmt.

(2) Eigentum verpflichtet. Sein Gebrauch soll zugleich dem Wohle der Allgemeinheit dienen.

(3) Eine Enteignung ist nur zum Wohle der Allgemeinheit zulässig. Sie darf nur durch Gesetz oder auf Grund eines Gesetzes erfolgen, das Art und Ausmaß der Entschädigung regelt. Die Entschädigung ist unter gerechter Abwägung der Interessen der Allgemeinheit und der Beteiligten zu bestimmen. Wegen der Höhe der Entschädigung steht im Streitfalle der Rechtsweg vor den ordentlichen Gerichten offen.

Der Verlust von Grundrechten (Art. 18 GG)

Demjenigen, der seine Grundrechte zum Kampf gegen die freiheitliche demokratische Grundordnung missbraucht, können diese vom Bundesverfassungsgericht entzogen werden.

C. Die Staatsstrukturmerkmale der Bundesrepublik Deutschland

In Art. 20 GG sind die Strukturmerkmale des Staatsgebildes der Bundesrepublik Deutschland vorgezeichnet. Diese Merkmale sind durch Art. 79 Abs. 3 GG (siehe auch S. 482) unveränderbar festgelegt.

 Art. 20 GG – Demokratie, Sozialstaat, Bundesstaat, Rechtsstaat
(1) Die Bundesrepublik Deutschland ist ein demokratischer und sozialer Bundesstaat.
(2) Alle Staatsgewalt geht vom Volke aus. Sie wird vom Volke in Wahlen und Abstimmungen und durch besondere Organe der Gesetzgebung, der vollziehenden Gewalt und der Rechtsprechung ausgeübt.
(3) Die Gesetzgebung ist an die verfassungsmäßige Ordnung, die vollziehende Gewalt und die Rechtsprechung sind an Gesetz und Recht gebunden.
(4) [...]

Aus Art. 20 GG lassen sich folgende Staatsprinzipien[553] ableiten:

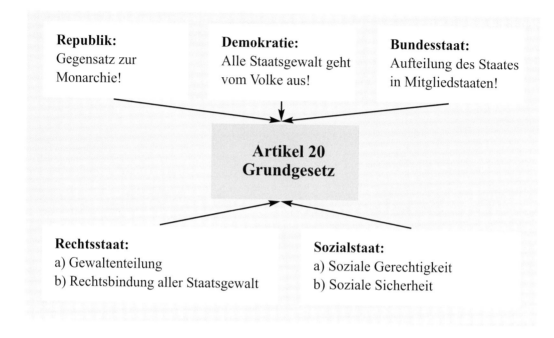

Republik:
Gegensatz zur
Monarchie!

Demokratie:
Alle Staatsgewalt geht
vom Volke aus!

Bundesstaat:
Aufteilung des Staates
in Mitgliedstaaten!

**Artikel 20
Grundgesetz**

Rechtsstaat:
a) Gewaltenteilung
b) Rechtsbindung aller Staatsgewalt

Sozialstaat:
a) Soziale Gerechtigkeit
b) Soziale Sicherheit

I. Republik

Die Staatsform der Republik steht im Gegensatz zu der der Monarchie. Das Staatsoberhaupt ist ein gewählter Präsident, ein deutscher König bzw. Kaiser ist somit nicht mehr möglich.

II. Demokratieprinzip

Die Demokratie ist das Gegenstück zur Monokratie, der Einzelherrschaft, die typischerweise eine Diktatur darstellt. Mit der Bezeichnung als Demokratie ist festgeschrieben, dass in unserem Staat die Staatsgewalt (durch Wahlen) vom Volk ausgeht und nicht durch Einzelpersonen bestimmt werden kann.

---

[553] Vgl. auch Maunz/Zippelius, §10, II 2–5.

III. Bundesstaatsprinzip

Der Bundesstaat (Föderalismus) ist, in Abgrenzung zum Zentralstaat (z.B. Frankreich), eine Verbindung mehrerer Staaten zu einem Gesamtstaat – ein Staatsgebilde, dessen Machtstrukturen zum Teil den selbständigen Gliedstaaten übertragen wurden. Im Gegensatz zum bloßen Staatenbund (z.B. NATO) sind die Strukturen jedoch fest, der »Austritt« eines Bundeslandes ist nicht möglich.

Dabei kommt den einzelnen Bundesländern eine eigenständige Staatsqualität zu. Nach den Grundsätzen des Völkerrechts (sog. Drei-Elementen-Lehre) setzt das Bestehen eines Staates folgende Staatsmerkmale voraus:

- Staatsgebiet,
- Staatsvolk,
- Staatsgewalt.

IV. Sozialstaatsprinzip

Das Sozialstaatsprinzip ist ein Staatsziel. Aus dieser Bestimmung des Grundgesetzes sollen keine unmittelbar für den Einzelnen einklagbaren Rechte ableitbar sein. Im Bereich des Sozialrechts werden einklagbare Ansprüche erst durch Leistungsgesetze, z.B. das Bundessozialhilfegesetz (vgl. S. 375 ff.), bewirkt.

Das Sozialstaatsprinzip soll für eine gerechte Sozialordnung sorgen und den Bürgern soziale Sicherheit gewährleisten. Die Umsetzung dieses Prinzips erfolgt durch Unterschiede in der (Einkommens-)Besteuerung – je nach Leistungsfähigkeit – und durch Vergabe von Subventionen oder sozialer Hilfen für Leistungsschwächere und reicht bis hin zur Absicherung des Existenzminimums über die Sozialhilfe.

IV. Rechtsstaatsprinzip

Rechtsstaatlichkeit definiert sich durch die (staatliche) Gewährleistung der verschiedenen Vorgaben des Art. 20 Abs. 2 und 3 GG. Sie ist dabei so selbstverständlich wie elementar. Es besteht das Erfordernis der Gesetzmäßigkeit der Verwaltung aus Art. 20 Abs. 3 GG. Die Verwaltung (die Behörden) darf nicht gegen das Gesetz verstoßen *(Vorrang der Gesetze),* und Eingriffe in die Rechte des Bürgers sind nur dann zulässig, wenn es hierfür eine Ermächtigung durch Gesetze gibt *(Vorbehalt des Gesetzes)*.

Es gilt das Prinzip der Gewaltenteilung nach Art. 20 GG, dem zufolge drei abgegrenzte staatliche Funktionen unterschiedlichen Staatsorganen zugeschrieben sind. Gewaltenteilung bedeutet dabei auch Unabhängigkeit der einzelnen Gewalten voneinander. Soweit die einzelnen Staatsgewalten ihre eigenen Aufgaben gesetzestreu erfüllen, können und dürfen sie von den jeweils anderen Staatsgewalten nicht beeinflusst werden.[554]

! **Übersicht**

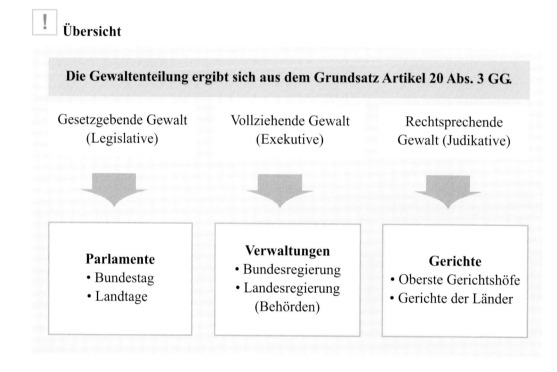

Die Gewaltenteilung ergibt sich aus dem Grundsatz Artikel 20 Abs. 3 GG.

Gesetzgebende Gewalt (Legislative)	Vollziehende Gewalt (Exekutive)	Rechtsprechende Gewalt (Judikative)
Parlamente • Bundestag • Landtage	**Verwaltungen** • Bundesregierung • Landesregierung (Behörden)	**Gerichte** • Oberste Gerichtshöfe • Gerichte der Länder

Dies bedeutet, dass von der Regierung (Exekutive) keine Weisung an ein Gericht ergehen kann, ein bestimmtes Urteil zu erlassen. Die Justizminister sind zwar Dienst- und Disziplinarvorgesetzte der Richter, jedoch steht ihnen eine Weisungsmöglichkeit in fachlicher Hinsicht nicht zu.

Abgesichert wird das Rechtsstaatprinzip für den Bürger zudem über die Regelung des Art. 19 Abs. 4 GG, nach dessen **Rechtswegegarantie** jedermann, der durch die öffentliche Gewalt (Behörden) in seinen Rechten verletzt wird, der Weg zu den Gerichten offenstehen muss.

---

[554] Vgl. Jarass/Pieroth, Art. 20, RN 16 ff.

D. Die Staatsorgane der Bundesrepublik Deutschland

! **Überblick:** Die Staatsorgane der Bundesrepublik Deutschland sind:

- der Bundestag (Art. 38–49 GG),
- der Bundesrat (Art. 50–53 GG),
- der Bundespräsident (Art. 54–61 GG),
- die Bundesregierung (Art. 62–69 GG),
- die Bundesversammlung (Art. 54 GG),
- das Bundesverfassungsgericht (Art. 93, 94 GG).

I. Der Deutsche Bundestag (Art. 38 ff. GG)

1. Aufgaben und Funktionen

Der Deutsche Bundestag, der sich aus den vom Volk gewählten Abgeordneten zusammensetzt, ist die Volksvertretung (das Parlament) der Bundesrepublik Deutschland und stellt das oberste Organ der politischen Willensbildung dar.

Die wesentlichen Aufgaben des Deutschen Bundestages sind:

- der Beschluss von Bundesgesetzen,
- die Kontrolle der Bundesregierung durch
    - ➞ Anfragen,
    - ➞ die Bildung von Untersuchungsausschüssen,
    - ➞ die Feststellung des Haushaltsplanes,
- die Wahl des Bundeskanzlers,
- die Wahl der Hälfte der Verfassungsrichter.

Art. 38 GG – Wahl und Mandat

(1) Die Abgeordneten des Deutschen Bundestages werden in allgemeiner, unmittelbarer, freier, gleicher und geheimer Wahl gewählt. Sie sind Vertreter des ganzen Volkes, an Aufträge und Weisungen nicht gebunden und nur ihrem Gewissen unterworfen.
(2) Wahlberechtigt ist, wer das achtzehnte Lebensjahr vollendet hat; wählbar ist, wer das Alter erreicht hat, mit dem die Volljährigkeit eintritt.
(3) Das Nähere bestimmt ein Bundesgesetz.

2. Die Wahlen zum Bundestag

a) Die Wahlgrundsätze

In Art. 38 Abs. 1 Satz 1 GG werden fünf Wahlgrundsätze festgelegt. Sie wurden der Weimarer Reichsverfassung von 1919 entnommen und bilden die Grundlage jeder Wahl.

- **Allgemein:**
  Das Wahlrecht steht mit Vollendung des 18. Lebensjahres jeder Staatsbürgerin und jedem Staatsbürger zu, der mindestens drei Monate in Deutschland wohnt und dem das Wahlrecht nicht entzogen ist, insbesondere nicht seine bürgerlichen Ehrenrechte durch ein Gerichtsurteil verloren hat.
- **Unmittelbar:**
  Die Wählerinnen und Wähler wählen ihren Bundestagsabgeordneten direkt. Es werden bei der Wahl keine Wahlmänner und/oder Wahlfrauen zwischengeschaltet.
- **Frei:**
  Es darf auf Wählerinnen und Wähler von keiner Seite ein wie auch immer gearteter Druck ausgeübt werden zugunsten oder zuungunsten des einen oder anderen Kandidaten oder auch zu einer Wahlenthaltung.
- **Gleich:**
  Jede abgegebene Stimme zählt gleich viel. Der Zählwert der Stimme darf nicht abhängig gemacht werden von Besitz, Steuerleistung, Bildung, Religion, Rasse, Geschlecht oder politischer Einstellung.
- **Geheim:**
  Niemand darf durch Kontrollen erfahren, wie ein anderer gewählt hat. Die geheime Wahl muss rechtlich und organisatorisch gewährleistet sein. Sie sichert die freie Wahlentscheidung der Wahlberechtigten und erfolgt mittels Wahlkabine und Stimmzettel.

b) Das Wahlsystem in der Bundesrepublik Deutschland

Das Wahlrechtssystem der Bundesrepublik Deutschland für die Wahl zum Bundestag wird als »**personalisierte Verhältniswahl**« bezeichnet. Dies entspricht im Ergebnis dem System der *Verhältniswahl*, enthält jedoch auch die wesentlichen Elemente des *Mehrheitswahlsystems*.

Das Mehrheitswahlrecht

Beim System der **Mehrheitswahl** (z.B. in Großbritannien) wird das Wahlgebiet (Land) in so viele Wahlkreise aufgeteilt, wie Plätze im Parlament vergeben werden sollen. In allen Wahlkreisen finden getrennte Auszählungen statt. Sieger im Wahlkreis ist, wer dort die meisten Stimmen auf sich vereinigt. Die Zusammensetzung des Parlaments ergibt sich aus den Siegern der Wahlkreise.

Der wesentliche Vorteil dieses Systems ist, dass das Volk im Parlament von »seinem« Vertreter aus der Region repräsentiert wird. Dieses System begünstigt die großen Parteien, da Kandidaten kleinerer Parteien kaum eine Chance bei der Wahl haben. Es entstehen im Parlament meist wenige Blöcke von Abgeordneten einer Fraktion.

Das Verhältniswahlrecht

Beim **Verhältniswahlrecht** werden die Sitze im Parlament gemäß den prozentualen Stimmenanteilen der landesweiten Wahl verteilt. Dieses System hat den Vorteil, dass keine Stimmen verloren gehen und sich das Meinungsspektrum im Volk prozentual gerecht im Parlament widerspiegelt. Durch die Vielzahl auch kleiner Parteien und politischer Strömungen, die so ins Parlament einziehen können, besteht jedoch die Gefahr der Zersplitterung. Dies erschwert die Regierungsbildung, da sich meist erst mehrere Fraktionen zusammenschließen müssen, um eine Mehrheit im Parlament zur Wahl einer Regierung zu erlangen. Hier können Streit und fehlende Kontinuität den politischen Prozess beeinträchtigen (diese Problematik hat Italien in den letzten 50 Jahren ca. 50 Regierungswechsel beschert).

Das personalisierte Verhältniswahlsystem

Beim **personalisierten Verhältniswahlsystem** der Bundesrepublik Deutschland findet eine Kombination beider Wahlsysteme statt. Bei 656 zu vergebenden Mandaten bestehen nur 328 Wahlkreise. Innerhalb dieser Wahlkreise wird nach dem System der Mehrheitswahl über die **Erststimme** je ein Abgeordneter bestimmt (**Direktmandat**), der in den Bundestag einzieht. Über die **Zweitstimmen** werden nach dem System der Verhältniswahl gesondert die prozentualen Verhältnisse der Parteien im Parlament festgelegt.

Die Gesamtzahl der Sitze einer Partei im Parlament wird zunächst durch die Zweitstimmenanteile bestimmt. Die Besetzung der einzelnen Plätze, die eine Partei erlangt hat, erfolgt dann durch die Wahlkreissieger bzw. Direktmandate. Die verbleibenden Mandate werden dann mit den Kandidaten der Parteien besetzt, die zuvor auf Landeslisten (die Bundestagswahl wird in jedem Bundesland einzeln ausgewertet) der Parteien aufgestellt wurden. Die Mandate werden dabei in der Reihenfolge der Landeslisten an die Kandidaten vergeben.

Das personalisierte Verhältniswahlsystem kombiniert die Vorteile des Mehrheitswahlsystems (Vertretung durch regionale Abgeordnete) mit denen des Verhältniswahlsystems (prozentual gerechte Stimmenverteilung).

Eine Zersplitterung des Parlaments durch zu viele kleine Fraktionen wird durch die 5-Prozent-Sperrklausel verhindert (in Italien 3 Prozent). Jedoch kann eine Partei ins Parlament einziehen, die drei Direktmandate erzielt hat – und dann noch mit allen Mandaten, die ihr nach dem Verhältnis der Zweitstimmen zustehen.

Überhangmandate entstehen, wenn eine Partei in einem Bundesland mehr Parlamentssitze durch Wahlkreissieger über die Erststimmen erlangt hat, als ihr an Mandaten nach den Prozentanteilen der Zweitstimmen eigentlich zustehen. Da diese zusätzlichen Mandate erhalten bleiben, wird einfach die Zahl der Bundestagsabgeordneten um die Zahl der Überhangmandate erhöht.

3. Abgeordnetenrechte

Die Abgeordneten sind Vertreter des ganzen Volkes, an Aufträge und Weisungen nicht gebunden und nur ihrem Gewissen unterworfen (Art. 38 Abs. 1 Satz 2 GG – **freies Mandat**).

 Art. 46 GG – Indemnität und Immunität
(1) Ein Abgeordneter darf zu keiner Zeit wegen seiner Abstimmung oder wegen einer Äußerung, die er im Bundestage oder in einem seiner Ausschüsse getan hat, gerichtlich oder dienstlich verfolgt oder sonst außerhalb des Bundestages zur Verantwortung gezogen werden. Dies gilt nicht für verleumderische Beleidigungen.
(2) Wegen einer mit Strafe bedrohten Handlung darf ein Abgeordneter nur mit Ge-

nehmigung des Bundestages zur Verantwortung gezogen oder verhaftet werden, es sei denn, dass er bei Begehung der Tat oder im Laufe des folgenden Tages festgenommen wird.

Die **Indemnität** von Abgeordneten gem. Art. 46 Abs. 1 GG soll die freie Rede im Bundestag schützen und erhalten. Niemand soll aus Furcht vor Strafanzeige (wegen Beleidigung u.a.) im Parlament seine Zunge hüten müssen.

Mit der **Immunität** von Abgeordneten sollen diese vor Verhaftung und sonstiger Strafverfolgung geschützt werden, solange das Parlament die Immunität nicht aufgehoben hat. Eine solche Aufhebung der Immunität erfolgte bislang jedoch bei jedem Antrag einer Staatsanwaltschaft auf Einleitung eines Ermittlungsverfahrens. Sinn der Vorschrift ist es, gezielte, überraschende »Massenverhaftungen« zu vermeiden, die die Mehrheitsverhältnisse im Parlament beeinträchtigen könnten. Die Vorschrift wurde aufgrund einschlägiger Erfahrungen während des Dritten Reiches ins Grundgesetz aufgenommen.

4. Die Organisation des Bundestages

a) Der Bundestagspräsident

Der Bundestagspräsident leitet die Sitzungen des Bundestages nach den Regeln der Geschäftsordnung, die jeder neue Bundestag zu Beginn seiner Legislaturperiode erlässt. Der Bundestagspräsident ist zudem Leiter der Bundestagsverwaltung. Er übt das Hausrecht aus.

b) Der Ältestenrat

Der Ältestenrat des Bundestages sind dessen Präsident, ein Vizepräsident und 23 erfahrene Abgeordnete aus den Fraktionen. Er sorgt für einen reibungslosen Ablauf der Parlamentsarbeit durch die Planung der Sitzungen, die Festsetzung der Tagesordnungspunkte und der jeweiligen Redezeiten.

c) Das Plenum

Das Plenum ist die Versammlung aller Abgeordneten (die eigentliche »Bundestagsrunde«). Es bildet das Forum für die Debatten, die Lesungen (Beratungen) von Gesetzen und die anschließende Fassung von Beschlüssen (durch Abstimmungen).

d) Die Ausschüsse

Ausschüsse sind Arbeitsgruppen von Abgeordneten mit speziell zugewiesenen Aufgabenbereichen. In ihnen sitzen die Experten der Fraktionen für den jeweiligen Bereich (die Zusammensetzung richtet sich nach den Fraktionsstärken im Bundestag). Der Zuschnitt der Arbeitsbereiche entspricht ungefähr der Aufgabenverteilung der Bundesministerien. Die Verhandlungen des Bundestages werden in den Ausschüssen vorbereitet.

Von der Verfassung vorgeschrieben ist die Einsetzung des Auswärtigen Ausschusses, des Verteidigungs- und des Petitionsausschusses. Der Haushaltsausschuss und der Wahlprüfungsausschuss sind ebenso gesetzlich verankert, alle übrigen Ausschüsse sind frei definiert. So fanden sich im 14. Deutschen Bundestag (Wahl 1998) 23 Ausschüsse, von denen folgende beispielhaft erwähnt seien:

- Petitionsausschuss
- Auswärtiger Ausschuss
- Innenausschuss
- Sportausschuss
- Haushaltsausschuss
- Ausschuss für Ernährung, Landwirtschaft und Forsten
- Ausschuss für Arbeit und Sozialordnung
- Verteidigungsausschuss
- Ausschuss für Familie, Senioren, Frauen und Jugend
- Ausschuss für Umwelt, Naturschutz und Reaktorsicherheit
- Ausschuss für die Angelegenheiten der neuen Länder
- Ausschuss für die Angelegenheiten der Europäischen Union

e) Die Fraktionen

Die Abgeordneten einer Partei im Bundestag bilden eine Fraktion. Zur Bildung einer solchen Fraktion ist eine Mindestanzahl von 5 Prozent aller Abgeordneten notwendig.

Der Willensbildungsprozess der Abgeordneten findet grundsätzlich in den Fraktionssitzungen statt. Somit kann die Fraktion vom jeweiligen Abgeordneten eine gewisse Fraktionsdisziplin bei Abstimmungen im Plenum verlangen. Die Fraktion darf aber wegen Art. 38 Abs. 1 Satz 2 GG (siehe S. 494) kein Abstimmungsverhalten erzwingen (**kein Fraktionszwang**).

f) Abstimmungen im Bundestag

Im Normalfall reicht zu einer Beschlussfassung im Bundestag die **einfache Mehrheit** der abgegebenen Stimmen (Art. 42 Abs. 2 Satz 1 GG). Die **absolute Mehrheit** ist die Mehrheit der Stimmen gemessen an der Mitgliederzahl des Bundestages (Art. 121 GG). Die absolute Mehrheit ist u.a. erforderlich bei:

- der Wahl des Bundeskanzlers (Art. 63 Abs. 2 GG),
- der Auflösung des Bundestages nach einem Misstrauensvotum (Art. 68 GG).

Die *Zwei-Drittel-Mehrheit* ist für eine Änderung von Verfassungsnormen erforderlich (Art. 79 Abs. 2 GG).

Eine *Ein-Viertel-Mehrheit* ist ausreichend für die Einsetzung von Untersuchungsausschüssen.

g) Die Stellung der Parteien

 Art. 21 GG – Parteien

(1) Die Parteien wirken bei der politischen Willensbildung des Volkes mit. Ihre Gründung ist frei. Ihre innere Ordnung muss demokratischen Grundsätzen entsprechen. Sie müssen über die Herkunft und Verwendung ihrer Mittel sowie über ihr Vermögen öffentlich Rechenschaft geben.
(2) Parteien, die nach ihren Zielen oder nach dem Verhalten ihrer Anhänger darauf ausgehen, die freiheitliche demokratische Grundordnung zu beeinträchtigen oder zu beseitigen oder den Bestand der Bundesrepublik Deutschland zu gefährden, sind verfassungswidrig. Über die Frage der Verfassungswidrigkeit entscheidet das Bundesverfassungsgericht.
[...]

II. Der Bundesrat (Art. 50 ff. GG)

Der Bundesrat ist die zweite Kammer des legislativen politischen Systems. Durch ihn wirken die Bundesländer in den ihre Aufgaben betreffenden Angelegenheiten an der Gesetzgebung mit. Er besteht aus Mitgliedern, die von den Regierungen der Länder bestellt und abberufen werden. Jedes Land hat mindestens drei Stimmen, Länder mit mehr als zwei

Millionen Einwohnern haben vier, Länder mit mehr als sechs Millionen Einwohnern fünf und Länder mit mehr als sieben Millionen Einwohnern (z.B. NRW) sechs Stimmen (Art. 51 GG). Jedes Land kann so viele Mitglieder entsenden, wie es Stimmen hat. Die Stimmen eines Landes können nur einheitlich abgegeben werden.

Der Bundesrat besteht folglich aus 68 Mitgliedern. In der Regel tritt der Bundesrat alle drei Wochen zusammen. Die Präsidentschaft des Bundesrates wird jeweils von einem Ministerpräsidenten wahrgenommen und wechselt jährlich (jeweils zum 1. März) von Bundesland zu Bundesland in vorbestimmter Reihenfolge.

Die **Aufgaben des Bundesrates** sind im Wesentlichen:

- Entwerfen und Einbringen eigener Gesetzentwürfe,
- Mitwirkung beim Erlass allgemeiner Verwaltungsvorschriften,
- Stellungnahme zu Regierungsentwürfen,
- Entscheidung über Zustimmungsgesetze,
- Anrufung des Vermittlungsausschusses im Gesetzgebungsverfahren,
- Vorlagen an die Europäische Union.
- Der Präsident des Bundesrates ist der Stellvertreter des Bundespräsidenten.
- Der Bundesrat wählt die Hälfte der Richter des Bundesverfassungsgerichtes.

III. Der Bundespräsident (Art. 54 ff. GG)

Der Bundespräsident ist als Staatsoberhaupt »erster Mann im Staate«. Seine Machtstellung ist im Vergleich zu der des Reichspräsidenten der Weimarer Republik bewusst erheblich eingeschränkt worden. Gewählt wird der Bundespräsident von der Bundesversammlung. Seine Amtszeit beträgt fünf Jahre. Eine anschließende Wiederwahl ist nur einmal zulässig. Das Mindestalter eines Bundespräsidenten liegt bei 40 Jahren.

Das Amt des Bundespräsidenten ist wesentlich durch Aufgaben der Repräsentation und Integration geprägt, dabei muss er staatspolitisch nicht neutral sein, sondern es ist seine Aufgabe, zu mahnen und zu warnen und die Aufmerksamkeit auf langfristige Probleme zu lenken, die der Lösung bedürfen oder die in Vergessenheit zu geraten drohen.

Der Bundespräsident schlägt dem Bundestag den **Bundeskanzler** zur Wahl vor und ernennt den Gewählten sodann. Die **Bundesminister** werden von ihm – auf Vorschlag des Bundeskanzlers – ernannt und entlassen. Ferner ernennt und entlässt er die Bundesrichter, die Bundesbeamten, die Offiziere und Unteroffiziere, soweit gesetzlich nichts anderes bestimmt ist.

Für den Bund übt er das Begnadigungsrecht aus und vertritt ihn völkerrechtlich.

⚠ Der Bundespräsident hat die Befugnis, in bestimmten Ausnahmefällen den **Bundestag** aufzulösen.

IV. Die Bundesversammlung (Art. 54 GG)

Die Funktion der Bundesversammlung beschränkt sich lediglich auf die **Wahl des Bundespräsidenten**. Sie besteht aus den Mitgliedern des Bundestages und einer gleichen Anzahl von Mitgliedern, die von den Volksvertretungen der Länder frei gewählt werden (dies müssen also nicht unbedingt Abgeordnete aus den Ländern sein).

V. Die Bundesregierung (Art. 62 ff. GG)

⚠ Die Bundesregierung besteht aus dem Bundeskanzler und den Bundesministern (Art. 62 GG).

Sie ist die Spitze der **exekutiven Gewalt** des Bundes (sie ist Verwaltungsorgan – nicht Gesetzgebungsorgan) und steuert und bestimmt durch ihr Wirken die gesamte Innen- und Außenpolitik des Staates.

Die **wesentlichen Aufgaben der Bundesregierung** sind:

* Planen und Einbringen von Gesetzesvorlagen,
* Erlass von Rechtsverordnungen nach Art. 80 GG,
* Aufsicht über die Ausführung der Gesetze des Bundes durch die Länderverwaltungen.

Die Bundesregierung unterliegt bei ihren Aufgaben der Kontrolle durch den Bundestag bzw. eigentlich der Kontrolle durch die Opposition im Bundestag. Diese wird ausgeübt durch sog. Kleine und Große Anfragen (Anfragen einzelner Abgeordneter oder einer Fraktion), durch das Einsetzen von Untersuchungsausschüssen (Art. 44 GG) oder durch eine Klage (Art. 93 Abs. Nr. 1 GG). Ein wesentliches Kontrollinstrument des Bundestages besteht zudem darin, dass er jährlich die Haushaltspläne und Finanzmittel der Ministerien neu beschließt.

Die Bundesregierung selbst wird gelenkt durch den **Bundeskanzler**.

 Art. 65 – Stellung des Bundeskanzlers und der Bundesminister
Der Bundeskanzler bestimmt die Richtlinien der Politik und trägt dafür die Verantwortung. Innerhalb dieser Richtlinien leitet jeder Bundesminister seinen Geschäftsbereich selbständig und unter eigener Verantwortung. Über Meinungsverschiedenheiten zwischen den Bundesministern entscheidet die Bundesregierung. Der Bundeskanzler leitet ihre Geschäfte nach einer von der Bundesregierung beschlossenen und vom Bundespräsidenten genehmigten Geschäftsordnung.

Der Bundeskanzler bestimmt die **Richtlinien der Politik** und leitet die Geschäfte der Bundesregierung (**Kanzlerprinzip**). Insbesondere umreißt er die allgemeinen Ziele für die Innen- und Außenpolitik, legt ein Regierungsprogramm vor und sorgt für dessen Verwirklichung. Der Bundeskanzler nimmt in der Regierung aufgrund seiner besonderen Rolle bei der Kabinetts- bzw. Regierungsbildung und seiner Richtlinienkompetenz eine führende Stellung ein (vgl. Art. 65, 64 Abs. 1, 67, 68 GG).

Innerhalb der Richtlinien des Bundeskanzlers leitet jeder Minister sein Ressort selbständig und in eigener Verantwortung (**Ressortprinzip**).

Alle wichtigen Entscheidungen werden vom Kabinett kollegial gefällt, bei Meinungsverschiedenheiten zwischen Bundesministern entscheidet das Kabinett durch Mehrheitsbeschluss (**Kollegialprinzip**).

Gewählt wird der Bundeskanzler auf Vorschlag des Bundespräsidenten vom Bundestag, wobei zu seiner Wahl die absolute Mehrheit der Mitglieder des Bundestages erforderlich ist. Ist er gewählt, so ist er vom Bundespräsidenten zu ernennen.

Das Amt des Bundeskanzlers beginnt mit seiner Ernennung durch den Bundespräsidenten und endet durch das Zusammentreten eines neuen Bundestages sowie durch freiwilligen Rücktritt oder durch ein konstruktives Misstrauensvotum.

Unter einem **konstruktiven Misstrauensvotum** versteht man die Abwahl eines Bundeskanzlers und die Ersetzung durch einen neu gewählten Amtsnachfolger. Die bloße Abwahl eines Bundeskanzlers ist durch das Grundgesetz nicht vorgesehen, da »Führungslosigkeit« im wichtigsten politischen Amt vermieden werden soll.

Die **Bundesminister** werden auf Vorschlag des Bundeskanzlers vom Bundespräsidenten ernannt und entlassen (Art. 64 Abs. 1 GG). Das Ministeramt endet durch Entlassung, durch freiwilligen Rücktritt oder durch die Beendigung des Amtes des Bundeskanzlers.

Die Bundesregierung

Bundeskanzler
Vom Bundespräsidenten vorgeschlagen
und vom Bundestag gewählt

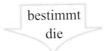

bestimmt
die

Bundesminister
auf Vorgabe des Bundeskanzlers
vom Bundespräsidenten ernannt/entlassen

Kanzlerprinzip		**Ressortprinzip**		**Kollegialprinzip**
Der Bundeskanzler bestimmt die Richtlinien der Politik und trägt dafür die Verantwortung.		Innerhalb der Richtlinien leitet jeder Minister sein Ressort selbständig und in eigener Verantwortung.		Die Regierung berät und beschließt u. a. über alle Gesetzesentwürfe und bei Streitfragen zwischen den Ministern.

VI. Das Bundesverfassungsgericht (Art. 93 ff. GG)

Das Bundesverfassungsgericht gilt als »der Hüter der Verfassung«. Es entscheidet über Streitigkeiten, die sich bei der Gesetzgebung durch Auslegung der Verfassung bzw. des Grundgesetzes ergeben. Es ist damit vom Grundsatz her keine vierte Instanz oberhalb der sonstigen Gerichtsbarkeit. Es ist jedoch möglich, das Urteil einer dritten Instanz durch den Einwand anzugreifen, jenes sei durch einen Auslegungsfehler zustande gekommen und verletze ein Grundrecht des Unterlegenen. Das Bundesverfassungsgericht ist dann gefordert, (nur) über jene Grundrechtsverletzung zu entscheiden, und wird über diesen Weg dann mittelbar doch oftmals zur vierten Instanz (wird eine Grundrechtsverletzung festgestellt, muss das Gericht der dritten Instanz ein neues Urteil unter Zugrundelegung der Verfassungsgerichtsentscheidung fällen – nicht zwingend jedoch mit anderem Endergebnis).

Das Bundesverfassungsgericht entscheidet im Wesentlichen

- über Streitigkeiten zwischen Bundesorganen;
- bei Streitigkeiten über die Vereinbarkeit von Bundesrecht oder Landesrecht mit dem Grundgesetz oder die Vereinbarkeit von Landesrecht mit sonstigem Bundesrecht;
- bei Streitigkeiten zwischen dem Bund und den Ländern oder zwischen verschiedenen Ländern;
- über Verfassungsbeschwerden von jedermann, wenn er behauptet, in seinen Grundrechten verletzt worden zu sein;
- über Verfassungsbeschwerden von Gemeinden und Gemeindeverbänden;
- über die Verwirkung von Grundrechten (Art. 18 GG);
- gemäß Art. 21 Abs. 2 Satz 2 GG hat es mithin auch über die Frage der Verfassungswidrigkeit von Parteien zu entscheiden.

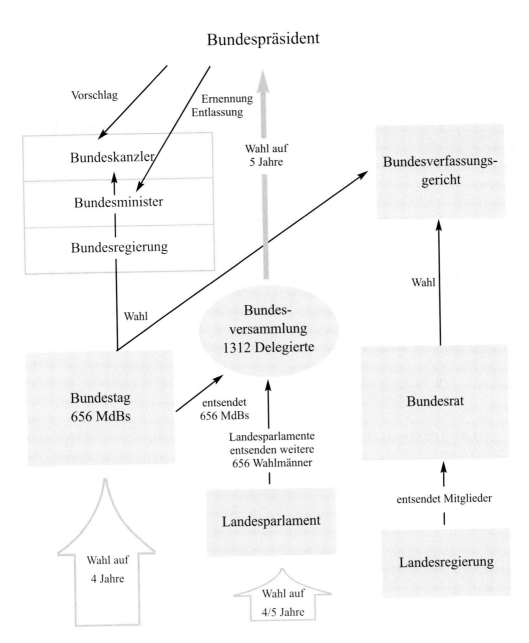

E. Das Gesetzgebungsverfahren

I. Die Gesetzgebungskompetenz

Die Art. 70–75 GG regeln die unterschiedlichen Befugnisse zur Gesetzgebung zwischen Bund und Ländern in den verschiedenen Sachbereichen.

 Grundsatz des Art. 70 Abs. 1 GG
(1) Die Länder haben das Recht zur Gesetzgebung, soweit dieses Grundgesetz nicht dem Bund Gesetzgebungsbefugnisse verleiht.

II. Ausschließliche Gesetzgebungsbefugnis des Bundes

Gemäß Art. 71 i.V.m. Art. 73 GG hat der Bund in typischen Staatsangelegenheiten, die von den einzelnen Ländern nicht unterschiedlich geregelt werden sollen, die ausschließliche Gesetzgebungskompetenz, beispielsweise:

- die auswärtigen Angelegenheiten und die Verteidigung;
- die Staatsangehörigkeit im Bund;
- die Freizügigkeit, das Passwesen, die Ein- und Auswanderung, die Auslieferung;
- das Währungs-, Geld- und Münzwesen, Maße und Gewichte, die Zeitbestimmung;
- die Einheit des Zoll- und Handelsgebietes;
- die Bundeseisenbahnen und den Luftverkehr;
- das Post- und Fernmeldewesen;
- die Rechtsverhältnisse im öffentlichen Dienst;
- den gewerblichen Rechtsschutz, das Urheberrecht und das Verlagsrecht;
- die Zusammenarbeit des Bundes und der Länder in der Kriminalpolizei.

III. Konkurrierende Gesetzgebungskompetenz

Gemäß Art. 72 i.V.m. Art. 73 GG haben die Länder im Bereich der konkurrierenden Gesetzgebung die Befugnis zur Gesetzgebung nur dann, solange und soweit der Bund von seinem Gesetzgebungsrecht keinen Gebrauch macht.

⚠ Der Bund hat in diesem Bereich das Gesetzgebungsrecht, aber nur, soweit ein Bedürfnis nach bundesgesetzlicher Regelung besteht.

Dieses Bedürfnis kann beispielsweise bestehen, weil

- eine Angelegenheit durch die Gesetzgebung einzelner Länder nicht wirksam geregelt werden kann oder
- die Regelung einer Angelegenheit durch ein Landesgesetz die Interessen anderer Länder oder der Gesamtheit beeinträchtigen könnte oder
- die Wahrung der Rechts- oder Wirtschaftseinheit, insbesondere die Wahrung der Einheitlichkeit der Lebensverhältnisse über das Gebiet eines Landes hinaus, sie erfordert.

IV. Gesetzesinitiativrecht

Gesetzesentwürfe dürfen nur aus der Mitte des Bundestages, von der Bundesregierung oder vom Bundesrat eingebracht werden (Art. 76 GG).

Die *Bundesregierung* stellt mit zwei Dritteln aller eingebrachten Gesetzesentwürfe, den sog. Regierungsvorlagen, das bedeutendste Organ der Gesetzgebung dar.

Ein Gesetzentwurf aus der Mitte des *Bundestages* muss von 5 Prozent der Abgeordneten unterstützt werden. Hier liegt die einzige Möglichkeit für die Opposition, Gesetzentwürfe im Bundestag einzubringen, es sei denn, sie besitzt eine Mehrheit im Bundesrat.

Die einzelnen im *Bundesrat* vertretenen Länder können allein keinen Gesetzentwurf einbringen, dies kann nur der Bundesrat als ganzer; das heißt, der Gesetzentwurf eines Landes wird nur zum Gesetzentwurf des Bundesrates, wenn sich alle anderen Länder diesem anschließen.

V. Die Lesungen/Beratungen von Gesetzesentwürfen

Die **erste Lesung** (Beratung) im Plenum des Deutschen Bundestages dient vor allem der Darstellung der unterschiedlichen politischen Positionen und somit auch der Information der Öffentlichkeit durch Presse und Medien. Hiermit wird ein Beitrag zur Transparenz des politischen Alltags geschaffen, die in einer Demokratie äußerst wichtig ist.

Die erste Lesung endet im Allgemeinen mit der Überweisung des Gesetzesentwurfs an den vom Sachgebiet her zuständigen Bundestagsausschuss (vgl. S. 496), von dem aufgrund des hier versammelten Expertenwissens der Abgeordneten dann die eingehendsten Änderungsvorschläge im Laufe des Gesetzgebungsverfahrens erarbeitet werden.

Die **zweite Lesung** beginnt frühestens zwei Tage nach Verteilung des Ausschussberichtes und der damit einhergehenden Beschlussempfehlung des Ausschusses. Sie dient dazu, über eventuell im Ausschuss beschlossene Änderungsvorschläge oder Änderungsvorschläge der Fraktionen und einzelner Abgeordneter abzustimmen. In der zweiten Lesung kann ein Gesetzentwurf schon endgültig abgelehnt werden, sofern direkt zur Schlussabstimmung übergegangen und nicht die erforderliche Mehrheit erreicht wird.

Die **dritte Lesung** findet meist direkt im Anschluss an die zweite Lesung statt, falls keine Änderungsvorschläge angenommen wurden. Wurden Änderungen beschlossen, dann gilt eine Frist von zwei Tagen nach Verteilung der Drucksache bis zur dritten Lesung. Diese Frist kann jedoch verkürzt werden. Änderungsanträge dürfen jetzt nur noch von Fraktionen gestellt werden.

Nach dem Ende der dritten Lesung erfolgt die Schlussabstimmung im Bundestag. Wird der Gesetzentwurf angenommen, wird er direkt durch den Präsidenten des Bundestages an den Bundesrat weitergeleitet. Andernfalls ist das Gesetzesvorhaben bereits hier gescheitert.

VI. Die Einbeziehung des Bundesrates

1. Zustimmungsgesetze

Bundesgesetze bedürfen nur dann der Zustimmung des Bundesrates, wenn eine Bestimmung des Grundgesetzes dies fordert, z.B. bei Grundgesetzänderungen (Art. 79 Abs. 2 GG). Die Zahl solcher Grundgesetzartikel ist jedoch beträchtlich, so dass heute fast die Hälfte der Bundesgesetze der Zustimmung des Bundesrates bedarf – vor allem Art. 84 Abs. 1 und Art.

105 Abs. 3 GG tragen in hohem Maße dazu bei. Allgemein lässt sich sagen, dass ein Gesetz als Zustimmungsgesetz zu behandeln ist, wenn es die Belange der Länder berührt.

⚠ Ein Zustimmungsgesetz kann nur dann als Gesetz wirksam werden, wenn der Bundesrat zustimmt. Ist dies nach allen Vermittlungsversuchen nicht der Fall, ist das Gesetz *unwider-ruflich* gescheitert!

2. Einspruchsgesetze

Bei Einspruchsgesetzen kann eine ablehnende Haltung des Bundesrates vom Bundestag (mit gleicher Mehrheit wie der des Einspruchs des Bundesrates) überstimmt werden.

Hat der Bundesrat keine Einwände gegen ein Einspruchs- oder Zustimmungsgesetz, so wird es verabschiedet, und es folgen Ausfertigung und Verkündigung durch den Bundespräsidenten. Damit ist das Gesetz zustande gekommen.

3. Das Vermittlungsverfahren

Stimmt der Bundesrat einem Gesetz nicht zu, das heißt, hat er Einwände, Änderungswünsche oder verweigert seine Zustimmung, wird der Vermittlungsausschuss angerufen.

a) Der Vermittlungsausschuss

Der Vermittlungsausschuss ist ein aus Bundestag und Bundesrat zusammengesetztes Gremium und besteht aus 16 Bundestagsabgeordneten und 16 Vertretern des Bundesrates. Die Sitzungen des Vermittlungsausschusses sind streng vertraulich, um sie dem wahlpolitischen Druck zu entziehen.

Die eventuell im Vermittlungsausschuss ausgearbeiteten Änderungsvorschläge werden zusammen mit der Beschlussempfehlung des Ausschusses erneut dem Bundesrat vorgelegt, der nun wiederum darüber zu entscheiden hat. Die Beschlussempfehlung kann lauten, das Gesetz unverändert anzunehmen, es in geänderter Form anzunehmen oder es ganz abzulehnen.

Im weiteren Verfahren kommt es dabei wieder darauf an, ob ein Einspruchs- oder ein Zustimmungsgesetz vorliegt.

b) Bei Zustimmungsgesetzen

Hat der Vermittlungsausschuss keine Änderungsvorschläge und entschließt sich der Bundesrat, dem Gesetz nun doch unverändert zuzustimmen, so ist es damit verabschiedet und kann durch den Bundespräsidenten ausgefertigt und verkündet werden.

Hat der Vermittlungsausschuss keine Änderungsvorschläge und verweigert der Bundesrat dem Gesetz seine Zustimmung, ist das Gesetz gescheitert.

c) Bei Einspruchsgesetzen

Wie bei den Zustimmungsgesetzen gilt für den Fall, dass der Vermittlungsausschuss keine Änderungsvorschläge macht und sich der Bundesrat entschließt, das Gesetz doch unverändert anzunehmen, dass das Gesetz damit angenommen ist.

Macht der Vermittlungsausschuss keine Änderungsvorschläge und lehnt der Bundesrat das Gesetz mit einfacher oder Zwei-Drittel-Mehrheit wiederum ab, kann (und muss) der Einspruch des Bundesrates vom Bundestag entsprechend mit einfacher bzw. Zwei-Drittel-Mehrheit überstimmt werden.

Legt der Vermittlungsausschuss dagegen Änderungsvorschläge vor und werden diese vom Bundesrat akzeptiert und angenommen, geht das Gesetz nochmals zurück in den Bundestag, der nun ebenfalls über die Änderungen abzustimmen hat. Schließt sich der Bundestag den Änderungen an, so ist das Gesetz verabschiedet.

Akzeptiert der Bundesrat allerdings die Änderung nicht und legt Einspruch ein, so hat der Bundestag nicht nur über die Änderung zu entscheiden, sondern muss zur Annahme des Gesetzes auch den Einspruch des Bundesrates mit der entsprechenden Mehrheit (wie oben) zurückweisen.

4. Gegenzeichnung, Ausfertigung und Verkündung (Art. 82 GG)

Ist ein Gesetz angenommen, so wird es der Bundesregierung zur Gegenzeichnung durch den Bundeskanzler und dem/den zuständigen Fachminister(n) zugeleitet.

Nach der Gegenzeichnung wird das Gesetz durch den Bundespräsidenten ausgefertigt und im Bundesgesetzblatt verkündet. Fehlt im Gesetz die Bestimmung, wann es in Kraft treten soll, so tritt es 14 Tage nach Verkündung im Bundesgesetzblatt in Kraft.

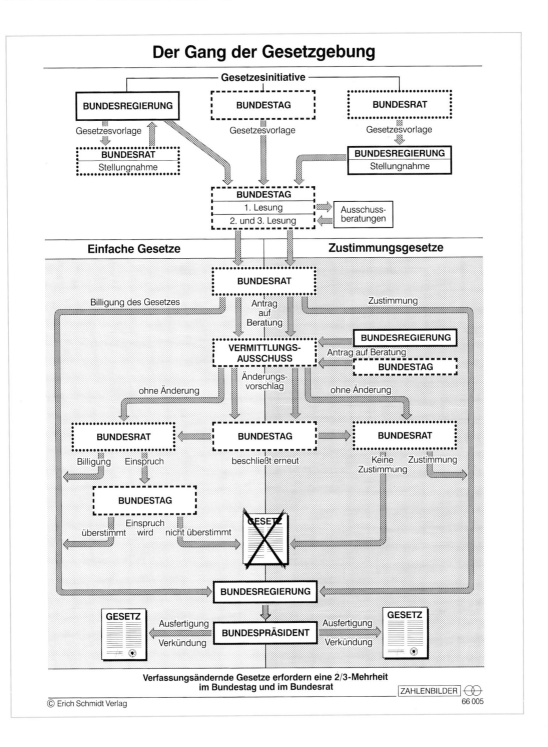

Der Gang der Gesetzgebung

Gesetzesinitiative

BUNDESREGIERUNG — **BUNDESTAG** — **BUNDESRAT**

Gesetzesvorlage — Gesetzesvorlage — Gesetzesvorlage

BUNDESRAT — Stellungnahme

BUNDESREGIERUNG — Stellungnahme

BUNDESTAG
1. Lesung
2. und 3. Lesung — Ausschuss-beratungen

Einfache Gesetze — **Zustimmungsgesetze**

BUNDESRAT

Billigung des Gesetzes — Antrag auf Beratung — Zustimmung

VERMITTLUNGS-AUSSCHUSS

BUNDESREGIERUNG
Antrag auf Beratung
BUNDESTAG

Änderungs-vorschlag

ohne Änderung — ohne Änderung

BUNDESRAT — **BUNDESTAG** — **BUNDESRAT**

Billigung Einspruch — beschließt erneut — Keine Zustimmung Zustimmung

BUNDESTAG

Einspruch
überstimmt wird nicht überstimmt — GESETZ

BUNDESREGIERUNG

GESETZ — Ausfertigung — **BUNDESPRÄSIDENT** — Ausfertigung — GESETZ
Verkündung — Verkündung

Verfassungsändernde Gesetze erfordern eine 2/3-Mehrheit
im Bundestag und im Bundesrat

ZAHLENBILDER

© Erich Schmidt Verlag

66 005

F. Die Rolle der Bundesrepublik Deutschland in der EU

Die Bundesrepublik Deutschland ist in vielfältiger Weise an europäischen Organisationen, Abkommen, ständigen Konferenzen und Ländergemeinschaften beteiligt. Die Einigung Europas, die 1951 mit der Europäischen Gemeinschaft für Kohle und Stahl (EGKS) in Paris ihren Anfang genommen hat, ist kein abgeschlossenes Kapitel der Geschichte, sondern ein fortwährender Prozess. Die heutige Europäische Union (EU) wurde 1957 in Rom als Europäische Wirtschaftsgemeinschaft (EWG) gegründet. Sie hat einst mit sechs Ländern begonnen, im Jahre 2006 gehören ihr bereits 25 Mitgliedstaaten an.[555] Viele Länder Osteuropas und des Balkans sowie die Türkei sind bestrebt, der EU beizutreten.

Die Europäische Union dient einem immer engeren Zusammenschluss der europäischen Völker, der mit dem Vertrag von Maastricht (1992) auf drei wesentliche Grundpfeiler gestellt wurde:

- die Gemeinschaftsaufgaben,
- die Gemeinsame Außen- und Sicherheitspolitik (GASP),
- die justizielle und polizeiliche Zusammenarbeit.

Die Gemeinschaftsaufgaben umfassen im Kern die Förderung eines ausgewogenen und dauerhaften wirtschaftlichen und sozialen Fortschritts – insbesondere durch Schaffung eines Raums ohne Binnengrenzen, durch Stärkung des wirtschaftlichen und sozialen Zusammenhalts und durch Errichtung einer Wirtschafts- und Währungsunion (WWU).

Von großer Bedeutung ist auch die angestrebte gemeinsame Außen- und Sicherheitspolitik, wozu auf längere Sicht auch die Festlegung einer gemeinsamen Verteidigungspolitik gehört und die Stärkung des Schutzes der Rechte und Interessen der Bürgerinnen und Bürger aller Mitgliedstaaten durch Einführung einer Unionsbürgerschaft.

---

[555] Zum 1. Januar 2007 werden Rumänien und Bulgarien beitreten, so dass die EU dann 27 Mitgliedstaaten umfasst.

Zur Durchsetzung dieser Rechte ist eine engere Zusammenarbeit in den Bereichen Justiz und Inneres Voraussetzung. So wurden beispielsweise speziell für den Bereich des Strafrechts neue Behörden (Eurojust, Europol) ins Leben gerufen.

Diesen drei Grundpfeilern dienen die politischen Institutionen der EU, insbesondere:

* die Europäische Kommission,
* der Rat der Europäischen Union,
* der Europäische Rat,
* das Europäische Parlament,
* der Europäische Gerichtshof und
* der Europäische Rechnungshof.

I. Die Europäische Kommission

Die Europäische Kommission spielt aufgrund der ihr zugewiesenen Aufgaben eine zentrale Rolle in der Politik der EU. In mancher Hinsicht ist sie der Motor Europas. Von ihr beziehen die übrigen Institutionen einen wesentlichen Teil ihres Antriebs und ihrer Ziele.

Der Rat und das Europäische Parlament können ihre Gesetzgebungsbefugnisse nur auf eine Initiative der Kommission hin ausüben. Darüber hinaus erfüllt die Kommission auch noch die Exekutivfunktion: Sie wacht über die Anwendung des Gemeinschaftsrechts und über das ordnungsgemäße Funktionieren des Binnenmarkts. Ihr obliegt die Konzipierung und Durchführung der gemeinsamen Agrarpolitik, der Politik für regionale Entwicklung, der Zusammenarbeit mit den Ländern Mittel- und Osteuropas sowie der internationalen Entwicklungspolitik.

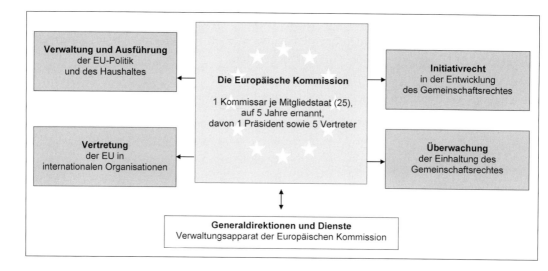

Derzeit (2006) besteht die Kommission aus jeweils 25 Mitgliedern[556], eines für jeden Mitgliedstaat. Die Kommissionsmitglieder sind jedoch gegenüber den Mitgliedstaaten nicht weisungsbefugt, das heißt, die Kommission verfolgt als ein von den nationalen Regierungen unabhängiges Organ ausschließlich gesamteuropäische Interessen.

II. Der Rat der Europäischen Union

Der Rat der Europäischen Union (kurz: »Der Rat«; veraltet: »Ministerrat«) ist eine Einrichtung mit *Rechtsetzungsbefugnis* und *Entscheidungsbefugnis* in der EU.

Als Vertretungsorgan für die Regierungen der Mitgliedstaaten besteht in diesem Gremium die Möglichkeit, die jeweiligen nationalen Interessen geltend zu machen. Der Rat sorgt für die allgemeine Abstimmung der Tätigkeiten der Europäischen Union, deren Hauptziel in dem Ausbau des gemeinsamen Binnenmarktes besteht, d.h. eines Wirtschaftsraums, in dem die vier Freiheiten des Waren-, Personen-, Dienstleistungs- und Kapitalverkehrs gewährleistet sind, zu denen nunmehr eine einheitliche Währung gehört.

Darüber hinaus ist der Rat für die Regierungszusammenarbeit der Mitgliedstaaten zuständig, und zwar zum einen im Bereich der »Gemeinsamen Außen- und Sicherheitspolitik« und zum anderen in den Bereichen Justiz und Inneres, in denen es z.B. um Einwanderungs- und Asylfragen, Terrorismus- und Drogenbekämpfung oder die justizielle Zusammenarbeit geht.

---

[556] Vgl. hierzu Fußnote 555.

Inhaltlich werden die Zusammenkünfte zunächst vom »Ausschuss der Ständigen Vertreter« – einem Gremium, dessen Mitglieder in etwa die Funktion von Botschaftern innehaben – vorbereitet. Der Rat selbst setzt sich dann je nach Themengebiet der jeweiligen Sitzung aus den entsprechenden Ressortministern der Mitgliedstaaten zusammen.

Auch der Vorsitz im Rat (Ratspräsidentschaft) ist nicht an eine bestimmte Person gebunden, sondern wird in einer zuvor festgelegten Reihenfolge von jedem EU-Mitgliedstaat im Wechsel für den Zeitraum eines halben Jahres wahrgenommen. Bei den Zusammenkünften übernimmt dann der jeweils anwesende Ressortminister des vorsitzenden Landes die Position des Ratspräsidenten (Art. 203 EUV). So hatte in der zweiten Jahreshälfte 2006 Finnland die Ratspräsidentschaft inne, und dementsprechend saß der finnische Außenminister den Treffen zur Außenpolitik, der finnische Landwirtschaftsminister den Treffen zur Agrarpolitik vor.

Zur besseren Koordinierung wird die Ratspräsidentschaft durch ein eigenes Generalsekretariat unterstützt.

Der Rat schließt seine Beratungen in der Regel mit dem Beschluss der **Europäischen Richtlinien** ab. Diese müssen sodann von jedem einzelnen Mitgliedstaat in nationales Recht umgesetzt werden. Der Rat der Europäischen Union ist damit ein Teil der europäischen Gesetzgebung.

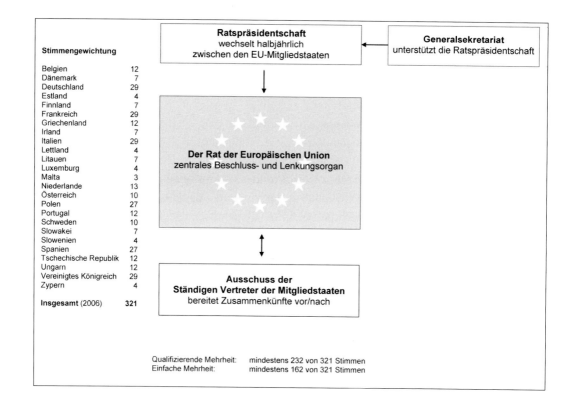

Stimmengewichtung	
Belgien	12
Dänemark	7
Deutschland	29
Estland	4
Finnland	7
Frankreich	29
Griechenland	12
Irland	7
Italien	29
Lettland	4
Litauen	7
Luxemburg	4
Malta	3
Niederlande	13
Österreich	10
Polen	27
Portugal	12
Schweden	10
Slowakei	7
Slowenien	4
Spanien	27
Tschechische Republik	12
Ungarn	12
Vereinigtes Königreich	29
Zypern	4
Insgesamt (2006)	**321**

Ratspräsidentschaft
wechselt halbjährlich
zwischen den EU-Mitgliedstaaten

Generalsekretariat
unterstützt die Ratspräsidentschaft

Der Rat der Europäischen Union
zentrales Beschluss- und Lenkungsorgan

**Ausschuss der
Ständigen Vertreter der Mitgliedstaaten**
bereitet Zusammenkünfte vor/nach

Qualifizierende Mehrheit: mindestens 232 von 321 Stimmen
Einfache Mehrheit: mindestens 162 von 321 Stimmen

III. Der Europäische Rat

Mindestens vier Mal im Jahr kommen die Staats- und Regierungschefs der »Fünfundzwanzig« sowie der Präsident der Europäischen Kommission zusammen. Unterstützt werden sie dabei von den Außenministern und einem Mitglied der Kommission. Diese Zusammenkünfte sind im EU-Vertrag als Europäischer Rat verankert (Art. 4 EUV), den meisten Bürgern jedoch sind sie eher als »EU-Gipfeltreffen« bekannt.

Wenngleich der Europäische Rat *keine Organisation der EU* im eigentlichen Sinne darstellt (das heißt, er ist kein Teil der europäischen Exekutive oder Legislative), sind die Treffen bedeutungsvoll: Sie dienen neben der Klärung von Fragen, die auf der Ebene der Fachminister nicht geregelt werden konnten, im Wesentlichen zur Erörterung von politischen Grundsatzentscheidungen zu allgemeinen politischen Zielen und zur Weiterentwicklung der Europäischen Union. Dazu gehörte in der jüngsten Vergangenheit beispielsweise die Frage des möglichen Beitritts weiterer Staaten oder die Ausgestaltung einer europäischen Verfassung.

⚠ Der Europäische Rat und der Rat der Europäischen Union sind nicht zu verwechseln mit dem Europarat. Der Europarat ist die älteste (seit 1949) und größte (46 Mitgliedstaaten) paneuropäische Organisation. Sie arbeitet unabhängig von der EU und hat sich die Förderung der Menschenrechte und die Demokratisierung zur Aufgabe gemacht.

IV. Das Europäische Parlament

Im Juni 1979 wurde das Europäische Parlament erstmals in allgemeiner Direktwahl von den Bürgern der damals neun Mitgliedstaaten gewählt. Das Europäische Parlament vertritt die Völker der in der EU zusammengeschlossenen Staaten – derzeit sind das etwa 454 Millionen Menschen!

Die Aufgaben des Europäischen Parlaments sind in erster Linie:

- die Kontrolle der Exekutive,
- die Beteiligung am Haushaltsverfahren,
- die Beteiligung an der Gesetzgebung.

Lange Zeit hatte das Europäische Parlament eine nur geringe politische Macht, da die Legislativfunktion im Wesentlichen durch den Rat der Europäischen Union wahrgenommen wurde. Um Gesetzgebungskompetenzen vom Rat auf das Parlament zu verlagern und damit gleichzeitig eine Demokratisierung der europäischen Institutionen herbeizuführen, wurde das **Mitentscheidungsverfahren** durch den Vertrag von Maastricht in das Gemeinschaftsrecht[557] eingeführt und durch die Folgeverträge[558] auf immer mehr Anwendungsbereiche ausgedehnt. Dadurch kann das Europäische Parlament bei Fragen mitentscheiden.

---

[557] Festgehalten in Art. 251 des Vertrages zur Gründung der Europäischen Gemeinschaft.

[558] Gemeint sind die Verträge von Nizza und Amsterdam.

- zur Verwirklichung der Niederlassungsfreiheit für bestimmte Tätigkeiten (Art. 44 EGV),
- zur Festlegung hoher Qualitäts- und Sicherheitsstandards für Blut und Blutderivate (Art. 152 Abs. 4a EGV),
- zu Maßnahmen in den Bereichen Veterinärwesen und Pflanzenschutz, die unmittelbar den Schutz der Gesundheit der Bevölkerung zum Ziel haben (Art. 152b EGV),

Bereiche, in denen der Rat die Stellungnahmen des Parlaments (ggf. anderer EU-Organisationen) zwar anhören, letztendlich jedoch nicht zu berücksichtigen braucht, sind beispielsweise

- die Außen- und Sicherheitspolitik,
- die Bereitstellung von Finanzmitteln für die Kommission (Art. 279 Abs. 2 EGV),
- die Agrarpolitik (Art. 37 Abs. 2 EGV).

Im Mitentscheidungsverfahren beraten sowohl das Europäische Parlament als auch der Rat über eine von der Europäischen Kommission eingebrachte Gesetzesvorlage. Dabei hat zunächst das Parlament die Möglichkeit, Änderungsvorschläge an den Rat zu übermitteln.

Sofern die Mitglieder des Rates die Ansicht des Parlaments teilen, kann er der Gesetzesannahme zustimmen. Kommt der Rat hingegen zu einer gegenläufigen Auffassung oder hat eigene Änderungsvorschläge (der sog. gemeinsame Standpunkt), so kann er diese nun seinerseits dem Parlament übermitteln. In der folgenden Beratungszeit verfügt das Parlament über drei Beschlussmöglichkeiten: Bei *Akzeptanz* des vom Rat vertretenen Standpunktes wird das Gesetz in der dort dargestellten Fassung angenommen, bei *Ablehnung* gilt das gesamte Gesetzgebungsverfahren für den eingereichten Vorschlag als gescheitert. Als dritte Möglichkeit bleibt die Zuleitung einer *abgeänderten Fassung des gemeinsamen Standpunkts* zum Rat. Dieser hat dann die Möglichkeit, über seine Zustimmung zu beraten oder einen **Vermittlungsausschuss** anzurufen. Das Vorgehen ist dabei dem des deutschen Vermittlungsverfahrens bei Einspruchsgesetzen (vgl. S. 507 f.) recht ähnlich, wenngleich es auf europäischer Ebene keine Möglichkeit der Überstimmung gibt.

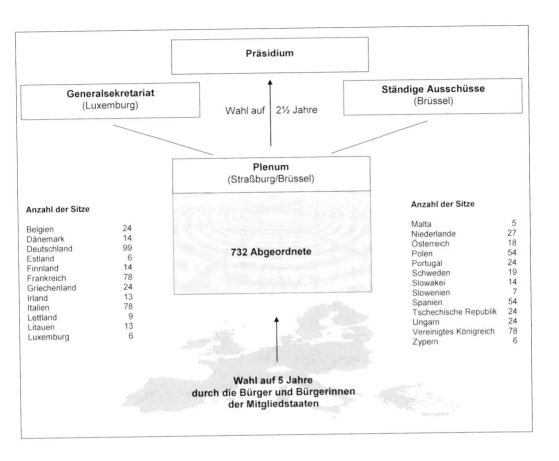

V. Weitere Organisationen

Der **Europäische Gerichtshof** (EuGH) ist das rechtsprechende Organ der Europäischen Union. Die Gerichte der Mitgliedstaaten können im Rahmen des sog. Vorabentscheidungsverfahrens (Art. 234 EGV) Fragen hinsichtlich der Auslegung des Gemeinschaftsrechts vorlegen. Als Beispiel für einen solchen Vorgang sind die Entscheidungen zum Bereitschaftsdienst (vgl. S. 347) zu nennen. Auch die Europäische Kommission hat die Möglichkeit, bei Vertragsverletzungen durch einen Mitgliedstaat den EuGH zur Entscheidung anzurufen.

⚠ Der Europäische Gerichtshof ist nicht zu verwechseln mit dem Europäischen Gerichtshof für Menschenrechte (EuGHMR), einer justiziellen Organisation des Europarates.

Daneben prüft und dokumentiert der **Europäische Rechnungshof**

⚠ alle Einnahmen und Ausgaben der Europäischen Union. Zu diesem Zweck legt er dem Europäischen Parlament und dem Rat regelmäßig eine Zuverlässigkeitserklärung über die Rechnungsführung und die Rechtmäßigkeit und Ordnungsmäßigkeit der zugrunde liegenden Vorgänge vor.

Literaturverzeichnis

Abeln, Christoph, Marc **Repey**: Die Revision der EU-Arbeitszeitrichtlinie und der Bereitschaftsdienst der Ärzte. AuR 2005, S. 20

Andreas, Manfred: Anmerkungen zum Urteil des BGH vom 08.05.1979 – VI ZR 58/78 –. Arztrecht 1980, S. 50

Andreas, Manfred, Günter **Siegmund-Schulze**: Leseranfrage zur Zulässigkeit von Injektionen und Blutentnahmen durch Pflegepersonal. Die Schwester/Der Pfleger 1980, S. 128

Arzt, Gunther, Ulrich **Weber**: Strafrecht Besonderer Teil. 1. Aufl. Bielefeld 2000

Baeck, Ulrich, Markus **Deutsch**: Das Arbeitszeitgesetz. 1. Aufl. München 1999

Bales, Stefan, Norbert **Schnitzler**: Melde- und Aufzeichnungspflicht für Krankheiten und Krankheitserreger. In: Deutsches Ärzteblatt 2000, S. A 3501

Baumann, Jürgen, Ulrich **Weber**: Strafrecht Allgemeiner Teil. 10. Aufl. Bielefeld 1995

Baumgärtel, Gottfried: Handbuch der Beweislast im Privatrecht, Band 1. 2. Aufl. Köln 1991

Bienwald, Werner, Susanne **Sonnenfeld**, Birgit, **Hoffmann**: Betreuungsrecht. 4. Aufl. Bielefeld 2005

Böhm, Cornelia, Petra **Fisch**, Dagmar **Pohl**: Fixierung im Pflegealltag. Die Schwester/Der Pfleger 1999, S. 330

Böhme, Hans: Das Recht des Krankenpflegepersonals. Teil 2, Haftungsrecht. 4. Aufl. Stuttgart 1996

Böhme, Hans: Arbeitsrecht für die Pflege. 3. Aufl. Stuttgart 1998

Böhme, Hans: Rechtshandbuch für Führungskräfte in Pflegeeinrichtungen von A–Z. Loseblattsammlung. Kissing, Stand Januar 2001

Brenner, Günter: Rechtskunde für das Krankenpflege-personal einschließlich des Altenpflege-personals und anderer Berufe des Gesundheitswesens. 6. Aufl. Stuttgart 1997

Brenner, Günter, Margarethe **Adelhardt**: Rechtskunde für das Krankenpflege-personal. 5. Aufl. Stuttgart 1992

Bundesministerium der Justiz (Hrsg.): Bericht der Arbeitsgruppe Patienten-autonomie am Lebensende. Berlin 2004

Burger, Ernst: Arbeitszeitgesetz 1994: Wichtige Regelungen für den Krankenhausbereich. Pflegezeitschrift 1995, S. 472

Burger, Ernst: Ruhepausen im Krankenhaus und in Pflegeeinrichtungen. Pflege- & Krankenhausrecht 1999, S. 91

Callies, Christian, Matthias **Ruffert**: EU-Vertrag und EG-Vertrag. 1. Aufl. Neuwied 1999

Däubler, Wolfgang: Neues Schuldrecht – ein erster Überblick. NJW 2001, S. 3719

Damrau, Jürgen, Walter **Zimmermann**: Betreuungsrecht. Kommentar. 3. Aufl. Stuttgart 2001

Deutsch, Erwin: Medizinrecht. 4. Aufl. Berlin 1999

Deutsch, Erwin: Neue Aufklärungsprobleme im Arztrecht. NJW 1982, S. 2585

Deutsches Netzwerk für Qualitätsentwicklung in der Pflege (Hrsg.): Expertenstandard Dekubitusprophylaxe in der Pflege. Osnabrück 2003

Deutsches Netzwerk für Qualitätsentwicklung in der Pflege (Hrsg.): Expertenstandard Sturzprophylaxe in der Pflege. Osnabrück 2006

Di Bella, Marco, Bernd **Schramm**: Das Krankenpflegegesetz. Entwicklungen und Perspektiven für den Berufsstand Pflege. Katholische Fachhochschule NW. Köln 2003 (unveröffentlichte Arbeit)

Dilkrath, Andreas, Wolfgang **Worm**: Katheterisierung mit System. Altenpflege 1987, S. 220

Dobberahn, Peter: Das neue Arbeitszeitrechtsgesetz. 1. Aufl. München 1994

Eberbach, Wolfram H.:   AIDS und Strafrecht. MedR 1987, S. 267

Eberbach, Wolfram H.:   Heimliche Aidstests. NJW 1987, S. 1470

Engisch, Karl: Die rechtliche Bedeutung der ärztlichen Operation. ZStW 58

Erdle, Helmut: Infektionsschutzgesetz. Kommentar. 2. Aufl. Landsberg 2002

Erfurter Kommentar: Erfurter Kommentar zum Arbeitsrecht. 6. Aufl. München 2006

Fahl, Christian: Schlaf als Zustand verminderten Strafrechtschutzes? Jura 1998, S. 456

Frisch, Wolfgang: Riskanter Geschlechtsverkehr eines HIV-Infizierten als Straftat? JuS 1990, S. 362

Füllmich, Reiner: Zur Ablehnung künstlich lebensverlängernder medizinischer Maßnahmen durch nicht entscheidungsfähige Patienten. NJW 1990, S. 2301

Gagel, Alexander: Sozialgesetzbuch III, Loseblatt-Kommentar. 27. Aufl. Stand Juni 2006

Geerds, Detlev: Der vorsatzausschließende Irrtum. Jura 1990, S. 421

Gehrlein, Markus: Leitfaden zur Arzthaftpflicht. 1. Aufl. München 2000

Giesen, Dieter: Arzthaftungsrecht. 4. Aufl. Tübingen 1995

Großkopf, Volker: Die Fixierung des Patienten. Pflegezeitschrift 1994, S. 500

Großkopf, Volker: Fehlinjektionen. Pflegezeitschrift 1994, S. 557

Großkopf, Volker: Die Dokumentation des Pflegepersonals – Lästiges Übel oder Segensreicher Schutz. Pflegezeitschrift 1995, S. 54

Großkopf, Volker: Fixierung im Spannungsfeld. Heim und Pflege 1995, S. 367

Großkopf, Volker: Problemfälle bei der Sterbehilfe. Pflege-
                                zeitschrift 1995, S. 538

Großkopf, Volker: Strafrechtliche Grenzen der Sterbehilfe.
                                Pflegezeitschrift 1995, S. 681

Großkopf, Volker: Risikoaufklärung von Patienten. Pflege-
                                zeitschrift 1997, S. 847

Großkopf, Volker: Die Beweislast im Haftungsprozeß gegen
                                Krankenpflegepersonal und Ärzte.
                                PflegeRecht 1998, S. 258

Großkopf, Volker: Pflegedokumentation. Pflegezeitschrift
                                1998, S. 672

Großkopf, Volker: Kein Schmerzensgeld für Infektion nach
                                Injektion. Pflegezeitschrift 1999, S. 726

Großkopf, Volker: Jede Behandlung ist juristisch eine
                                Körperverletzung. Pflegezeitschrift 1999,
                                S. 800

Großkopf, Volker: Das Arbeitszeitgesetz – Was genau ist
                                eine Pause? Pflegezeitschrift 2001, S. 733

Großkopf, Volker: Vorschriften für das Gesundheitswesen.
                                1. Aufl. Neuwied 2001

Großkopf, Volker: Delegation ärztlicher Aufgaben. RDG
                                2003, S. 2 ff.

Großkopf, Volker: Sterbehilfe – Spannungsfeld zwischen
                                Menschenwürde und strafrechtlicher
                                Verantwortung. RDG 2004, S. 20 ff.

Großkopf, Volker: Die Angst geht um. Altenpflege 08/2005,
                                S. 56 f.

Großkopf, Volker: Auf Leben und Tod. Altenpflege 10/2005,
                                S. 56 f.

Großkopf, Volker, Sascha **Saßen**:   Haftungsrecht: Sturz ist das Thema
                                Nummer eins. Die Schwester/Der Pfleger
                                2006, S. 266 ff.

Großkopf, Volker, Michael **Schanz**:   Mal hü, mal hott, Altenpflege 01/2003,
                                S. 52 ff.

Großkopf, Volker, Michael **Schanz:** Die Absicherung des zivilrechtlichen Haftungsrisikos im Gesundheitswesen. RDG 2004, S. 41 ff.

Großkopf, Volker, Michael **Schanz:** Der Sturz – die Haftungsfalle im Gesundheitsfalle im Gesundheitswesen. RDG 2006, S. 2 ff.

Hagedorn, Manfred: Sitzungsbericht I zum 52. Deutschen Juristentag. 1978, S. 84

Hahn, Bernhard: Zulässigkeit und Grenzen der Delegierung ärztlicher Aufgaben. NJW 1981, S. 1977

Höfert, Rolf: Spannungsfeld Recht. 1. Aufl. Stuttgart 1998

Hruschka, Joachim: Strafrecht nach logisch-analytischer Methode. 2. Aufl. Berlin 1988

Hueck, Alfred, Hans-Carl **Nipperdey:** Lehrbuch des Arbeitsrechts, Band I. 7. Aufl. Berlin 1993

Janker Helmut: Heimliche HIV-Antikörpertests – strafbare Körperverletzung? NJW 1987, S. 2897

Janker, Helmut: Strafrechtliche Aspekte heimlicher AIDS-Tests. Dissertation, Gießen 1888

Jarrass, Hans. D., Bodo **Pieroth:** Grundgesetz für die Bundesrepublik Deutschland. 4. Aufl. München 1997

Jerouschek, Günter: Körperverletzung durch Gammastrahlenbehandlung. JuS 1999, S. 746

Joachimski, Jupp: Betäubungsmittelgesetz. 7. Aufl. Stuttgart 2000

Juchli, Liliane (Begr.), Edith **Kellnhauser** et al. (Hrsg.): Thiemes Pflege. 9. Aufl. Stuttgart 2000

Kaiser, Günther, Heinz **Schöch:** Kriminologie, Jugendstrafrecht, Strafvollzug. 5. Aufl. München 2001

Keidel, Theodor, Joachim **Kuntze,** Karl **Winkler:** Kommentar zum Gesetz über die Angelegenheiten der freiwilligen Gerichtsbarkeit. 14. Aufl. 1999

Kerres, Andrea, Bernd **Seeberger** (Hrsg.): Pflegedienste und Sozialstationen erfolgreich führen. Loseblattsammlung. Balingen, Stand Juli 2002

Kindhäuser, Urs: Strafgesetzbuch. Lehr- und Praxiskommentar. 2. Aufl. Baden-Baden 2005

Kittner, Michael, Bertram **Zwanziger** (Hrsg.): Arbeitsrecht. Handbuch für die Praxis. Frankfurt a.M. 2001

Klein, Hubert: Betreuungsrecht: Fester Aberglaube statt sicheren Wissens. RDG 2005, S. 78 ff.

Kleinknecht, Theodor, Lutz **Meyer-Goßner**: Strafprozessordnung. 48. Aufl. München 2005

Klie, Thomas, Ulrich **Stascheit**: Gesetze für Pflegeberufe. Baden-Baden 2001

Klüser, Bernd, Hans **Rausch**: Praktische Probleme bei der Umsetzung des neuen Betreuungsrechts. NJW 1993, S. 621

Kreß, Claus: Das Sechste Gesetz zur Reform des Strafrechts. NJW 1998, S. 633

Küper, Wilfried: Tötungsverbot und Lebensnotstand. JuS 1981, S. 785

Küttner, Wolfdieter: Personalbuch 2006. 13. Aufl. München 2006

Kusch, Roger: Tabu Sterbehilfe. NJW 2006, S. 261–264.

Kutzer, Klaus: Strafrechtliche Grenzen der Sterbehilfen. NStZ 1994, S. 110

Lackner, Karl, Kristian **Kühl**: Strafgesetzbuch. 25. Aufl. München 2004

Länderausschuss für Arbeitsschutz und Sicherheitstechnik [LASI] (Hrsg.): Arbeitszeitgestaltung in Krankenhäusern (LV 30). 2. Aufl. 2004

Lang, Herbert, Michael **Herkenhoff**: Persönlichkeitsrechte und Menschenwürde im Alten- oder Pflegeheim. NJW 2005, S. 1905 ff.

Langkeit, Jochen: Umfang und Grenzen der ärztlichen Schweigepflicht. NStZ 1994, S. 6

Laufs, Adolf: Die Entwicklung des Arztrechts. NJW 1983, S. 1345

Laufs, Adolf, Rainer **Laufs**: Aids und Arztrecht. NJW 1987, S. 2261

Laufs, Adolf, Emil **Reiling**: Schmerzensgeld wegen schuldhafter Vernichtung deponierten Spermas? NJW 1994, S. 775

Laufs, Adolf, Wilhelm **Uhlenbruck**: Handbuch des Arztrechts. 3. Aufl. München 2002

Leipziger Kommentar: Strafgesetzbuch. Bände 1–8. 10. Aufl. 1985–1989

Litschen, Kai: Neufassung der EU-Arbeitszeitrichtlinie. Das Krankenhaus 2004, S. 879–882

Löffler, Rudolf: Voraussetzungen für die Anwendbarkeit der §§ 81, 81a StPO. NJW 1951, S. 821

Löwe, Ewald, Werner **Rosenberg**: Strafprozessordnung. Band I. 24. Aufl. Berlin 1984

Ludolph, Elmar, Günther **Hierholzer**: Anscheinsbeweis bei Injektionsschäden. VersR 1990, S. 716

Lüderssen, Klaus: Aktive Sterbehilfe – Rechte und Pflichten. JZ 2006, S. 689–695

Marschner, Rolf, Bernd **Volckart**: Freiheitsentziehung und Unterbringung. 4. Aufl. München 2001

Martis, Rüdiger, Martina **Winkhart**: Arzthaftungsrecht aktuell. 1. Aufl. Köln 2003

Maunz, Theodor, Reinhold **Zippelius**: Deutsches Staatsrecht. 30. Aufl. München 1998

Ministerium für Arbeit, Gesundheit und Soziales des Landes Nordrhein-Westfalen [MAGS] (Hrsg.): Arbeitszeitmodelle in Umsetzung des Arbeitszeitgesetzes als Beispiele moderner Arbeitsorganisation. Düsseldorf 2001

Molkentin, Thomas: Sorgfaltspflichten in der Anästhesie- und Intensivpflege. DKZ 1993, S. 416

Müller, Gerda: Beweislast und Beweisführung im Arzthaftungsprozeß. NJW 1997, S. 3049

Mueller-Eckhard, Christian: Transfusionsmedizin. 2. Aufl. Berlin 1996

Münch, Ingo von, Philip **Kunig** (Hrsg.): Grundgesetzkommentar. Band 1: Präambel, Art. 1–19. 5. Aufl. München 2000

Münch, Ingo von, Philip **Kunig** (Hrsg.): Grundgesetzkommentar. Band 3: Art. 70–146. 5. Aufl. München 2003

Münchener Kommentar: Bürgerliches Gesetzbuch. Band 8 (§§ 1589–1921 BGB). 4. Aufl. München 2002

Nationaler Ethikrat (Hrsg.): Patientenverfügung – Ein Instrument der Selbstbestimmung. Stellungnahme. Berlin 2005

Neumann, Susanne: Rechtliche Grundlagen zu Betreuung und Fixierung. Die Schwester/Der Pfleger 1999, S. 374

Otto, Harro: Die strafrechtliche Problematik der Sterbehilfe. Jura 1999, S. 434

Palandt, Otto (Hrsg./Begründer): Bürgerliches Gesetzbuch. 65. Aufl. 2006.

Richardi, Reinhard: Vorwort in Arbeitsgesetze, DTV-Gesetzestexte. 69. Aufl. München 2006

Rickmann, Sabine: Verbindlichkeit von Patiententestamenten. DKZ 1988, S. 48

Roggendorf, Peter: Arbeitszeitgesetz. 1. Aufl. München 1994

Roßner, Hans-Jürgen: Verzicht des Patienten auf eine Aufklärung durch den Arzt. NJW 1990, S. 2291

Roxin, Claus: Täterschaft und Tatherrschaft. 6. Aufl. Berlin 1994

Roxin, Claus: Strafverfahrensrecht. 25. Aufl. München 1998

Ruppert, Ernst J.: BAT – Kommentar. 1. Aufl. Bonn 1995

Saffé, Michael S., Heinz **Sträßner**: Delegation ärztlicher Tätigkeiten auf nichtärztliches Personal aus haftungsrechtlicher Sicht. PflegeRecht 1997, S. 98; 1998, S. 33, S. 229

Schaffstein, Friedrich, Werner **Beulke**: Jugendstrafrecht. 13. Aufl. Stuttgart 1998

Schaub, Günter:
Arbeitsrechts-Handbuch. 11. Aufl. München 2005

Schell, Werner:
Arztpflichten – Patientenrechte. 4. Aufl. Bonn 1993

Schell, Werner:
Betreuungsrecht & Unterbringungsrecht. 4. Aufl. Hagen 2001

Schell, Werner:
Staatsbürger- und Gesetzeskunde für die Krankenpflegeberufe in Frage und Antwort. Stuttgart, S. 111

Schmidt-Bleibtreu, Bruno, Franz **Klein**:
Kommentar zum Grundgesetz. 10. Aufl. München 2004

Schneider, Werther:
Klinische Transfusionsmedizin. Basel 1982

Schönke, Adolf, Horst **Schröder** (Begründer):
Strafgesetzbuch. 26. Aufl. München 2001

Schumacher, Ulrich:
Freiheitsberaubung und »Fürsorglicher Zwang« in Einrichtungen der stationären Altenhilfe. In: Festschrift für Walter Stree und Johannes Wessels zum 70. Geburtstag. Heidelberg 1993

Staudinger, Julius von:
Kommentar zum Bürgerlichen Gesetzbuch. 13. Aufl. Berlin 1999

Steffen, Erich:
Arzt und Krankenpflege, Konfliktfelder und Kompetenzen. MedR 1996, S. 265

Steffen, Erich, Wolf-Dieter **Dressler**:
Arzthaftungsrecht. 8. Aufl. Köln 1999

Thomas, Heinz, Hans **Putzo** (Begründer):
Zivilprozessordnung. 23. Aufl. München 2001

Tröndle, Herbert, Thomas **Fischer**:
Strafgesetzbuch. 50. Aufl. München 2001

Ulsenheimer, Klaus:
Arztstrafrecht in der Praxis. 2. Aufl. Heidelberg 1998

Volckart, Bernd:
Maßregelvollzug. 5. Aufl. Neuwied 2001

Wagner, Peter:
Änderung von Vorschriften des SGB über den Schutz von Sozialdaten. NJW 1994, S. 2937

Wannagat, Georg: Sozialgesetzbuch. Loseblattsammlung.
                                        Köln, Stand Oktober 2001

Warda, Günter: Grundzüge der strafrechtlichen Irrtums-
                                        lehre. Jura 1979, S. 286

Weber, Reinhold: Muß im Arzthaftungsprozeß der Arzt
                                        seine Schuldlosigkeit beweisen? NJW
                                        1997, S. 761

Weißauer, Walther: Rechtliche Probleme der Bluttransfusion.
                                        Anästhesiologie und Intensivmedizin 29,
                                        1988, S. 133–137

Werdan, Karl: Ist ein Dekubitus immer vermeidbar?
                                        Der Internist 2002, S. 14

Wessels, Johannes, Werner **Beulke**:   Strafrecht Allgemeiner Teil. 30. Aufl.
                                        Heidelberg 2000

Wessels, Johannes, Michael **Hettinger**:   Strafrecht Besonderer Teil/1. 24. Aufl.
                                        Heidelberg 2000

Wolfarth, Annegret, Harald **Ückert**:   Subkutane und intramuskuläre Injek-
                                        tionen. Die Schwester/Der Pfleger 1994,
                                        S. 103

Zmarzlik, Johannes, Rudolf **Anzinger**:   Kommentar zum Arbeitszeitgesetz.
                                        1. Aufl. Heidelberg 1995

Sachverzeichnis